济南统计年鉴

JINAN STATISTICAL YEARBOOK

2018

（总第36期 NO.36）

济南市统计局
国家统计局济南调查队 编

中国统计出版社
China Statistics Press

图书在版编目（CIP）数据

济南统计年鉴 . 2018 / 济南市统计局，国家统计局济南调查队编 .
—北京：中国统计出版社，2018.9
ISBN 978-7-5037-8577-1

Ⅰ. ①济…
Ⅱ. ①济… ②国…
Ⅲ. ①统计资料－济南－ 2018 －年鉴
Ⅳ. ① C832.521-54

中国版本图书馆 CIP 数据核字（2018）第 178119 号

济南统计年鉴—2018

作　　者 / 济南市统计局　国家统计局济南调查队
责任编辑 / 陈越月　朱立峰
装帧设计 / 山东星海彩印有限公司
出版发行 / 中国统计出版社
地　　址 / 北京市丰台区西三环南路甲 6 号
邮政编码 / 100073
电　　话 / 邮购（010）63376909　书店（010）68783171
网　　址 / http://csp.stats.gov.cn
印　　刷 / 山东星海彩印有限公司
经　　销 / 新华书店
开　　本 / 890mm×1240mm　1/16
字　　数 / 212 千字
印　　张 / 27
版　　别 / 2018 年 9 月第 1 版
版　　次 / 2018 年 9 月第 1 次印刷
定　　价 / 320.00 元

如有印装差错，由本社发行部调换。

《济南统计年鉴－2018》编辑委员会

资料整理：（以姓氏笔划为序）

于　涛　马　彬　王殿嵩　田泽宪　朱立峰　许明智
孙鸣泽　杜肇鹏　李　丽　李　婷　李　慧　李　靖
李海波　杨光玉　何宇晖　张　文　张叶红　张晓璟
张媛媛　范　非　林　清　周　倩　赵学强　柳　青
姜　宁　姜晓燕　姚　强　顾文娇　徐　硕　徐家平
郭　林　温秀芬　谭　欣　缪爱斌　糜长山

编辑说明

一、《济南统计年鉴－2018》是一部全面反映济南市国民经济和社会发展情况的资料性统计年刊。本书收录了济南市及所辖县、区 2017 年经济和社会发展各方面大量的统计数据，以及历史重要年份的主要统计数据，是认识和研究济南市情、经济和社会发展，制定宏观政策、指导工作的重要工具书。

二、本年鉴以丰富、翔实的统计资料为主，辅以直观的统计图、特载，全面反映了济南市国民经济和社会发展状况。全书统计资料分为二十个部分，即：1．行政区划；2．人口；3．综合；4．国民经济核算；5．劳动就业；6．固定资产投资；7．城市公用事业和环境保护；8．财政和金融保险；9．物价；10．人民生活；11．农业；12．工业；13．建筑业；14．运输与邮电；15．国内贸易；16．对外贸易与国际旅游；17．科技；18．教育与文化；19．体育卫生；20．民政司法和其它。各篇末附有《主要统计指标解释》，对主要统计指标的含义、统计范围、统计方法以及历史变动情况作了简要说明。

三、本年鉴中使用的度量衡均采用国际统一标准计量单位，统计口径除特别注明外，均包括济南市区、平阴县、济阳县、商河县。资料取自济南市统计局、国家统计局济南调查队及有关部门的统计报表。

四、本年鉴部分数据合计数不等于分项数之和，是由于单位取舍和不同产业的计算误差，部分指标未做机械调整。

五、本年鉴表中的符号使用说明：

“空格”表示该项统计指标数据不详；

“…”表示数据不足本表最小单位数；

“–”表示无此项事实；

“#”表示其中的主要项；

“*”或“①”表示本表下有注解。

《济南统计年鉴》自出版以来，受到了社会各界的关心、支持，在此我们深表感谢。同时，欢迎使用《济南统计年鉴－2018》，敬请广大读者提出宝贵意见。

谢谢！

编　者

2018 年 9 月

目　录

特　载　special report

一　行政区划　divisions of administrative areas

二　人　口　population

三 综 合 generaal survey

四 国民经济核算 national accounts

五 劳动就业 employment and wages

六 固定资产投资 investment in fixed assets

七 城市公用事业和环境保护 urban public unilities and environmental protection

八 财政和金融保险 government finance banking and insurance

九 物 价 price

十　人民生活　people's livelihood

十一　农　业　agriculture

十二 工 业 industry

十三 建筑业 constructin

十四 运输与邮电 transportation post and telecommunication services

十五 国内贸易 domestic trade

十六 对外贸易与国际旅游 FOREIGN ECONOMY TRADE AND INTERNATIONAL TOURISM

十七　科　技　science and technology

十八　教育与文化　education and culture

十九 体育卫生 sports and public health

二十 民政、司法和其它 social welfare civil administration and others

附 录 appendix

特 载

SPECIAL REPORT

特载－1

济南概况

Introduction of Jinan

济南市位于山东省中部，地理位置介于北纬36° 01′至 37° 32′、东经116° 11′至117° 44′之间，面积7998平方公里。南部为泰山山地，北部为黄河平原，地势南高北低，地形复 杂多样。境内河流较多，主要有黄河、小清河两大水系。还有 南北大沙河、玉符河等河流。湖泊有大明湖、白云湖等。济南 属于暖温带大陆性气候，春季干燥少雨，多西南风；夏季炎热多 雨；秋季天高气爽；冬季严寒干燥，多东北风。年平均气温 13.5℃-15.5℃，全年无霜期230天左右，降水量600-900毫米。

济南矿产资源丰富，主要有铁、煤、花岗石、耐火粘土以及铜、钾、铂、钴等多种有色金属、稀有金属和非金属。特别是石 灰岩品位高、储量大。花岗石中的黑色花岗石，质地纯正，为国 内独有。林木资源分乔木、灌木两大类，共有60多科300多种。南部山区盛产苹果、黄梨、柿子、核桃、山楂、板栗等，并产有远志、丹参、野菊、香附等多种药材。北部沿黄河的平原地带，大枣也有很高的产量。济南种植和养殖资源也相当丰富，有多种粮食作物、经济作物以及家禽、家畜、水产品等。这些资源为济南城乡建设和经济发展储备了一定的物质基础。

济南自然景色秀丽，名胜古迹众多，是中国历史文化名城 之一。尤以泉水遍布、清洌甘美而闻名于世，有"济南泉水甲天下"和"泉城"之美誉。主要风景名胜有趵突泉、黑虎泉、珍珠泉、五龙潭、百脉泉五大泉群，大明湖、千佛山、龙洞、灵岩寺、五峰山、华山、城子崖龙山文化遗址、孝堂山汉代郭氏祠、隋代四 门塔、唐代龙虎塔、九顶塔以及抢救挖掘的洛庄汉墓、新建的野 生动物世界、红叶谷生态旅游区等供人们观赏游览。

济南现在共辖历下、市中、槐荫、天桥、历城、长清、章丘七区和平阴、济阳、商河三县。2017年，全市地区生产总值7202.0亿元，比上年增长8.0%。年末全市常住人口732.1万人，户籍总人口643.6万人。济南又是一个多民族聚居 的城市，除汉族外，主要有回、满、苗、蒙古、壮、朝鲜等53个少数民族。

济南是一座有着悠久历史的古城。据史学家考证，早在公元前45世纪之前，已有人类在此繁衍、生息。传说东夷族的首领舜，曾躬耕于济南历山（今千佛山）之下。2600多年前，就建有城郭，最早出现史册上的名称为"泺"（《春秋左传》），系因济南诸泉汇为泺水，故名。春秋战国时代，济南为齐国之泺邑。 随后，齐国又把泺邑改为历下。2100多年前的汉代改称济南(《史记》)，因处于济水之南，故名。公元前164年设立济南 国。公元前154年又废国改郡。到了宋代至道三年（公元997 年），分全国为15路，济南属京东路，为齐州（《宋史》）。徽宗政和六年（公元1116年），齐州升为济南府，辖历城等五县，治所设历城，为府治之始。自明代以来，一直是山东省的省会。 1929年7月设济南市至今。1928年4月至1937年底，日本帝国主义先后二次侵占了济南，济南人民深受暴虐的民族压迫和经 济掠夺，致使大部分工厂倒闭，无辜同胞惨遭杀戮。1945年8月，日寇投降后，国民党反动派又进行强盗式的劫收，城市又 遭到了摧残蹂躏，民生凋敝，物价飞涨，古城一片萧条。1948年 9月24日，济南获得解放，这座古城终于回到了人民的怀抱，开始了她新的历史时期。

新中国建立后，济南市始终是中国东部沿海经济大省—山东省省会。是全国副省级城市之一，环渤海地区南翼的中心城市，是全省的政治、文化、教育、经济、交通和科技中心，是山东半岛城市群和济南都市圈核心城市。2017年，荣膺"全国文明城市"称号，跨入全国文明城市行列。济南是全国区域性金融中心，2017年年末金融机构本外币各项存款余额达16560.6亿元，各项贷款余额14350.3亿元。

济南是山东省铁路、公路、航空的交通枢纽，京沪、胶济铁路在市区交汇，北连北京、天津，南接南京、上海、福州，东达港口城市青岛、烟台。济南为京沪高铁沿线5个始发终到站之一。济南机场是经国家批准的国际空港，有通往香港、北京、哈尔滨、上海、广州、深圳、福州、厦门、西安、武汉、珠海、海口等城市的225条空中航线，通航城市96个。"济青高速"",济聊高速"与"京福高速"在济南交汇，从而形成了辐射全省、连接全国的高速公路系统省内中心、全国区域性枢纽的格局。济南基本形成了铁路、航空、公路立体构造，联结全省、全国和海外的现代交通网络。

2017年济南市国民经济和社会发展统计公报[1]

Statistical Communique on National and Social Developmwnt of Jinan in 2017

济　南　市　统　计　局
国家统计局济南调查队

2017年，全市上下以习近平新时代中国特色社会主义思想为指导，深入学习贯彻党的十九大精神，在市委市政府坚强领导下，坚持稳中求进工作总基调，坚持践行新发展理念，紧紧围绕“打造四个中心，建设现代泉城”的中心任务，按照“453”工作体系要求，深入推进供给侧结构性改革，加快推动新旧动能转换先行区建设，调整优化产业结构，不断提升质量效益，克服了各种不利因素的叠加影响，主要经济指标增长速度在全省位次达到了2000年以来最好水平，全市呈现经济运行总体平稳、量质齐升、社会安定和谐、人民安居乐业的良好局面。

一、综　合

国民经济平稳增长。 初步核算，2017年全市地区生产总值[2]7201.96亿元，比上年增长8.0%。其中，第一产业增加值317.40亿元，增长3.3%；第二产业增加值2569.22亿元，增长8.4%；第三产业增加值4315.34亿元，增长8.2%。三次产业构成为4.4∶35.7∶59.9。人均地区生产总值[3] 98967元，增长6.6%，按年均汇率折算为14652美元。

就业形势保持稳定。 全年新增城镇就业18.9万人，年末城镇登记失业率2.08%。

居民消费价格温和上涨。 全年居民消费价格上涨2.0%。其中，食品烟酒类价格下降0.2%。工业生产者出厂价格上涨5.7%，工业生产者购进价格上涨13.9%。

2017年居民消费价格指数

项目名称	(以上年同期为100)
居民消费价格总指数	102.0
食品烟酒	99.8
衣着	100.5
居住	104.7
生活用品及服务	100.8
交通和通信	100.7
教育文化和娱乐	102.9
医疗保健	106.0
其他用品和服务	101.2

2017年工业生产者出厂价格指数(%)

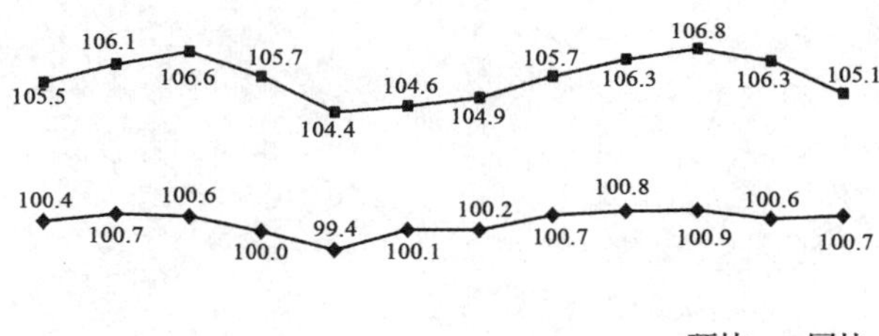

2017年工业生产者购进价格指数(%)

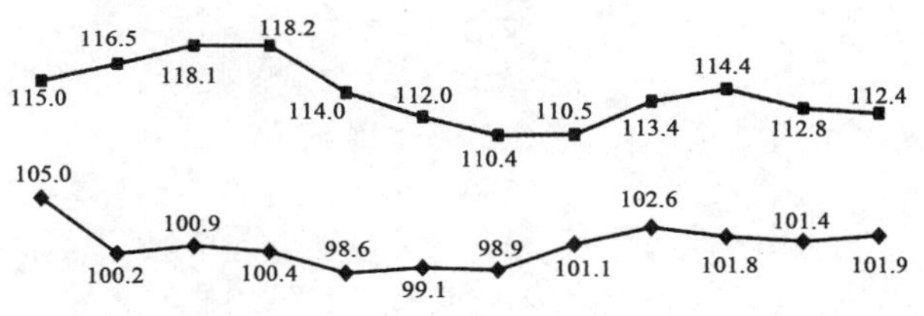

新建住宅销售价格指数同比涨幅呈逐月收窄趋势。

2017年新建住宅销售价格同比指数走势图(%)

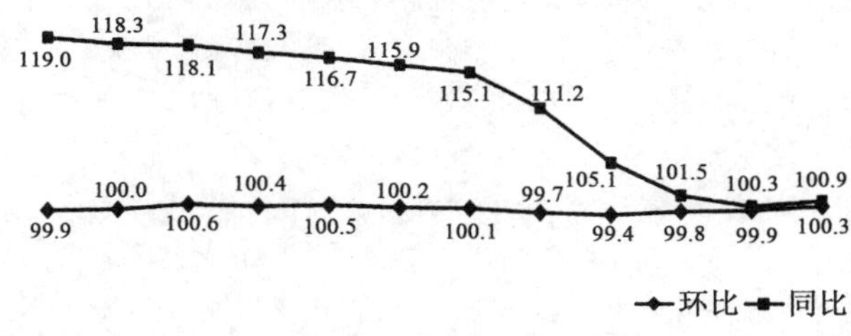

现代服务业[4]、非公有经济稳定发展。 全年现代服务业实现增加值2252.24亿元，占全市服务业的比重为52.2%。非公有经济增加值3075.08亿元，占GDP比重为42.7%，比上年提高0.1个百分点。其中，民营经济增加值2686.04亿元，占GDP的比重为37.3%，比上年提高0.1个百分点。

重点改革继续深化。优化公共服务。市本级公开公共服务事项达到857项,梳理后保留的村(社区)证明材料仅15项。深化国资运营机制改革。实现市属经营性国有资产统一监管,市国资委监管企业资产规模达到7300多亿元。激发市场主体活力。全面实施“多证合一”登记制度,实现了“多证合一、一照一码”,全市领取“多证合一”营业执照市场主体7.5万余家,499家单位与市场主体事中事后监管信息化平台连接。

“三去一降一补”取得积极成效。积极化解过剩产能,淘汰落后产能。加快东部老工业区工业企业搬迁改造,累计完成56家工业企业搬迁改造或关停腾退。六大高耗能行业实现增加值下降13.0%,占全部规模以上工业增加值的比重为24.4%。初步核算,万元GDP能耗下降18.6%,完成当年节能降耗目标任务。商品房待售面积139.8万平方米,下降18.7%。各项民生和社会重点事业支出633.9亿元,增长13.7%,占一般公共预算支出比重为76.0%。

新动能、新经济加快发展。高技术产业加快成长。全市高技术产业增加值增长20.9%,累计实现主营业务收入879.5亿元,增长13.8%。规模以上工业企业实现高新技术产值2661.2亿元,增长20.1%。装备制造业增势良好。装备制造业实现增加值增长20.2%,占全部规模以上工业增加值比重为50.9%,比上年提高2.7个百分点。高新产品显现活力。生产新能源汽车1.8万辆,增长157.1%;工业机器人575套,增长21.1%;服务器56.5万台,增长16.2%。新业态快速发展。限额以上单位通过互联网实现商品零售额增长34.6%,高于全市限额以上零售额平均增幅26.0个百分点。

二、“四五三”工作

“四个中心”建设扎实推进。区域性经济中心建设。2017年,全市地区生产总值占全省比重达到9.91%,比上年提高0.16个百分点,占比居全省第3位;一般公共预算收入占比11.10%,居第2位;固定资产投资占比8.05%,居第4位;社会消费品零售总额占比12.32%,居第2位。第三产业占GDP比重59.9%,居第1位。区域性金融中心建设。金融业增加值776.01亿元,增长4.7%,占GDP比重为10.8%。年末金融机构本外币各项存款余额居全省第1位,金融机构本外币各项贷款余额居全省第2位。新增新三板挂牌公司21家,总数达到153家(其中24家进入创新层),占全省比重22.1%。新三板挂牌公司通过定向发行股票、发行优先股、发行公司债等形式累计融资117.2亿元。区域性物流中心建设。社会物流总额21794.4亿元,增长13.0%,居全省第3位。重点物流企业215个,营业收入225.1亿元,增长14.0%,重点物流园区4个。区域性科技创新中心建设。高新技术企业达到1074家,新认定高新技术企业596家。规模以上工业高新技术企业656家,实现产值增长20.1%。新认定国家级企业技术中心(分中心)1家,总数达到27家。新增省级工程实验室(工程研究中心)6家。新增省级(示范)工程技术研究中心8家,总数达到153家。建成国家、省级企业重点实验室12家。规模以上工业高新技术产业产值占规模以上工业总产值的比重为45.15%,比年初提高1.50个百分点。R&D经费投入156.7亿元,占GDP比重为2.40%,比上年提高0.22个百分点。

五项重点工作实现突破。招商引资。引进市外投资1494.1亿元,增长27.0%。项目建设。240个重点项目开工236个,开工率98.3%,完成投资2312亿元,占全年计划投资的105.6%。其中,44个项目已竣工投产。棚改旧改。棚户区改造省棚改任务计划45698套,实际完成开工47407套,年度任务完成率为103.7%。拆违拆临、建绿透绿。全年拆除违法建设3287万平方米,拆除违法户外广告1.7万块,整治背街小巷1600余条,新增绿地230余万平方米,绿化裸露土地260余万平方米。创建文明城市。以省会城市第一名的成绩,成功摘得“全国文明城市”荣誉奖牌。

三大攻坚战不断克难。治霾。取缔整改“散乱污”企业7190家,全面完成323台35蒸吨及以下燃煤锅炉淘汰任务。完成气代煤、电代煤改造11.6万户、清洁燃煤替代39万户。全市新能源发电装机总容量53.1万千瓦,占全市发电总装机容量的13.7%。其中,生物质发电装机7.9万千瓦,太阳能发电装机21.1万千瓦,风力发电装机24.2万千瓦。全市上牌新能源汽车4060辆。市区空气质量良好以上天数达到185天,增加22天,蓝繁天数233天,增加30天。治堵。轨道交通R1、R2、R3线全年完成投资分别为19.4亿元、18.1亿元、13.9亿元。新开通公交线路37条,打通27条瓶颈路、断头路,105公里快速路闭环成网,完成45项治堵任务。脱贫。全年实现1.56万建档立卡农村贫困人口脱贫,超额完成省下达减贫任务和年度脱贫计划。分类推进916个贫困村实施产业项目291个。发放富民生产贷、富民农户贷2.68亿元。转移就业贫困群众1.3万余人。19781人次贫困学生享受到雨露教育资助。完成151个贫困村饮水安全工程、3508户贫困户危房改造。

三、农业

种植结构继续调整。全年粮食作物播种642.2万亩,比上年增长1.0%;棉花播种面积11.9万亩,减少20.6%;油料播种面积17.7万亩,减少0.5%;蔬菜种植面积137.0万亩,减少3.6%;年末实有果园面积46.5万亩,增长0.2%。粮食总产量258.4万吨,增长0.4%;棉花产量1.0万吨,减少24.8%;油料产量4.2万吨,增长1.7%;蔬菜产量614.2万吨,减少3.2%;水果产量51.5万吨,增长3.9%。

林牧渔生产总体稳定。全年完成造林5.7万亩,新育苗2.4万亩。肉类总产量35.9万吨,与上年基本持平;禽蛋33.1万吨,减少5.7%;奶类30.7万吨,增长18.8%。水产养殖总面积10.0万亩,减少5.7%;水产品产量4.1万吨,减少12.8%。

农业产业化水平持续提高。市级农业龙头企业总量420家,新认定35家;农民专业合作社达6416家,新登记527家。新创建国家级畜禽养殖标准化示范场4处,省级13处,市级17处。

四、工业、建筑业

工业生产平稳增长。全年全部工业增加值比上年增长8.9%。规模以上工业增加值增长9.8%,按经济类型看,公有制经济增加值增长6.2%,非公有制经济增加值增长12.3%;按轻重工业看,轻工业增加值增长16.8%,重工业增加值增长7.9%。

重点行业继续呈现良好增势。40个工业行业大类中,有

25个行业增加值实现增长，增长面达到62.5%。

2017年规模以上工业重点行业增加值增长情况

行业名称	累计增长(%)
汽车制造业	55.6
通用设备制造业	24.5
金属制品业	7.4
计算机、通信和其他电子设备制造业	8.9
医药制造业	37.0
石油加工、炼焦和核燃料加工业	-20.9
非金属矿物制品业	-10.1
化学原料和化学制品制造业	-2.0
电气机械和器材制造业	3.5
电力、热力生产和供应业	-4.5

工业产品产销衔接良好。规模以上工业产品产销率为98.4%。实现出口交货值314.0亿元，增长14.7%。在149种工业大类产品中有85种产品产量增长，占57.0%，增幅在30%以上的产品有19种，占12.8%。

2017年规模以上工业企业[5]主要产品产量

产品名称	单位	产量	比上年±%
发电量	亿千瓦时	160.1	-9.6
原油加工量	万吨	365.2	-27.3
初级形态塑料	万吨	54.5	7.3
石墨及碳素制品	万吨	205.0	-2.7
粗钢	万吨	452.0	-43.9
钢材	万吨	409.7	-50.4
工业锅炉	蒸发量吨	2706.0	16.8
发动机	万千瓦	4149.9	57.2
起重机	万吨	84.3	20.9
工业机器人	套	575	21.1
载货汽车	万辆	18.3	56.9
摩托车整车	万辆	33.6	5.6
发电设备	万千瓦	530.0	-27.3
变压器	万千伏安	14974.6	31.9
电子计算机整机	万台	79.3	9.7
服务器	万台	56.5	16.2
电子元件	亿只	36.8	4.5
乳制品	万吨	46.4	19.2
啤酒	万千升	36.2	33.3
纱	万吨	14.4	-12.6

工业经济效益继续提高。规模以上工业主营业务收入6037.5亿元，增长12.4%；实现利税712.1亿元，增长5.5%；实现利润381.1亿元，增长13.0%。其中，汽车制造业利润56.1亿元，增长88.3%；医药制造业利润54.0亿元，增长12.0%；通用设备制造业利润40.3亿元，增长39.9%；化学原料和化学制品制造业利润23.6亿元，增长36.4%；非金属矿物制品业利润23.2亿元，增长20.2%；专用设备制造业利润15.6亿元，增长38.1%。

建筑业平稳发展。全年建筑业增加值569.75亿元，增长6.2%，占GDP比重为7.9%。具有资质等级的建筑业企业504家，增加44家。实现建筑业总产值2218.9亿元，增长15.4%。其中，国有及国有控股企业产值1675.0亿元，增长19.0%。签订合同额5799.1亿元，增长27.4%。其中，本年新签合同额2661.4亿元，增长8.2%。

五、固定资产投资

投资规模继续扩大。年末全市固定资产投资项目4161个，比上年减少1.8%。其中，亿元及以上投资项目1474个，增加350个。全年固定资产投资4363.6亿元，增长13.5%。分产业看，第一产业投资97.5亿元，增长6.4%；第二产业投资1441.8亿元，增长16.4%；第三产业投资2824.2亿元，增长12.6%。分项目规模看，五十亿元以上项目36个，增加9个，全年完成投资470.0亿元，增长12.0%，占全市投资的10.8%；十亿元以上至五十亿元项目316个，增加57个，全年完成投资1359.8亿元，增长23.3%，占全市投资的31.2%；亿元以上至十亿元投资项目1122个，增加288个，全年完成投资1452.7亿元，增长43.9%，占全市投资的33.3%。全市民间投资2479.3亿元，增长5.7%。

工业投资较快增长。全年工业投资1317.6亿元，增长12.5%。其中，技术改造投资766.3亿元，增长10.4%；高新技术产业投资480.3亿元，增长4.6%。

房地产投资低速增长。全年房地产开发完成投资1232.6亿元，增长5.9%。其中，住宅完成投资822.8亿元，增长2.1%。房屋施工面积8006.8万平方米，增长1.2%。其中，住宅施工面积5328.9万平方米，增长1.6%。房屋竣工面积631.3万平方米。其中，住宅竣工面积491.1万平方米。

房地产调控成效明显。商品房销售面积1215.3万平方米，下降14.7%。其中，住宅销售面积973.7万平方米，下降20.9%。商品房销售额1172.6亿元，下降0.2%。其中，住宅销售额946.3亿元，下降8.6%。

六、国内贸易

消费品市场繁荣活跃。全年社会消费品零售总额4146.1亿元，比上年增长10.1%。其中，商品零售3498.7亿元，增长10.2%；餐饮收入647.4亿元，增长10.0%。分城乡看，城镇社会消费品零售额3766.3亿元，增长10.2%；乡村社会消费品零售额379.8亿元，增长9.8%。全年限额以上单位[6]实现零售额1568.1亿元，增长8.6%。

主要商品销势良好。在限额以上单位商品零售中，粮油、食品类174.2亿元，增长16.8%；服装、鞋帽、针纺织品类128.3亿元，增长11.6%；文化办公用品类92.4亿元，增长15.4%；家用电器和音像器材类86.8亿元，增长12.1%；通讯器材类55.3亿元,增长18.9%。

2017年限额以上批发和零售业单位商品分类零售额

商品类别	零售额(亿元)	增幅(%)
粮油、食品类	174.2	16.8
饮料类	12.9	4.1
烟酒类	25.0	6.4
服装、鞋帽、针纺织品类	128.3	11.6
化妆品类	19.6	10.5
日用品类	48.0	5.2
书报杂志类	33.7	14.0
家用电器和音像器材类	86.8	12.1
中西药品类	128.0	11.9
文化办公用品类	92.4	15.4
通讯器材类	55.3	18.9
石油及制品类	221.5	6.4
汽车类	394.2	4.2

七、开放型经济

对外贸易增势较好。全年货物进出口总额708.1亿元,比上年增长10.5%。其中,出口451.0亿元,增长10.5%;进口257.1亿元,增长10.5%。出口市场中,对欧洲国家和地区出口增长20.7%,对东南亚、韩国、日本出口分别增长30.1%、32.6%和6.0%,对美国、欧盟出口分别增长28.4%和17.2%。主要出口商品中,机电产品出口294.9亿元,增长21.5%;高新技术产品出口54.8亿元,增长36.9%。

利用外资水平继续提高。实际使用外资126.4亿元,增长12.6%。其中,制造业使用外资19.8亿元,服务业使用外资99.0亿元。总投资过亿美元的项目16个,合同外资14.6亿元。世界500强企业投资项目8个,实际使用外资41.2亿元。

对外经济合作扩大。备案设立境外企业(机构)46家;中方实际投资额56.6亿元,增长24.4%。派出各类劳务人员7037人,增长0.9%。

八、交通、邮电、旅游和会展

交通运输业较快发展。年末公路通车里程12856.8公里,比上年增长1.0%。其中,境内高速公路488.5公里,增长5.7%。全市公路客运量完成3192万人,下降0.6%;旅客周转量完成52.7亿人公里,增长0.9%。公路货运量完成2.4亿吨,增长13.0%;货运周转量完成459.5亿吨公里,增长9.7%,增幅居全省第1位。综合客货运输周转量增长9.6%。年末拥有民用机动车206.5万辆。其中,民用汽车195.0万辆,增长11.9%。年末公交线路332条,增加37条;线路总长度6321.2公里,增加430.2公里;公交营运车辆7157辆,增加1311辆;全年旅客运输量7.7亿人次,与上年持平。济南机场全年累计保障起降11.6万架次,增长15.4%;完成旅客吞吐量1431.9万人次,增长23.3%;累计完成货邮吞吐量9.5万吨。

邮电通信业快速增长。全市邮政企业和快递服务企业业务收入(不包括邮政储蓄银行直接营业收入)累计完成48.7亿元,增长17.7%;业务总量完成64.7亿元,增长19.1%。全市快递服务企业业务收入完成37.8亿元,增长17.6%;业务量完成30216.6万件,增长13.0%。年末移动电话用户971.1万户。其中,4G电话用户623.3万户,增长41.5%。

旅游业蓬勃发展。全年接待国内外游客7285.6万人次,增长10.1%。其中,接待国内游客7248.0万人次,增长10.1%;接待入境游客37.6万人次,增长6.8%。实现旅游消费总额970.8亿元,增长14.6%。其中,国内游客消费额875.3亿元,增长14.7%;入境游客消费额20841.4万美元,增长6.3%。共有A级旅游景区49家。其中,5A级景区1家,4A级景区13家。省级旅游强乡镇30个,省级旅游特色村82个,省级以上旅游度假区1家。

会展业稳步发展。全年举办会展167场。其中,国际性展会3场,国家性展会13场。

九、财政和金融

财政收支运行良好。地域税收收入1134.9亿元,比上年增长10.6%。一般公共预算收入677.2亿元,增长10.5%。其中,税收收入541.8亿元,增长15.2%;占一般公共预算收入比重为80.0%,提高3.3个百分点。一般公共预算支出834.1亿元,增长12.6%。其中,医疗卫生与计划生育支出69.7亿元,增长7.8%;社会保障和就业支出113.4亿元,增长18.0%;城乡社区支出184.2亿元,增长46.7%。

金融存贷款规模持续扩大。年末金融机构本外币各项存款余额16560.6亿元,增长6.6%。金融机构本外币各项贷款余额14350.3亿元,增长9.6%。

金融机构数量稳步增加。金融机构单位数572家,增加70家。其中,银行49家,增加2家;保险公司90家,增加3家;证券营业部92家,增加9家;其他各类机构341家,增加56家。

资本市场稳健发展。济南地区证券营业部完成证券交易额3.1万亿元。济南地区期货营业部代理交易额7.3万亿元。年末全市区域内上市公司33家,上市公司总市值3556.4亿元。

保险业保持较快增势。保费收入381.1亿元,增长9.7%。其中,财产险公司保费收入81.0亿元,增长14.1%;人身险公司保费收入300.1亿元,增长8.5%。各项赔款与给付88.7亿元,增长12.7%。

十、科技、教育、文化、卫生和体育事业

科技发明成果再获新突破。万人有效发明专利拥有量25.6件,比上年增长23.5%。技术合同实现交易额85.2亿元,增长90.1%。规模以上工业企业研发人员数量56079人,增长28.1%。规模以上工业企业办研发机构527个。全市获国家科技进步二等奖1项,省科技进步一等奖2项、二等奖7项,省技术发明二等奖2项。全年专利申请量30737件。其中,发明专利申请量11720件。专利授权量17330件。其中,发明专利授权量5043件,增长12.0%。

教育均衡发展深入推进。普通高等学校[7]42所,普通本

专科在校生54.44万人。其中，民办普通高校10所，普通本专科在校生9.30万人，普通中学在校生30.56万人，普通小学在校生44.66万人。新建、改扩建幼儿园90处，新增学位1万余个。学龄儿童入学率和小学毕业生升学率均为100%。严格落实"零择校"、"零择班"，实现符合条件的外来务工随迁子女"应上尽上"。坚持区域内教师交流轮岗制度，3908名城乡教师参与交流轮岗。推动"集团化办学"、"城乡管理"、"名校托管"等战略，全市义务教育阶段集团化办学覆盖率达到47%，优质教育资源共享带动作用凸显。

2017年教育事业基本情况

	单位	2016年	2017年
学校所数	所	949	953
普通高等学校	所	42	42
中等职业学校	所	37	35
技工学校[8]	所	23	20
普通中学	所	224	238
小学	所	582	580
特殊教育学校	所	11	11
在校生	万人	157.95	163.59
研究生[9]	万人	3.43	3.81
普通高等学校普通本专科	万人	55.09	54.44
中等职业学校	万人	5.79	5.52
技工学校	万人	6.26	3.54
普通中学	万人	29.84	30.56
小学	万人	43.23	44.66
特殊教育学校	人	1080	1099
专任教师	人	102860	95704
普通高等学校	人	43259	32559
中等职业学校	人	3987	3978
技工学校	人	2608	3238
普通中学	人	24318	25676
小学	人	26976	29109
特殊教育学校	人	402	421

文化事业稳步推进。年末(国有)艺术表演团体13个，文化馆(站)及群众艺术馆144个，档案馆15个，公共图书馆12个。市级以上文物保护单位374处。其中，国家级21处。城市可统计票房数字影院52家，全年放映61万场，观众1178万人次，票房收入3.8亿元。年末广播人口混合覆盖率和电视人口混合覆盖率均为100%。全年完成文化产业投资162.8亿元，增长14.4%。全市扶持新建贫困村综合文化服务中心(文化大院)210家，改造提升162家。新创建40个基层群众文化示范点，全市基层群众文化活动示范点达到200个。

卫生服务水平继续提升。年末拥有卫生机构5771个。其中，医院、卫生院289家(三甲医院21家、民营医院147家)，增加19家，增长7.0%。卫生机构床位5.5万张，增长5.2%。各类卫生技术人员7.6万人，下降0.1%；执业(助理)医师(在岗)2.9万人，增长6.2%。按常住人口计算，每千人拥有病床7.5张，增长4.2%；每千人拥有执业(助理)医师(在岗)4.0人，增长5.3%。

全民体育健身深入开展。成立体育社会组织121个，培训社会体育指导员3097人。全年组织各类全民健身活动(赛事)223次，参与人数16万人次。成功举办第七届全民健身运动会，举办赛事186场，带动健身群众10万人。竞技体育实力提升，获省级及以上金牌484.5枚，银牌339枚，铜牌365枚。参加第十三届全运会取得优异成绩，共取得19枚金牌、5枚银牌和15枚铜牌，金牌总数连续两届位列全省第一。

十一、城乡建设、环境和安全生产

城市建设[10]水平明显提升。年末城市建成区面积530.8平方公里，比上年增加26.3平方公里。年末绿地覆盖率40.6%，人均公园绿地面积11.8平方米。全年天然气供气量9.0亿立方米，增长14.1%；液化石油气供气量4.9万吨，减少8.5%。集中供热面积18063万平方米，增长21.1%。自来水供水量3.6亿吨，增长7.8%。垃圾无害化处理率100%。

新型城镇化进展顺利。常住人口城镇化率达到70.53%，提高1.07个百分点。城乡布局进一步优化，全年撤镇设街道办事处8个。

海绵城市建设有序推进。已完工30个海绵城市试点项目，完成投资71.0亿元。试点区域实施海绵城市改造面积34.7平方公里。其中，实施海绵化改造小区1055.8万平方米；实施海绵绿地建设13.8平方公里；实施海绵化河道改造73.1公里。

环境治理力度进一步加大。2017年，城区环境空气中可吸入颗粒物(PM_{10})年均浓度130微克/立方米，下降7.8%；细颗粒物($PM_{2.5}$)63微克/立方米，下降13.7%；二氧化硫25微克/立方米，下降34.2%；二氧化氮46微克/立方米，增加2.2%。区域环境噪声昼间平均等效声级53.7分贝，增加0.6分贝；市区道路交通噪声平均等效声级69.7分贝，下降0.1分贝。

社会治安秩序良好。全年刑事案件立案19648件，下降7.1%。破获当年刑事案件8571件。受理社会治安案件66375件，下降7.6%。

全市各类事故总量下降。全年共发生各类安全生产事故282起，死亡201人，受伤174人。亿元国内生产总值生产安全事故死亡率[11]0.028。

十二、人口、居民生活和社会保障

人口保持均衡增长。年末全市常住人口732.12万人，比上年末增长1.22%。户籍人口643.62万人，增长1.71%。申报出生率17.83‰，申报死亡率9.86‰，人口自然增长率7.97‰。

居民生活继续改善。城镇居民人均可支配收入46642元，比上年增长8.3%；城镇居民人均生活消费支出30729元，增长7.7%。农村居民人均可支配收入16594元，增长8.1%；

农村居民人均生活消费支出10327元,增长9.9%。城乡居民收入比为2.8:1,与上年持平。城镇居民恩格尔系数[12] 23.5%,农村居民恩格尔系数31.5%。

2017年城镇、农村居民人均可支配收入情况

指标名称	城镇居民		农村居民	
	本年(元)	增幅(%)	本年(元)	增幅(%)
可支配收入	46642	8.3	16594	8.1
一、工资性收入	26290	4.1	9476	9.3
二、经营净收入	2590	0.4	5795	1.4
三、财产净收入	8748	21.3	454	47.0
四、转移净收入	9014	12.5	870	33.4

2017年末每百户居民家庭主要耐用消费品拥有情况[13]

指标名称	单位	城镇	农村
家用汽车	辆	53.7	44.2
摩托车	辆	16.1	76.3
电冰箱(柜)	台	101.9	97.3
洗衣机	台	99.5	90.3
热水器	台	101.4	82.0
空调	台	156.4	74.4
彩色电视机	台	111.1	118.4
照相机	台	52.3	8.9
计算机	台	91.3	43.1
固定电话	部	54.8	46.0
移动电话	部	212.5	230.7

社会保障体系更加完善。年末城镇职工基本养老保险参保人数304.63万,增加20.35万;职工医疗保险参保人数228.68万,增加14.20万;失业保险参保人数147.19万,增加11.41万;工伤保险参保人数187.51万,增加26.29万;生育保险参保人数152.73万,增加10.57万。居民养老保险和医疗保险参保人数分别达到226.99万和408.02万。

最低生活保障标准继续提高。城市最低生活保障标准由上年人均每月580元提高到596元,享受城镇最低生活保障的城镇居民1.09万户、1.67万人,发放最低生活保障金及各类补贴1.09亿元。农村最低生活保障标准由年人均不低于4165元提高到4277元,享受农村最低生活保障的农村居民5.27万户、7.71万人,发放最低生活保障金及各类补贴2.69亿元。农村五保集中供养标准每人每年6400元,分散供养标准由每人每年4165元提高到4277元。

社会救助事业稳定发展。共有救助管理站1处,流浪未成年人保护中心1处。全年培训残疾人5216人次,安置残疾人员就业1638人,帮扶救助残疾人投入资金8721.2万元。

注释:

[1]2017年统计数据为统计快报数或初步核算数,正式数据以出版的《济南统计年鉴-2018》为准。

[2]全市地区生产总值、各产业增加值绝对数按现价计算,增长速度按不变价格计算。

[3]人均地区生产总值按年均常住人口计算。

[4]现代服务业包括:信息传输、软件和信息技术服务业,金融业,房地产业,商务服务业,研究和试验发展,专业技术服务业,科技推广和应用服务业,教育,卫生,体育,娱乐业。

[5]规模以上工业企业指年主营业务收入2000万元及以上的工业法人单位。

[6]限额以上单位是指年主营业务收入2000万元及以上的批发业单位、500万元及以上的零售业单位、200万元及以上的住宿和餐饮业单位。单位包括法人企业、产业活动单位和个体户。

[7]普通高等学校指标口径不含成人高等学校与培养研究生科研机构。

[8]技工学校自2017年起统计口径调整为济南市属技工学校。

[9]研究生在校生指标统计口径不含培养研究生科研机构。

[10]城市建设指标口径为包含三县的整个济南地区。

[11]亿元国内生产总值生产安全事故死亡率是指安全生产事故死亡人数与亿元GDP之比。

[12]恩格尔系数是指食品支出在消费支出中的比重。

[13]数据来自于住户收支与生活状况调查。

资料来源:本公报中社会治安数据来自公安部门;财政数据来自财政部门;城镇新增就业、新增农村劳动力转移就业、登记失业率、城镇职工各类保险参保数据、人才数据来自人力资源和社会保障部门;安全生产数据来自安全生产监督管理部门;淘汰落后产能相关数据来自经信部门;水产品产量、农业数据来自农业部门;林业数据、建绿透绿数据来自林业部门;灌溉面积数据来自水利部门;外资数据来自投资促进局;进出口、对外承包工程、新设境外企业、外派劳务人员、会展数据来自商务部门;公路里程、公交数据、公路运输数据来自交通部门;邮政、快递数据来自邮政管理部门;机动车数据来自车管所;保险、证券数据来自金融部门;旅游数据来自旅游部门;教育数据来自教育部门;科技数据来自科技部门;新认定国家级企业技术中心数据、新增省级工程实验室(工程研究中心)数据来自发改部门;文化数据来自文化部门;卫生数据、新型农村合作医疗相关数据来自卫生部门;体育数据来自体育部门;城市建设相关数据来自城乡建设部门;环境保护相关数据来自环保部门;棚改旧改数据来自房管部门;拆违拆临数据来自城管部门;城乡最低生活保障、农村五保相关数据来自民政部门;全面深化改革数据来自市委全面深化改革领导小组办公室、发改委;扶贫数据来自市扶贫开发领导小组办公室;残疾人保障数据来自残联;居民收入与支出数据、恩格尔系数、价格指数、粮食播种面积、产量来自国家统计局济南调查队;其他数据均来自市统计局。

地区生产总值（亿元）

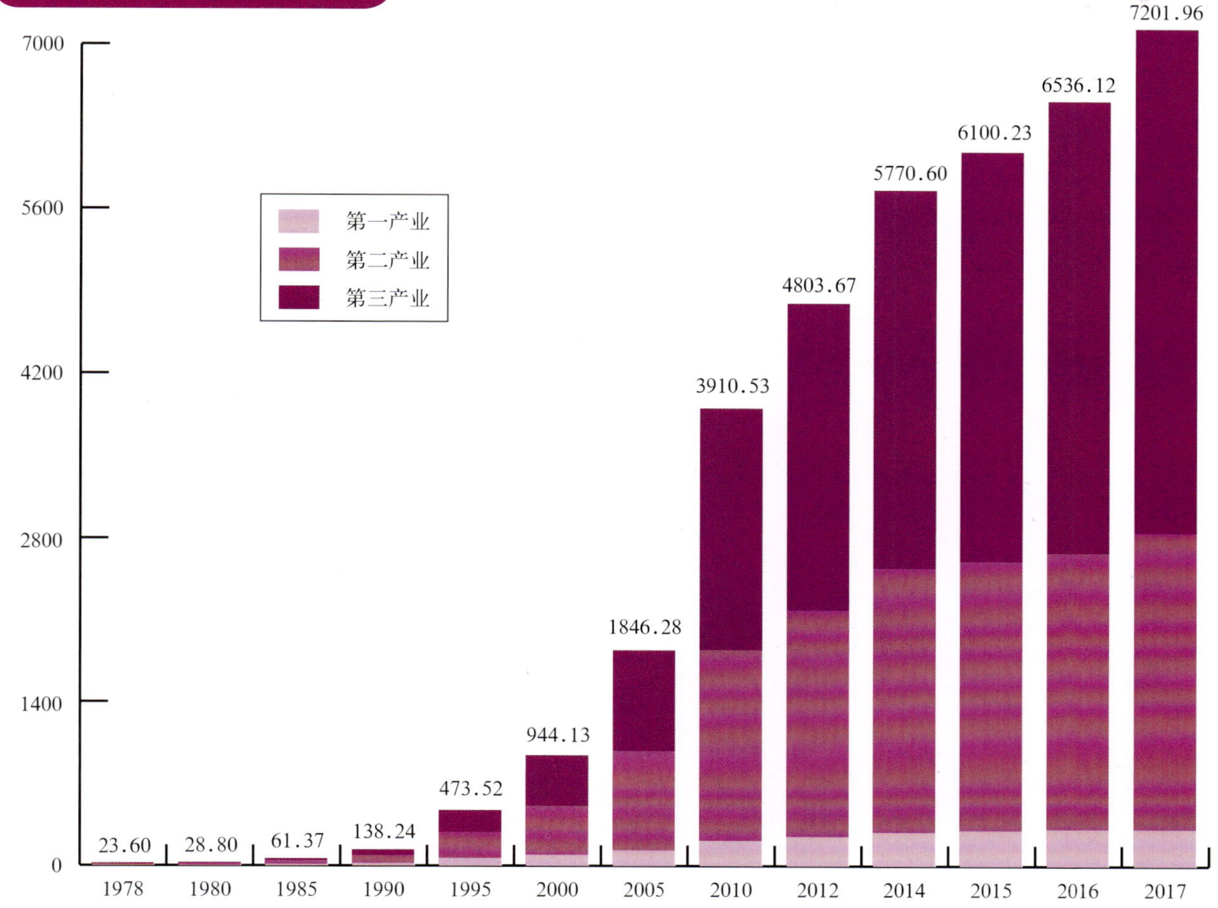

人均地区生产总值（元）

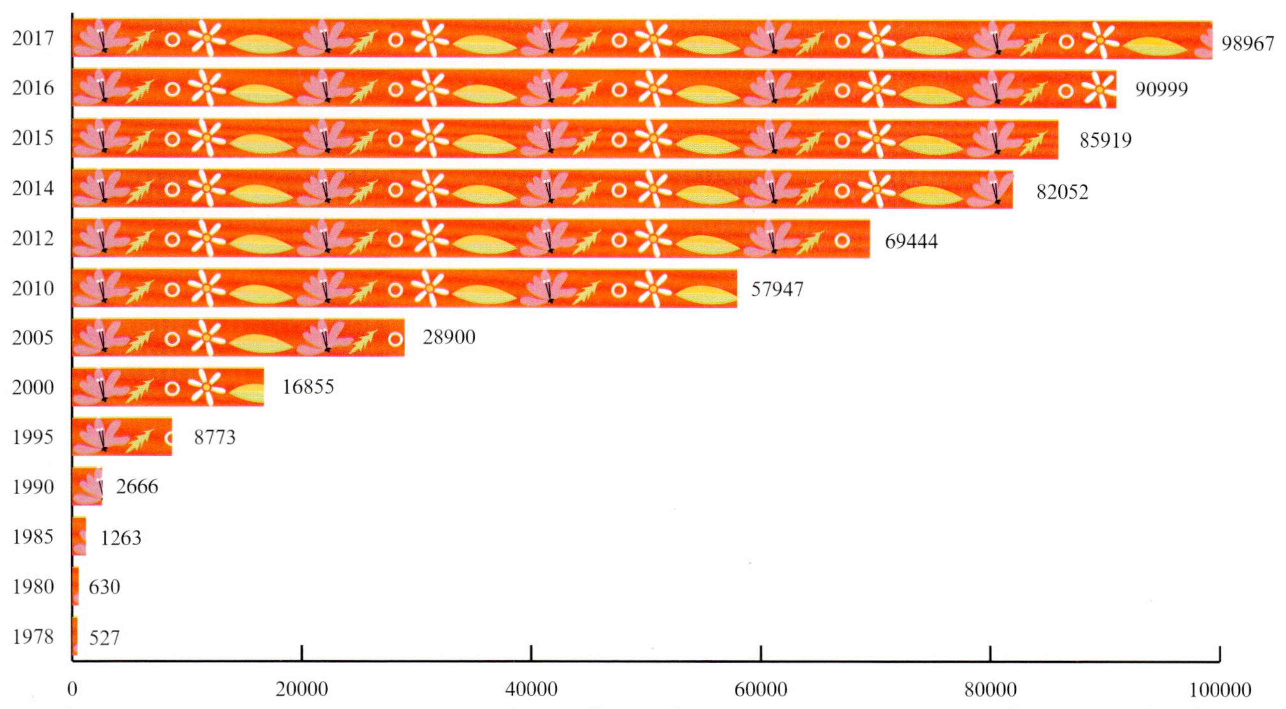

全社会从业人员（万人）

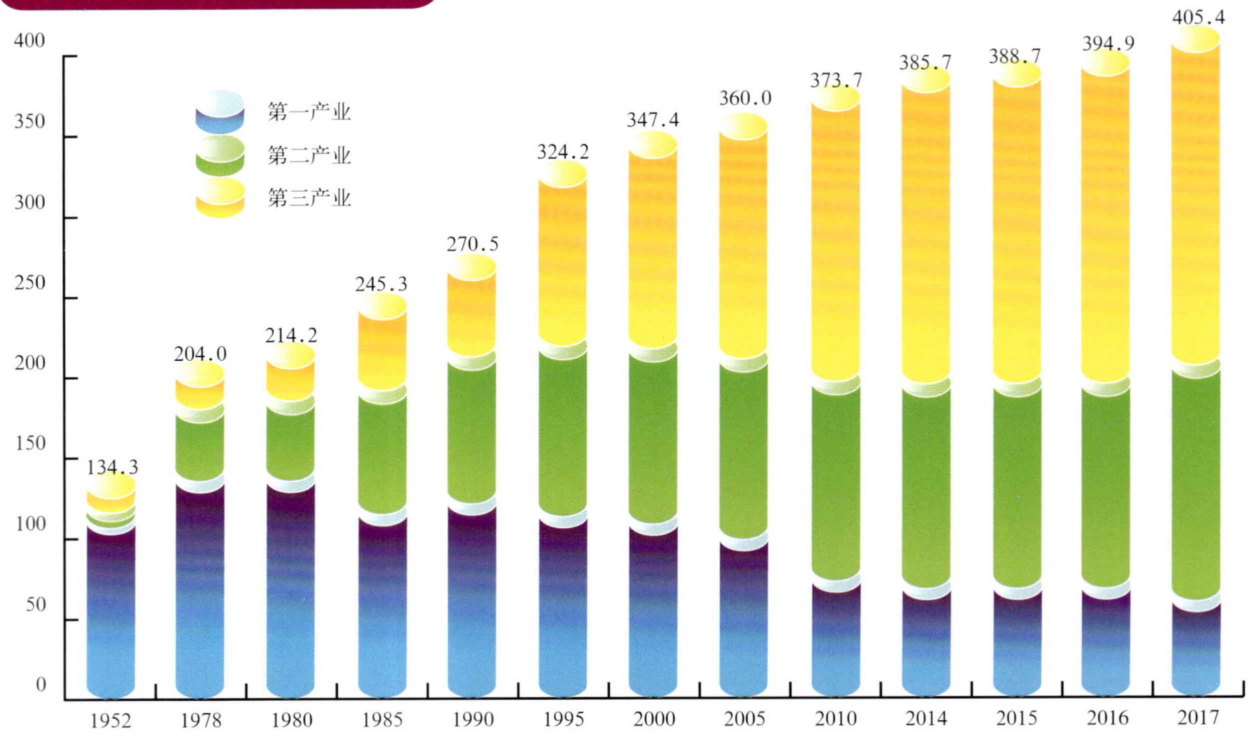

在岗职工平均工资（元）

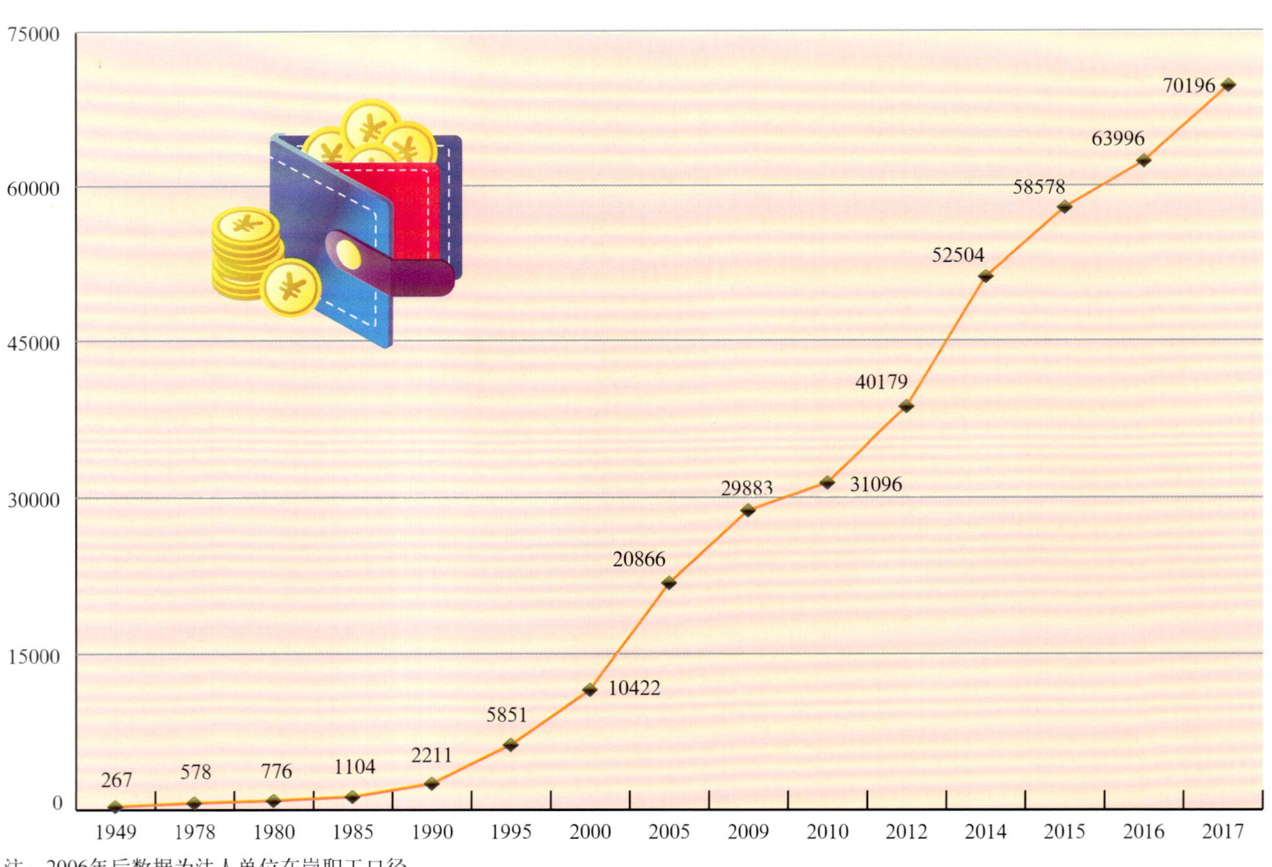

注：2006年后数据为法人单位在岗职工口径。

年末户籍总人口（万人）

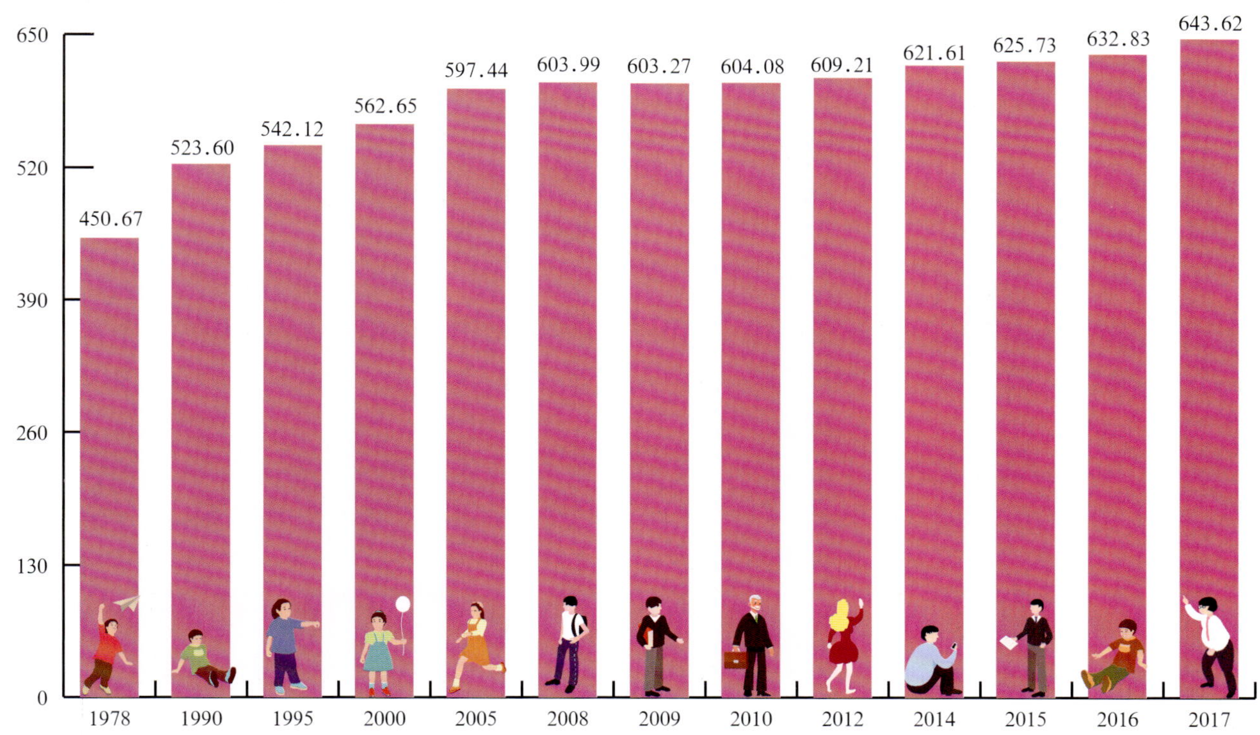

人口自然变动情况（‰）

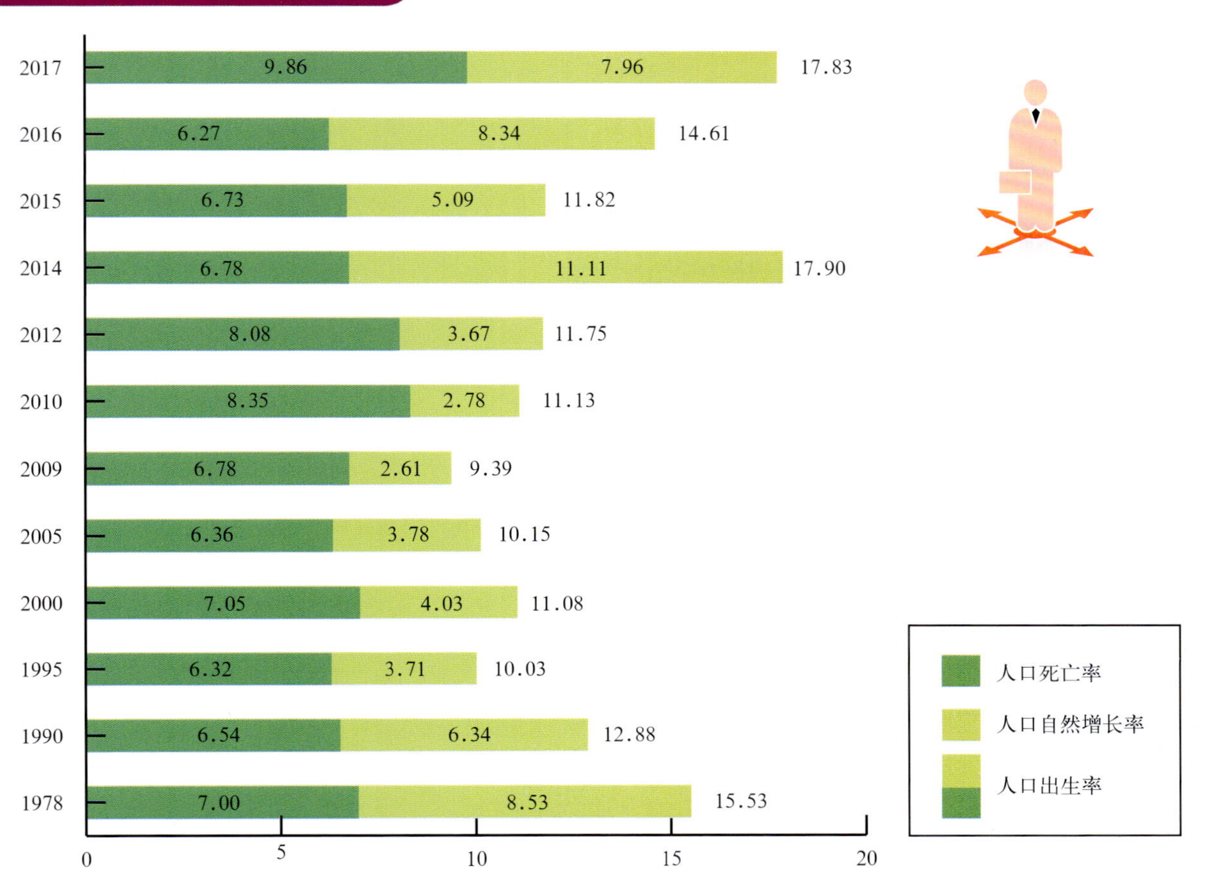

一般公共预算收支（亿元）

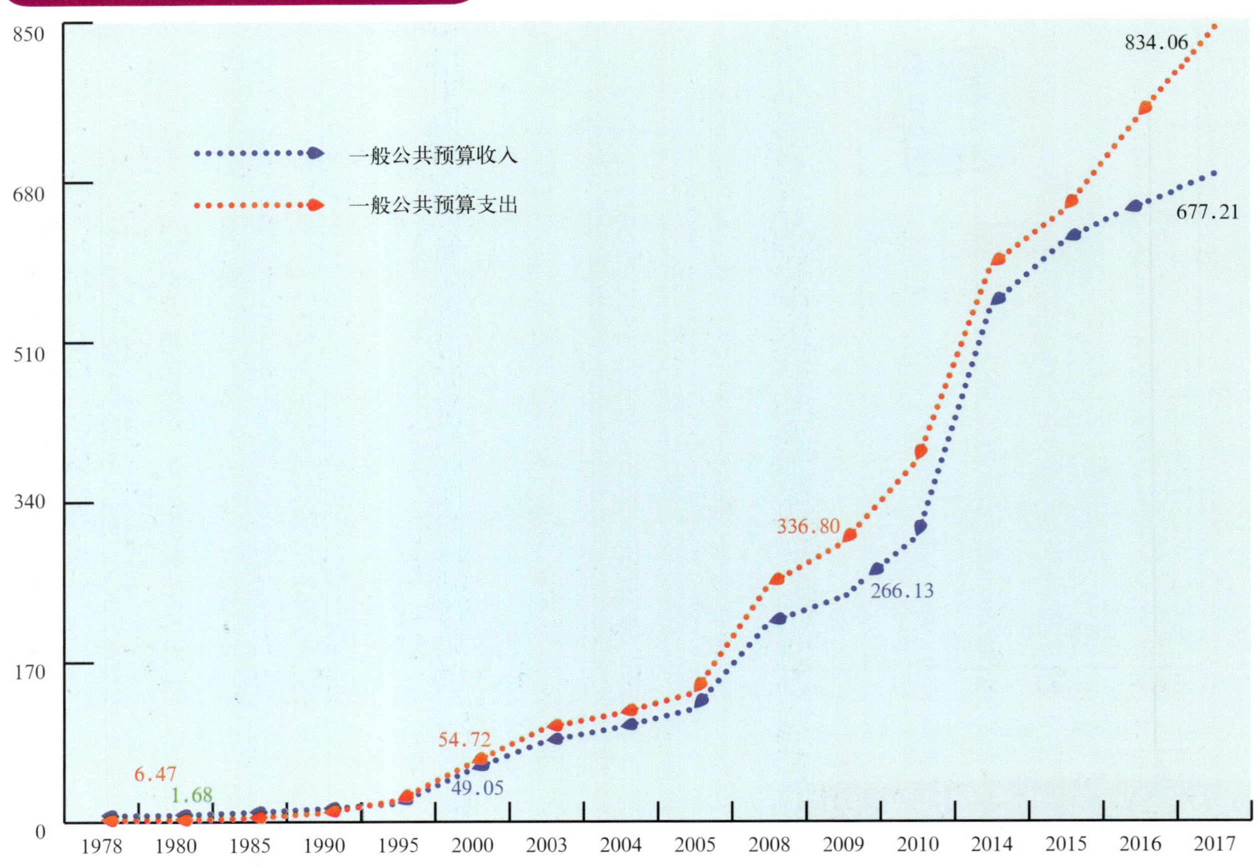

金融机构人民币存、贷款金额（亿元）

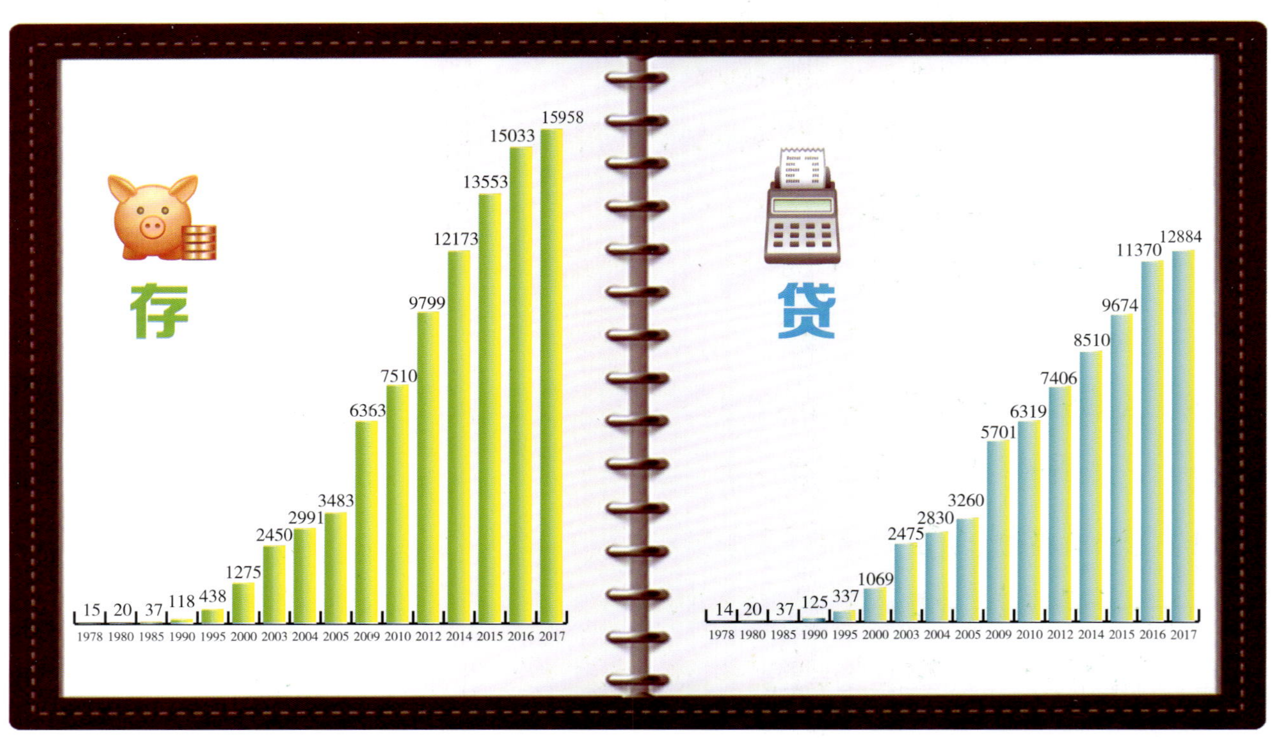

城镇居民人均可支配收入和农村居民人均可支配收入（元）

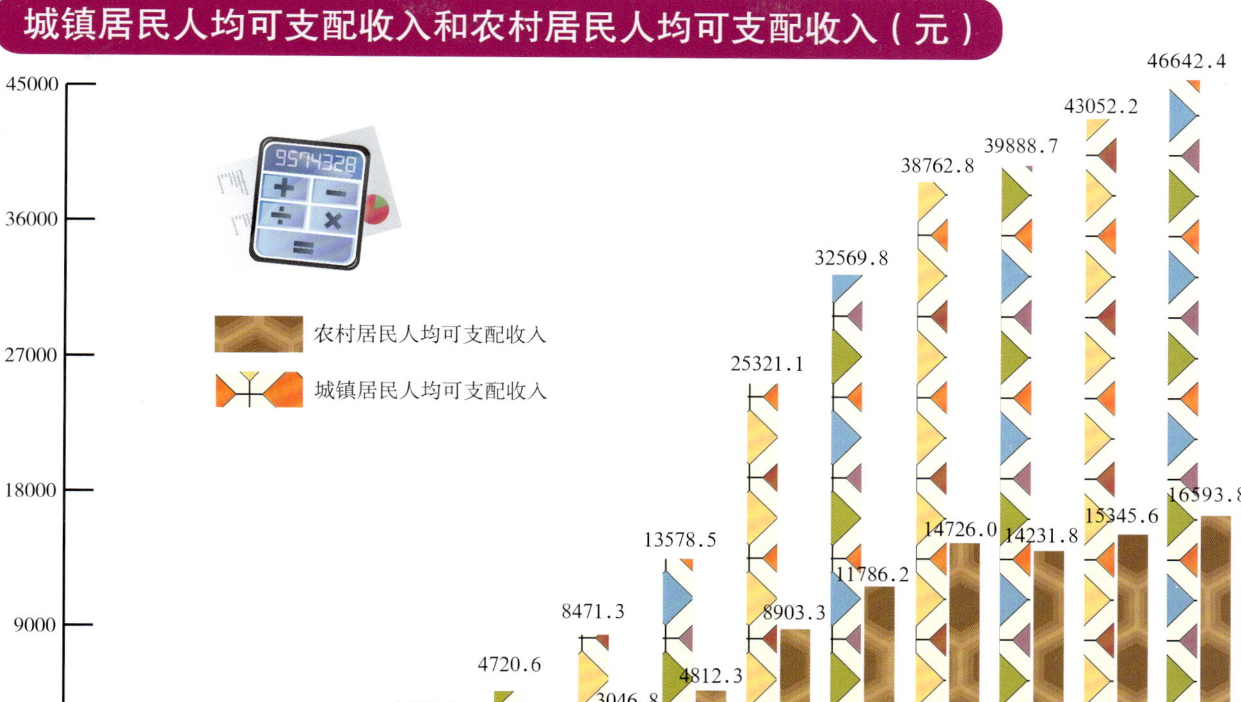

注：城乡一体化改革，2015年起为城镇居民人均支配收入和农村居民人均可支配收入口径；
之前年份为城市居民人均可支配收入和农民人均纯收入口径。

城镇居民人均生活消费支出和农村居民人均生活消费支出（元）

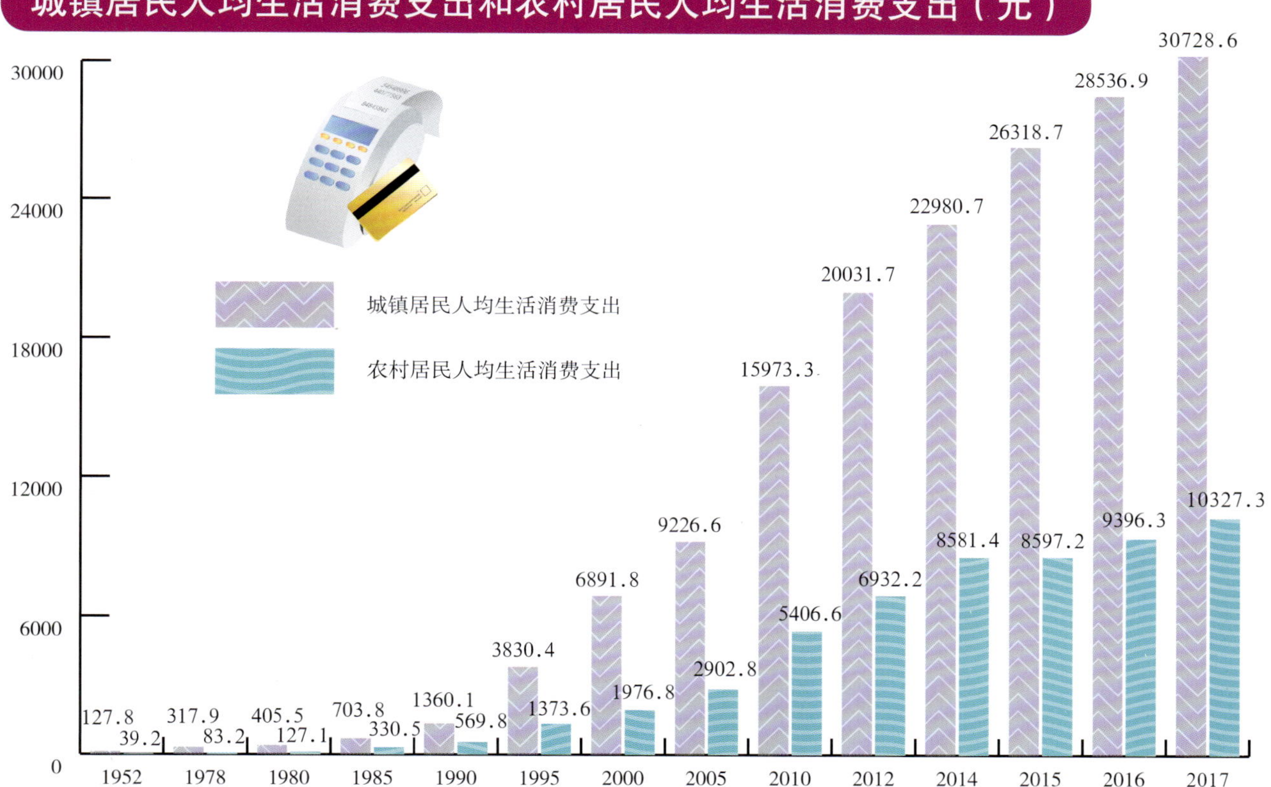

注：城乡一体化改革，2015年起为城镇居民人均生活消费支出和农村居民人均生活消费支出口径；
之前年份为城市居民人均消费性支出和农民人均生活费支出口径。

城镇居民与农村居民恩格尔系数（%）

人民币住户存款余额（亿元）

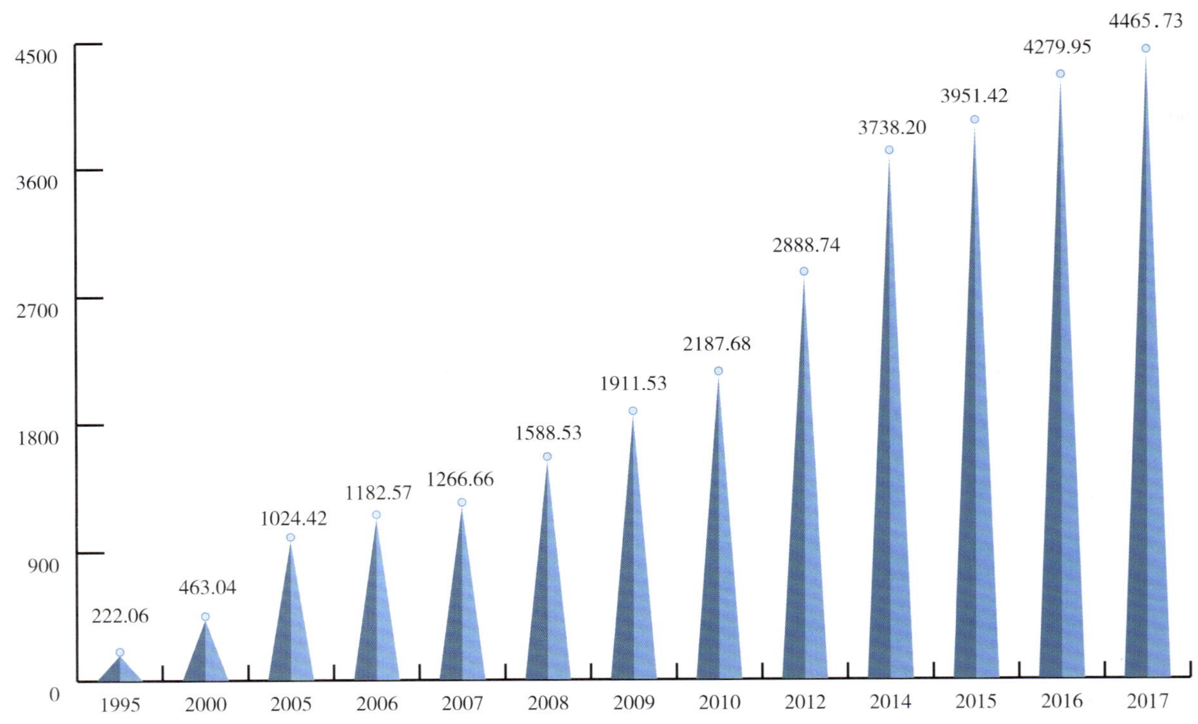

注：2015年之前为城乡居民人民币储蓄存款余额口径，2015年调整为住户存款。

居民消费价格指数与商品零售价格指数（以上年为100/%）

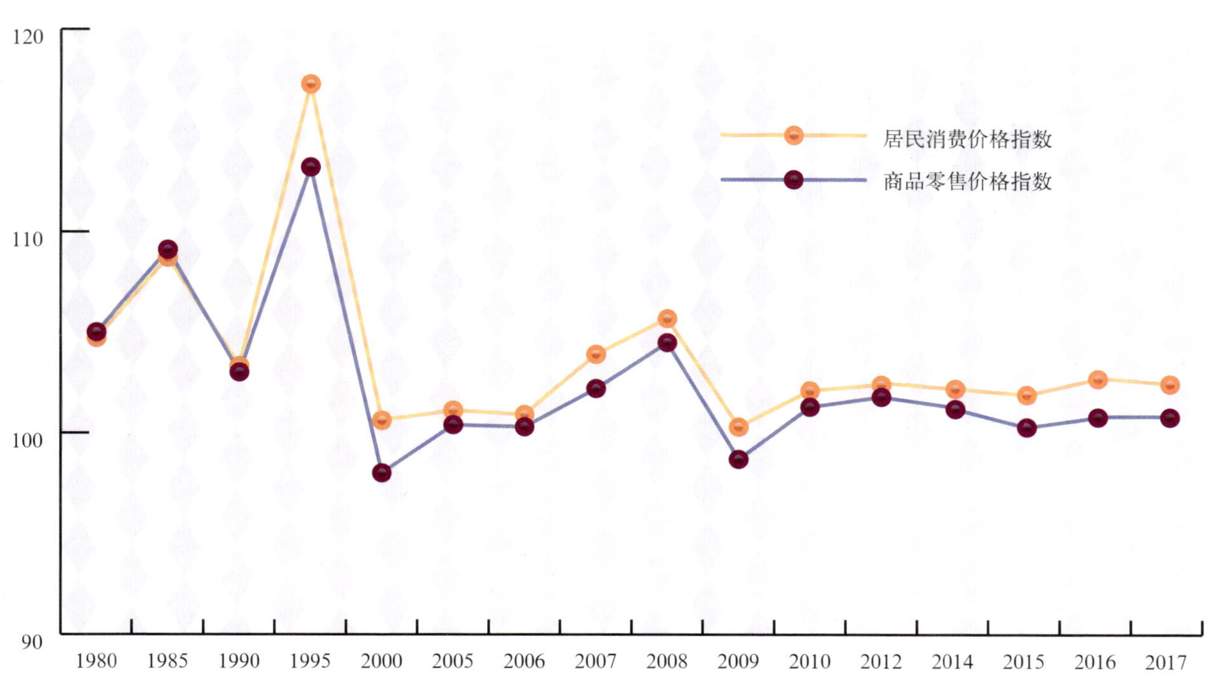

工业生产者出厂价格指数与工业生产者购进价格指数（以上年为100/%）

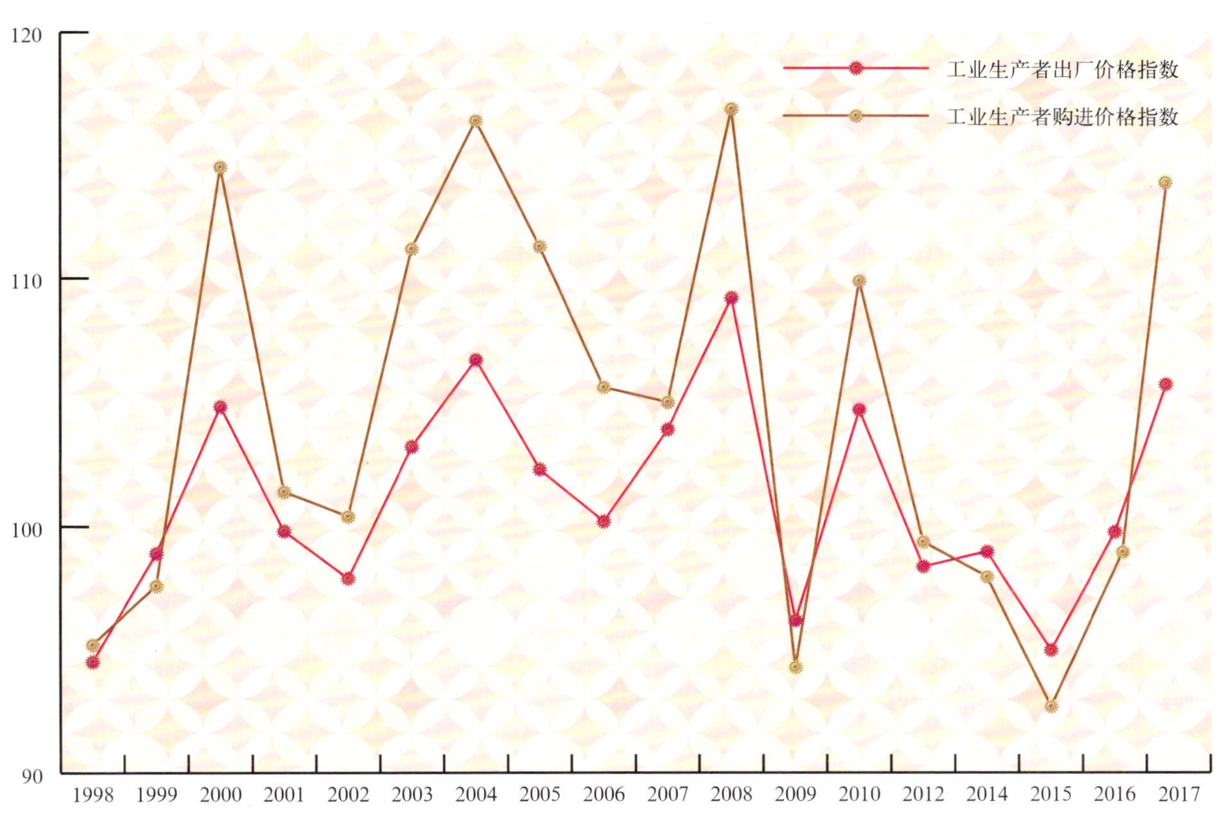

实际使用外资（万美元）

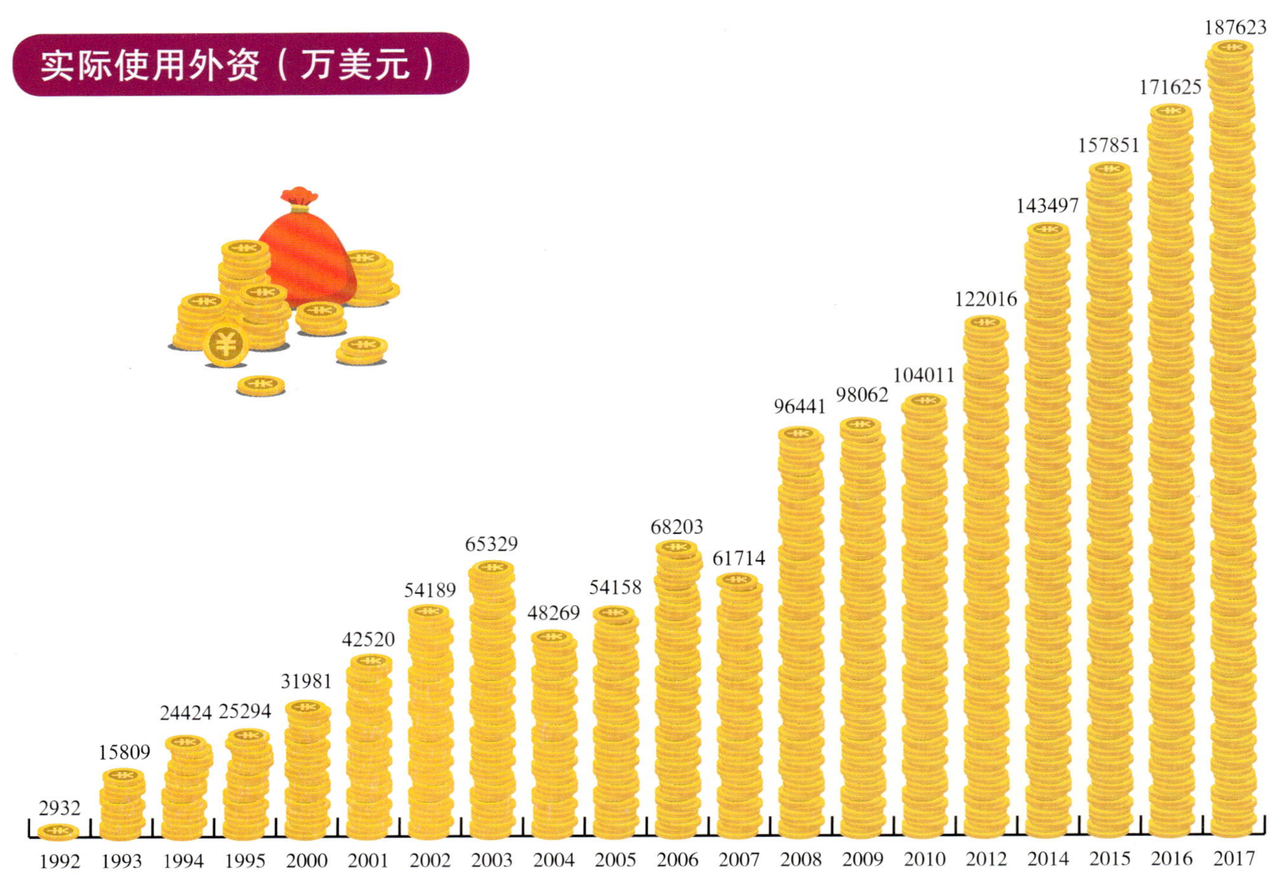

海关进出口总值（万美元）

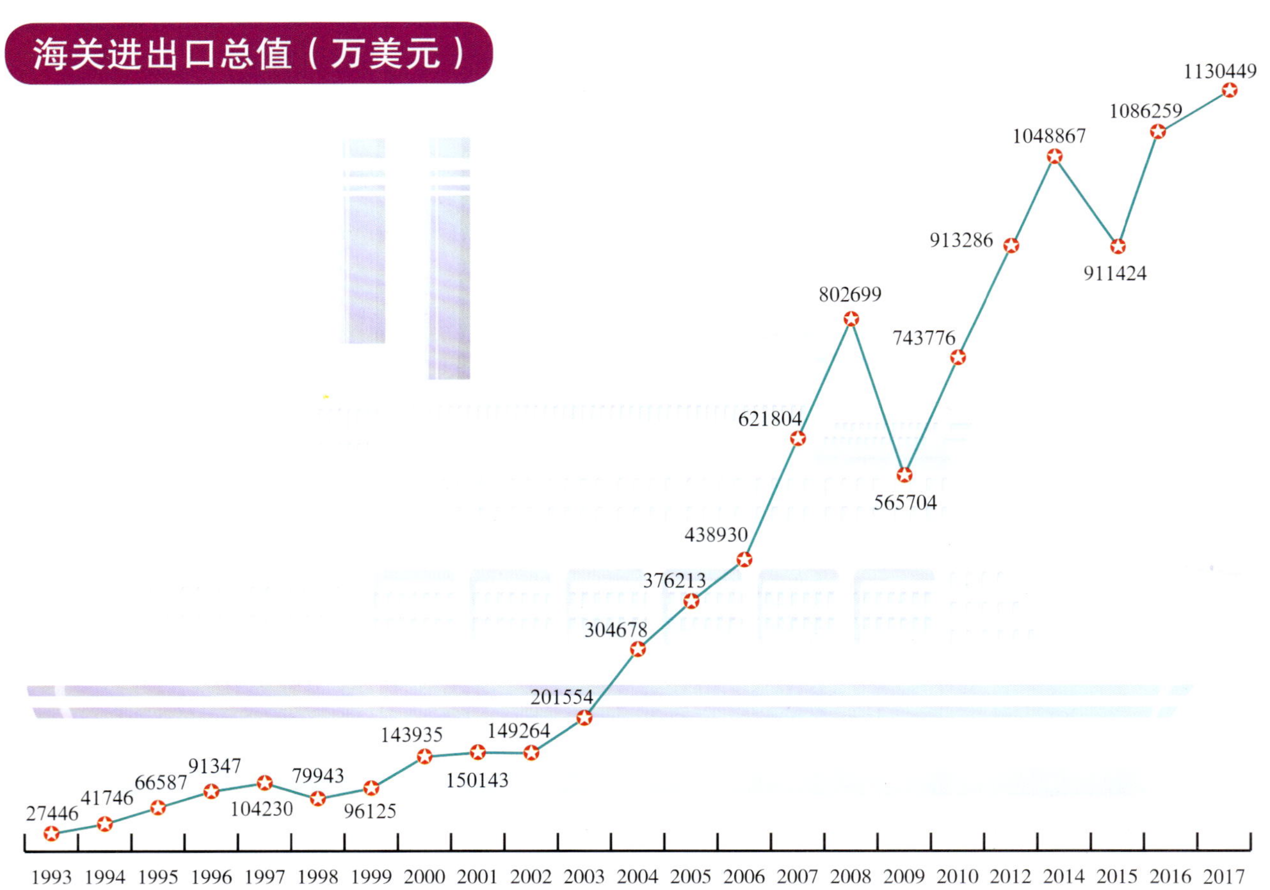

规模以上工业主营业务收入（亿元）

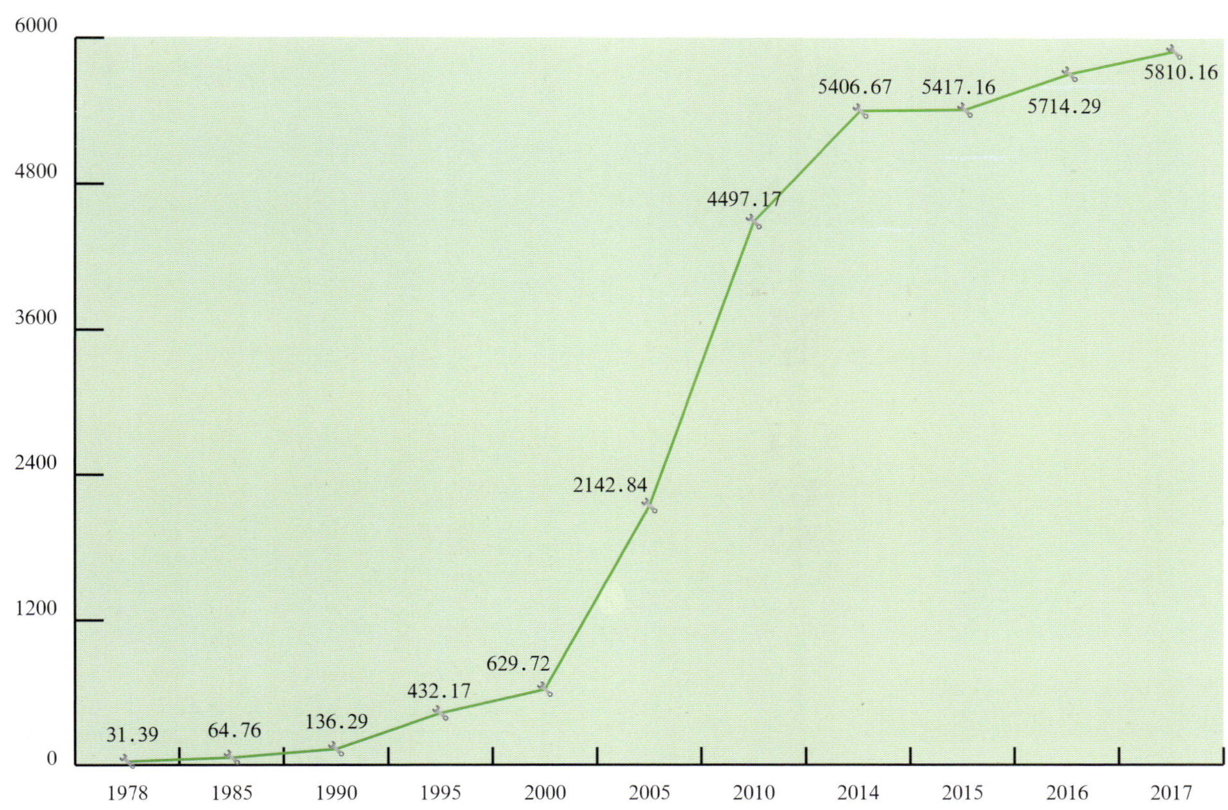

规模以上工业利税总额（亿元）

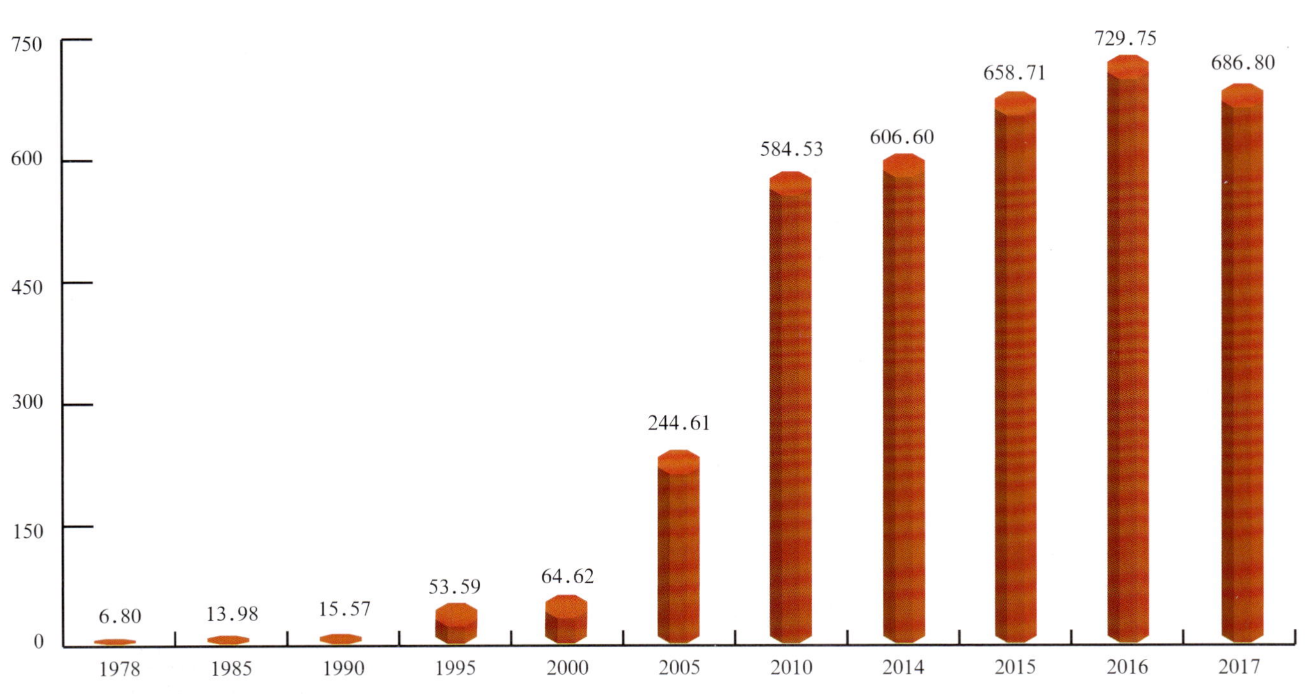

规模以上工业利润总额（亿元）

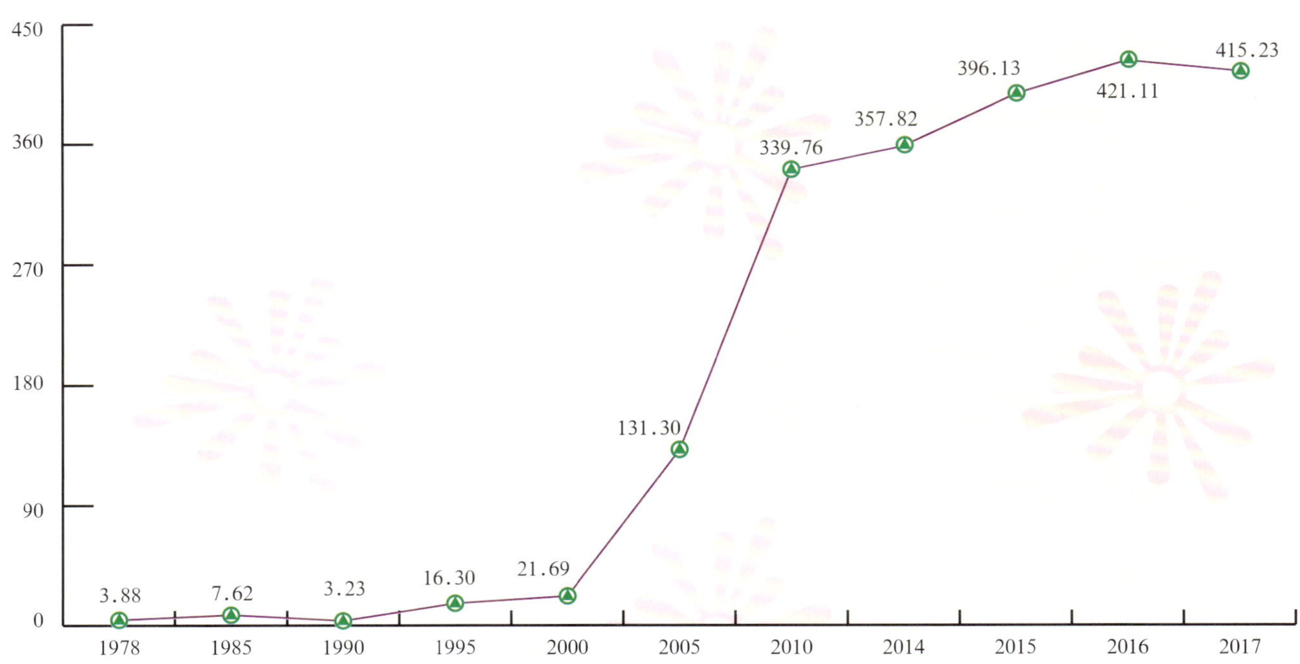

主要工业产品产量

发电量（亿千瓦时）

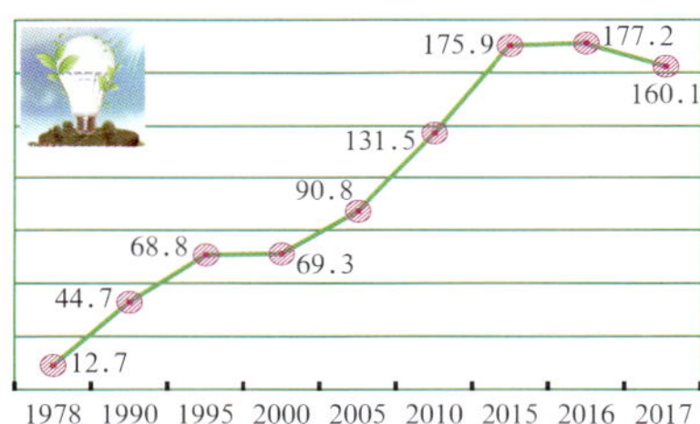

服务器（万台）

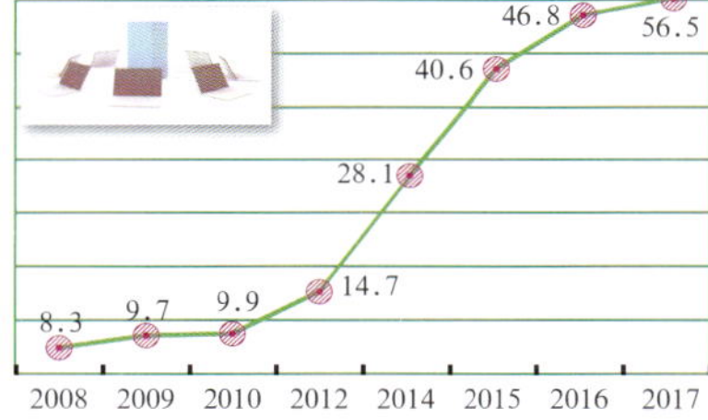

原油加工量（万吨）

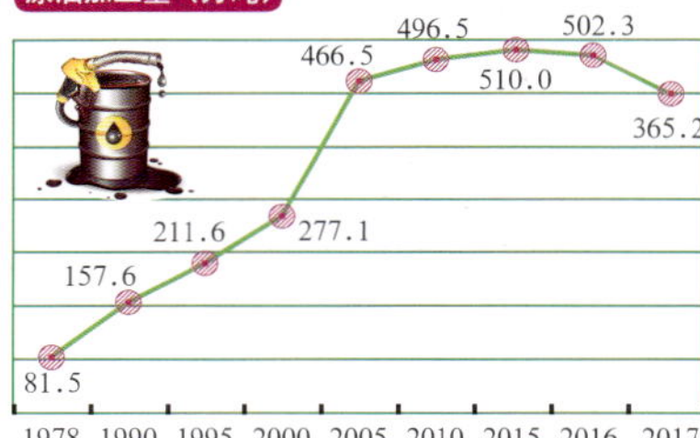

化肥（万吨）

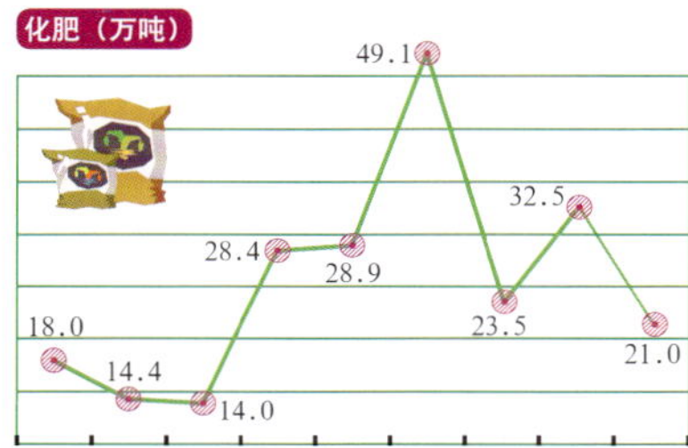

水泥（万吨）

87.6
211.6
425.0
485.1
1595.7
729.8
781.5
719.8
604.5
1978 1990 1995 2000 2005 2010 2015 2016 2017

啤酒（万千升）

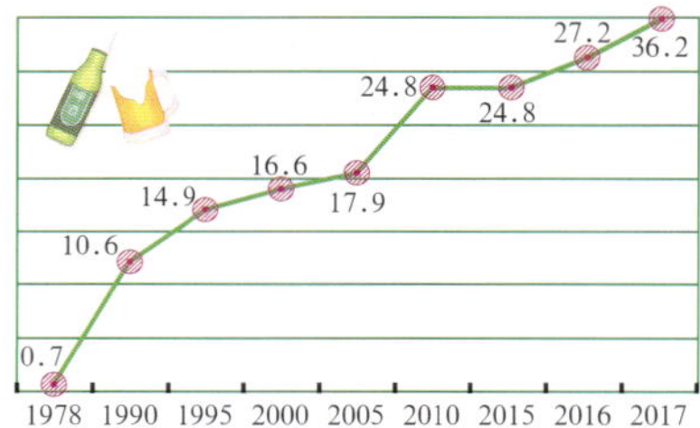

汽车（辆）

钢材（万吨）

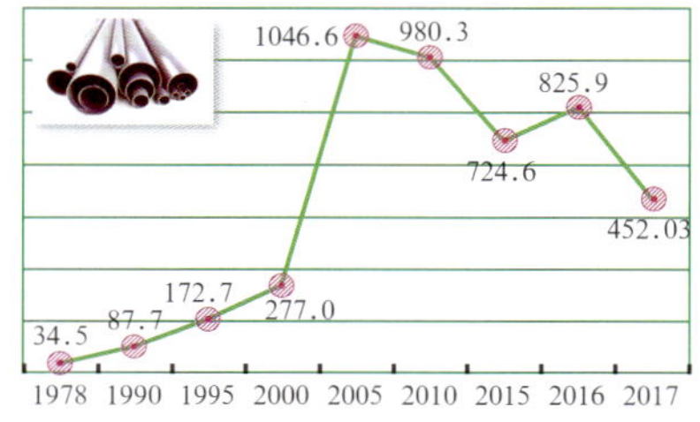

初级形态塑料（万吨）

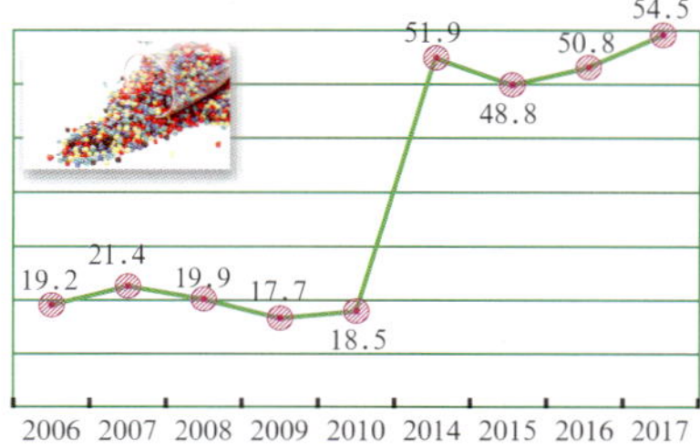

社会消费品零售总额及构成（亿元）

固定资产投资及构成（亿元）

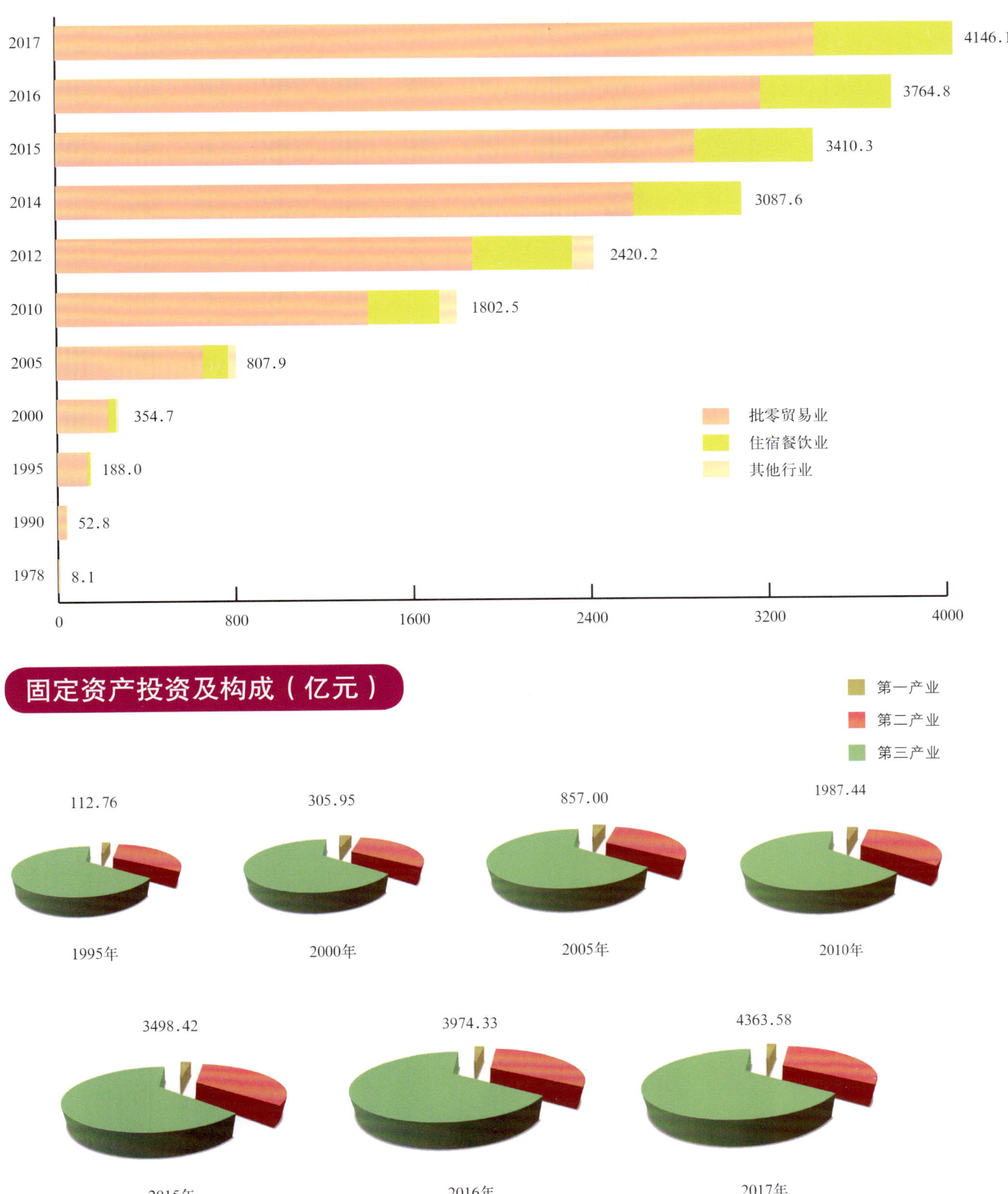

注：从2011年开始固定资产投资项目统计的起点标准从计划总投资50万元以上提高到500万元以上。

农林牧渔业增加值（亿元）

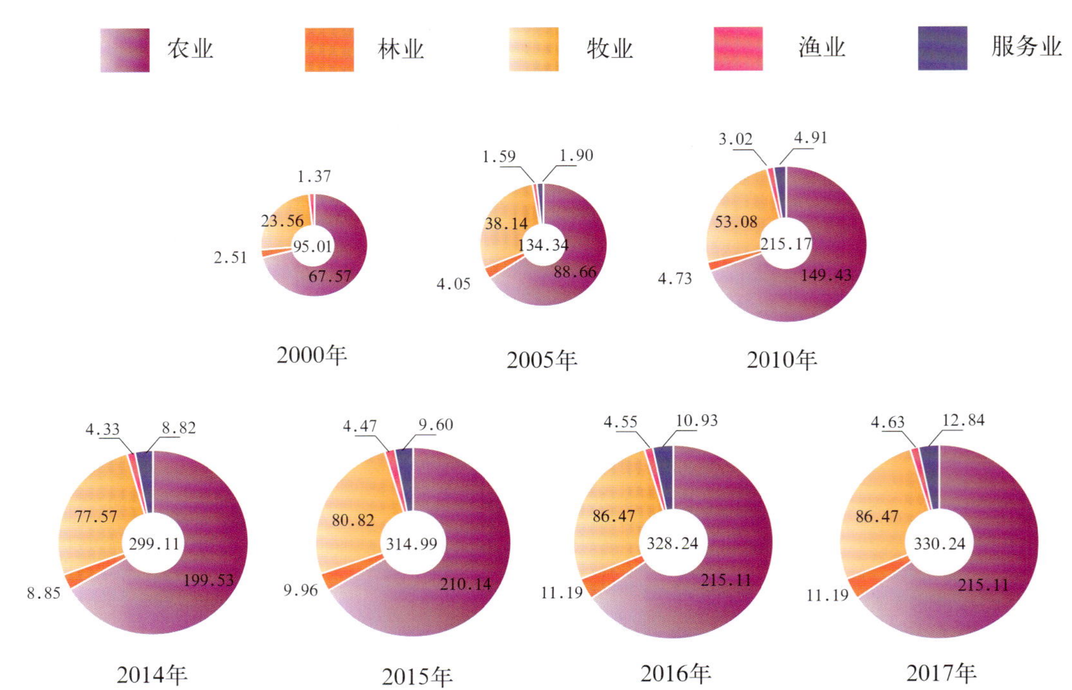

主要农产品产量（万吨）

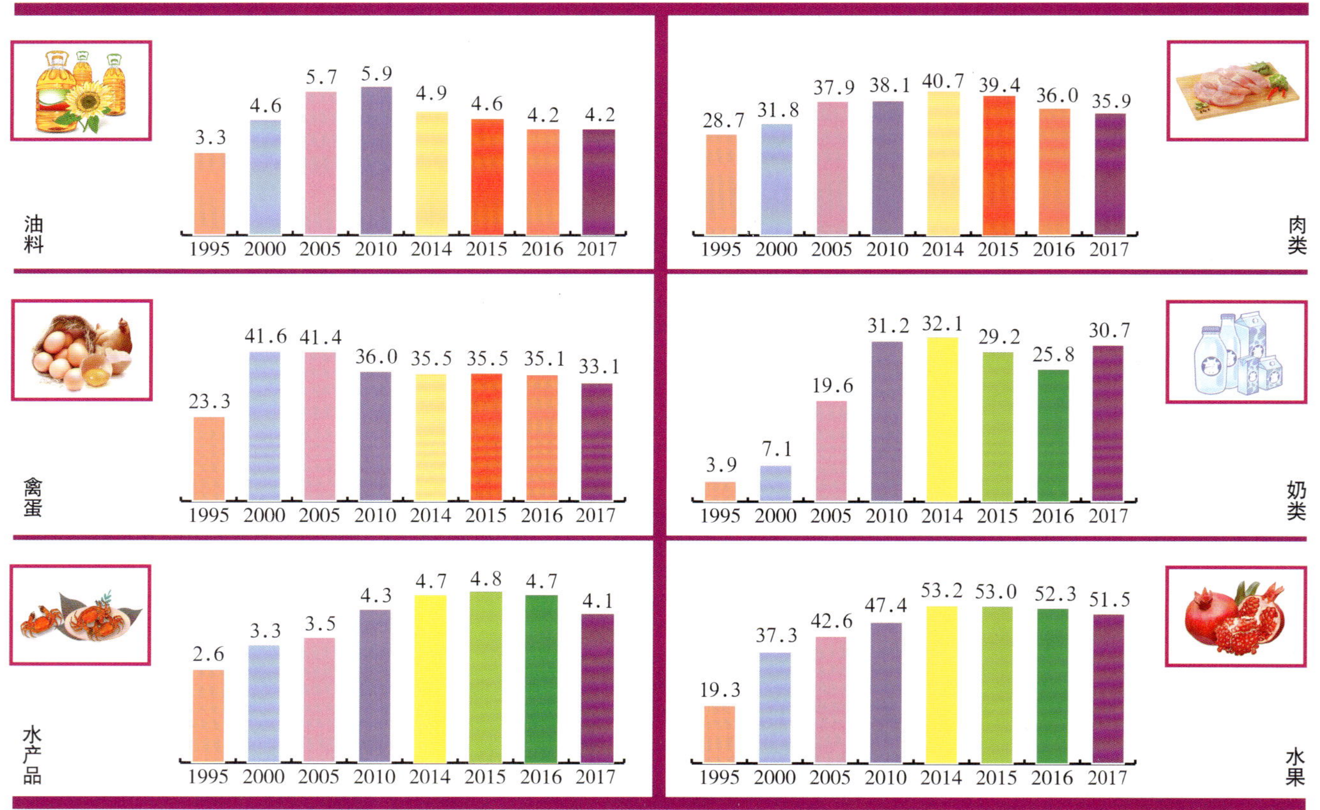

移动电话用户、宽带及互联网拨号注册电话用户（万房）

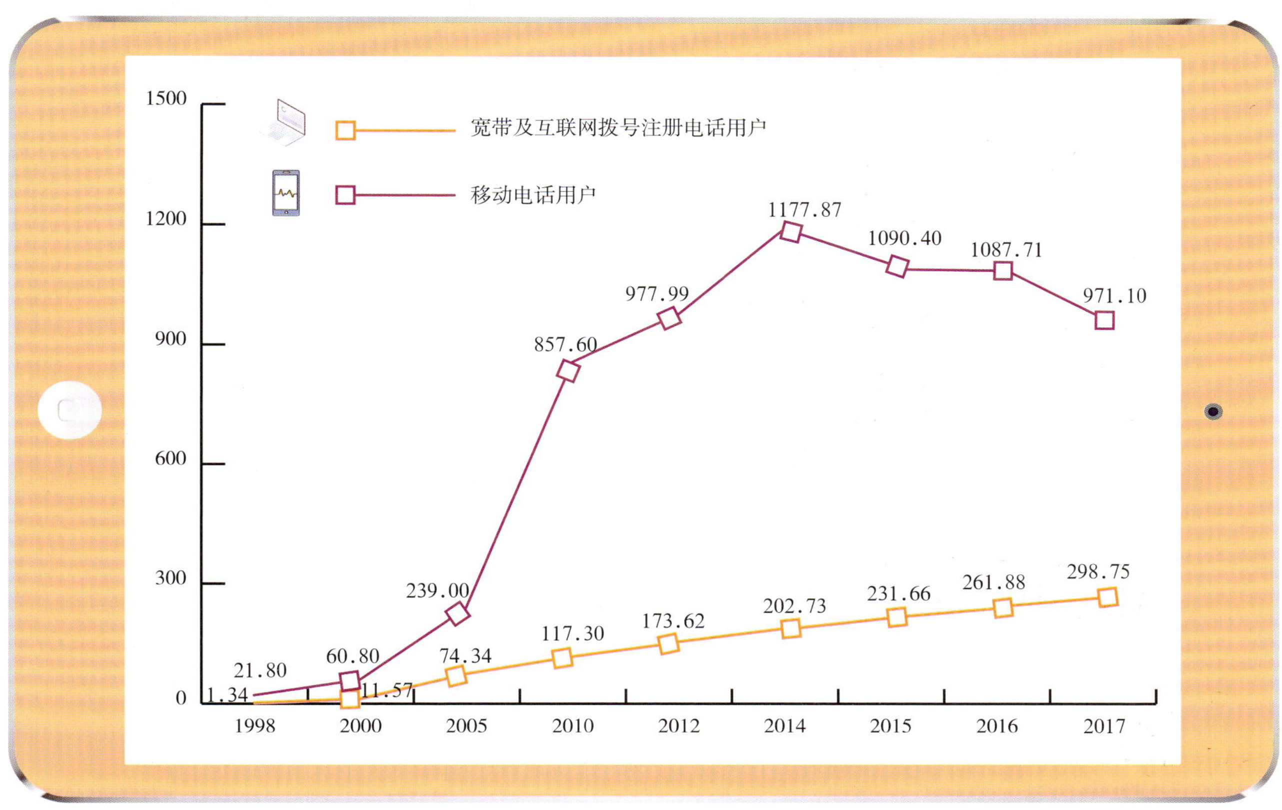

客运量（万人）　　货运量（万吨）

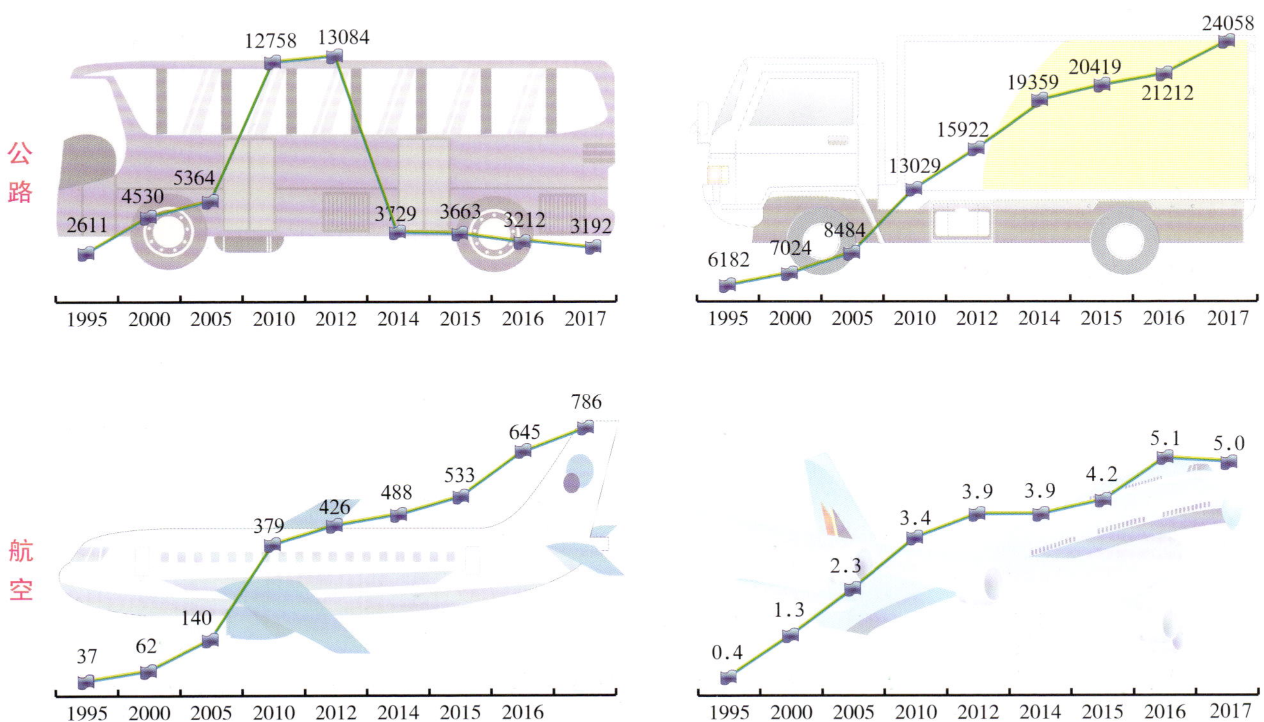

注：自2014年起，交通部门执行新的公路运输量统计方案，调查范围较老口径有所缩小，2014年及2013年数据均为新口径下交通部反馈数据。

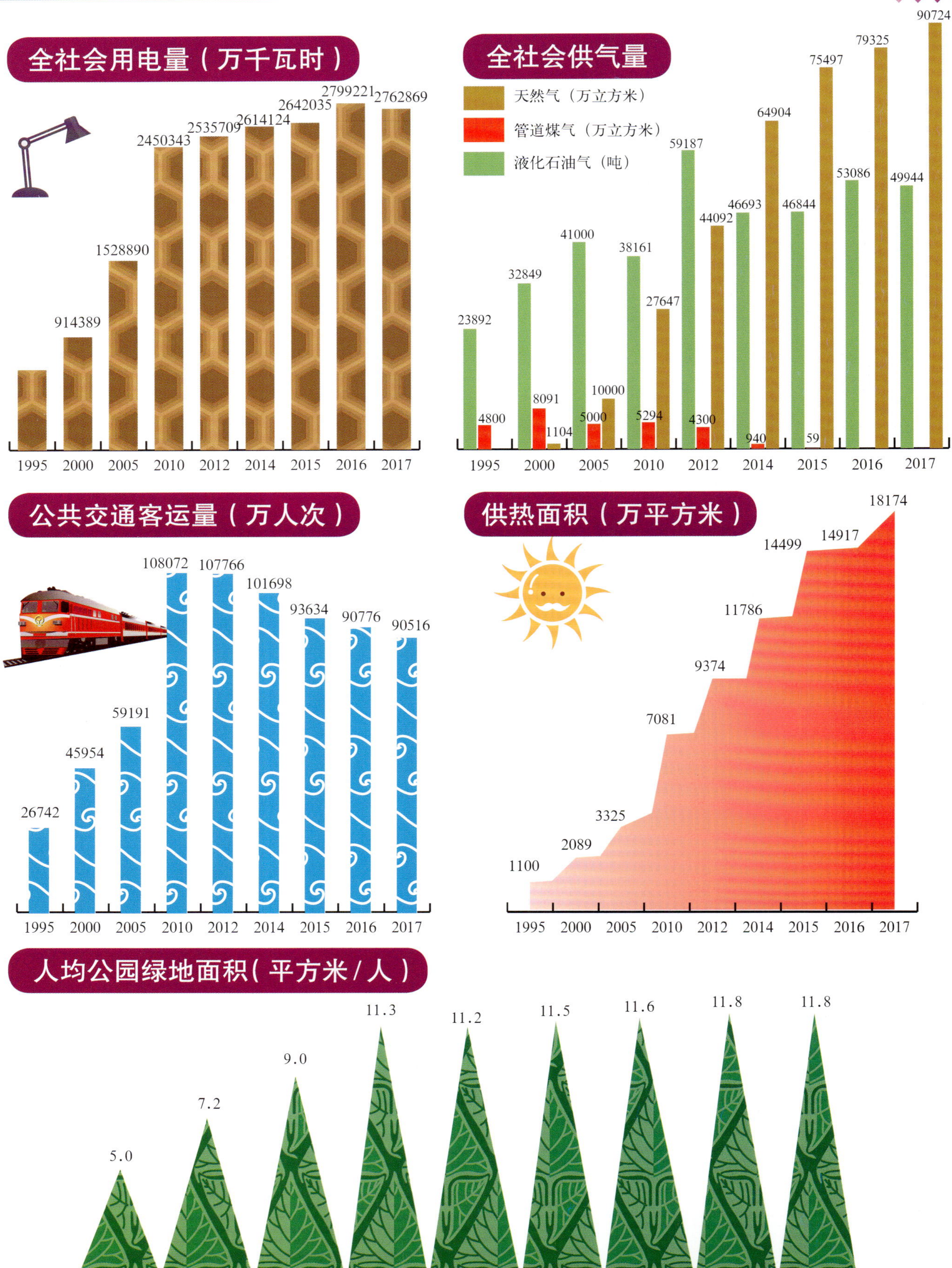
全社会用电量（万千瓦时）
1528890
914389
2450343
2535709
2614124
2642035
2799221
2762869
1995 2000 2005 2010 2012 2014 2015 2016 2017
全社会供气量
天然气（万立方米）
管道煤气（万立方米）
液化石油气（吨）
23892
4800
32849
8091
1104
41000
5000
10000
38161
5294
27647
59187
4300
44092
46693
940
64904
46844
59
75497
53086
79325
49944
90724
1995 2000 2005 2010 2012 2014 2015 2016 2017
公共交通客运量（万人次）
26742
45954
59191
108072
107766
101698
93634
90776
90516
1995 2000 2005 2010 2012 2014 2015 2016 2017
供热面积（万平方米）
1100
2089
3325
7081
9374
11786
14499
14917
18174
1995 2000 2005 2010 2012 2014 2015 2016 2017
人均公园绿地面积（平方米/人）
5.0
7.2
9.0
11.3
11.2
11.5
11.6
11.8
11.8
1995 2000 2005 2010 2012 2014 2015 2016 2017

专利申请量（件）

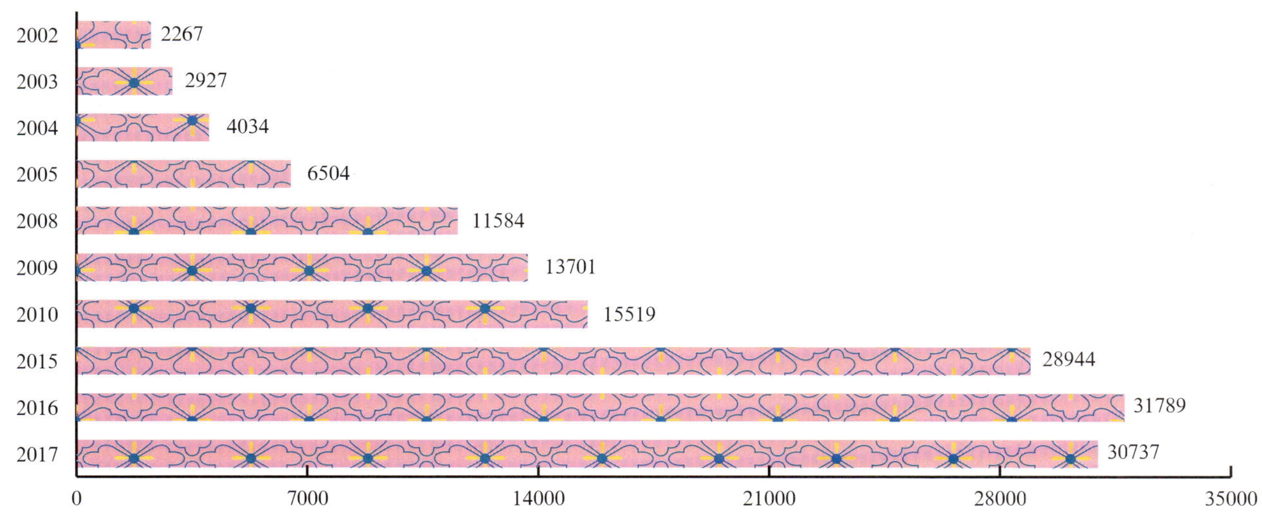

各类学校专任教师（人）

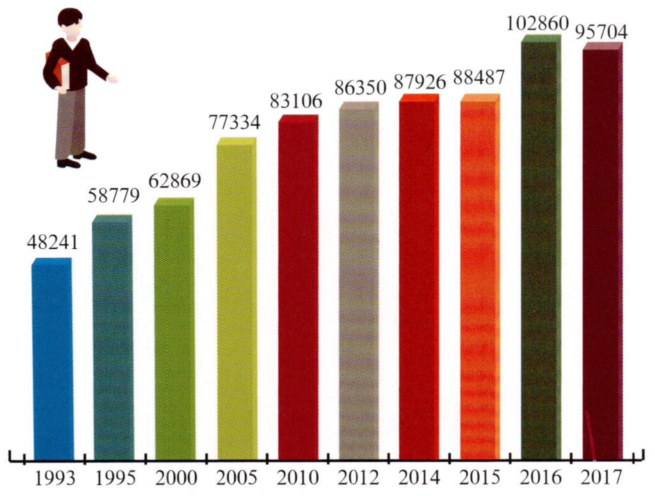

各类学校在校学生（万人）

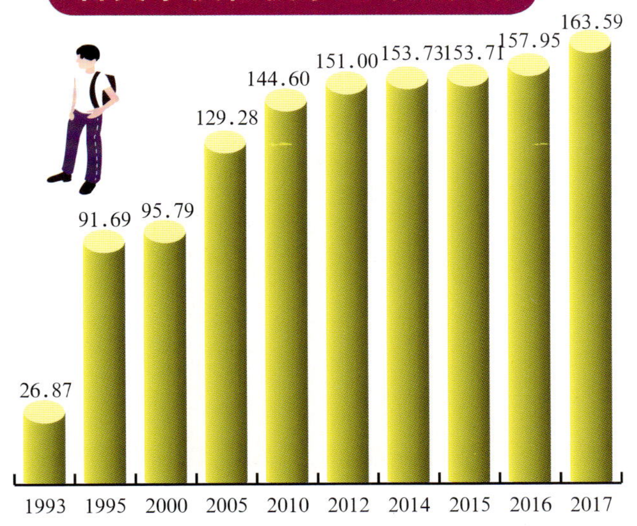

各类出版物—杂志（万册）

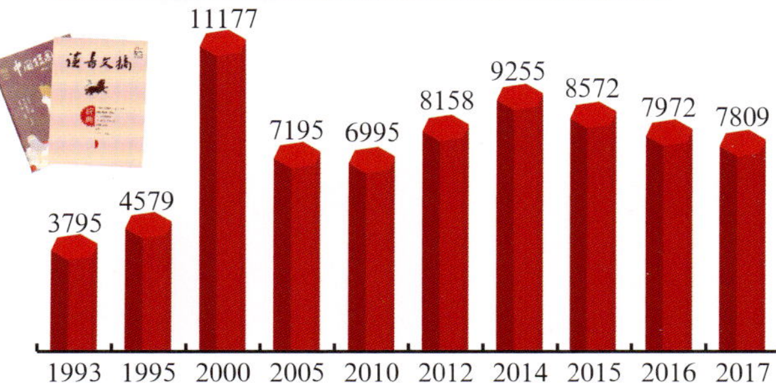

各类出版物—报纸（万份）

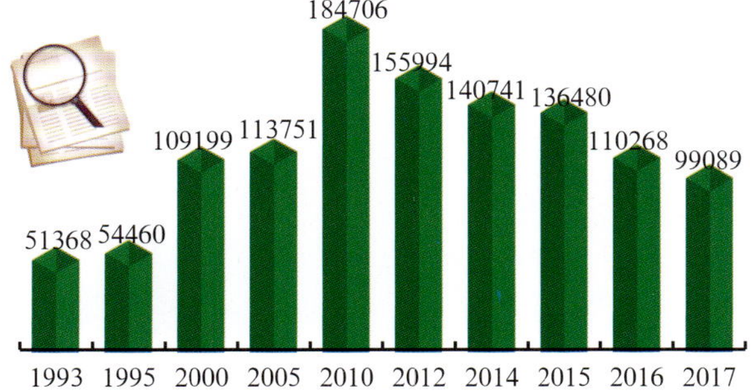

各类出版物—图书（万册）

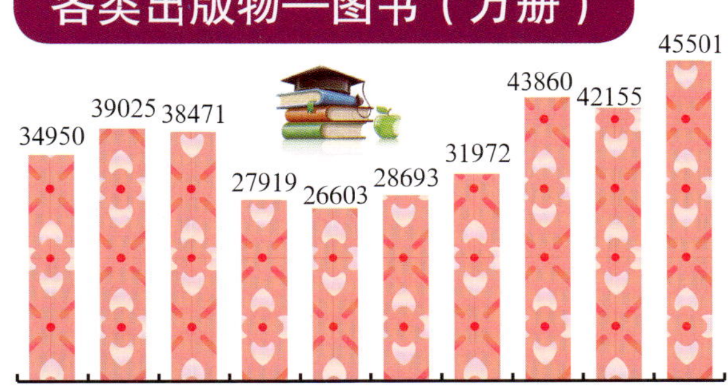

济南的一天

出生312人
死亡172人
迁入253人
迁出96人
结婚144对
供水98.3万吨
用电7569.5万千瓦时
交通事故8.4起
火灾4.8起

行政区划

DIVISIONS OF
ADMINISTRATIVE AREAS

1-1 行政区划

Divisions of Administrative Areas

单位：个 (unit)

年份地区	Year and Region	乡 Townships	镇 Towns	街道 Street Communities	村 Village	居委会 Neighborhood committee	土地面积（平方公里） Land Area (sq.km)
全市主要年份							
1989		57	54	53	4710	702	8227
1990		57	54	48	4752	669	8227
1991		57	54	48	4752	670	8227
1992		57	54	48	4759	670	8227
1993		56	55	48	4756	670	8227
1994		55	56	48	4759	670	8227
1995		48	63	49	4723	721	8227
1996		42	68	49	4704	685	8154
1997		42	68	50	4696	616	8154
1998		42	69	50	4711	505	8154
1999		42	69	50	4714	468	8154
2000		42	69	50	4702	416	8154
2001		28	64	54	4677	417	8177
2002		27	65	54	4657	487	8177
2003		27	61	58	4657	487	8177
2004		27	61	58	4657	487	8177
2005		12	53	64	4628	400	8177
2006		11	53	64	4604	487	8177
2007		11	50	73	4563	500	8177
2008		11	50	73	4551	521	8177
2009		11	50	75	4553	522	8177
2010		6	49	86	4552	532	8177
2011		4	51	86	4538	556	8177
2012		4	51	86	4532	586	8177
2013		2	51	90	4548	597	7998
2014		2	51	90	4547	627	7998
2015		2	46	95	4546	641	7998
2016			39	104	4547	669	7998
2017			29	112	4548	711	7998
2017 年分地区							
市　区	Districts unber City		8	103	2453	627	5022
历下区	Lixia			13	20	88	101
市中区	Shizhong			17	77	114	281
槐荫区	Huaiyi			16	92	87	152
天桥区	Tianqiao			15	120	148	259
历城区	Licheng		2	15	520	74	1301
长清区	Changqing		3	7	580	59	1209
章丘区	Zhangqiu		3	15	892	17	1719
高新区	Gaoxin			5	152	40	
平阴县	Pingyin		6	2	336	24	715
济阳县	Jiyang		4	6	811	46	1099
商河县	Shanghe		11	1	948	14	1162

注：指标“土地面积”2013 年起为第二次全市土地调查数据

1-2 县区所辖镇、办事处(2017年末)

Towns and Street Communities of Jurisdiction at Region（End of 2017）

县区	Region	镇、街道数（个）Number of Towns and Street Communities (unit)	镇、街道名称 Name of Towns and Street Communities
历下区	Lixia	13	大明湖街道 千佛山街道 燕山街道 泉城路街道 趵突泉街道 东关街道 解放路街道 建筑新村街道 文化东路街道 甸柳新村街道 姚家街道 智远街道 龙洞街道
市中区	Shizhong	17	泺源街道 杆石桥街道 魏家庄街道 大观园街道 四里村街道 六里山街道 七里山街道 二七新村街道 舜玉路街道 舜耕街道 王官庄街道 七贤街道 白马山街道 十六里河街道 兴隆街道 党家街道 陡沟街道
槐荫区	Huaiyin	16	西市场街道 五里沟街道 道德街街道 营市街街道 青年公园街道 中大槐树街道 振兴街街道 南辛庄街道 段店北路街道 匡山街道 张庄路街道 美里湖街道 兴福街道 玉清湖街道 腊山街道 吴家堡街道
天桥区	Tianqiao	15	无影山街道 堤口路街道 宝华街街道 工人新村南村街道 工人新村北村街道 官扎营街道 北坦街道 天桥东街街道 纬北路街道 制锦市街道 北园街道 泺口街道 药山街道 大桥街道 桑梓店街道
历城区	Licheng	17	洪家楼街道 山大路街道 东风街道 全福街道 华山街道 荷花路街道 王舍人街道 鲍山街道 郭店街道 唐冶街道 港沟街道 董家街道 彩石街道 唐王镇 仲宫街道 柳埠街道 西营镇
长清区	Changqing	10	文昌街道 平安街道 崮云湖街道 五峰山街道 归德街道 张夏街道 万德街道 孝里镇 马山镇 双泉镇
章丘区	Zhangqiu	18	明水街道 双山街道 龙山街道 枣园街道 埠村街道 圣井街道 绣惠街道 相公庄街道 文祖街道 普集街道 官庄街道 高官寨街道 白云湖街道 宁家埠街道 曹范街道 垛庄镇 刁 镇 黄河镇
平阴县	Pingyin	8	榆山街道 锦水街道 洪范池镇 东阿镇 孔村镇 孝直镇 玫瑰镇 安城镇
济阳县	Jiyang	10	济阳街道 济北街道 回河街道 孙耿街道 太平街道 崔寨街道 垛石镇 曲堤镇 仁风镇 新市镇
商河县	Shanghe	12	许商街道 玉皇庙镇 龙桑寺镇 贾庄镇 殷巷镇 郑路镇 怀仁镇 白桥镇 孙集镇 韩庙镇 张坊镇 沙河镇
高新区	Gaoxin	5	舜华路街道 孙村街道 巨野河街 临港街道 遥墙街道

人 口

POPULATION

2-1 主要年份总户数、总人口（户籍人口）

Total Household and Population in Major Years

年份 Year	年末总户数（万户） Total year-end Households (10 000 households)	年末总人口（万人） Total year-end Population (10 000 persons)	按性别分（万人） Grouped by Sex (10 000 persons)		性别比（女=100） Sex Ratio (Femal=100)	年平均人口（万人） Annual Average Population (10 00 0 persons)	比上年增长（‰） Growth Rate (‰)	人口密度（人/平方公里） Density of Population (Person/sq.km)
			男性 Male	女性 Femal				
1952	70.19	318.66	157.68	160.98	97.95	315.94	3.30	387
1957	76.44	346.38	170.30	176.09	96.71	343.25	17.40	421
1962	81.45	351.44	174.55	176.89	98.68	350.18	-4.60	427
1965	83.01	373.22	186.08	187.14	99.43	370.24	19.50	454
1970	89.48	407.50	203.16	204.34	99.42	404.17	16.60	495
1975	96.54	437.73	217.82	219.91	99.05	435.15	9.90	532
1976	98.63	442.09	220.89	221.20	99.86	439.91	10.90	537
1977	100.60	445.05	222.46	222.59	99.94	443.57	8.30	541
1978	102.93	450.67	226.31	224.36	100.87	447.86	9.70	548
1979	105.34	456.37	228.57	227.80	100.34	453.52	12.60	555
1980	106.83	458.61	230.47	228.15	101.02	457.49	8.80	557
1981	110.52	467.93	235.35	232.58	101.19	463.27	12.60	569
1982	112.51	474.23	238.99	235.26	101.59	471.08	16.80	576
1983	114.92	479.38	242.02	237.36	101.54	476.81	12.20	583
1984	116.92	483.85	244.32	239.53	102.00	481.62	10.10	588
1985	120.19	488.39	246.86	241.53	102.21	486.12	9.30	594
1986	122.67	494.06	250.09	243.97	102.51	491.23	10.50	601
1987	125.43	501.03	253.95	247.08	102.78	497.55	12.90	609
1988	130.32	507.18	257.22	249.86	102.95	504.11	13.20	616
1989	134.77	513.39	260.79	252.61	103.24	510.29	12.30	624
1990	140.36	523.60	265.91	257.69	103.19	518.50	16.10	636
1991	143.42	527.43	267.78	259.65	103.13	525.52	13.50	641
1992	147.50	530.70	269.46	261.25	103.14	529.07	6.70	645

年份 Year	年末总户数 （万户） Total year-end Households (10 000 households)	年末总人口 （万人） Total year-end Population (10 000 persons)	按性别分 （万人） Grouped by Sex (10 000 persons)		性别比 （女＝100） Sex Ratio (Femal=100)	年平均人口 （万人） Annual Average Population (10 00 0 persons)	比上年增长 (‰) Growth Rate (‰)	人口密度 （人／平方公里） Density of Population (Person/sq.km)
			男性 Male	女性 Femal				
1993	149.42	533.53	270.77	262.76	103.05	532.12	5.80	649
1994	153.60	537.31	272.76	264.54	103.11	535.42	6.20	653
1995	156.45	542.12	274.98	267.14	102.93	539.72	8.00	656
1996	156.42	543.45	275.59	267.86	102.89	542.79	5.70	666
1997	157.66	549.20	278.30	270.90	102.73	546.33	6.50	674
1998	160.93	553.54	279.91	273.63	102.30	551.37	9.20	679
1999	163.52	557.63	281.71	275.93	102.09	555.59	7.70	684
2000	166.63	562.65	284.19	278.46	102.06	560.14	8.20	690
2001	168.46	569.00	287.39	281.61	102.06	565.83	10.20	696
2002	170.10	575.01	290.58	284.43	102.16	572.00	10.90	703
2003	172.18	582.56	294.04	288.52	101.91	578.78	11.90	712
2004	173.24	590.08	297.25	292.82	101.51	586.32	13.03	722
2005	177.69	597.44	300.42	297.02	101.15	593.76	12.69	731
2006	179.48	603.35	302.72	300.63	100.70	600.39	11.17	738
2007	181.88	604.85	302.87	301.98	100.29	604.10	6.17	740
2008	184.63	603.99	302.00	301.99	100.00	604.42	0.53	739
2009	187.70	603.27	301.26	302.01	99.75	603.63	-1.30	738
2010	190.65	604.08	301.28	302.80	99.50	603.68	0.08	739
2011	193.61	606.64	302.19	304.44	99.26	605.36	2.78	742
2012	195.79	609.21	303.30	305.91	99.15	607.92	4.23	745
2013	199.67	613.25	304.93	308.32	98.90	611.23	5.44	767
2014	201.93	621.61	309.09	312.52	98.90	617.43	15.64	777
2015	203.59	625.73	310.92	314.80	98.77	623.67	10.11	782
2016	205.45	632.83	314.28	318.55	98.66	629.28	9.00	791
2017	208.08	643.62	319.21	324.41	98.40	638.22	14.21	805

2-2 主要年份市区总户数、总人口（户籍人口）

Total Household and Population of Urban in Major Years

年份 Year	年末总户数 （万户） Total year-end Households (10 000 households)	年末总人口 （万人） Total year-end Population (10 000 persons)	按性别分（万人） Grouped by Sex (10 000 persons)		年平均人口 （万人） Annual Average Population (10 00 0 persons)
			男性 Male	女性 Femal	
1952	26.46	124.96	63.95	61.01	123.83
1957	29.13	143.17	72.05	71.13	140.11
1962	32.25	153.35	78.52	74.83	154.18
1965	34.03	162.82	83.20	79.62	161.90
1970	37.21	167.82	85.61	82.21	168.51
1975	40.67	178.78	90.83	87.95	177.74
1976	41.59	180.99	91.83	89.16	179.88
1977	42.34	181.49	91.92	89.57	181.24
1978	43.79	186.43	94.70	91.73	183.96
1979	45.33	189.26	96.22	93.04	187.84
1980	46.12	190.01	97.22	92.79	189.63
1981	48.64	194.05	99.37	94.69	192.03
1982	50.60	201.31	101.44	99.87	197.68
1983	52.32	205.48	103.42	102.07	203.39
1984	54.30	209.55	105.57	103.99	207.52
1985	56.88	213.28	107.96	105.33	211.42
1986	58.65	216.98	111.54	105.43	215.13
1987	60.54	221.49	113.79	107.70	219.23
1988	63.03	225.00	115.51	109.39	223.25
1989	65.29	228.88	117.49	111.39	226.94
1990	81.22	283.66	145.29	138.36	
1991	83.30	286.20	146.55	139.65	284.93
1992	85.87	288.52	145.19	143.33	287.36
1993	88.02	291.24	149.07	142.17	289.88

年份 Year	年末总户数 （万户） Total year-end Households (10 000 households)	年末总人口 （万人） Total year-end Population (10 000 persons)	按性别分 （万人） Grouped by Sex (10 000 persons)		年平均人口 （万人） Annual Average Population (10 00 0 persons)
			男性 Male	女性 Femal	
1994	90.10	294.60	150.75	143.85	292.92
1995	92.04	299.20	152.97	146.23	296.90
1996	93.12	302.78	154.58	148.20	300.99
1997	93.90	306.98	156.54	150.44	304.88
1998	96.65	309.90	157.58	152.32	308.44
1999	97.74	313.18	159.19	153.99	311.54
2000	99.25	317.20	161.03	156.17	315.19
2001	100.53	322.45	163.73	158.72	319.83
2002	101.62	327.55	166.43	161.12	325.00
2003	102.71	334.80	169.84	164.96	331.18
2004	102.68	341.73	172.91	168.82	338.27
2005	104.87	347.87	175.41	172.45	344.80
2006	106.19	352.29	177.10	175.19	350.08
2007	107.55	352.71	176.70	176.01	352.50
2008	109.26	350.23	175.08	175.15	351.47
2009	111.07	348.24	173.71	174.53	349.24
2010	112.91	348.02	173.19	174.83	348.13
2011	114.75	349.44	173.51	175.93	348.73
2012	116.49	352.17	174.55	177.62	350.81
2013	118.50	355.38	175.86	179.52	353.78
2014	120.33	360.99	178.55	182.44	358.19
2015	121.96	364.54	180.12	184.42	362.77
2016	154.64	473.33	233.74	239.59	418.94
2017	157.42	483.75	238.48	245.27	478.54

注：1990 年以前的数据中不包括长清区。2016 年起数据包括章丘区。

2-3 主要年份人口自然变动情况

Natural Change of Population in Major Years

年份 Year	申报出生人口（人） Population of Birth (person)	申报出生率（‰） Birth Rate（‰）	申报死亡人口（人） Population of Death (person)	申报死亡率（‰） Death Rate（‰）	人口自然增长（人） Population of Natural Growth (person)	人口自然增长率（‰） Natural Growth Rate（‰）
1952	72861	23.06	29949	9.48	42912	13.58
1957	108432	31.59	38082	11.09	70350	20.50
1962	108029	30.85	44464	12.70	63565	18.15
1965	121364	32.78	39355	10.63	82009	22.15
1970	111861	27.68	29965	7.41	81896	20.27
1975	82939	19.06	33837	7.78	49102	11.28
1976	70065	15.93	34693	7.89	35372	8.04
1977	67413	15.20	33723	7.60	33690	7.60
1978	69541	15.53	31343	7.00	38198	8.53
1979	72596	16.01	30205	6.66	42391	9.35
1980	60336	13.19	32004	7.00	28332	6.19
1981	70327	15.18	31671	6.84	38656	8.34
1982	74147	15.74	28679	6.09	45468	9.65
1983	56454	11.84	30080	6.31	26374	5.53
1984	61156	12.70	32277	6.70	28879	6.00
1985	55386	11.39	31678	6.52	23708	4.87
1986	69901	14.23	30790	6.27	39111	7.96
1987	86752	17.44	30007	6.03	56745	11.41
1988	78922	15.66	32850	6.52	46072	9.14
1989	76380	14.97	30721	6.02	45659	8.95
1990	66806	12.88	33916	6.54	32890	6.34
1991	59374	11.30	32675	6.20	26699	5.10
1992	52825	9.98	34969	6.61	17856	3.37

年份 Year	申报出生人口（人） Population of Birth (person)	申报出生率（‰） Birth Rate (‰)	申报死亡人口（人） Population of Death (person)	申报死亡率（‰） Death Rate (‰)	人口自然增长（人） Population of Natural Growth (person)	人口自然增长率（‰） Natural Growth Rate (‰)
1993	46007	8.65	35317	6.64	10690	2.01
1994	49940	9.30	35308	6.60	14632	2.70
1995	54132	10.03	34107	6.32	20025	3.71
1996	58254	10.73	36452	6.71	21802	4.02
1997	62245	11.39	35768	6.55	26477	4.84
1998	62490	11.33	36497	6.64	25893	4.69
1999	55931	10.07	34956	6.29	20975	3.78
2000	62059	11.08	39499	7.05	22560	4.03
2001	55536	9.82	33816	5.98	21720	3.84
2002	57317	10.02	36234	6.33	21083	3.69
2003	54599	9.43	42539	7.35	12060	2.08
2004	60670	10.35	38158	6.51	22512	3.84
2005	60240	10.15	37782	6.36	22458	3.78
2006	57706	9.61	39040	6.50	18666	3.11
2007	58367	9.66	39752	6.58	18615	3.08
2008	59600	9.86	39887	6.60	19713	3.26
2009	56694	9.39	40911	6.78	15783	2.61
2010	67162	11.13	50380	8.35	16782	2.78
2011	66563	11.00	40310	6.66	26253	4.34
2012	71449	11.75	49148	8.08	22301	3.67
2013	69351	11.35	41713	6.82	27638	4.53
2014	110503	17.90	41887	6.78	68616	11.11
2015	73688	11.82	41999	6.73	31689	5.09
2016	91941	14.61	39460	6.27	52481	8.34
2017	113766	17.83	62958	9.86	50808	7.96

2-4 分地区户数、人口数（2017年）（户籍人口）

Household and Population by Region（2017）

地区	Region	户数（万户）Households(10 000 households)	人口数（万人）Population(10 000 persons)	按性别分（万人）Grouped by Sex (10 000 persons)	
				男性 Male	女性 Femal
全　市	**Total City**	208.08	643.62	319.21	324.41
市　区	Districts unber City	157.42	483.75	238.48	245.27
历下区	Lixia	22.31	65.76	32.34	33.42
市中区	Shizhong	22.21	63.28	30.93	32.35
槐荫区	Huaiyin	15.08	42.14	20.54	21.60
天桥区	Tianqiao	18.73	52.06	25.56	26.50
历城区	Licheng	31.80	100.10	49.55	50.54
长清区	Changqing	16.56	56.34	28.08	28.27
章丘区	Zhangqiu	30.73	104.07	51.48	52.59
平阴县	Pingyin	13.36	37.42	18.75	18.67
济阳县	Jiyang	17.10	58.37	29.44	28.93
商河县	Shanghe	20.20	64.08	32.54	31.54

2-5 计划生育情况（2017）

Basic Statistics of Family Planning (2017)

地区	Region	合法生育（人）legal Childbearing(person)		出生政策符合率 (%) Legitimate Fertility(%)	违法生育（人）Illegal Childbearing(person)		
		一孩 1st Birth	二孩 2nd Birth		一孩 1st Birth	二孩 2nd Birth	多孩 3rd Birth and Above
总　计	**Total**	24017	54203	97.1	299	66	2013
市　区	Districts unber City	18784	36447	98.2	147	31	826
历下区	Lixia	2621	3581	100	0	0	0
市中区	Shizhong	1994	3900	98.7	6	3	72
槐荫区	Huaiyin	1391	2825	99.4	0	0	27
天桥区	Tianqiao	1980	3819	97.3	28	3	130
历城区	Licheng	3667	6264	98.3	19	6	180
长清区	Changqing	2001	4449	97.2	29	6	154
高新区	Gaoxin	1496	2878	98.5	12	1	55
章丘区	Zhangqiu	3634	6754	97.5	53	12	208
平阴县	Pingyin	1445	3355	97.8	18	7	84
济阳县	Jiyang	1947	6958	93.1	84	16	574
商河县	Shanghe	1841	7443	94.1	50	12	529

2-6 分地区人口机械变动情况(2017年)

Un-Natural Changes of Population by Region (2017)

地区	Region	迁入人口(人) Move Into the Population (person)	迁入率(‰) Move In Rate (‰)	迁出人口(人) Move Out the population (person)	迁出率(‰) Move Out Rate (‰)	人口机械增长(人) Mechanical Growth of Population(person)	人口机械增长率(‰) Mechanical Growth Rates of Population (‰)
全　市	**Total**	92215	14.45	35116	5.50	57099	8.95
市　区	Districts unber City	79479	16.61	19012	3.97	60467	12.64
历下区	Lixia	20382	31.72	4677	7.28	15705	24.44
市中区	Shizhong	11607	18.57	2926	4.68	8681	13.89
槐荫区	Huaiyin	10420	25.07	1531	3.68	8889	21.38
天桥区	Tianqiao	10184	19.64	1780	3.43	8404	16.20
历城区	Licheng	16172	16.40	3473	3.52	12699	12.88
长清区	Changqing	3598	6.40	1533	2.73	2065	3.68
章丘区	Zhangqiu	7116	6.87	3092	2.99	4024	3.89
平阴县	Pingyin	2673	7.14	4353	11.63	−1680	−4.49
济阳县	Jiyang	6803	11.71	6759	11.63	44	0.08
商河县	Shanghe	3260	5.08	4992	7.78	−1732	−2.70

2-7 分地区人口自然变动情况(2017年)

Natural Changes of Population by Region (2017)

地区	Region	申报出生人口(人) Population of Birth (person)	申报出生率(‰) Birth Rate (‰)	申报死亡人口(人) Population of Death (person)	申报死亡率(‰) Death Rate (‰)	人口自然增长(人) Population of Natural Growth (person)	人口自然增长率(‰) Natural Growth Rate (‰)
全　市	**Total**	113766	17.83	62958	9.86	50808	7.96
市　区	Districts unber City	82526	17.25	39123	8.18	43403	9.07
历下区	Lixia	12661	19.70	4106	6.39	8555	13.31
市中区	Shizhong	11133	17.81	4891	7.82	6242	9.98
槐荫区	Huaiyin	7347	17.67	3278	7.89	4069	9.79
天桥区	Tianqiao	7928	15.29	4719	9.10	3209	6.19
历城区	Licheng	20699	20.99	7369	7.47	13330	13.52
长清区	Changqing	8444	15.03	6000	10.68	2444	4.35
章丘区	Zhangqiu	14314	13.83	8760	8.46	5554	5.36
平阴县	Pingyin	5730	15.31	4368	11.67	1362	3.64
济阳县	Jiyang	12639	21.75	7455	12.83	5184	8.92
商河县	Shanghe	12871	20.07	12012	18.73	859	1.34

2-8 结婚情况

Number of Marriages

单位：对 (couple)

地区	Region	2010 年	2011 年	2012 年	2013 年	2014 年	2015 年	2016 年	2017 年
总 计	**Total**	55735	65338	62281	56819	55475	50300	47457	52663
市 直	Departments Directiy Under the Municipal Government	77	112	92	111	114	88	82	67
历下区	Lixia	6481	8384	8401	6212	7139	6594	5742	5830
市中区	Shizhong	5839	7260	7032	6527	6315	5975	5364	5973
槐荫区	Huaiyin	4397	5160	4801	4229	4179	3772	3445	3728
天桥区	Tianqiao	4987	6383	6018	5387	5472	4953	4447	4563
历城区	Licheng	8288	9440	8529	8123	7816	7163	7296	7551
长清区	Changqing	4328	5039	4705	4465	4270	3777	3649	4331
章丘区	Zhangqiu	6700	7632	7658	7034	6811	6119	6135	7613
平阴县	Pingyin	3191	3621	3553	3262	2893	2550	2563	2564
济阳县	Jiyang	5970	6357	5821	4969	4484	3938	3615	4023
商河县	Shanghe	5477	5950	5671	4824	4275	3794	3526	3904
高新区	Gaoxin				1676	1707	1577	1593	2516

2-9 离婚情况

Number of Divorces

单位：对 (couple)

地区	Region	2010 年	2011 年	2012 年	2013 年	2014 年	2015 年	2016 年	2017 年
总 计	**Total**	18395	19066	22633	25638	25899	25399	26915	32491
法院数	**Divorce Case Handled**	6658	6698	7399	6521	6995	7395	6909	6024
民政数	**Divorces Handled through Civil**	11737	12368	15234	19117	18904	18004	20006	26467
市 直	Departments Directiy Under the Municipal Government	14	17	15	16	14	12	17	25
历下区	Lixia	1999	2027	3083	2736	2517	2382	2800	3474
市中区	Shizhong	1726	1865	2096	2764	2458	2262	2327	3448
槐荫区	Huaiyin	1238	1178	1281	1785	1681	1510	1720	2223
天桥区	Tianqiao	1624	1522	1717	2275	2251	2104	2224	2834
历城区	Licheng	1802	2006	2395	3068	3110	2666	3177	4337
长清区	Changqing	646	752	1022	1280	1319	1301	1422	1549
章丘区	Zhangqiu	1203	1360	1579	1997	1967	2026	2171	3303
平阴县	Pingyin	517	571	681	853	764	880	938	993
济阳县	Jiyang	634	680	894	1156	1281	1344	1434	1733
商河县	Shanghe	334	390	471	639	976	1015	1219	1451
高新区	Gaoxin				548	566	502	557	1097

主要统计指标解释

Explanatory Notes on Main Statistical Indicators

人口统计资料主要有三个来源 人口普查、人口抽样调查和人口经常性登记。

人口普查 是在国家规定的统一时间内，用统一的方法，统一的调查项目，对全国或某一地区的人口进行的一种专门调查。

人口抽样调查 是从所要研究的总人口中，随机抽取部分人口，并根据对这些人口调查所得到的数据来推算该人口总体相应指标的方法。

人口经常性登记 是指对人口出生、死亡、婚姻、迁移等事件进行连续的、持久的、强制的全面登记制度。

人口数 指一定时点、一定地区范围内的有生命的个人的总和。

年度统计的年末人口数 指每年12月31日24时的人口数。

出生率（又称粗出生率） 指在一定时期内（通常为一年）平均每千人所出生的人数的比率，一般用千分率表示。计算公式为：

出生率＝年出生人数 / 年平均人数 ×1000‰

式中：出生人数指活产婴儿，即胎儿脱离母体时（不管怀孕月数），有过呼吸或其他生命现象。

出生人数 是指活产婴儿，即胎儿脱离母体时（不管怀孕月数），有过呼吸或其他生命现象。

年平均人数 是指年初、年底人口数的平均数，也可用年中人口数代替。

死亡率（又称粗死亡率） 指在一定时期内（通常为一年）一定地区的死亡人数与同期平均人数（或期中人数）之比，一般用千分率表示。计算公式为：

死亡率＝年死亡人数 / 年平均人数 ×1000‰

人口自然增长率 指在一定时期内（通常为一年）人口自然增加数（出生人数减死亡人数）与该时期内平均人数（或期中人数）之比，一般用千分率表示。计算公式为：

人口自然增长率＝（本年出生人数－本年死亡人数）/ 年平均人数 ×1000‰

人口自然增长率＝人口出生率－人口死亡率

机械增长率 是反映迁移变动的一个相对指标。它表明一个地区在一定时间内迁入人口数与迁出人口数相抵后的差额与总人口数的比率，一般用千分率表示。计算公式为：

机械增长率＝一定时期的迁入迁出人口差额 / 该时期的平均人口 ×100%

人口密度 指一定时点，一定地区的人口数与该时点、该地区的面积之比，即一定时点的单位土地面积上的人口数，通常以每平方公里的居民人数来表示：

$$人口密度＝\frac{该地区人口}{该地区土地面}\times 100\%$$

性别比 反映两性人口间比例的指标，指在总人口中或各年龄组人口中，男性人数与女性人数之比。通常以每100个女性人口相对应的男性人口数。计算公式：

$$性别比＝\frac{男性人口}{女生人口}\times 100\%$$

综　合

GENERAAL SURVEY

3-1 国民经济和社会

Principal Aggregate Indicators on National Economic

指标	Indicators	单位 Unit	1978
面积	**Area**		
土地面积	Land Area	平方公里 (sq.km)	
#市内七区建成区面积	Built-up Area of Seven Districts in the City	平方公里 (sq.km)	85
人口	**Population**		
年末总户数（户籍人口）	Total year-end Households（Household Population）	万户 (10 000 households)	102.93
年末总人口	Total year-end Population	万人 (10 000 persons)	450.67
#市区	Population	万人 (10 000 persons)	186.43
#男性	Male	万人 (10 000 persons)	226.31
年末常住总人口	Total Resident Population at the Year-end	万人 (10 000 persons)	
就业	**Employment**		
全社会从业人员	Employed Persons	万人 (10 000 persons)	204.04
第一产业	Primary Industry	万人 (10 000 persons)	136.30
第二产业	Secondary Industry	万人 (10 000 persons)	46.06
第三产业	Tertiary Industry	万人 (10 000 persons)	21.68
职工平均工资	Average Wage	元 (yuan)	578
城镇登记失业人员数	Registered Urban Unemployed Persons	万人 (10 000 persons)	
城镇登记失业率	Registered Urban Unemployment Rate	%	
国民经济核算	**National Accounting**		
地区生产总值	Gross Domestic Product	亿元 (100 million yuan)	23.60
#非公有制经济	Non-ppublic Economy	亿元 (100 million yuan)	
第一产业	Primary Industry	亿元 (100 million yuan)	4.16
第二产业	Secondary Industry	亿元 (100 million yuan)	13.32
第三产业	Tertiary Industry	亿元 (100 million yuan)	6.12
人均地区生产总值	Per Capita GDP	元 (yuan)	527
固定资产投资	**Investment in Fixed Assets**		
固定资产投资	Investment in Fixed Assets	亿元 (100 million yuan)	3.19
第一产业	Primary Industry	亿元 (100 million yuan)	0.55
第二产业	Secondary Industry	亿元 (100 million yuan)	1.15
#工业	Industry	亿元 (100 million yuan)	0.75
第三产业	Tertiary Industry	亿元 (100 million yuan)	1.29
#房地产投资	Real Estate Investment	亿元 (100 million yuan)	0.00
财政税收	**Fiscal Tax Revenue**		
一般公共预算收入	General Pubilic Budget Revenue	亿元 (100 million yuan)	5.90
一般公共预算支出	General Pubilic Budget Expenditure	亿元 (100 million yuan)	1.50
地域税收收入	Regional Tax Revenue	亿元 (100 million yuan)	

1990	1995	2000	2005	2010	2015	2016	2017
8227	8227	8154	8177	8177	7998	7998	7998
103	114	120	295	347	393	448	464
140.36	156.45	166.63	177.69	190.65	203.59	205.45	208.08
523.60	542.12	562.65	597.44	604.08	625.73	632.83	643.62
283.66	299.20	317.20	347.87	348.02	364.54	473.33	483.75
265.91	274.98	284.19	300.42	301.28	310.92	314.28	319.21
				681.80	713.20	723.31	732.12
270.54	324.22	347.37	360.00	373.70	388.70	394.93	405.38
125.73	116.13	109.98	99.10	76.66	71.80	70.90	69.50
87.75	106.68	110.81	114.20	120.20	124.70	126.90	129.35
57.06	101.41	126.58	146.70	176.84	192.20	197.13	206.53
2211	5851	10422	20866	31096	58578	63996	70196
	2.45	3.90	5.75	5.97	3.20	3.35	3.23
	2.30	3.70	3.86	3.84	2.04	2.17	2.08
138.24	473.52	944.13	1846.28	3910.53	6100.23	6536.12	7201.96
		238.32	768.50	1664.43	2599.60	2782.07	3075.08
23.93	67.64	96.02	134.34	215.17	305.39	317.31	317.40
67.36	220.37	414.74	847.47	1637.45	2307.00	2368.90	2569.22
46.95	185.51	433.38	864.47	2057.90	3487.84	3849.91	4315.34
2666	8773	16855	28900	57947	85919	90999	98967
30.60	112.76	305.95	857.00	1987.44	3498.42	3974.33	4363.58
0.52	3.24	13.57	38.28	68.08	102.52	101.24	97.54
14.62	46.26	73.14	362.05	677.28	1217.39	1301.99	1441.82
2.05	45.35	67.72	352.27	667.35	1147.87	1237.38	1317.64
13.94	63.27	219.24	456.67	1242.08	2178.51	2571.10	2824.22
2.18	16.46	50.53	121.09	484.50	1014.14	1163.94	1232.57
12.40	16.99	49.05	106.15	266.13	614.32	641.22	677.21
8.20	19.63	54.72	120.66	336.80	658.18	741.26	834.06
	53.49	112.35	231.34	527.70	959.33	1025.72	1134.93

3-1 续 1

指标	Indicators	单位 Unit	1978
国税税收收入	National Tax Revenue	亿元 (100 million yuan)	
地税税收收入	Land Tax Revenue	亿元 (100 million yuan)	
金融保险	**Fiancial and Insurance**		
金融机构人民币存款余额	RMB Deposits Balance of Financial Institutions	亿元 (100 million yuan)	15.43
#住户存款	Deposits of Households	亿元 (100 million yuan)	1.14
金融机构人民币贷款余额	RMB Loans Balance of Financial Institutions	亿元 (100 million yuan)	14.08
#短期贷款	Short-term Loans	亿元 (100 million yuan)	-
保险承保额	Insurance Premium	亿元 (100 million yuan)	
保险业务收入	Premium	万元 (10 000 yuan)	
保险业务支出	Payment	万元 (10 000 yuan)	
农业	**Agriculture**		
农林牧渔业总产值	Gross Output Value of Farming Forestry,Animal Husbandry and Fishery	亿元 (100 million yuan)	6.57
农用机械总动力	total power of agricultural machinery	万千瓦 (10 000kw)	69.70
年末实有耕地面积	Actural cultivated Area at Year-end	千公顷 (1000 ha)	373.19
粮食总产量	Total Output of Grain	万吨 (10 000 tons)	115.38
蔬菜总产量	Total Output of Vegetable	万吨 (10 000 tons)	49.19
肉类总产量	Total Output of meat	万吨 (10 000 tons)	2.50
奶类总产量	Total Output of Milk	万吨 (10 000 tons)	0.40
棉花总产量	Total Output of Cotton	万吨 (10 000 tons)	0.51
规模以上工业	**Industry Enterprises above Designated Size**		
单位数	Number of Enterprises	个 (unit)	1319
工业总产值	Gross Industrial Output Value	亿元 (100 million yuan)	37.67
主营业务收入	Revenue from Principal Business	亿元 (100 million yuan)	31.39
利税总额	Total Profits and Taxes	亿元 (100 million yuan)	6.80
利润总额	Total Profits	亿元 (100 million yuan)	3.88
资产总计	Total Assets	亿元 (100 million yuan)	25.68
所有者权益	Owner' s Equities	亿元 (100 million yuan)	7.47
建筑业	**Construction**		
资质以上企业个数	Number of Qualification Enterprises	个 (unit)	10
建筑业总产值	Gross Output Value of Construction Enterprises	亿元 (100 million yuan)	0.68
施工面积	Floor Space under Construction	万平方米 (10 000 sq.m)	
竣工面积	Floor Space of Completed	万平方米 (10 000 sq.m)	49
其中：住宅	Residential	万平方米 (10 000 sq.m)	
交通运输	**Transport**		
货运量	Freight Traffic		
铁路	Railways	万吨 (10 000 tons)	2191
公路	Highways	万吨 (10 000 tons)	1670

1990	1995	2000	2005	2010	2015	2016	2017
	39.55	72.54	144.20	309.87	494.43	621.23	745.63
	13.94	39.80	87.14	217.82	464.90	404.49	389.30
117.95	438.01	1274.96	3483.34	7510.44	13552.99	15032.79	15957.74
51.08	222.06	463.04	1024.42	2187.68	3951.42	4279.95	4465.73
124.76	337.26	1069.31	3259.86	6319.09	9674.22	11370.18	12883.66
98.50	239.31	527.31	1240.49	1898.61	2692.81	2718.81	2929.73
		2169	5295	16802	97665	112875	162712
		124982	415338	1223791	2227474	3474988	3810660
		59618	141353	437708	656570	786752	886699
36.92	114.07	154.30	230.46	378.43	544.68	559.76	559.93
183.40	241.20	349.47	426.76	509.68	584.98	447.83	442.90
347.56	339.30	333.72	366.99	362.30	362.30	357.60	355.66
181.47	252.48	240.27	260.11	289.43	264.55	275.43	255.57
126.09	253.54	405.95	529.37	601.44	649.73	634.22	614.17
11.38	28.68	31.82	37.93	38.08	39.44	35.96	35.94
1.87	3.48	7.09	19.61	31.20	29.16	25.80	30.65
5.00	2.91	2.73	3.55	2.94	1.47	1.26	0.95
2008	2648	1038	1670	2021	2021	1962	2051
174.89	526.48	680.04	2237.51	4485.61	5339.97	5486.56	5770.91
136.29	432.17	629.72	2142.84	4497.17	5417.16	5714.29	5810.16
15.57	53.59	64.62	244.61	584.53	685.71	729.75	686.80
3.23	16.30	21.69	131.30	339.76	396.13	421.11	415.23
125.25	578.55	958.10	1868.06	3904.42	4987.76	5501.88	6319.64
36.82	180.86	363.37	630.06	1481.75	2159.78	2301.94	2268.27
46	141	569	737	739	463	460	504
12.56	58.78	141.92	462.65	894.30	1663.83	1864.80	2218.93
269	1030	1611	3298	4655	10189	10293	11363
170	306	701	1400	1306	2039	2298	2280
77	141	396	884	773	1178	1379	1258
3416	3877	5168	7211	9913	15794	16749	17865
3970	6182	7024	8484	13029	20419	21212	24058

3-1 续 2

指标	Indicators	单位 Unit	1978
航空	Airways	万吨 (10 000 tons)	
客运量	Passenger Traffic		
铁路	Railways	万人 (10 000 persons)	1302
公路	Highways	万人 (10 000 persons)	505
航空	Airways	万人 (10 000 persons)	
民用汽车拥有量	Possession of Private Vehicles	辆 (unit)	1684
#载客	Passenger Vehicles	辆 (unit)	1353
#载货	Trucks	辆 (unit)	224
邮电通信	**Post and Telecommunication Services**		
固定电话	Fixed Telephone	万户 (10 000 households)	2.68
#城市	Urban	万户 (10 000 households)	2.27
移动电话	Mobile Telephone	万户 (10 000 households)	
互联网用户	Internet Broad Band	万户 (10 000 households)	
国内贸易	**Domestic Trade**		
社会消费品零售总额	Total Retail Sales of Consumer Goods	亿元 (100 million yuan)	8.13
#批发零售业	Wholesale and Retail Trade	亿元 (100 million yuan)	7.07
#餐饮业	Catering Services	亿元 (100 million yuan)	0.29
对外经济和国际旅游	**Foreign Economy and Trade,Tourism**		
全年货物进出口总额（海关）	Total Value of Imports and Exports（Customs）	万美元 (10 000 USD)	
进口	Exports	万美元 (10 000 USD)	
出口	Imports	万美元 (10 000 USD)	
全年货物进出口总额	Total Value of Imports and Exports	亿元 (100 million yuan)	
进口	Exports	亿元 (100 million yuan)	
出口	Imports	亿元 (100 million yuan)	
全年实际使用外资	Total Amount of Foreign Capital Actually Utilized	万美元 (10 000 USD)	
全年实现合同外资	Total Amount of Contracted Foreign Capital	万美元 (10 000 USD)	
入境游客人数	International Tourists	人 (person)	
外国人	Foreigners	人 (person)	
港澳台同胞	Compatriots from Hong Kong Macao and Taiwan	人 (person)	
国际旅游（外汇）收入	Foreign Exchange Earnings	亿美元 (100 million USD)	
教育	**Education**		
普通高等学校在校生	Total Enrollment of Regular Institutions of Higher Education	万人 (10 000 persons)	1.09
普通高等学校专任教师	Full-time Teachers of Regular Institutions of Higher Education	人 (person)	2947
中等专业学校在校生	Total Enrollment of Secondary Professional Schools	万人 (10 000 persons)	0.68
中等专业学校专任教师	Full-time Teachers of Secondary Professional Schools	人 (person)	1020
普通中学在校生	Total Enrollment of Regular Senior Secondary Schools	万人 (10 000 persons)	30.61
普通中学专任教师	Full-time Teachers of Regular Senior Secondary Schools	人 (person)	19275

1990	1995	2000	2005	2010	2015	2016	2017
	0.4	1.3	2.0	3.4	4.2	5.1	5.0
1438	1519	1693	1924	3327	10681	11924	13412
1801	2611	4530	5364	12758	3663	3212	3192
2.6	37.0	62.0	140.0	379.2	533.1	645.1	785.6
39748	86766	129204	347687	807378	1541045	1742313	1949707
26032	33968	68625	196415	627849	1400588	1592737	1783848
12141	47790	56627	71588	117994	123801	134741	151141
9.87	39.18	106.34	258.90	213.30	165.30	155.90	153.10
9.12	36.48	83.08	206.30	177.40	141.00	135.89	132.55
	2.3	60.8	239.0	857.6	1090.40	1087.71	971.10
		11.57	74.34	117.30	231.66	261.88	298.75
52.82	188.02	354.71	807.88	1802.46	3410.31	3764.78	4146.15
38.20	134.53	228.75	657.55	1402.27	2875.48	3175.24	3497.90
2.56	13.35	37.76	108.44	308.11	513.80	566.49	622.96
	66587	143935	376213	743776	911424	1086259	1130449
	29812	86827	198370	338888	311763	352229	379887
	36775	57108	177843	404888	599661	734030	750562
						639.7	708.1
						231.7	257.1
						408.0	451.0
	25294	31981	54158	104011	157851	171625	187623
	47449	44074	112072	120903	303100	179479	218692
20583	54468	103990	120164	230985	332942	351526	375469
12705	30011	40990	69762	153327	205477	216899	232260
7878	24457	63000	50402	77658	127465	134627	143209
0.15	0.19	0.32	0.42	1.14	1.84	1.96	2.08
3.73	5.66	9.30	38.04	50.53	53.62	55.10	54.44
7245	7500	8267	18434	26870	30873	43259	32559
2.51	4.79	5.75	4.79	2.12	1.57	1.51	1.28
2890	2890	2916	1578	1334	763	708	716
22.45	27.15	33.82	30.91	30.18	30.16	29.84	30.56
16065	17621	20585	21915	21943	23643	24318	25676

指标	Indicators	单位 Unit	1978
小学在校生	Total Enrollment of Regular Primary Schools	万人 (10 000 persons)	60.91
小学专任教师	Full-time Teachers of Regular Primary Schools	人 (person)	24926
文化	**Culture**		
图书馆藏书量	Number of Books in Library	万册 (10 000 copies)	341.0
图书出版种数	Number of Publication	种 (kind)	389
图书量	Books	万册 (10 000 copies)	20166
报纸量	Newspapers	万份 (10 000 copies)	25055
杂志量	Magazines	万份 (10 000 copies)	2209
卫生	**Public Health**		
卫生机构数	Number of Health Institutions	个 (unit)	1017
# 医院及卫生院	Hospitals and Township Hospitals	个 (unit)	148
卫生机构床位数	Number of Beds	张 (bed)	11496
# 医院及卫生院	Hospitals and Township Hospitals	张 (bed)	9856
卫生工作人员	Medical Personnel	人 (person)	24949
# 卫生技术人员	Medical Technical Personnel	人 (person)	19198
人民生活	**People's Livelihood**		
城镇居民人均可支配收入	Per Capita Disposable Income of Urban Residents	元 (yuan)	337.8
城镇居民人均生活消费支出	Per Capita Life Consumption Expenditure of Urban Residents	元 (yuan)	317.9
# 食品	Food	元 (yuan)	181.6
农村居民人均可支配收入	Per Capita Disposable Income of Rural Residents	元 (yuan)	110.5
农村居民人均生活消费支出	Per Capita Life Consumption Expenditure of Rural Residents	元 (yuan)	83.2
# 食品	Food	元 (yuan)	58.2
农民人均住宅居住面积	Rural Residential Area Per Capita	平方米 (sq.m)	9.6
社会治安	**Public security**		
交通事故起数	Number of Traffic Accidents	起 (case)	
交通事故死伤人数	Deaths and Injuries from Traffic Accidents	人 (person)	
交通事故损失折款	Property Losses from Traffic Accidents	万元 (10 000 yuan)	
火灾事故起数	Number of Fire Accidents	起 (case)	
火灾事故死伤人数	Deaths and Injuries from Fire Accidents	人 (person)	
火灾事故损失折款	Property Losses from Fire Accidents	万元 (10 000 yuan)	

注：1. "职工平均工资" 2006 年以前为在岗职工口径，2006 年及以后为法人单位在岗职工口径

2. "市内七区建成区面积" 2015 年以前为市内六区口径

3. 工业统计指标 1997 年及以前统计口径为乡及乡以上工业企业，1998 年及以后为全部国有及年销售收入 500 万元以上工业企业，2011 年及以后为年主营业务收入 2000 万元及以上工业法人单位

4. 货运量、客运量中的"铁路"指标，2013 年 3 月铁路系统改革，铁路系统统计数据按新口径执行；"公路指标"自 2014 年起交通部门执行新的公路运输量统计方案，调查范围较老口径有所缩小，2014 年及 2013 年数据均为新口径下交通部反馈数据

5. 从 2015 年起，全市居民收支调查指标采用新口径。"农村居民人均可支配收入" 2014 年以前为农民人均纯收入口径；"农村居民人均生活消费支出" 2014 年以前为农民人均生活费支出口径

1990	1995	2000	2005	2010	2015	2016	2017
47.57	49.23	41.40	37.88	38.40	41.44	43.23	44.66
26922	27417	27417	25201	24801	25795	26976	29109
476.0	524.6	591.7	725.1	941.2	1195.0	1284.5	1363.3
2001	2603	3851	5389	6586	10234	11246	12364
31685	39025	38471	27919	26603	43860	42155	45501
46930	54460	109199	113751	184706	136480	110268	99089
3321	4579	11177	7195	6995	8572	7972	7809
1300	1185	1414	2138	5086	5947	6188	5770
178	216	231	246	277	269	270	289
18214	20747	21698	24695	31947	49311	52191	54855
17216	19534	20830	23524	29844	45195	47524	50142
41444	43648	45166	41499	54711	89117	92060	97663
31130	32848	35669	34129	39366	71778	76447	76273
1619.5	4720.6	8471.3	13578.5	25321.1	39888.7	43052.2	46642.4
1360.1	3830.4	6891.8	9226.6	15973.3	26318.7	28536.9	30728.6
781.6	1823.6	2387.1	3046.9	5051.2	6415.0	6908.0	7229.3
731.1	1812.7	3046.8	4812.3	8903.3	14231.8	15345.6	16593.8
569.8	1373.6	1976.8	2902.8	5406.6	8597.2	9396.3	10327.3
287.7	770.8	860.0	1134.8	1818.3	2775.5	3028.0	3253.2
22.5	24.7	28.6	33.8	40.2	52.6	53.8	55.2
509	1231	1306	911	774	2946	2944	3075
518	1345	1364	1186	1121	3885	3573	3219
64	369	357	316	189	840	875	1020
309	110	1281	1071	791	2609	1825	1752
67	87	26	3	9	12	15	11
166	925	471	76	462	1571	1903	599

3-2 国民经济和社会

Indicators on Proportions and Efficiency in

指标	Indicators	单位 Unit	1978 年	1985 年
人 口	**Population**			
申报出生率	Birth Rate	‰	15.53	11.39
申报死亡率	Death Rate	‰	7.00	6.52
自然增长率	Natural Growth Rate	‰	8.53	4.87
就 业	**Employment**			
就业者负担人口	Dependency of Employed Population	人 (person)	2.21	1.99
三次产业从业者比例	Composition of Employed Population			
第一产业	Primary Industry	%	66.8	47.5
第二产业	Secondary Industry	%	22.6	31.0
第三产业	Tertiary Industry	%	10.6	21.5
城镇登记失业率	Registered Unemployment Rate in Urban Areas	%		
国民经济核算	**National Accounting**			
三次产业增加值比例	Composition of Gross Domestic Product			
第一产业	Primary Industry	%		21.1
第二产业	Secondary Industry	%		51.8
第三产业	Tertiary Industry	%		27.1
人均生产总值	Per Capita GDP	元 (yuan)		1263
资本形成率（投资率）	Capital Formation Rate	%		
最终消费率（消费率）	Final Consumption Rate	%		
固定资产投资	**Investment in Fixed Assets**			
固定资产投资占生产总值比重	Proportion of Fixed Assets Investment in GDP	%		23.7
财 政	**Government Finance**			
一般公共预算收入占生产总值比重	Proportion of General Public Budget Revenue in GDP	%	25.2	14.5
一般公共预算支出占生产总值比重	Proportion of General Public Budget Expenditure in GDP	%	6.3	5.6
农 业	**Agriculture**			
人均耕地面积	Per Cultivated Area	亩 (mu)	1.24	1.10

发展比例和效益指标

National Economic and Social Development

1990 年	1995 年	2000 年	2010 年	2015 年	2016 年	2017 年
12.88	10.03	11.08	11.13	11.82	14.61	17.83
6.54	6.32	7.05	8.35	6.73	6.27	9.86
6.34	3.71	4.03	2.78	5.09	8.34	7.96
1.94	1.67	1.62	1.62	1.61	1.59	1.57
46.5	35.8	31.7	20.5	18.5	18.0	17.1
32.4	32.9	31.9	32.2	32.1	32.1	31.9
21.1	31.3	36.4	47.3	49.4	49.9	51.0
	2.45	3.70	3.84	2.04	2.17	2.08
17.3	14.3	10.0	5.5	5.0	4.9	4.4
48.7	46.5	43.9	41.9	37.8	36.2	35.7
34.0	39.2	46.1	52.6	57.2	58.9	59.9
2666	8773	16999	57966	85919	90999	98967
39.1	39.5	40.2	52.6	63.0	61.7	66.8
37.8	41.9	56.9	46.9	52.3	53.0	52.5
22.1	23.8	32.1	50.8	57.3	60.8	60.6
9.0	3.6	5.2	15.2	10.1	9.8	9.4
5.9	4.1	5.8	16.9	10.8	11.3	11.6
1.00	0.94	0.88	0.90	0.87	0.85	0.83

3-2 续 1

指标	Indicators	单位 Unit	1978 年	1985 年
每公顷耕地化肥施用量（折纯）	Consumption of Chemical Fertilizers per Hectare	千克 (kg)		225
每公顷播种面积粮食产量	Grain Yield Per Hectare of Sown Area	千克 (kg)	2475	3864
机耕率	Machine-cultivated Rate	%		
规模以上工业	**Industry Enterprises above Designated Size**			
产品销售率	Product Sales Rate	%		
总资产贡献率	Total Asset Contribution Rate	%		
流动资产周转次数	Turnover of Current Asset	次		
邮电通讯业	**Post and Telecommunication Services**			
每百人拥有电话机	Number of phones Per 100 Population	部 (unit)	0.60	1.26
国内商业	**Domestic Commerce**			
人均消费品零售总额	Total Sales of Consumption Good Per Capita	元 (yuan)	182	500
教　育	**Education**			
学龄儿童入学率	School-age Children Enrollment Rate	%		99.44
学校教师负担人数	Teacher-student Ratio	人 (person)	21.28	16.75
高等教育	Higher Education	人 (person)	2.47	6.55
中等教育	Secondary Education	人 (person)	16.65	14.46
小学	Primary Schools	人 (person)	34.99	20.33
卫　生	**Public Health**			
每万人拥有医院卫生院数	Number of Health Institutes per 10000 Population	个 (unit)	0.33	0.34
每万人拥有医生数	Number of Doctors per 10000 Population	人 (person)	23.3	26.3
每万人拥有医院床位数	Number of Hospitals Beds per 10000 Population	张 (bed)	22.0	28.2
市政建设	**City Construction**			
城市人口用水普及率	Coverage Rate of Water Supply	%	99.0	100.0
城市用气普及率	Coverage Rate of Natural Gas Supply	%	17.8	26.3
建成区绿化覆盖率	Coverage Rate of Urban Green Areas	%	12.0	23.0
生　活	**Life**			
城镇居民恩格尔系数	Engel's Coefficient of Urban Residents	%	57.1	56.5
农村居民恩格尔系数	Engel's Coefficient of Rural Residents	%	69.9	51.8

注：“一般公共预算收入占生产总值比重”2012 年（含）以前为“地方财政收入”口径；“一般公共预算支出占生产总值比重”2012 年（含）以前为“地方财政支出”口径

1990 年	1995 年	2000 年	2010 年	2015 年	2016 年	2017 年
330	569	641	645.7	626.4	618.5	588.9
4273	5512	5354	6192	6117	5778	5660
					81.3	87.3
	97.12	98.24	98.71	98.23	98.93	98.40
	12.25	8.45	15.98	13.37	13.69	17.63
	1.69	1.52	2.11	1.82	1.88	1.62
1.89	7.23	18.98	35.31	26.48	24.64	23.99
1009	3468	6332	28563	54687	59827	64964
99.03	99.40	99.93	100.00	100.00	100.00	100.00
14.20	15.60	15.24	17.40	17.37	15.36	17.09
5.15	7.55	11.25	21.76	22.53	16.30	23.79
12.99	15.30	16.78	14.72	13.33	13.55	12.04
17.67	18.20	15.10	15.48	16.07	16.03	15.35
0.34	0.40	0.41	0.46	0.43	0.43	0.45
29.2	27.9	29.5	29.1	46.0	47.5	39.7
32.9	36.0	38.6	52.9	69.1	72.2	74.9
100.0	100.0	100.0	100.0	99.00	99.57	99.64
45.7	72.2	90.7	95.5	97.73	99.42	99.85
30.0	30.5	36.1	36.9	39.94	40.12	40.57
57.5	47.6	34.6	31.6	24.4	24.2	23.5
50.5	56.1	43.5	33.6	32.3	32.2	31.5

3-3 平均每天主要

Selected Indicators on Average Daily Social

指标	Indicators	单位 Unit	1978 年	1985 年
每天创造的财富	**Population**			
地区生产总值（当年价）	Gross Domestic Product	万元 (10 000 yuan)	646	1682
第一产业	Primary Industry	万元 (10 000 yuan)	114	354
第二产业	Secondary Industry	万元 (10 000 yuan)	365	872
第三产业	Tertiary Industry	万元 (10 000 yuan)	167	456
一般公共预算收入	General Pubilic Budget Revenue	万元 (10 000 yuan)	163	244
一般公共预算支出	General Pubilic Budget Expenditure	万元 (10 000 yuan)	41	94
固定资产投资	Investment in Fixed Assets	万元 (10 000 yuan)		399
每天生产主要工、农业产品	**Production of Major Industrial Product and Agricultural Products on Average Daily**			
粮　食	Grain	吨 (ton)	3161	4479
棉　花	Cotton	吨 (ton)	14	136.2
蔬　菜	Vegetables	吨 (ton)	1348	2304
猪　肉	Pork	吨 (ton)	67	138
奶　类	Milk	吨 (ton)	11	23
钢　材	Steel	吨 (ton)	689	1197
发电量	Electric Energy Capacity	万千瓦时 (10 000 kwh)	347	724
水　泥	Cement	吨 (ton)	2399	3699
化　肥	Chemical Fertilizer	吨 (ton)	494	313
金切机床	Metal-cutting Machine Tools	台 (unit)	10	18
汽　车	Motor Vehicles	辆 (unit)	12	31
服务器	server	台 (unit)	—	—

1990年	1995年	2000年	2010年	2015年	2016年	2017年
3787	12973	26087	107138	167130	179072	197314
656	1853	2603	5895	8367	8693	8696
1845	6257	11469	44862	63205	64901	70390
1286	5082	12015	56381	95557	105477	118228
339	465	1344	7291	16831	17568	18554
224	537	1499	9227	18032	20309	22851
838	3089	8382	54450	95847	108886	119550
4972	6917	6583	7930	7248	7048	7002
137	79.7	74.7	81	40	35	26
3455	6946	14733	16478	17801	17376	16826
215	390	478	597	623	552	562
51	95	194	855	799	707	840
1576	2856	6507	26857	19852	22627	11226
1225	1884	1898	3601	4818	4855	4387
5796	11644	13291	19994	21411	19721	16561
396	384	778	1345	644	890	575
14	11	8	6	10	13	16
17	16	8	581	263	340	553
—	—	—	271	1112	1332	1547

3-3 续 1

指标	Indicators	单位 Unit	1978 年	1985 年
布	Cloth	万米 (10 000 m)	38	50
每天其他经济活动	**Other Economic Activity on Average Daily**			
最终消费量	Final Consumption	万元 (10 000 yuan)		780
居民消费	Households Expense	万元 (10 000 yuan)		638
农业居民	Rural Households	万元 (10 000 yuan)		367
城镇居民	Urban Households	万元 (10 000 yuan)		271
政府消费	Government Expense	万元 (10 000 yuan)		142
社会消费品零售总额	Total Sales of Consumption Good Per Capita	万元 (10 000 yuan)	261	640
公路货运量	Highways Freight Traffic	万吨 (10 000 tons)	3.2	6.9
公路客运量	Highways Passenger Traffic	万人 (10 000 persons)	1.4	3.1
自来水供水量	Water Supply	万吨 (10 000 tons)	36.9	40
用电量	Electricity Consumption	万千瓦时 (10 000 kwh)	754	747
市内公共车辆乘客人数	Number of City Bus Passengers	万人次 (10 000 person-times)	34	62.2
实际使用外资额	Total Amount of Foreign Capital Actually Utilized	万美元 (10 000 USD)		
港澳台及外国来济旅游人数	Compatriots from Hong Kong Macao and Taiwan	人 (person)		27
每天人口变动和婚姻	**Daily Population Changes and Marriages**			
出　生	Birth	人 (person)	191	152
死　亡	Death	人 (person)	86	87
结　婚	Marriages	对 (couple)		
离　婚	Divorces	对 (couple)		

注：“一般公共预算收入” 指标 1978 年到 1995 年为“地方财政收入”口径

“一般公共预算支出”指标 1978 年到 1995 年为“地方财政支出”口径

1990 年	1995 年	2000 年	2010 年	2015 年	2016 年	2017 年
55	41	45	22	44	44	45
1580	5524	14833	50253	87412	9498	103538
1274	4567	11098	39460	55221	7153	76801
624	1938	3596	5142	7120	938	9878
650	2629	7502	34317	48101	6215	66923
306	957	3735	10794	32192	2345	26737
1447	5151	9718	49382	93433	103145	113593
10.9	16.9	19.2	35.7	55.9	58.1	65.9
4.9	7.2	12.4	35.0	10.0	8.8	8.7
45.3	57.5	76.7	64.5	87.2	90.9	98.3
1255	1779	2505	6713.3	7238.5	7669.1	7569.5
73.3	73.3	125.9	296.1	256.5	248.7	248.0
8.5	69.3	87.6	285.0	432.5	470.2	514.0
56	149	285	633	912.2	963	1029
183	148	170	184	202	252	312
93	94	108	138	115	108	172
103	137	120	153	138	130	144
	17	20	50	70	74	89

3－4 国民经济

Per Indicators of

指标	Indicator	单位 Unit	1978 年	1985 年
地区生产总值	**Gross Domestic Product**	元 (yuan)	527	1263
主要农产品产量	**Output of Major Agricultural Products**			
粮　食	Grain	千克 (kg)	258	336
棉　花	Cotton	千克 (kg)	1.14	10.22
猪　肉	Pork	千克 (kg)	5.44	10.33
水　果	Fruits	千克 (kg)	12.65	14.70
禽　蛋	Eggs	千克 (kg)		
蔬　菜	Vagatables	千克 (kg)	109.84	173.02
牛　奶	Milk	千克 (kg)	0.88	1.76
水产品	Aquatic Products	千克 (kg)	0.29	0.41
主要工业产品产量	**Output of Major Industrial Products**			
钢　材	Steel	千克 (kg)	48.1	69.6
发电量	Electric Energy Capacity	千瓦小时 (kwh)	282.5	543.9
水　泥	Cement	千克 (kg)	195.5	277.9
化　肥	Chemical Fertilizer	千克 (kg)	29.5	18.7
服务器	Television Sets	台 (unit)	–	–
布	Cloth	米 (m)	30.8	37.2
其他经济活动	**Other Economic Activity**			
社会消费品零售总额	Total Sales of Consumption Good Per Capita	元 (yuan)	182	500
一般公共预算收入	General Pubilic Budget Revenue	元 (yuan)	133	183
一般公共预算支出	General Pubilic Budget Expenditure	元 (yuan)	33	70
城乡居民人民币储蓄存款余额	RMB Deposits Balance of Urban and Rural Residents	元 (yuan)	33	236
城镇居民人均可支配收入	Per Capita Disposable Income of Urban Residents	元 (yuan)	338	732
城镇居民人均生活消费支出	Per Capita Life Consumption Expenditure of Urban Residents	元 (yuan)	318	704
农村居民人均可支配收入	Per Capita Disposable Income of Rural Residents	元 (yuan)	111	439
农村居民人均生活消费支出	Per Capita Life Consumption Expenditure of Rural Residents	元 (yuan)	83	330

注：1、“一般公共预算收入”指标 1978 年到 1995 年为“地方财政收入”口径。
2、“一般公共预算支出”指标 1978 年到 1995 年为“地方财政支出”口径。
3、从 2015 年起，全市发布城乡住户调查一体化改革新口径数据，居民收支调查指标与 2014 年前分别实施的城镇和农村住户调查的调查范围、方法、指标口径、名称有所不同。

人均指标

National Economic

1990年	1995年	2000年	2010年	2015年	2016年	2017年
2666	8773	16999	57966	85919	90999	98967
350	468	429	479	424	409	400
9.64	5.38	4.87	4.87	2.36	2.00	400.45
15.13	26.33	31.15	36.10	36.46	32.03	1.49
12.88	35.81	66.56	78.58	85.00	83.10	80.70
18.27	41.29	74.29	59.68	56.86	55.77	51.83
243.10	469.77	960.06	996.29	1041.79	1007.83	962.34
3.46	6.44	12.65	51.68	46.75	41.00	48.03
1.80	4.72	5.87	7.06	7.63	7.42	6.47
169.1	195.7	424.0	1623.8	1161.8	1312.4	642.0
862.3	1237.0	1231.5	2177.5	2819.9	2815.8	2508.9
408.0	728.4	866.1	1208.9	1253.1	1143.8	947.2
23.6	23.0	46.5	80.3	37.7	51.6	32.9
–	–	–	0.016	0.065	0.077	0.088
38.9	19.9	29.5	13.6	25.7	25.4	25.7
1009	3468	6332	28563	54687	59827	64966
239	315	876	4409	9850	10189	10611
158	363	977	5579	10553	11779	13069
985	4115	8266	36239	63358	69042	70889
1620	4721	8471	25321	39889	43052	46642
1369	3830	6892	15973	26319	28537	30729
731	1813	3047	8903	14232	15346	16594
570	1374	1977	5407	8597	9396	10327

3-5 国民经济主要指标

Main Indicators of National Economy and Their Proportion

指标	Indicator	单位 Unit	全国 Country
区划面积	Area	万平方公里 (10 000 sq.km)	960
年末总人口	Total year-end Population	万人 (10 000 persons)	139008
生产总值(当年价)	Gross Domestic Product	亿元 (100 million yuan)	827121.7
第一产业	Primary Industry	亿元 (100 million yuan)	65467.6
第二产业	Secondary Industry	亿元 (100 million yuan)	334622.6
第三产业	Tertiary Industry	亿元 (100 million yuan)	427031.5
规模以上工业主营业务收入	Revenue from Principal Business of Industrial Enterprises above Designated Size	亿元 (100 million yuan)	1164624.0
规模以上工业利润总额	Total Profits of Industrial Enterprises above Designated Size	亿元 (100 million yuan)	75187.0
粮食总产量	Total Output of Grain	万吨 (10 000 tons)	61793.0
棉花总产量	Total Output of Cotton	万吨 (10 000 tons)	548.6
固定资产投资额	Investment in Fixed Assets	亿元 (100 million yuan)	641238.4
公路货物周转量	Highways Freight Turnover	亿吨公里 (100 million ton-km)	66771.5
社会消费品零售总额	Total Sales of Consumption Good Per Capita	亿元 (100 million yuan)	366262.0
实际使用外资	Total Amount of Foreign Capital Actually Utilized	亿元 (100 million yuan)	8776.0
一般公共预算收入	General Pubilic Budget Revenue	亿元 (100 million yuan)	172566.6
一般公共预算支出	General Pubilic Budget Expenditure	亿元 (100 million yuan)	203330.0
普通本专科在校学生	Enrollment of Regular Institutions of Higher Educatio	万人 (10 000persons)	2753.6
中等职业教育在校学生	Enrollment of Secondary Professional Schools	万人 (10 000persons)	1577.4
卫生机构数	Number of Health Institutions	个 (unit)	986649
卫生技术人员	Medical Technical Personnel	万人 (10 000persons)	897.8
#执业(助理)医师	Licensed Doctors	万人 (10 000persons)	339.0
城镇居民人均可支配收入	Per Capita Disposable Income of Urban Residents	元 (yuan)	36396
农村居民人均可支配收入	Per Capita Disposable Income of Rural Residents	元 (yuan)	13432

及占全国、全省比重（2017）

in China and Shandong Province（2017）

全省 Province	济南 Ji'nan	济 南 占全国比重（%） Ji'nan Account for Proportion of Country(%)	济 南 占全省比重（%） Ji'nan Account for Proportion of Province(%)
15.8	0.8277	5.24	0.09
10005.8	643.6	0.46	6.43
72678.2	7201.96	0.87	9.91
4876.7	317.40	0.48	6.51
32925.1	2569.22	0.77	7.80
34876.3	4315.34	1.01	12.37
142660.2	5810.2	0.50	4.07
8327.6	415.2	0.55	4.99
4723.2	255.57	0.41	5.41
34.5	0.95	0.17	2.76
54236.0	4363.6	0.68	8.05
6650.20	459.50	0.69	6.91
33649.0	4146.1	1.13	12.32
1210.5	126.4	1.44	10.44
6098.5	677.2	0.39	11.10
9257.7	834.1	0.41	9.01
201.5	54.44	1.98	27.02
79.3	5.5	0.35	6.96
79101	5770	0.58	7.29
68.9	7.6	0.85	11.03
26.5	3.7	1.08	13.77
36789	46642		
15118	16594		

主要统计指标解释

Explanatory Notes on Main Statistical Indicators

几点说明：

1. 生产总值及一、二、三次产业增加值，历史数据有所调整，以本年鉴所列数据为准。

2. 生产总值及一、二、三次产业增加值，全部工业增加值，农业总产值等指标的增长速度均以可比价格计算。

3. 由于国家在1994年开始财税体制改革，1994年及以后各年的财政收支与以前年份不可比。另外，2000年财政收入统计口径也有微调。

4. 工业统计口径调整。1998年以前工业统计范围为乡及乡以上独立核算工业企业，1998年，统计范围调整为规模以上工业，即全部国有及年销售收入500万元以上的非国有工业单位，2011年，调整为年主营业务收入2000万元以上。

5. 建筑业统计范围变化。建筑业统计范围1994-1995年为县及县以上单位，1996-1997年为资质等级四级及以上独立核算建筑业企业，1998年起为资质等级五级及以上独立核算建筑业企业。

企业（单位）登记注册类型 是以在工商行政管理机关登记注册的具有法人资格的各类企业为划分对象。行政机关、事业单位和社会团体及其他经济组织参照执行。

本项以工商行政管理部门对企业（单位）登记注册的类型为依据，将企业（单位）登记注册类型分为以下几种：

（1）国有企业是指企业全部资产归国家所有，并按《中华人民共和国企业法人登记管理条例》规定登记注册的非公司制的经济组织。不包括有限责任公司中的国有独资公司。

（2）集体企业是指企业资产归集体所有，并按《中华人民共和国企业法人登记管理条例》规定登记注册的经济组织。

（3）股份合作企业是指以合作制为基础，由企业职工共同出资入股，吸收一定比例的社会资产投资组建，实行自主经营，自负盈亏，共同劳动，民主管理，按劳分配与按股分红相结合的一种集体经济组织。

（4）联营企业是指两个及两个以上相同或不同所有制性质的企业法人或事业单位法人，按自愿、平等、互利的原则，共同投资组成的经济组织。

联营企业包括国有联营企业、集体联营企业、国有与集体联营企业和其他联营企业。

（5）有限责任公司是指根据《中华人民共和国登记管理条例》规定登记注册，由两个以上，五十个以下的股东共同出资，每个股东以其所认缴的出资额对公司承担有限责任，公司以其全部资产对其债务承担责任的经济组织。

有限责任公司包括国有独资公司以及其他有限责任公司。

①国有独资公司是指国家授权的投资机构或者国家授权的部门单独投资设立的有限责任公司。

②其他有限责任公司是指国有独资公司以外的其他有限责任公司。

（6）股份有限公司是指根据《中华人民共和国登记管理条例》规定登记注册，其全部注册资本由等额股份构成并通过发行股票筹集资本，股东以其认购的股份对公司承担有限责任，公司以其全部资产对其债务承担责任的经济组织。

（7）私营企业是指由自然人投资设立或由自然人控股，以雇佣劳动为基础的营利性经济组织。包括按照《公司法》、《合伙企业法》、《私营企业暂行条件》规定登记注册的私营有限责任公司、私营股份有限公司、私营合伙企业和私营独资企业。

①私营独资企业是指按《私营企业暂行条例》的规定，由一名自然人投资经营，以雇佣劳动为基础，投资者对企业债务承担无限责任的企业。

②私营合伙企业是指按《合伙企业法》或《私营企业暂行条例》的规定，由两个以上自然人按照协议共同投资、共同经营、共负盈亏，以雇佣劳动为基础，对债务承担无限责任的企业。

③私营有限责任公司是指按《公司法》、《私营企业暂行条例》的规定，由两个以上自然人投资或由单个自然人控股的有限责任公司。

④私营股份有限公司是指按《公司法》的规定，由五个以上自然人投资，或由单个自然人控股的有限公司。

（8）其他内资企业是指上述第（1）条至第（7）条之外的其他内资经济组织。

（9）与港澳台商合资经营企业是指港澳台地区投资者与内地的企业依照《中华人民共和国中外合资经营企业法》及有关法律的规定，按合同规定的比例投资设立、分享利润和分担风险的企业。

（10）与港澳台商合作经营企业是指港澳台地区投资者与内地企业依照《中华人民共和国中外合作经营企业法》及有关法律的规定，依照合作合同的约定进行投资或提供条件设立、分配利润和分担风险的企业。

（11）港澳台商独资经营企业是指依照《中华人民共和国外资企业法》及有关法律的规定，在内地由港澳台地区投资者全额投资设立的企业。

（12）港澳台商投资股份有限公司是指根据国家有关规定，经外经贸部依法批准设立，其中港、澳、台商的股本占公司注册资本的比例达25%以上的股份有限公司。凡其中港、澳、台商的股本占公司注册资本的比例小于25%的，属于内资企业中的股份有限公司。

（13）中外合资经营企业是指外国企业或外国人与中国内地企业依照《中华人民共和国中外合资经营企业法》及有关法律的规定，按合同规定的比例投资设立、分享利润和分担风险的企业。

（14）中外合作经营企业是指外国企业或外国人与中国内

地企业依照《中华人民共和国中外合作经营企业法》及有关法律的规定，依照合作合同的约定进行投资或提供条件设立、分配利润和分担风险的企业。

（15）外资企业是指依照《中华人民共和国外资企业法》及有关法律的规定，在中国内地由外国投资者全额投资设立的企业。

（16）外商投资股份有限公司是指根据国家有关规定，经外经贸部依法批准设立，其中外资的股本占公司注册资本的比例达 25% 以上的股份有限公司。凡其中外资股本占公司注册资本的比例小于 25% 的，属于内资企业中的股份有限公司。

机关、事业单位和社会团体参照《企业登记注册类型与代码》，主要按其经费来源和管理方式划分。具体规定如下：

（1）机关包括国家机关和政党机关，原则上均列为“国有”。但有特殊规定的，如供销社等，则列为“集体”。

（2）事业单位包括经国家机构编制部门和有关业务主管部门批准成立的各类事业单位，不包括实行企业化管理的事业单位。事业单位的划分办法如下：

①由国家财政预算拨款或列入财政预算外资金管理以及经费主要来源于国有主管部门或国有上级单位的事业单位，列为“国有”。

②经费主要来源于集体单位的事业单位，列为“集体”。

③公民个人（或个人合伙）开办的事业单位，列为“私营”。

④上述以外的其他事业单位，如果其经费来源不明确，按管理方式进行归类。

（3）社会团体包括经民政部门批准成立以及未纳入社会团体管理条例范围的工会、妇联等各类社会团体。社会团体的划分办法如下：

①未纳入民政部社会团体管理条例范围的工会、妇联、共青团、青联、工商联、科协、侨联等社会团体，国家拨款设立的基金会或基金管理组织以及经费主要来源于国有业务主管部门或国有上级单位的社会团体，列为“国有”。

②经费主要来源于集体单位的社会团体，列为“集体”。

③公民个人（或个人合伙）开办的社会团体，划为“私营”。

④上述以外的其他社会团体，如果其经费来源不明确，改按管理方式进行归类。

平均增长速度 我国计算平均增长速度有两种方法：一种是习惯上经常使用的“水平法”，又称几何平均法，是以间隔期最后一年的水平同基期水平对比来计算平均每年增长（或下降）速度；另一种是“累计法”，又称代数平均法或方程法，是以间隔期内各年水平的总和同基期水平对比来计算平均每年增长（或下降）速度。在一般正常情况下，两种方法计算的平均每年增长速度比较接近；但在经济发展不平衡、出现大起大落时，两种方法计算的结果差别较大。

本《年鉴》内所列的平均增长速度，除固定资产投资用“累计法”计算外，其余均用“水平法”计算。从某年到某年平均增长速度的年份，均不包括基期年在内。如建国四十三年的平均增长速度是以 1949 年为基期计算的，则写为 1950–1992 年平均增长速度，其余类推。

国民经济核算

NATIONAL ACCOUNTS

4-1 各时期生产总值（按当年价格计算）

Gross Domestic Product in Each Period(Calculated at Current Prices)

年份 Year	地区生产总值（万元） Gross Domestic Product (10 000 yuan)	第一产业 Primary Industry	第二产业 Secondary Industry	第三产业 Tertiary Industry	# 工业 Industry	人均生产总值（元） Per Capita GDP (yuan)
1952	38282	14464	11300	12518	10907	121
1957	66616	19282	22378	24956	21840	194
1962	62056	10271	24346	27439	23610	177
1965	96827	18837	44395	33595	43388	262
1970	136085	21582	76949	37554	75571	337
1975	162427	28985	86500	46942	84614	373
"五五"时期						
1976	181751	33447	99797	48507	97215	413
1977	199814	35831	112347	51636	109811	450
1978	235993	41633	133172	61188	128910	527
1979	265619	50144	147679	67796	141048	586
1980	288001	59580	158591	69830	142369	630
"六五"时期						
1981	315623	65646	176516	73461	151131	681
1982	360552	88026	185548	86978	157894	765
1983	420075	116162	204758	99155	179572	881
1984	479948	103502	254684	121762	201017	997
1985	613741	129221	318193	166327	275447	1263
"七五"时期						
1986	712831	148165	344782	219884	286895	1451
1987	845431	175195	402857	267379	328783	1699
1988	1142249	222330	570722	349197	474895	2266
1989	1258319	237692	615209	405418	546591	2466
1990	1382350	239283	673593	469474	604274	2666
"八五"时期						
1991	1633920	253797	765582	614541	677340	3109
1992	2078386	277408	983638	817340	868539	3928
1993	2707637	326614	1331453	1049570	1153600	5088
1994	3718760	494413	1768214	1456133	1544940	6946

年份 Year	地区生产总值 （万元） Gross Domestic Product (10 000 yuan)	第一产业 Primary Industry	第二产业 Secondary Industry	第三产业 Tertiary Industry	# 工业 Industry	人均生产总值 （元） Per Capita GDP (yuan)
1995	4735176	676399	2203700	1855077	1941631	8773
“九五”时期						
1996	5808366	742400	2749300	2316666	2383100	10701
1997	7099490	825200	3279700	2994590	2788668	12995
1998	8021619	902000	3664300	3455319	2984090	14549
1999	8813156	925171	3998006	3889979	3188000	15863
2000（调整前）	9521798	950125	4186077	4385596	3366075	16999
2000	9441315	960185	4147355	4333775	3319701	16855
“十五”时期						
2001	10579155	983242	4380564	5215349	3507175	18697
2002	11901167	1000514	5016352	5884300	4023830	20807
2003	13521540	1048068	5886754	6586718	4822007	23362
2004	16002700	1205800	7219300	7577600	6034000	27293
2005	18462792	1343400	8474679	8644713	7158669	28900
“十一五”时期						
2006	21615316	1451210	9971161	10192945	8441795	33480
2007	25001427	1502995	11287598	12210834	9548644	38301
2008	30067703	1750100	13130913	15186690	11152190	45563
2009	33409059	1870700	14335100	17203259	11913600	50219
2010	39105271	2151700	16374544	20579027	13524244	57947
“十二五”时期						
2011	44062889	2378573	18289700	23394616	15078800	64310
2012	48036696	2529161	19381399	26126136	16030799	69444
2013	52301948	2847088	20532400	28922460	16906300	74994
2013（新行业）	52301948	2769911	20950832	28581205	16906300	74994
2014	57705966	2902894	22616579	32186493	18221072	82052
2015	61002320	3053916	23070000	34878404	18443700	85919
“十三五”时期						
2016	65361165	3173113	23689000	38499052	1878300	90999
2017	72019553	3173969	25692200	43153384	20031000	98967

注：1、2013 年始使用新口径、新行业分类标准（GB–2011）。新行业中：第一产业不再包括农林牧渔服务业，开采辅助活动，金属制品、机械和设备修理业归入第三产业。后同。

2、2013 年（新行业）、2014 年为普查口径数据。后同。

3、2005 年后人均生产总值为常住人口口径，后同。

4-2 各时期生产总值环比指数(以上年为100)

Circle Indices of Gross Domestic Product (preceding year=100)

年份 Year	地区生产总值 Gross Domestic Product	第一产业 Primary Industry	第二产业 Secondary Industry	第三产业 Tertiary Industry	# 工业 Industry	人均生产总值 Per Capita GDP
1952	123.9	119.1	153.2	132.7	126.2	118.0
1957	97.5	91.7	89.0	112.7	92.3	95.7
1962	105.6	116.7	82.7	121.9	81.3	105.9
1965	120.8	120.4	138.8	105.3	132.9	120.7
1970	113.7	95.9	131.9	100.5	130.8	108.7
1975	139.0	121.5	160.4	117.6	167.8	133.9
“五五”时期						
1976	104.9	93.2	114.6	104.5	113.1	104.6
1977	106.8	95.0	112.3	106.3	113.9	104.7
1978	113.0	99.3	114.2	119.0	111.9	109.1
1979	112.1	120.0	110.5	110.4	109.0	110.8
1980	113.6	124.5	112.5	107.9	105.7	112.6
“六五”时期						
1981	109.5	110.1	111.2	105.1	106.1	108.0
1982	116.0	136.2	106.7	120.2	106.1	114.1
1983	117.0	132.5	110.8	114.5	114.2	115.6
1984	118.4	92.3	128.9	127.3	116.0	117.3
1985	105.4	102.9	103.0	112.6	112.9	104.4
“七五”时期						
1986	110.8	109.4	103.4	126.1	99.4	109.6
1987	112.2	111.9	110.5	115.0	108.4	110.8
1988	119.0	111.8	124.8	115.0	127.2	117.5
1989	103.2	100.1	101.0	108.8	107.8	101.9
1990	108.3	99.2	107.9	114.2	109.0	106.6
“八五”时期						
1991	112.8	101.2	108.5	124.9	107.0	111.3
1992	122.8	105.5	124.0	128.4	123.8	122.0
1993	121.4	109.7	126.1	119.7	123.8	120.7

年份 Year	地区生产总值 Gross Domestic Product	第一产业 Primary Industry	第二产业 Secondary Industry	第三产业 Tertiary Industry	# 工业 Industry	人均生产总值 Per Capita GDP
1994	118.9	131.0	115.0	120.1	115.9	118.2
1995	113.3	121.7	110.9	112.3	111.8	112.4
"九五"时期						
1996	114.9	102.8	116.9	117.0	115.0	114.3
1997	119.6	108.8	116.7	126.3	114.5	118.8
1998	113.8	110.1	112.6	116.3	107.8	112.8
1999	113.1	109.5	111.8	115.4	110.6	112.2
2000	112.1	106.1	110.8	114.9	112.2	111.2
"十五"时期						
2001	112.1	104.0	109.8	115.9	111.0	110.9
2002	113.2	102.6	114.8	113.9	115.2	112.0
2003	114.5	104.6	118.2	113.0	121.9	113.2
2004	115.6	107.8	119.8	113.0	121.9	114.1
2005	115.6	106.0	117.4	115.4	119.8	114.2
"十一五"时期						
2006	115.7	106.0	117.2	115.6	119.3	114.4
2007	115.8	100.0	115.3	118.5	116.0	114.5
2008	113.0	105.0	110.0	116.8	110.7	111.8
2009	112.2	105.1	112.1	113.1	110.5	111.3
2010	112.7	104.9	111.0	114.9	110.7	111.1
"十二五"时期						
2011	110.6	104.4	111.7	110.3	112.2	108.9
2012	109.5	104.7	109.2	110.1	109.7	108.4
2013	109.6	103.9	110.1	109.7	110.6	108.7
2013（新行业）	109.6	103.7	110.1	109.7	110.6	108.7
2014	108.8	103.9	108.8	109.1	108.9	107.9
2015	108.1	104.1	107.4	108.9	107.1	107.0
"十三五"时期						
2016	107.8	104.1	106.9	108.7	106.9	106.5
2017	108.0	103.3	108.4	108.2	108.9	106.6

4-3 资本形成总额（按当年价格计算）

Gross Capital Formation Areas(Calculated at Current Prices)

单位：万元 (10 000 yuan)

指标	Indicator	2012 年	2013 年	2014 年	2015 年	2016 年	2017 年
资本形成总额	**Gross Capital Formation**	24140144	30182535	34417750	38457600	40333673	48134888
一、固定资本形成总额	**Gross fixed Capitai Formation**	21390653	27194510	31268206	33457249	37051965	44000633
1、住宅	Residential	4209797	6274201	6617872	7438000	9945598	11719804
2、非住宅建筑物	Non-residential Buildings	9748694	13011712	15557997	14780097	15626960	17892869
3、机器和设备	Machinery and Equipment	3984376	4499778	5067899	6450000	5880359	6674207
4、土地改良支出	Land Improvement Expenditure	44788	62574	92567	136928	83868	51369
5、矿藏勘探费	Mineral Exploration Expenditure	4730	5198	6049	6979	6899	6821
6、计算机软件	Computer Software	2130000	2276970	2590812	2970366	3407010	3815852
7、其他	Others	1268268	1064077	1335012	1674879	2101270	2636211
二、存货增加	**Changes in Inventories**	2749492	2988025	3149544	5000351	3281707	4134254
1. 农林牧渔业	Agriculture, Forestry, Animal Husbandry and Fishery	161773	163227	-1100	-16200	-31854	-13992
2. 工业	Industry	248136	670461	685047	733000	8376	3468105
3. 建筑业	Construction	188246	-532	-603	514751	399574	976845
4. 交通运输、仓储和邮政业	Transport, Storage and Postal Services	1791	2508	2115	-17600	116139	-5000
5. 批发和零售业	Wholesale and Retail Trade	175842	31828	110839	-79000	-104495	869398
6. 住宿和餐饮业	Accommodations and Catering Services	157	-1866	-523	-26000	-21754	-23786
7. 房地产业	Real Estate	1973546	2122399	2347812	4010000	2090306	-1226316
8. 其他服务业	Other Services	0	0	5957	-118600	825415	89000

4-4 最终消费支出（按当年价格计算）

Final Consumption Expenditure(Calculated at Current Prices)

单位：亿元 (100 million yuan)

指标	Indicator	2012 年	2013 年	2014 年	2015 年	2016 年	2017 年
最终消费支出	**Final Consumption Expenditures**	2448.32	2728.45	2936.20	3190.55	3466.81	3779.14
居民消费支出	Expense on Consumption of All Households	1574.06	1747.52	1856.00	2015.55	2227.92	2396.54
农村居民	Rural Households	206.67	226.28	243.72	259.87	282.02	299.67
食品类支出	Food,Tobacco and liquor	60.81	64.14	67.29	68.50	74.73	80.26
衣着类支出	Clothing	10.16	10.98	12.95	11.73	12.78	13.48
居住类支出	Residence	30.13	33.68	31.54	38.73	43.34	48.89
家庭设备、用品及服务类支出	Supplies and Services	10.88	13.45	15.99	13.94	15.32	16.17
医疗保健类支出	Health care	23.83	20.54	19.78	17.73	18.81	18.37
交通和通信类支出	Transport and Communications	24.73	30.40	36.10	36.83	39.26	40.44
文教娱乐用品及服务类支出	Recreation,Education and Cultural	10.75	14.17	16.18	21.61	23.93	24.50
金融中介服务虚拟支出	FIinancial Intermediary Services Virtual Expenditure	1.92	2.14	2.33	2.54	2.88	3.12
保险服务消费支出	Insurance Services Expenditure	7.74	8.03	9.42	11.05	11.56	12.68
自有住房服务虚拟支出	Private Housing Service Virtual Expenditure	24.03	26.68	28.02	29.42	30.89	32.43
其他商品和服务类支出	Other Goods and Services Expenditure	1.69	2.06	4.12	7.78	8.52	9.33
城镇居民	Urban Households	1367.39	1521.23	1612.27	1755.68	1945.90	2096.86
食品类支出	Food,Tobacco and liquor	336.42	367.27	377.92	415.71	447.72	468.76
衣着类支出	Clothing	138.84	152.42	152.72	155.01	136.57	138.61
居住类支出	Residence	123.43	138.63	172.32	181.63	232.57	266.76
家庭设备、用品及服务类支出	Supplies and Services	96.57	105.23	111.02	126.11	130.78	134.26
医疗保健类支出	Health care	100.39	110.48	110.26	125.36	144.54	155.09
交通和通信类支出	Transport and Communications	220.64	253.86	261.73	288.43	345.54	356.59
文教娱乐用品及服务类支出	Recreation,Education and Cultural	143.21	155.17	170.23	197.80	199.58	211.76
金融中介服务虚拟支出	FIinancial Intermediary Services Virtual Expenditure	38.25	47.12	51.26	55.78	68.43	79.89
保险服务消费支出	Insurance Services Expenditure	14.61	15.17	17.79	20.87	36.04	42.70
自有住房服务虚拟支出	Private Housing Service Virtual Expenditure	98.38	114.15	119.85	125.85	142.71	174.78
实物消费支出	Reality Consumption	5.71	6.18	6.56	9.67	14.28	22.75
其他商品和服务类支出	Other Goods and Services Expenditure	50.94	55.56	60.62	53.46	47.14	44.90
政府消费支出	Government Consumption Expenditure	874.26	980.93	1080.20	1175.00	1238.89	1382.60

4-5 实际最终消费（按当年价格计算）

Final Real Consumption(Calculated at Current Prices)

单位：亿元 (100 million yuan)

指标	Indicator	2012 年	2013 年	2014 年	2015 年	2016 年	2017 年
最终消费	**Final Consumption**	2448.32	2728.45	2936.20	3190.55	3466.81	3779.14
居民消费	Expense on Consumption of All Households	1907.56	2066.16	2189.96	2378.21	2610.94	2803.24
农村居民	Rural Households	245.83	272.82	292.65	312.03	342.28	360.56
食品类消费	Food,Tobacco and liquor	61.32	65.67	68.89	70.13	76.51	82.17
衣着类消费	Clothing	10.24	11.24	13.26	12.01	13.08	13.80
居住类消费	Residence	30.24	34.32	32.14	39.46	44.16	49.81
家庭设备、用品及服务类消费	Supplies and Services	10.97	13.76	16.36	14.26	15.67	16.54
医疗保健类消费	Health care	42.55	40.63	39.13	35.07	37.21	36.34
交通和通信类消费	Transport and Communications	24.95	31.14	36.99	37.73	40.22	41.43
文教娱乐用品及服务类消费	Recreation,Education and Cultural	29.90	37.62	42.95	57.39	63.53	65.06
金融中介服务虚拟消费	FIinancial Intermediary Services Virtual Expenditure	1.94	2.14	2.33	2.53	2.88	3.11
保险服务消费支出	Insurance Services Expenditure	7.80	8.03	9.42	11.05	11.56	12.68
自有住房服务虚拟消费	Private Housing Service Virtual Expenditure	24.21	26.68	28.01	29.41	30.89	32.43
其他商品和服务类消费	Other Goods and Services Expenditure	1.71	1.59	3.18	6.01	6.58	7.21
城镇居民	Urban Households	1661.73	1793.34	1897.31	2066.06	2268.66	2442.68
食品类消费	Food,Tobacco and liquor	339.16	364.59	375.17	412.68	444.46	465.35
衣着类消费	Clothing	139.75	151.07	151.37	153.64	135.36	137.39
居住类消费	Residence	124.48	137.67	171.13	180.37	209.96	240.82
家庭设备、用品及服务类消费	Supplies and Services	97.28	104.39	110.13	125.10	129.73	133.19
医疗保健类消费	Health care	230.37	251.57	251.07	285.46	329.14	353.16
交通和通信类消费	Transport and Communications	222.24	251.79	259.60	286.08	322.30	332.62
文教娱乐用品及服务类消费	Recreation,Education and Cultural	298.85	318.87	349.80	406.47	410.13	435.15
金融中介服务虚拟消费	FIinancial Intermediary Services Virtual Expenditure	38.54	47.12	51.27	55.78	68.43	79.89
保险服务消费支出	Insurance Services Expenditure	14.73	15.17	17.79	20.87	36.05	42.71
自有住房服务虚拟消费	Private Housing Service Virtual Expenditure	99.33	114.15	119.86	125.85	142.71	174.79
实物消费消费	Reality Consumption	5.76	6.18	6.56	9.68	14.28	22.75
其他商品和服务类消费	Other Goods and Services Expenditure	51.24	30.77	33.57	29.60	26.11	24.87
政府消费	Government Consumption	540.76	662.28	746.25	811.74	855.87	975.90

4-6 生产总值分布

Distribution of Gross Domestic Product

单位：亿元 (100 million yuan)

年份 Year	政府最终消费 Government Final Consumption	居民最终消费 Household Final Consumption	国内总投资 Total Domestic Investment	国内储蓄总额 Gross Domestic Savings	资金差额 Funding Gap
GDP分布					
1990	14.63	52.28	54.12	71.36	17.24
“八五”时期					
1991	16.43	60.70	56.35	86.26	29.91
1992	20.06	71.02	80.23	116.76	36.53
1993	22.75	90.63	122.66	157.38	34.71
1994	25.57	122.10	152.31	224.21	71.90
1995	34.93	197.61	190.05	240.98	50.93
“九五”时期					
1996	50.21	240.49	236.98	290.14	53.16
1997	98.69	291.30	246.44	319.96	73.52
1998	100.52	347.78	285.39	353.86	68.47
1999	126.27	362.71	347.37	392.34	44.97
2000	132.05	332.70	398.13	479.38	81.25
“十五”时期					
2001	146.90	357.84	418.38	553.18	134.79
2002	161.84	401.23	500.89	627.04	126.16
2003	184.97	430.62	562.41	736.57	174.15
2004	206.80	457.71	760.12	935.75	175.63
2005	223.46	522.10	1017.39	1100.72	83.33
“十一五”时期					
2006	285.51	621.65	1126.39	1254.37	127.98
2007	350.33	820.82	1286.16	1328.99	42.83
2008	431.26	940.61	1577.87	1634.90	57.03
2009	495.31	1022.07	1749.05	1823.53	74.48
2010	636.91	1197.34	2055.73	2076.28	20.55
“十二五”时期					
2011	747.23	1391.82	2360.99	2267.24	-93.75
2012	874.26	1574.06	2414.01	2355.35	-58.66
2013	980.93	1747.52	3018.25	3042.14	23.88
2014	1080.20	1856.00	3441.78	2834.40	-561.73
2015	1175.00	2015.55	3845.76	2909.68	-936.08
“十三五”时期					
2016	1238.89	2227.92	4033.37	3069.31	-964.06
2017	1382.60	2396.54	4813.49	3422.82	-1390.67

4-7 生产总值（2009 年 -2013 年）（分行业、按当年价格计算）

Value of Gross Domestic Product（2009-2013）(Sub Industry、Calculated at Current Prices)

单位：亿元　　(100 million yuan)

指标	Indicator	2009 年	2010 年	2011 年	2012 年	2013 年
地区生产总值	**Gross Domestic Product**	3340.91	3910.53	4406.29	4803.67	5230.19
第一产业	Primary Industry	187.07	215.17	237.86	252.92	284.71
农林牧渔业	Agriculture, Forestry, Animal Husbandry and Fishery	187.07	215.17	237.86	252.92	284.71
农业	Farming	120.34	149.43	152.55	160.77	186.98
林业	Forestry	8.34	4.73	5.69	6.68	7.89
畜牧业	Animal Husbandry	51.22	53.08	70.61	75.28	78.08
渔业	Fishery	2.88	3.02	3.35	3.54	4.04
农林牧渔服务业	Services of Agriculture,Forestry,Animal Husbandry and Fishing	4.29	4.91	5.66	6.65	7.72
第二产业	Secondary Industry	1433.51	1637.45	1828.97	1938.14	2053.24
工业	Industry	1191.36	1352.42	1507.88	1603.08	1690.63
采矿业	Mining	26.60	31.64	34.11	33.21	56.03
制造业	Manufacture	1073.42	1194.23	1299.80	1490.91	1539.44
电力、燃气及水的生产和供应业	Production and Supply of Electric, Gas and Water	91.34	126.56	173.98	78.96	95.16
建筑业	Construction	242.15	285.03	321.09	335.06	362.61
房屋和土木工程建筑业	Building Construction	193.94	233.87	265.87	279.09	280.86
建筑安装业	Construction Installment	36.02	38.26	38.41	40.22	59.54
建筑装饰业	Construction Decoration	7.51	7.78	11.77	13.03	19.00
其他建筑业	Others	4.69	5.12	5.04	2.72	3.21
第三产业	Tertiary Industry	1720.33	2057.90	2339.46	2612.61	2892.24
交通运输、仓储和邮政业	Transport, Storage and Postal Services	200.27	236.81	296.61	320.41	332.97
铁路运输业	Railway Transport	52.01	56.18	60.70	65.55	63.12
道路运输业	Road Transport	96.68	118.25	152.71	170.27	172.42
城市公共交通业	Public Transportation by City	13.62	14.71	17.08	18.99	18.28

指标	Indicator	2009 年	2010 年	2011 年	2012 年	2013 年
水上运输业	Waterway Transport	0.60	0.73	0.94	1.05	1.18
航空运输业	Air Transport	17.01	24.76	33.73	27.71	31.87
管道运输业	Pipeline Transport	1.20	1.36	1.37	1.40	1.65
装卸搬运和其他运输服务业	Loading and Unloading and Other Transport Services	11.84	13.55	21.59	21.64	26.47
仓储业	Storage	5.79	6.09	7.18	10.97	15.00
邮政业	Postal Services	1.52	1.19	1.30	2.83	2.98
信息传输、计算机服务和软件业	Information Transmission, Computer Services and Software	66.24	116.38	136.70	152.10	162.58
电信和其他信息传输服务业	Telecommunications, Radio and Television and Satellite Transmission Services	30.95	31.15	29.93	28.80	33.11
计算机服务业	Internet and related Services	17.95	25.14	31.67	37.99	44.56
软件业	Software and Information Technology Services	17.33	60.09	75.10	85.31	84.90
批发和零售业	Wholesale and Retail Trade	416.50	476.43	522.96	588.50	671.63
批发业	Wholesale	234.13	288.90	335.52	381.87	437.59
零售业	Retail Trade	182.37	187.53	187.44	206.64	234.04
住宿和餐饮业	Accommodations and Catering Services	125.55	142.81	143.73	149.52	168.18
住宿业	Accommodations	12.43	16.44	16.77	17.68	20.76
餐饮业	Catering Services	113.12	126.37	126.96	131.84	147.42
金融业	Financial Intermediation	240.21	288.33	330.14	411.34	461.00
银行业	Banking Sector	164.58	226.00	278.34	357.71	387.31
证券业	Securities Industry	60.51	47.28	32.05	26.87	33.74
保险业	Insurance	10.02	5.37	6.43	6.99	8.16
其他金融活动	Others	5.10	9.68	13.32	19.77	31.80
房地产业	Real Estate	172.63	220.79	254.98	273.94	320.56
房地产开发经营业	Real Estate Development and Management	62.40	83.08	99.19	100.31	124.98
物业管理业	Property Management	18.69	28.65	31.55	32.35	38.34
房地产中介服务业	Real Estate Intermediary Services	10.13	15.53	17.11	17.62	17.62
其他房地产活动	Other Real Estate Activity	7.21	11.05	12.20	13.03	22.87
居民自有住房服务业	Private Housing Service	74.20	82.48	94.94	110.62	116.74
租赁和商务服务业	Leasing and Business Services	88.71	107.32	131.18	145.29	153.19

指标	Indicator	2009 年	2010 年	2011 年	2012 年	2013 年
租赁业	Leasing Services	4.92	7.01	8.39	12.30	15.05
商务服务业	Business Services	83.78	100.31	122.79	132.99	138.14
科学研究、技术服务和地质勘查业	Scientific Research,Technical Services and Geeological Prospecting Industry	57.79	63.63	69.22	69.36	75.62
研究与试验发展	Research and Experimental Development	19.95	18.95	22.14	22.85	27.12
专业技术服务业	Special Technical Services	27.36	32.94	33.95	33.78	32.72
科技交流和推广服务业	Science and Technology Promotion and Application Services	6.74	7.16	7.87	7.46	9.79
地质勘查业	Geeological Prospecting Industry	3.74	4.58	5.27	5.27	5.98
水利、环境和公共设施管理业	Management of Water Conservancy, Environment and Public Facilities	12.18	13.84	13.62	14.05	17.26
水利管理业	Management of Water Conservancy	5.06	6.06	5.91	6.21	9.06
环境管理业	Environmental Management	2.46	2.90	2.54	0.07	0.09
公共设施管理业	Management of Public Facilities	4.67	4.87	5.17	7.77	8.11
居民服务和其他服务业	Services to Households and Other Services	32.95	40.75	46.88	52.01	57.49
居民服务业	Services to Households	18.41	22.77	26.18	29.03	30.26
其他服务业	Other Services	14.53	17.98	20.70	22.98	27.24
教育	Education	109.66	116.49	123.09	128.09	140.75
卫生、社会保障和社会福利业	Health,Social Security and Social Welfare	64.87	87.30	105.00	127.60	134.11
卫生	Public Health	56.31	74.52	95.70	117.78	124.11
社会保障业	Social Security	6.37	9.46	7.11	7.48	7.60
社会福利业	Social Welfare	2.19	3.32	2.19	2.34	2.40
文化、体育和娱乐业	Culture, Sports and Recreation	23.60	28.01	28.40	32.21	36.29
新闻出版业	News and Publication	9.99	10.94	11.82	11.59	12.35
广播、电视、电影和音像业	Radio, Television, Film and Video	5.27	6.65	6.97	10.52	11.24
文化艺术业	Culture and Arts	4.26	5.84	4.46	4.19	5.04
体育	Sports	2.08	2.21	2.47	2.55	4.01
娱乐业	Recreation	2.01	2.37	2.68	3.37	3.65
公共管理和社会组织	Public Management and Social Organizations	109.18	119.01	136.93	148.19	160.61

注：旧行业分组（GB-2002）。

4-8 生产总值（2013 年 -2017 年）（分行业，按当年价格计算）

Value of Gross Domestic Product（2013-2017）(Sub Industry、Calculated at Current Prices)

单位：亿元 (100 million yuan)

指标	Indicator	2013 年	2014 年	2015 年	2016 年	2017 年
地区生产总值	**Gross Domestic Product**	5230.19	5770.60	6100.23	6536.12	7201.96
农、林、牧、渔业	Agriculture, Forestry, Animal Husbandry and Fishery	284.71	299.11	314.99	328.24	330.24
农业	Farming	186.98	199.53	210.14	215.11	215.11
林业	Forestry	7.89	8.85	9.96	11.19	11.19
畜牧业	Animal Husbandry	78.08	77.57	80.82	86.47	86.47
渔业	Fishery	4.04	4.33	4.47	4.55	4.63
农、林、牧、渔服务业	Services of Agriculture,Forestry,Animal Husbandry and Fishing	7.72	8.82	9.60	10.93	12.84
工业	Industry	1690.63	1822.11	1844.37	1878.83	2003.10
采矿业	Mining	27.95	30.13	36.89	45.80	49.88
# 开采辅助活动	Mining Support Activities	0.03	0.03	0.03	0.03	0.03
制造业	Manufacture	1471.81	1586.27	1715.26	1749.57	1877.08
# 金属制品、机械和设备修理业	Metal Products, Machinery and Equipment Repair Industry	3.08	3.32	3.40	3.46	3.60
电力、燃气及水的生产和供应业	Production and Supply of Electric, Gas and Water	190.87	205.71	92.22	83.46	76.14
建筑业	Construction	407.56	442.90	466.06	493.56	569.75
房屋建筑业	Building Construction	236.10	252.57	241.65	279.93	316.15
土木工程建筑业	Civil Engineering Construction	107.82	121.17	178.83	172.85	215.22
建筑安装业	Construction Installment	25.22	27.40	21.12	13.47	15.97
建筑装饰业和其他建筑业	Construction Decoration and Others	38.43	41.76	24.47	27.32	22.41
批发和零售业	Wholesale and Retail Trade	626.68	691.65	715.54	760.76	976.87
批发业	Wholesale	397.64	441.38	453.30	482.02	620.82
零售业	Retail Trade	229.04	250.27	262.24	278.74	356.05
交通运输、仓储和邮政业	Transport, Storage and Post	332.97	364.29	371.63	392.18	415.61
铁路运输业	Railway Transport	63.12	69.06	68.40	72.50	72.40
道路运输业	Road Transport	166.88	181.18	186.88	191.92	198.29
水上运输业	Waterway Transport	1.18	1.29	1.32	1.50	1.42

指标	Indicator	2013 年	2014 年	2015 年	2016 年	2017 年
航空运输业	Air Transport	31.87	34.87	35.57	41.51	44.62
管道运输业	Pipeline Transport	21.47	23.49	23.96	24.35	29.71
装卸搬运和运输代理业	Loading, Unloading and Forwarding Agency	26.47	28.96	29.54	27.33	28.63
仓储业	Storage	15.00	16.41	16.74	21.68	27.20
邮政业	Postal Services	6.98	9.04	9.22	11.38	13.33
住宿和餐饮业	Accommodations and Catering Services	168.18	180.96	188.45	202.85	218.71
住宿业	Accommodations	20.76	22.45	22.68	23.99	25.21
餐饮业	Catering Services	147.42	158.51	165.77	178.86	193.50
信息传输、软件和信息技术服务业	Information Transmission, Software and Information Technology	162.58	190.17	201.95	232.78	276.11
电信、广播电视和卫星传输服务	Telecommunications, Radio and Television and Satellite Transmission Services	101.79	119.07	126.45	125.49	164.15
互联网和相关服务	Internet and related Services	4.35	5.09	5.40	18.21	20.24
软件和信息技术服务业	Software and Information Technology Services	56.44	66.02	70.11	89.08	91.72
金融业	Financial Intermediation	461.00	541.88	641.86	719.98	776.01
货币金融服务	Monetary and Financial Services	387.31	437.25	517.93	589.41	657.35
资本市场服务	Capital Market Services	33.74	48.65	57.63	36.42	41.05
保险业	Insurance	8.16	9.59	11.36	23.06	26.76
其他金融业	Others	31.80	46.38	54.94	71.10	50.85
房地产业	Real Estate	320.56	369.23	415.00	463.21	500.05
房地产开发经营业	Real Estate Development and Management	136.61	169.38	190.37	218.55	220.66
物业管理业	Property Management	26.72	25.46	28.62	33.66	35.55
房地产中介服务业	Real Estate Intermediary Services	17.62	17.44	19.60	25.72	29.89
自有房地产经营活动	Own Real Estate Operating Activities	116.74	132.83	134.73	140.19	160.01
其他房地产业	Other Real Estate Industry	22.87	24.13	41.68	45.09	53.94
租赁和商务服务业	Leasing and Business Services	153.19	172.19	182.86	214.29	192.31
租赁业	Leasing Services	15.05	16.92	17.97	25.15	28.46
商务服务业	Business Services	138.14	155.27	164.90	189.14	163.85

指标	Indicator	2013 年	2014 年	2015 年	2016 年	2017 年
科学研究和技术服务业	Scientific Research and Technical Services	75.62	82.35	90.00	103.15	136.89
研究和试验发展	Research and Experimental Development	6.39	6.96	7.60	10.15	14.42
专业技术服务业	Special Technical Services	50.38	54.86	59.96	68.00	94.49
科技推广和应用服务业	Science and Technology Promotion and Application Services	18.85	20.53	22.43	25.00	27.98
水利、环境和公共设施管理业	Management of Water Conservancy, Environment and Public Facilities	17.26	18.80	20.54	24.95	28.81
水利管理业	Management of Water Conservancy	1.88	2.05	2.24	2.50	2.70
生态保护和环境治理业	Ecological Protection and Environmental Management	0.61	0.74	0.80	1.45	2.07
公共设施管理业	Management of Public Facilities	14.77	16.01	17.50	21.00	24.04
居民服务、修理和其他服务业	Services to Households, Repair and Other Services	57.49	64.63	68.63	80.79	78.46
居民服务业	Services to Households	30.26	32.21	34.21	39.47	36.39
机动车、电子产品和日用产品修理业	Repair of Motor Vehicle, Electronics and Household Products	9.12	10.25	10.89	13.07	13.44
其他服务业	Other Services	18.11	22.16	23.53	28.25	28.62
教育	Education	140.75	153.27	167.51	196.78	232.09
卫生和社会工作	Health,Social Security and Social Welfare	134.11	146.04	159.60	176.10	179.89
卫生	Public Health	124.11	135.15	147.70	161.56	164.89
社会工作	Social Work	10.00	10.89	11.90	14.53	15.00
文化、体育和娱乐业	Culture, Sports and Recreation	36.29	40.79	43.32	48.60	52.29
新闻和出版业	Journalism and Publishing Activities	12.35	13.88	14.74	17.30	20.63
广播、电视、电影和影视录音	Radio, Television, Motion Picture and Videotape Programme	11.24	14.43	15.33	15.50	15.47
文化艺术业	Culture and Arts	5.04	4.37	4.64	5.69	6.11
体育	Sports	4.01	4.51	4.79	5.55	5.74
娱乐业	Recreation	3.65	3.60	3.83	4.57	4.34
公共管理、社会保障和社会组织	Public Management, Social Security and Social Organization	160.61	190.24	207.91	219.08	234.78
第一产业	Primary Industry	276.99	290.29	305.39	317.31	317.40
第二产业	Secondary Industry	2095.08	2261.66	2307.00	2368.90	2569.22
第三产业	Tertiary Industry	2858.12	3218.65	3487.84	3849.91	4315.34

注：新行业分组（GB–2011）。

4-9 生产总值贡献率（2009 年 -2013 年）（分行业、按不变价格计算）

Contribution Rate of Gross Domestic Product（2009-2013）(Sub Industry、Calculated at Constant Prices)

单位: % (%)

指标	Indicator	2009 年	2010 年	2011 年	2012 年	2013 年
地区生产总值贡献率	**Gross Domestic Product**	100.0	100.0	100.0	100.0	100.0
第一产业	Primary Industry	2.3	1.9	2.3	2.6	2.0
农林牧渔业	Agriculture, Forestry, Animal Husbandry and Fishery	2.3	1.9	2.3	2.6	2.0
农业	Farming	1.3	2.3	-1.3	1.4	1.1
林业	Forestry	0.0	-0.6	0.2	0.2	0.2
畜牧业	Animal Husbandry	1.0	0.2	3.3	0.8	0.5
渔业	Fishery	0.0	0.0	0.0	0.0	0.0
农林牧渔服务业	Services of Agriculture,Forestry,Animal Husbandry and Fishing	0.0	0.1	0.1	0.2	0.2
第二产业	Secondary Industry	44.6	39.1	46.2	41.2	44.5
工业	Industry	33.8	32.6	39.9	36.0	38.8
采矿业	Mining	3.9	1.1	0.6	0.0	5.9
制造业	Manufacture	15.0	23.3	27.5	58.7	30.6
电力、燃气及水的生产和供应业	Production and Supply of Electric, Gas and Water	14.8	8.2	11.7	-22.7	2.4
建筑业	Construction	10.8	6.5	6.3	5.2	5.6
房屋和土木工程建筑业	Building Construction	11.5	6.3	5.8	4.7	-6.3
建筑安装业	Construction Installment	0.6	0.1	-0.2	0.6	10.5
建筑装饰业	Construction Decoration	-0.9	0.0	0.9	0.4	1.3
其他建筑业	Others	-0.4	0.0	-0.1	-0.5	0.1
第三产业	Tertiary Industry	53.1	59.0	51.5	56.2	53.5
交通运输、仓储和邮政业	Transport, Storage and Postal Services	12.4	6.4	13.0	5.4	2.9
铁路运输业	Railway Transport	1.2	1.1	0.8	1.1	-0.4
道路运输业	Road Transport	9.7	3.1	7.6	4.1	0.9
城市公共交通业	Public Transportation by City	0.1	0.2	0.5	0.4	-0.1
水上运输业	Waterway Transport	0.1	0.2	0.0	0.0	0.0

指标	Indicator	2009 年	2010 年	2011 年	2012 年	2013 年
航空运输业	Air Transport	0.9	1.2	2.0	-1.5	0.8
管道运输业	Pipeline Transport	0.1	0.0	0.0	0.0	0.1
装卸搬运和其他运输服务业	Loading and Unloading and Other Transport Services	0.5	0.4	1.8	0.0	0.8
仓储业	Storage	-0.1	0.1	0.2	0.9	0.7
邮政业	Postal Services	0.0	0.1	0.0	0.4	0.0
信息传输、计算机服务和软件业	Information Transmission, Computer Services and Software	2.9	7.7	4.7	3.5	2.3
电信和其他信息传输服务业	Telecommunications, Radio and Television and Satellite Transmission Services	-0.3	0.1	-0.3	-0.3	0.9
计算机服务业	Internet and related Services	2.9	2.6	1.5	1.5	1.4
软件业	Software and Information Technology Services	0.3	5.1	3.5	2.3	-0.1
批发和零售业	Wholesale and Retail Trade	10.5	12.4	7.6	13.5	15.7
批发业	Wholesale	10.6	11.8	9.5	9.4	11.2
零售业	Retail Trade	-0.1	0.6	-1.8	4.1	4.5
住宿和餐饮业	Accommodations and Catering Services	2.0	3.4	-0.6	1.0	2.5
住宿业	Accommodations	-0.1	1.1	0.1	0.2	0.3
餐饮业	Catering Services	2.1	2.4	-0.7	0.8	2.1
金融业	Financial Intermediation	8.7	8.8	7.0	17.5	13.9
银行业	Banking Sector	9.4	11.9	10.0	17.3	9.1
证券业	Securities Industry	0.1	-3.0	-4.0	-1.3	1.7
保险业	Insurance	-0.4	-1.0	0.2	0.1	0.3
其他金融活动	Others	-0.4	0.9	0.8	1.4	2.8
房地产业	Real Estate	5.3	8.3	4.9	3.5	8.3
房地产开发经营业	Real Estate Development and Management	0.7	3.6	3.1	0.0	4.4
物业管理业	Property Management	1.3	2.1	0.4	0.1	1.0
房地产中介服务业	Real Estate Intermediary Services	0.7	1.2	0.2	0.1	-0.1
其他房地产活动	Other Real Estate Activity	0.4	0.7	0.2	0.2	1.9
居民自有住房服务业	Private Housing Service	2.1	0.6	10.0	3.1	1.1
租赁和商务服务业	Leasing and Business Services	5.4	3.6	5.2	2.6	0.8

4-9 续 2

指标	Indicator	2009 年	2010 年	2011 年	2012 年	2013 年
租赁业	Leasing Services	0.4	0.3	0.3	0.9	0.5
商务服务业	Business Services	5.1	3.2	4.9	1.7	0.3
科学研究、技术服务和地质勘查业	Scientific Research,Technical Services and Geeological Prospecting Industry	1.0	0.5	1.0	–0.4	0.9
研究与试验发展	Research and Experimental Development	0.4	–0.6	0.7	0.0	0.7
专业技术服务业	Special Technical Services	0.1	1.0	0.1	–0.3	–0.4
科技交流和推广服务业	Science and Technology Promotion and Application Services	0.4	0.1	0.1	–0.1	0.4
地质勘查业	Geeological Prospecting Industry	0.0	0.0	0.1	0.0	0.1
水利、环境和公共设施管理业	Management of Water Conservancy, Environment and Public Facilities	–0.3	–0.2	–0.1	0.0	0.6
水利管理业	Management of Water Conservancy	0.1	–0.1	–0.1	0.0	0.6
环境管理业	Environmental Management	0.1	0.0	–0.1	–0.6	0.0
公共设施管理业	Management of Public Facilities	–0.5	–0.1	0.0	0.6	0.0
居民服务和其他服务业	Services to Households and Other Services	0.7	1.8	1.3	0.9	0.9
居民服务业	Services to Households	0.4	1.0	0.7	0.5	0.1
其他服务业	Other Services	0.3	0.8	0.6	0.4	0.8
教育	Education	2.8	1.1	1.0	0.5	1.9
卫生、社会保障和社会福利业	Health,Social Security and Social Welfare	0.9	3.5	3.8	4.7	0.6
卫生	Public Health	0.6	2.6	4.7	4.7	0.6
社会保障业	Social Security	0.3	0.6	–0.6	0.0	0.0
社会福利业	Social Welfare	0.1	0.2	–0.3	0.0	0.0
文化、体育和娱乐业	Culture, Sports and Recreation	0.7	1.1	0.0	0.7	0.7
新闻出版业	News and Publication	0.3	0.2	0.2	–0.1	0.1
广播、电视、电影和音像业	Radio, Television, Film and Video	0.1	0.3	0.0	0.8	0.1
文化艺术业	Culture and Arts	0.1	0.4	–0.4	–0.1	0.2
体育	Sports	0.2	0.0	0.1	0.0	0.3
娱乐业	Recreation	0.0	0.1	0.1	0.1	0.0
公共管理和社会组织	Public Management and Social Organizations	0.1	0.7	2.6	2.8	1.7

注：旧行业分组（GB–2002）。

4-10 生产总值贡献率（2013 年 -2017 年）（分行业，按不变价格计算）

Contribution Rate of Gross Domestic Product（2013-2017）(Sub Industry、Calculated at Constant Prices)

单位: %　　(%)

指标	Indicator	2013 年	2014 年	2015 年	2016 年	2017 年
地区生产总值贡献率	**Contribution Rate of Gross Domestic Product**	100.00	100.00	100.00	100.00	100.00
农、林、牧、渔业	Agriculture, Forestry, Animal Husbandry and Fishery	2.03	2.26	2.37	2.89	2.28
农业	Farming	1.13	3.36	3.51	1.85	0.94
林业	Forestry	0.20	0.09	0.09	0.29	0.31
畜牧业	Animal Husbandry	0.49	-1.36	-1.43	0.48	0.69
渔业	Fishery	0.03	0.05	0.05	0.03	0.03
农、林、牧、渔服务业	Services of Agriculture,Forestry,Animal Husbandry and Fishing	0.17	0.12	0.16	0.24	0.30
工业	Industry	38.69	36.05	31.40	26.92	33.80
采矿业	Mining	2.91	0.60	-0.36	2.41	1.00
# 开采辅助活动	Mining Support Activities	0.00	0.00	0.00	0.00	0.00
制造业	Manufacture	31.06	26.58	26.89	25.49	33.95
# 金属制品、机械和设备修理业	Metal Products, Machinery and Equipment Repair Industry	0.06	0.07	0.06	0.05	0.06
电力、燃气及水的生产和供应业	Production and Supply of Electric, Gas and Water	4.73	8.88	4.86	-0.98	-1.15
建筑业	Construction	6.70	7.52	8.58	6.75	5.77
房屋建筑业	Building Construction	4.31	-1.08	4.04	8.60	2.08
土木工程建筑业	Civil Engineering Construction	-3.32	7.07	9.30	-0.92	4.73
建筑安装业	Construction Installment	3.42	0.47	-1.20	-1.59	0.23
建筑装饰业和其他建筑业	Construction Decoration and Others	2.29	1.06	-3.56	0.66	-1.27
批发和零售业	Wholesale and Retail Trade	15.34	10.65	6.58	11.42	17.71
批发业	Wholesale	10.89	7.51	3.55	7.35	13.68
零售业	Retail Trade	4.44	3.13	3.03	4.07	4.02
交通运输、仓储和邮政业	Transport, Storage and Post	2.87	3.58	2.33	3.54	6.29
铁路运输业	Railway Transport	-0.35	-0.78	1.34	0.73	0.31
道路运输业	Road Transport	0.72	2.00	-0.55	0.67	2.11

指标	Indicator	2013 年	2014 年	2015 年	2016 年	2017 年
水上运输业	Waterway Transport	0.03	0.02	-0.01	0.04	-0.01
航空运输业	Air Transport	0.76	0.72	1.00	1.17	0.79
管道运输业	Pipeline Transport	0.57	0.16	0.11	0.03	1.13
装卸搬运和运输代理业	Loading, Unloading and Forwarding Agency	0.59	0.47	0.14	-0.52	0.38
仓储业	Storage	0.47	0.35	0.11	1.00	1.15
邮政业	Postal Services	0.10	0.65	0.21	0.43	0.42
住宿和餐饮业	Accommodations and Catering Services	2.45	2.28	1.16	2.04	2.05
住宿业	Accommodations	0.35	0.21	0.22	0.22	0.34
餐饮业	Catering Services	2.10	2.06	0.95	1.82	1.71
信息传输、软件和信息技术服务业	Information Transmission, Software and Information Technology	2.27	3.82	1.92	5.69	13.79
电信、广播电视和卫星传输服务	Telecommunications, Radio and Television and Satellite Transmission Services	2.19	3.39	1.76	-0.65	10.70
互联网和相关服务	Internet and related Services	0.14	0.10	-0.01	2.64	0.79
软件和信息技术服务业	Software and Information Technology Services	-0.06	0.33	0.18	3.69	2.30
金融业	Financial Intermediation	13.84	16.01	22.21	15.56	6.25
货币金融服务	Monetary and Financial Services	9.10	7.35	13.63	14.35	9.08
资本市场服务	Capital Market Services	1.68	4.13	5.86	-4.52	0.64
保险业	Insurance	0.30	0.30	0.59	2.44	0.54
其他金融业	Others	2.74	4.23	2.13	3.29	-4.01
房地产业	Real Estate	8.28	6.70	10.89	7.55	-2.19
房地产开发经营业	Real Estate Development and Management	4.79	5.87	8.17	3.97	-3.86
物业管理业	Property Management	0.71	-0.37	0.67	0.76	-0.34
房地产中介服务业	Real Estate Intermediary Services	-0.11	-0.12	0.44	1.06	0.17
自有房地产经营活动	Own Real Estate Operating Activities	1.10	1.15	1.21	1.42	1.32
其他房地产业	Other Real Estate Industry	1.80	0.17	0.41	0.34	0.52
租赁和商务服务业	Leasing and Business Services	0.77	2.49	1.67	5.85	1.67
租赁业	Leasing Services	0.49	-0.10	0.37	1.43	1.45
商务服务业	Business Services	0.28	2.58	1.30	4.43	0.22

4-10 续2

指标	Indicator	2013 年	2014 年	2015 年	2016 年	2017 年
科学研究和技术服务业	Scientific Research and Technical Services	0.89	0.81	1.40	1.75	3.77
研究和试验发展	Research and Experimental Development	0.18	0.24	0.24	0.44	0.54
专业技术服务业	Special Technical Services	-0.13	-0.36	0.74	1.02	3.22
科技推广和应用服务业	Science and Technology Promotion and Application Services	0.84	0.92	0.41	0.29	0.02
水利、环境和公共设施管理业	Management of Water Conservancy, Environment and Public Facilities	0.19	0.18	0.32	0.68	0.52
水利管理业	Management of Water Conservancy	0.11	0.02	0.01	0.03	0.02
生态保护和环境治理业	Ecological Protection and Environmental Management	0.03	0.04	0.01	0.12	0.10
公共设施管理业	Management of Public Facilities	0.05	0.12	0.29	0.53	0.40
居民服务、修理和其他服务业	Services to Households, Repair and Other Services	0.85	0.93	0.63	2.28	1.90
居民服务业	Services to Households	0.10	-0.22	0.51	0.97	0.51
机动车、电子产品和日用产品修理业	Repair of Motor Vehicle, Electronics and Household Products	0.33	0.10	-0.01	0.41	0.47
其他服务业	Other Services	0.42	1.05	0.12	0.90	0.92
教育	Education	1.85	1.51	2.60	4.23	3.51
卫生和社会工作	Health,Social Security and Social Welfare	0.62	1.42	2.48	1.49	-0.59
卫生	Public Health	0.64	1.05	2.38	1.08	-0.55
社会工作	Social Work	-0.02	0.37	0.10	0.41	-0.04
文化、体育和娱乐业	Culture, Sports and Recreation	0.67	0.59	0.40	0.94	2.23
新闻和出版业	Journalism and Publishing Activities	0.09	-0.10	-0.06	0.48	1.22
广播、电视、电影和影视录音	Radio, Television, Motion Picture and Videotape Programme	0.09	0.92	-0.01	-0.02	0.46
文化艺术业	Culture and Arts	0.15	-0.21	0.22	0.20	0.26
体育	Sports	0.29	0.03	0.13	0.14	0.21
娱乐业	Recreation	0.04	-0.05	0.12	0.14	0.09
公共管理、社会保障和社会组织	Public Management, Social Security and Social Organization	1.69	3.21	3.08	0.40	1.24
第一产业	Primary Industry	1.86	2.14	2.21	2.65	1.97
第二产业	Secondary Industry	45.33	43.50	39.92	33.63	39.52
第三产业	Tertiary Industry	52.81	54.36	57.88	63.72	58.51

注：新行业分组（GB-2011）。

4-11 生产总值行业比重（2009年-2013年）（按当年价格计算）

Ratio of Gross Domestic Product by Sector(2009-2013)(Calculated at Current Prices)

单位: %　　　　(%)

指标	Indicator	2009年	2010年	2011年	2012年	2013年
生产总值比重	**Ratio of Gross Domestic Product**	100.0	100.0	100.0	100.0	100.0
第一产业	Primary Industry	5.6	5.5	5.4	5.3	5.4
农林牧渔业	**Agriculture, Forestry, Animal** Husbandry and Fishery	5.6	5.5	5.4	5.3	5.4
农业	Farming	3.6	3.8	3.5	3.4	3.6
林业	Forestry	0.2	0.1	0.1	0.1	0.2
畜牧业	Animal Husbandry	1.5	1.4	1.6	1.6	1.5
渔业	Fishery	0.1	0.1	0.1	0.1	0.1
农林牧渔服务业	Services of Agriculture,Forestry,Animal Husbandry and Fishing	0.1	0.1	0.1	0.1	0.1
第二产业	Secondary Industry	42.9	41.9	41.5	40.3	39.3
工业	Industry	35.7	34.6	34.2	33.3	32.3
采矿业	Mining	0.8	0.8	0.8	0.7	1.1
制造业	Manufacture	32.1	30.5	29.5	31.0	29.4
电力、燃气及水的生产和供应业	Production and Supply of Electric, Gas and Water	2.7	3.2	3.9	1.6	1.8
建筑业	Construction	7.2	7.3	7.3	7.0	6.9
房屋和土木工程建筑业	Building Construction	5.8	6.0	6.0	5.8	5.4
建筑安装业	Construction Installment	1.1	1.0	0.9	0.8	1.1
建筑装饰业	Construction Decoration	0.2	0.2	0.3	0.3	0.4
其他建筑业	Others	0.1	0.1	0.1	0.1	0.1
第三产业	Tertiary Industry	51.5	52.6	53.1	54.4	55.3
交通运输、仓储和邮政业	Transport, Storage and Postal Services	6.0	6.1	6.7	6.7	6.4
铁路运输业	Railway Transport	1.6	1.4	1.4	1.4	1.2
道路运输业	Road Transport	2.9	3.0	3.5	3.5	3.3
城市公共交通业	Public Transportation by City	0.4	0.4	0.4	0.4	0.3
水上运输业	Waterway Transport	0.0	0.0	0.0	0.0	0.0

指标	Indicator	2009 年	2010 年	2011 年	2012 年	2013 年
航空运输业	Air Transport	0.5	0.6	0.8	0.6	0.6
管道运输业	Pipeline Transport	0.0	0.0	0.0	0.0	0.0
装卸搬运和其他运输服务业	Loading and Unloading and Other Transport Services	0.4	0.3	0.5	0.5	0.5
仓储业	Storage	0.2	0.2	0.2	0.2	0.3
邮政业	Postal Services	0.0	0.0	0.0	0.1	0.1
信息传输、计算机服务和软件业	Information Transmission, Computer Services and Software	2.0	3.0	3.1	3.2	3.1
电信和其他信息传输服务业	Telecommunications, Radio and Television and Satellite Transmission Services	0.9	0.8	0.7	0.6	0.6
计算机服务业	Internet and related Services	0.5	0.6	0.7	0.8	0.9
软件业	Software and Information Technology Services	0.5	1.5	1.7	1.8	1.6
批发和零售业	Wholesale and Retail Trade	12.5	12.2	11.9	12.2	12.8
批发业	Wholesale	7.0	7.4	7.6	7.9	8.4
零售业	Retail Trade	5.5	4.8	4.3	4.3	4.5
住宿和餐饮业	Accommodations and Catering Services	3.8	3.7	3.3	3.1	3.2
住宿业	Accommodations	0.4	0.4	0.4	0.4	0.4
餐饮业	Catering Services	3.4	3.2	2.9	2.7	2.8
金融业	Financial Intermediation	7.2	7.4	7.5	8.5	8.8
银行业	Banking Sector	4.9	5.8	6.3	7.4	7.4
证券业	Securities Industry	1.8	1.2	0.7	0.6	0.6
保险业	Insurance	0.3	0.1	0.1	0.1	0.2
其他金融活动	Others	0.2	0.2	0.3	0.4	0.6
房地产业	Real Estate	5.2	5.6	5.8	5.7	6.1
房地产开发经营业	Real Estate Development and Management	1.9	2.1	2.3	2.1	2.4
物业管理业	Property Management	0.6	0.7	0.7	0.7	0.7
房地产中介服务业	Real Estate Intermediary Services	0.3	0.4	0.4	0.4	0.3
其他房地产活动	Other Real Estate Activity	0.2	0.3	0.3	0.3	0.4
居民自有住房服务业	Private Housing Service	2.2	2.1	2.2	2.2	2.2
租赁和商务服务业	Leasing and Business Services	2.7	2.7	3.0	3.0	2.9

指标	Indicator	2009 年	2010 年	2011 年	2012 年	2013 年
租赁业	Leasing Services	0.1	0.2	0.2	0.3	0.3
商务服务业	Business Services	2.5	2.6	2.8	2.7	2.6
科学研究、技术服务和地质勘查业	Scientific Research,Technical Services and Geeological Prospecting Industry	1.7	1.6	1.6	1.4	1.4
研究与试验发展	Research and Experimental Development	0.6	0.5	0.5	0.5	0.5
专业技术服务业	Special Technical Services	0.8	0.8	0.8	0.6	0.6
科技交流和推广服务业	Science and Technology Promotion and Application Services	0.2	0.2	0.2	0.2	0.2
地质勘查业	Geeological Prospecting Industry	0.1	0.1	0.1	0.1	0.1
水利、环境和公共设施管理业	Management of Water Conservancy, Environment and Public Facilities	0.4	0.4	0.3	0.3	0.3
水利管理业	Management of Water Conservancy	0.2	0.2	0.1	0.1	0.2
环境管理业	Environmental Management	0.1	0.1	0.1	0.0	0.0
公共设施管理业	Management of Public Facilities	0.1	0.1	0.1	0.2	0.2
居民服务和其他服务业	Services to Households and Other Services	1.0	1.0	1.1	1.1	1.1
居民服务业	Services to Households	0.6	0.6	0.6	0.6	0.6
其他服务业	Other Services	0.4	0.5	0.5	0.5	0.5
教育	Education	3.3	3.0	2.8	2.7	2.7
卫生、社会保障和社会福利业	Health,Social Security and Social Welfare	1.9	2.2	2.4	2.7	2.6
卫生	Public Health	1.7	1.9	2.2	2.5	2.4
社会保障业	Social Security	0.2	0.2	0.2	0.2	0.1
社会福利业	Social Welfare	0.1	0.1	0.0	0.0	0.0
文化、体育和娱乐业	Culture, Sports and Recreation	0.7	0.7	0.6	0.7	0.7
新闻出版业	News and Publication	0.3	0.3	0.3	0.2	0.2
广播、电视、电影和音像业	Radio, Television, Film and Video	0.2	0.2	0.2	0.2	0.2
文化艺术业	Culture and Arts	0.1	0.1	0.1	0.1	0.1
体育	Sports	0.1	0.1	0.1	0.1	0.1
娱乐业	Recreation	0.1	0.1	0.1	0.1	0.1
公共管理和社会组织	Public Management and Social Organizations	3.3	3.0	3.1	3.1	3.1

注：旧行业分组（GB-2002）。

4-12 生产总值行业比重（2013 年 -2017 年）（按当年价格计算）

Ratio of Gross Domestic Product by Sector（2013-2017）(Calculated at Current Prices)

单位: %　　(%)

指标	Indicator	2013 年	2014 年	2015 年	2016 年	2017 年
地区生产总值比重	**Ratio of Gross Domestic Product**	100.00	100.00	100.00	100.00	100.00
农、林、牧、渔业	Agriculture, Forestry, Animal Husbandry and Fishery	5.44	5.18	5.16	5.02	4.59
农业	Farming	3.57	3.46	3.44	3.29	2.99
林业	Forestry	0.15	0.15	0.16	0.17	0.16
畜牧业	Animal Husbandry	1.49	1.34	1.32	1.32	1.20
渔业	Fishery	0.08	0.08	0.07	0.07	0.06
农、林、牧、渔服务业	Services of Agriculture,Forestry,Animal Husbandry and Fishing	0.15	0.15	0.16	0.17	0.18
工业	Industry	32.32	31.58	30.23	28.75	27.81
采矿业	Mining	0.53	0.52	0.60	0.70	0.69
# 开采辅助活动	Mining Support Activities	0.00	0.00	0.00	0.00	0.00
制造业	Manufacture	28.14	27.49	28.12	26.77	26.06
# 金属制品、机械和设备修理业	Metal Products, Machinery and Equipment Repair Industry	0.06	0.06	0.06	0.05	0.05
电力、燃气及水的生产和供应业	Production and Supply of Electric, Gas and Water	3.65	3.56	1.51	1.28	1.06
建筑业	Construction	7.79	7.68	7.64	7.55	7.91
房屋建筑业	Building Construction	4.51	4.38	3.96	4.28	4.39
土木工程建筑业	Civil Engineering Construction	2.06	2.10	2.93	2.64	2.99
建筑安装业	Construction Installment	0.48	0.47	0.35	0.21	0.22
建筑装饰业和其他建筑业	Construction Decoration and Others	0.73	0.72	0.40	0.42	0.31
批发和零售业	Wholesale and Retail Trade	11.98	11.99	11.73	11.64	13.56
批发业	Wholesale	7.60	7.65	7.43	7.37	8.62
零售业	Retail Trade	4.38	4.34	4.30	4.26	4.94
交通运输、仓储和邮政业	Transport, Storage and Post	6.37	6.31	6.09	6.00	5.77
铁路运输业	Railway Transport	1.21	1.20	1.12	1.11	1.01
道路运输业	Road Transport	3.19	3.14	3.06	2.94	2.75

4-12 续 1

指标	Indicator	2013 年	2014 年	2015 年	2016 年	2017 年
水上运输业	Waterway Transport	0.02	0.02	0.02	0.02	0.02
航空运输业	Air Transport	0.61	0.60	0.58	0.64	0.62
管道运输业	Pipeline Transport	0.41	0.41	0.39	0.37	0.41
装卸搬运和运输代理业	Loading, Unloading and Forwarding Agency	0.51	0.50	0.48	0.42	0.40
仓储业	Storage	0.29	0.28	0.27	0.33	0.38
邮政业	Postal Services	0.13	0.16	0.15	0.17	0.19
住宿和餐饮业	Accommodations and Catering Services	3.22	3.14	3.09	3.10	3.04
住宿业	Accommodations	0.40	0.39	0.37	0.37	0.35
餐饮业	Catering Services	2.82	2.75	2.72	2.74	2.69
信息传输、软件和信息技术服务业	Information Transmission, Software and Information Technology	3.11	3.30	3.31	3.56	3.83
电信、广播电视和卫星传输服务	Telecommunications, Radio and Television and Satellite Transmission Services	1.95	2.06	2.07	1.92	2.28
互联网和相关服务	Internet and related Services	0.08	0.09	0.09	0.28	0.28
软件和信息技术服务业	Software and Information Technology Services	1.08	1.14	1.15	1.36	1.27
金融业	Financial Intermediation	8.81	9.39	10.52	11.02	10.77
货币金融服务	Monetary and Financial Services	7.41	7.58	8.49	9.02	9.13
资本市场服务	Capital Market Services	0.65	0.84	0.94	0.56	0.57
保险业	Insurance	0.16	0.17	0.19	0.35	0.37
其他金融业	Others	0.61	0.80	0.90	1.09	0.71
房地产业	Real Estate	6.13	6.40	6.80	7.09	6.94
房地产开发经营业	Real Estate Development and Management	2.61	2.94	3.12	3.34	3.06
物业管理业	Property Management	0.51	0.44	0.47	0.51	0.49
房地产中介服务业	Real Estate Intermediary Services	0.34	0.30	0.32	0.39	0.42
自有房地产经营活动	Own Real Estate Operating Activities	2.23	2.30	2.21	2.14	2.22
其他房地产业	Other Real Estate Industry	0.44	0.42	0.68	0.69	0.75
租赁和商务服务业	Leasing and Business Services	2.93	2.98	3.00	3.28	2.67
租赁业	Leasing Services	0.29	0.29	0.29	0.38	0.40

指标	Indicator	2013 年	2014 年	2015 年	2016 年	2017 年
商务服务业	Business Services	2.64	2.69	2.70	2.89	2.28
科学研究和技术服务业	Scientific Research and Technical Services	1.45	1.43	1.48	1.58	1.90
研究和试验发展	Research and Experimental Development	0.12	0.12	0.12	0.16	0.20
专业技术服务业	Special Technical Services	0.96	0.95	0.98	1.04	1.31
科技推广和应用服务业	Science and Technology Promotion and Application Services	0.36	0.36	0.37	0.38	0.39
水利、环境和公共设施管理业	Management of Water Conservancy, Environment and Public Facilities	0.33	0.33	0.34	0.38	0.40
水利管理业	Management of Water Conservancy	0.04	0.04	0.04	0.04	0.04
生态保护和环境治理业	Ecological Protection and Environmental Management	0.01	0.01	0.01	0.02	0.03
公共设施管理业	Management of Public Facilities	0.28	0.28	0.29	0.32	0.33
居民服务、修理和其他服务业	Services to Households, Repair and Other Services	1.10	1.12	1.13	1.24	1.09
居民服务业	Services to Households	0.58	0.56	0.56	0.60	0.51
机动车、电子产品和日用产品修理业	Repair of Motor Vehicle, Electronics and Household Products	0.17	0.18	0.18	0.20	0.19
其他服务业	Other Services	0.35	0.38	0.39	0.43	0.40
教育	Education	2.69	2.66	2.75	3.01	3.22
卫生和社会工作	Health,Social Security and Social Welfare	2.56	2.53	2.62	2.69	2.50
卫生	Public Health	2.37	2.34	2.42	2.47	2.29
社会工作	Social Work	0.19	0.19	0.20	0.22	0.21
文化、体育和娱乐业	Culture, Sports and Recreation	0.69	0.71	0.71	0.74	0.73
新闻和出版业	Journalism and Publishing Activities	0.24	0.24	0.24	0.26	0.29
广播、电视、电影和影视录音	Radio, Television, Motion Picture and Videotape Programme	0.21	0.25	0.25	0.24	0.21
文化艺术业	Culture and Arts	0.10	0.08	0.08	0.09	0.08
体育	Sports	0.08	0.08	0.08	0.08	0.08
娱乐业	Recreation	0.07	0.06	0.06	0.07	0.06
公共管理、社会保障和社会组织	Public Management, Social Security and Social Organization	3.07	3.30	3.41	3.35	3.26
第一产业	Primary Industry	5.30	5.03	5.01	4.85	4.41
第二产业	Secondary Industry	40.06	39.19	37.82	36.24	35.67
第三产业	Tertiary Industry	54.65	55.78	57.18	58.90	59.92

注：新行业分组（GB-2011）。

4-13 分地区生

Value of Gross Domestic

单位：亿元

指标	Indicator	济南市 Total City	历下区 Lixia	市中区 Shizhong	槐荫区 Huaiyin
地区生产总值	**Gross Domestic Product**	7202.0	1333.3	907.5	475.6
农林牧渔业	Agriculture, Forestry, Animal Husbandry and Fishery	330.2	0.0	3.5	3.6
# 农林牧渔服务业	Services of Agriculture,Forestry,Animal Husbandry and Fishing	12.8	0.0	0.1	0.0
工业	Industry	2003.1	103.1	90.6	83.4
# 开采辅助活动	Mining Support Activities	0.0	0.0	0.0	0.0
# 金属制品、机械和设备修理业	Metal Products, Machinery and Equipment Repair Industry	3.6	0.0	0.0	0.0
建筑业	Construction	569.8	85.1	76.3	46.0
批发和零售业	Wholesale and Retail Trade	976.9	190.5	91.6	93.5
交通运输、仓储和邮政业	Transport, Storage and Postal Services	415.6	55.5	11.4	17.4
住宿和餐饮业	Accommodations and Catering Services	218.7	62.1	28.8	13.4
金融业	Financial Intermediation	776.0	333.7	246.6	15.5
房地产业	Real Estate	500.1	142.3	60.8	60.8
其他服务业	Other Service	1411.6	361.2	297.9	142.0
营利性服务业	profit	599.2	160.3	185.7	51.7
非营利性服务业	Non-profit	812.5	200.8	112.2	90.3
第一产业	Primary Industry	317.4	0.0	3.4	3.5
第二产业	Secondary Industry	2569.2	188.2	166.9	129.4
第三产业	Tertiary Industry	4315.3	1145.1	737.2	342.7

注：新行业分组（GB-2011）。

产总值（2017 年）

Product by Region（2017）

(100 million yuan)

天桥区 Tianqiao	历城区 Licheng	长清区 Changqing	章丘区 Zhangqiu	平阴县 Pingyin	济阳县 Jiyang	商河县 Shanghe	高新区 Gaoxin
479.3	888.0	321.6	1001.2	273.0	336.0	203.9	853.5
4.2	45.3	36.6	89.0	35.1	54.2	51.9	6.8
0.0	1.6	0.8	4.1	2.1	0.9	3.0	0.3
43.4	254.0	80.2	518.6	139.7	153.2	68.1	448.8
0.0	0.0	0.0	0.0	0.0	0.0	0.0	0.0
0.0	3.1	0.0	0.0	0.4	0.0	0.0	0.0
76.3	68.8	45.4	68.1	15.0	19.4	12.6	52.3
136.0	170.5	34.3	113.3	19.4	39.2	15.3	73.1
16.8	68.0	8.7	73.3	16.9	10.4	4.4	60.4
23.1	29.0	11.3	22.6	9.2	6.5	8.7	4.0
33.8	22.5	12.5	25.5	9.3	10.3	9.1	25.2
45.0	56.5	34.1	30.7	8.0	20.5	11.6	29.8
100.7	173.4	58.5	60.0	20.6	22.3	22.1	153.0
23.6	52.0	9.0	13.6	3.5	4.5	8.5	86.8
77.1	121.4	49.5	46.4	17.1	17.9	13.6	66.2
4.2	43.8	35.8	84.9	33.0	53.3	48.9	6.6
119.7	319.6	125.6	586.8	154.3	172.6	80.8	501.0
355.4	524.6	160.2	329.5	85.8	110.1	74.2	345.9

4-14 地区生产总值收入法构成(2017年)

Composition of Gross Domestic Product(2017)

单位：亿元 (100 million yuan)

指标	Indicator	增加值 Value Added	劳动者报酬 Workers wages	生产税净额 Net production Tax	固定资产折旧 Depre-ciation of Fixed Assets	营业盈余 Profits from Business
地区生产总值	**Gross Domestic Product**	7201.96	3000.03	1284.17	846.04	2071.72
农、林、牧、渔业	Agriculture, Forestry, Animal Husbandry and Fishery	330.24	321.46	-2.01	10.79	0.00
农业	Farming	215.11	209.99	-2.46	7.58	0.00
林业	Forestry	11.19	10.84	0.00	0.34	0.00
畜牧业	Animal Husbandry	86.47	83.71	0.45	2.31	0.00
渔业	Fishery	4.63	4.49	0.00	0.15	0.00
农、林、牧、渔服务业	Services of Agriculture,Forestry,Animal Husbandry and Fishing	12.84	12.43	0.00	0.41	0.00
工业	Industry	2003.10	614.70	534.21	220.84	633.35
采矿业	Mining	49.88	17.45	10.18	14.40	7.86
#开采辅助活动	Mining Support Activities	0.03	0.02	0.01	0.00	0.00
制造业	Manufacture	1877.08	559.00	512.48	179.99	625.61
#金属制品、机械和设备修理业	Metal Products, Machinery and Equipment Repair Industry	3.60	2.36	0.37	0.24	0.63
电力、燃气及水的生产和供应业	Production and Supply of Electric, Gas and Water	76.14	38.25	11.55	26.46	-0.12
建筑业	Construction	569.75	312.29	86.38	22.10	148.98
房屋建筑业	Building Construction	316.15	166.64	46.93	5.07	97.50
土木工程建筑业	Civil Engineering Construction	215.22	122.78	30.46	13.93	48.05
建筑安装业	Construction Installment	15.97	12.07	2.33	1.40	0.16
建筑装饰业和其他建筑业	Construction Decoration and Others	22.41	10.80	6.65	1.71	3.26
批发和零售业	Wholesale and Retail Trade	976.87	408.55	204.95	74.66	288.70
批发业	Wholesale	620.82	221.95	154.92	35.95	208.00
零售业	Retail Trade	356.05	186.60	50.03	38.71	80.70
交通运输、仓储和邮政业	Transport, Storage and Post	415.61	188.84	34.36	88.66	103.75
铁路运输业	Railway Transport	72.40	22.54	9.03	10.47	30.35
道路运输业	Road Transport	198.29	90.92	11.13	35.64	60.59
水上运输业	Waterway Transport	1.42	0.81	0.47	0.40	-0.26
航空运输业	Air Transport	44.62	16.92	5.45	20.12	2.13
管道运输业	Pipeline Transport	29.71	4.50	4.21	13.04	7.96
装卸搬运和运输代理业	Loading, Unloading and Forwarding Agency	28.63	28.82	0.37	0.19	-0.74
仓储业	Storage	27.20	12.71	2.99	8.00	3.51
邮政业	Postal Services	13.33	11.63	0.70	0.80	0.20
住宿和餐饮业	Accommodations and Catering Services	218.71	154.69	32.76	28.90	2.35
住宿业	Accommodations	25.21	14.05	4.40	6.12	0.65
餐饮业	Catering Services	193.50	140.64	28.36	22.78	1.70
信息传输、软件和信息技术服务业	Information Transmission, Software and Information Technology	276.11	129.73	32.92	32.38	81.09
电信、广播电视和卫星传输服务	Telecommunications, Radio and Television and Satellite Transmission Services	164.15	65.88	22.14	27.60	48.53
互联网和相关服务	Internet and related Services	20.24	18.16	2.03	0.00	0.04
软件和信息技术服务业	Software and Information Technology Services	91.72	45.68	8.75	4.77	32.51
金融业	Financial Intermediation	776.01	143.52	81.32	17.70	533.47

指标	Indicator	增加值 Value Added	劳动者报酬 Workers wages	生产税净额 Net production Tax	固定资产折旧 Depre-ciation of Fixed Assets	营业盈余 Profits from Business
货币金融服务	Monetary and Financial Services	657.35	90.01	65.47	15.51	486.36
资本市场服务	Capital Market Services	41.05	29.51	8.34	1.57	1.64
保险业	Insurance	26.76	20.94	4.89	0.33	0.59
其他金融业	Others	50.85	3.06	2.61	0.29	44.88
房地产业	Real Estate	500.05	60.37	168.60	186.15	84.92
房地产开发经营业	Real Estate Development and Management	220.66	33.47	131.42	8.76	47.00
物业管理业	Property Management	35.55	12.07	11.74	0.60	11.14
房地产中介服务业	Real Estate Intermediary Services	29.89	7.38	7.52	3.04	11.95
自有房地产经营活动	Own Real Estate Operating Activities	160.01	0.00	0.00	160.01	0.00
其他房地产业	Other Real Estate Industry	53.94	7.45	17.91	13.75	14.84
租赁和商务服务业	Leasing and Business Services	192.31	82.82	24.36	30.95	54.18
租赁业	Leasing Services	28.46	16.23	3.30	4.07	4.86
商务服务业	Business Services	163.85	66.59	21.06	26.88	49.32
科学研究和技术服务业	Scientific Research and Technical Services	136.89	81.50	21.50	20.08	13.82
研究和试验发展	Research and Experimental Development	14.42	6.60	4.17	1.30	2.35
专业技术服务业	Special Technical Services	94.49	59.01	15.54	16.74	3.20
科技推广和应用服务业	Science and Technology Promotion and Application Services	27.98	15.89	1.78	2.04	8.27
水利、环境和公共设施管理业	Management of Water Conservancy, Environment and Public Facilities	28.81	10.51	7.16	0.99	10.14
水利管理业	Management of Water Conservancy	2.70	1.90	0.29	0.15	0.36
生态保护和环境治理业	Ecological Protection and Environmental Management	2.07	0.54	0.40	0.04	1.09
公共设施管理业	Management of Public Facilities	24.04	8.07	6.47	0.81	8.69
居民服务、修理和其他服务业	Services to Households, Repair and Other Services	78.46	49.69	11.40	6.26	11.11
居民服务业	Services to Households	36.39	25.61	3.24	3.12	4.43
机动车、电子产品和日用产品修理业	Repair of Motor Vehicle, Electronics and Household Products	13.44	7.64	3.08	1.05	1.68
其他服务业	Other Services	28.62	16.44	5.08	2.10	5.01
教育	Education	232.09	121.27	22.21	41.65	46.96
卫生和社会工作	Health,Social Security and Social Welfare	179.89	80.63	14.09	28.59	56.58
卫生	Public Health	164.89	68.63	14.07	26.59	55.60
社会工作	Social Work	15.00	12.00	0.02	2.00	0.98
文化、体育和娱乐业	Culture, Sports and Recreation	52.29	40.27	6.38	3.33	2.32
新闻和出版业	Journalism and Publishing Activities	20.63	12.58	2.90	1.94	3.20
广播、电视、电影和影视录音	Radio, Television, Motion Picture and Videotape Programme	15.47	13.31	1.27	0.16	0.73
文化艺术业	Culture and Arts	6.11	4.76	0.59	0.74	0.03
体育	Sports	5.74	5.12	1.50	0.41	-1.29
娱乐业	Recreation	4.34	4.50	0.12	0.08	-0.36
公共管理、社会保障和社会组织	Public Management, Social Security and Social Organization	234.78	199.19	3.58	32.01	0.00
第一产业	Primary Industry	317.40	309.03	-2.01	10.38	0.00
第二产业	Secondary Industry	2569.22	924.61	620.21	242.70	781.70
第三产业	Tertiary Industry	4315.34	1766.39	665.96	592.96	1290.02

注：新行业分组（GB-2011）。

4-15 规模以上服务业企业

Main Economic Indicators of Service Enterpriese

指标	Indicator	单位 Unit	合计 Total	交通运输、仓储和邮政业 Transport, Storage and Postal Services
单位数	Number of Enterprises	个 (unit)	1119	290
固定资产原价	Original Value of Fixed Assets	万元 (10 000 yuan)	13350013	5497310
本年折旧	Depreciation in the Year	万元 (10 000 yuan)	690464	285670
折旧率	Depreciation Rate	%(%)	5.2	5.2
营业收入	Operating Income	万元 (10 000 yuan)	11185389	4033651
营业税金及附加	Taxes and Other Charges on Operating Income	万元 (10 000 yuan)	78238	20054
营业利润	Profits from Business	万元 (10 000 yuan)	1530436	412293
利润总额	Total Profits	万元 (10 000 yuan)	1609160	437518
应付职工薪酬（本年贷方累计发生额）	Total Wages Payable	万元 (10 000 yuan)	1947389	542387
从业人员平均人数	Average Number of Employees	人 (person)	220222	64215
人均工资	Per Capita Wages	元 (yuan)	88428	84464
应交增值税	Value Added Tax Payable	万元 (10 000 yuan)	302098	65112

分行业主要经济指标（2017年）

Above Designated Size by Sector（2017）

信息传输、软件和信息技术服务业 Information Transmission, Software and Information Technology	房地产业 Real Estate	租赁和商务服务业 Leasing and Business Services	科学研究和技术服务业 Scientific Research,Technical Services	水利、环境和公共设施管理业 Management of Water Conservancy, Environment and Public Facilities	居民服务、修理和其他服务业 services to Households, Repair and Other Services	教育 Education	卫生和社会工作 Health and Social Work	文化、体育和娱乐业 Culture, Sports and Recreation
150	114	202	193	28	31	25	37	49
2891866	263097	3611503	542208	216918	16523	49490	44955	216142
172374	12566	157706	33325	15043	1539	2670	4194	5377
6.0	4.8	4.4	6.1	6.9	9.3	5.4	9.3	2.5
2183088	390931	1290684	2325739	93788	74403	84954	162496	545655
11517	5357	18151	12418	831	958	655	71	8226
297893	21255	293973	352687	21623	13	9152	21616	99931
315250	21443	305692	367618	22196	231	8928	21257	109028
438493	151840	244063	397577	25126	15778	34451	26936	70739
37488	33736	30530	30617	4902	4033	4407	4950	5344
116969	45008	79942	129855	51256	39121	78173	54416	132371
82145	17035	47474	65259	2671	1453	2924	54	17970

主要统计指标解释

Explanatory Notes on Main Statistical Indicators

国内生产总值（GDP） 指一个国家（或地区）所有常住单位在一定时期内生产活动的最终成果。国内生产总值有三种表现形态，即价值形态、收入形态和产品形态。从价值形态看，它是所有常住单位在一定时期内生产的全部货物和服务价值超过同期中间投入的全部非固定资产货物和服务价值的差额，即所有常住单位的增加值之和；从收入形态看，它是所有常住单位在一定时期内创造并分配给常住单位和非常住单位的初次收入分配之和；从产品形态看，它是所有常住单位在一定时期内最终使用的货物和服务价值与货物和服务净出口价值之和。在实际核算中，国内生产总值有三种计算方法，即生产法、收入法和支出法。三种方法分别从不同的方面反映国内生产总值及其构成。国统字〔2004〕4 号文规定：地区 GDP 的中文名称改为“地区生产总值”。

生产法 生产法是从生产过程中生产的货物和服务总产品价值入手，剔除生产过程中投入的中间产品的价值，得到增加价值的一种方法。计算公式为：

增加值 = 总产出 − 中间投入

将国民经济各行业的增加值相加，得到国内生产总值。

总产出、中间投入和增加值具有相同的生产范围，即常住生产单位货物和服务的生产。它不仅包括常住生产单位为其他单位提供的货物和服务的生产，而且包括为本单位使用的货物和服务的生产，但是，住户为自己最终消费生产的服务，只计算自有住房服务和付酬家庭雇员提供的服务，不包括住户成员为本住户最终消费而生产的自给性家庭服务。

收入法 收入法也称为分配法。按收入法计算生产总值是从生产过程创造收入的角度，对常住单位的生产活动成果进行核算。按照这种计算方法，增加值由劳动者报酬、生产税净额、固定资产折旧和营业盈余四个部分组成。计算公式为：

增加值 = 劳动者报酬 + 生产税净额 + 固定资产折旧 + 营业盈余

国民经济各部门的增加值之和等于生产总值。

在计算劳动者报酬时，需要注意作为劳动者报酬的实物性收入与中间消耗的界限。如果生产单位为其从事生产活动的劳动者提供的货物或服务，可以由劳动者在自己闲暇的时间里满足他们的需要，并且可以改善和提高他们的实际生活水平，同时，其他普通消费者也可以在市场上购买到这些货物和服务，那么就属于劳动者的实物收入。生产单位为了生产能正常进行，为劳动者购买的货物和提供的服务，如因特殊工作需要提供的服装或鞋，因公出差提供的运输和旅馆服务费用等，属于中间投入。

支出法 支出法是从最终使用的角度反映国内生产总值最终使用去向的一种方法。最终使用包括货物和服务的最终消费支出、资本形成总额、货物和服务净出口三部分，计算公式为：

国内生产总值 = 最终消费支出 + 资本形成总额 + 货物和服务净出口

按支出法计算的生产总值，在计算最终消费支出，包括居民消费支出和政府消费支出时，是从支出的最终承担者的角度计算的，而不是从最终实际消费者的角度计算的；在计算资本形成总额时，固定资本形成总额只包括通过生产活动生产出来的固定资产，不包括自然资产，存货增加不包括由于价格因素影响产生的持有收益。

按三种方法计算的国内生产总值反映的是同一经济总体在同一时期的生产活动成果，因此，从理论上讲，三种计算方法所得到的结果应该是一致的。但是，在实践中，由于受资料来源的口径限制和计算方法的影响，要保证这三种计算方法所得到的结果完全相等几乎是不可能的。在国内生产总值的三种计算方法中，生产法和收入法都是对各产业部门的增加值进行核算，为了就每一产业部门取得一致的增加值数据，根据资料来源状况，我国在核算实践中，有的产业部门，如农业、工业的增加值，确定以生产法的计算结果为准，有的产业部门，如部分服务业增加值，确定以收入法的计算结果为准，因此，我国的生产法国内生产总值等于收入法国内生产总值。但是，支出法国内生产总值与生产法和收入法国内生产总值之间存在统计误差，有的年份支出法国内生产总值大于生产法和收入法国内生产总值，有的年份结果相反。我国通常以生产法和收入法国内生产总值数据为准，将上述统计误差控制在一定范围。各种公开发表的国内生产总值总量和增长速度数据均是生产法和收入法的计算结果。按三种方法计算的国内生产总值数据之间具有如下关系：

国内生产总值 = 生产法国内生产总值
= 收入法国内生产总值
= 支出法国内生产总值 + 统计误差

可比价格 指计算各种总量指标所采用的扣除了价格变动因素的价格，可进行不同时期总量指标的对比。按可比价格计算总量指标有两种方法：一种是直接用产品产量乘某一年的不变价格计算；另一种是用价格指数进行缩减。

不变价格 指以同类产品某年的平均价格作为固定价格，用于计算各年的产品价值。按不变价格计算的产品价值消除了价格变动因素，不同时期对比可以反映生产的发展速度。新中国成立后，随着工农业产品价格水平的变化，国家统计局先后九次制定了全国统一的工业产品不变价格和农业产品不变价格。从 1952 年到 1957 年使用 1952 年工（农）业产品不变价格，从 1957 年到 1970 年使用 1957 年不变价格，从 1971 年到 1980 年使用 1970 年不变价格，从 1981 年到 1990 年使用 1980 年不变价格，从 1991 年到 2000 年使用 1990 年不变价格，从 2001 年到 2005 年使用 2000 年不变价格，从 2006 年到 2010 年使用 2005 年不变价格，从 2011 年到 2015 年使用 2010 年不变价格，从2016年开始使用2015年不变价格。

三次产业 根据社会生产活动历史发展的顺序对产业结构的划分，产品直接取自自然界的部门称为第一产业，对初级产品进行再加工的部门称为第二产业。为生产和消费提供各种服务的部门称为第三产业。它是世界上通用的产业结构分类，但各国的划分不尽一致。我国的三次产业划分是：

第一产业是指农、林、牧、渔业(不含农、林、牧、渔服务业)。

第二产业是指采矿业（不含开采辅助活动），制造业（不含金属制品、机械和设备修理业），电力、热力、燃气及水生产和供应业，建筑业。

第三产业即服务业，是指除第一产业、第二产业以外的其他行业。第三产业包括：批发和零售业，交通运输、仓储和邮政业，住宿和餐饮业，信息传输、软件和信息技术服务业，金融业，房地产业，租赁和商务服务业，科学研究和技术服务业，水利、环境和公共设施管理业，居民服务、修理和其他服务业，教育，卫生和社会工作，文化、体育和娱乐业，公共管理、社会保障和社会组织，国际组织，以及农、林、牧、渔业中的农、林、牧、渔服务业，采矿业中的开采辅助活动，制造业中的金属制品、机械和设备修理业。

国内支出总额 指一个国家(或地区)所有常住单位在一定时期内用于最终消费和投资，以及净出口的货物和服务支出总额，它反映本期生产的国内生产总值的使用构成。这一总量就是支出法测算的国内生产总值，具体包括最终消费支出、资本形成总额、货物和服务净出口。

最终消费 指常住单位在一定时期内的货物和服务的全部最终消费。总消费分为居民消费和政府消费。

居民实际最终消费 指常住住户获得的所有消费品和消费服务的价值。包括以下二类 (1) 居民自身通过支出所得到的个人货物和服务，其价值即居民在个人消费品和消费服务上承担的支出，包括虚拟支出。(2) 作为为居民服务的非营利机构和政府的实物转移得到的个人货物和服务。其价值即为居民非营利机构和政府在个人消费品和服务上的支出。包括虚拟支出。

资本形成总额 指常住单位在一定时期内获得减去处置的固定资产和存货的净额，包括固定资本形成总额和存货增加。

居民消费支出 居民消费支出包括居民实际最终消费中第(1)项内容。所以居民实际最终消费大于居民消费支出。差额为实际最终消费的第（2）项。

政府实际最终消费 指政府向社会或社会中某些部门提供的公共消费服务的价值。其价值即政府在公共服务上的支出。

政府消费支出 指(1)政府在个人消费品和消费服务，(2)在公共消费服务上承担的支出，包括虚拟支出。与政府实际最终消费差额为（1）。

总投资 指常住单位在一定时期内对固定资产和库存的投资支出合计，分为固定资产形成和库存增加两项。

(1)固定资本形成总额 指从常住单位在一定时期内购置、转入和自产自用的固定资产中，扣除已有固定资产的销售和转出后的价值。固定资产形成包括在一定时期内完成的建筑工程、安装工程和设备器具购置价值，以及新增役、种、奶、毛、娱乐用牲畜和新增经济林价值等。

（2）库存增加 指常住单位一定时期内库存实物量变动的市场价值。期初与期末差额为正值表示库存增加，负值表示库存减少。具体包括本期购买的原材料、燃料和储备物资等商品库存；本期生产的产成品、半成品和在制品等产品库存。

货物和服务净出口 指货物和服务出口减货物和服务进口的差额。出口包括常住单位向非常住单位出售或无偿转让的各种货物和服务的价值；进口包括常住单位从非常住单位购买或无偿得到的各种货物和服务的价值。由于服务活动的提供与使用同时发生，因此服务的进出口业务并不发生出入境现象，一般把常住单位从国外得到的服务作为进口，非常住单位从本国得到的服务作为出口。货物的出口和进口都按离岸价格计算。

来自国外的净要素收入 指一定国家(或地区)来自国外(地区外）的生产税及进口税（扣除生产及进口补贴）、劳动者报酬和财产收入，减去支付给国外(地区外)的生产税及进口税(扣除生产及进口补贴）、劳动者报酬和财产收入的差额。国内生产总值加上来自国外的净要素收入等于国民生产总值。

总产出 总产出是指一定时期内一个国家（或地区）常住单位生产的所有货物和服务的价值，即包括新增价值，也包括转移价值。它反映常住单位生产活动的总规模。总产出按生产者价格计算。

中间投入 中间投入是指常住单位在生产或提供货物与服务过程中，消耗和使用的所有非固定资产货物和服务的价值，中间投入也称为中间消耗。一般按购买者价格计算。

增加值 增加值是指常住单位生产过程创造的新增价值和固定资产的转移价值。它可以按生产法计算，也可以按收入法计算，按生产法计算，它等于总产出减去中间投入；按收入法计算，它等于劳动者报酬、生产税净额、固定资产折旧和营业盈余之和。

固定资产折旧 指一定时期内为弥补固定资产损耗而应提取的补偿价值，它反映了全部固定资产在本期生产中的资产转移价值。各类企业的固定资产折旧是指从成本费用中提取的折旧费。对不计提折旧的单位，如政府机关、事业单位、学校医院、部队和居民住房则应进行虚拟折旧。

劳动者报酬 指劳动者为常住单位提供劳务而获得的各种报酬，它反映劳动者参与增加值创造而获得的原始收入。具体包括从各种来源开支的货币工资和实物工资，即单位以工资、福利、社会保险等形式，从成本、费用和利润中为劳动者支付的各种开支，以及个体和其他劳动者通过参加社会生产活动所获得的各种劳动报酬。

生产税净额 指生产税与补贴之差，它反映政府从本期创造的增加值中所得到的原始收入份额。生产税是指政府对生产单位的生产经营活动所征收的各种税、附加和规费，具体包括销售（营业）税金及附加、增值税、管理费开支的税、应交纳的养路费、排污费和水电附加等，以及烟酒专卖上缴政府的专项收入。补贴与生产税相反，是政府对生产单位的单方面收入转移，因此视为负税处理，包括政策亏损补贴、粮食系统价格补贴、外贸企业出口退税收入等。

营业盈余 指常住单位创造的增加值扣除固定资产折旧价值、支付劳动者报酬和上缴政府生产税净额后的余额，它反映企业参与增加值创造而应得到的原始收入份额。该指标相当于企业的营业利润，但要扣除利税后项目中支付的工资、福利及公益金等。

非金融企业部门 非金融企业部门是指由以营利为目的、从事非金融经济活动的所有常住非金融企业组成的集合。包括农业企业、工业、建筑业企业、流通企业、服务企业、执行企业会计制度的事业单位；行政事业单位下属的独立核算单位（即企业化管理的事业单位）亦划入本部门。

金融机构部门 金融机构部门是指由从事金融活动的所有常住独立核算单位组成的集合。在我国的新国民经济核算体系中，将其分为三大类：银行机构、保险机构和非银行金融机构。

银行机构为中央银行（中国人民银行）、政策性银行（国家开发银行、农业开发银行、进出口银行）和商业银行（中国工商银行、中国农业银行、中国银行、中国建设银行、交通银行、中信实业银行、中国投资银行、光大银行、城市合作银行等），以及若干区域性银行或私营银行（如华夏银行、民生银行等）。

政府部门 政府部门是指由行使国家管理职能的行政单位和为社会提供非市场化服务的事业单位（即所谓非盈利性机构单位）组成的集合。包括国家机关、政党机关、社会团体及执行预算会计制度的事业单位等。军事单位及所属的非独立核算单位也包括在本部门中。由于目前在我国非盈利机构主要是由国家拨款资助的事业单位，因此我国将为政府和为居民服务的非盈利机构统一归进政府部门。

我国的政府部门由行政单位和非盈利的事业单位组成。其中“财政”作为一个特殊的部门归列于政府部门。

住户部门 住户部门是指由所有常住居民户组成的集体。包括城镇常住居民户、农村常住居民户和城乡个体经营单位。由于个体经营单位的资产负债及财务收支还不能完全独立于所属住户，因此把个体经营单位也划入住户部门。

住户内的成员共同享用其生活设施、共同消费一些货物和服务，其收入和财产的部门或全部被集中起来，因此他们也有权利参与或影响整个住户的经济活动。

国外部门 国外部门指与我国常住机构单位发生经济往来的所有非常住机构单位组成的集合，增列国外部门并不要求编制其整个资产负债表，而只限于记录常住机构单位与非常住机构单位之间所进行的交易及往来活动的累计存量，即仅仅是为了反映我国经济总体与国外进行经济往来活动及结果的总规模和结构关系。

非金融资产 根据我国新国民经济核算体系中有关资产负债项目的基本定义和联合国 1993 年 SNA 的定义，“非金融资产”是指机构单位单独或共同对其执行所有权或处置权，并通过在核算期内持有或使用它们可从中获得经济利益的，除金融资产以外的经济资产。

非金融资产按是否具有物质形态划分为有形资产和无形资产，按产生的方式或过程可划分为生产资产和非生产资产。在非金融资产中，“生产资产”由固定资产、存货和珍贵物品组成。“非生产资产”可大致分为两类，一类是资源资产，即有形非生产资产，由土地资产、水资源资产、地下资产和非培育生物资产组成；另一类是无形非生产资产，如专利权、租约和其他可转让合同、购买的商誉等。

由于我国目前在资产负债核算中所面临的资料来源和技术条件的限制，我们仅将非金融资产简单地划分为固定资产、存货和其他非金融资产三类。

贡献率 各产业的贡献率是分析经济效益的一个指标，它是指第一、二、三产业增量与生产总值增量之比。

规模以上服务业法人单位 包括：交通运输、仓储和邮政业，信息传输、软件和信息技术服务业，租赁和商务服务业，科学研究和技术服务业，水利、环境和公共设施管理业，居民服务业、修理和其他服务业，教育，卫生和社会工作，文化、体育和娱乐业；以及物业管理、房地产中介服务等行业。

劳动就业

EMPLOYMENT AND WAGES

5-1 按三次产业分从业人员及构成

Number of Employed Persons and Structure by Type of Industry

年份 Year	从业人员（万人） Total EmployedPersons(10 000 persons)				构成（合计= 100） Composition in Percentage(Total=100)		
	合计 Total	第一产业 Primary Industry	第二产业 Secondary Industry	第三产业 Tertiary Industry	第一产业 Primary Industry	第二产业 Secondary Industry	第三产业 Tertiary Industry
1952	134.26	109.87	5.86	18.53	81.8	4.4	13.8
1957	144.29	118.65	13.12	12.52	82.2	9.1	8.7
1962	137.58	106.50	16.45	14.63	77.4	12.0	10.6
1965	143.67	107.68	20.96	15.03	74.9	14.6	10.5
1970	161.18	118.15	30.32	12.71	73.3	18.8	7.9
1975	192.59	135.95	41.56	15.08	70.6	21.6	7.8
1978	204.04	136.30	46.06	21.68	66.8	22.6	10.6
1980	214.21	135.16	51.30	27.75	63.1	23.9	13.0
1985	245.32	116.59	76.08	52.65	47.5	31.0	21.5
1990	270.54	125.73	87.75	57.06	46.5	32.4	21.1
1991	276.18	130.36	87.99	57.83	47.2	31.9	20.9
1992	280.19	127.09	85.59	67.51	45.4	30.5	24.1
1993	285.69	124.25	89.91	71.53	43.5	31.5	25.0
1994	303.46	122.62	91.64	89.20	40.4	30.2	29.4
1995	324.22	116.13	106.68	101.41	35.8	32.9	31.3
1996	332.33	107.70	113.91	110.72	32.4	34.3	33.3
1997	337.43	108.17	113.93	115.33	32.0	33.8	34.2
1998	341.63	109.32	113.38	118.93	31.9	33.2	34.9
1999	344.48	109.56	112.98	121.94	31.8	32.8	35.4
2000	347.37	109.98	110.81	126.58	31.7	31.9	36.4
2001	350.10	109.99	109.24	130.87	31.4	31.2	37.4
2002	352.70	108.01	109.14	135.55	30.6	30.9	38.5
2003	355.30	104.90	110.60	139.80	29.5	31.1	39.4
2004	358.50	99.30	113.30	145.90	27.7	31.6	40.7
2005	360.00	99.10	114.20	146.70	27.5	31.7	40.8
2006	361.80	99.00	115.20	147.60	27.4	31.8	40.8
2007	364.30	98.80	116.30	149.20	27.1	31.9	41.0
2008	367.36	98.01	116.95	152.40	26.7	31.8	41.5
2009	372.25	97.80	119.15	155.30	26.3	32.0	41.7
2010	373.70	76.66	120.20	176.84	20.5	32.2	47.3
2011	375.50	74.95	120.70	179.85	20.0	32.1	47.9
2012	379.30	74.30	123.10	181.90	19.6	32.5	47.9
2013	382.30	73.40	122.19	186.71	19.20	32.00	48.80
2014	385.70	72.50	123.30	189.90	18.80	31.97	49.24
2015	388.70	71.80	124.70	192.20	18.47	32.08	49.45
2016	394.93	70.90	126.90	197.13	17.95	32.13	49.92
2017	405.38	69.50	129.35	206.53	17.14	31.91	50.95

5-2 法人单位从业人员和劳动报酬

Number and Wage of Employed Persons in Various Units

指标	Indicator	2016 年		2017 年	
		从业人员（人）Employed Persons (person)	从业人员人均报酬（元/人）Average Earning of Employed Persons (yuan/person)	从业人员（人）Employed Persons (person)	从业人员人均报酬（元/人）Average Earning of Employed Persons (yuan/person)
全市法人单位	**Total Corporate Unit**	2047548	63097	2006930	69004
按国民经济行业分组	Grouped by Sector				
农、林、牧、渔业	Agriculture,Forestry,Animal Husbandry and Fishing	3735	34080	3625	35823
采矿业	Mining	8333	50439	2873	81333
制造业	Manufacturing	496820	50122	468188	56815
电力、燃气及水的生产和供应业	Production and Supply of Electric Power and Heat Power	18179	76594	15138	80713
建筑业	Construction	372993	60488	348252	63874
交通运输、仓储和邮政业	Traffic,Transport,Storage and Post	71870	74286	72174	82270
信息传输、计算机服务和软件业	Information Transfer, Software and Information Technology Services	112351	75583	119484	84069
批发和零售业	Wholesale and Retail Trade	294429	41650	251409	45589
住宿和餐饮业	Hotels and Catering Services	41188	42077	42567	41608
金融业	Financial Intermediation	101156	106268	105504	110605
房地产业	Real Estate	79868	52591	71876	55910
租赁和商务服务业	Leasing and Business Services	64171	51343	89226	55933
科学研究、技术服务和地质勘查业	Scientific Research and Technical Service	64809	72039	84856	73477
水利、环境和公共设施管理业	Management of Water Conservancy,Environment and Public Facilities	16009	57784	19434	56845
居民服务和其他服务业	Services to Households, Repair and Other Services	11548	36110	11407	38105
教育	Education	107252	94837	110501	101528
卫生、社会保障和社会福利业	Health and Social Work	68954	102042	73916	106464
文化、体育和娱乐业	Culture,Sports and Entertainment	18299	94165	18562	95410
公共管理和社会组织	Public management,Social Security and Social Organization	95584	94827	97938	99294

注：本表统计口径为全部法人单位，包括非私营单位和私营单位。

5-3 主要年份职工工资

Wage of Staff and Workers in Major Years

年份 Year	职工工资总额 (万元) Total Wages of Staff and Workers(10 000yuan)				职工平均工资 (元) Average Earning of Staff and Workers(yuan)			
	合计 Total	国有经济 State-owned Units	城镇集体经济 Urban Collective-owned Units	其他经济 Others	合计 Total	国有经济 State-owned Units	城镇集体经济 Urban Collective-owned Units	其他经济 Others
1952	81	4587	294	—	442	453	324	—
1957	14553	11654	2899	—	586	621	480	—
1962	19412	16409	3003	—	577	607	451	—
1965	20367	16821	3546	—	617	664	461	—
1970	21226	17314	3912	—	549	578	449	—
1975	29239	22662	6577	—	557	615	420	—
1978	37840	28733	9107	—	578	626	465	—
1980	55900	41809	14091	—	776	821	668	—
1985	92092	67756	24330	6	1104	1169	954	894
1986	111934	84269	27643	22	1298	1384	1092	882
1987	126263	96322	29673	268	1422	1515	1185	1603
1988	166206	130287	35515	404	1806	1946	1427	2304
1989	190106	150899	38654	553	2037	2199	1577	2614
1990	210618	166250	43003	1365	2211	2370	1751	2460
1991	229540	181185	46091	2264	2368	2535	1872	2658
1992	267295	214311	49565	3419	2710	2938	2020	2919
1993	327226	264252	54442	8532	3323	3547	2524	3553
1994	465966	371403	67351	27212	4736	5209	2975	4922
1995	581432	465311	79932	36189	5851	6561	3623	5663
1996	700636	562645	89126	48865	7031	7839	4290	6875

年份 Year	职工工资总额（万元）Total Wages of Staff and Workers(10 000yuan)				职工平均工资（元）Average Earning of Staff and Workers(yuan)			
	合计 Total	国有经济 State-owned Units	城镇集体经济 Urban Collective-owned Units	其他经济 Others	合计 Total	国有经济 State-owned Units	城镇集体经济 Urban Collective-owned Units	其他经济 Others
1997	792368	636694	67999	57675	7896	8761	4954	7303
1998	717927	578788	68455	70684	8326	9022	5459	7410
1999	756696	608052	67273	81371	9083	9929	5766	7818
2000	857337	639312	59468	158557	10422	11761	6211	8651
2001	950851	713222	60818	176811	11980	13462	7061	9945
2002	1120837	846978	74672	199187	14395	16362	8188	11729
2003	1256160	930392	69554	256214	16027	18197	9331	12942
2004	1420491	1049033	73150	298308	18029	20759	10587	13974
2005	1966782	1126918	77722	762142	20866	24626	11890	18164
2006	2459044	1326412	140974	991658	21808	26550	12332	19305
2007	3086928	1680494	166960	1239474	26085	31910	15763	22500
2008	3735956	2049453	202995	1483509	30798	37191	19296	26645
2009	4241838	2227992	177020	1836825	34544	41239	21365	30368
2010	4695402	2462874	179365	2053164	36833	43339	22593	32740
2011	5569118	2647111	169476	2752531	41959	49342	26646	37851
2012	6458632	2811390	161513	3485729	45924	52845	32180	42294
2013	7927677	2766005	170176	4991497	53650	58842	37264	51891
2014	8464904	2912941	148424	5403539	59534	66810	40170	56945
2015	8885256	3282169	143078	5460009	67112	78733	47013	62283
2016	10068893	3715397	162695	6190800	74834	88887	51370	69107
2017	10694345	3776127	124702	6793516	82192	98770	54790	75814

注：本表中 1998 年及以后年份数据均为在岗职工口径，国有、集体、其他分组按 1998 年新标准。
2006 年及以后年份数据为非私营单位从业人员口径。

5-4 城镇单位从业人员人数(2017 年)

Number of Employed Persons in Urban Units（2017）

单位：人 (person)

指标	Indicator	从业人员 Employed Persons	在岗职工 Staff and Workers	劳务派遣人员 Labor Dispatch Personnel	其他从业人员 Others
合计	**Total**	1312092	1096190	108189	107713
按隶属关系分组	**Investment by Jurisdiction of Management**				
中央	Central Investment	258148	168776	17957	71415
省属	Provincial	260810	232011	19951	8848
市属	Prefecture	235537	188732	41449	5356
县及县以下	County	281178	251278	17417	12483
其他	Others	276419	255393	11415	9611
按国民经济行业分组	**Grouped by Sector**				
农、林、牧、渔业	Agriculture,Forestry,Animal Husbandry and Fishing	544	543	0	1
农业	Agriculture	102	102	0	0
林业	Forestry	341	340	0	1
畜牧业	Animal Husbandry	10	10	0	0
渔业	Fishing	21	21	0	0
农、林、牧、渔服务业	Services of Agriculture,Forestry,Animal Husbandry and Fishing	70	70	0	0
采矿业	Mining	2109	1842	225	42
煤炭开采和洗选业	Mining and Washing of Coal	849	849	0	0
石油和天然气开采业	Extraction of Petroleum and Natural Gas	1124	857	225	42
黑色金属矿采选业	Mining of Ferrous Metal Ores	0	0	0	0
有色金属矿采选业	Mining of Non-ferrous Metal Ores	0	0	0	0
非金属矿采选业	Mining and Processing of Nonmetal Ores	136	136	0	0
开采辅助活动	Mining Support Activities	0	0	0	0
其他采矿业	Mining of Other Ores	0	0	0	0
制造业	Manufacturing	259983	241494	13567	4922
农副食品加工业	Processing of Food from Agricultural Products	3161	3058	100	3
食品制造业	Manufacture of Foods	10172	9606	424	142
酒、饮料和精制茶制造业	Manufacture of Wine, Drinks and Refined Tea	6395	6288	63	44
烟草制品业	Manufacture of Tobacco	79	79	0	0
纺织业	Manufacture of Textile	6980	6940	0	40
纺织服装、服饰业	Manufacture of Textile Wearing Apparel and Finery	6913	6906	0	7
皮革、毛皮、羽毛及其制品和制鞋	Manufacture of Leather, Fur, Feather & Its Products and Footwear	904	857	0	47

指标	Indicator	从业人员 Employed Persons	在岗职工 Staff and Workers	劳务派遣人员 Labor Dispatch Personnel	其他从业人员 Others
木材加工和木、竹、藤、棕、草制	Processing of Timbers, Manufacture of Wood, Bamboo, Rattan, Palm, and Straw Products	536	536	0	0
家具制造业	Manufacture of Furniture	381	381	0	0
造纸和纸制品业	Manufacture of Paper and Paper Products	1628	1368	0	260
印刷和记录媒介复制业	Printing, Reproduction of Recording Media	4225	3995	164	66
文教、工美、体育和娱乐用品制造	Manufacture of Culture, Education,Arts and crafts， Sport and Entertainment Goods	852	831	0	21
石油加工、炼焦和核燃料加工业	Processing of Petroleum, Coking and Nucleus Fuel	1982	1823	86	73
化学原料和化学制品制造业	Manufacture of Chemical Raw Material and Chemical Products	7881	7688	118	75
医药制造业	Manufacture of Medicines	18088	18018	15	55
化学纤维制造业	Manufacture of Chemical Fiber	290	290	0	0
橡胶和塑料制品业	Manufacture of Rubber and Plastic	2271	2242	5	24
非金属矿物制品业	Manufacture of Non-metallic Mineral Products	14754	14154	319	281
黑色金属冶炼和压延加工业	Manufacture and Processing of Ferrous Metals	18618	17439	23	1156
有色金属冶炼和压延加工业	Manufacture & Processing of Non-ferrous Metals	695	695	0	0
金属制品业	Manufacture of Metal Products	16557	15842	566	149
通用设备制造业	Manufacture of General Purpose Machinery	28427	25743	1864	820
专用设备制造业	Manufacture of Special Purpose Machinery	9849	9491	243	115
汽车制造业	Manufacture of Automotive	36404	28368	7523	513
铁路、船舶、航空航天和其他运输	Manufacture of Railroad,Marine,Aerospace and Other Transportation Equipment	9521	8935	488	98
电气机械和器材制造业	Manufacture of Electrical Machinery & Equipment	14017	12299	1175	543
计算机、通信和其他电子设备制造	Manufacture of Computer, Communications and Other Electronic Equipment	34232	33926	227	79
仪器仪表制造业	Manufacture of Measuring Instrument	3916	3451	164	301
其他制造业	Other Manufacture	152	149	0	3
废弃资源综合利用业	Comprehensive Utilization of Waste	86	79	0	7
金属制品、机械和设备修理业	Metal Products, Machinery and Equipment Repair Industry	17	17	0	0
电力、热力、燃气及水生产和供应	Production and Supply of Electric Power and Heat Power	12848	12536	223	89
电力、热力生产和供应业	Production and Supply of Electric Power and Heat Power	7356	7286	17	53
燃气生产和供应业	Production and Supply of Gas	2823	2581	206	36
水的生产和供应业	Production and Supply of Water	2669	2669	0	0
建筑业	Construction	264551	172551	48129	43871
房屋建筑业	Building Construction	138378	79497	33295	25586

指标	Indicator	从业人员 Employed Persons	在岗职工 Staff and Workers	劳务派遣人员 Labor Dispatch Personnel	其他从业人员 Others
土木工程建筑业	Civil Engineering Construction	102487	71632	14200	16655
建筑安装业	Construction Installment	17417	15938	328	1151
建筑装饰和其他建筑业	Construction Decoration and Others	6269	5484	306	479
批发和零售业	Wholesale and Retail Trade	97231	88671	6584	1976
批发业	Wholesale Trade	49404	43983	4346	1075
零售业	Retail Trade	47827	44688	2238	901
交通运输、仓储和邮政业	Traffic,Transport,Storage and Post	47014	39331	4058	3625
铁路运输业	Railway Transport	1305	976	16	313
道路运输业	Road Transport	28827	24987	1755	2085
水上运输业	Waterway Transport	635	635	0	0
航空运输业	Air Transport	10402	8547	1343	512
管道运输业	Pipeline Transport	1599	997	86	516
装卸搬运和运输代理业	Loading and Unloading and Other Transport Services	496	303	87	106
仓储业	Storage	1105	1071	10	24
邮政业	Postal Services	2645	1815	761	69
住宿和餐饮业	Hotels and Catering Services	24141	22768	752	621
住宿业	Hotels	12499	11696	527	276
餐饮业	Catering Services	11642	11072	225	345
信息传输、软件和信息技术服务业	Information Transfer, Software and Information Technology Services	83820	79175	4484	161
电信、广播电视和卫星传输服务	Telecommunications, Radio and Television and Satellite Transmission Services	60322	56200	4120	2
互联网和相关服务	Internet and related Services	76	76	0	0
软件和信息技术服务业	Software and Information Technology Services	23422	22899	364	159
金融业	Financial Intermediation	99726	59653	2131	37942
货币金融服务	Monetary and Financial Services	38820	36974	1413	433
资本市场服务	Capital Market Services	2195	2101	30	64
保险业	Insurance	58094	20009	640	37445
其他金融业	Others	617	569	48	0
房地产业	Real Estate	42968	39962	1846	1160
房地产开发经营	Real Estate Development and Management	17743	16756	464	523
物业管理	Property Management	21994	20411	1245	338
房地产中介服务	Real Estate Intermediary Services	1261	1140	105	16
租赁和商务服务业	Leasing and Business Services	33754	30477	2967	310
租赁业	Leasing Services	1986	1865	109	12

指标	Indicator	从业人员 Employed Persons	在岗职工 Staff and Workers	劳务派遣人员 Labor Dispatch Personnel	其他从业人员 Others
商务服务业	Business Services	31768	28612	2858	298
科学研究和技术服务业	Scientific Research and Technical Service	37958	32445	2905	2608
研究和试验发展	Research and Experimental Development	7917	7188	255	474
专业技术服务业	Special Technical Services	27810	23086	2604	2120
科技推广和应用服务业	Science and Technology Promotion and Application Services	2231	2171	46	14
水利、环境和公共设施管理业	Management of Water Conservancy, Environment and Public Facilities	14763	7943	3315	3505
水利管理业	Management of Water Conservancy	2188	2139	13	36
生态保护和环境治理业	Ecological Protection and Environmental Management	97	77	0	20
公共设施管理业	Management of Public Facilities	12478	5727	3302	3449
居民服务、修理和其他服务业	Services to Households, Repair and Other Services	2948	2482	464	2
居民服务业	Services to Households	1459	1337	120	2
机动车、电子产品和日用产品修理	Repair of Motor Vehicle, Electronics and Household Products	754	723	31	0
其他服务业	Other Services	735	422	313	0
教育	Education	105279	98974	3952	2353
初等教育	Primary Education	25014	23269	1072	673
中等教育	Secondary Education	33400	32420	449	531
高等教育	Higher Education	35964	34058	1512	394
卫生和社会工作	Health and Social Work	69947	65253	3182	1512
卫生	Health Care	68935	64249	3182	1504
社会工作	Social Work	1012	1004	0	8
文化、体育和娱乐业	Culture,Sports and Entertainment	14748	11666	2445	637
新闻和出版业	News and Publication	4041	3874	132	35
广播、电视、电影和影视录音制作	Radio, Television, Film and Video Recording Production	5313	3178	2046	89
文化艺术业	Culture and Arts	3822	3287	267	268
体育	Sports	841	748	0	93
娱乐业	Recreation	731	579	0	152
公共管理、社会保障和社会组织	Public management,Social Security and Social Organization	97760	88424	6960	2376
中国共产党机关	CPC Agencies	4495	4240	251	4
国家机构	Government Agencies	89151	80306	6520	2325
人民政协、民主党派	CPPCC and Democratic Parties	798	663	103	32
社会保障	Social Security	746	675	62	9
群众团体、社会团体和其他成员组	Mass Organizations, Social Organizations and Other Organizations	2570	2540	24	6

5-5 城镇单位从业人员工资总额(2017年)

Total Wage of Employed Persons in Urban Uhits(2017)

单位：万元 (10 000 yuan)

指标	Indicator	从业人员工资总额 Wage Bill of Employed Persons	在岗职工工资总额 Total Wage of Staff and Workers	劳务派遣人员工资总额 Total Wage of Labor Dispatch Personnel	其他从业人员工资总额 Total Wage of Other Staff
合计	**Total**	10694345	9441698	674658	577989
按隶属关系分组	**Investment by Jurisdiction of Management**				
中央	Central Investment	2295219	1765900	122655	406664
省属	Provincial	2720470	2521620	145272	53578
市属	Prefecture	1960109	1655989	279588	24532
县及县以下	County	1853259	1742680	64073	46507
其他	Others	1865288	1755509	63071	46709
按国民经济行业分组	**Grouped by Sector**				
农、林、牧、渔业	Agriculture,Forestry,Animal Husbandry and Fishing	3235	3233	0	3
农业	Agriculture	555	555	0	0
林业	Forestry	1775	1772	0	3
畜牧业	Animal Husbandry	58	58	0	0
渔业	Fishing	38	38	0	0
农、林、牧、渔服务业	Services of Agriculture,Forestry,Animal Husbandry and Fishing	810	810	0	0
采矿业	Mining	19180	16303	2331	546
煤炭开采和洗选业	Mining and Washing of Coal	7170	7170	0	0
石油和天然气开采业	Extraction of Petroleum and Natural Gas	11446	8569	2331	546
黑色金属矿采选业	Mining of Ferrous Metal Ores	0	0	0	0
有色金属矿采选业	Mining of Non-ferrous Metal Ores	0	0	0	0
非金属矿采选业	Mining and Processing of Nonmetal Ores	565	565	0	0
开采辅助活动	Mining Support Activities	0	0	0	0
其他采矿业	Mining of Other Ores	0	0	0	0
制造业	Manufacturing	1723265	1613833	84227	25205
农副食品加工业	Processing of Food from Agricultural Products	12774	12220	550	5
食品制造业	Manufacture of Foods	47039	45476	1243	320
酒、饮料和精制茶制造业	Manufacture of Wine, Drinks and Refined Tea	35323	34634	295	394
烟草制品业	Manufacture of Tobacco	143	143	0	0
纺织业	Manufacture of Textile	29109	28787	110	212
纺织服装、服饰业	Manufacture of Textile Wearing Apparel and Finery	35180	34935	0	244
皮革、毛皮、羽毛及其制品和制鞋	Manufacture of Leather, Fur, Feather & Its Products and Footwear	2925	2837	0	89
木材加工和木、竹、藤、棕、草制	Processing of Timbers, Manufacture of Wood, Bamboo, Rattan, Palm, and Straw Products	2093	2087	0	6
家具制造业	Manufacture of Furniture	1087	1087	0	0

指标	Indicator	从业人员工资总额 Wage Bill of Employed Persons	在岗职工工资总额 Total Wage of Staff and Workers	劳务派遣人员工资总额 Total Wage of Labor Dispatch Personnel	其他从业人员工资总额 Total Wage of Other Staff
造纸和纸制品业	Manufacture of Paper and Paper Products	6388	6134	0	254
印刷和记录媒介复制业	Printing, Reproduction of Recording Media	21382	20830	492	59
文教、工美、体育和娱乐用品制造	Manufacture of Culture, Education,Arts and crafts， Sport and Entertainment Goods	2969	2887	0	82
石油加工、炼焦和核燃料加工业	Processing of Petroleum, Coking and Nucleus Fuel	22809	21786	513	510
化学原料和化学制品制造业	Manufacture of Chemical Raw Material and Chemical Products	40981	39985	493	503
医药制造业	Manufacture of Medicines	111126	108515	2171	440
化学纤维制造业	Manufacture of Chemical Fiber	1478	1478	0	0
橡胶和塑料制品业	Manufacture of Rubber and Plastic	10213	10030	153	31
非金属矿物制品业	Manufacture of Non-metallic Mineral Products	81314	78279	1964	1071
黑色金属冶炼和压延加工业	Manufacture and Processing of Ferrous Metals	133449	125999	108	7342
有色金属冶炼和压延加工业	Manufacture & Processing of Non-ferrous Metals	5501	5501	0	0
金属制品业	Manufacture of Metal Products	82910	79162	2894	854
通用设备制造业	Manufacture of General Purpose Machinery	174680	160877	10432	3371
专用设备制造业	Manufacture of Special Purpose Machinery	50884	48780	1764	340
汽车制造业	Manufacture of Automotive	275197	224269	49513	1414
铁路、船舶、航空航天和其他运输	Manufacture of Railroad,Marine,Aerospace and Other Transportation Equipment	70194	67811	1682	701
电气机械和器材制造业	Manufacture of Electrical Machinery & Equipment	106739	94602	7513	4624
计算机、通信和其他电子设备制造	Manufacture of Computer, Communications and Other Electronic Equipment	327967	326638	833	497
仪器仪表制造业	Manufacture of Measuring Instrument	30356	27035	1505	1816
其他制造业	Other Manufacture	473	470	0	3
废弃资源综合利用业	Comprehensive Utilization of Waste	473	449	0	24
金属制品、机械和设备修理业	Metal Products, Machinery and Equipment Repair Industry	109	109	0	0
电力、热力、燃气及水生产和供应	Production and Supply of Electric Power and Heat Power	108785	107457	1069	259
电力、热力生产和供应业	Production and Supply of Electric Power and Heat Power	58237	57986	140	112
燃气生产和供应业	Production and Supply of Gas	28074	26997	930	147
水的生产和供应业	Production and Supply of Water	22473	22473	0	0
建筑业	Construction	1883063	1244046	344451	294566
房屋建筑业	Building Construction	931946	503529	229064	199353
土木工程建筑业	Civil Engineering Construction	817205	614911	112075	90219
建筑安装业	Construction Installment	98976	93213	2233	3531

指标	Indicator	从业人员工资总额 Wage Bill of Employed Persons	在岗职工工资总额 Total Wage of Staff and Workers	劳务派遣人员工资总额 Total Wage of Labor Dispatch Personnel	其他从业人员工资总额 Total Wage of Other Staff
建筑装饰和其他建筑业	Construction Decoration and Others	34936	32394	1079	1463
批发和零售业	Wholesale and Retail Trade	530307	489563	32529	8214
批发业	Wholesale Trade	311788	284002	23197	4590
零售业	Retail Trade	218518	205561	9333	3624
交通运输、仓储和邮政业	Traffic,Transport,Storage and Post	473675	435857	25515	12304
铁路运输业	Railway Transport	10519	9250	157	1112
道路运输业	Road Transport	182294	167318	7392	7584
水上运输业	Waterway Transport	3921	3921	0	0
航空运输业	Air Transport	233765	219896	12561	1308
管道运输业	Pipeline Transport	12849	11398	582	869
装卸搬运和运输代理业	Loading and Unloading and Other Transport Services	3496	2299	606	591
仓储业	Storage	5890	5722	40	129
邮政业	Postal Services	20942	16053	4177	712
住宿和餐饮业	Hotels and Catering Services	110658	105731	2800	2128
住宿业	Hotels	61698	58549	2239	910
餐饮业	Catering Services	48960	47181	561	1218
信息传输、软件和信息技术服务业	Information Transfer, Software and Information Technology Services	785275	757427	25703	2145
电信、广播电视和卫星传输服务	Telecommunications, Radio and Television and Satellite Transmission Services	564866	541278	23581	6
互联网和相关服务	Internet and related Services	562	562	0	0
软件和信息技术服务业	Software and Information Technology Services	219848	215587	2122	2139
金融业	Financial Intermediation	1089166	908679	15489	164998
货币金融服务	Monetary and Financial Services	626515	612916	10869	2731
资本市场服务	Capital Market Services	61095	60652	258	185
保险业	Insurance	375264	209390	3791	162083
其他金融业	Others	26292	25721	571	0
房地产业	Real Estate	262679	249309	8100	5270
房地产开发经营	Real Estate Development and Management	170802	163013	3906	3883
物业管理	Property Management	77606	72902	3622	1081
房地产中介服务	Real Estate Intermediary Services	6663	6178	478	7
租赁和商务服务业	Leasing and Business Services	221826	207069	13462	1295
租赁业	Leasing Services	14356	13646	650	60

指标	Indicator	从业人员工资总额 Wage Bill of Employed Persons	在岗职工工资总额 Total Wage of Staff and Workers	劳务派遣人员工资总额 Total Wage of Labor Dispatch Personnel	其他从业人员工资总额 Total Wage of Other Staff
商务服务业	Business Services	207470	193423	12812	1235
科学研究和技术服务业	Scientific Research and Technical Service	397500	358094	19513	19893
研究和试验发展	Research and Experimental Development	84189	79670	999	3520
专业技术服务业	Special Technical Services	297681	263179	18229	16273
科技推广和应用服务业	Science and Technology Promotion and Application Services	15630	15245	285	100
水利、环境和公共设施管理业	Management of Water Conservancy, Environment and Public Facilities	96768	75067	9883	11818
水利管理业	Management of Water Conservancy	22377	22107	70	200
生态保护和环境治理业	Ecological Protection and Environmental Management	485	445	0	40
公共设施管理业	Management of Public Facilities	73905	52514	9813	11578
居民服务、修理和其他服务业	Services to Households, Repair and Other Services	12896	11284	1556	56
居民服务业	Services to Households	6968	6473	490	5
机动车、电子产品和日用产品修理	Repair of Motor Vehicle, Electronics and Household Products	3426	3276	99	51
其他服务业	Other Services	2502	1535	967	0
教育	Education	1087119	1060447	15782	10891
初等教育	Primary Education	213226	207156	4073	1997
中等教育	Secondary Education	324010	320661	1563	1787
高等教育	Higher Education	454285	445258	6023	3005
卫生和社会工作	Health and Social Work	761179	730198	21253	9728
卫生	Health Care	752754	721787	21253	9714
社会工作	Social Work	8425	8411	0	15
文化、体育和娱乐业	Culture,Sports and Entertainment	164738	135328	27272	2139
新闻和出版业	News and Publication	47562	46437	971	154
广播、电视、电影和影视录音制作	Radio, Television, Film and Video Recording Production	71643	45647	25356	640
文化艺术业	Culture and Arts	34739	33324	944	471
体育	Sports	7427	6779	0	648
娱乐业	Recreation	3367	3141	0	226
公共管理、社会保障和社会组织	Public management,Social Security and Social Organization	963030	932775	23724	6532
中国共产党机关	CPC Agencies	52366	51418	929	18
国家机构	Government Agencies	870603	842283	21975	6345
人民政协、民主党派	CPPCC and Democratic Parties	10170	9633	419	119
社会保障	Social Security	9891	9583	277	31
群众团体、社会团体和其他成员组	Mass Organizations, Social Organizations and Other Organizations	20001	19858	125	19

5-6 城镇单位从业人员平均工资(2017年)

Average Wage of Employed Persons in Urban Units（2017）

单位：元 (yuan)

指标	Indicator	从业人员平均工资 Average Wage of Employed Persons	在岗职工平均工资 Average Wage of Total Wage of Staff	劳务派遣人员平均工资 Average Wage of Labor Dispatch Personnel	其他从业人员平均工资 Average Wage of Other Staff
合计	**Total**	82192	87290	59438	54527
按隶属关系分组	**Investment by Jurisdiction of Management**				
中央	Central Investment	89520	104766	69066	58032
省属	Provincial	106157	111216	69082	62973
市属	Prefecture	81829	88070	60441	46754
县及县以下	County	67064	70419	40285	35871
其他	Others	68423	69982	50235	50743
按国民经济行业分组	**Grouped by Sector**				
农、林、牧、渔业	Agriculture,Forestry,Animal Husbandry and Fishing	59580	59754	0	12500
农业	Agriculture	54412	54412	0	0
林业	Forestry	52194	52429	0	12500
畜牧业	Animal Husbandry	58200	58200	0	0
渔业	Fishing	17905	17905	0	0
农、林、牧、渔服务业	Services of Agriculture,Forestry,Animal Husbandry and Fishing	115686	115686	0	0
采矿业	Mining	93975	92371	99611	130000
煤炭开采和洗选业	Mining and Washing of Coal	78358	78358	0	0
石油和天然气开采业	Extraction of Petroleum and Natural Gas	115613	120011	99611	130000
黑色金属矿采选业	Mining of Ferrous Metal Ores	0	0	0	0
有色金属矿采选业	Mining of Non-ferrous Metal Ores	0	0	0	0
非金属矿采选业	Mining and Processing of Nonmetal Ores	41529	41529	0	0
开采辅助活动	Mining Support Activities	0	0	0	0
其他采矿业	Mining of Other Ores	0	0	0	0
制造业	Manufacturing	66852	67439	62767	49881
农副食品加工业	Processing of Food from Agricultural Products	40297	39855	54455	16000
食品制造业	Manufacture of Foods	46661	47331	41705	18309
酒、饮料和精制茶制造业	Manufacture of Wine, Drinks and Refined Tea	55400	55343	46031	73037
烟草制品业	Manufacture of Tobacco	17691	17691	0	0
纺织业	Manufacture of Textile	41739	41715	99636	34161
纺织服装、服饰业	Manufacture of Textile Wearing Apparel and Finery	49079	48786	0	349000
皮革、毛皮、羽毛及其制品和制鞋	Manufacture of Leather, Fur, Feather & Its Products and Footwear	33394	34014	0	21071

指标	Indicator	从业人员平均工资 Average Wage of Employed Persons	在岗职工平均工资 Average Wage of Total Wage of Staff	劳务派遣人员平均工资 Average Wage of Labor Dispatch Personnel	其他从业人员平均工资 Average Wage of Other Staff
木材加工和木、竹、藤、棕、草制	Processing of Timbers, Manufacture of Wood, Bamboo, Rattan, Palm, and Straw Products	38826	38862	0	29000
家具制造业	Manufacture of Furniture	33128	33128	0	0
造纸和纸制品业	Manufacture of Paper and Paper Products	38552	43907	0	9777
印刷和记录媒介复制业	Printing, Reproduction of Recording Media	50764	52180	31961	9000
文教、工美、体育和娱乐用品制造	Manufacture of Culture, Education,Arts and crafts，Sport and Entertainment Goods	34686	34414	0	48118
石油加工、炼焦和核燃料加工业	Processing of Petroleum, Coking and Nucleus Fuel	113987	117569	67526	70847
化学原料和化学制品制造业	Manufacture of Chemical Raw Material and Chemical Products	51646	51714	42870	57159
医药制造业	Manufacture of Medicines	62993	64009	36428	47826
化学纤维制造业	Manufacture of Chemical Fiber	51867	51867	0	0
橡胶和塑料制品业	Manufacture of Rubber and Plastic	43928	44283	33889	20467
非金属矿物制品业	Manufacture of Non-metallic Mineral Products	54500	54733	58964	37582
黑色金属冶炼和压延加工业	Manufacture and Processing of Ferrous Metals	72060	72815	60000	61337
有色金属冶炼和压延加工业	Manufacture & Processing of Non-ferrous Metals	79381	79381	0	0
金属制品业	Manufacture of Metal Products	50567	50531	51495	50810
通用设备制造业	Manufacture of General Purpose Machinery	59824	60631	57986	38930
专用设备制造业	Manufacture of Special Purpose Machinery	52692	52492	60418	47181
汽车制造业	Manufacture of Automotive	77522	79811	71479	29966
铁路、船舶、航空航天和其他运输	Manufacture of Railroad,Marine,Aerospace and Other Transportation Equipment	73210	75437	35796	54341
电气机械和器材制造业	Manufacture of Electrical Machinery & Equipment	72004	72061	65448	84374
计算机、通信和其他电子设备制造	Manufacture of Computer, Communications and Other Electronic Equipment	103284	103846	33992	90327
仪器仪表制造业	Manufacture of Measuring Instrument	76617	77221	91212	61334
其他制造业	Other Manufacture	30915	31333	0	10000
废弃资源综合利用业	Comprehensive Utilization of Waste	53773	55481	0	34000
金属制品、机械和设备修理业	Metal Products, Machinery and Equipment Repair Industry	64235	64235	0	0
电力、热力、燃气及水生产和供应	Production and Supply of Electric Power and Heat Power	86847	87899	51158	28152
电力、热力生产和供应业	Production and Supply of Electric Power and Heat Power	82559	83158	51741	20667
燃气生产和供应业	Production and Supply of Gas	100987	105459	51071	38789

5-6 续 2

指标	Indicator	从业人员平均工资 Average Wage of Employed Persons	在岗职工平均工资 Average Wage of Total Wage of Staff	劳务派遣人员平均工资 Average Wage of Labor Dispatch Personnel	其他从业人员平均工资 Average Wage of Other Staff
水的生产和供应业	Production and Supply of Water	83481	83481	0	0
建筑业	Construction	70713	73481	64272	67869
房屋建筑业	Building Construction	66946	65724	60926	79748
土木工程建筑业	Civil Engineering Construction	78596	85612	73395	53444
建筑安装业	Construction Installment	58153	59817	57990	33561
建筑装饰和其他建筑业	Construction Decoration and Others	57347	61352	31645	31066
批发和零售业	Wholesale and Retail Trade	55158	55917	48213	44520
批发业	Wholesale Trade	63511	65493	49052	45942
零售业	Retail Trade	46443	46521	46248	42842
交通运输、仓储和邮政业	Traffic,Transport,Storage and Post	102295	112299	60035	37939
铁路运输业	Railway Transport	78913	92503	92471	35177
道路运输业	Road Transport	63588	66839	40682	41715
水上运输业	Waterway Transport	59676	59676	0	0
航空运输业	Air Transport	237735	277716	85102	29804
管道运输业	Pipeline Transport	77404	108039	66943	16768
装卸搬运和运输代理业	Loading and Unloading and Other Transport Services	69631	75364	66626	55717
仓储业	Storage	54843	54288	35909	142889
邮政业	Postal Services	81232	89683	55613	192405
住宿和餐饮业	Hotels and Catering Services	45916	46359	43069	33090
住宿业	Hotels	49485	50227	43304	30939
餐饮业	Catering Services	42091	42315	42158	34903
信息传输、软件和信息技术服务业	Information Transfer, Software and Information Technology Services	94483	96297	60208	113508
电信、广播电视和卫星传输服务	Telecommunications, Radio and Television and Satellite Transmission Services	93939	96345	59730	30500
互联网和相关服务	Internet and related Services	73895	73895	0	0
软件和信息技术服务业	Software and Information Technology Services	95978	96253	66090	114396
金融业	Financial Intermediation	112856	157801	72821	44839
货币金融服务	Monetary and Financial Services	162041	166648	75218	62064
资本市场服务	Capital Market Services	279484	289649	92214	28859
保险业	Insurance	68152	115296	62357	44658
其他金融业	Others	441139	467660	124043	0
房地产业	Real Estate	62394	64103	41097	42606
房地产开发经营	Real Estate Development and Management	97506	99210	71939	71514
物业管理	Property Management	36259	37002	27842	27025
房地产中介服务	Real Estate Intermediary Services	53822	54724	49792	5308
租赁和商务服务业	Leasing and Business Services	66684	69037	45975	37761

指标	Indicator	从业人员平均工资 Average Wage of Employed Persons	在岗职工平均工资 Average Wage of Total Wage of Staff	劳务派遣人员平均工资 Average Wage of Labor Dispatch Personnel	其他从业人员平均工资 Average Wage of Other Staff
租赁业	Leasing Services	72322	73841	52403	46308
商务服务业	Business Services	66327	68721	45691	37424
科学研究和技术服务业	Scientific Research and Technical Service	107502	113249	66077	82784
研究和试验发展	Research and Experimental Development	108435	112512	42863	78218
专业技术服务业	Special Technical Services	110020	117062	68763	84579
科技推广和应用服务业	Science and Technology Promotion and Application Services	72530	74113	41290	34586
水利、环境和公共设施管理业	Management of Water Conservancy, Environment and Public Facilities	62967	93728	29706	29311
水利管理业	Management of Water Conservancy	101577	102682	41000	60697
生态保护和环境治理业	Ecological Protection and Environmental Management	49469	57077	0	19800
公共设施管理业	Management of Public Facilities	56559	90886	29648	29098
居民服务、修理和其他服务业	Services to Households, Repair and Other Services	42830	44690	33824	21462
居民服务业	Services to Households	46024	45586	53261	24000
机动车、电子产品和日用产品修理	Repair of Motor Vehicle, Electronics and Household Products	45559	46867	34138	21250
其他服务业	Other Services	33584	37810	28522	0
教育	Education	104576	108194	43133	47703
初等教育	Primary Education	86847	90272	42035	31449
中等教育	Secondary Education	97924	99430	40069	39879
高等教育	Higher Education	127748	132046	42930	68598
卫生和社会工作	Health and Social Work	110279	113450	67794	63792
卫生	Health Care	110684	113924	67794	64032
社会工作	Social Work	83091	83606	0	18250
文化、体育和娱乐业	Culture,Sports and Entertainment	108210	114753	96571	35234
新闻和出版业	News and Publication	119263	122171	66521	37463
广播、电视、电影和影视录音制作	Radio, Television, Film and Video Recording Production	122258	136178	104821	71921
文化艺术业	Culture and Arts	91227	101597	36463	17513
体育	Sports	88624	90992	0	69656
娱乐业	Recreation	46122	51070	0	19661
公共管理、社会保障和社会组织	Public management,Social Security and Social Organization	99409	106131	35141	29212
中国共产党机关	CPC Agencies	117254	121728	39050	45750
国家机构	Government Agencies	98609	105580	34748	29013
人民政协、民主党派	CPPCC and Democratic Parties	127764	145512	40250	39500
社会保障	Social Security	133843	143248	45328	34667
群众团体、社会团体和其他成员组	Mass Organizations, Social Organizations and Other Organizations	77314	77662	51875	30833

5-7 国有单位从业人员和报酬(2017年)

Number and Wage of Employed Persons in State-owned Units(2017)

指标	Indicator	从业人员期末人数(人) Number of Employed Persons(person)	从业人员工资总额(万元) Wage of Employed Persons(10 000 yuan)	从业人员平均工资(元) Average Wage of Employed Persons(yuan)
总计	**Total**	386648	3776127	98770
按隶属关系分组	**Investment by Jurisdiction of Management**			
中央	Central Investment	58093	622913	110839
省属	Provincial	100687	1182608	118098
市属	Prefecture	75883	737338	97590
县及县以下	County	149760	1218272	82203
其他	Others	2225	14996	67520
按国民经济行业分组	**Grouped by Sector**			
农、林、牧、渔业	Agriculture,Forestry,Animal Husbandry and Fishing	487	2522	51889
采矿业	Mining	0	0	0
制造业	Manufacturing	4919	33125	66315
电力、热力、燃气及水生产和供应	Production and Supply of Electric Power and Heat Power	1011	4243	51300
建筑业	Construction	28007	200228	71787
批发和零售业	Wholesale and Retail Trade	3286	15604	48730
交通运输、仓储和邮政业	Traffic,Transport,Storage and Post	17262	125404	74322
住宿和餐饮业	Hotels and Catering Services	6639	32254	48612
信息传输、软件和信息技术服务业	Information Transfer, Software and Information Technology Services	254	4488	176673
金融业	Financial Intermediation	15889	179986	124618
房地产业	Real Estate	3497	16363	47238
租赁和商务服务业	Leasing and Business Services	8264	47036	56725
科学研究和技术服务业	Scientific Research and Technical Service	19632	217199	112480
水利、环境和公共设施管理业	Management of Water Conservancy,Environment and Public Facilities	11332	81902	68669
居民服务、修理和其他服务业	Services to Households, Repair and Other Services	511	2908	56912
教育	Education	94761	1013650	108341
卫生和社会工作	Health and Social Work	62428	714689	116181
文化、体育和娱乐业	Culture,Sports and Entertainment	11102	125246	107415
公共管理、社会保障和社会组织	Public management,Social Security and Social Organization	97367	959283	99438

5-8 城镇集体单位从业人员和报酬(2017年)

Number and Wage of Employed Persons in Urban Collective-owned Units （2017）

指标	Indicator	从业人员期末人数（人）Number of Employed Persons(person)	从业人员工资总额（万元）Wage of Employed Persons(10 000 yuan)	从业人员平均工资（元）Average Wage of Employed Persons(yuan)
总计	**Total**	23539	124702	54790
按隶属关系分组	**Investment by Jurisdiction of Management**			
中央	Central Investment	607	1548	28151
省属	Provincial	1235	7685	62128
市属	Prefecture	1825	12174	65662
县及县以下	County	17048	92901	56956
其他	Others	2824	10393	37013
按国民经济行业分组	**Grouped by Sector**			
农、林、牧、渔业	Agriculture,Forestry,Animal Husbandry and Fishing	52	704	135346
采矿业	Mining	0	0	0
制造业	Manufacturing	2303	12206	53000
电力、热力、燃气及水生产和供应	Production and Supply of Electric Power and Heat Power	59	189	32586
建筑业	Construction	6663	29542	49000
批发和零售业	Wholesale and Retail Trade	1256	4539	37356
交通运输、仓储和邮政业	Traffic,Transport,Storage and Post	265	993	38046
住宿和餐饮业	Hotels and Catering Services	436	1516	35088
信息传输、软件和信息技术服务业	Information Transfer, Software and Information Technology Services	0	0	0
金融业	Financial Intermediation	0	0	0
房地产业	Real Estate	684	3490	51475
租赁和商务服务业	Leasing and Business Services	2800	9487	34102
科学研究和技术服务业	Scientific Research and Technical Service	884	3608	43887
水利、环境和公共设施管理业	Management of Water Conservancy,Environment and Public Facilities	40	248	61950
居民服务、修理和其他服务业	Services to Households, Repair and Other Services	43	139	32256
教育	Education	3972	27789	70368
卫生和社会工作	Health and Social Work	3704	26611	71825
文化、体育和娱乐业	Culture,Sports and Entertainment	0	0	0
公共管理、社会保障和社会组织	Public management,Social Security and Social Organization	378	3642	93153

5-9 城镇其他单位从业人员和报酬（2017 年）

Number and Wage of Employed Persons in Other Urban Collective-owned Units（2017）

指 标	Indicator	从业人员期末人数（人）Number of Employed Persons(person)	从业人员工资总额（万元）Wage of Employed Persons(10 000 yuan)	从业人员平均工资（元）Average Wage of Employed Persons(yuan)
总计	**Total**	901905	6793516	75814
按隶属关系分组	**Investment by Jurisdiction of Management**			
中央	Central Investment	199448	1670757	83688
省属	Provincial	158888	1530177	98789
市属	Prefecture	157829	1210597	74670
县及县以下	County	114370	542087	48475
其他	Others	271370	1839899	68760
按国民经济行业分组	**Grouped by Sector**			
农、林、牧、渔业	Agriculture,Forestry,Animal Husbandry and Fishing	5	10	19200
采矿业	Mining	2109	19180	93975
制造业	Manufacturing	252761	1677935	66990
电力、热力、燃气及水生产和供应	Production and Supply of Electric Power and Heat Power	11778	104353	89643
建筑业	Construction	229881	1653292	71148
批发和零售业	Wholesale and Retail Trade	92689	510164	55618
交通运输、仓储和邮政业	Traffic,Transport,Storage and Post	29487	347279	119049
住宿和餐饮业	Hotels and Catering Services	17066	76888	45141
信息传输、软件和信息技术服务业	Information Transfer, Software and Information Technology Services	83566	780787	94231
金融业	Financial Intermediation	83837	909180	110786
房地产业	Real Estate	38787	242826	63972
租赁和商务服务业	Leasing and Business Services	22690	165302	74491
科学研究和技术服务业	Scientific Research and Technical Service	17442	176694	104900
水利、环境和公共设施管理业	Management of Water Conservancy,Environment and Public Facilities	3391	14618	42982
居民服务、修理和其他服务业	Services to Households, Repair and Other Services	2394	9849	40086
教育	Education	6546	45681	70879
卫生和社会工作	Health and Social Work	3815	19879	52272
文化、体育和娱乐业	Culture,Sports and Entertainment	3646	39492	110809
公共管理、社会保障和社会组织	Public management,Social Security and Social Organization	15	105	70067

5-10 社会保障基本情况

Basic Conditions of Social Sewrity

单位：万人 (1000 persons)

指标	Indicator	2011年	2012年	2013年	2014年	2015年	2016年	2017年
职工基本养老保险参保人数	Urban Basic Pension Insurance	164.75	175.02	232.54	250.63	266.14	284.28	304.63
# 企业	Enterpris	147.05	157.30	207.60	225.63	241.07	259.26	279.65
事业机关	Institution and Government Agency	17.70	17.72	24.94	25.01	25.08	25.02	24.98
职工基本医疗保险参保人数	Medcial Care Insurance	167.57	173.58	183.18	196.50	208.09	214.48	228.68
参加失业保险人数	Unemployment Insurance	103.68	111.12	119.96	125.04	130.08	135.78	147.19
工伤保险参保人数	Work Injury Insurance	131.59	133.90	135.69	139.42	144.46	161.22	187.51
生育保险参保人数	Maternity Insurance	90.05	103.01	107.80	129.43	136.43	142.17	152.73
城镇登记失业率（%）	Registered Urban Unemployment Rate（%）	3.61	3.08	2.40	2.24	2.04	2.17	2.08

注：“职工基本养老保险参保人数”、“# 企业”及“事业机关”2013 年以前不包含离退休人员，2013 年及以后包含离退休人员

主要统计指标解释

Explanatory Notes on Main Statistical Indicators

从业人员　指从事一定社会劳动并取得劳动报酬或经营收入的人员，包括全部职工、再就业的离退休人员、私营业主、个体户主、私营和个体从业人员、乡镇企业从业人员、农村从业人员、其他从业人员（包括民办教师、宗教职业者、现役军人等）。这一指标反映了一定时期内全部劳动力资源的实际利用情况，是研究我国基本国情国力的重要指标。

单位从业人员　指在各级国家机关、政党机关、社会团体及企业、事业单位中工作，取得工资或其他形式的劳动报酬的全部人员。包括在岗职工、再就业的离退休人员、民办教师以及在各单位中工作的外方人员和港澳台方人员、兼职人员、借用的外单位人员和第二职业者。不包括离开本单位仍保留劳动关系的职工。各单位的从业人员反映了各单位实际参加生产或工作的全部劳动力。

城镇私营和个体从业人员　城镇私营从业人员指在工商管理部门注册登记，其经营地址设在县城关镇（含城关镇）以上的私营企业从业人员；包括私营企业投资者和雇工。城镇个体从业人员指在工商管理部门注册登记，并持有城镇户口或在城镇长期居住，经批准从事个体工商经营的从业人员；包括个体经营者和在个体工商户劳动的家庭帮工和雇工。

城镇登记失业人员　指有非农业户口，在一定的劳动年龄内，有劳动能力，无业而要求就业，并在当地就业服务机构进行求职登记的人员。

城镇登记失业率　指城镇登记失业人数同城镇从业人数与城镇登记失业人数之和的比。计算公式为：城镇登记失业率 = 城镇登记失业人数 /（城镇从业人数 + 城镇登记失业人数）× 100%

职工　指在国有经济、城镇集体经济、联营经济、股份制经济、外商和港、澳、台投资经济、其他经济单位及其附属机构工作，并由其支付工资的各类人员，不包括返聘的离退休人员、民办教师、在国有经济单位工作的外方人员和港、澳、台人员（1998 年以后的数据均为在岗职工数据，其他相关指标如职工工资总额，职工平均工资等指标也从 1998 年按此口径进行了相应调整）。

在岗职工　指在本单位工作并由单位支付工资的人员，以及有工作岗位，但由于学习、病伤产假等原因暂未工作，仍由单位支付工资的人员。

在岗职工工资总额　指各单位在一定时期内直接支付给本单位全部职工的劳动报酬总额。工资总额的计算原则应以直接支付给职工的全部劳动报酬为根据。各单位支付给职工的劳动报酬以及其他根据有关规定支付的工资，不论是计入成本的还是不计入成本的，不论是按国家规定列入计征奖金税项目的，还是未列入计征奖金税项目的，不论是以货币形式支付的还是以实物形式支付的，均包括在工资总额内。

在岗职工平均工资　指企业、事业、机关单位的职工在一定时期内平均每人所得的货币工资额。它表明一定时期职工工资收入的高低程度，是反映职工工资水平的主要指标。计算公式为：职工平均工资＝报告期实际支付的全部职工工资总额 / 报告期全部职工平均人数。

固定资产投资

INVESTMENT IN FIXED ASSETS

6-1 固定资产投资

Total Investment in Fixed Assets

单位：万元 (10 000 yuan)

指标	Indicator	2011 年	2012 年	2013 年	2014 年	2015 年	2016 年	2017 年
固定资产投资额	**Investment in Fixed Assets**	19343389	21860756	26383337	30634425	34984158	39743278	43635821
按管理渠道分	**By Management Channels**							
城镇集体以上投资	Above Urban Collective Investment	13059328	14005706	18189147	20297503	23817574	27091510	30334660
房地产开发投资	Real Estate Development Investment	5271575	6633153	7211744	9173706	10141433	11639381	12325712
农村投资	Rural Investment	1012486	1221898	982446	1163216	1025151	1012387	975449
按经济类型分	**Registration Status**							
国有经济	State-owned	7334983	6595774	8770551	6421555	8236033	7175934	8700130
集体经济	Collective-owned	1802483	1920132	2165782	2309282	1809902	1298005	1458316
联营经济	Joint Ownership Units		195897	100213	17820	30882	1808	0
股份制经济	Share-holding	5682038	1234405	1448535	5814573	7403146	10826143	12722943
外商投资经济	Fund from Overseas	408736	466383	336618	384940	284944	771449	410019
港澳台投资经济	Fund from Hong Kong,Macao and Taiwan	586347	634574	546675	177167	270022	961601	1129955
个体经济	Self-employed	2956158	3318099	30342	4423319	4447149	6788160	39804
其他经济	Others	572644	1169661	2044857	1912063	2360647	1683680	1002734
按投资用途分	**By Investment Purpose**							
第一产业	Primary Industry	486482	624114	982446	1163216.064	1025151	1012387	975449
第二产业	Secondary Industry	6073178	7337047	9078831	10985385.51	12173905	13019930	14418169
#工 业	Industry	5767374	7018465	8060463	10410562.18	11478708	12373806	13176351
第三产业	Tertiary Industry	12783729	13899596	16322060	18485823.43	21785102	25710961	28242203
投资资金来源	**Fund of Different Sources**							
国家资金	State Appropriations	1317777	1693582	1302138	1240862	691574	1360695	1353707
国内贷款	Domestic Loans	1579846	517431	2173131	341374	73212	3656032	3343213
债券	Bond							40902
利用外资	Overseas Funds	68300	226374	262823	32757	44835	327727	250555
自筹资金	Self-raised Fund	14843051	16405182	19166006	19058000	23594834	28216931	28042143
其他资金	Others	3469710	4139026	5741361	454265	342083	10839004	10267805

注：自 2011 年起固定资产投资统计口径由 50 万元调整为 500 万元 .

6-2 固定资产投资分类(2017年)

Investment in Fixed Assets（2017）

指标	Indicator	合计 Total	# 房地产开发投资 Real Estate Investment	# 市辖区 Districts under City
本年完成投资额（万元）	**Investment Completed This Year(10 000 yuan)**	43635821	12325712	29502060
按构成分	**Investment by Structure**			
建筑工程	Construction	27945548	8643701	20045795
安装工程	Installation	4000017	1446801	2963657
设备、工器具购置	Purchase of Equipment and Instruments	6261126	172327	1961854
其他费用	Others	5429130	2062883	4530754
按工程用途分	**Grouped by Use of Buildings**			
农林牧渔业	Farming, Forestry, Animal Husbandry and Fishery	975449		333211
工业、建筑业	Industry and Construction	14418169		5932198
房地产业	Real Estate	12325712		11729025
其他	Others	15916491		11507626
按单位登记注册类型分	**Registration Status**			
内资	**Domestic Fund**	42056043	11672867	28307333
国有	State-owned	8700130	208518	5685943
集体	Collective-owned	1458316		43711
股份合作	Cooperative	40367		34367
联营	Joint Ownership Units	0		0
国有联营	State-owned Joint	0		0
集体联营	Collective-owned Joint	0		0
其他联营企业	Other Joint Ownership Units	0		0
有限责任公司	Limited Liability	19937124	8534738	16163622
国有独资公司	Solely State-owned Company	5038582	1113930	4999667
其他有限责任公司	Other Limited Liability Company	14898542	7420808	11163955
股份有限公司	Share-holding Corporations Ltd.	1549121	268931	1196837
私营	Private	9368251	2652407	4576335
其它内资	Other Domestic Fund	1002734	8273	606518
				0
港澳台投资	**Fund from Hong Kong,Macao and Taiwan**	1129955	651290	883309
港澳台商合资经营	Joint Venture	491801	237143	379317
港澳台商合作经营	Collaborative Operation			
港澳台商独资	Solely Foreign-owned	608154	414147	473992
港澳台股份有限公司	Share-holding	3000		30000
外商投资	**Fund from Overseas**	410019	1555	311418
外商合资经营	Joint Venture	175098		147850
外商合作经营	Collaborative Operation			
外商独资	Foreign Funded	204777	1555	143078
外商股份有限公司	Share-holding	25090		20490

指标	Indicator	合计 Total	# 房地产开发投资 Real Estate Investment	# 市辖区 Districts under City
其他外商投资企业	Other Fund from Overseas	5054		
个体经营	**Self-employed**	39804		0
按建设性质分	**Investment by Type of Construction**			
新建	New Construction	16901113		11290695
扩建	Expansion	5247886		3111037
改建和技术改造	Reconstruction and Technical Transformation	7001029		2562407
单纯建造生活设施	Housing	278666		163106
迁建	Removal and Reconstruction	716206		454562
恢复	Resumption	37961		17465
单纯购置	Purchase only	1127248		173763
按国民经济行业分	**Investments in Fixed Assets by Sector**			
农、林、牧、渔业	Farming, Forestry, Animal Husbandry and Fishery	1490776		597617
采矿业	Mining	110613		77750
制造业	Manufacture	11398309		4542497
电力、热力、燃气及水生产和供应业	Production and Supply of Electric, Heat, Gas and Water	1673352		852730
建筑业	Construction	1241818		459221
批发和零售业	Wholesale and Retail Trade	870095		258271
交通运输、仓储和邮政业	Transport, Storage and Postal Services	5100891		3971794
住宿和餐饮业	Accommodations and Catering Services	44860		12198
信息传输、软件和信息技术服务业	Information Transmission, Computer Services and Software	423506		319080
金融业	Finance	297620		118894
房地产业	Real Estate	16133061		15135775
租赁和商务服务业	Leasing and Business Services	780929		669750
科学研究和技术服务业	Scientific Research and Technical Services	399715		206546
水利、环境和公共设施管理业	Management of Water Conservancy,Environment and Public Facilities	1658395		779430
居民服务、修理和其他服务业	Households services, Repair and Other Service	133067		86747
教育	Education	676538		520179
卫生和社会工作	Health and Social Work	365932		214774
文化、体育和娱乐业	Culture, Sports and Recreation	366899		322695
公共管理、社会保障和社会组织	Public Management,Social Security and Social Organizations	469445		356112
新增固定资产（万元）	**Newly Increased Fixed Assets (10 000 yuan)**	21870602	3061175	11094023
施工项目个数（个）	**Number of Project under Construction(unit)**	3816	595	2602
# 新开工	Started This Year	2374		1489
竣工项目个数（个）	**Number of Buildings Completed(unit)**	2399		1492
施工房屋面积（万平方米）	**Project under Construction(10 000 sq.m)**	12032821	8007	7985131
# 住 宅	Residential Buildings	1177544	5329	1132587
竣工房屋面积（万平方米）	**Project Completed and Put into Use(10 000 sq.m)**	2586754	631	1082255
# 住宅	Residential Buildings	406217	491	365111

6-3 固定资产投资资金来源(2017年)

Investment by Source of Funds （2017）

单位：万元 (10 000 yuan)

指标	Indicator	合计 Total	# 房地产开发投资 Real Estate Investment
本年资金来源合计	**Total Funds of All Sources**	53800268	24303466
上年末结余资金	**Fund Left from Last Year**	6894338	5914742
本年资金来源小计	**Fund of All Sources in Currrent Year**	46905930	18388724
国家预算资金	State Budgetary Funds	2112374	
国内贷款	Domestic Loans	4897631	2205829
债券	Bond	16780	
利用外资	Foreign Investment	46737	
其中：外商直接投资	Foreign Direct Investment	0	
自筹资金	Self-Raising Funds	29112437	6710149
其中：企、事业单位自有资金	Enterprise and Intitutions Own Funds	0	
其他资金来源	Others Capital Source	10719971	9472746

6-4 新增主要生产能力和效益（2017年）

Newly Increased Production Capacity and Administrative（2017）

项目 Item	单位 Unit	新增生产能力 Newly Increased This Year
山东菲尔斯铝业有限公司年产3000吨铝型材项目	吨 / 年 (ton/year)	200
新型肥料生产线项目	吨 / 年 (ton/year)	10000
年产2万吨天丝项目	吨 / 年 (ton/year)	5000
新上聚丙烯酰胺生产线项目	吨 / 年 (ton/year)	1000
鲁南高速铁路	公里 (km)	42
中心大街及延伸道路项目	公里 (km)	10
G104京福线济南德州界至大桥镇段改造工程	公里 (km)	25
G104京福线济南德州界至大桥镇段改造工程	公里 (km)	25

6-5 历年房地产开发建设情况

Basic Situations of Real Estate Development in Major Years

指标	Indicator	单位 Unit	2012 年	2013 年	2014 年	2015 年	2016 年	2017 年
计划总投资	**Intended Investment**	万元 (10 000 yuan)	35839876	40958297	47123834	55571721	65080572	75662272
本年完成投资	**Investment Completed in Current Year**	万元 (10 000 yuan)	6633152	7211744	9173706	10141433	11639381	12325712
按构成分	**Grouped by Use of Funds**							
建筑工程	Construction	万元 (10 000 yuan)	3973188	4774627	5444613	6083337	7329570	8643701
安装工程	Installation	万元 (10 000 yuan)	664914	728393	922515	1126053	1614742	1446801
设备、工器具购置	Purchase of Equipment and Instruments	万元 (10 000 yuan)	48749	75129	116907	78310	152443	172327
其他费用	Others	万元 (10 000 yuan)	1946301	1633595	2689671	2853733	2542621	2062883
#旧建筑物购置费	Purchase of Used Building	万元 (10 000 yuan)	2053	37192	18696	1892	35444	4742
土地购置	Purchase of Land	万元 (10 000 yuan)	1620182	1134128	2356776	2545842	2241602	1683185
按工程用途分	**Grouped by Use of Buildings**							
住　宅	Residential Buildings	万元 (10 000 yuan)	4447006	5135293	6136895	7254184	8055689	8227871
#安居工程	Comfortable Housing Project	万元 (10 000 yuan)						
办公楼	Office Buildings	万元 (10 000 yuan)	552686	560175	1267961	1379919	1112954	1058113
商业营业用房	Buildings for Business	万元 (10 000 yuan)	714377	742425	1115138	833683	1665634	1907938
其　他	Others	万元 (10 000 yuan)	919083	773851	653712	673647	805104	1131790
本年新增固定资产	**Newly Increased Fixed Assets**	万元 (10 000 yuan)	1649602	3055912	1865035	1815666	3770747	3061175
待开发土地面积	Space of Land to be Developed	万平方米 (10 000 sq.m)	205.17	250.54	179.81	291.87	225.80	138.80
本年购置土地面积	Space of Land Purchased in Current Year	万平方米 (10 000 sq.m)	272.72	217.71	273.89	274.45	170.34	144.77
房屋施工面积	Floor Space Under Construction	万平方米 (10 000 sq.m)	3815.50	4806.99	5257.57	6625.90	7912.30	8006.85
房屋竣工面积	Floor Space Completed	万平方米 (10 000 sq.m)	492.25	805.02	516.76	579.05	1134.10	631.29
竣工房屋价值	Value of Buildings Completed	万元 (10 000 yuan)	1184728	2058306	1204331	1389148	2639414	1615213
竣工住宅	Residential Buildings Completed	套 (unit)	30589	53075	29976	27877	68682	45775

6-6 历年房地产开发公司经营情况

Real Estate Development and Managment in Major Years

指标	Indicator	单位 Unit	2012 年	2013 年	2014 年	2015 年	2016 年	2017 年
开发公司家数	**Number of Real Estate Enterprises**	家 (unit)	477	494	524	570	622	646
企业资本金	**Enterprises Funds**	万元 (10 000 yuan)	4782092	5490601	6756174	7612830	9270991	10505186
资产与负债	**Property debt**							
资产总计	Assets	万元 (10 000 yuan)	32094577	40538425	47284278	57218796	72602423	85586496
负债总计	Liabilities	万元 (10 000 yuan)	25865804	32646896	38185924	46478285	58406976	68738188
所有者权益	Owners' Equity	万元 (10 000 yuan)	6228773	7891530	9098353	10740511	14195447	16848309
损益情况	**Net Income or Loss**							
经营收入	Revenues from Business	万元 (10 000 yuan)	4276447	6583934	7146915	7076463	11913217	11218828
土地转让收入	Revenues from Land Transfer	万元 (10 000 yuan)	7005	8165	15595	14820	2409	1501
商品房销售收入	Revenues from Commercial Housing Sale	万元 (10 000 yuan)	3966112	63030345	6709472	6265506	11227539	10803498
房屋出租收入	Housing Rental Income	万元 (10 000 yuan)	47703	67931	86836	79458	106425	109982
其他收入	Others	万元 (10 000 yuan)	255627	204804	335012	716679	576844	302963
经营成本	Business Cost	万元 (10 000 yuan)	2966442	4831143	5416141	5515583	968896	8352620
经营税金及附加	Business Tax and Extra Charges	万元 (10 000 yuan)	377381	555833	569221	573637	706161	658995
利润总额	Total Profits	万元 (10 000 yuan)	431899	707966	525409	401995	606344	875949
房屋销售与出租	**Housing Sales and Rental**							
本年实际销售房屋面积	Floor Space of Buildings to Lease	平方米 (sq.m)	6579929	8201657	8648934	11911661	14242514	12152665
#住　宅	Residential Buildings	平方米 (sq.m)	5583496	7028475	7234582	9234805	12316804	9737162
本年房屋实际销售额	Total Sales of Buildings	万元 (10 000 yuan)	4501017	5875180	6374593	9159131	11750932	11725660
#住　宅	Residential Buildings	万元 (10 000 yuan)	3718378	4937873	5179753	6954738	10357228	9462791
待售房屋面积	Floor Space of Waiting For Sale	平方米 (sq.m)	760852	1014400	1173463	1694588	1720232	1398451
#住　宅	Residential Buildings	平方米 (sq.m)	483329	614943	607336	864938	931437	740636
出租房屋面积	Floor Space of Buildings to Lease	平方米 (sq.m)	164528	137775	61250	229415	182137	66089

6-7 房地产开发公司经营情况(2017年)

Real Estate Development and Management（2017）

单位：万元 (10 000 yuan)

指标	Indicator	合计 Total	内资企业 Domestic Enterprise		外资企业 Foreign-owned Enterprise	
			小计 Total	# 国有 State-owned	小计 Total	# 港澳台商 Hong kong,Macao and Taiwan Investment
开发公司家数（家）	**Number of Real Estate Enterprises(unit)**	646	612	46	34	26
按资质分	**by Qualification Criteria**					
# 一级资质	First Grade	13	13	3	0	0
二级资质	Second Grade	47	45	10	2	2
三级资质	Third Grade	107	100	10	7	5
四级资质	Forth Grade	18	17	3	1	0
企业资本金	**Enterprises Funds**	10505186	9057364	2107876	1447822	1428332
资产与负债	**Property debt**					
资产总计	Assets	85586496	81763331	19201510	3823165	3629310
负债总计	Liabilities	68738188	66562997	12240144	2175191	1990987
所有者权益	Owners' Equity	16848309	15200334	6961367	1647974	1638323
损益情况	**Net Income or Loss**					
经营收入	Revenues from Business	11218828	10588237	1076700	630591	627785
土地转让收入	Revenues from Land Transfer	1501	1501	0	0	0
商品房销售收入	Revenues from Commercial Housing Sale	10803498	10203652	880153	599846	598031
房屋出租收入	Housing Rental Income	109982	79266	7709	30715	29753
其他收入	Others	302963	302933	188736	30	1
经营成本	Business Cost	8352620	7948077	904295	404543	401912
经营税金及附加	Business Tax and Extra Charges	658995	595068	50429	63927	63833
利润总额	Total Profits	875949	781937	106767	94013	94696

主要统计指标解释

Explanatory Notes on Main Statistical Indicators

固定资产投资额 指以货币形式表现的在一定时期内建造和购置固定资产的工作量以及与此有关的费用的总称。

全社会固定资产投资按经济类型可分为国有、集体、个体、联营、股份制、外商、港澳台商、其他等。

房地产开发投资 指房地产开发公司、商品房建设公司及其他房地产开发法人单位和附属于其他法人单位实际从事房地产开发或经营的活动单位统一开发的包括统代建、拆迁还建的住宅、厂房、仓库、饭店、宾馆、度假村、写字楼、办公楼等房屋建筑物和配套的服务设施，土地开发工程（如道路、给水、排水、供电、供热、通讯、平整场地等基础设施工程）的投资；不包括单纯的土地交易活动。

固定资产投资的资金来源 根据固定资产投资的资金来源不同，分为国家预算内资金、国内贷款、债券、利用外资、自筹资金和其他资金来源。

（1）国家预算内资金：指各级政府用于固定资产投资的财政资金，包括中央预算资金和地方预算资金。

（2）国内贷款：指报告期固定资产投资项目单位向银行及非银行金融机构借入用于固定资产投资的各种国内借款，包括银行利用自有资金及吸收存款发放的贷款、上级主管部门拨入的国内贷款、国家专项贷款（包括煤代油贷款、劳改煤矿专项贷款等），地方财政专项资金安排的贷款、国内储备贷款、周转贷款等。

（3）债券：指企业或金融机构为筹集用于固定资产投资的资金向投资者出具的承诺按一定发行条件还本付息的债务凭证，包括金融债券和企业债券。

（4）利用外资：指报告期收到的境外（包括外国及港澳台地区）资金（包括设备、材料、技术在内）。包括对外借款（外国政府贷款、国际金融组织贷款、出口信贷、外国银行商业贷款、对外发行债券和股票）、外商直接投资、外商其他投资（包括补偿贸易、加工装配由外商提供的设备价款、国际租赁，外商投资收益的再投资资金）。不包括我国自有外汇资金（国家外汇、地方外汇、留成外汇、调济外汇和中国境内银行自有资金发放的外汇贷款等）。各类外资按报告期的外汇牌价（中间价）折成人民币计算。

（5）自筹资金：指在报告期内筹集的用于项目建设和购置的资金。包括自有资金、股东投入资金和借入资金，但不包括各类财政性资金、从各类金融机构借入资金和国外资金。

（6）其他资金来源：指在报告期收到的除以上各种资金之外的用于固定资产投资的资金。包括社会集资、个人资金、无偿捐赠的资金及其他单位拨入的资金等。

建设项目归哪个行业，按其建成投产后的主要产品或主要用途及社会经济活动性质来确定。基本建设按建设项目划分国民经济行业，更新改造、国有单位其他固定资产投资及城镇集体投资根据整个企业、事业单位所属的行业来划分。一般情况下，一个建设项目或一个企业、事业单位只能属于一种国民经济行业。为了更准确地反映国民经济各行业之间的比例关系，联合企业（总厂）所属分厂属于不同行业的，原则上按分厂划分行业。

固定资产投资按建设性质分 建设项目的性质一般分为新建、扩建、改建和技术改造、单纯建造生活设施、迁建、恢复、单纯购置。

（1）新建：指从无到有“平地起家”开始建设的项目。现有企业、事业、行政单位投资的项目一般不属于新建。但如有的单位原有基础很小，经过建设后新增的固定资产价值超过该企业、事业、行政单位原有固定资产价值（原值）三倍以上的，也应作为新建。

（2）扩建：指为扩大原有产品的生产能力（或效益）或增加新的产品生产能力，而增建的生产车间（或主要工程）、分厂、独立的生产线等项目。行政、事业单位在原单位增建业务性用房（如学校增建教学用房、医院增建门诊部、病房等）也作为扩建。

（3）改建和技术改造：指对原有设施进行技术改造或更新（包括相应配套的辅助性生产、生活福利设施）的建设项目。

（4）单纯建造生活设施：指在不扩建、改建生产性工程和业务用房的情况下，单纯建造职工住宅、托儿所、子弟学校、医务室、浴室、食堂等生活设施的项目。

（5）迁建：指为改变生产能力布局或由于城市环境保护和安全生产的需要等原因而搬迁到另地建设的项目。在搬迁另地的建设过程中，不论是维持原来规模还是扩大规模都按迁建来统计。

（6）恢复：指因自然灾害、战争等原因，使原有固定资产全部或部分报废，以后又投资恢复建设的项目。

（7）单纯购置：指单纯购置不需要安装的设备、工具、器具而不进行工程建设的项目。

固定资产投资按构成分 固定资产投资活动按其工作内容和实现方式分为建筑工程、安装工程、设备工器具购置、其他费用三个部分。

（1）建筑工程：指各种房屋、建筑物的建造工程，又称建筑工作量。这部分投资额必须兴工动料，通过施工活动才能实现，是固定资产投资额的重要组成部分。

（2）安装工程：指各种设备、装置的安装工程，又称安装工作量。

（3）设备工器具购置：指报告期内购置或自制的，达到固定资产标准的设备、工具、器具的价值。

（4）其他费用：指在固定资产建造和购置过程中发生的，除建筑安装工程和设备、工器具购置投资完成额以外的应当分摊计入固定资产投资项目的费用，不指经营中财务上的其他费用。

全部建成投产项目 工业项目是指设计文件规定形成生产能力的主体工程及其相应配套的辅助设施全部建成，经负荷试运转，证明具备生产设计规定合格产品的条件，并经过验收鉴定合格或达到竣工验收标准，与生产性工程配套的生活福利设施可以满足近期正常生产的需要，正式移交生产的建设项目。非工业项目是指设计文件规定的主体工程和相应的配套工程全部建成，能够发挥设计规定的全部效益，经验收鉴定合格或达到竣工验收标准，正式移交使用的建设项目。

新增生产能力 指建成投产项目或工程新增生产能力（或工程效益）的名称。基层单位要将建成投产项目或工程的全部生产能力（或工程效益），按《新增生产能力（或工程效益）目录及代码》规定的名称及代码填写。

房屋施工面积 指报告期内施工的全部房屋建筑面积。

房屋竣工面积 指报告期内房屋建筑按照设计要求已全部完工，达到住人和使用条件，经验收鉴定合格或达到竣工验收标准，可正式移交使用的各栋房屋建筑面积的总和。

本年新增固定资产 指在报告期已经完成建造和购置过程，并已交付生产或使用单位的固定资产的价值，包括已经建成投入生产或交付使用的工程投资和达到固定资产标准的设备、工具、器具的投资及有关应摊入的费用。属于增加固定资产价值的其他建设费用，应随同交付使用的工程一并计入新增固定资产。

房地产开发本年完成投资 是指从本年1月1日起至本年最后一天止完成的全部用于房屋建设工程和土地开发工程的投资额。“本年完成投资”包括土地购置费和公益性建筑等的投资。

土地购置和开发情况

（1）待开发土地面积：指经有关部门批准，通过各种方式获得土地使用权，但尚未进行开发的土地面积。

（2）本年购置土地面积：是指在本年内通过各种方式获得土地使用权的土地面积。

商品房屋销售与出租情况

（1）实际销售面积：是指报告期内正式交付给购房者的房屋面积。

不包括已签订预售合同正在建设的商品房屋面积。

（2）待售面积：是指报告期末已竣工的商品房屋建筑面积中，尚未销售或出租的部分，包括以前年度竣工和本期竣工可供出售或出租而未售出或租出的房屋面积。

（3）出租面积：是指在报告期期末房屋开发单位出租的商品房屋的全部面积。

（4）实际销售额：指报告期内售出房屋的收入（即双方签署正式买卖合同所拟定的总价）。该指标与实际销售面积同口径，包括正式交付的商品房屋在建设前期预收入的定金、预收的款项及结算尾款和拖欠款；不包括未交付的商品房所预收入的款项。收取的外汇按当时外汇调节市场价折算在其中。如果商品房屋是跨年完成的，应包括以前年度所收的定金及预收款。

城市公用事业和环境保护

URBAN PUBLIC UNILITIES
AND ENVIRONMENTAL
PROTECTION

7-1 城市道路与公共交通

Basic Statistics on Muncipal Engineering and Public Transportation

指标	Indicator	2011 年	2012 年	2013 年	2014 年	2015 年	2016 年	2017 年
城市道路	**City Roads**							
道路长度（公里）	Length of Roads (km)	5067	5126	5222	5264	5350	5421.88	5663.31
道路面积（万平方米）	Area of Roads(10 000 sq.m)	7458	8337	8572	9116	9523	9723.75	10224.01
城市桥梁（座）	Number of Bridges(unit)	832	832	836	836	845	927	935
#立交桥（座）	Interchange(unit)	81	81	81	76	77	82	82
路灯（盏）	Number of Streetlights(unit)	135368	151021	152361	162590	167462	170314	188598
人均拥有道路面积（平方米）	Per Capita Road Arae(sq.m)	21.98	23.73	23.87	25.19	26.1	26.2	22.96
公共交通	**Public Transportation**							
年末营运车辆（辆）	Number of Operating Vehicles(unit)	13394	13861	13840	14650	15236	15539	16850
公共汽车	Bus	4375	4701	4820	5099	5537	5846	7157
无轨电车	Trolley Bus	140	140	140	139	140	121	121
出租汽车	Number of Taxis	9019	9020	9020	9551	9699	9693	9693
乘客人数（万人次）	Volume of Passenger Traffic (10 000 person-times)	108320	107766	104457	101698	93634	90776.1	90515.6

7-2 水、电、气、热供应情况

Basic Statistics on Water、Electricity、Gas and Heating in Cities

指标	Indicator	单位 Unit	2011 年	2012 年	2013 年	2014 年	2015 年	2016 年	2017 年
自来水	**Water**								
年末水厂生产能力	Production Capacity of Water Supply	万吨 / 日 (10 000 tons/day)	194.59	199.24	201.74	201.74	201.74	211.47	215.57
年末管线长度	Length of Water Supply Pioelines	公里 (km)	3847	4055	4094	4222	4325.56	4241.04	4779.01
全年供水量	Volume of Water Supply	万吨 (10 000 tons)	29376	30677	30357	31158	31826.63	33191.11	35865.07
人均日生活用水	Per Capita Daily Water Consumption	升 (litre)	141.3	136.6	137.3	143.9	138.95	142.78	139.58
城市人口用水普及率	Coverage Rate of Water Supply	%	100.0	100.0	98.64	98.92	99	99.57	99.64
用电量	**Electricity Consumption**								
全社会用电量	Electricity Consumption	万千瓦时 (10 000 kwh)	2565727	2535709	2582682	2614124	2642035	2799221	2762869
工　业	Industrial Electricity Consumption	万千瓦时 (10 000 kwh)	1619051	1488648	1490436	1507683	1420304	1470794	1319975
城乡居民生活用电	Household Electricity Consumption	万千瓦时 (10 000 kwh)	407128	444176	483401	488075	522513	554853	598578
液化石油气和管道煤气	**Liquefied Petroleum Gas and Piped Gas**								
液化石油气全年供气量	Total Liquefied Petroleum Gas Supply	吨 (tons)	50374	59187	52569	46693	46844.2	53086.2	49944
生活用	Residential Use	吨 (tons)	35584	35441	32310	21960	21866	19771	23462
居民用气人口	Population Uses Gas	万人 (10 000 persons)	88.4	91.2	82.88	85	87.1	77.39	55.93
天然气供气量	Total Natural Gas Supply	万立方米 (10 000 cu.m)	36791	44092	54726	64904	75496.75	79325.47	90724.36
生产用	Production Use	万立方米 (10 000 cu.m)	29482	33104	42454	45937	58196.06	60994.42	69361.61
生活用	Residential Use	万立方米 (10 000 cu.m)	3727	10988	12272	17967	17300.69	18331.05	21362.75
居民用气人口	Population Uses Gas	万人 (10 000 persons)	198	217	258	264	269.44	291.56	388.63
管道煤气供气量	Piped Gas Supply	万立方米 (10 000 cu.m)	4658	4300	3000	940	58.99	–	–
生产用	Production Use	万立方米 (10 000 cu.m)	2070	1720	900	796	58.99	–	–
生活用	Residential Use	万立方米 (10 000 cu.m)	2588	2580	2100	144	0	–	–
居民用气人口	Population Uses Gas	万人 (10 000 persons)	37.1	30.25	7	2	0	–	–
用气普及率	Coverage Rate of Gas Supply	%	95.3	96.4	96.81	96.88	97.73	99.42	99.85
集中供热	**Central Heating**								
管道长度	Pipe Length	公里 (km)	1949	1935	2334	2488	3277	2742	6104
供热面积	Heating Area	万平方米 (10 000 sq.m)	7629	9374	10172	11786	14499	14917	18174

7-3 环境状况及污染治理情况

Basic Statistics on Environment and Treatment of Pollution

指标	Indicator	单位 Unit	2011 年	2012 年	2013 年	2014 年	2015 年	2016 年	2017 年
环境质量状况	**Environment Condition**								
环境空气细颗粒物（PM2.5）浓度年均值	Annual Average Concentration of PM2.5	mg / m3			0.108	0.090	0.087	0.073	0.063
环境空气二氧化硫浓度年均值	Annual Average Concentration of SO2	mg / m3	0.050	0.082	0.093	0.072	0.050	0.038	0.025
环境空气二氧化氮浓度年均值	Annual Average Concentration of NO2	mg / m3	0.036	0.049	0.059	0.053	0.048	0.045	0.046
环境空气可吸入颗粒物(PM10)浓度年均值	Annual Average Concentration of PM10	mg / m3	0.103	0.154	0.191	0.172	0.157	0.141	0.130
集中式饮用水源地水质达标率	Standard rate of concentrate Water Source Area	% (%)	100.00	100.00	100.00	100.00	100.00	100.00	100.00
区域环境噪声昼间平均等效声级	Area Whole-day Average Noise Value	分贝 (db)	53.8	52.0	52.5	54.2	53.7	53.1	53.7
道路交通噪声平均等效声级	Traffic Average Noise Value	分贝 (db)	69.2	69.1	69.3	69.7	70.0	69.8	69.7
污染物排放情况	**Discharge of Major Pollutants**								
废水排放总量	Volume of Waste Water Discharged	万吨 (10 000 tons)	29794	33338	38402	38904	39454	34530	34693
# 工业废水排放量	Volume of Industrial Waste Water Discharged	万吨 (10 000 tons)	6396	6653	8596	7880	7415	5993	5949
化学需氧量排放量	Volume of COD Emission	吨 (10 000 tons)	120765	115807	108889	104876	107743	30202	28701
# 工业化学需氧量排放量	Volume of Industrial COD Emission	吨 (tons)	5614	5497	5413	5289	5515	2777	2594
氨氮排放量	Volume of Ammonia Nitrogen	吨 (tons)	10211	9613	8482	8224	9050	4306	4255
# 工业氨氮排放量	Volume of Industrial Ammonia Nitrogen	吨 (tons)	413	373	380	346	360	186	197
二氧化硫排放量	Volume of Sulphur Dioxide Discharged	吨 (tons)	120633	114520	107265	97171	99653	44403	32502
# 工业二氧化硫排放量	Volume of Industrial Sulphur Dioxide Discharged	吨 (tons)	109299	103187	81118	67842	70327	28458	16545
氮氧化物排放量	Volume of Nitrogen Oxides Discharged	吨 (tons)	116832	112700	104265	95295	91614	61075	23316
# 工业氮氧化物排放量	Volume of Industrial Nitrogen Oxides Discharged	吨 (tons)	83022	81261	72969	64861	63781	34502	21254
机动车氮氧化物排放量	Volume of Vehicle Nitrogen Oxides	吨 (tons)	30112	27741	27571	26703	24080	24472	-
烟（粉）尘排放量	Volume of Soot and Dust Discharged	吨 (tons)	115658	62825	58250	100899	108643	64253	32794
# 工业烟（粉）尘排放量	Volume of Industrial Soot and Dust Discharged	吨 (tons)	103915	51609	47117	90082	92900	54677	25060

注：1、根据国家环保部 2012 年制订新的环境质量指数规定，2013 年开始监测并公布新的环境质量指标，所以部分指标没有历史数据

2、从 2014 年工业烟（粉）统计口径增加钢铁、水泥等行业无组织排放量

3、“机动车氮氧化物排放量”指标，自 2017 年起，国家只核定到省级数据

7-4 城市园林绿化、环境卫生及其他

Basic Statistics on Parks、Gardens、Green Areas and Urban Sanitation in Cities

指标	Indicator	单位 Unit	2011 年	2012 年	2013 年	2014 年	2015 年	2016 年	2017 年
园林绿化	**Parks Gardens and Green Areas**								
年末园林绿地面积	Garden Green Area at Year-end	公顷 (ha)	14864	15556	16226	17002	17561	18162.9	19528.6
# 公园面积	Area of Parks	万平方米 (10 000 sq.m)	2861	2906	2923	3116	3190	3190	3414
人均公园绿地面积	Per Capita Public Green Areas	平方米 / 人 (sq.m/person)	10.9	11.16	11.27	11.52	11.55	11.81	11.79
建成区绿化覆盖率	Coverage of Green Area	%	37.1	38.21	39.03	39.62	39.94	40.12	40.57
城市卫生	**Urban Health**								
污水集中处理率	Centralized Sewage Treatment Rate	%	86.55	89.83	90.21	95.33	95.85	96.33	95.98
清运垃圾	Garbage Clearance	万吨 (10 000 tons)	113	121	122.79	114	158	179.68	192.22
清运粪便	Garbage Disposal	万吨 (10 000 tons)	42.6	47.8	63.79	58.5	48.2	10.5	-
公共厕所	Public Lavatory	座 (unit)	643	731	1006	1026	1060	1077	1075
城市维护费收支	**Expenditure and Earning for City Maintenance**								
维护费收入	Earning for City Maintenance	万元 (10 000 yuan)	1112214	1148757	1574821	1546397	1693759	1843784	-
维护费支出	Expenditure for City Maintenance	万元 (10 000 yuan)	1074226	1150366	1597865	1559055	1681108	1571443	-

注：本表指标为“-”的，部门相关统计制度中已经不在进行统计

主要统计指标解释

Explanatory Notes on Main Statistical Indicators

年末自来水生产能力 指年底城建部门管理的自来水厂和自备水源的社会单位取水、净化、送水、出厂输水干管等环节的实际生产能力。

年末供水管道长度 指从送水泵到用户水表之间所有管道的长度。

全年供水总量 指公用自来水厂和自备水源的社会单位全年的供水总量，包括有效供水量及损失水量。

生活用水量 指居民日常生活与公共福利设施的用水量，包括居民、饮食店、旅馆、医院、理发店、浴池、洗衣店、游泳池、商店、学校、机关、部队等单位的用水量。

城市人口用水普及率 指城市用水的非农业人口数(不包括临时人口和流动人口)与城市非农业人口总数之比。计算公式为：

用水普及率＝城市用水的非农业人口数／城市非农业人口数 ×100%

城市用气普及率 指使用煤气(包括人工煤气、液化石油气、天然气)的城市非农业人口数(不包括临时人口和流动口)与城市非农业人口总数之比。计算公式为：

城市用气普及率＝城市用气的非农业人口数／城市非农业人口总数 ×100%

年底实有铺装道路长度 指除土路外，路面经过铺装宽度在3.5米以上的道路，包括高级、次高级道路和普通道路。

城市桥梁 指城市范围内，修建在河道上的桥梁和道路与道路立交、道路跨越铁路的立交桥及人行天桥。包括永久性桥和半永久性桥，不包括临时性桥、铁路桥、涵洞。

城市污水日处理能力 指污水处理厂每昼夜处理污水量的设计能力。

年末实有公共汽(电)车 指年底可参加营运的全部车辆数，包括营运车辆数和库存查封未参加营运的车辆。不包括非营运车辆，如架线车、油罐车、工程车、货车及其他专用车辆和借入的客运车辆。

城市园林绿地面积 指城市公共绿地、专用绿地、生产绿地、防护绿地、郊区风景名胜区的全部面积。

公共绿地 指供游览休息的各种公园、动物园、植物园、陵园以及花园、游园和供游览休息用的林荫道绿地、广场绿地，不包括一般栽植的行道树及林荫道的面积。

工业废水排放量 指报告期内经过企业厂区所有排放口排到企业外部的工业废水量。包括生产废水、外排的直接冷却水、废气治理设施废水、超标排放的矿井地下水和与工业废水混排的厂区生活污水，不包括独立外排的间接冷却水(清浊不分流的间接冷却水应计算在内)。

化学需氧量(COD) 测量有机和无机物质化学分解所消耗氧的质量浓度的水污染指数。废气排放总量 指燃料燃烧和生产工艺过程中排放的各种废气总量，以标准状态下每年万标立方米表示。

二氧化硫排放量 指报告期内企业在燃料燃烧和生产工艺过程中排入大气的二氧化硫总质量。工业中二氧化硫主要来源于化石燃料(煤、石油等)的燃烧，还包括含硫矿石的冶炼或含硫酸、磷肥等生产的工业废气排放。

氮氧化物排放量 指报告期内企业在燃料燃烧和生产工艺过程中排入大气的氮氧化物总质量。

烟(粉)尘排放量 指报告期内企业在燃料燃烧和生产工艺过程中排入大气的烟尘及工业粉尘的总质量之和。烟尘或工业粉尘排放量可以通过除尘系统的排风量和除尘设备出口烟尘浓度相乘求得。

工业粉尘排放量 指企业在生产工艺过程中排放的颗粒物重量。如钢铁企业的耐火材料粉尘、焦化企业的筛焦系统粉尘、烧结机的粉尘、石灰窑的粉尘、建材企业的水泥粉尘等。不包括电厂排放大气的烟尘。

财政和金融保险

GOVERNMENT FINANCE
BANKING AND INSURANCE

8-1 各时期地方财政收支及指数

Local Government Revenue、Expenditures and Indices of Major Years

年份 Year	一般公共预算收入 （万元） General Pubilic Budget Revenue （10 000 yuan）	一般公共预算支出 （万元） General Pubilic Budget Expenditure （10 000 yuan）	指数 (%)（以上年为 100） (%)(Preceding Year=100)	
			一般公共预算收入 General Pubilic Budget Revenue	一般公共预算支出 General Pubilic Budget Expenditure
1999	460690	497667	119.9	110.8
2000	490485	547210	110.5	110.4
"十五"时期				
2001	596061	703720	121.5	128.6
2002	662511	775046	115.4	110.2
2003	761064	884597	119.6	114.3
2004	890364	1016953	120.9	115.0
2005	1061547	1206643	120.7	118.7
"十一五"时期				
2006	1284388	1469762	121.0	121.8
2007	1570192	1799787	122.3	122.5
2008	1860155	2213190	118.5	123.1
2009	2101923	2599178	113.0	117.4
2010	2661314	3368037	126.6	129.6
"十二五"时期				
2011	3249315	3968831	122.1	117.8
2012	3808218	4656731	117.0	117.3
2013	4820722	5193190	113.9	111.5
2014	5431278	5714138	112.7	110.0
2015	6143172	6581813	113.1	115.2
"十三五"时期				
2016	6412167	7412641	104.4	112.6
2017	6772100	8340600	105.6	112.5

注：2013 年财政部门对一般公共预算收入口径进行调整，2013 年一般公共预算收入指数为可比口径。

8-2 地方财政收入(2017年)

Local Financial Revenue（2017）

单位：万元　　　　(10 000 yuan)

指标	Indicator	全市合计 Total	市本级 Cities			县区级 Counties
			小计 Total	市直 Departments Directiy Under the Municipal Government	高新区 Gaoxin	
一般公共预算收入	**General Pubilic Budget Revenue**	6772100	1592603	585770	1006833	5179497
增值税	Value-added Tax	2095318	388126	0	388126	1707192
营业税	Business Tax	13125	801	0	801	12324
企业所得税	Enterprise Income Tax	843101	179354	0	179354	663747
个人所得税	Personal Income Tax	356648	66989	0	66989	289659
资源税	Resource Tax	4823	76	0	76	4747
城市维护建设税	Tax on City Maintenance and Construction	349240	93364	2802	90562	255876
房产税	Tax on Real Estates	187815	32643	0	32643	155172
印花税	Stamp Tax	111135	21786	0	21786	89349
城镇土地使用税	Holding tax on urban and county land	235173	27305	0	27305	207868
土地增值税	Land Value Added Tax	467357	46041	0	46041	421316
车船税	Tax on vehicles and Their Registration	84954	1897	0	1897	83057
耕地占用税	Farmland Occupation Tax	29599	3653	0	3653	25946
契税	Contract tax	639739	66038	-2	66040	573701
专项收入	Specific Revenue	443407	226008	161787	64221	217399
行政事业性收费收入	Income from Administrative Fees	295586	165495	161582	3913	130091
罚没收入	Penalty and Confiscatory Income	129489	63163	61585	1578	66326
国有资本经营收入	Profits of State-owned Enterprises	-6494	-6735	-6735	0	241
国有资源（资产）有偿使用收入	Revenue of Compensable Use of State-owned Resources (Assets)	423580	171876	162675	9201	251704
捐赠收入	Donation Income	11284	512	512	0	10772
政府住房基金收入	Government Housing Fund Income	44721	44211	41564	2647	510
其他收入	Others	12500	0	0	0	12500
政府性基金收入	**Government Funds Income**	8892339	7278921	7171583	107338	1613418
#城市公用事业附加收入	Urban Utilities Additional Arrangements	11047	7824	7824	0	3223

8-3 各区财政收入(2017年)

Financial Revenue by District（2017）

单位：万元　　(10 000 yuan)

指标	Indicator	合计 Total	历下区 Lixia	市中区 Shizhong	槐荫区 Huaiyin	天桥区 Tianqiao	历城区 Licheng	长清区 Changqing	章丘区 Zhangqiu
一般公政预算收入	**General Pubilic Budget Revenue**	4671902	1312265	854260	455764	410295	914920	203567	520831
增值税	Value-added Tax	1549749	446744	250733	195790	131363	281281	70554	173284
营业税	Business Tax	11034	2707	758	6429	451	-40	200	529
企业所得税	Enterprise Income Tax	613834	199768	169944	50413	51037	95481	11307	35884
个人所得税	Personal Income Tax	273197	97589	78796	21715	21753	32001	6191	15152
资源税	Resource Tax	1583	0	247	0	0	233	224	879
城市维护建设税	Tax on City Maintenance and Construction	239439	73032	37677	27637	18155	46799	9820	26319
房产税	Tax on Real Estates	145909	51926	32060	15450	14152	13445	5896	12980
印花税	Stamp Tax	84120	27437	16054	5870	6879	12720	5930	9230
城镇土地使用税	Holding tax on urban and county land	174645	17923	18856	20493	18006	38877	19392	41098
土地增值税	Land Value Added Tax	396523	128778	70714	26029	30116	89224	15222	36440
车船税	Tax on vehicles and Their Registration	46800	24544	5154	234	198	1721	1854	13095
耕地占用税	Farmland Occupation Tax	19600	12	5698	699	4839	3919	1075	3358
契税	Contract tax	551653	139418	96260	45310	27553	174296	17118	51698
专项收入	Specific Revenue	186264	58099	26657	19535	12437	36210	8369	24957
行政事业性收费收入	Income from Administrative Fees	114628	8849	7930	8323	10971	50514	9614	18427
罚没收入	Penalty and Confiscatory Income	47135	1435	1715	1235	1610	6917	8239	25984
国有资本经营收入	Profits of State-owned Enterprises	0	0	0	0	0	0	0	0
国有资源（资产）有偿使用收入	Revenue of Compensable Use of State-owned Resources (Assets)	213271	33258	34898	10562	60512	30344	12428	31269
捐赠收入	Donation Income	1308	167	78	26	47	957	7	26
政府住房基金收入	Government Housing Fund Income	510	510	0	0	0	0	0	0
其他收入	Others	700	69	31	14	216	21	127	222
政府性基金收入	**Government Funds Income**	1197020	0	0	0	1689	2813	24261	1168257
#城市公用事业附加收入	Urban Utilities Additional Arrangements	2840	0	0	0	0	2813	27	0

8-4 各县财政收入(2017年)

Financial Revenue by County (2017)

单位：万元 (10 000 yuan)

指标	Indicator	合计 Total	平阴县 Pingyin	济阳县 Jiyang	商河县 Shanghe
一般公共预算收入	**General Pubilic Budget Revenue**	507595	200661	206818	100116
增值税	Value-added Tax	157443	66937	63837	26669
营业税	Business Tax	1290	397	882	11
企业所得税	Enterprise Income Tax	49913	24963	21696	3254
个人所得税	Personal Income Tax	16462	8063	6541	1858
资源税	Resource Tax	3164	2686	414	64
城市维护建设税	Tax on City Maintenance and Construction	16437	6752	6476	3209
房产税	Tax on Real Estates	9263	3779	3495	1989
印花税	Stamp Tax	5229	2506	1756	967
城镇土地使用税	Holding tax on urban and county land	33223	11276	10465	11482
土地增值税	Land Value Added Tax	24793	4787	11271	8735
车船税	Tax on vehicles and Their Registration	36257	1781	20176	14300
耕地占用税	Farmland Occupation Tax	6346	1724	2579	2043
契税	Contract tax	22048	7838	10312	3898
专项收入	Specific Revenue	31135	18621	8541	3973
行政事业性收费收入	Income from Administrative Fees	15463	7244	4517	3702
罚没收入	Penalty and Confiscatory Income	19191	12486	4626	2079
国有资本经营收入	Profits of State-owned Enterprises	241	241	0	0
国有资源（资产）有偿使用收入	Revenue of Compensable Use of State-owned Resources (Assets)	38433	9720	27129	1584
捐赠收入	Donation Income	9464	8860	420	184
政府住房基金收入	Government Housing Fund Income	0	0	0	0
其他收入	Others	11800	0	1685	10115
政府性基金收入	**Government Funds Income**	416398	66726	254792	94880
# 城市公用事业附加收入	Urban Utilities Additional Arrangements	383	186	197	0

8-5 地方财政支出(2017年)

Local Financial Expenditures（2017）

单位：万元 (10 000 yuan)

指标	Indicator	全市合计 Total	市本级 Cities			县区级 Counties
			小计 Total	市直 Departments Directiy Under the Municipal Government	高新区 Gaoxin	
一般公共预算支出	**General Pubilic Budget Expenditure**	8340600	3703219	2963617	739602	4637381
一般公共服务支出	General Public Service	933218	306065	231781	74284	627153
国防支出	Defence Expenditure	16069	12877	12708	169	3192
公共安全支出	Public Security	560132	382686	367118	15568	177446
教育支出	Education	1433433	303144	251293	51851	1130289
科学技术	Science andTechnology	128982	77061	18255	58806	51921
文化体育与传媒支出	Culture、Sports and Media	93583	53026	52341	685	40557
社会保障和就业支出	Social Security and Employment	1133956	508937	489226	19711	625019
医疗卫生与计划生育支出	Health and Family Planning	696644	262758	244365	18393	433886
节能环保支出	Energy-saving and Environment Protection	248290	132478	126597	5881	115812
城乡社区支出	Urban and Rural Community Affairs	1839756	1118866	826571	292295	720890
农林水支出	Farming、Forestry and Irrigation Affairs	491622	106500	97805	8695	385122
交通运输支出	Transport	116901	62637	55562	7075	54264
资源勘探信息等支出	Exploration and Information Affairs	158655	95906	42751	53155	62749
商业服务业等支出	Commerce and Services Affairs	55587	38282	16878	21404	17305
金融支出	Financial Supervision Affairs	24317	14794	1579	13215	9523
援助其他地区支出	Aid to Other Area	25661	15989	14776	1213	9672
国土海洋气象等支出	Land and Weather Affairs	162670	74906	37735	37171	87764
住房保障支出	Housing Security Affairs	176245	116072	56081	59991	60173
粮油物资储备支出	Grain and Oil Reserves	6994	4178	4178	0	2816
债务付息支出	Pay Principle and Interest for Public Debt	34182	16017	16017	0	18165
其他支出	Other Expenditure	3703	40	0	40	3663
政府性基金支出	**Government Funds Expenditure**	9332406	4914586	4229132	685454	4417820
#城市公用事业附加安排的支出	Urban Utilities Additional Arrangements	13761	9282	9175	107	4479

8-6 各区地方财政支出(2017年)

Local Financial Expenditures by District（2017）

单位：万元 (10 000 yuan)

指标	Indicator	合计 Total	历下区 Lixia	市中区 Shizhong	槐荫区 Huaiyin	天桥区 Tianqiao	历城区 Licheng	长清区 Changqing	章丘区 Zhangqiu
一般公共预算支出	**General Pubilic Budget Expenditure**	3570845	626020	537003	400791	370453	646954	346091	643533
一般公共服务支出	General Public Service	521164	111649	95185	59625	56088	91017	42526	65074
国防支出	Defence Expenditure	2715	1248	591	419	144	155	120	38
公共安全支出	Public Security	129497	20640	19422	16600	13156	22030	7882	29767
教育支出	Education	903333	166409	166852	86599	103902	127863	82490	169218
科学技术	Science andTechnology	43802	5950	6307	6225	4295	5149	2609	13267
文化体育与传媒支出	Culture、Sports and Media	31689	5155	3081	2298	2378	4460	5678	8639
社会保障和就业支出	Social Security and Employment	488555	89739	50559	65278	64796	79921	56844	81418
医疗卫生与计划生育支出	Health and Family Planning	325043	48679	38345	38636	37197	56991	43461	61734
节能环保支出	Energy-saving and Environment Protection	92151	7534	12252	9386	7624	16020	9567	29768
城乡社区支出	Urban and Rural Community Affairs	583333	132702	82686	90617	51859	152052	18148	55269
农林水支出	Farming、Forestry and Irrigation Affairs	230601	8988	17940	9480	13179	38051	51794	91169
交通运输支出	Transport	31154	0	1013	158	393	10945	8795	9850
资源勘探信息等支出	Exploration and Information Affairs	47357	4983	5706	7697	10398	9047	1902	7624
商业服务业等支出	Commerce and Services Affairs	13543	2760	1561	1055	706	2865	1580	3016
金融支出	Financial Supervision Affairs	5980	2649	1121	1043	110	493	9	555
援助其他地区支出	Aid to Other Area	9194	2621	2092	604	554	1748	171	1404
国土海洋气象等支出	Land and Weather Affairs	53265	4808	28219	2241	1135	4063	5907	6892
住房保障支出	Housing Security Affairs	42964	6880	3433	1392	838	22332	5437	2652
粮油物资储备支出	Grain and Oil Reserves	1314	0	0	0	0	523	379	412
国债还本付息支出	Pay Principle and Interest for Public Debt	10893	324	638	1438	1701	638	791	5363
其他支出	Other Expenditure	3298	2302	0	0	0	591	1	404
政府性基金支出	**Government Funds Expenditure**	4008469	61917	435317	101342	89054	1799709	246898	1274232
# 城市公用事业附加安排的支出	Urban Utilities Additional Arrangements	4456	0	99	0	0	4357	0	0

8-7 各县地方财政支出（2017年）

Local Financial Expenditures by County（2017）

单位：万元 （10 000 yuan）

指标	Indicator	合计 Total	平阴县 Pingyin	济阳县 Jiyang	商河县 Shanghe
一般公共预算支出	**General Pubilic Budget Expenditure**	1066536	319401	390777	356358
一般公共服务支出	General Public Service	105989	36089	37241	32659
国防支出	Defence Expenditure	477	255	42	180
公共安全支出	Public Security	47949	15580	17571	14798
教育支出	Education	226956	69814	82894	74248
科学技术	Science andTechnology	8119	1778	5206	1135
文化体育与传媒支出	Culture、Sports and Media	8868	3483	2733	2652
社会保障和就业支出	Social Security and Employment	136464	38263	53124	45077
医疗卫生与计划生育支出	Health and Family Planning	108843	27503	51133	30207
节能环保支出	Energy-saving and Environment Protection	23661	7784	6977	8900
城乡社区支出	Urban and Rural Community Affairs	137557	34185	49859	53513
农林水支出	Farming、Forestry and Irrigation Affairs	154521	47054	51537	55930
交通运输支出	Transport	23110	7308	6450	9352
资源勘探信息等支出	Exploration and Information Affairs	15392	9825	1743	3824
商业服务业等支出	Commerce and Services Affairs	3762	1678	803	1281
金融支出	Financial Supervision Affairs	3543	342	185	3016
援助其他地区支出	Aid to Other Area	478	185	198	95
国土海洋气象等支出	Land and Weather Affairs	34499	5667	14214	14618
住房保障支出	Housing Security Affairs	17209	8067	6301	2841
粮油物资储备支出	Grain and Oil Reserves	1502	608	158	736
国债还本付息支出	Pay Principle and Interest for Public Debt	7272	3585	2391	1296
其他支出	Other Expenditure	365	348	17	0
政府性基金支出	**Government Funds Expenditure**	409351	96011	204831	108509
#城市公用事业附加安排的支出	Urban Utilities Additional Arrangements	23	0	0	23

8-8 金融机构本外币各项存、贷款期末余额

The Ending Balance of all Deposits and Loans in RMB and Foreign Currencies of Financial Institutions

单位：万元 （10 000 yuan）

指标	Indicator	2015 年	2016 年	2017 年
金融机构本外币各项存款余额	**The Balance of RMB and Foreign Currencies Deposits in Financial Institutions**	141747205	155374463	165605979
#住户存款	Household Deposits	39514181	43448420	45241390
非金融企业存款	Non-financial Corporate Deposits	55586635	69796525	73973987
广义政府存款	General Government Deposits	30334927	30738367	35586733
非银行业金融机构存款	Non-bank Financial Intermediary Deposits	9459081	8457783	7083306
金融机构本外币各项贷款余额	**The Balance of RMB and Foreign Currencies Loans in Financial Institutions**	113567816	130961411	143502995
#住户贷款	Household Loans	17974193	24694440	31418600
非金融企业及机关团体贷款	Non-financial Corporate and Institution Loans	77690643	90455320	98004377
短期贷款	Short-term Loans	26928099	27912544	30184576
中长期贷款	Medium and Long-term Loans	43226472	51574175	61606175
票据融资	Bill Financing	7140286	9670794	3896507
融资租赁	Finance Lease	242448	1129383	2181289
各项垫款	Bill Financing	153338	168425	135831
非银行业金融机构贷款	Non-bank Financial Intermediary Loans	20000	73	50000

8-9 金融机构人民币各项存、贷款期末余额

The Ending Balance of all Deposits and Loans in RMB of Financial Institutions

单位：万元 (10 000 yuan)

指标	Indicator	2015 年	2016 年	2017 年
金融机构人民币各项存款余额	**The Balance of RMB Deposits in Financial Institutions**	135529851	150327948	159577448
# 住户存款	Household Deposits	39514181	42799454	44657303
非金融企业存款	Non-financial Corporate Deposits	55586635	68394947	72288512
广义政府存款	General Government Deposits	30334927	30735405	35426387
非银行业金融机构存款	Non-bank Financial Intermediary Deposits	9459081	8232449	6942272
金融机构人民币各项贷款余额	**The Balance of RMB Loans in Financial Institutions**	96742203	113701787	128836570
# 住户贷款	Household Loans	17974193	24693431	31417225
非金融企业及机关团体贷款	Non-financial Corporate and Institution Loans	77690643	88019574	96407415
短期贷款	Short-term Loans	26928099	27188058	29297325
中长期贷款	Medium and Long-term Loans	43226472	49896069	60896806
票据融资	Bill Financing	7140286	9670794	3896507
融资租赁	Finance Lease	242448	1129383	2181289
各项垫款	Bill Financing	153338	135271	135488
非银行业金融机构贷款	Non-bank Financial Intermediary Loans	20000	0	50000

8-10 保险业务情况

Insurance Business

指标	Indicator	2011 年	2012 年	2013 年	2014 年	2015 年	2016 年	2017 年
承保额（亿元）	**Insurance Value(100 million yuan)**	26747	39166	32896	63675	97665	112875	162712
企业财产险	Enterprise Property insurance	8639	8480	6749	17723	36178	26150	32210
家庭财产险	Family Property Insurance	117	94	118	321	1744	1568	3825
运输工具及责任险	Motor Vehicle and Third Party Liability	4328	3935	4613	10470	13920	14443	17555
货物运输险	Freight Transport Insurance	595	907	480	2021	1955	2769	2227
养老金险	Pension Insurance	269	497	442	1017	1800	7187	6758
人身意外伤害险	Accident Injury Insurance	10857	17274	17495	24686	34112	43834	66079
简易人身险	Simple Life Insurance	1008	1263	1033	3620	4239	10871	29390
农业险	Agriculture Insurance	7	19	18	28	30	36	52
其他险	Other Property Insurance	927	6697	1948	3788	3687	6017	4617
保险业务收入（万元）	**Insurance Revenue(10 000yuan)**	1122605	1225223	1414715	1628650	2227474	3474988	3810660
企业财产险	Enterprise Property Insurance	35108	38825	29628	30479	42535	53352	53503
家庭财产险	Family Property Insurance	619	797	595	726	1757	2761	4997
运输工具及责任险	Motor Vehicle and Third Party Liability	231089	279866	334114	386898	487124	547370	538780
货物运输险	Freight Transport Insurance	3207	2139	2458	3042	4260	4035	3359
养老金险	Pension Insurance	646928	643830	714798	809083	1322141	1818536	2470364
人身意外伤害险	Accident Injury Insurance	28856	47150	75971	56249	74259	71613	78836
简易人身险	Simple Life Insurance	51592	65857	88527	120282	245598	827557	574080
农业险	Agriculture Insurance	2419	6386	6569	5527	9389	9036	11121
其他险	Other Property Insurance	122787	140372	162054	216365	40411	140728	75619
保险业务支出（万元）	**Insurance Expenses(10 000yuan)**	392821	465245	472811	529707	656570	786752	886699
企业财产险	Enterprise Property Insurance	13092	13717	4833	860	7184	8843	7488
家庭财产险	Family Property Insurance	815	182	129	15	80	705	1542
运输工具及责任险	Motor Vehicle and Third Party Liability	99029	125586	127747	17016	151723	187490	170705
货物运输险	Freight Transport Insurance	325	756	1111	204	1954	3455	1437
养老金险	Pension Insurance	211499	237719	249865	451243	392111	426820	545380
人身意外伤害险	Accident Injury Insurance	10673	14141	13571	7389	16613	16603	15393
简易人身险	Simple Life Insurance	25375	25277	29783	47425	69165	101695	110349
农业险	Agriculture Insurance	1158	2809	5587	218	1795	6021	5199
其他险	Other Property Insurance	30855	45058	40186	5337	15946	35120	29207

8-11 证券机构及证券交易情况

Institution and Trading Summary for Stocks

单位：亿元 (100 million yuan)

指标	Indicator	2012 年	2013 年	2014 年	2015 年	2016 年	2017 年
注册地在济南证券公司数（个）	Stocks Institutions in Ji'nan(Unit)	1	1	1	1	1	1
证券营业部（个）	Securities Business Department(Unit)	57	60	72	78	83	92
证券交易额	Trading Volume of Securities Business Department	5347	8863	16077	54575	34687	30975
股票	Stock	4114	5566	10165	38091	19183	15987
基金	Fund	80	353	1044	4568	1449	2361
债券	Bond	20	47	4857	11899	14045	12602
其他	Others	1132	2897	11	17	10	25

注：数据由金融办提供。

主要统计指标解释

Explanatory Notes on Main Statistical Indicators

一般公共预算收入 指国家财政参与社会产品分配所取得的收入，是实现国家职能的财力保证。主要包括：（1）各项税收：包括国内增值税、国内消费税、进口货物增值税和消费税、出口货物退增值税和消费税、营业税、企业所得税、个人所得税、资源税、城市维护建设税、房产税、印花税、城镇土地使用税、土地增值税、车船税、船舶吨税、车辆购置税、关税、耕地占用税、契税、烟叶税等。（2）非税收入：包括专项收入、行政事业性收费、罚没收入和其他收入。财政收入按现行分税制财政体制划分为中央本级收入和地方本级收入。

一般公共预算支出 指国家财政将筹集起来的资金进行分配使用，以满足经济建设和各项事业的需要。主要包括：一般公共服务、外交、国防、公共安全、教育、科学技术、文化体育与传媒、社会保障和就业、医疗卫生与计划生育、节能环保、城乡社区、农林水、交通运输、资源勘探信息等、商业服务业等、金融、援助其他地区、国土海洋气象等、住房保障、粮油物资储备、政府债务付息等方面的支出。财政支出根据政府在经济和社会活动中的不同职权，划分为中央财政支出和地方财政支出。

存款 指企业、机关、团体或居民根据资金必须收回的原则，把货币资金存入银行或其他信贷机构保管并取得一定利息的一种信用活动形式。根据存款对象或性质的不同可划分为企业存款、财政存款、机关团体存款、基本建设存款、储蓄存款、农村存款、委托存款、其他存款等科目。它是银行信贷资金的主要来源。

贷款 指银行或其他信贷机构根据资金必须归还的原则，按一定利率，为企业、个人等提供资金的一种信用活动形式。我国银行贷款分为短期贷款、中期流动资金贷款、中长期贷款、信托贷款、融资租赁、委托贷款、票据融资、各项垫款等。

保险公司 在中国境内的、经过保险监督管理部门批准设立，并依法登记注册的各类商业保险公司。

保险金额 指保险人承担赔偿或者给付保险金责任的最高限额。

保费 指投保人为取得保险人在约定范围内所承担赔偿责任而支付给保险人的费用。

赔款 指保险人根据保险合同的规定，向被保险人支付的赔偿保险责任损失的金额。

给付 包括死伤医疗给付和满期给付。死伤医疗给付是指保险人根据人寿保险及长期健康保险合同的规定，因被保险人在保险期内发生保险责任范围内的保险事故支付给被保险人（或受益人）的金额。满期给付是指被保险人生存期满，保险人按人寿保险合同规定支付给被保险人的满期保险金额。

物 价

PRICE

9-1 主要年份物价指数（以上年价格为 100）

Price Indices of Major Years（Preceding Last Year=100）

年份 Year	居民消费价格指数 Consumer Price Index	# 食品 Food	# 服务项目 Services	零售物价指数 Retail Price Index
1951	108.5	105.3	98.7	109.8
1952	101.5	103.9	101.0	101.2
1955	101.6	101.3	103.4	101.4
1956	100.5	100.7	100.6	100.5
1965	107.3	111.5	97.5	108.0
1970	98.4	99.0	100.0	98.3
1971	100.0	100.5	100.0	100.0
1972	100.1	100.3	100.0	100.1
1973	99.5	99.6	97.9	99.7
1974	99.4	99.1	99.9	99.5
1975	100.2	100.0	100.0	100.2
1976	100.4	100.0	100.0	100.4
1977	99.2	99.9	91.2	100.0
1978	100.3	100.3	100.0	100.3
1979	101.1	101.7	100.5	101.1
1980	104.7	107.9	100.0	105.0
1981	101.9	102.2	100.1	102.0
1982	101.1	101.6	100.3	101.2
1983	100.1	100.3	100.9	100.1
1984	101.9	101.1	109.8	101.3
1985	108.7	112.2	103.3	109.1
1986	106.2	107.6	104.9	106.3
1987	109.5	111.9	104.9	109.8
1988	122.4	128.0	108.8	123.4
1989	116.2	111.2	113.5	116.4
1990	103.3	102.6	108.0	103.0

年份 Year	居民消费价格指数 Consumer Price Index	# 食品 Food	# 服务项目 Services	零售物价指数 Retail Price Index
1991	106.7	107.6	106.9	106.7
1992	110.4	108.7	122.2	109.3
1993	114.7	109.8	138.0	112.1
1994	124.8	133.9	114.5	122.7
1995	117.3	123.0	115.1	113.2
1996	109.1	109.7	116.2	106.3
1997	102.9	101.8	107.8	101.5
1998	100.9	99.4	119.0	98.9
1999	99.1	97.3	127.6	96.9
2000	100.6	97.9	129.0	98.0
2001	100.3	100.8	106.1	98.8
2002	98.8	100.2	101.3	97.8
2003	99.9	103.6	100.3	98.0
2004	102.5	107.4	101.2	100.6
2005	101.1	102.7	101.2	100.4
2006	100.9	102.4	100.9	100.3
2007	103.9	111.6	101.8	102.2
2008	105.7	115.5	101.8	104.5
2009	100.3	102.7	102.4	98.7
2010	102.1	107.3	100.6	101.3
2011	105.4	111.3	104.4	104.6
2012	102.4	103.6	102.2	101.8
2013	102.8	104.9	102.7	101.3
2014	102.2	103.2	102.9	101.2
2015	101.9	101.4	101.6	100.3
2016	102.7	103.9	103.5	100.8
2017	102.0	98.5	104.2	101.0

9-2 主要年份物价指数（以 1950 年价格为 100）

Price Indices of Major Years（Preceding 1950=100）

年份 Year	居民消费 价格指数 Consumer Price Index	# 食品 Food	# 服务项目 Services	零售 物价指数 Retail Price Index
1951	108.5	105.3	98.7	109.8
1952	110.1	109.4	103.7	111.1
1955	117.2	123.7	108.2	118.4
1956	117.8	124.6	108.8	119.0
1965	127.7	141.5	116.9	130.7
1970	123.0	141.6	110.1	126.0
1971	123.0	142.3	110.1	126.0
1972	123.1	142.7	110.1	126.1
1973	122.5	142.1	107.8	125.8
1974	121.8	140.9	107.7	125.1
1975	122.0	140.9	107.7	125.4
1976	122.5	140.9	107.7	125.9
1977	121.5	140.7	98.2	125.9
1978	121.9	141.1	98.2	126.3
1979	123.2	143.5	98.6	127.6
1980	129.0	154.9	98.6	134.0
1981	131.5	158.3	98.7	136.7
1982	132.9	160.8	99.0	138.3
1983	133.0	161.3	99.9	138.5
1984	135.6	163.1	109.7	140.3
1985	147.4	183.0	113.3	153.0
1986	156.5	195.8	118.9	162.7
1987	171.4	219.1	124.7	178.6
1988	209.8	280.4	135.7	220.4
1989	234.8	311.8	154.0	256.5
1990	251.8	319.9	166.3	264.2

年份 Year	居民消费 价格指数 Consumer Price Index	# 食品 Food	# 服务项目 Services	零售 物价指数 Retail Price Index
1991	268.7	344.2	177.8	281.9
1992	296.6	376.2	217.3	308.1
1993	340.2	413.1	299.8	345.4
1994	424.6	570.4	343.3	423.8
1995	498.1	709.7	395.1	479.7
1996	543.4	797.7	459.1	509.9
1997	559.2	782.5	494.9	551.6
1998	564.2	777.8	588.9	545.5
1999	559.1	756.8	751.4	528.6
2000	562.4	740.9	969.3	518.0
2001	564.1	746.8	1028.4	511.8
2002	557.3	748.3	1041.8	500.5
2003	556.7	775.2	1044.9	490.5
2004	570.6	832.6	1057.4	493.4
2005	576.9	855.1	1070.1	495.4
2006	582.1	875.6	1079.7	496.9
2007	604.8	977.2	1099.1	507.8
2008	639.3	1128.7	1118.9	530.7
2009	641.2	1159.2	1145.8	523.8
2010	654.7	1243.8	1152.7	530.6
2011	690.2	1384.7	1203.1	555.1
2012	706.8	1434.5	1229.5	565.1
2013	726.6	1504.8	1262.7	572.4
2014	742.6	1553.0	1299.3	579.3
2015	756.7	1574.7	1320.1	581.0
2016	777.1	1636.1	1366.3	585.6
2017	792.6	1611.6	1423.7	591.5

9-3 分月居民消费价格指数

Consumer Price Indices by Month

指标	Indicator	全年 Total	一月 January	二月 February	三月 March	四月 April
居民消费价格总指数	**Consumer Price Index**	102.0	103.7	101.9	101.6	102.1
非食品烟酒价格指数	**Non-food,tobacco and alcohol Price Index**	102.9	103.9	103.7	103.8	103.7
服务价格指数	**Services Price Index**	104.2	105.4	105.1	105.4	105.2
工业品价格指数	**Industrial Products Price Index**	101.3	102.1	102.2	101.8	101.9
消费品价格指数	**Consumer Goods Price Index**	100.6	102.7	100.1	99.3	100.2
扣除食品和能源价格指数	**Excluding Food and Energy Price Index**	102.7	103.8	103.6	103.5	103.4
一、食品烟酒	**Food,Tobacco and Liquor**	99.8	103.2	97.9	96.7	98.4
1. 食品	Food	98.5	102.8	95.0	93.4	96.2
(1) 粮食	Grain	102.3	102.1	101.3	102.3	103.7
(2) 薯类	Tuber	92.1	101.4	93.6	85.6	85.9
(3) 豆类	Beans	101.1	97.7	98.2	98.5	98.9
(4) 食用油	Edible Oil	101.8	102.2	102.0	103.3	103.4
食用植物油	Edible Vegetable Oil	101.9	101.8	101.5	103.1	103.5
(5) 菜	Vegetables	90.5	99.5	71.3	64.8	78.0
鲜 菜	Fresh Vegetables	89.3	99.2	69.7	62.6	75.9
(6) 畜肉类	Livestock Meat	94.9	108.7	100.0	97.2	93.3
猪 肉	Pork	93.1	111.9	99.7	97.0	91.5
(7) 禽肉类	Poultry	97.6	99.6	100.5	94.3	98.2
(8) 水产品	Aquatic Products	103.2	99.2	98.4	100.1	103.1
(9) 蛋类	Eggs	98.7	91.6	87.7	90.4	90.2
鸡 蛋	Hen's Eggs	98.9	90.1	85.2	88.4	88.1
(10) 奶类	Milk	101.7	98.5	99.5	100.6	101.4
(11) 干鲜瓜果类	Dried and Fresh Melons and Fruits	103.3	107.5	105.7	105.1	103.5
鲜瓜果	Fresh Melons and Fruits	104.7	109.6	106.6	106.1	104.1
(12) 糖果糕点类	Candy and Cakes	101.5	101.2	101.1	101.8	101.3
(13) 调味品	Condiment	105.7	107.1	106.7	104.8	105.0
(14) 其他食品类	Other Foods	99.6	99.7	99.2	97.0	97.6
2. 茶及饮料	Tea and Beverages	100.3	100.8	100.9	100.5	100.6
3. 烟酒	Tobacco and Liquor	101.0	98.6	99.6	99.9	101.1
(1) 烟草	Tobacco	99.5	99.3	99.4	99.4	99.4
(2) 酒类	Liquor	102.9	97.8	99.7	100.6	103.1
4. 在外餐饮	Outside Catering	102.8	106.6	105.6	104.9	103.7
二、衣着	**Clothing**	100.5	101.2	100.2	99.5	100.0
1. 服装	Garments	100.1	100.0	98.9	98.2	99.0
(1) 男式服装	Men's Clothing	99.7	102.0	100.1	98.0	99.5
(2) 女式服装	Women's Clothing	101.4	98.5	98.0	98.9	99.7
(3) 儿童服装	Children's Clothing	96.0	100.3	98.8	96.2	94.5
2. 服装材料	Clothing Material	104.9	107.6	107.6	107.6	107.6

（2017年，以上年同期价格为100）

（2017，Preceding Last Year=100）

五月 May	六月 June	七月 July	八月 August	九月 September	十月 October	十一月 November	十二月 December
102.3	101.7	101.4	101.8	101.4	102.0	101.8	102.0
103.4	102.6	102.0	102.3	102.1	102.4	102.2	102.4
105.2	104.4	103.6	103.5	103.3	103.3	103.0	103.3
101.2	100.5	100.2	100.7	100.7	101.3	101.2	101.5
100.5	100.1	100.0	100.6	100.2	101.1	100.9	101.1
103.2	102.5	102.0	102.1	102.0	102.2	102.1	102.5
99.6	99.5	99.8	100.5	99.6	100.9	100.6	100.8
98.4	98.9	99.3	100.2	98.8	100.7	99.6	99.6
102.0	103.4	102.8	103.8	102.7	101.5	101.1	100.6
66.3	69.5	89.9	113.3	119.3	116.9	104.2	102.1
100.0	100.5	102.7	102.2	102.1	101.0	104.2	107.2
102.4	101.9	99.6	100.5	101.8	101.6	101.7	101.4
102.8	102.3	99.9	100.9	102.1	101.7	102.0	101.8
91.5	110.8	114.1	110.3	99.5	104.2	90.5	87.2
90.0	111.3	115.0	110.7	99.0	104.1	89.3	85.6
88.1	86.7	91.1	91.6	92.5	96.4	97.2	98.3
84.5	83.5	89.1	88.5	89.3	94.2	94.2	96.2
93.8	92.4	94.6	97.9	99.4	98.6	98.4	103.9
106.0	105.7	104.4	103.5	103.7	105.8	104.0	104.6
88.1	96.1	98.1	108.2	108.5	105.1	108.0	112.7
85.7	96.1	98.5	111.1	110.9	106.8	110.4	116.4
100.9	101.5	101.8	101.9	102.3	103.6	104.0	104.1
120.2	109.0	95.8	98.9	94.2	96.0	101.5	100.2
127.4	112.6	94.6	99.1	92.8	95.2	103.6	101.0
101.4	101.6	101.7	101.4	101.2	101.5	101.8	101.5
107.5	107.0	105.8	105.1	104.7	104.9	104.2	105.2
98.7	99.2	100.6	99.6	102.3	102.5	99.8	98.9
99.9	99.9	100.5	100.4	99.9	99.9	100.1	100.0
101.1	100.9	101.0	101.2	101.8	102.1	102.4	102.7
99.4	99.4	99.2	99.4	99.4	99.6	99.7	99.7
103.2	102.7	103.2	103.4	104.7	105.1	105.8	106.3
102.4	100.7	100.6	101.1	101.1	101.1	102.8	103.5
98.7	98.5	100.1	100.7	100.6	101.5	101.9	102.7
98.5	98.5	99.7	100.0	99.9	102.3	102.7	103.6
98.1	97.2	99.4	99.5	98.8	101.7	100.4	102.0
100.0	100.7	101.1	101.8	101.9	104.3	105.6	106.2
93.6	93.6	94.8	94.2	94.9	95.7	97.9	97.8
107.6	104.9	102.4	102.2	102.1	102.1	103.5	105.0

指标	Indicator	全年 Total	一月 January	二月 February	三月 March	四月 April
3. 其他衣着及配件	Other Clothing and Accessories	101.9	103.0	102.7	101.9	102.4
4. 衣着加工服务费	Clothing processing service fee	104.2	105.8	106.4	106.4	106.4
5. 鞋类	Footwear	100.9	104.1	103.4	102.5	101.8
(1) 鞋	Shoes	101.0	104.1	103.4	102.5	101.8
(2) 鞋类加工服务	Footwear Processing Services	94.0	103.6	103.6	103.6	103.6
三、居住	**Residence**	104.7	103.8	104.2	104.2	104.2
1. 租赁房房租	Rental Housing Rent	108.9	105.9	110.9	110.9	111.4
2. 住房保养维修及管理	Housing Maintenance	101.0	100.6	100.7	100.4	100.9
(1) 住房装潢材料	Housing Decoration Materials	102.3	101.4	101.8	101.0	102.2
(2) 物业管理费	Property Management Fee	100.0	100.0	100.0	100.0	100.0
(3) 住房装潢维修	Housing Decoration Maintenance	100.1	100.0	100.0	100.0	100.0
3. 水电燃料	Water, Electricity and Fuels	100.0	100.0	100.0	100.0	100.0
(1) 水	Water	100.0	100.0	100.0	100.0	100.0
(2) 电	Electricity	100.0	100.0	100.0	100.0	100.0
(3) 燃气	Gas	100.0	100.0	100.0	100.0	100.0
(4) 取暖费	Heating Fee	100.0	100.0	100.0	100.0	100.0
(5) 其他燃料	Other Fuel	100.0	100.0	100.0	100.0	100.0
4. 自有住房	Self-owned House	107.2	106.1	106.2	106.4	106.1
四、生活用品及服务	**Daily Necessities and Services**	100.8	100.6	101.5	101.7	101.7
1. 家具及室内装饰品	Furniture and Interior Decorations	103.8	100.9	102.6	104.1	104.1
(1) 家具	Furniture and Interior Decorations	104.4	100.5	102.6	104.6	104.8
(2) 室内装饰品	Interior Decorations	102.0	102.4	102.4	102.2	102.0
2. 家用器具	Household Appliances	97.4	98.2	98.8	98.1	98.8
(1) 大型家用器具	Large Household Appliances	97.2	98.2	99.0	98.4	98.9
(2) 小家电	Small Household Appliances	98.5	98.2	97.9	97.0	98.1
3. 家用纺织品	Home Textiles	100.2	101.3	101.1	101.8	100.8
(1) 床上用品	Bedding Article	100.3	101.7	101.6	102.4	101.1
(2) 窗帘门帘	Curtain	100.4	100.0	100.0	100.2	100.5
(3) 其他家用纺织品	Other Household Textiles	98.2	98.0	95.6	96.3	97.4
4. 家庭日用杂品	The Family Daily Sundry Goods	100.0	100.0	101.0	101.5	100.6
(1) 洗涤卫生用品	Washing Sanitary Articles	99.2	99.1	99.7	100.5	99.7
(2) 厨具餐具茶具	Kitchenware, Tableware, Tea Set	100.6	100.2	101.9	102.3	100.9
(3) 家用手工工具	Home Hand Tools	102.8	104.9	104.9	104.9	104.9
(4) 其他家庭日用杂品	Other Household Articles For Daily Use	101.6	101.9	103.6	103.6	102.6
5. 个人护理用品	Personal Care Products	101.6	100.7	102.3	102.1	103.0
(1) 化妆品	Cosmetics	100.3	100.1	101.8	101.0	102.0
(2) 其他护理用品类	Other Nursing Products	102.8	101.4	102.8	103.3	104.0
6. 家庭服务	Family Services	104.5	105.9	106.4	105.4	105.7
五、交通和通信	**Transport and Communication**	100.7	103.0	101.6	102.2	101.7
1. 交通	Transport	101.5	104.9	102.6	103.4	102.8
(1) 交通工具	Transport Tools	98.4	100.3	99.9	99.4	99.0

五月 May	六月 June	七月 July	八月 August	九月 September	十月 October	十一月 November	十二月 December
102.5	102.5	102.7	102.6	100.7	100.0	99.9	101.8
105.3	104.4	104.4	101.1	101.1	101.1	103.2	105.7
97.9	97.0	100.2	102.6	102.7	99.3	99.7	99.8
97.8	96.9	100.3	102.9	103.0	99.6	99.9	100.1
103.6	103.6	94.6	83.1	83.1	83.1	82.4	81.6
104.4	105.0	104.8	105.2	105.7	105.1	104.5	104.6
108.9	110.3	110.3	109.7	109.7	108.1	105.4	105.3
101.0	100.8	101.0	101.0	100.9	101.5	101.8	101.2
102.4	101.8	102.4	102.4	102.3	103.8	103.5	102.9
100.0	100.0	100.0	100.0	100.0	100.0	100.0	100.0
100.0	100.0	100.0	100.0	100.0	100.0	100.9	100.0
100.0	100.0	100.0	100.0	100.0	100.0	100.0	100.0
100.0	100.0	100.0	100.0	100.0	100.0	100.0	100.0
100.0	100.0	100.0	100.0	100.0	100.0	100.0	100.0
100.0	100.0	100.0	100.0	100.0	100.0	100.0	100.0
100.0	100.0	100.0	100.0	100.0	100.0	100.0	100.0
100.0	100.0	100.0	100.0	100.0	100.0	100.0	100.0
106.8	107.7	107.3	108.1	109.0	108.0	107.1	107.5
101.4	100.8	100.5	100.6	100.6	100.4	99.8	99.7
104.9	104.0	104.0	104.0	104.1	105.3	104.0	104.0
105.6	104.5	104.5	104.5	104.6	106.2	104.8	105.1
102.3	102.3	102.3	102.1	102.3	102.3	101.1	100.1
98.3	97.1	96.5	97.3	97.4	97.2	95.4	95.7
98.0	96.5	95.9	96.7	97.0	96.8	95.2	95.5
99.7	99.8	99.7	99.8	99.4	99.0	96.4	96.7
100.0	99.3	100.6	101.0	99.6	98.1	99.5	99.3
100.2	99.4	100.8	101.4	99.6	97.8	99.3	99.0
100.5	100.5	100.5	100.5	100.5	100.5	100.5	100.5
97.7	97.7	97.7	97.4	98.8	99.3	101.3	101.5
100.1	100.5	100.2	99.0	99.6	99.4	99.2	99.4
98.7	99.4	99.5	98.1	99.2	98.8	98.7	99.2
100.9	100.5	100.6	100.5	100.1	100.5	99.6	99.4
104.9	104.9	104.9	100.0	100.0	100.0	100.0	100.0
103.0	103.1	100.9	100.2	100.2	100.3	100.2	99.8
102.1	101.2	101.3	101.7	101.3	101.0	100.7	101.3
100.8	100.4	100.0	100.3	100.1	99.8	98.5	99.2
103.5	102.0	102.6	103.2	102.6	102.2	102.9	103.6
105.7	105.7	103.8	103.8	103.8	103.8	103.5	100.8
100.3	99.3	99.4	100.1	100.3	100.3	100.3	100.1
100.8	99.4	99.5	100.9	100.8	101.0	101.1	101.0
97.8	98.1	97.9	98.4	98.0	98.2	96.5	97.0

9-3 续 2

指标	Indicator	全年 Total	一月 January	二月 February	三月 March	四月 April
(2) 交通工具用燃料	Transport Fuels	109.1	116.1	117.0	116.3	114.2
(3) 交通工具使用和维修	Vehicle Use and Maintenance	100.4	100.0	100.0	100.0	100.0
(4) 交通费	Travelling Expenses	99.8	106.1	89.5	97.7	98.9
2. 通信	Signal Communication	99.3	99.7	99.9	100.2	99.7
(1) 通信工具	Communication Tools	95.6	95.7	96.9	98.4	98.3
(2) 通信服务	Communication Services	100.0	100.0	100.0	100.0	100.0
(3) 邮递服务	Mailing Service	102.7	109.4	109.4	109.4	100.0
六、教育文化和娱乐	**Education Culture and Recreation**	102.9	104.2	104.4	104.4	104.6
1. 教育	Education	104.9	107.2	107.4	107.1	105.7
(1) 教育用品	Educational Supplies	109.7	107.6	113.2	112.5	112.5
(2) 教育服务	Education Services	104.7	107.2	107.2	106.9	105.5
2. 文化娱乐	Culture and Entertainment	101.2	101.6	101.7	102.2	103.6
(1) 文娱耐用消费品	Recreational Consumer Durables	98.4	93.8	96.3	96.2	98.7
(2) 其他文娱用品	Other Entertainment Products	101.1	102.4	101.8	100.6	100.5
(3) 文化娱乐服务	Cultural and Recreational Services	101.2	102.7	102.7	100.5	101.6
(4) 旅游	Tourism	102.1	103.7	103.2	105.2	106.8
七、医疗保健	**Health Care**	106.0	111.5	110.9	111.1	110.7
1. 药品及医疗器具	Drugs and Medical Devices	106.8	109.3	108.1	108.4	107.7
(1) 中药	Traditional Chinese Medicine	105.7	105.8	105.8	106.9	107.8
(2) 西药	West Medicine	104.6	99.0	100.9	102.4	100.8
(3) 滋补保健品	Western Medicine	115.8	142.5	130.3	129.2	129.2
(4) 医疗卫生器具	Medical and Health Equipment	100.2	100.0	100.0	96.9	96.9
(5) 保健器具	Healthcare Apparatus	101.1	102.1	102.1	102.1	102.1
2. 医疗服务	Medical Services	105.3	113.6	113.6	113.6	113.6
(1) 综合医疗类	Comprehensive Health Care	119.0	162.2	162.2	162.2	162.2
(2) 诊断类	Diagnostic	98.0	95.4	95.4	95.4	95.4
(3) 治疗类	Therapeutic	106.4	116.8	116.8	116.8	116.8
(4) 康复类	Rehabilitation	100.0	100.0	100.0	100.0	100.0
(5) 中医医疗服务类	Chinese Medicine Services	100.0	100.0	100.0	100.0	100.0
(6) 其他医疗服务	Other Medical Services	100.0	100.0	100.0	100.0	100.0
八、其他用品和服务	**Other Supplies and Services**	101.2	103.6	103.2	102.3	101.7
1. 其他用品类	Other Products	100.5	102.4	103.9	101.2	102.6
(1) 首饰手表	Jewelry Watches	100.6	103.8	105.7	101.5	103.4
(2) 其他杂项用品	Other Miscellaneous Supplies	100.3	98.5	98.7	100.4	100.2
2. 其他服务类	Other Services	101.9	104.7	102.5	103.5	100.8
(1) 旅馆住宿	Hotel Accommodation	97.5	100.8	98.8	100.5	93.6
(2) 美容美发洗浴	Hairdressing Bath	107.7	116.7	109.4	112.2	105.2
(3) 养老服务	Pension Services	100.0	100.0	100.0	100.0	100.0
(4) 金融保险	Finance and Insurance	100.0	100.0	100.0	100.0	100.0
(5) 其他服务类	Other Service	100.6	101.4	101.4	101.4	101.4

五月 May	六月 June	七月 July	八月 August	九月 September	十月 October	十一月 November	十二月 December
109.3	102.9	100.2	106.0	104.2	106.8	109.6	108.4
100.0	100.0	101.5	100.0	100.9	100.9	100.9	100.9
96.6	97.1	102.8	100.8	104.8	100.2	102.1	101.6
99.5	99.1	99.3	98.8	99.4	99.1	98.8	98.6
97.3	95.1	96.4	93.2	96.9	94.9	92.7	91.3
100.0	100.0	100.0	100.0	100.0	100.0	100.0	100.0
100.0	100.0	100.0	100.0	100.0	100.0	102.8	102.8
104.6	104.9	102.1	101.6	99.9	101.2	101.2	102.1
105.6	105.6	105.6	105.7	102.3	102.2	102.0	102.7
112.3	112.3	112.3	112.3	106.9	104.9	105.2	105.4
105.4	105.4	105.4	105.5	102.1	102.1	101.9	102.6
103.6	104.3	99.2	98.2	97.8	100.4	100.5	101.6
98.4	97.8	98.0	99.3	100.6	101.4	100.4	100.8
101.5	102.0	102.0	101.8	99.2	100.0	101.0	101.0
100.9	100.3	100.9	101.1	100.7	102.5	101.0	99.8
106.8	108.6	98.4	96.1	95.7	99.4	100.2	102.6
111.6	104.1	102.1	102.0	102.2	102.8	102.9	102.6
109.5	108.9	104.4	104.2	104.7	106.0	106.2	105.4
107.8	107.4	105.4	106.1	104.2	105.6	103.2	103.0
103.8	106.0	106.1	105.9	105.9	107.6	108.4	108.5
128.8	122.2	103.7	102.9	103.5	105.4	106.7	104.7
100.0	97.9	97.9	97.9	105.5	104.1	104.1	101.4
102.1	102.1	102.1	99.9	99.9	99.9	99.9	99.2
113.6	100.0	100.0	100.0	100.0	100.0	100.0	100.0
162.2	100.0	100.0	100.0	100.0	100.0	100.0	100.0
95.4	100.0	100.0	100.0	100.0	100.0	100.0	100.0
116.8	100.0	100.0	100.0	100.0	100.0	100.0	100.0
100.0	100.0	100.0	100.0	100.0	100.0	100.0	100.0
100.0	100.0	100.0	100.0	100.0	100.0	100.0	100.0
100.0	100.0	100.0	100.0	100.0	100.0	100.0	100.0
100.9	100.9	100.0	100.3	99.5	100.5	100.7	101.3
100.7	100.7	97.3	98.0	98.0	99.9	99.8	102.1
101.1	100.8	96.4	97.1	97.2	99.3	99.5	102.3
99.8	100.3	100.5	101.0	100.5	102.0	100.7	101.5
101.1	101.1	102.7	102.7	101.0	101.1	101.7	100.5
96.1	97.0	98.8	99.3	94.2	95.1	100.1	96.6
105.2	105.2	109.7	109.7	105.7	105.7	105.7	103.1
100.0	100.0	100.0	100.0	100.0	100.0	100.0	100.0
100.0	100.0	100.0	100.0	100.0	100.0	100.0	100.0
101.4	100.0	100.0	100.0	100.0	100.0	100.0	100.0

9－4 主要年份零售商品

Per Retail and Services

商品名称	Name	规格等级牌号 Grade	单位 Unit	1978 年	1980 年	1985 年	1990 年
面　粉	Flour	特　一	元 / 千克 (yuan/kg)	0.50	0.50	0.50	0.50
粳　米	Japonica	标　一	元 / 千克 (yuan/kg)	0.34	0.34	0.40	1.04
小　米	Millet	一　等	元 / 千克 (yuan/kg)	0.27	0.27	0.44	1.32
土　豆	Potato		元 / 千克 (yuan/kg)	0.19	0.22	0.30	0.36
豆　腐	Doufu	水豆腐	元 / 千克 (yuan/kg)	0.16	0.18	0.26	0.70
猪　肉	Pork	净　肉	元 / 千克 (yuan/kg)	1.72	1.95	2.65	5.52
牛　肉	Beef	净　肉	元 / 千克 (yuan/kg)	1.26	1.76	2.91	5.43
羊　肉	Mutton	净　肉	元 / 千克 (yuan/kg)	1.38	1.88	2.80	5.91
鸡　蛋	Hen's Egg	新鲜完整	元 / 千克 (yuan/kg)	1.58	2.20	2.60	4.96
海　带	Kelp	盐干一级	元 / 千克 (yuan/kg)	1.18	1.26	1.32	3.60
大白菜	Chinese Cabbage	一等	元 / 千克 (yuan/kg)	0.11	0.07	0.09	0.13
菠　菜	Spinage	一等	元 / 千克 (yuan/kg)	0.08	0.09	0.28	0.50
油　菜	Oilseed rape	一等	元 / 千克 (yuan/kg)	0.05	0.07	0.26	0.63
芹　菜	Celery	一等	元 / 千克 (yuan/kg)	1.13	0.11	0.39	0.60
韭　菜	Chinese Chives	一等	元 / 千克 (yuan/kg)	0.15	0.16	0.54	1.01
黄　瓜	Cucumber	一等	元 / 千克 (yuan/kg)	0.19	0.18	0.47	0.99
西红柿	Tomato	一等	元 / 千克 (yuan/kg)	0.15	0.18	0.53	1.02
茄　子	Eggplant	一等	元 / 千克 (yuan/kg)	0.14	0.11	0.27	0.89
青　椒	Green Pepper	一等	元 / 千克 (yuan/kg)	0.23	0.20	0.47	1.34
大　葱	Allium Fistulosum	一等	元 / 千克 (yuan/kg)	0.11	0.12	0.28	0.54
黑木耳	Black Fungus	甲　级	元 / 千克 (yuan/kg)	30.00	32.00	34.86	48.95

和服务项目年平均价格

Price of Major Years

1995年	2000年	2005年	2010年	2011年	2012年	2013年	2014年	2015年	2016年	2017年
2.24	1.78	2.86	4.14	4.69	4.79	5.07	5.41	5.43	5.46	5.64
3.33	2.03	3.08	4.76	5.16	5.55	5.91	5.91	6.04	6.05	6.00
2.66	2.07	3.26	6.99	7.49	7.52	8.58	14.10	14.63	10.51	11.49
1.48	1.48	1.92	4.53	4.05	2.90	3.61	3.72	3.80	3.84	3.53
1.43	1.55	2.14	4.31	4.49	4.75	5.21	5.99	6.24	5.97	5.88
12.91	12.87	14.90	25.18	35.86	35.30	33.04	30.57	32.37	35.78	35.49
12.06	10.99	16.34	36.47	41.80	48.47	64.52	65.00	66.58	69.02	69.46
15.49	15.04	22.07	44.80	58.25	68.65	75.33	79.23	76.29	76.85	69.67
5.99	3.99	5.72	7.48	8.86	8.24	8.52	10.87	9.25	8.41	8.18
5.35	5.36	8.76	19.29	20.30	23.42	30.35	33.43	32.50	28.87	27.15
0.72	0.91	1.64	3.23	3.24	2.96	2.77	2.29	2.84	2.80	2.41
0.90	1.57	2.21	6.69	6.75	8.15	7.61	6.53	7.91	8.53	7.41
1.11	1.26	1.83	5.05	5.43	5.99	5.84	5.17	6.43	7.14	6.08
1.22	1.25	2.28	4.99	5.25	5.31	5.46	4.07	5.62	5.06	5.13
1.80	1.98	2.99	6.55	7.93	7.31	7.05	6.47	7.42	5.33	4.97
2.45	2.53	3.16	5.67	5.90	6.14	6.26	5.36	5.96	6.03	5.67
2.66	2.07	2.90	6.01	6.42	6.37	6.60	6.37	7.02	6.97	7.24
2.67	2.51	3.07	6.05	5.61	5.92	6.34	5.60	6.14	6.66	6.14
4.13	3.15	4.10	6.45	7.35	7.90	7.48	6.38	8.07	7.61	7.00
1.46	1.31	2.51	6.16	6.42	8.38	6.95	5.94	6.56	9.59	6.44
59.16	68.57	65.13	86.80	98.56	104.76	121.45	128.14	122.59	118.11	122.67

9-4 续 1

商品名称	Name	规格等级牌号 Grade	单位 Unit	1978 年	1980 年	1985 年	1990 年
精　盐	Salt	再制盐	元 /500 克 (yuan/500g)	0.16	0.16	0.14	0.31
酱　油	Soy Sauce	二　级	元 / 千克 (yuan/kg)	0.22	0.22	0.34	0.68
味　精	Aginomoto	含麸酸钠 80%以上	元 / 千克 (yuan/kg)	10.80	9.68	12.60	16.50
绵白糖	Soft Sugar	国产机制一级	元 / 千克 (yuan/kg)	1.60	1.70	1.70	2.60
红　糖	Brown Sugar	一　级	元 / 千克 (yuan/kg)	1.30	1.30	1.30	2.21
啤　酒	Beer	熟 12 度瓶装	元 / 瓶 (yuan/unit)	0.58	0.58	0.73	1.41
苹　果	Apple	一　级	元 / 千克 (yuan/kg)	0.82	0.90	1.19	2.48
桔　子	Orange	一　级	元 / 千克 (yuan/kg)	1.30	1.52	2.35	2.27
西　瓜	watermelon	一　级	元 / 千克 (yuan/kg)	0.24	0.28	0.32	0.58
香　蕉	Banana	一　级	元 / 千克 (yuan/kg)	1.46	1.65	1.82	2.93
自来水	Tap Water	生活用水	元 / 吨 (yuan/tons)	0.08	0.08	0.09	0.19
照明用电	Lighting Electricity	民用 220V	元 / 度 (yuan/kwh)	0.18	0.18	0.18	0.18
平　信	Ordinary Mail	外　埠	元 / 封 (yuan/unit)	0.08	0.08	0.08	0.13
注射费	Injection Fees	肌肉注射	元 / 次 (yuan/unit)	0.10	0.10	0.10	0.20
住院费	Hospitalization Fees	普通床位	元 / 天 (yuan/day)				2.50
学杂费	Tuition and Fees	高中学生	元 / 学期 (yuan/semester)	2.50	2.50	2.50	12.00
公园门票	Park Tickets	大明湖	元 / 张 (yuan/unit)	0.03	0.03	0.03	0.30
理发	Haircut	男理一级全活	元 / 次 (yuan/unit)	0.30	0.30	0.45	1.30
洗澡	Bath		元 / 次 (yuan/unit)	0.24	0.24	0.30	0.58
课本	Textbook	高中语文一年级	元 / 本 (yuan/unit)				2.00
银花	Silver	一　等	元 / 千克 (yuan/kg)	6.65	8.00	18.00	28.00

1995 年	2000 年	2005 年	2010 年	2011 年	2012 年	2013 年	2014 年	2015 年	2016 年	2017 年
0.70	1.10	2.02	1.50	1.50	3.37	3.83	3.84	4.28	5.17	5.97
1.83	2.40	4.53	6.74	5.93	7.25	7.04	6.75	6.61	7.14	7.05
22.81	14.26	15.67	19.33	22.21	23.99	21.02	21.34	22.19	21.94	22.56
6.89	6.12	5.43	9.75	12.52	13.64	15.15	15.89	16.08	14.38	14.25
6.32	5.90	5.54	9.80	12.91	15.00	15.62	15.54	14.70	15.68	18.29
2.13	2.30	2.42	2.61	2.68	2.69	2.68	2.77	2.76	2.72	2.49
3.86	2.72	3.19	8.93	9.36	10.63	12.04	14.96	15.11	10.86	11.86
3.37	2.35	3.30	7.45	9.00	8.37	10.29	11.97	9.06	10.72	13.86
3.20	2.70	3.06	4.72	5.64	5.26	5.56	5.88	5.57	5.16	5.60
4.78	4.05	4.02	6.39	7.91	7.27	7.28	9.70	7.01	7.04	6.63
0.51	1.60	2.78	3.15	3.15	3.15	3.15	3.15	4.00	4.21	4.21
0.29	0.43	0.53	0.55	0.55	0.55	0.55	0.56	0.56	0.56	0.56
0.20	0.80	0.80	1.20	1.20	1.20	1.20	1.20	1.20	1.20	1.20
0.25	1.67	2.00	2.00	2.00	2.00	2.00	2.00	2.00	2.00	2.00
4.00	7.67	15.00	26.67	26.67	26.67	26.67	23.33	23.33	33.89	36.67
49.00	600.00	800.00	800.00	800.00	800.00	800.00	800.00	800.00	800.00	800.00
4.33	13.48	15.63	30.00	30.00	30.00	30.00	30.00	30.00	30.00	
5.63	10.00	17.50	20.50	20.50	20.67	25.00	25.21	25.21	32.38	25.10
5.00	8.00	12.00	30.00	38.00	38.00	38.00	53.00	58.00	58.00	68.00
2.55	6.41	4.60	6.47	6.47	6.47	6.47	6.47	6.47	6.47	6.44
70.00	93.00	87.22	325.00	420.65	368.81	314.10	361.17	352.71	325.00	324.39

注：1、大明湖景区 2017 年开始免费入园

2、由于居民消费价格是指数比较，所以理发和洗澡所选的规格品与上年不一致，绝对价格无可比性

9-5 工业生产者出厂价格总指数

Producer Price Index for Manufactured Goods

项目名称	Indicator	1月 January	2月 February	3月 March	4月 April
总指数	Total Price Indices	100.4	100.7	100.6	100.0
核心指数	Core Indices	100.2	100.7	100.8	100.2
高技术	High Technology	99.4	101.2	101.0	100.7
能源	Energy	102.1	100.3	99.6	99.2
(一)按轻重工业分	By Light and Heavy Industry				
(1)轻工业	Light Industry	99.9	100.1	100.1	100.1
1.以农产品为原料	Agricultural Products as Raw Materials	100.1	100.5	99.9	99.8
2.以非农产品为原料	Non-agricultural Products as Raw Materials	99.7	99.7	100.3	100.4
(2)重工业	Heavy Industry	100.5	100.8	100.7	100.0
1.采掘	Mining	98.5	104.4	101.4	88.8
2.原料	Raw Materials	101.7	102.5	100.1	100.5
3.加工	Processing	100.2	100.4	100.9	99.9
(二)按生产生活资料分	By Means of Production and Consumer Goods				
(1)生产资料	Means of Production	100.5	100.7	100.7	100.0
1.采掘	Mining	98.5	104.4	101.4	88.8
2.原料	Raw Materials	101.9	102.6	100.1	100.5
3.加工	Processing	100.2	100.3	100.9	99.9
(2)生活资料	Consumer Goods	99.9	100.6	100.0	100.3
1.食品	Food	100.2	101.6	99.9	100.2
2.衣着	Clothing	100.0	100.0	100.0	100.0
3.一般日用品	Articles for Daily Use	99.8	100.1	99.9	100.1
4.耐用消费品	Durable Consumer Goods	98.9	98.8	100.6	101.2
(三)按初级中间最终产品分	By Primary、Intermediate and Final Products				
(1)初级产品	Primary Products	98.5	104.4	101.4	88.8

（2017年，以上月价格为100）

(2017,Preceding last month=100)

5月 May	6月 June	7月 July	8月 August	9月 September	10月 October	11月 November	12月 December
99.4	100.1	100.2	100.7	100.8	100.9	100.6	100.7
99.3	100.2	100.4	100.6	100.9	100.8	100.7	100.6
100.2	99.4	101.7	100.3	101.2	100.8	100.2	100.0
99.9	99.6	97.9	101.8	99.8	101.9	100.1	101.1
100.0	100.0	99.9	99.9	100.2	100.4	100.4	100.2
100.0	99.9	100.1	100.2	99.8	99.9	100.4	100.6
100.0	100.0	99.7	99.4	100.7	100.9	100.5	99.7
99.2	100.1	100.2	100.9	101.0	101.0	100.6	100.8
87.4	93.2	107.2	104.5	98.3	98.2	100.0	100.0
99.6	100.3	98.5	101.3	101.0	102.7	100.8	102.1
99.2	100.1	100.7	100.8	101.0	100.5	100.6	100.4
99.3	100.1	100.2	100.9	100.8	101.0	100.6	100.7
87.4	93.2	107.2	104.5	98.3	98.2	100.0	100.0
99.6	100.3	98.4	101.4	101.1	102.9	100.8	102.2
99.2	100.1	100.7	100.7	100.7	100.5	100.6	100.4
99.9	100.0	99.9	99.8	101.0	100.3	100.4	100.3
100.1	100.0	100.1	99.9	101.7	99.9	100.1	100.4
100.0	100.0	100.0	100.0	98.9	100.9	100.5	100.5
99.5	100.1	99.7	100.2	100.2	100.8	100.2	100.7
100.1	100.1	99.4	98.4	101.5	99.9	101.4	98.9
87.4	93.2	107.2	104.5	98.3	98.2	100.0	100.0

项目名称	Indicator	1月 January	2月 February	3月 March	4月 April
1.矿产品	Minerals	98.5	104.4	101.4	88.8
2.废料	Scrap				
(2)中间产品	Intermediate Products	100.6	101.0	100.8	100.0
(3)最终产品	Final Products	100.3	100.5	100.4	100.1
1.最终投资品	Investment Goods	100.5	100.5	100.5	100.0
2.最终消费品	Consumer Goods	99.8	100.7	99.9	100.4
(四)按工业门类分	Classification by Industrial Category				
(1)采矿业	Mining	98.5	104.4	101.4	88.8
(2)制造业	Manufacture	100.4	100.7	100.7	100.0
(3)电力、燃气及水生产和供应业	Production and Supply of Electric, Gas and Wate	99.6	101.1	99.2	100.7
(五)按工业部门分	By Industrial Department				
(1)冶金工业	Metallurgical Industry	99.9	100.7	102.3	98.5
(2) 电力工业	Power Industry	99.5	101.4	99.1	100.8
(3)煤炭及炼焦工业	Coal Industry				
(4)石油工业	Petroleum Industry	103.5	99.8	99.9	98.2
(5)化学工业	Chemical Industry	101.3	103.8	100.3	100.8
(6)机械工业	Machine Building Industry	99.8	99.9	100.7	100.1
(7)建筑材料工业	Building Materials Industry	99.9	100.3	100.1	103.0
(8)森林工业	Timber Industry	100.0	101.3	100.6	99.7
(9)食品工业	Food Industry	100.2	99.8	99.7	99.6
(10)纺织工业	Textile Industry	99.9	103.5	100.8	100.1
(11)缝纫工业	Tailoring Industry	100.0	100.0	100.0	100.0
(12)皮革工业	Leather Industry				
(13)造纸工业	Paper Industry	100.0	100.0	100.0	100.0
(14)文教艺术用品工业	Industry of Cultural, Educational & Handicrafts Articles	99.8	100.3	100.0	100.1
(15)其它工业	Others	101.9	101.0	100.8	101.0

5月 May	6月 June	7月 July	8月 August	9月 September	10月 October	11月 November	12月 December
87.4	93.2	107.2	104.5	98.3	98.2	100.0	100.0
99.2	100.1	100.2	100.9	101.0	101.1	100.7	100.9
99.9	99.9	100.1	100.6	100.7	100.6	100.3	100.2
99.9	99.9	100.2	100.9	100.7	100.6	100.3	100.2
99.9	100.0	100.0	99.6	100.6	100.4	100.3	100.2
87.4	93.2	107.2	104.5	98.3	98.2	100.0	100.0
99.4	100.1	100.1	100.8	100.9	100.9	100.6	100.7
100.1	100.0	100.4	99.2	99.0	100.8	99.8	99.9
94.4	100.1	100.9	102.4	101.3	100.6	99.9	101.6
100.1	100.0	100.4	99.1	99.5	100.9	99.2	99.9
99.8	99.3	96.4	103.4	99.9	102.5	100.6	101.7
100.0	101.2	99.4	99.9	102.1	102.8	101.4	101.4
99.8	99.8	100.7	100.3	100.3	100.4	100.3	100.1
101.5	100.8	100.5	103.0	106.7	99.5	105.1	103.4
103.0	100.4	100.0	100.0	100.0	100.0	100.0	100.0
99.7	100.2	100.1	100.0	100.2	99.8	100.0	100.5
101.4	99.0	99.6	100.3	97.8	100.0	101.4	100.1
100.0	100.0	100.0	100.0	98.9	100.9	100.5	100.5
100.0	100.0	102.4	102.5	101.8	100.2	102.3	102.5
100.1	99.9	100.0	99.9	99.9	100.0	100.1	99.9
100.7	100.6	100.2	100.4	100.5	100.7	99.5	99.1

9-6 工业生产者出厂价格总指数

Producer Price Index for Manufactured Goods

指标	Indicator	全年 Total	1月 January	2月 February	3月 March	4月 April
总指数	Total Price Indices	105.7	105.5	106.1	106.6	105.7
核心指数	Core Indices	106.1	105.7	106.3	106.9	105.9
高技术	High Technology	103.1	98.8	99.5	100.5	101.4
能源	Energy	104.7	106.5	108.1	108.5	107.6
(一)按轻重工业分	By Light and Heavy Industry					
(1)轻工业	Light Industry	101.3	102.3	102.0	102.1	101.9
1.以农产品为原料	Agricultural Products as Raw Materials	102.1	104.3	104.2	103.7	103.0
2.以非农产品为原料	Non-agricultural Products as Raw Materials	100.3	99.6	99.2	99.9	100.5
(2)重工业	Heavy Industry	106.7	106.2	107.1	107.7	106.6
1.采掘	Mining	114.4	142.1	148.4	145.9	129.6
2.原料	Raw Materials	110.0	106.5	110.4	111.1	111.2
3.加工	Processing	105.8	106.1	106.1	106.7	105.3
(二)按生产生活资料分	By Means of Production and Consumer Goods					
(1)生产资料	Means of Production	106.6	106.4	107.2	107.9	106.6
1.采掘	Mining	114.4	142.1	148.4	145.9	129.6
2.原料	Raw Materials	110.7	107.5	111.2	111.8	111.9
3.加工	Processing	105.7	106.1	106.3	106.9	105.4
(2)生活资料	Consumer Goods	101.3	101.0	101.1	101.1	101.4
1.食品	Food	103.0	103.0	103.7	102.9	102.4
2.衣着	Clothing	100.0	100.0	100.0	100.0	100.0
3.一般日用品	Articles for Daily Use	100.2	99.3	99.4	99.7	100.8
4.耐用消费品	Durable Consumer Goods	99.4	99.8	98.2	99.7	100.5
(三)按初级中间最终产品分	By Primary 、Intermediate and Final Products					
(1)初级产品	Primary Products	114.4	142.1	148.4	145.9	129.6

（2017 年，以上年同期价格为 100）

（2017,Preceding last year=100）

5月 May	6月 June	7月 July	8月 August	9月 September	10月 October	11月 November	12月 December
104.4	104.6	104.9	105.7	106.3	106.8	106.3	105.1
104.5	105.2	105.8	106.3	107.2	107.5	106.9	105.5
101.8	101.8	103.8	104.1	105.4	106.4	107.1	106.3
106.1	103.0	100.5	104.7	102.3	103.5	103.6	103.1
101.6	101.1	100.8	100.4	100.6	100.7	101.0	101.2
102.3	101.9	101.3	101.3	100.7	100.6	100.9	101.2
100.7	100.1	100.2	99.3	100.4	101.0	101.1	101.1
105.0	105.4	105.9	106.9	107.7	108.1	107.5	106.0
109.4	105.6	111.6	113.2	110.1	105.7	91.1	81.8
109.3	108.7	107.5	110.2	109.9	111.6	111.5	111.6
103.9	104.6	105.4	106.1	107.1	107.2	106.5	104.6
105.2	105.5	105.8	106.9	107.3	107.8	107.2	105.7
109.4	105.6	111.6	113.2	110.1	105.7	91.1	81.8
110.0	109.3	107.9	110.9	110.5	112.2	112.2	112.3
104.0	104.6	105.3	106.0	106.6	106.7	106.0	104.2
101.0	100.6	100.9	100.4	101.7	101.9	102.0	102.2
101.9	101.8	102.5	102.0	103.9	103.9	103.9	104.2
100.0	100.0	100.0	100.0	98.9	99.8	100.4	100.9
100.2	99.8	99.6	99.8	100.1	101.2	101.1	101.4
100.5	99.2	100.0	97.4	100.1	98.9	99.4	99.3
109.4	105.6	111.6	113.2	110.1	105.7	91.1	81.8

指标	Indicator	全年 Total	1 月 January	2 月 February	3 月 March	4 月 April
1.矿产品	Minerals	114.4	142.1	148.4	145.9	129.6
2.废料	Scrap					
(2)中间产品	Intermediate Products	107.7	107.4	108.3	109.0	107.7
(3)最终产品	Final Products	102.5	100.8	101.4	102.1	102.3
1.最终投资品	Investment Goods	103.0	100.9	101.6	102.5	102.6
2.最终消费品	Consumer Goods	101.1	100.3	100.8	101.0	101.4
(四)按工业门类分	Classification by Industrial Category					
(1)采矿业	Mining	114.4	142.1	148.4	145.9	129.6
(2)制造业	Manufacture	105.9	105.8	106.4	106.9	105.9
(3)电力、燃气及水生产和供应业	Production and Supply of Electric, Gas and Wate	100.2	97.3	99.4	100.3	101.0
(五)按工业部门分	By Industrial Department					
(1)冶金工业	Metallurgical Industry	121.3	144.2	142.8	139.7	125.2
(2) 电力工业	Power Industry	99.9	95.7	98.8	99.9	100.7
(3)煤炭及炼焦工业	Coal Industry					
(4)石油工业	Petroleum Industry	107.6	113.2	113.8	113.7	111.8
(5)化学工业	Chemical Industry	110.2	102.5	106.7	107.6	108.4
(6)机械工业	Machine Building Industry	101.0	99.3	99.1	100.2	100.5
(7)建筑材料工业	Building Materials Industry	118.0	110.8	111.3	110.5	113.1
(8)森林工业	Timber Industry	102.7	98.3	98.8	99.4	99.9
(9)食品工业	Food Industry	100.2	103.2	102.1	101.2	100.2
(10)纺织工业	Textile Industry	110.2	111.9	115.8	116.9	117.0
(11)缝纫工业	Tailoring Industry	100.0	100.0	100.0	100.0	100.0
(12)皮革工业	Leather Industry					
(13)造纸工业	Paper Industry	103.6	100.1	100.0	100.0	100.0
(14)文教艺术用品工业	Industry of Cultural, Educational & Handicrafts Articles	100.5	100.4	100.7	101.0	100.9
(15)其它工业	Others	106.8	104.4	105.1	105.7	106.3

5月 May	6月 June	7月 July	8月 August	9月 September	10月 October	11月 November	12月 December
109.4	105.6	111.6	113.2	110.1	105.7	91.1	81.8
106.0	106.4	106.8	107.9	108.6	109.1	108.4	106.7
102.2	101.9	102.0	102.9	103.5	103.8	104.0	103.8
102.5	102.3	102.3	103.7	104.3	104.5	104.8	104.4
101.2	100.8	101.1	100.3	101.3	101.6	101.6	101.8
109.4	105.6	111.6	113.2	110.1	105.7	91.1	81.8
104.5	104.8	105.1	106.0	106.7	107.1	106.6	105.4
101.8	101.4	101.9	100.2	99.4	100.0	100.0	99.8
111.4	114.8	118.5	119.4	119.4	120.2	112.0	102.4
101.7	101.2	101.8	99.8	99.6	100.2	99.7	100.0
108.7	104.1	99.7	107.5	103.9	105.4	105.8	104.9
108.5	110.5	110.5	110.4	112.4	114.5	114.5	115.2
100.4	100.4	101.2	101.5	102.1	102.2	102.7	102.3
118.6	116.8	114.7	118.3	127.5	123.0	124.1	126.1
102.9	103.3	103.3	103.3	106.9	106.9	105.1	105.1
99.1	98.9	99.5	99.3	99.7	99.6	99.4	99.7
117.7	115.8	108.5	108.5	103.6	102.6	104.1	103.8
100.0	100.0	100.0	100.0	98.9	99.8	100.4	100.9
100.0	100.0	102.4	104.9	106.8	107.0	109.4	112.1
101.0	100.2	100.1	99.9	100.3	100.5	100.4	100.1
106.7	107.1	107.1	107.4	108.0	108.9	107.9	106.6

9-7 工业生产者购进价格指数

Purchasing Price Index for Industrial Producers

指标	Category	1月 January	2月 February	3月 March	4月 April
总指数	Total Price Indices	105.0	100.2	100.9	100.4
(一)按初级中间最终产品分	By Primary and Intermediate Products				
(1)初级产品	Primary Products	106.8	99.8	103.4	98.2
1.农产品	Farm Produce	100.6	99.2	99.2	99.9
2.矿产品	Minerals	108.3	99.9	104.3	97.9
3.废料	Scrap				
(2)中间产品	Intermediate Products	104.4	100.4	100.1	101.2
(二)九大类原材料购进价格指数	By Nine Categories of Raw Material				
(1)燃料、动力类	Fuel and Power	111.0	99.4	101.6	100.0
(2)黑色金属材料类	Ferrous Metals	101.9	100.5	100.3	100.2
1.钢材	Steel	102.5	100.8	100.5	99.4
2.其它	Others	101.5	100.3	100.2	100.9
(3)有色金属材料及电线类	Nonferrous Metals	106.0	104.3	103.1	105.2
(4)化工原料类	Raw Chemical Materials	100.7	103.2	102.7	101.0
(5)木材及纸浆类	Timber and Paper Pulp	100.8	100.6	103.0	100.7
(6)建筑材料及非金属类	Building Materials and Nonmetal Ores	101.4	100.1	100.4	102.4
(7)其它工业原材料及半成品类	Other Industrial Raw Materials and	100.1	99.9	99.6	100.1
(8)农副产品类	Semi-finished Products Agricultural Products	100.6	99.2	99.2	99.9
(9)纺织原料类	Textile Materials	100.0	102.1	98.4	100.0

(2017 年，以上月价格为 100)

(2017, Preceding Last Month=100)

5月 May	6月 June	7月 July	8月 August	9月 September	10月 October	11月 November	12月 December
98.6	99.1	98.9	101.1	102.6	101.8	101.4	101.9
99.3	98.3	96.7	100.3	103.3	102.4	103.2	104.4
99.3	100.1	100.1	99.9	101.3	99.8	99.1	100.0
99.4	97.9	96.0	100.4	103.8	103.0	104.1	105.2
98.3	99.3	99.6	101.3	102.4	101.6	100.8	101.1
98.4	98.0	97.7	99.9	103.8	103.2	102.0	102.6
99.4	100.7	99.8	105.1	103.4	100.8	100.4	102.6
99.1	99.9	100.6	102.5	102.1	100.3	100.5	101.7
99.5	101.5	99.2	107.3	104.4	101.2	100.3	103.3
98.2	97.3	98.7	101.6	107.8	101.8	100.3	99.7
96.8	97.8	98.0	99.9	101.3	101.7	103.2	107.8
100.7	100.4	101.3	102.3	101.7	100.8	101.8	101.2
101.5	101.6	100.3	106.3	102.5	101.0	104.8	100.9
97.8	99.7	100.0	100.1	100.0	100.7	100.0	99.1
99.3	100.1	100.1	99.9	101.3	99.8	99.1	100.0
99.7	101.0	99.7	99.2	100.6	100.2	99.9	99.3

9－8 工业生产者购进价格指数

Purchasing Price Index for Industrial Producers

指标	Indicator	全年 Total	1月 January	2月 February	3月 March	4月 April
总指数	Total Price Indices	113.9	115.0	116.4	118.1	118.2
(一)按初级中间最终产品分	By Primary and Intermediate Products					
(1)初级产品	Primary Products	120.1	125.5	130.2	137.2	134.0
1.农产品	Farm Produce	99.4	102.7	100.3	99.0	99.2
2.矿产品	Minerals	125.8	132.2	139.6	149.6	145.3
3.废料	Scrap					
(2)中间产品	Intermediate Products	112.0	111.8	112.5	112.7	113.6
(二)九大类原材料购进价格指数	By Nine Categories of Raw Material					
(1)燃料、动力类	Fuel and Power	123.4	126.9	129.5	133.9	133.9
(2)黑色金属材料类	Ferrous Metals	124.2	130.8	131.2	127.8	123.3
1.钢材	Steel	112.0	114.4	114.6	114.3	110.5
2.其它	Others	135.7	147.6	148.4	141.1	135.7
(3)有色金属材料及电线类	Nonferrous Metals	127.6	116.9	121.6	125.8	132.6
(4)化工原料类	Raw Chemical Materials	106.4	104.1	108.5	111.4	112.0
(5)木材及纸浆类	Timber and Paper Pulp	108.5	100.8	101.4	104.4	105.1
(6)建筑材料及非金属类	Building Materials and Nonmetal Ores	113.0	102.5	102.6	103.4	105.7
(7)其它工业原材料及半成品类	Other Industrial Raw Materials and	97.8	98.6	98.9	99.4	100.0
(8)农副产品类	Semi-finished Products Agricultural Products	99.4	102.7	100.3	99.0	99.2
(9)纺织原料类	Textile Materials	106.3	106.5	109.8	109.2	109.8

(2017年，以上年同期价格为100)

(2017,Preceding Last Year=100)

5月 May	6月 June	7月 July	8月 August	9月 September	10月 October	11月 November	12月 December
114.0	112.0	110.4	110.5	113.4	114.4	112.8	112.4
126.7	119.1	111.5	108.2	113.5	113.7	112.3	117.0
98.4	97.5	99.8	98.3	100.3	100.4	99.0	98.5
135.2	125.3	114.6	110.8	116.9	117.0	115.5	121.3
110.3	109.8	110.1	111.3	113.4	114.6	112.9	110.8
127.2	121.4	117.2	115.2	119.9	121.7	118.3	118.4
119.1	121.1	121.5	126.1	127.9	127.5	121.3	116.0
108.6	109.0	109.7	111.6	113.7	114.0	113.4	110.1
128.8	132.6	132.9	140.0	141.1	140.0	128.0	121.0
129.0	126.9	125.1	123.9	133.1	136.0	134.0	126.1
104.9	103.8	103.0	101.8	102.6	103.3	107.4	114.4
105.9	106.3	108.3	110.7	112.9	113.9	115.7	116.4
108.4	109.4	110.5	118.1	121.7	121.4	126.6	125.5
97.1	96.6	96.5	96.3	97.3	98.1	97.6	97.2
98.4	97.5	99.8	98.3	100.3	100.4	99.0	98.5
109.4	109.7	105.3	106.4	104.3	103.2	102.6	99.9

9-9 住宅销售价格指数 (2017 年，以上月价格为 100)

Sales Price Index of Residential Buildings（2017,Preceding last month=100）

项目名称	Indicator	1 月 January	2 月 February	3 月 March	4 月 April	5 月 May	6 月 June
新建住宅	New Residential Buildings	99.9	100.0	100.6	100.4	100.5	100.2
新建商品住宅	New Commercial Residential Buildings	99.9	100.0	100.6	100.4	100.5	100.2
90 平方米及以下	Buildings below 90sq.m	99.9	99.7	100.8	100.2	100.8	100.6
90-144 平方米	Buildings 90-144 sq.m	99.9	100.1	100.5	100.4	100.5	100.1
144 平方米以上	Buildings above 144sq.m	100.0	100.0	100.9	100.7	100.0	100.1
二手住宅	Second-hand House	99.8	100.5	101.3	101.0	100.6	100.8
90 平方米及以下	Buildings below 90sq.m	99.8	100.8	101.3	101.4	100.6	100.8
90-144 平方米	Buildings 90-144 sq.m	99.7	100.3	101.5	100.7	100.4	100.8
144 平方米以上	Buildings above 144sq.m	99.8	100.1	100.8	101.2	101.2	100.5

9-9 续 1

项目名称	Indicator	7 月 July	8 月 August	9 月 September	10 月 October	11 月 November	12 月 December
新建住宅	New Residential Buildings	100.1	99.7	99.4	99.8	99.9	100.3
新建商品住宅	New Commercial Residential Buildings	100.1	99.7	99.4	99.8	99.9	100.3
90 平方米及以下	Buildings below 90sq.m	99.7	99.6	99.7	99.1	99.7	100.0
90-144 平方米	Buildings 90-144 sq.m	100.4	99.8	99.2	99.9	99.8	100.1
144 平方米以上	Buildings above 144sq.m	99.5	99.5	99.9	99.9	100.3	101.3
二手住宅	Second-hand House	99.8	99.4	99.8	99.9	99.8	99.9
90 平方米及以下	Buildings below 90sq.m	99.9	99.5	99.7	99.8	99.6	99.8
90-144 平方米	Buildings 90-144 sq.m	99.7	99.1	99.9	100.0	99.9	99.9
144 平方米以上	Buildings above 144sq.m	99.8	99.7	99.8	99.7	99.8	100.0

9-10 住宅销售价格指数 (2017 年，以上年同期价格为 100)

Sales Price Index of Residential Buildings (2017,Preceding last year=100)

项目名称	Indicator	1 月 January	2 月 February	3 月 March	4 月 April	5 月 May	6 月 June
新建住宅	New Residential Buildings	119.0	118.3	118.1	117.3	116.7	115.9
新建商品住宅	New Commercial Residential Buildings	119.0	118.3	118.1	117.3	116.7	115.9
90 平方米及以下	Buildings below 90sq.m	118.1	117.4	117.2	115.7	115.5	115.2
90-144 平方米	Buildings 90-144 sq.m	119.6	118.8	118.3	117.5	117.1	116.2
144 平方米以上	Buildings above 144sq.m	117.4	117.4	117.6	117.5	116.3	115.6
二手住宅	Second-hand House	115.2	115.7	116.3	117.0	117.2	117.3
90 平方米及以下	Buildings below 90sq.m	115.8	116.2	116.7	117.7	117.8	117.9
90-144 平方米	Buildings 90-144 sq.m	115.4	115.7	116.7	117.1	117.1	117.4
144 平方米以上	Buildings above 144sq.m	112.6	113.8	113.6	114.3	115.3	115.5

9-10 续 1

项目名称	Indicator	7 月 July	8 月 August	9 月 September	10 月 October	11 月 November	12 月 December
新建住宅	New Residential Buildings	115.1	111.2	105.1	101.5	100.3	100.9
新建商品住宅	New Commercial Residential Buildings	115.1	111.2	105.1	101.5	100.3	100.9
90 平方米及以下	Buildings below 90sq.m	113.4	109.9	103.9	100.6	99.4	99.6
90-144 平方米	Buildings 90-144 sq.m	115.5	111.4	105.2	101.5	100.2	100.7
144 平方米以上	Buildings above 144sq.m	114.4	111.6	105.9	101.9	101.1	102.1
二手住宅	Second-hand House	116.5	113.3	107.5	104.5	103.1	102.4
90 平方米及以下	Buildings below 90sq.m	117.3	114.2	108.0	105.2	103.9	103.0
90-144 平方米	Buildings 90-144 sq.m	116.3	112.4	106.8	103.9	102.5	101.8
144 平方米以上	Buildings above 144sq.m	114.8	113.0	108.0	104.1	102.7	102.4

9-11 主要年份工业生产者出厂、购进价格指数（以上年价格为100）

Purchasing Price Index for Industrial Producers and Producer Price Index for Manufactured Goods in Main Years（Preceding last year=100）

年份 Year	工业生产者出厂价格指数 Producer Price Indices for Industrial Products	工业生产者购进价格指数 Industrial Producer Purchasing Price Indices
1998	94.5	95.2
1999	98.9	97.6
2000	104.8	114.5
2001	99.8	101.4
2002	97.9	100.4
2003	103.2	111.2
2004	106.7	116.4
2005	102.3	111.3
2006	100.2	105.6
2007	103.9	105.0
2008	109.2	116.9
2009	96.2	94.3
2010	104.7	109.9
2011	105.3	108.2
2012	98.4	99.4
2013	98.8	97.8
2014	99.0	98.0
2015	95.0	92.7
2016	99.8	99.0
2017	105.7	113.9

主要统计指标解释

Explanatory Notes on Main Statistical Indicators

居民消费价格 是指城乡居民支付生活消费品和服务项目消费的价格，是社会产品和服务项目的最终价格，同人民生活密切相关，在整个国民经济价格体系中具有极为重要的地位。

居民消费价格指数 是度量一组代表性消费品及服务项目价格水平随着时间而变动的相对数，反映居民家庭购买的消费品及服务项目价格水平的变动情况。它是宏观经济分析和决策、价格总水平监测和调控以及国民经济核算的重要指标。其按年度计算的变动率通常被用来作为反映通货膨胀（或紧缩）程度的指标。

按用途划分为8个大类，包括食品、烟酒、衣着、家庭设备用品及维修服务、医疗保健及个人用品、交通和通信、娱乐教育文化用品及服务、居住等。下设262个基本分类，我市根据国家规定，确定代表规格品592种。对比基期分类分别为2010年（定基）、上年同月、上月和上年12月。定基价格指数是从2001年开始编制的。

商品零售价格 是指工业、商业、餐饮业和其它零售企业向城乡居民、机关团体出售生活消费品和办公用品的价格。

商品零售价格的调查范围涉及到各种类型的工业、商业、餐饮业和其它行业的零售商品以及农民对非农业居民出售商品的价格。包括食品、饮料烟酒、服装鞋帽、纺织品、家用电器及音像器材、文化办公用品、日用品、体育娱乐用品、交通通信用品、家具、化妆品、金银珠宝、中西药品及医疗保健用品、书报杂志及电子出版物、燃料、建筑材料及五金电料等16个大类，229个基本分类的商品零售价格。

商品零售价格指数 是反映一定时期内城乡商品零售价格变动趋势和程度的相对数。商品零售价格的变动直接影响到城乡居民的生活支出和国家的财政收入，影响居民购买力和市场供需的平衡，影响到消费与积累的比例关系。因此，该指数可以从一个侧面对上述经济活动进行观察和分析。

工业生产者价格 工业生产者价格包括工业企业产品第一次出售时的出厂价格和企业作为中间投入的原材料、燃料、动力购进价格（简称工业生产者购进价格）。工业生产者价格调查的目的在于及时、准确、科学地反映各工业行业产品价格水平及其变动趋势和幅度，为国民经济核算、计算工业发展速度、宏观经济分析和调控、理顺价格体系等提供科学、准确的依据。

工业生产者价格指数 是由工业生产者出厂价格指数和工业生产者购进价格指数两部分组成。

工业生产者出厂价格指数 是反映一定时期内工业企业产品第一次出售时的出厂价格总水平的变动趋势和程度的相对数，包括工业企业售给本企业以外所有单位的各种产品和直接售给居民用于生活消费的产品。该指数可以观察出厂价格变动对工业总产值及增加值的影响。

工业生产者购进价格指数 是反映工业企业作为生产投入，而从物资交易市场和能源、原材料生产企业购买原材料、燃料和动力产品时，所支付的价格水平变动趋势和程度的统计指标，是扣除工业企业物质消耗成本中的价格变动影响的重要依据。

土地交易价格 指房地产开发商或其他建设单位在进行项目开发之前，为获得土地使用权而实际支付的价格，不包括土地的后续开发费用、税费、各种手续费和拆迁费等。

住宅销售价格 指房产所有权转移时买卖双方实际成交的价格（合同价格）。房产买卖时，买房人购买的是房产的所有权，卖房人将房产所有权出让，同时要获得房产所有权出让的价格补偿。它主要包括新建住宅销售和二手住宅销售两部分。

住宅销售价格指数 是综合反映住宅商品价格总体变化趋势和变化幅度的相对数。各市住宅销售价格指数是由新建住宅销售价格指数和二手住宅销售价格指数组成。

10

人民生活

PEOPLE'S LIVELIHOOD

10－1 人民物质文化

Improvement in People`s Material

指标	Indicator	单位 (unit)	1978 年
就　业	**Employment**		
每一农村劳动力负担人数	Dependenecy Ratio of Rural Employed Population	人 (person)	1.70
每一城市就业者负担人数	Dependenecy Ratio of Urban Employed Population	人 (person)	1.89
城镇登记失业率	Registered Urban Unemployment Rate	%	
收入与支出	**Income and Expenditure**		
农村居民人均可支配收入	Disposable Income of rural Households	元 (yuan)	111
农村居民人均生活消费支出	Per Capita Consumer Expenditure of rural Households	元 (yuan)	83
农村居民恩格尔系数	Engel's Coefficient of Rural Residents	%	69.9
城镇居民人均可支配收入	Disposable Income of Urban Households	元 (yuan)	338
城镇居民人均生活消费支出	Per Capita Consumer Expenditure of Urban Households	元 (yuan)	318
城镇居民恩格尔系数	Engel's Coefficient of Urban Residents	%	57.1
居民储蓄	**Household Savings**		
城乡居民年末储蓄存款余额	Deposits of Urban and Rural Residents	亿元 (100 million yuan)	1.3
人均储蓄存款余额	Per Capita Savings Balance	元 (yuan)	28.5
住房面积	**Area of Building**		
农村人均住房建筑面积	Rural Per Capita Living Space	平方米 (sq.m)	9.6
城镇人均住房建筑面积	Urban Per Capita Living Space	平方米 (sq.m)	4.1
交通通讯	**Traffic and Communication**		
农村每百户拥有摩托车	Number of Motorcycles Owned by Per 100 Rural Households	辆 (unit)	
城市每百户拥有摩托车	Number of Motorcycles Owned by Per 100 Urban Households	辆 (unit)	
城市公用事业	**Urban Utilities**		
城市人口用水普及率	Urban water Penetration Rate	%	99
每万人拥有公园绿地面积	Green Area of Park Per 10000 Population	公顷 (ha)	1.6
文化生活	**Culture Life**		
城市每百户拥有彩色电视机	Number of Color TV Sets Owned by Per 100 Rural Households	台 (set)	–
农村每百户拥有彩色电视机	Number of Color TV Sets Owned by Per 100 Urban Households	台 (set)	–
教育卫生	**Education and Public Health**		
每万人口中在校大学生数	Number of College Students Per 10 000 Population	人 (person)	22
每万人拥有卫生技术人员	Number of Health Technical Personnel Per 1oooo Population	人 (person)	10.98
每万人拥有医院病床	Number of Beds of Hospitals and Health Centers Per 1oooo Population	张 (unit)	22.01

注：1. 城镇居民家庭人均生活消费支出 1990 年以前为生活费支出

2. 城市人均居住面积 2010 年以后为人均建筑面积

3. 从 2015 年起，全市发布城乡住户调查一“体化改革新口径数据，居民收支调查指标与 2014 年前分别实施的城镇和农村住户调查的调查范围方法指标口径、名称有所不同。(以下相关表同)

4. 农村居民家庭人均可支配收入 2014 年以前为农民人均纯收入口径

生活提高情况

and Cultural Life

1990年	2000年	2010年	2015年	2016年	2017年
1.61	1.40	1.35	1.38	1.42	1.31
1.72	1.71	1.67	1.80	1.87	1.35
	3.70	3.84	2.04	2.17	2.08
731	3047	8903	14232	15346	16594
570	1977	5407	8597	9396	10327
50.5	43.5	33.6	32.3	32.2	31.5
1620	8471	25321	39889	43052	46642
1360	6892	15973	26319	28537	30729
57.5	34.6	31.6	24.4	24.2	23.5
51.1	463.0	2187.7	3951.4	4279.9	4465.7
975.5	8229.6	36239.0	63358	68012.6	69971.2
22.5	28.6	40.2	52.6	53.8	55.2
7.5	10.5	29.7	44.9	45.5	47.8
4.0	61.0	84.9	79.1	75.8	76.3
7.7	34.3	13.3	15.1	13.5	16.1
100	100	100	99.00	99.57	99.64
4	7.2	11.3	11.55	11.81	11.79
61.3	132.3	115.5	110.5	110.6	111.1
70.0	125.0	122.2	114.0	118.3	118.4
71	165	1064	1141	1154	1241
59.45	63.40	65.2	100.6	105.6	104.2
32.88	38.57	52.9	69.1	72.2	74.9

10-2 各时期城镇居民生活情况

Basic Conditions of Urban Households in Each Period

年份 Year	人均可支配收入 （元） Per Capita Annual isposable Income(yuan)	人均生活消费支出 （元） Per Capita Consumer Expenditure(yuan)		就业者负担人数 （人） Number of Dependents per Employee(person)	人均住宅居住面积 （平方米） Per Capita Construction Area of Buildin(sq.m)
		小计 Total	# 人均食品支出 Per Capita Food Expenditure		
1949	64.53	61.30	37.39		4.09
1978	337.80	317.88	181.56	1.89	4.06
1981	487.19	452.77	256.67	1.73	4.40
1982	502.97	468.03	275.30	1.70	4.57
1983	552.37	484.87	293.32	1.66	4.93
1984	671.89	537.27	326.97	1.69	5.10
1985	783.00	703.82	397.33	1.68	5.21
"七五"时期					
1986	946.46	836.50	474.62	1.70	7.40
1987	1057.48	943.58	534.12	1.73	7.30
1988	1272.83	1150.44	635.11	1.70	7.50
1989	1487.91	1355.64	745.32	1.71	7.50
1990	1619.50	1360.08	781.58	1.72	7.50
"八五"时期					
1991	1854.33	1569.26	896.62	1.71	7.60
1992	2148.49	1781.21	979.03	1.73	7.65
1993	2873.94	2394.03	1146.02	1.74	7.80
1994	3951.94	3224.73	1566.59	1.72	7.90
1995	4720.55	3830.38	1823.64	1.80	8.00
"九五"时期					
1996	5681.49	4422.91	2161.00	1.71	8.00
1997	6261.21	5210.40	2185.11	1.62	8.10
1998	6757.12	5440.10	2179.99	1.61	9.89

年份 Year	人均可支配收入 （元） Per Capita Annual isposable Income(yuan)	人均生活消费支出 （元） Per Capita Consumer Expenditure(yuan)		就业者负担人数 （人） Number of Dependents per Employee(person)	人均住宅居住面积 （平方米） Per Capita Construction Area of Buildin(sq.m)
		小计 Total	# 人均食品支出 Per Capita Food Expenditure		
1999	7162.48	6415.39	2204.76	1.66	10.00
2000	8471.32	6891.75	2387.06	1.71	10.50
“十五”时期					
2001	9564.99	7465.04	2386.84	1.74	10.70
2002	10094.13	7818.33	2575.21	1.72	17.83
2003	11012.86	8395.36	2610.75	1.68	18.85
2004	12005.06	8580.54	2784.87	1.65	19.50
2005	13578.46	9226.61	3046.93	1.73	19.55
“十一五”时期					
2006	15340.17	10713.13	3335.31	1.74	20.1
2007	18005.10	12389.69	3900.91	1.72	21.0
2008	20802.17	13904.59	4466.18	1.87	21.5
2009	22721.65	14764.28	4836.78	1.86	29.4
2010	25321.06	15973.32	5051.18	1.67	29.7
“十二五”时期					
2011	28891.97	18045.58	5722.65	1.71	30.3
2012	32569.75	20031.67	6162.16	1.72	–
2013	35647.59	21666.94	6624.32	–	–
2014	38762.77	22980.67	6814.14	2.04	–
2015	39888.71	26318.72	6415.00	1.80	44.9
“十三五”时期					
2016	43052.16	28536.93	6908.01	1.87	45.5
2017	46642.40	30728.60	7229.30	1.35	47.8

注：1. 可支配收入 1983 年以前为生活费收入，消费性支出 1992 年以前为生活费支出

2. 从 2002 年开始，“住宅居住面积”改为“使用面积”，2009 年改为“建筑面积”

10-3 主要年份农村居民生活情况

Basic Conditions of Rural Households in Major Years

年份 Year	人均可支配收入（元） Per Capita Annual isposable Income(yuan)	人均生活消费支出（元） Per Capita Consumer Expenditure(yuan)		每一劳动力负担人数（人） Number of Dependents per Employee(person)	人均住宅居住面积（平方米） Per Capita Construction Area of Buildin(sq.m)
		小计 Total	# 人均食品支出 Per Capita Food Expenditure		
1952	49.4	39.2	29.2	1.8	7.5
1957	63.6	57.9	34.8	1.8	7.8
1962	67.7	59.9	36.3	1.8	8.0
1965	92.6	69.7	46.1	1.8	8.2
1970	82.7	67.2	42.2	1.7	8.5
1975	79.1	59.5	40.8	1.7	9.0
1978	110.5	83.2	58.2	1.7	9.6
1980	168.9	127.1	85.8	1.6	10.5
1985	439.2	330.5	171.1	1.6	16.9
1990	731.1	569.8	287.7	1.6	22.5
1991	810.1	610.6	303.7	1.6	23.7
1992	865.3	660.5	335.1	1.6	21.1
1993	1031.4	724.8	371.4	1.6	22.9
1994	1401.0	942.5	511.0	1.6	24.1
1995	1812.7	1373.6	770.8	1.4	24.7
1996	2328.1	1728.1	926.2	1.4	26.9
1997	2600.0	1799.7	922.0	1.4	27.1
1998	2826.4	1872.5	935.9	1.4	27.4

年份 Year	人均可支配收入（元） Per Capita Annual isposable Income(yuan)	人均生活消费支出（元） Per Capita Consumer Expenditure(yuan)		每一劳动力负担人数（人） Number of Dependents per Employee(person)	人均住宅居住面积（平方米） Per Capita Construction Area of Buildin(sq.m)
		小计 Total	# 人均食品支出 Per Capita Food Expenditure		
1999	2943.7	1841.2	876.7	1.4	28.3
2000	3046.8	1976.8	860.0	1.4	28.6
2001	3215.7	2057.8	852.5	1.5	29.9
2002	3355.8	2133.9	849.5	1.4	30.6
2003	3619.3	2316.2	900.7	1.4	32.5
2004	4198.7	2543.1	1040.4	1.4	32.9
2005	4812.3	2902.8	1134.8	1.4	33.8
2006	5480.0	3415.3	1199.8	1.4	35.3
2007	6300.1	3789.8	1423.0	1.4	37.3
2008	7180.2	4385.4	1628.2	1.4	38.7
2009	7804.8	4733.1	1686.3	1.4	39.4
2010	8903.3	5406.6	1818.3	1.4	40.2
2011	10411.8	5905.1	2147.3	1.4	41.2
2012	11786.2	6932.2	2465.4	1.4	42.9
2013	13247.6	7798.7	2640.8	1.4	43.9
2014	14726.0	8581.4	2831.4	1.4	–
2015	14231.8	8597.2	2775.5	1.4	52.6
2016	15345.6	9396.3	3028.0	1.4	53.8
2017	16593.8	10327.3	3253.2	1.3	55.2

注：人均可支配收入 2014 年以前为农民均收入口径

10-4 每百户城镇居民家庭主要耐用消费品拥有量

Number of Durable Consumer Goods Owned Per 100 Urban Households in Major Years

商品名称	Indicator	单位 Unit	1995 年	2000 年	2005 年	2010 年	2014 年	2015 年	2016 年	2017 年
摩托车	Motorcycles	辆 (Unit)	13.0	34.3	30.1	13.3	11.7	15.1	13.5	16.1
助力车	Moped	辆 (Unit)			18.1	40.2	57.8	72.0	73.1	75.7
家用汽车	Automobiles	辆 (Unit)			5.4	22.7	38.1	47.6	49.8	53.7
洗衣机	Washing Machines	台 (set)	91.5	100.0	97.0	93.2	98.7	98.5	97.9	99.5
电冰箱	Refrigerators	台 (set)	92.0	99.3	97.0	96.7	102.5	101.8	101.4	101.9
彩色电视机	Color TV Sets	台 (set)	95.0	132.3	126.8	115.5	112.8	110.5	110.6	111.1
家用电脑	Computers	台 (set)		20.0	54.2	81.0	96.7	90.8	90.0	91.3
组合音响	Music Center	台 (set)	10.5	29.0	26.8	16.2	13.4	–	9.1	0.0
摄像机	Pickup Cameras	台 (set)		2.3	4.0	10.8	20.0	16.9	16.1	0.0
照相机	Cameras	台 (set)	40.5	76.0	59.2	54.0	71.9	56.1	52.8	52.3
其它中高档乐器	High-grade Instruments	件 (Unit)	6.5	12.3	6.4	3.5	7.1	5.7	7.2	7.9
微波炉	Microwave Oven	台 (set)		32.3	53.2	55.8	66.7	58.7	62.7	63.6
空调器	Air Conditioner	台 (set)	16.0	65.0	104.4	121.5	167.0	146.3	152.3	156.4
淋浴热水器	Water Heaters	台 (set)	36.5	81.3	79.3	82.0	100.0	100.3	100.8	101.4
消毒碗柜	Sterilized Cupboard	台 (set)			5.4	6.5	8.0	6.2	7.6	0.0
洗碗机	Dish-washing Machine	台 (set)			1.0	0.3	3.3	2.1	4.4	4.9
健身器材	Fitness Equipment	台 (set)		4.7	6.4	4.3	10.9	10.2	10.6	11.7
住宅电话	Fixed-line Phones	台 (set)	38.0	86.7	88.6	46.3	59.9	54.7	57.0	54.8
移动电话	Mobile Phones	台 (set)		28.7	145.2	179.7	201.6	213.5	209.4	212.5

10-5 每百户农村居民家庭主要耐用消费品拥有量

Number of Major Durable Consumer Goods Owend Per 100 Rural Households in Major Years

商品名称	Indicator	单位 Unit	1995 年	2000 年	2005 年	2010 年	2014 年	2015 年	2016 年	2017 年
洗衣机	Washing Machines	台 (set)	79	82	86	88	88	86	90	90
电冰箱	Refrigerators	台 (set)	83	88	91	92	93	91	97	97
摩托车	Motorcycles	辆 (unit)	85	71	62	65	65	79	76	76
彩色电视机	Color TV Sets	台 (set)	120	116	118	119	114	114	118	118
照相机	Cameras	台 (set)	14	15	14	16	17	8	9	9
抽油烟机	Range Hoods	台 (set)	22	27	28	34	42	28	36	38
空调器	Air Conditioner	台 (set)	36	36	39	46	63	56	67	74
热水器	Water Heaters	台 (set)	55	64	69	69	74	74	79	82
电话机	Phones	部 (set)	80	60	58	55	65	47	48	46
移动电话	Mobile Phones	部 (set)	153	175	186	195	210	214	224	231
家用计算机	Computers	台 (set)	28	36	39	43	47	40	43	43

10-6 居民人均可支配收入和消费性支出（2017 年）

Per Capital Annual Income and Per Capital Annual Expenditure(2017)

单位：元 (yuan)

指标名称	Item	全体居民 All Households	城镇居民 Urban households	农村居民 Rural households
可支配收入	**Disposable Income**	36872.2	46642.4	16593.8
工资性收入	Income of Wages and Salaries	20823.0	26290.2	9475.7
经营净收入	Net Business Income	3632.0	2590.0	5794.6
财产净收入	income from Properties	6051.1	8747.8	453.9
转移净收入	Income from Transfer	6366.1	9014.4	869.6
消费支出	**Consumption Expenditure**	24095.2	30728.6	10327.3
食品烟酒	Food,Tobacco and liquor	5936.5	7229.3	3253.2
衣着	Clothing	1498.0	1956.4	546.5
居住	Residence	7131.4	9527.9	2157.2
生活用品及服务	Household Appliances and Services	1887.8	2440.5	740.8
交通通信	Transport and Communications	3261.8	4044.0	1638.5
教育文化娱乐	Recreation,Education and Cultural Services	2384.5	3055.0	992.9
医疗保健	Health care and Medical Services	1513.5	1837.4	841.2
其他用品和服务	Miscellaneous Goods and Services	481.7	638.2	157.0

主要统计指标解释

Explanatory Notes on Main Statistical Indicators

可支配收入 指调查户在调查期内获得的、可用于最终消费支出和储蓄的总和，即调查户可以用来自由支配的收入。可支配收入既包括现金，也包括实物收入。按照收入的来源，可支配收入包含四项，分别为：工资性收入、经营净收入、财产净收入、转移净收入。计算公式为：

可支配收入 = 工资性收入 + 经营净收入 + 财产净收入 + 转移净收入

其中：经营净收入 = 经营收入 - 经营费用 - 生产性固定资产折旧 - 生产税净额(生产税 - 生产补贴)

财产净收入 = 财产性收入 - 财产性支出

转移净收入 = 转移性收入 - 转移性支出

工资性收入 指就业人员通过各种途径得到的全部劳动报酬和各种福利，包括受雇于单位或个人、从事各种自由职业、兼职和零星劳动得到的全部劳动报酬和福利。

经营净收入 指住户或住户成员从事生产经营活动所获得的净收入，是全部经营收入中扣除经营费用、生产性固定资产折旧和生产税之后得到的净收入。

财产净收入 指住户或住户成员将其所拥有的金融资产、住房等非金融资产和自然资源交由其他机构单位、住户或个人支配而获得的回报并扣除相关的费用之后得到的净收入。财产净收入包括利息净收入、红利收入、储蓄性保险净收益、转让承包土地经营权租金净收入、出租房屋净收入、出租其他资产净收入和自有住房折算净租金等。

转移性收入 指国家、单位、社会团体对住户的各种经常性转移支付和住户之间的经常性收入转移。包括政府、非行政事业单位、社会团体对居民转移的养老金或退休金、社会救济和补助、惠农补贴、政策性生活补贴、救灾款、经常性捐赠和赔偿以及报销医疗费等；住户之间的赡养收入、经常性捐赠和赔偿以及农村地区(村委会)在外(含国外)工作的本住户非常住成员寄回带回的收入等。转移性收入不包括住户之间的实物馈赠。

转移性支出 指调查户对国家、单位、住户或个人的经常性或义务性转移支付。包括缴纳的税款、各项社会保障支出、赡养支出、经常性捐赠和赔偿支出以及其他经常转移支出等。

消费支出 指住户用于满足家庭日常生活消费需要的全部支出，包括用于消费品的支出和用于服务性消费的支出。根据用途不同，消费支出可划分为食品烟酒、衣着、居住、生活用品及服务、交通通信、教育文化娱乐、医疗保健、其他用品及服务八大类。根据来源不同，消费支出可划分为现金消费支出、实物消费支出(含自产自用、来自单位、来自政府和其他社会组织)。

食品烟酒 指用于各种食品和烟草、酒类的支出，包括食品和烟酒两个中类。

衣着 指与居民穿着有关的支出，包括服装、服装材料、鞋类、其他衣类及配件、衣着相关加工服务的支出。

居住 指与居住有关的支出，包括房租、水、电、燃料、物业管理等方面的支出，也包括自有住房折算租金。

生活用品及服务 指家庭及个人的各类生活品及家庭服务。包括家具及室内装饰品、家用器具、家用纺织品、家庭日用杂品、个人用品和家庭服务。

交通通信 指用于交通和通信工具及相关的各种服务费、维修费和车辆保险等支出。

教育文化和娱乐 指用于教育和文化娱乐方面的支出。

医疗保健 指用于医疗和保健的药品、用品和服务的总费用。包括医疗器具及药品，以及医疗服务。

其他用品及服务 指无法直接归入上述各类支出的其他用品与服务支出。

就业者负担人数 指家庭人口与就业人口之比。

城镇家庭可支配收入(老口径) 指家庭成员得到可用于最终消费支出和其它非义务性支出以及储蓄的总和，即居民家庭可以用来自由支配的收入。它是家庭总收入扣除交纳的所得税、个人交纳的社会保障支出以及记账补贴后的收入。计算公式为：

可支配收入 = 家庭总收入 - 交纳所得税 - 个人交纳的社会保障支出 - 记帐补贴

农村居民纯收入 指农村住户当年从各个来源得到的总收入相应地扣除所发生的费用后的收入总和。计算方法：

纯收入 = 总收入 - 家庭经营费用支出 - 税费支出 - 生产性固定资产折旧

纯收入主要用于再生产投入和当年生活消费支出，也可用于储蓄和各种非义务性支出。“农民人均纯收入”按人口平均的纯收入水平，反映的是一个地区或一个农户农村居民的平均收入水平。

农村居民人均可支配收入与改革前的农民纯收入指标的主要区别是：可支配收入扣除了赠送农村以外亲友支出、农村居民用于购买住房、汽车等生活性贷款的利息支出，以及个人交纳的养老、医疗等社会保障支出，纯收入则不扣。同时，计算农村居民人均收入的分母调整为农村常住人口，调整了外出农民工寄带回收入的归类。

农　业

AGRICULTURE

11-1 各时期农业主要经济指标

Major Economic Indicators of Agriculture in Each Period

年份 Year	农村劳动力（万人）Rural Labor (10 000 persons)	农林牧渔业总产值（亿元）Gross Output Value of Farming,Forestry,Animal Husbandry and Fishery (100 million yuan)	农用机械总动力（万千瓦）total power of agricultural machinery (10 000 kw)	年末实有耕地面积（千公顷）Actual Cultivated Area(1000 ha)	粮食总产量（万吨）Output of Grain (10 000 tons)	蔬菜总产量（万吨）Output of Vegetables (10 000 tons)	肉类总产量（万吨）Output of Meat (10 000 tons)	粮食单产（千克/公顷）Output Per Hectare of Grain (kg/ha)
1949	106.51	1.50	–	469.85	51.63	10.72	0.24	825
1952	112.35	1.91	–	481.17	62.75	8.61	0.40	960
1957	121.09	2.79	0.32	479.58	67.92	15.86	0.66	1065
1962	108.44	1.33	2.98	412.34	39.74	27.67	0.72	765
1965	111.74	2.61	4.84	410.02	73.80	29.12	1.12	1350
1970	123.91	2.75	14.32	396.49	75.47	31.81	1.21	1470
1975	141.00	4.07	48.04	382.05	100.46	42.00	2.07	2025
1978	140.05	6.57	69.70	373.19	115.38	49.19	2.50	2475
1979	141.60	7.48	80.63	372.45	122.56	49.42	2.92	2610
1980	143.19	7.79	88.45	370.87	116.54	58.13	3.69	2565
"六五"时期								
1981	146.52	11.73	94.47	369.80	121.27	49.85	3.99	2865
1982	149.07	14.47	106.60	369.22	121.13	63.45	4.31	3060
1983	152.39	18.07	112.19	368.45	147.41	65.66	4.66	3570
1984	158.23	19.00	123.92	367.35	160.60	86.91	5.03	3915
1985	162.51	18.36	130.41	357.41	163.50	84.11	5.43	3915
"七五"时期								
1986	165.86	20.91	147.36	353.96	168.16	118.86	6.44	3855
1987	168.56	24.65	156.23	352.18	167.25	101.52	7.13	3945
1988	171.44	34.24	172.89	350.56	167.95	122.83	8.68	4080
1989	173.38	35.14	182.40	349.59	162.45	117.99	9.70	3945
1990	176.83	36.92	183.40	347.56	181.47	126.09	11.38	4273
"八五"时期								
1991	180.09	40.13	191.00	344.76	207.55	146.87	13.50	4779
1992	182.51	45.14	191.50	343.29	198.29	170.61	15.36	4655
1993	183.78	57.81	194.40	341.54	232.21	205.62	19.12	4963
1994	183.42	85.37	207.40	339.97	237.66	226.39	26.14	5237

年份 Year	农村劳动力（万人） Rural Labor (10 000 persons)	农林牧渔业总产值（亿元） Gross Output Value of Farming,Forestry,Animal Husbandry and Fishery (100 million yuan)	农用机械总动力（万千瓦） total power of agricultural machinery (10 000 kw)	年末实有耕地面积（千公顷） Actual Cultivated Area(1000 ha)	粮食总产量（万吨） Output of Grain (10 000 tons)	蔬菜总产量（万吨） Output of Vegetables (10 000 tons)	肉类总产量（万吨） Output of Meat (10 000 tons)	粮食单产（千克／公顷） Output Per Hectare of Grain (kg/ha)
1995	183.55	114.07	241.20	339.30	252.48	253.54	28.68	5512
"九五"时期								
1996	184.68	117.65	247.07	337.25	267.08	350.36	30.43	5602
1997	186.68	131.69	258.50	335.90	240.34	328.64	24.75	5064
1998	186.54	141.45	273.30	334.83	273.10	344.67	27.38	5634
1999	188.27	148.61	297.55	333.72	279.01	366.78	29.89	5752
2000	189.15	154.30	349.47	333.72	240.27	405.95	31.82	5354
"十五"时期								
2001	189.87	162.27	409.07	331.75	239.08	435.20	33.23	5480
2002	190.98	167.99	410.17	329.35	189.86	478.34	31.87	4440
2003	192.71	180.30	417.43	325.18	220.56	504.81	33.29	5448
2004	191.31	204.39	418.54	324.89	242.74	515.26	35.35	5807
2005	190.21	230.46	426.76	366.99	260.11	529.37	37.93	5932
"十一五"时期								
2006	190.80	247.70	429.62	361.74	267.91	536.28	38.74	6042
2007	191.16	265.50	446.60	358.80	268.01	522.24	31.85	6064
2008	190.45	308.70	466.00	361.33	281.50	548.36	36.20	6230
2009	195.56	329.00	486.00		289.47	591.18	37.61	6246
2010	196.85	378.43	509.68	362.30	289.43	601.44	38.08	6192
"十二五"时期								
2011	197.38	422.99	527.39	361.25	295.84	617.82	38.85	6315
2012	198.74	451.86	538.66	361.08	286.03	633.62	39.80	6285
2013	199.80	508.84	552.06	361.81	266.60	657.12	40.24	5997
2014	199.73	524.22	567.02	360.24	271.19	665.86	40.67	6109
2015	200.45	544.68	584.98	362.30	264.55	649.73	39.44	6117
"十三五"时期								
2016	200.46	559.76	447.83	357.60	275.43	634.22	35.96	5778
2017	198.91	559.93	442.90	355.66	255.57	614.17	35.94	5660

注：1、自 2005 年始年末实有耕地面积有国土资源局提供，暂无 2009 年数据

2、依据 2006 年农业普查数据，对 1997 年至 2007 年蔬菜面积、产量做了相应调整

3、粮食作物产量、播种面积自 2012 年开始由山东调查总队反馈

4、按照国务院农普办要求，由国家统计局山东调查总队根据第三次农业普查数据，对 2016–2017 年市、县（区）粮食播种面积、单产和总产量等数据进行修订

11-2 农村基层组织和农业基本情况

Basic Conditions of Rural Grassroots Units and Agriculture

商品名称	Indicator	单位 Unit	2011 年	2012 年	2013 年	2014 年	2015 年	2016 年	2017 年
乡镇数量	Number of Towns	个 (Unit)	55	55	53	53	48	39	29
#镇	Towns	个 (Unit)	51	51	51	51	46	39	29
村民委员会	Village Committee	个 (Unit)	4538	4532	4532	4547	4546	4547	4548
乡村户数	Rural Households	万户 (10 000 households)	100.05	100.62	101.11	101.31	101.96	103.14	102.31
乡村人口	Rural Numbers	万人 (10 000 persons)	354.2	355.41	357.43	357.42	360.29	362.55	359.18
家庭从业人员	FamilyPractitioner	万人 (10 001 persons)	197.37	198.74	199.81	199.73	200.45	200.46	198.91
男	Male	万人 (10 002 persons)	105.07	105.56	106.34	105.89	106.07	106.06	105.38
女	Female	万人 (10 003 persons)	92.31	93.18	93.47	93.84	94.38	94.40	93.52
地类面积	Land Category Area	公顷 (ha)	799841	799841	799841	799841	799841	799841	799841
耕地	Cultivated Land	公顷 (ha)	361251	360279	361012	360241	358568	357601	355659
其中水浇地	Irrigated Land	公顷 (ha)	266031	265366	265725	265119	264016	263310	261894
园地	Garden Land	公顷 (ha)	26632	26485	26233	26180	26054	25957	25801
林地	Forest Land	公顷 (ha)	86070	85682	85100	84963	84676	84484	84175
草地	Grazing and Pasture Land	公顷 (ha)	58404	58193	57520	57430	57250	57151	57018
城镇村及工矿用地	Land for Urban Village, Mining and Manufacturing	公顷 (ha)	137306	139087	140218	140772	142969	144219	146819

商品名称	Indicator	单位 Unit	2011 年	2012 年	2013 年	2014 年	2015 年	2016 年	2017 年
交通运输用地	Land for Transport Facilities	公顷 (ha)	28459	28742	28740	29068	29135	29319	29617
水域及水利设施用地	Land for Water Conservancy Facilities	公顷 (ha)	51324	51246	51155	51039	50962	50875	50696
其它土地	Other Land	公顷 (ha)	50395	50127	49863	50150	50227	50236	50055
年末耕地总资源	Total Cultivated Area	公顷 (ha)	388724	387564	398999	398132	396365	395292	393224
农业机械总动力	total power of agricultural machinery	万千瓦 (10 000 kw)	527.39	538.66	552.06	567.02	584.98	447.83	442.90
农用大中型拖拉机	Large and Medium-sized Tractors	台 (set)	19611	21415	22717	23906	24328	25574	24329
农用小型拖拉机	Small Tractors	台 (set)	42791	43036	39099	37503	36964	35492	27179
联合收割机	Combine Harvester	台 (set)	8608	9416	10902	12734	12933	14365	13948
柴油机	Diesel Engine	台 (set)	85157	84971	84915	85395	85775	84583	82173
割晒机	Cutter-Rower	台 (set)	4042	3873	3783	3768	3357	3103	2935
脱粒机	Thresher	台 (set)	18996	18934	19464	20901	20178	20450	19917
农村用电量	Electricity Consumption in Rural Area	亿千瓦小时 (100 million kwh)	25.68	26.02	26.35	26.42	26.51	25.66	24.40
农作物总播种面积	Total Sown Area of Farm Crops	千公顷 (1000 ha)	622.32	606.88	591.69	585.37	569.4	607.2	576.9

注：按照国务院农普办要求，由国家统计局山东调查总队根据第三次农业普查数据，对 2016-2017 年市、县（区）粮食播种面积数据进行修订

11－3 分地区农村基层组织

Basic Conditions of Rural Grassrootsunits

指标	Indicator	单位 Unit	济南市 Ji'nan	历下区 Lixia
乡镇数量	Number of Towns	个 (Unit)	29	
#镇	Towns	个 (Unit)	29	
村民委员会	Village Committee	个 (Unit)	4548	20
乡村户数	Rural Households	万户 (10 000 households)	102.31	0
乡村总人口	Rural Numbers	万人 (10 000 persons)	359.18	0
乡村劳动力	FamilyPractitioner	万人 (10 001 persons)	198.91	0
男	Male	万人 (10 002 persons)	105.38	0
女	Female	万人 (10 003 persons)	93.52	0
地类面积	Land Category Area	公顷 (ha)	799841	10118
耕地	Cultivated Land	公顷 (ha)	355659	288
其中水浇地	Irrigated Land	公顷 (ha)	261894	89
园地	Garden Land	公顷 (ha)	25801	26
林地	Forest Land	公顷 (ha)	84175	1902
草地	Grazing and Pasture Land	公顷 (ha)	57018	437
城镇村及工矿用地	Land for Urban Village, Mining and Manufacturing	公顷 (ha)	146819	7244
交通运输用地	Land for Transport Facilities	公顷 (ha)	29617	59
水域及水利设施用地	Land for Water Conservancy Facilities	公顷 (ha)	50696	39
其它土地	Other Land	公顷 (ha)	50055	124
年末耕地总资源	Total Cultivated Area	公顷 (ha)	393224	288
农业机械总动力	total power of agricultural machinery	万千瓦 (10 000 kw)	442.9	3.95
农用大中型拖拉机	Large and Medium-sized Tractors	台 (set)	24329	460
农用小型拖拉机	Small Tractors	台 (set)	27179	455
联合收割机	Combine Harvester	台 (set)	13948	67
柴油机	Diesel Engine	台 (set)	82173	65
割晒机	Cutter-Rower	台 (set)	2935	0
脱粒机	Thresher	台 (set)	19917	28
农村用电量	Electricity Consumption in Rural Area	亿千瓦小时 (100 million kwh)	24.40	0
农作物总播种面积	Total Sown Area of Farm Crops	千公顷 (1000 ha)	576.90	0.00

和农业基本情况（2017年）

and Agriculture by Region（2017）

市中区 Shizhong	槐荫区 Huaiyin	天桥区 Tianqiao	历城区 Licheng	长清区 Changqing	章丘区 Zhangqiu	平阴县 Pingyin	济阳县 Jiyang	商河县 Shanghe
			2	3	3	6	4	11
			2	3	3	6	4	11
77	92	120	520	580	892	336	811	948
4.34	3.65	2.56	19.33	12.83	24.76	8.84	12.47	13.81
14.98	12.99	9.14	63.58	43.79	82.51	29.94	48.11	54.14
7.05	6.39	4.57	36.86	23.00	47.89	16.16	28.16	28.82
3.78	3.38	2.40	19.19	11.68	25.36	8.39	15.62	15.56
3.27	3.01	2.17	17.67	11.32	22.52	7.76	12.83	13.26
28149	15161	25897	130121	120859	171909	71506	109881	116240
5424	3338	9572	32363	46340	78747	33380	70452	75756
1444	1481	9030	17841	20688	52587	16265	67220	75249
1108	41	89	13677	4399	3788	2005	382	287
3700	432	1772	23139	20712	14697	10444	4416	2961
4153	127	141	15662	15188	16464	4002	499	346
10116	7668	8927	29297	14523	28350	9560	15566	15568
865	725	1330	4886	3707	6004	2692	4123	5226
358	2648	3793	4613	4916	8027	3213	11619	11470
2426	182	273	6485	11074	15832	6210	2824	4626
6683	3638	10801	40002	52832	90676	37280	73601	77423
12.69	7	16.05	52.17	47.14	88.52	39.27	94.40	81.71
558	292	660	2756	2762	4447	2591	4892	4911
1123	369	2121	4842	3489	900	3880	2866	7134
114	163	334	1347	1294	3499	627	2392	4111
65	5	4311	1886	1381	10130	1217	27169	35944
0	0	0	0	61	0	19	954	1901
130	2772	1204	1308	876	2393	780	6027	4399
1.67	0.76	0.62	4.85	2.73	8.57	2.25	1.18	1.77
5.47	2.95	14.64	34.28	60.09	143.70	51.21	128.43	136.14

11-4 各时期农林牧渔业增加值（按当年价格计算）

Added Value of Agriculture, Forestry, Animal Husbandry and Fishery in Each Period(Calculated at Current Prices)

单位：亿元 (100 million yuan)

年份 Year	合计 Total	农业 Farming	林业 Forestry	牧业 Animal Husbandry	渔业 Fishery	农林牧渔服务业 Services of Agriculture,Forestry,Animal Husbandry and Fishing
1952	1.45	1.09	–	0.36	–	–
1957	1.89	1.42	–	0.47	–	–
1962	1.01	0.76	–	0.25	–	–
1965	1.85	1.39	–	0.46	–	–
1970	2.11	1.58	–	0.53	–	–
1975	2.84	2.13	–	0.71	–	–
1978	4.08	2.94	0.19	0.89	0.06	–
1980	5.84	4.21	0.27	1.28	0.08	–
1985	12.16	8.75	0.57	2.66	0.18	–
"七五"时期						
1986	13.94	10.03	0.65	3.05	0.21	–
1987	16.21	11.66	0.76	3.55	0.24	–
1988	22.05	15.87	1.03	4.83	0.32	–
1989	22.74	16.37	1.06	4.98	0.33	–
1990	22.70	16.34	1.06	4.97	0.33	–
"八五"时期						
1991	24.68	18.00	0.95	5.31	0.42	–
1992	27.74	19.52	1.31	6.38	0.53	–
1993	35.66	23.83	1.45	9.72	0.66	–
1994	49.44	33.39	2.02	13.48	0.55	–
1995	67.24	49.59	1.97	14.95	0.75	–
"九五"时期						
1996	72.74	55.35	2.68	13.49	1.22	–
1997	81.07	62.25	2.95	14.66	1.21	–
1998	88.06	67.07	2.67	16.92	1.40	–
1999	92.52	67.30	2.21	21.33	1.68	–
2000	95.01	67.57	2.51	23.56	1.37	–
"十五"时期						

年份 Year	合计 Total	农业 Farming	林业 Forestry	牧业 Animal Husbandry	渔业 Fishery	农林牧渔服务业 Services of Agriculture,Forestry,Animal Husbandry and Fishing
2001	97.17	68.96	2.25	24.49	1.47	–
2002	98.74	68.88	2.44	25.99	1.43	–
2003	104.90	70.71	2.87	28.51	1.22	1.60
2004	120.47	80.17	3.15	33.86	1.50	1.77
2005	134.34	88.66	4.05	38.14	1.59	1.90
"十一五"时期						
2006	145.12	95.80	4.54	40.32	1.77	2.69
2007	150.30	97.13	5.31	42.46	1.90	3.50
2008	175.00	108.91	7.71	51.79	2.88	3.71
2009	187.07	120.34	8.34	51.22	2.88	4.29
2010	215.17	149.43	4.73	53.08	3.02	4.91
"十二五"时期						
2011	237.86	152.55	5.69	70.61	3.35	5.66
2012	252.92	160.77	6.68	75.28	3.54	6.65
2013	284.70	186.98	7.89	78.08	4.03	7.72
2014	299.11	199.53	8.85	77.57	4.33	8.82
2015	314.99	210.14	9.96	80.82	4.47	9.60
"十三五"时期						
2016	328.24	215.11	11.19	86.47	4.55	10.93
2017	330.24	215.11	11.19	86.47	4.63	12.84
2017 年分地区 Region						
历下区 Lixia						
市中区 Shizhong	3.48	1.09	0.42	1.88	0.00	0.08
槐荫区 Huaiyin	3.58	1.80	0.49	0.84	0.40	0.04
天桥区 Tianqiao	4.23	2.10	0.18	1.77	0.16	0.03
历城区 Licheng	52.18	36.50	2.70	10.53	0.61	1.83
长清区 Changqing	36.63	23.26	1.55	10.91	0.13	0.78
章丘区 Zhangqiu	89.01	51.02	2.19	30.68	1.03	4.08
平阴县 Pingyin	35.09	23.36	0.93	8.45	0.25	2.11
济阳县 Jiyang	54.19	38.10	1.16	13.13	0.92	0.88
商河县 Shanghe	51.86	37.88	1.56	8.28	1.14	3.00

11-5 各时期农林牧渔业总产值(按当年价格计算)

Gross Output Value of Agriculture, Forestry, Animal Husbandry and Fishery in Each Period(Calculated at Current Prices)

单位:亿元 (100 million yuan)

年份 Year	合计 Total	农业 Farming	林业 Forestry	牧业 Animal Husbandry	渔业 Fishery	农林牧渔服务业 Services of Agriculture,Forestry,Animal Husbandry and Fishing
1952	1.91	1.67	0.04	0.18	0.02	–
1957	2.79	2.41	0.09	0.28	0.01	–
1962	1.33	1.18	0.03	0.12	…	–
1965	2.61	2.25	0.07	0.28	0.01	–
1970	2.75	2.32	0.10	0.32	0.01	–
1975	4.07	3.48	0.13	0.44	0.02	–
1978	6.57	5.63	0.20	0.72	0.02	–
1980	7.78	6.66	0.18	0.93	0.01	–
1985	18.36	14.63	0.75	2.93	0.05	–
"七五"时期						
1986	20.91	16.81	0.79	3.23	0.08	–
1987	24.65	19.50	0.99	4.05	0.11	–
1988	34.24	24.83	1.42	7.67	0.32	–
1989	35.14	25.04	1.24	8.47	0.39	–
1990	36.92	24.70	1.41	10.36	0.45	–
"八五"时期						
1991	40.13	26.44	1.47	11.64	0.58	–
1992	45.14	29.01	1.70	13.71	0.72	–
1993	57.81	36.00	1.98	18.86	0.97	–
1994	85.37	52.36	2.80	29.38	0.83	–
1995	114.07	71.48	2.71	38.69	1.19	–
"九五"时期						
1996	117.65	77.16	3.35	35.25	1.89	–
1997	131.69	87.91	3.86	38.04	1.88	–
1998	141.45	93.56	3.55	42.17	2.17	–
1999	148.61	96.81	3.12	46.27	2.41	–
2000	154.30	100.18	3.64	48.34	2.14	–
"十五"时期						
2001	162.27	105.54	3.27	51.16	2.30	–
2002	167.99	106.27	3.51	55.84	2.37	–

年份 Year	合计 Total	农业 Farming	林业 Forestry	牧业 Animal Husbandry	渔业 Fishery	农林牧渔服务业 Services of Agriculture,Forestry,Animal Husbandry and Fishing
2003	180.30	109.41	4.11	60.90	2.05	3.83
2004	204.39	121.28	4.49	71.87	2.50	4.25
2005	230.46	137.01	5.56	80.56	2.69	4.64
"十一五"时期						
2006	247.72	147.98	6.44	84.86	2.89	5.55
2007	265.49	156.88	7.34	91.90	3.06	6.31
2008	308.68	179.13	10.82	105.85	4.20	8.68
2009	329.00	202.74	11.46	100.84	4.26	9.70
2010	378.43	246.82	7.12	109.10	4.54	10.85
"十二五"时期						
2011	422.99	261.48	8.34	135.74	4.97	12.45
2012	451.86	277.71	9.49	145.26	5.44	13.96
2013	508.83	319.46	10.99	156.16	6.09	16.13
2014	524.22	333.07	12.00	155.16	6.40	17.58
2015	544.68	344.39	13.14	162.01	6.55	18.59
"十三五"时期						
2016	559.76	352.12	14.41	166.38	6.67	20.18
2017	559.93	357.14	14.44	159.05	6.66	22.64
2017 年分地区 Region						
历下区 Lixia						
市中区 Shizhong	5.41	1.71	0.47	3.11	0.00	0.13
槐荫区 Huaiyin	4.73	2.42	0.55	1.13	0.56	0.06
天桥区 Tianqiao	7.02	3.58	0.20	2.98	0.22	0.04
历城区 Licheng	83.88	58.95	3.57	17.80	0.90	2.66
长清区 Changqing	54.00	33.56	2.10	17.24	0.18	0.92
章丘区 Zhangqiu	131.65	71.75	2.84	48.41	1.39	7.26
平阴县 Pingyin	64.55	41.86	1.20	17.69	0.37	3.42
济阳县 Jiyang	105.57	70.26	1.48	30.97	1.23	1.63
商河县 Shanghe	103.13	73.05	2.03	19.71	1.81	6.53

11-6 各时期农林牧渔业总产值定基指数（以1952年为100）

Gross Output Value and Indices of Farming、Forestry、Animal Husbandry in Each Period(1952=100)

年份 Year	合计 Total	农业 Farming	林业 Forestry	牧业 Animal Husbandry	渔业 Fishery
1952	100.00	100.00	100.00	100.00	100.00
1957	116.18	114.55	170.35	119.90	109.96
1962	73.32	74.42	69.10	69.25	20.68
1965	123.31	121.76	147.34	141.38	28.95
1970	151.35	146.28	254.82	184.02	58.65
1975	201.09	196.80	317.61	226.74	78.38
“五五”时期					
1976	198.67	185.64	340.19	269.52	118.70
1977	197.95	190.19	373.20	218.87	56.26
1978	208.10	203.90	304.32	239.93	57.89
1979	233.93	224.05	316.47	293.89	53.70
1980	264.53	259.07	286.30	330.80	43.98
“六五”时期					
1981	279.36	279.29	281.28	377.56	55.36
1982	312.68	308.75	346.83	460.13	51.95
1983	402.03	369.18	434.91	460.59	57.98
1984	493.28	436.59	572.67	651.29	69.52
1985	505.48	460.68	992.56	841.94	161.47
“七五”时期					
1986	531.29	488.47	964.62	857.25	229.32
1987	560.14	506.85	1075.00	960.76	291.92
1988	585.14	510.86	992.11	1191.92	383.08
1989	571.95	483.32	886.96	1320.55	495.30
1990	607.77	449.63	1126.99	1931.15	695.49
“八五”时期					
1991	670.19	488.17	1189.04	2204.93	830.45
1992	712.62	491.78	1298.34	2574.55	1007.33

年份 Year	合计 Total	农业 Farming	林业 Forestry	牧业 Animal Husbandry	渔业 Fishery
1993	844.31	566.55	1420.51	3221.58	1209.21
1994	945.74	603.90	1671.10	2864.71	1064.29
1995	1093.57	657.49	1508.72	4905.57	1945.11
“九五”时期					
1996	1197.20	727.03	1818.36	5258.95	2224.25
1997	1273.56	820.27	2002.99	5116.96	2202.07
1998	1426.28	914.05	1858.14	5907.41	2516.54
1999	1486.09	934.64	2110.21	6277.65	2639.47
2000	1569.90	991.58	2255.81	6620.62	2441.73
“十五”时期					
2001	1599.32	1005.16	1700.16	6905.18	2646.43
2002	1638.09	997.16	1826.57	7349.57	2712.97
2003	1711.88	1072.24	1977.78	7726.93	2324.25
2004	1804.32	1132.29	1979.76	8121.00	2803.05
2005	1930.62	1188.90	2237.13	8770.68	2802.30
“十一五”时期					
2006	2046.15	1249.31	2454.25	9245.35	3003.10
2007	2046.15	1334.26	2610.83	9006.43	3540.65
2008	2148.45	1422.32	2783.14	9231.59	3204.85
2009	2260.17	1524.73	2964.04	9342.35	3323.43
2010	2367.76	1584.02	1815.08	10311.68	3416.48
“十二五”时期					
2011	2471.94	1658.47	2016.56	10600.40	3508.72
2012	2588.12	1724.80	2216.20	11151.62	3768.36
2013	2689.05	1762.74	2491.01	11809.56	3877.64
2014	2801.99	1845.58	2724.66	12116.60	3916.41
2015	2919.67	1924.93	2986.23	12540.68	4033.90
“十三五”时期					
2016	3045.21	2007.70	3317.70	12967.06	4187.19
2017	3157.88	2126.15	3689.28	13278.26	4203.93

11-7 主要农作物播种面积及产量

Sown Areas and Output of Main Farm Crops

商品名称	Indicator	2011 年	2012 年	2013 年	2014 年	2015 年	2016 年	2017 年
农作物总播种面积（万公顷）	**Total Sown Area of Crops (10 000 ha)**	62.23	60.69	59.17	58.54	56.94	60.72	57.68
粮食作物	Grain	46.85	45.51	44.47	44.39	43.25	47.67	45.15
谷物	Cereals	44.28	43.26	42.94	42.80	41.65	46.05	43.79
小麦	Wheat	21.57	21.31	21.04	21.05	20.99	22.00	21.58
稻谷	Rice	0.85	0.75	0.45	0.34	0.21	0.20	0.18
玉米	Corn	21.12	20.62	20.85	20.81	19.82	22.93	21.07
谷子	Millet	0.63	0.46	0.50	0.49	0.54	0.86	0.91
高粱	Chinese Sorghum	0.10	0.10	0.09	0.09	0.09	0.05	0.05
其他	Others	0.01	0.02	0.01	0.01	0.01	0.01	0.00
豆类	Beans	1.09	1.00	0.69	0.69	0.71	0.85	0.70
薯类	Tubers	1.47	1.25	0.84	0.91	0.88	0.77	0.66
油料作物	Oil-bearing Crops	1.53	1.49	1.52	1.36	1.30	1.18	1.18
# 花生	Peanuts	1.40	1.37	1.33	1.21	1.13	1.03	1.06
棉花	Cotton	2.52	2.20	1.62	1.34	1.18	1.00	0.79
蔬菜	Vegetable	9.79	9.93	9.99	9.97	9.73	9.48	9.13
果用瓜	Melon	1.36	1.32	1.31	1.29	1.28	1.20	1.16
其他作物	Other Farm Crops	0.13	0.16	0.19	0.19	0.20	0.19	0.27
果园种植面积（万公顷）	**Orchard Area(10 000 ha)**	3.18	3.30	3.30	3.29	3.23	3.14	3.10
# 苹果	Apple	1.49	1.54	1.54	1.53	1.49	1.38	1.35
梨	Pear	0.18	0.18	0.19	0.18	0.18	0.16	0.16
葡萄	Grape	0.13	0.12	0.13	0.13	0.12	0.12	0.12
桃	Peach	0.54	0.53	0.56	0.57	0.56	0.58	0.58
农作物总产量（万吨）	**Total Output of Farm Crops (10 000 tons)**							
粮食作物产量	Output of Grain Crops	295.84	286.03	266.61	271.19	264.55	275.43	255.57
谷物	Cereals	281.82	275.83	259.98	264.64	257.65	268.30	249.47
小麦	Wheat	128.95	128.53	123.86	126.37	129.75	127.31	123.79
稻谷	Rice	6.34	5.30	2.89	2.33	1.52	1.55	1.36
玉米	Corn	143.96	139.78	131.40	134.26	124.39	136.65	121.25
谷子	Millet	2.25	1.86	1.59	1.45	1.74	2.64	2.97
高粱	Chinese Sorghum	0.27	0.29	0.20	0.19	0.22	0.11	0.11
其他	Other Cereals	0.05	0.07	0.04	0.04	0.03	0.04	0.00

商品名称	Indicator	2011 年	2012 年	2013 年	2014 年	2015 年	2016 年	2017 年
豆类	Beans	3.39	2.71	1.87	1.71	1.92	2.25	1.82
薯类	Tubers	10.64	7.47	4.76	4.85	4.99	4.87	4.28
油料作物	Oil-bearing Crops	5.48	5.67	5.69	4.95	4.59	4.16	4.22
# 花生	Peanuts	5.16	5.38	5.33	4.63	4.23	3.82	3.98
棉花	Cotton	2.84	2.72	1.98	1.65	1.47	1.26	0.95
蔬菜	Vegetable	617.82	633.62	657.12	665.86	649.73	634.22	614.17
果用瓜	Melon	95.32	80.22	78.75	77.79	77.00	70.74	67.51
水果总产量（万吨）	**Output of Fruits(10 000 tons)**	48.01	50.56	52.22	53.23	53.01	52.29	51.50
# 苹果	Apple	23.47	24.58	25.37	25.79	25.36	24.10	22.87
梨	Pear	3.21	3.73	3.99	3.94	4.05	3.56	3.34
葡萄	Grape	2.07	2.16	2.13	2.14	2.18	2.09	2.07
桃	Peach	9.91	10.33	10.84	10.65	10.54	11.95	12.89
杏	Apricot	4.21	4.31	4.37	5.07	4.94	4.74	4.50
枣（鲜）	Jujube	0.97	0.97	0.98	1.02	1.00	0.99	1.02
柿子（鲜）	Persimmon	2.00	2.04	2.07	2.05	1.86	1.79	1.79
山楂	Hawthorn	1.03	1.07	1.10	1.11	1.10	1.10	1.10
樱桃	Cherry	0.7	0.91	0.89	0.99	1.49	1.49	1.45
其他	Others	0.45	0.46	0.48	0.48	0.48	0.48	0.47
农作物单位面积产量（公斤 / 公顷）	**Output per Hectare of Farm Crops(kg/ha)**							
粮食作物单位面积产量	Output per Hectare of Grain Crops	6315	6285	5995	6109	6117	5778	5660
谷物	Cereals	6364	6377	6054	6184	6186	5826	5697
小麦	Wheat	5978	6032	5887	6002	6182	5787	5736
稻谷	Rice	7467	7059	6422	6799	7259	7698	7645
玉米	Corn	6816	6779	6302	6452	6276	5960	5754
谷子	Millet	3579	4077	3180	2965	3220	3071	3252
高粱	Chinese Sorghum	2669	2870	2222	2149	2497	2097	2228
其他	Others	3648	3300	4000	2974	3000	2716	0
豆类	Beans	3102	2716	2710	2474	2683	2659	2614
薯类	Tubers	7226	5960	5667	5341	5673	6371	6462
油料作物	Oil-bearing Crops	3594	3798	3743	3627	3545	3507	3584
# 花生	Peanuts	3681	3935	4008	3830	3747	3713	3734
棉花	Cotton	1128	1233	1222	1233	1254	1266	1199
蔬菜	Vegetable	63128	63830	65778	66779	66791	66917	67239
果用瓜	Melon	69891	60963	60115	60506	60263	58805	58047

注：1、依据 2006 年农业普查数据，对 1997 年至 2007 年蔬菜面积、产量做了相应调整。

2、按照国务院农普办要求，由国家统计局山东调查总队根据第三次农业普查数据，对 2016-2017 年市、县（区）粮食播种面积、单产和总产量等数据进行修订

11-8 林、牧、渔业生产情况

Basic Statistics on Forestry、Animal Husbandry and Fishery

商品名称	Indicator	单位 Unit	2011 年	2012 年	2013 年	2014 年	2015 年	2016 年	2017 年
林业生产	**Production of Forestry**								
造林面积	Forested Area	公顷 (ha)	15496	14300	13637	14881	12013	3504	3809
四旁植树	Surrounding Tree Planting	万株 (10000 trees)	1350	1399	1377	1366	1311	1312	1301
育苗面积	Area of Nursery Garden	公顷 (ha)	5326	6525	8900	12073	14439	11773	10645
果品产量	Output of Fruits	吨 (ton)	564891	587133	535625	574248	573064	539475	596994
木材采伐量	Timber Cut	立方米 (stere)	114792	148014	167433	143896	132014	157238	214946
牧业生产	**Production of Animal Husbandry**								
大牲畜存栏	Stocked Large Livestock	万头 (10 000 heads)	74.60	77.06	77.23	76.75	72.58	66.16	65.66
#役畜	Draught Animal	万头 (10 000 heads)	2.00	1.75	1.49	1.37	0.26	0.19	0.13
#牛	Cattle	万头 (10 000 heads)	74.50	76.46	76.64	76.16	72.05	65.6	65.12
猪存栏	Stocked Pigs	万头 (10 000 heads)	201.50	205.15	210.05	207.72	189.69	170.52	169.79
羊存栏	Stocked Sheep	万只 (10 000 heads)	148.10	151.09	150.39	153.16	145.02	140.41	127.52
家禽存栏	Stocked Poultry	万只 (10 000 heads)	3679.90	3776.89	3662.78	3552.24	3548.74	3388.10	2886.48
猪出栏数	Slaughtered Pigs	万头 (10 000 heads)	294.50	304.04	316.10	321.6	304.44	270.19	272.03
羊出栏数	Slaughtered Sheep and Goats	万只 (10 000 heads)	215.00	220.67	224.78	229.44	217.4	217.46	220.26

商品名称	Indicator	单位 Unit	2011 年	2012 年	2013 年	2014 年	2015 年	2016 年	2017 年
肉类总产量	Output of Meat	吨 (ton)	388451	397994	402436	406661	394410	359604	359408
#猪牛羊肉	Meat	吨 (ton)	305893	315239	321471	327654	315101	282927	286671
猪肉	Pork	吨 (ton)	215581	224637	229684	234635	227413	201530	205070
牛肉	Beef	吨 (ton)	67827	67492	68114	68825	65875	59948	59880
羊肉	Mutton	吨 (ton)	22485	23110	23673	24194	21813	21449	21721
禽肉	Poultry Meat	吨 (ton)	78471	78591	76373	72815	74655	72250	69086
奶类	Milk	吨 (ton)	314047	332312	318240	321302	291582	257982	306521
#牛奶	Cow Milk	吨 (ton)	314047	332312	318240	321298	291578	257978	306517
禽蛋	Poultry Eggs	吨 (ton)	351894	361178	355883	355122	354604	350948	330779
#鸡蛋	Hen's Eggs	吨 (ton)	336659	344115	339787	339617	339093	334780	316026
渔业生产	**Aquatic Products**								
水产品产量	Total Aquatic Products	吨 (ton)	43692	45169	46048	47018	47565	46709	41279
捕捞	Fishing	吨 (ton)	1352	1024	905	759	650	465	186
养殖	Cultured	吨 (ton)	42340	44145	45143	46259	46915	46244	41093
养殖面积	Breeding Area of Aquatic Products	公顷 (ha)	6853	6936	7428	7360	7285	7079	6673
养殖单产	Aquaculture Yield	公斤 / 公顷 (kg/ha)	6178	6365	6077	6285	6440	6533	6158

11-9 分地区主要农作物

Sown Areas and Output of

指标	Indicator	济南市 Total City	历下区 Lixia	市中区 Shizhong
农作物播种总面积（公顷）	**Total Sown Area of Crops(ha)**	576895		5469
粮　食	Grain	451520		5240
谷物	Cereals	437934		5190
小麦	Wheat	215820		2482
稻谷	Rice	1774		
玉米	Corn	210724		2369
谷子	Millet	9139		338
高粱	Chinese Sorghum	477		
其他	Others			
豆类	Beans	6966		50
薯类	Tubers	6621		
油料作物	Oil-bearing Crops	11790		28
#花生	Peanuts	10649		19
棉花	Cotton	7928		26
蔬菜	Vegetable	91341		161
果用瓜	Melon	11630		14
其他作物	Other Farm Crops	2686		
果园种植面积（公顷）	**Orchard Area(ha)**	30994		185
#苹果	Apple	13501		46
梨	Pear	1590		2
葡萄	Grape	1202		14
桃	Peach	5821		99
农作物产量（吨）	**Total Output of Farm Crops(ton)**			
粮食作物产量	Output of Grain Crops	2555682		20916
谷物	Cereals	2494689		20837
小麦	Wheat	1237871		9731
稻谷	Rice	13561		
玉米	Corn	1212472		10540
谷子	Millet	29723		566
高粱	Chinese Sorghum	1062		
其他	Other Cereals			

播种面积及产量（2017年）

Main Farm Crops by Region（2017）

槐荫区 Huaiyin	天桥区 Tianqiao	历城区 Licheng	长清区 Changqing	章丘区 Zhangqiu	平阴县 Pingyin	济阳县 Jiyang	商河县 Shanghe
2948	14636	34276	60090	143697	51214	128429	136136
2660	13926	24436	45932	107301	34499	100489	117037
2598	13851	23573	43314	102822	30076	99644	116866
1237	7536	10011	18238	50980	15478	52775	57082
589	38	11		125		1011	
772	6276	11932	21674	48927	13132	45858	59784
		1547	3394	2419	1440		
		72	8	371	25		
63	75	310	1005	2493	2015	810	145
		552	1613	1986	2408	35	26
30	199	648	4918	2330	2748	834	56
30	199	647	4723	2172	1969	834	56
0.1	116	27	303	3717	2555	240	944
256	353	8202	8629	25114	8720	23094	16813
1	43	958	308	5235	1019	3773	278
		5			1673		1008
	65	11694	2605	6293	7812	1765	574
	11	2948	105	3022	5916	1285	169
	44	848	71	301	50	68	205
	2	53	24	474	380	110	144
	8	3899	328	1076	253	103	55
14155	73748	124938	260042	565644	181090	590121	725028
14019	73600	120395	247194	544248	162277	587715	724406
6236	45274	56475	100064	267920	78556	325007	348609
4220	244	71		990		8036	
3563	28083	59135	132310	269050	79323	254672	375796
		4543	14793	5482	4340		
		171	27	806	57		

11-9 续 1

指标	Indicator	济南市 Total City	历下区 Lixia	市中区 Shizhong
豆类	Beans	18211		79
薯类	Tubers	42782		
油料作物	Oil-bearing Crops	42246		44
# 花生	Peanuts	39750		33
棉花	Cotton	9504		49
蔬菜	Vegetable	6141667		8520
果用瓜	Melon	675112		422
水果总产量（吨）	**Output of Fruits(ton)**	515019		3234
# 苹果	Apple	228653		866
梨	Pear	33369		4
葡萄	Grape	20747		510
桃	Peach	128862		1677
杏	Apricot	45008		66
枣（鲜）	Jujube	10203		20
		17948		60
柿子（鲜）	Persimmon	10971		26
山楂	Hawthorn	70		
樱桃	Cherry	14518		6
其他	Others	4668		
农作物单位面积产量（公斤/公顷）	**Output per Hectare of Farm Crops(kg/ha)**			
粮食作物单位面积产量	Output per Hectare of Grain Crops	5660		3992
谷物	Cereals	5697		4015
小麦	Wheat	5736		3921
稻谷	Rice	7645		
玉米	Corn	5754		4448
谷子	Millet	3252		1671
高粱	Chinese Sorghum	2228		
其他	Others			
豆类	Beans	2614		1586
薯类	Tubers	6462		
油料作物	Oil-bearing Crops	29582		1577
# 花生	Peanuts	32370		1739
棉花	Cotton	13937		1845
蔬菜	Vegetable	555722		52988
果用瓜	Melon	468644		29580

注：粮食作物产量、播种面积自 2012 年开始由山东调查总队反馈

槐荫区 Huaiyin	天桥区 Tianqiao	历城区 Licheng	长清区 Changqing	章丘区 Zhangqiu	平阴县 Pingyin	济阳县 Jiyang	商河县 Shanghe
136	147	865	2576	7077	4817	2160	354
		3678	10273	14319	13997	247	269
91	522	2571	16165	7634	10859	4095	266
91	522	2569	15658	7430	9087	4095	266
	177	47	337	4494	2954	256	1191
7878	20490	579240	651584	1841344	666308	1403467	962837
32	2129	47767	16975	256525	66179	264873	20211
	1680	193392	46649	76829	120374	49347	23514
	207	36200	2369	46951	99028	38067	4967
	1065	19247	1874	2238	1466	767	6709
	23	1747	927	3545	5146	2611	6239
	332	102629	6969	10635	3482	1117	2020
	6	25386	13703	2981	1484	520	862
	44	52	523	5630	371	1068	2496
	3	3732	9221	1100	3199	421	213
		3546	78	1173	1362	4777	8
			60		10		
		688	10924	2521	380		
		166	1	55	4446		
5321	5296	5113	5661	5272	5249	5872	6195
5397	5314	5107	5707	5293	5396	5898	6199
5041	6008	5641	5487	5255	5075	6158	6107
7170	6371	6688		7909		7947	
4615	4474	4956	6105	5499	6040	5554	6286
		2936	4358	2266	3014		
		2372	3276	2173	2274		
2167	1967	2787	2563	2838	2391	2666	2446
		6660	6369	7212	5812	6960	10201
3000	2625	2180	3287	3278	3953	4913	4772
3000	2625	3974	3315	3420	4614	4913	4772
3000	1530	1757	1113	1209	1157	1065	1262
30791	58034	70625	75512	73319	76415	60773	57269
27882	49500	49844	55115	48998	64937	70209	72581

11-10 分地区林、牧、渔

Basic Statistics on Forestry、Animal Husbandry

指标	Indicator	单位 Unit	济南市 Total City	历下区 Lixia
林业生产	**Production of Forestry**			
造林面积	Forested Area	公顷 (ha)	3809	0
四旁植树	Surrounding Tree Planting	万株 (10000 trees)	1301	95
育苗面积	Area of Nursery Garden	公顷 (ha)	10645	0
果品产量	Output of Fruits	吨 (tons)	596994	0
木材采伐量	Timber Cut	立方米 (stere)	214946	0
牧业生产	**Production of Animal Husbandry**			
大牲畜存栏	Stocked Large Livestock	万头 (10 000 heads)	65.66	
# 役畜	Draught Animal	万头 (10 000 heads)	0.13	
# 牛	Cattle	万头 (10 000 heads)	65.12	
猪存栏	Stocked Pigs	万头 (10 000 heads)	169.79	
羊存栏	Stocked Sheep	万只 (10 000 heads)	127.52	
家禽存栏	Stocked Poultry	万只 (10 000 heads)	2886.48	
猪出栏数	Slaughtered Pigs	万头 (10 000 heads)	272.03	
羊出栏数	Slaughtered Sheep and Goats	万只 (10 000 heads)	220.26	
肉类总产量	Output of Meat	吨 (tons)	359408	
# 猪牛羊肉	Meat	吨 (tons)	286671	
猪肉	Pork	吨 (tons)	205070	
牛肉	Beef	吨 (tons)	59880	
羊肉	Mutton	吨 (tons)	21721	
禽肉	Poultry Meat	吨 (tons)	69086	
奶类	Milk	吨 (tons)	306521	
# 牛奶	Cow Milk	吨 (tons)	306517	
禽蛋	Poultry Eggs	吨 (tons)	330779	
# 鸡蛋	Hen's Eggs	吨 (tons)	316026	
渔业生产	Aquatic Products			
水产品产量	Total Aquatic Products	吨 (tons)	41279	
捕捞	Fishing	吨 (tons)	186	
养殖	Cultured	吨 (tons)	41093	
养殖面积	Breeding Area of Aquatic Products	公顷 (ha)	6673	
养殖单产	Aquaculture Yield	公斤 / 公顷 (kg/ha)	6158	

业生产情况（2017 年）

and Fishery by Region（2017）

市中区 Shizhong	槐荫区 Huaiyin	天桥区 Tianqiao	历城区 Licheng	长清区 Changqing	章丘区 Zhangqiu	平阴县 Pingyin	济阳县 Jiyang	商河县 Shanghe
160	134	154	241	412	549	408	953	798
91	80	20	165	160	320	120	100	150
89	109	419	3109	2985	805	132	1047	1950
12093	0	2280	380371	60082	27622	59288	35402	19856
0	0	1520	11655	60322	25167	24982	46700	44600
0.12		0.06	1.25	4.88	25.54	6.75	18.43	8.63
				0.10		0.03		
0.12		0.06	1.23	4.77	25.43	6.54	18.34	8.63
0.63	0.03	0.67	13.36	21.98	51.34	16.52	28.68	36.58
0.30	0.25	0.74	7.35	21.38	26.11	27.58	19.91	23.90
11.94	2.80	37.09	159.75	258.37	1205.70	263.71	364.84	582.28
3.67	0.55	2.72	18.53	31.23	83.60	30.61	35.66	65.46
2.68	0.72	2.73	8.79	25.09	37.52	57.17	31.74	53.82
4971	835	4252	22695	30035	114959	43037	58109	80515
3774	577	3032	15637	24714	86929	33502	53522	64984
2687	413	2178	13799	19545	63989	22442	28558	51459
755	68	527	806	3102	19229	5519	21996	7878
332	96	327	1032	2067	3711	5541	2968	5647
1196	259	1219	7054	5097	26379	7942	4479	15461
3646	794	238	14210	35084	74757	27323	30264	120205
3646	794	238	14210	35080	74757	27323	30264	120205
1608	748	4231	32237	22561	154084	36796	42691	35823
1602	748	4223	32228	22237	150813	36366	40123	27686
	1905	2160	2002	1245	10955	1644	10767	10601
	0	0	0	125	46	0	0	15
	1905	2160	2002	1120	10909	1644	10767	10586
	174	260	800	345	1906	446	1502	1240
	10948	8308	2503	3246	5724	3686	7168	8537

11-11 农业"四化"情况(2017 年)

Basic Statistics on Four Modernization of Agriculture (2017)

指标 Indicator	机耕面积 (千公顷) Machine-cultivated Area (1000 hectares)	有效灌溉面积 (千公顷) Effective Irrigated Area(1000 hectares)	化肥施用量 (吨折纯) Consumption of Chemical Fertilizer(tons convert to pure volume)	每公顷耕地化肥施用量 (公斤折纯) Consumption of Chemical Fertilizers per Hectare(kg convert to pure volume)	农药施用量 (吨) Pesticides Consumption(tons)	每公顷耕地农药施用量 (公斤) Consumption of Pesticides per Hectare(kg)
全　市 Total	295.3	256.6	209449	588.9	2896.0	8.1
历下区 Lixia						
市中区 Shizhon	1.9	2.7	1211	223.3	47.0	8.7
槐荫区 Huaiyin	2.0	2.1	1062	318.2	21.9	6.6
天桥区 Tianqiao	13.3	8.5	5107	533.6	48.7	5.1
历城区 Licheng	15.9	25.0	18097	559.2	479.9	14.8
长清区 Changqing	38.1	25.1	13191	284.7	384.0	8.3
章丘区 Zhangqiu	84.0	53.0	50359	639.5	418.9	5.3
平阴县 Pingyin	35.6	18.7	14629	438.3	141.6	4.2
济阳县 Jiyang	51.0	63.9	44298	628.8	913.6	13.0
商河县 Shanghe	53.6	57.5	61495	811.8	440.0	5.8

11-12 主要农副产品产量与上年和历史最高年份比较

Output of Major Agricultral Products in Comparision with Last Year and Maximum Year

指标	Indicator	2017 年	2016 年	历史最高年 Maximum Year		2017 年为历史最高年的% 2017 Account for Historic High	2017 年为 2016 年的% 2017 Account for 2016
				年份 Year	产量 Output		
农产品产量(万吨)	**Total Output of Farm Crops (10 000 tons)**						
粮食总产量	**Output of Grain Crops**	255.57	275.43	2011	295.84	86.4	92.8
#小麦	Wheat	123.79	127.31	2015	129.75	95.4	97.2
稻谷	Rice	1.36	1.55	2000	9.89	13.8	87.7
玉米	Corn	121.25	136.65	2011	143.96	84.2	88.7
薯类	Tubers	4.28	4.87	1995	23.10	18.5	87.9
经济作物(万吨)	**Commercial Crop(10 000 tons)**						
#棉花	Cotton	0.95	1.26	1999	5.00	19.0	75.2
油料花生	Peanuts	3.98	3.82	2009	6.07	65.5	104.0
蔬菜总产量	Output of Vegetables	614.17	634.22	2014	665.86	92.2	96.8
水果总产量	Output of Fruits	51.5	52.29	2014	53.23	96.7	98.5
水产品总产量(万吨)	Total Aquatic Products(10 000 tons)	4.1	4.7	2015	4.80	85.4	87.2

注：按照国务院农普办要求，由国家统计局山东调查总队根据第三次农业普查数据，对 2016-2017 年市、县(区)粮食播种面积、单产和总产量等数据进行修订

主要统计指标解释

Explanatory Notes on Main Statistical Indicators

农林牧渔业产值 是以货币表现的农、林、牧、渔业全部产品的总量，它反映一定时期内农林牧渔业生产的总规模和总成果。

农、林、牧、渔四业的统计范围是辖区内各种经济组织类型、各个系统的全部农林牧渔业生产单位和非农行业单位附属的农林牧渔业生产活动单位。不包括农业科学试验机构进行的农业生产。

农林牧渔业总产值的核算范围是本辖区内在一定时期内生产的农业、林业、牧业、渔业产品的价值和对农林牧渔业生产活动进行的各种支持性服务活动的价值总和，执行日历年度。

（1）农业产值，包括谷物和其他作物产值：蔬菜，园艺作物产值：水果，坚果，饮料和香料产值；中药材产值。其中谷物和其他作物产值包括谷物、薯类、豆类、棉花、油料，糖料，麻类、烟叶和其他农作物的产值。其他农作物包括青饲料，绿肥、牧草、桑叶及采集的野生植物。

（2）林业，包括林木的培育和种植（不包括茶园、桑园和果园的栽培，管理和收获等活动）。林产品的采集和竹木采伐。

（3）牧业，包括除渔业养殖以外的一切动物饲养和放牧以及捕猎野兽野禽产值。

（4）渔业，包括水生动物和海藻类植物的养殖和捕捞。

（5）农林牧渔服务业，包括灌溉，农产品初加工。农机服务，病虫害防治、森林防火、兽医服务、鱼苗及鱼种场等对农林牧渔业生产活动进行的各种支持性服务活动。但不包括各种科学技术和专业技术服务活动。农林牧渔业总产值核算采用“产品法”进行计算，即用产品产量乘以价格以求出各种产品产值，然后加总求得各业产值，最后各业相加求得农林牧渔业总产值。

1957 年以前的农业总产值中包括了厩肥和农民自给性手工业（如农民自制衣服、鞋、袜，自己从事粮食初步加工等）。1958 年及以后的农业总产值，林业中增加了村及村以下竹木采伐产值；牧业中取消了厩肥产值；副业中取消了农民自给性手工业产值，增加了村及村以下办的工业产值；渔业中增加了海洋捕捞水产品产值。1980 年及以后的农业总产值，在副业中增加了农民家庭兼营工业商品性部分的产值。从 1984 年起村及村以下办工业产值划归工业。从 1993 年起取消副业，将采集野生植物产值和农民家庭兼营商品性工业产值划归农业产值，捕猎野兽、野禽产值划入牧业产值。2003 年根据新的国民经济行业分类，农林牧渔服务业划归第一产业。原农业产值中的农民家庭兼营商品性工业产值划归工业产值；林业中竹木采伐产值统计范围由村及村以下改为全社会。

农林牧渔业增加值 是指农、林、牧、渔及农林牧渔服务业生产货物或提供服务活动而增加的价值，为农林牧渔业现价总产值扣除农林渔业现价中间投入后的余额。

农林牧渔业增加值的核算范围同农林牧渔业总产值的核算范围相同。

农林牧渔业增加值的计算方法：采用生产法和分配法（收入法）两种。

1．生产法计算公式：

农林牧渔业增加值 = 农林牧渔业总产值 - 农林牧渔业中间消耗

2．分配法计算公式：

农林牧渔业增加值 = 固定资产折旧 + 劳动者报酬 + 生产税净额 + 营业盈余

其中：生产税净额 = 生产税收 - 生产补贴

农林牧渔业中间消耗 指在农林牧渔业生产过程中投入（或消耗）的各种物质产品和劳务价值的总和。包括中间物质消耗和对非物质生产部门的劳务支出两部分。计算中间消耗有两个原则：一是计算的口径范围要与总产值保持一致，二是本期消耗的不属于固定资产的低值易耗品。某些小农具即使使用年限超过一年，但价值在 50 元以下，也作为中间物质消耗处理。

粮食产量 指全社会的粮食作物产量。包括国营农场等全民所有制经营的、集体统一经营和农民家庭经营的粮食产量，还包括工矿企业家属办的农场和其他生产单位的产量粮食除包括稻谷、小麦、玉米、高粱、谷子及其他杂粮外，还包括薯类和大豆。其产量计算方法，豆类按去豆荚后的干豆计算；薯类包括甘薯和马铃薯，不包括芋头和木薯。1963 年以前按每 4 公斤鲜薯 1 公斤粮食计算，从 1964 年以后按 5 公斤鲜薯折 1 公斤粮食计算。其他粮食一律按脱粒后的原粮计算。

油料产量 指全部油料作物的生产量。包括花生、油菜籽、芝麻、向日葵籽、胡麻籽（亚麻籽）和其他油料。不包括大豆、木本油料和野生油料。花生以带壳干花生计算。

水产品产量 指人工养殖的水产品和天然生长的水产的捕捞量。包括海水的鱼类、虾蟹类、贝类和藻类以及淡水的鱼类、虾蟹类和贝类，不包括淡水水生植物。

猪、牛、羊肉产量 指当年出栏并已屠宰的猪、牛、羊的肉产量。即屠宰后除去头蹄下水后带骨肉（即胴体重）的重量。

耕地面积 指年初可以用来种植农作物、经常进行耕锄的田地，包括熟地、当年新开荒地、连续撂荒未满三年的耕地和当年的休闲地（轮歇地），还包括以种植农作物为主并附带种植桑树、茶树、果树和其他林木的土地，以及沿海、沿湖地区已围垦利用的“海涂”、“湖田”等面积。

不包括属于专业性的桑园、茶园、果园、果木苗圃、林地、芦苇地、天然或人工草地面积。

农作物播种面积 指实际播种或移植有农作物的面积。凡是实际种植有农作物的面积，不论种植在耕地上还是种植在非耕地上，均包括在农作物播种面积中。在播种季节基本结束后，因遭灾而重新改种和补种的农作物面积，也包括在内。

灌溉面积 指有效灌溉面积，即具有一定的水源，地块比较平整，灌溉工程或设备已经配套，在一般年景下半年能够进行正常灌溉的耕地面积。

农用化肥施用量 指本年内实际用于农业生产的化肥数量，包括氮肥、磷肥、钾肥和复合肥。化肥施用量要求按折纯量计算数量。折纯量是指把氮肥、磷肥、钾肥分别按含氮、含五氧化二磷、含氧化钾的百分之一百成份进行折算后的数量。复合肥按其所含主要成分折算。

农业机械总动力 指主要用于农、林、牧、渔业的各种动力机械的动力总和。包括耕作机械、排灌机械、收获机械、农产品加工机械、运输机械、植物保护机械、牧业机械、林业机械、渔业机械和其他农业机械（内燃机按引擎马力折成瓦（特）计算），电动机按功率折成瓦特计算。不包括专门用于乡办工业、基本建设、非农业运输、科学试验和教学等非农业生产方面用的动力机械与作业机械。

工　业

INDUSTRY

12-1 各时期全部工业基本情况

Basic Statistics on Total Industry in Each Period

年份 Year	全部工业单位数（个）Number of Industial Enterprises (Unit)		工业总产值（亿元）Gross Industrial Output Value (100 million yuan)		工业增加值（亿元）Value Added of Industry Enterprises (100 million yuan)		国有独立核算工业（万元）State-owned Independent Accounting Industrial (10 000 yuan)	
	合计 Total	# 国有单位 State-owned	合 计 Total	# 国有单位 State-owned	合计 Total	# 国有单位 State-owned	利润总额 Total Profits	利税总额 Total Profits and Taxes
1949	52	—	1.20	0.52	0.40	0.15	190	541
1952	92	—	2.97	1.65	1.09	0.52	1616	2761
1957	399	—	6.90	6.13	2.18	1.84	5742	10065
1962	847	286	6.67	5.61	2.36	1.80	3293	8242
1965	724	247	11.99	10.09	4.34	3.39	16246	22906
1970	828	285	23.12	17.93	7.56	5.64	19347	31834
1975	1041	326	26.41	18.87	8.46	5.50	11555	27846
1978	1319	398	39.06	25.87	12.89	7.11	28852	53031
1979	1353	359	42.95	28.90	14.10	8.01	31875	57532
1980	1535	356	45.31	30.37	14.24	8.85	32909	59572
“六五”时期								
1981	1538	350	47.61	31.72	15.11	9.47	35077	62657
1982	1619	357	51.98	33.91	15.79	10.01	32062	64673
1983	1674	369	59.06	36.99	17.96	11.49	35870	60308
1984	1981	325	66.96	39.78	20.10	13.17	45869	83520
1985	2584	477	74.41	44.66	27.54	16.97	61274	112154
“七五”时期								
1986	3005	369	86.93	48.71	28.69	17.53	54804	115006
1987	3957	361	107.63	56.16	32.88	19.40	58715	125775
1988	5252	372	138.05	68.58	47.49	25.09	80173	156056
1989	7655	380	158.53	76.19	54.66	30.51	76571	170703
1990	11020	394	222.63	116.92	60.43	37.11	25084	125522
“八五”时期								
1991	12211	376	245.73	131.35	67.73	43.35	36715	151718
1992	15374	373	303.33	162.35	86.85	48.97	55463	193000
1993	19392	376	448.25	230.93	115.36	69.65	57984	223445
1994	22009	366	614.08	236.40	154.49	69.64	60393	240473
1995	24621	495	752.23	279.16	194.16	83.12	65335	316289

12-1 续 1

年份 Year	全部工业单位数（个） Number of Industial Enterprises (Unit)		工业总产值（亿元） Gross Industrial Output Value (100 million yuan)		工业增加值（亿元） Value Added of Industry Enterprises (100 million yuan)		国有独立核算工业（万元） State-owned Independent Accounting Industrial (10 000 yuan)	
	合计 Total	# 国有单位 State-owned	合 计 Total	# 国有单位 State-owned	合计 Total	# 国有单位 State-owned	利润总额 Total Profits	利税总额 Total Profits and Taxes
"九五"时期								
1996	32902	425	834.45	260.16	238.31	91.30	79615	337807
1997	33000	325	897.59	263.34	278.87	92.99	95267	343426
1998	32793	227	966.62	234.03	298.41	94.28	42152	292991
1999	29319	211	981.78	212.95	318.80	79.51	–2340	254619
2000	30899	195	994.00	237.14	336.61	81.00	34824	292198
"十五"时期								
2001	34135	169	1090.70	140.44	356.72	64.69	49222	226242
2002	30064	155	1302.00	144.78	410.98	49.16	28011	234986
2003	30258	126	1544.50	167.30	494.55	68.80	53363	302975
2004	31163	115	1981.80	150.70	620.14	37.21	–3943	72684
2005	31370	102	2447.51	177.00	786.11	66.49	268573	354111
"十一五"时期								
2006	35370	86	2806.94	193.10	861.48	73.95	315323	458191
2007	36112	76	3389.09	283.32	985.78	103.65	364790	751182
2008	36416	80	4829.16	338.24	1140.14	136.55	418265	853091
2009	37656	77	5096.98	345.44	1191.36	166.36	422898	885006
2010	37521	66	5800.39	404.38	1352.42	284.75	643216	1162785
"十二五"时期								
2011	36750	54	5544.60	478.10	1507.88		561683	1217350
2012	35917	52	5535.25	491.20	1603.08		646193	1401892
2013	38443	30	5711.48	280.63	1690.63		551967	665206
2014	38753	25	5861.98	246.26	1822.11		507491	611865
2015	38793	24	5877.28	204.79	1844.37		517575	571354
"十三五"时期								
2016	34310	16	6059.16	157.83	1878.83		540739	622714
2017	33725	12	6395.21	147.27	2003.10		583734	589999

注：1、工业增加值、工业总产值按当年价格计算。

2、1985、1995 年因工业普查对教育局校办工厂统计方法的规定，故国有单位较多。

3、2001 年后炼油、浪潮、将军等原国有企业陆续改制，故国有数字较以前年份有所减小。

4、2004 年第一次经济普查后，统计年鉴包含济南供电公司年报数据。

12-2 各时期规模以上工业基本情况

Basic Statistics of Industrial Enterprises Above Designated Size in Each Period

单位：亿元 (100 million yuan)

年份 Year	单位数（个） Number of Industial Enterprises (unit)	工业总产值 Gross Industrial Output Value	工业增加值 Value Added of Industry Enterprises	主营业务收入 Revenue from Principal Business	利税总额 Total Profits and Taxe	利润总额 Total Profits	资产总计 Total Assets	所有者权益 Owner's Equities
1949	52	1.06	0.40	0.91	0.07	0.03	0.58	0.17
1952	92	2.83	1.02	2.40	0.32	0.18	1.89	0.55
1957	399	6.04	2.08	5.85	1.04	0.60	2.85	0.83
1962	847	6.65	2.15	6.87	0.92	0.39	5.66	1.65
1965	724	11.89	4.07	9.49	2.47	1.73	5.93	1.73
1970	828	22.94	7.29	19.30	3.66	2.22	10.67	3.10
1975	1041	26.16	7.94	19.70	3.47	1.55	17.21	5.01
1978	1319	37.67	9.94	31.39	6.80	3.88	25.68	7.47
1979	1353	38.79	11.18	35.51	7.21	4.13	27.19	7.91
1980	1535	43.60	12.15	36.90	7.51	4.26	29.22	8.50
"六五"时期								
1981	1538	42.26	12.77	39.84	7.98	4.37	31.49	9.20
1982	1619	45.58	13.63	42.94	8.13	4.18	34.52	10.08
1983	1674	49.64	14.86	46.38	8.84	4.74	38.09	11.12
1984	1981	55.95	17.91	52.16	10.46	5.82	41.66	12.16
1985	1915	66.98	23.10	64.76	13.98	7.62	47.09	13.75
"七五"时期								
1986	2036	75.67	24.54	73.98	14.38	7.07	56.79	16.70
1987	2004	88.17	27.24	86.19	15.88	7.52	64.21	18.88
1988	1984	107.76	35.39	113.84	19.65	10.37	81.67	24.01
1989	1993	118.88	43.20	131.86	20.88	9.73	104.34	30.68
1990	2008	174.89	41.63	136.29	15.57	3.23	125.25	36.82
"八五"时期								
1991	1985	194.29	44.84	160.58	18.46	4.97	138.34	40.81
1992	1941	236.37	60.16	200.54	23.48	7.84	167.44	49.39
1993	2156	319.49	104.43	309.91	31.88	10.26	338.15	99.61
1994	2202	414.81	113.71	346.13	41.69	13.61	462.34	136.14
1995	2648	526.48	130.88	432.17	53.59	16.30	578.55	180.86

12-2 续 1

年份 Year	单位数（个）Number of Industial Enterprises (unit)	工业总产值 Gross Industrial Output Value	工业增加值 Value Added of Industry Enterprises	主营业务收入 Revenue from Principal Business	利税总额 Total Profits and Taxe	利润总额 Total Profits	资产总计 Total Assets	所有者权益 Owner's Equities
"九五"时期								
1996	2301	549.40	175.21	494.99	66.82	27.83	705.50	225.53
1997	1843	603.30	194.42	605.81	70.12	26.99	882.36	286.59
1998	1060	593.83	189.88	539.29	58.56	18.62	882.38	297.81
1999	1064	628.59	201.38	579.64	59.17	15.97	931.22	302.21
2000	1038	680.04	219.19	629.72	64.62	21.69	958.10	363.37
"十五"时期								
2001	1015	786.70	252.61	746.92	77.79	28.45	984.71	369.40
2002	1125	1009.04	325.98	917.31	92.71	32.13	1120.60	407.36
2003	1319	1318.54	426.30	1223.76	132.84	54.71	1312.97	440.85
2004	1512	1781.78	560.15	1677.93	175.98	83.68	1473.90	507.63
2005	1670	2237.51	722.11	2142.84	244.61	131.30	1868.06	630.06
"十一五"时期								
2006	1752	2591.65	797.70	2490.94	289.78	153.74	2000.62	702.78
2007	1820	3189.09	926.58	3086.85	358.87	199.73	2337.09	903.87
2008	2016	3862.64	1052.48	3766.93	425.72	220.79	2899.47	1123.03
2009	2156	3950.77	1154.01	3868.70	500.63	275.85	3478.94	1572.11
2010	2021	4485.61	1313.00	4497.17	584.53	339.76	3904.42	1481.75
"十二五"时期								
2011	1417	4028.49		4165.19	453.47	242.63	3932.90	1407.89
2012	1647	4248.29		4454.97	498.24	253.06	4109.29	1582.77
2013	1901	4777.47		4926.11	539.49	312.95	4249.79	1671.91
2014	1984	5253.05		5406.67	606.60	357.82	4564.86	1846.32
2015	2021	5339.97		5417.16	685.71	396.13	4987.76	2159.78
"十三五"时期								
2016	1962	5486.56		5714.29	729.75	421.11	5501.88	2301.94
2017	2051	5770.91		5810.16	686.80	415.23	6319.64	2268.27

注：1、工业增加值、工业总产值按当年价格计算。

2、1997 年及以前统计口径为乡及乡以上工业企业，1998 年及以后为全部国有及年销售收入 500 万元以上工业企业，2011 年及以后为年主营业务收入 2000 万元以上工业企业。

3、1991 年及以前"工业增加值"指标为"工业净产值"指标。

4、2004 年第一次经济普查后，统计年鉴包含济南供电公司年报数据。

12-3 各时期主要工业产品产量

Output of Major Industrial Products in Each Period

年 份 Year	钢 （万吨） Steel (10 000 tons)	发电量 （亿千瓦小时） Electric Energy Production (100 million kwh)	水泥 （万吨） Cement (10 000 tons)	化肥 （万吨） Chemical Fertilizer (10 000 tons)	金切机床 （台） Metal-cutting Machine Tools (unit)	汽车 （辆） Motor Vehicles (unit)	服务器 （万台） Servers (10 000 unit)	布 （万米） Cloth (10 000 m)
1949	–	0.29	0.15	–	40	–	–	2682
1952	–	0.55	1.08	1.62	565	–	–	5104
1957	0.03	1.07	1.29	0.48	2312	–	–	5573
1962	0.57	4.20	4.85	0.81	1140	12	–	2160
1965	0.54	5.65	19.24	3.79	2061	335	–	4853
1970	7.01	11.28	38.06	4.87	4718	1775	–	11665
1975	22.81	11.07	58.48	9.06	3994	3507	–	12547
1978	34.54	12.65	87.55	18.02	3610	4025	–	13806
1979	33.19	11.92	93.77	11.07	3771	4515	–	14300
1980	36.34	11.95	98.86	12.78	4414	5641	–	15236
"六五"时期							–	
1981	34.23	11.12	96.50	11.62	3336	5099		16290
1982	34.96	11.15	104.64	13.23	4262	5993	–	17657
1983	41.24	13.01	112.38	15.37	4816	7249	–	17963
1984	43.80	23.49	117.17	14.53	5533	7947	–	16522
1985	52.64	26.44	135.10	11.44	6686	9400	–	18082
"七五"时期							–	
1986	57.24	27.01	154.51	12.31	7472	7600		12346
1987	64.09	28.83	158.92	13.00	7007	5225	–	20137
1988	75.23	42.97	182.80	13.69	7280	6741	–	19374
1989	81.58	43.98	198.95	14.48	6806	7701	–	21744
1990	87.68	44.71	211.56	14.44	5121	6239	–	20155
"八五"时期								
1991	105.42	56.43	248.33	14.90	5330	7096		20119
1992	113.34	61.46	335.61	14.64	7443	8544	–	14896
1993	139.35	69.00	340.35	14.47	6724	10132	–	13205
1994	166.19	66.87	384.00	15.62	3297	9380	–	16062

年 份 Year	钢 （万吨） Steel (10 000 tons)	发电量 （亿千瓦小时） Electric Energy Production (100 million kwh)	水泥 （万吨） Cement (10 000 tons)	化肥 （万吨） Chemical Fertilizer (10 000 tons)	金切机床 （台） Metal-cutting Machine Tools (unit)	汽车 （辆） Motor Vehicles (unit)	服务器 （万台） Servers (10 000 unit)	布 （万米） Cloth (10 000 m)
1995	172.72	68.75	425.02	14.03	4109	5657	–	15046
“九五”时期								
1996	205.49	63.50	379.32	13.73	3855	7125	–	13710
1997	237.70	59.14	392.23	13.89	2526	5656	–	14213
1998	267.33	60.06	379.40	17.29	1508	3615	–	11286
1999	265.29	64.24	474.47	22.91	1955	3738	–	14782
2000	277.04	69.29	485.12	28.41	2908	3078	–	16493
“十五”时期								
2001	293.83	69.81	572.28	28.71	3528	7395	–	14107
2002	394.41	69.12	867.71	28.29	4522	12152		16027
2003	507.70	77.60	925.20	28.50	6751	19989	–	17040
2004	688.30	74.70	1343.90	40.30	8904	29648	–	16336
2005	1046.60	90.80	1595.70	28.90	7166	42214	–	14018
“十一五”时期							–	
2006	1131.26	100.14	1960.64	31.44	10057	59242	–	22852
2007	1214.90	130.37	733.98	40.31	9473	100133	–	27469
2008	1123.20	124.25	734.58	48.52	5110	109107	8.3	11786
2009	1051.67	128.76	761.72	57.77	2400	129900	9.7	7500
2010	959.33	131.45	729.79	49.09	2165	212047	9.9	8191
“十二五”时期								
2011	835.80	154.48	824.70	44.20	2024	170717	13.0	11461
2012	694.50	156.60	776.00	55.20	4237	141269	14.7	14908
2013	711.14	162.55	782.20	33.29	4297	165963	17.1	14574
2014	746.20	178.47	832.40	28.60	4902	139751	28.1	14070
2015	699.80	175.87	781.50	23.50	3807	96184	40.6	15539
“十三五”时期								
2016	805.70	177.20	719.80	32.50	4679	124200	46.8	15585
2017	452.03	160.12	604.48	21.00	6013	201883	56.5	16407

注：按经济普查规定汽车产量不含底盘。

12-4 规模以上工业主要经济指标（2017年）

Main Economic Indicators of Industrial Enterprises Above Designated Size（2017）

指标	Indicator	企业单位数（个）Number of Industial Enterprises (unit)	亏损企业数（个）Loss Enterprises (unit)	工业总产值（现价）（亿元）Gross Industrial Output Value (Calculated at Current Prices) (100 million yuan)	工业销售产值（现价）（亿元）IndustrialOutput Value of Products Sold(Calculated at Current Prices) (100 million yuan)	全部从业人员年平均人数（万人）Annual Average of Empolyed Persons (10 000 persons)
总计	**Total**	2051	187	5770.91	5508.72	38.17
按登记注册类型分组	**by Status of Registration**					
内资企业	Domestic Funded Enterprises	1905	165	5350.88	5090.68	33.51
国有企业	State-owned Enterprises	12	3	147.27	13.34	0.26
中央企业	Central Enterprises	1	0	134.32	0.33	0.03
地方企业	Local Enterprises	11	3	12.95	13.01	0.23
集体企业	Collective-owned Enterprises	14	1	26.89	26.52	0.29
股份合作企业	Cooperative Enterprises	3	0	1.63	1.62	0.02
有限责任公司	Private Limited Liability Corporations	777	79	3273.77	3217.84	19.73
国有独资公司	State Sole funded Corporations	28	10	1030.11	1012.07	4.74
其他有限责任公司	Other Limited Liability Corporations	749	69	2243.65	2205.77	14.98
股份有限公司	Share-holding Corporations Limited	88	12	457.66	442.01	3.37
私营企业	Private Enterprises	1005	70	1436.37	1382.03	9.80
私营独资企业	Private-funded Enterprises	54	1	96.11	93.00	0.44
私营有限责任公司	Private Limited Liability Corporations	894	61	1167.23	1122.47	8.42
私营股份有限公司	Private Share-holding Corporations Ltd.	57	8	173.03	166.55	0.93
其他企业	Other Enterprises	6	0	7.29	7.31	0.04
港、澳、台商投资企业	Enterprises with Funds from Hong Kong, Macao and Taiwan	49	7	153.14	150.61	2.19
合资经营企业(港或澳、台资)	Joint-ventures Enterprises	21	6	70.35	70.68	0.96
合作经营企业(港或澳、台资)	Cooperative Enterprises	2	1	8.10	12.04	0.13
港澳台商独资经营企业	Enterprises with Sole Investment	25	0	68.02	61.12	1.02
港澳台商投资股份有限公司	Share-holding Corporations Ltd. With Funds From Hong Kong, Macao and Taiwan	1	0	6.67	6.78	0.08
外商投资企业	Foreign Funded Enterprises	97	15	266.90	267.42	2.46

指标	Indicator	企业单位数（个）Number of Industial Enterprises (unit)	亏损企业数（个）Loss Enterprises (unit)	工业总产值（现价）（亿元）Gross Industrial Output Value (Calculated at Current Prices) (100 million yuan)	工业销售产值（现价）（亿元）IndustrialOutput Value of Products Sold(Calculated at Current Prices) (100 million yuan)	全部从业人员年平均人数（万人）Annual Average of Empolyed Persons (10 000 persons)
中外合资经营企业	Joint-venture Enterprises	54	14	126.63	127.63	1.43
中外合作经营企业	Cooperation Enterprises	2	0	3.36	3.41	0.02
外资企业	Enterprises with Sole Foreign Funds	40	1	131.51	131.08	0.99
外商投资股份有限公司	Share-holding Corporations Ltd. With Foreign Investment	1	0	5.40	5.30	0.03
按轻重工业分	**by Light & Heavy Industry**					
轻工业	Light Industry	567	55	1047.11	1012.46	10.41
重工业	Heavy Industry	1484	132	4723.80	4496.25	27.76
按企业规模分	**by Enterprise Size**					
大型企业	Large-sized Enterprises	44	9	2351.08	2293.78	13.87
中型企业	Medium-sized Enterprises	164	24	859.70	857.92	8.70
小型企业	Small-sized Enterprises	1843	154	2560.14	2357.02	15.59
按工业行业分	**by Sector**					
煤炭开采和洗选业	Mining and Washing of Coal	1	0	8.15	7.91	0.09
石油和天然气开采业	Extraction of Petroleum and Natural Gas	3	1	19.97	19.92	0.10
黑色金属矿采选业	Mining of Ferrous Metal Ores	1	0	1.57	1.57	0.00
非金属矿采选业	Mining and Processing of Nonmetal Ores	9	0	7.41	7.71	0.08
农副食品加工业	Processing of Food from Agricultural Products	72	7	86.00	77.29	0.66
食品制造业	Manufacture of Foods	71	12	128.17	123.94	1.41
酒、饮料和精制茶制造业	Manufacture of Wine, Drinks and Refined Tea	25	1	90.83	90.57	1.05
烟草制品业	Manufacture of Tobacco	1	0	0.87	0.87	0.01
纺织业	Manufacture of Textile	51	3	108.52	107.69	0.77
纺织服装、服饰业	Manufacture of Textile Wearing Apparel and Finery	32	4	25.85	25.04	0.96
皮革、毛皮、羽毛及其制品和制鞋业	Manufacture of Leather, Fur, Feather & Its Products and Footwear	9	1	13.66	13.41	0.16
木材加工和木、竹、藤、棕、草制品业	Processing of Timbers, Manufacture of Wood, Bamboo, Rattan, Palm, and Straw Products	19	1	19.96	19.75	0.12
家具制造业	Manufacture of Furniture	16	1	17.39	16.29	0.15

指标	Indicator	企业单位数（个）Number of Industial Enterprises (unit)	亏损企业数（个）Loss Enterprises (unit)	工业总产值（现价）（亿元）Gross Industrial Output Value (Calculated at Current Prices) (100 million yuan)	工业销售产值（现价）（亿元）IndustrialOutput Value of Products Sold(Calculated at Current Prices) (100 million yuan)	全部从业人员年平均人数（万人）Annual Average of Empolyed Persons (10 000 persons)
造纸和纸制品业	Manufacture of Paper and Paper Products	25	1	30.63	30.73	0.30
印刷和记录媒介复制业	Printing, Reproduction of Recording Media	46	6	49.64	49.15	0.61
文教、工美、体育和娱乐用品制造业	Manufacture of Culture, Education,Arts and crafts, Sport and Entertainment Goods	30	2	30.29	29.91	0.28
石油加工、炼焦和核燃料加工业	Processing of Petroleum, Coking and Nucleus Fuel	12	1	197.44	196.88	0.26
化学原料和化学制品制造业	Manufacture of Chemical Raw Material and Chemical Products	123	8	388.27	382.31	2.23
医药制造业	Manufacture of Medicines	64	3	266.50	256.76	2.23
化学纤维制造业	Manufacture of Chemical Fiber	5	1	7.10	6.98	0.04
橡胶和塑料制品业	Manufacture of Rubber and Plastic	73	5	96.79	94.66	0.51
非金属矿物制品业	Manufacture of Non-metallic Mineral Products	187	16	318.34	320.73	2.64
黑色金属冶炼和压延加工业	Manufacture and Processing of Ferrous Metals	24	1	233.02	232.20	0.56
有色金属冶炼和压延加工业	Manufacture & Processing of Non-ferrous Metals	16	2	10.57	10.58	0.10
金属制品业	Manufacture of Metal Products	244	17	446.36	431.55	3.02
通用设备制造业	Manufacture of General Purpose Machinery	297	24	496.20	489.12	4.34
专用设备制造业	Manufacture of Special Purpose Machinery	183	14	245.84	235.12	2.04
汽车制造业	Manufacture of Automotive	106	5	1074.23	1039.81	4.55
铁路、船舶、航空航天和其他运输设备制造业	Manufacture of Railroad,Marine,Aerospace and Other Transportation Equipment	33	6	121.84	121.81	0.99
电气机械和器材制造业	Manufacture of Electrical Machinery & Equipment	104	18	340.62	337.25	1.99
计算机、通信和其他电子设备制造业	Manufacture of Computer, Communications and Other Electronic Equipment	50	6	549.23	529.43	3.52
仪器仪表制造业	Manufacture of Measuring Instrument	64	6	73.78	72.49	0.95
其他制造业	Other Manufacture	3	0	0.86	0.86	0.01
废弃资源综合利用业	Comprehensive Utilization of Waste	4	2	2.36	2.36	0.01
金属制品、机械和设备修理业	Metal Products, Machinery and Equipment Repair Industry	3	0	6.29	6.26	0.18
电力、热力生产和供应业	Production and Supply of Electric Power and Heat Power	22	7	212.47	76.02	0.69
燃气生产和供应业	Production and Supply of Gas	14	2	27.31	27.21	0.29
水的生产和供应业	Production and Supply of Water	9	3	16.60	16.57	0.27

12-5 规模以上国有及国有控股工业主要经济指标（2017 年）

Main Economic Indicators of State-Owned and State-Controlled Industrial Enterprises Above Designated Size（2017）

指标	Indicator	企业单位数（个）Number of Industial Enterprises (unit)	# 亏损企业数（个）Loss Enterprises (unit)	工业总产值（现价）(万元) Gross Industrial Output Value (Calculated at Current Prices) (10 000 yuan)	工业销售产值（现价）（万元）Industrial Output Value of Products Sold (Calculated at Current Prices) (10 000 yuan)	全部从业人员年平均人数（万人）Annual Average of Empolyed Persons (10 000 persons)
总计	**Total**	144	36	23852359	22224950	11.22
按登记注册类型分	**by Status of Registration**					
内资企业	Domestic Funded Enterprises	131	31	23302349	21634638	10.59
国有企业	State-owned Enterprises	12	3	1472680	133415	0.26
中央企业	Central Enterprises	2	0	1343211	3279	0.03
地方企业	Local Enterprises	10	3	129469	130136	0.23
有限责任公司	Private Limited Liability Corporations	106	24	19825323	19521798	9.46
国有独资公司	State Sole funded Corporations	28	10	10301127	10120700	4.74
其他有限责任公司	Other Limited Liability Corporations	78	14	9524196	9401098	4.72
股份有限公司	Share-holding Corporations Limited	13	4	2004346	1979426	0.87
港、澳、台商投资企业	Enterprises with Funds from Hong Kong, Macao and Taiwan	5	1	260377	300831	0.38
合资经营企业(港或澳、台资)	Joint-ventures Enterprises	4	1	186430	185976	0.27
合作经营企业(港或澳、台资)	Cooperative Enterprises	1	0	73947	114855	0.11
外商投资企业	Foreign Funded Enterprises	8	4	289633	289481	0.24
中外合资经营企业	Joint-venture Enterprises	7	4	259600	258811	0.24
中外合作经营企业	Cooperation Enterprises	1	0	30033	30670	0.01
按轻重工业分	**by Light & Heavy Industry**					
轻工业	Light Industry	40	14	833874	867226	1.60
重工业	Heavy Industry	104	22	23018485	21357724	9.62
按企业规模分	**by Enterprise Size**					
大型企业	Large-sized Enterprises	18	7	17564986	17083680	8.03
中型企业	Medium-sized Enterprises	40	9	2140333	2337372	2.10
小型企业	Small-sized Enterprises	86	20	4147040	2803898	1.09
按工业行业分	**by Sector**					
煤炭开采和洗选业	Mining and Washing of Coal	1	0	81516	79070	0.09
石油和天然气开采业	Extraction of Petroleum and Natural Gas	3	1	199731	199243	0.10
黑色金属矿采选业	Mining of Ferrous Metal Ores	1	0	15749	15749	0.00
非金属矿采选业	Mining and Processing of Nonmetal Ores	1	0	3046	6005	0.01
农副食品加工业	Processing of Food from Agricultural Products	4	1	45276	44790	0.04
食品制造业	Manufacture of Foods	4	0	19407	19407	0.08

指标	Indicator	企业单位数（个）Number of Industial Enterprises (unit)	# 亏损企业数（个）Loss Enterprises (unit)	工业总产值（现价）(万元) Gross Industrial Output Value (Calculated at Current Prices) (10 000 yuan)	工业销售产值（现价）（万元）Industrial Output Value of Products Sold (Calculated at Current Prices) (10 000 yuan)	全部从业人员年平均人数（万人）Annual Average of Empolyed Persons (10 000 persons)
酒、饮料和精制茶制造业	Manufacture of Wine, Drinks and Refined Tea	3	0	216164	249661	0.23
烟草制品业	Manufacture of Tobacco	1	0	8745	8745	0.01
纺织业	Manufacture of Textile	3	2	19880	21991	0.07
纺织服装、服饰业	Manufacture of Textile Wearing Apparel and Finery	4	3	32486	31342	0.24
造纸和纸制品业	Manufacture of Paper and Paper Products	1	0	18001	18001	0.01
印刷和记录媒介复制业	Printing, Reproduction of Recording Media	6	3	69561	68819	0.20
石油加工、炼焦和核燃料加工业	Processing of Petroleum, Coking and Nucleus Fuel	3	0	1850357	1844358	0.20
化学原料和化学制品制造业	Manufacture of Chemical Raw Material and Chemical Products	6	1	371729	363965	0.30
医药制造业	Manufacture of Medicines	3	0	53714	54330	0.09
非金属矿物制品业	Manufacture of Non-metallic Mineral Products	9	1	140049	283223	0.17
黑色金属冶炼和压延加工业	Manufacture and Processing of Ferrous Metals	3	1	1379052	1385668	0.08
金属制品业	Manufacture of Metal Products	10	3	244817	249377	0.18
通用设备制造业	Manufacture of General Purpose Machinery	11	3	565923	544580	1.03
专用设备制造业	Manufacture of Special Purpose Machinery	6	0	282978	258961	0.20
汽车制造业	Manufacture of Automotive	4	1	9052101	8744729	2.83
铁路、船舶、航空航天和其他运输设备制造业	Manufacture of Railroad,Marine,Aerospace and Other Transportation Equipment	8	2	852825	855131	0.69
电气机械和器材制造业	Manufacture of Electrical Machinery & Equipment	18	4	1170933	1250426	0.67
计算机、通信和其他电子设备制造业	Manufacture of Computer, Communications and Other Electronic Equipment	5	2	4728972	4554476	2.48
仪器仪表制造业	Manufacture of Measuring Instrument	4	0	128725	112210	0.18
废弃资源综合利用业	Comprehensive Utilization of Waste	1	1	5701	5701	0.00
金属制品、机械和设备修理业	Metal Products, Machinery and Equipment Repair Industry	1	0	10144	10144	0.02
电力、热力生产和供应业	Production and Supply of Electric Power and Heat Power	10	3	1984339	644409	0.55
燃气生产和供应业	Production and Supply of Gas	6	1	182052	182052	0.24
水的生产和供应业	Production and Supply of Water	4	3	118387	118387	0.23

12-6 规模以上私营工业企业主要经济指标（2017 年）

Main Economic Indicators of Private Industrial Enterprises Above Designated Size (2017)

指标	Indicator	企业单位数（个）Number of Industial Enterprises (unit)	#亏损企业数（个）Loss Enterprises (unit)	工业总产值（现价）(万元) Gross Industrial Output Value (Calculated at Current Prices) (10 000 yuan)	工业销售产值（现价）(万元) Industrial Output Value of Products Sold (Calculated at Current Prices) (10 000 yuan)	全部从业人员年平均人数（万人）Annual Average of Empolyed Persons (10 000 persons)
总计	**Total**	1005	70	14363729	13820305	9.80
按登记注册类型分组	**by Status of Registration**					
内资企业	Domestic Funded Enterprises	1005	70	14363729	13820305	9.80
私营企业	Private Enterprises	1005	70	14363729	13820305	9.80
私营独资企业	Private-funded Enterprises	54	1	961139	930017	0.44
私营有限责任公司	Private Limited Liability Corporations	894	61	11672313	11224749	8.42
私营股份有限公司	Private Share-holding Corporations Ltd.	57	8	1730278	1665539	0.93
按轻重工业分	**by Light & Heavy Industry**					
轻工业	Light Industry	273	19	3100296	2971450	2.88
重工业	Heavy Industry	732	51	11263433	10848855	6.92
按企业规模分	**by Enterprise Size**					
大型企业	Large-sized Enterprises	3	0	1260558	1249712	0.81
中型企业	Medium-sized Enterprises	30	6	1372328	1326259	1.41
小型企业	Small-sized Enterprises	972	64	11730844	11244334	7.58
按工业行业分	**by Sector**					
非金属矿采选业	Mining and Processing of Nonmetal Ores	3	0	46538	46538	0.04
农副食品加工业	Processing of Food from Agricultural Products	41	5	421950	347034	0.29
食品制造业	Manufacture of Foods	26	5	296271	291217	0.36
酒、饮料和精制茶制造业	Manufacture of Wine, Drinks and Refined Tea	6	0	281711	268391	0.38
纺织业	Manufacture of Textile	27	1	286201	279950	0.18
纺织服装、服饰业	Manufacture of Textile Wearing Apparel and Finery	11	0	53361	52983	0.14
皮革、毛皮、羽毛及其制品和制鞋业	Manufacture of Leather, Fur, Feather & Its Products and Footwear	5	0	61983	60031	0.07
木材加工和木、竹、藤、棕、草制品业	Processing of Timbers, Manufacture of Wood, Bamboo, Rattan, Palm, and Straw Products	12	1	134835	132177	0.06
家具制造业	Manufacture of Furniture	15	1	141144	131188	0.12
造纸和纸制品业	Manufacture of Paper and Paper Products	17	1	168567	170457	0.16
印刷和记录媒介复制业	Printing, Reproduction of Recording Media	26	1	266976	262680	0.18

指标	Indicator	企业单位数（个）Number of Industial Enterprises (unit)	#亏损企业数（个）Loss Enterprises (unit)	工业总产值（现价）(万元) Gross Industrial Output Value (Calculated at Current Prices) (10 000 yuan)	工业销售产值（现价）(万元) Industrial Output Value of Products Sold (Calculated at Current Prices) (10 000 yuan)	全部从业人员年平均人数（万人）Annual Average of Empolyed Persons (10 000 persons)
文教、工美、体育和娱乐用品制造业	Manufacture of Culture, Education,Arts and crafts, Sport and Entertainment Goods	16	1	163233	161687	0.18
石油加工、炼焦和核燃料加工业	Processing of Petroleum, Coking and Nucleus Fuel	5	1	104368	104928	0.04
化学原料和化学制品制造业	Manufacture of Chemical Raw Material and Chemical Products	64	4	2059940	2022415	0.90
医药制造业	Manufacture of Medicines	26	2	341110	340902	0.28
化学纤维制造业	Manufacture of Chemical Fiber	1	0	2784	1950	0.01
橡胶和塑料制品业	Manufacture of Rubber and Plastic	41	1	743272	725800	0.27
非金属矿物制品业	Manufacture of Non-metallic Mineral Products	93	7	1170353	1076529	0.90
黑色金属冶炼和压延加工业	Manufacture and Processing of Ferrous Metals	10	0	130520	128797	0.05
有色金属冶炼和压延加工业	Manufacture & Processing of Non-ferrous Metals	8	2	51874	51599	0.03
金属制品业	Manufacture of Metal Products	127	8	2053090	1931051	1.19
通用设备制造业	Manufacture of General Purpose Machinery	161	8	2379436	2351283	1.37
专用设备制造业	Manufacture of Special Purpose Machinery	96	8	1162275	1106253	0.94
汽车制造业	Manufacture of Automotive	53	2	516311	502903	0.46
铁路、船舶、航空航天和其他运输设备制造业	Manufacture of Railroad,Marine,Aerospace and Other Transportation Equipment	11	2	202417	197513	0.10
电气机械和器材制造业	Manufacture of Electrical Machinery & Equipment	38	3	618819	567340	0.38
计算机、通信和其他电子设备制造业	Manufacture of Computer, Communications and Other Electronic Equipment	23	3	192651	191742	0.31
仪器仪表制造业	Manufacture of Measuring Instrument	33	1	258970	263891	0.36
其他制造业	Other Manufacture	3	0	8565	8565	0.01
废弃资源综合利用业	Comprehensive Utilization of Waste	1	0	5640	5640	0.00
电力、热力生产和供应业	Production and Supply of Electric Power and Heat Power	2	1	17659	16131	0.02
燃气生产和供应业	Production and Supply of Gas	2	1	7589	7589	0.01
水的生产和供应业	Production and Supply of Water	2	0	13319	13155	0.02

12-7 规模以上工业

Capital Power of Industrial Enterprises

单位：亿元

指标	Indicator	流动资产合计 Total Current Assets	应收账款 Receivable	存货 Inventory	固定资产合计 Total Fixed Assets
总计	**Total**	3934.73	727.29	819.40	1208.87
按登记注册类型分	**by Status of Registration**				
内资企业	Domestic Funded Enterprises	3661.28	663.56	769.69	1073.95
国有企业	State-owned Enterprises	17.78	5.15	3.28	12.88
中央企业	Central Enterprises	1.42	0.32	0.43	1.15
地方企业	Local Enterprises	16.36	4.84	2.85	11.73
集体企业	Collective-owned Enterprises	6.81	2.22	2.26	4.54
股份合作企业	Cooperative Enterprises	0.37	0.08	0.08	0.28
有限责任公司	Private Limited Liability Corporations	2957.07	454.94	600.16	721.06
国有独资公司	State Sole funded Corporations	1408.20	95.42	305.43	232.21
其他有限责任公司	Other Limited Liability Corporations	1548.87	359.52	294.73	488.85
股份有限公司	Share-holding Corporations Limited	240.79	68.26	56.27	103.43
私营企业	Private Enterprises	435.43	131.72	107.35	231.04
私营独资企业	Private-funded Enterprises	7.66	2.06	1.84	9.74
私营有限责任公司	Private Limited Liability Corporations	345.86	110.89	89.17	193.43
私营股份有限公司	Private Share-holding Corporations Ltd.	81.91	18.77	16.34	27.87
其他企业	Other Enterprises	3.03	1.18	0.29	0.72
港、澳、台商投资企业	Enterprises with Funds from Hong Kong, Macao and Taiwan	138.45	24.99	15.30	66.83
合资经营企业(港或澳、台资)	Joint-ventures Enterprises	75.29	12.79	6.43	32.07
合作经营企业(港或澳、台资)	Cooperative Enterprises	2.79	0.08	1.22	2.95
港澳台商独资经营企业	Enterprises with Sole Investment	49.44	10.01	7.65	28.31
港澳台商投资股份有限公司	Share-holding Corporations Ltd. With Funds From Hong Kong, Macao and Taiwan	10.93	2.11	0.00	3.50
外商投资企业	Foreign Funded Enterprises	135.00	38.74	34.41	68.09
中外合资经营企业	Joint-venture Enterprises	60.55	18.47	17.30	39.50
中外合作经营企业	Cooperation Enterprises	0.78	0.11	0.11	1.82
外资企业	Enterprises with Sole Foreign Funds	73.05	20.14	16.95	26.77
外商投资股份有限公司	Share-holding Corporations Ltd. With Foreign Investment	0.61	0.03	0.05	0.00
按轻重工业分	**by Light & Heavy Industry**				
轻工业	Light Industry	542.50	109.42	103.51	253.43
重工业	Heavy Industry	3392.22	617.87	715.90	955.44
按企业规模分	**by Enterprise Size**				
大型企业	Large-sized Enterprises	2230.50	276.39	462.95	552.86
中型企业	Medium-sized Enterprises	555.24	181.31	117.27	251.02
小型企业	Small-sized Enterprises	1148.99	269.58	239.18	404.99
按工业行业分	**by Sector**				
煤炭开采和洗选业	Mining and Washing of Coal	0.79	0.13	0.26	6.56
石油和天然气开采业	Extraction of Petroleum and Natural Gas	34.71	33.39	0.10	7.94
黑色金属矿采选业	Mining of Ferrous Metal Ores	4.67	0.27	0.10	0.00
有色金属矿采选业	Mining of Non-ferrous Metal Ores	0.00	0.00	0.00	0.00

资产实力（2017年）

Above Designated Size（2017）

（100 million yuan）

固定资产原价 Original Value of Fixed Assets	流动负债合计 Current Liabilities Total	非流动负债合计 Non-Current Liabilities Total	所有者权益合计 Total Owner's Equities		
				实收资本 Paid-up Capital	国家资本 Official Capital
1820.93	2746.24	530.63	2268.27	960.58	281.43
1580.37	2566.20	491.88	2006.09	845.70	274.46
20.32	20.24	2.94	11.25	3.67	2.86
1.74	1.29	0.00	1.35	0.12	0.12
18.58	18.96	2.93	9.90	3.55	2.74
6.34	4.10	0.90	6.44	0.56	0.04
0.33	0.06	0.00	0.63	0.06	0.00
1062.96	2077.15	442.37	1364.88	614.74	238.31
376.58	1151.26	252.48	523.97	323.06	127.68
686.38	925.89	189.89	840.90	291.68	110.63
168.58	150.58	13.60	244.84	84.40	32.64
321.03	311.76	32.07	376.51	141.61	0.61
11.41	3.46	0.01	11.80	2.89	0.00
263.22	261.60	22.73	291.76	119.30	0.60
46.40	46.70	9.33	72.96	19.42	0.02
0.81	2.30	0.00	1.54	0.66	0.00
110.30	90.36	18.03	139.94	47.96	3.92
50.86	49.08	10.88	63.53	18.96	3.62
4.57	2.92	0.00	3.11	0.45	0.30
48.15	32.28	7.15	59.00	24.91	0.00
6.72	6.09	0.00	14.30	3.64	0.00
130.27	89.68	20.72	122.24	66.92	3.05
72.40	46.46	8.21	53.11	33.64	3.05
0.35	0.15	0.00	2.46	0.76	0.00
55.83	43.07	12.51	64.24	32.52	0.00
1.69	0.00	0.00	2.43	0.00	0.00
394.25	340.98	47.37	542.37	156.92	21.92
1426.68	2405.26	483.26	1725.90	803.66	259.51
811.47	1674.53	413.03	1127.87	454.05	179.45
432.50	402.10	44.66	482.34	190.67	57.44
576.96	669.60	72.93	658.06	315.86	44.54
10.34	9.93	0.00	0.71	0.25	0.00
29.70	1.45	1.23	41.41	4.98	4.98
0.00	0.00	0.00	0.00	0.00	0.00
0.00	0.00	0.00	0.00	0.00	0.00

指标	Indicator	流动资产合计 Total Current Assets	应收账款 Receivable	存货 Inventory	固定资产合计 Total Fixed Assets
非金属矿采选业	Mining and Processing of Nonmetal Ores	2.26	0.52	0.33	2.05
开采专业及辅助性活动	Mining Support Activities	0.00	0.00	0.00	0.00
其他采矿业	Mining of Other Ores	0.00	0.00	0.00	0.00
农副食品加工业	Processing of Food from Agricultural Products	16.89	4.35	6.07	14.87
食品制造业	Manufacture of Foods	44.93	9.70	9.72	36.72
酒、饮料和精制茶制造业	Manufacture of Wine, Drinks and Refined Tea	22.99	5.42	7.89	22.55
烟草制品业	Manufacture of Tobacco	1.07	0.29	0.00	1.04
纺织业	Manufacture of Textile	23.69	4.30	8.57	17.67
纺织服装、服饰业	Manufacture of Textile Wearing Apparel and Finery	13.56	2.14	3.76	9.02
皮革、毛皮、羽毛及其制品和制鞋业	Manufacture of Leather, Fur, Feather & Its Products and Footwear	2.62	0.65	0.89	1.47
木材加工和木、竹、藤、棕、草制品业	Processing of Timbers, Manufacture of Wood, Bamboo, Rattan, Palm, and Straw Products	4.17	0.88	2.29	2.68
家具制造业	Manufacture of Furniture	2.45	0.29	0.67	2.19
造纸和纸制品业	Manufacture of Paper and Paper Products	9.95	1.78	2.68	3.43
印刷和记录媒介复制业	Printing, Reproduction of Recording Media	27.60	8.17	4.03	14.41
文教、工美、体育和娱乐用品制造业	Manufacture of Culture, Education,Arts and crafts, Sport and Entertainment Goods	6.27	1.64	2.49	5.39
石油加工、炼焦和核燃料加工业	Processing of Petroleum, Coking and Nucleus Fuel	17.81	4.90	9.32	46.48
化学原料和化学制品制造业	Manufacture of Chemical Raw Material and Chemical Products	168.15	26.16	35.24	121.37
医药制造业	Manufacture of Medicines	265.57	54.40	37.84	74.06
化学纤维制造业	Manufacture of Chemical Fiber	3.71	1.12	0.95	1.10
橡胶和塑料制品业	Manufacture of Rubber and Plastic	18.19	5.73	3.59	12.91
非金属矿物制品业	Manufacture of Non-metallic Mineral Products	166.58	64.18	23.37	72.70
黑色金属冶炼和压延加工业	Manufacture and Processing of Ferrous Metals	291.12	23.27	47.31	17.12
有色金属冶炼和压延加工业	Manufacture & Processing of Non-ferrous Metals	6.05	1.36	2.66	1.60
金属制品业	Manufacture of Metal Products	158.95	47.08	39.50	59.06
通用设备制造业	Manufacture of General Purpose Machinery	269.31	64.08	73.88	123.94
专用设备制造业	Manufacture of Special Purpose Machinery	141.28	43.74	33.37	41.86
汽车制造业	Manufacture of Automotive	1288.23	86.66	286.14	125.52
铁路、船舶、航空航天和其他运输设备制造业	Manufacture of Railroad,Marine,Aerospace and Other Transportation Equipment	66.16	26.83	15.14	53.31
电气机械和器材制造业	Manufacture of Electrical Machinery & Equipment	273.71	72.68	58.20	73.81
计算机、通信和其他电子设备制造业	Manufacture of Computer, Communications and Other Electronic Equipment	377.57	93.76	83.16	53.18
仪器仪表制造业	Manufacture of Measuring Instrument	52.40	18.49	11.57	13.44
其他制造业	Other Manufacture	0.19	0.10	0.04	0.11
废弃资源综合利用业	Comprehensive Utilization of Waste	0.52	0.13	0.13	0.26
金属制品、机械和设备修理业	Metal Products, Machinery and Equipment Repair Industry	3.63	1.68	0.88	2.90
电力、热力生产和供应业	Production and Supply of Electric Power and Heat Power	61.26	9.54	5.33	116.56
燃气生产和供应业	Production and Supply of Gas	44.40	3.10	0.57	22.46
水的生产和供应业	Production and Supply of Water	41.31	4.38	1.36	27.15

固定资产原价 Original Value of Fixed Assets	流动负债合计 Current Liabilities Total	非流动负债合计 Non-Current Liabilities Total	所有者权益合计 Total Owner' s Equities	实收资本 Paid- up Capital	国家资本 Official Capital
2.49	0.87	0.07	3.23	1.16	0.50
0.00	0.00	0.00	0.00	0.00	0.00
0.00	0.00	0.00	0.00	0.00	0.00
20.32	13.42	1.43	16.96	4.91	0.36
51.29	40.26	3.96	52.45	25.51	0.23
46.66	20.72	1.31	29.34	18.20	6.24
1.21	0.44	0.00	2.00	0.45	0.00
28.42	22.47	1.03	21.66	9.46	0.48
12.27	8.81	1.63	14.60	5.92	0.31
1.70	2.63	0.04	1.79	0.46	0.00
3.88	4.57	0.03	3.28	0.97	0.00
2.91	2.58	0.04	3.78	2.22	0.00
5.70	8.23	0.11	5.11	3.49	0.77
25.83	18.96	1.56	28.28	11.46	2.21
5.27	5.33	0.19	7.58	3.36	0.03
81.75	38.85	0.02	26.41	32.90	31.58
140.79	147.83	63.25	110.03	38.79	5.00
107.53	120.18	2.00	265.96	31.29	0.27
2.65	1.29	0.00	4.85	1.93	0.00
16.83	6.47	0.95	24.90	8.23	0.27
119.75	119.41	6.24	126.99	35.90	1.40
24.10	22.60	1.14	26.69	18.40	0.70
2.38	3.93	0.26	3.66	0.81	0.00
94.34	93.03	4.68	147.65	43.09	2.93
165.62	170.47	18.46	233.06	130.60	67.76
54.68	92.02	6.52	88.93	38.15	4.43
234.30	1048.06	204.54	411.99	249.64	37.90
48.66	81.30	9.33	37.58	23.54	13.75
109.28	254.58	13.75	139.70	79.10	41.12
79.95	197.89	85.78	202.93	34.01	3.74
18.72	34.63	0.78	37.97	15.85	3.97
0.11	0.11	0.00	0.19	0.13	0.00
0.58	0.58	0.00	0.04	0.16	0.00
5.60	1.59	0.00	5.43	2.26	1.22
191.37	88.97	55.12	79.95	52.35	37.53
24.65	29.67	9.20	35.13	13.82	2.60
49.32	32.10	35.98	26.03	16.82	9.16

12-8 规模以上国有及国有控

Capital Power of State-Owned and State-Controlled

单位：万元

指标	Indicator	流动资产合计 Total Current Assets	应收账款 Receivable	存货 Inventory	固定资产合计 Total Fixed Assets
总计	**Total**	23459850	3176083	4865048	5553145
按登记注册类型分	**by Status of Registration**				
内资企业	Domestic Funded Enterprises	22943224	3094027	4804569	5221877
国有企业	State-owned Enterprises	177758	51541	32779	128798
中央企业	Central Enterprises	14161	3165	4291	11458
地方企业	Local Enterprises	163596	48376	28488	117341
有限责任公司	Private Limited Liability Corporations	22271148	2875885	4585930	4571612
国有独资公司	State Sole funded Corporations	14082023	954173	3054312	2322108
其他有限责任公司	Other Limited Liability Corporations	8189125	1921712	1531617	2249504
股份有限公司	Share-holding Corporations Limited	494318	166601	185861	521466
港、澳、台商投资企业	Enterprises with Funds from Hong Kong, Macao and Taiwan	319283	27957	13614	227377
合资经营企业(港或澳、台资)	Joint-ventures Enterprises	299245	27153	6432	197979
合作经营企业(港或澳、台资)	Cooperative Enterprises	20038	805	7183	29398
外商投资企业	Foreign Funded Enterprises	197343	54099	46865	103891
中外合资经营企业	Joint-venture Enterprises	191767	53718	46700	85955
中外合作经营企业	Cooperation Enterprises	5576	381	165	17936
按轻重工业分	**by Light & Heavy Industry**				
轻工业	Light Industry	799840	125847	130098	533083
重工业	Heavy Industry	22660010	3050236	4734950	5020062
按企业规模分	**by Enterprise Size**				
大型企业	Large-sized Enterprises	17548154	1740940	3815719	3817411
中型企业	Medium-sized Enterprises	1882800	853168	403059	1087196
小型企业	Small-sized Enterprises	4028896	581976	646270	648538
按工业行业分	**by Sector**				
煤炭开采和洗选业	Mining and Washing of Coal	7862	1288	2586	65633
石油和天然气开采业	Extraction of Petroleum and Natural Gas	347139	333925	1025	79378
黑色金属矿采选业	Mining of Ferrous Metal Ores	46675	2695	1011	0

股工业资产实力（2017 年）

Industrial Enterprises Above Designated Size（2017）

（10 000 yuan）

固定资产原价 Original Value of Fixed Assets	流动负债合计 Current Liabilities Total	非流动负债合计 Non-Current Liabilities Total	所有者权益合计 Total Owner's Euities		
				实收资本 Paid-up Capital	国家资本 Official Capital
8525226	16947493	4184802	9151260	5050040	2637057
8080022	16508113	4044756	8689788	4840865	2588054
203173	202447	29371	112501	36728	28628
17406	12852	25	13516	1205	1205
185768	189595	29346	98985	35523	27423
6926757	15701404	3998221	8127854	4437202	2243167
3765788	11512625	2524811	5239744	3230619	1276809
3160969	4188779	1473410	2888110	1206583	966359
950091	604263	17164	449433	366935	316259
277830	272406	97560	310251	115007	33379
232649	243783	97560	286572	110970	30353
45182	28624	0	23679	4037	3026
167374	166973	42487	151222	94169	15624
164539	165791	42487	128892	87169	15624
2835	1183	0	22330	7000	0
937416	746163	355026	559019	331255	203565
7587810	16201330	3829777	8592240	4718785	2433492
5834588	14161857	3737642	6836981	3810963	1766811
1840581	1481907	229773	1575048	760290	555492
850058	1303729	217388	739231	478787	314754
103437	99330	0	7136	2500	0
296995	14466	12277	414127	49800	49800
0	0	0	0	0	0

12-8 续 1

指标	Indicator	流动资产合计 Total Current Assets	应收账款 Receivable	存货 Inventory	固定资产合计 Total Fixed Assets
非金属矿采选业	Mining and Processing of Nonmetal Ores	9943	722	935	5098
农副食品加工业	Processing of Food from Agricultural Products	30544	2678	16201	13541
食品制造业	Manufacture of Foods	9706	2365	834	3093
酒、饮料和精制茶制造业	Manufacture of Wine, Drinks and Refined Tea	66239	6721	15116	64121
烟草制品业	Manufacture of Tobacco	10743	2920	17	10429
纺织业	Manufacture of Textile	27007	1891	15753	11636
纺织服装、服饰业	Manufacture of Textile Wearing Apparel and Finery	66417	4130	15553	10463
造纸和纸制品业	Manufacture of Paper and Paper Products	21158	949	909	2115
印刷和记录媒介复制业	Printing, Reproduction of Recording Media	72621	28930	12725	46337
石油加工、炼焦和核燃料加工业	Processing of Petroleum, Coking and Nucleus Fuel	144638	42393	78859	460039
化学原料和化学制品制造业	Manufacture of Chemical Raw Material and Chemical Products	286892	49250	48560	290559
医药制造业	Manufacture of Medicines	55092	8970	10121	34946
非金属矿物制品业	Manufacture of Non-metallic Mineral Products	167736	50276	20968	90941
黑色金属冶炼和压延加工业	Manufacture and Processing of Ferrous Metals	2629033	196854	355154	20380
金属制品业	Manufacture of Metal Products	239434	76868	89559	38043
通用设备制造业	Manufacture of General Purpose Machinery	952610	170220	170803	488325
专用设备制造业	Manufacture of Special Purpose Machinery	356463	74479	87845	35813
汽车制造业	Manufacture of Automotive	12221647	604207	2724496	943122
铁路、船舶、航空航天和其他运输设备制造业	Manufacture of Railroad,Marine,Aerospace and Other Transportation Equipment	538018	224392	104238	471158
电气机械和器材制造业	Manufacture of Electrical Machinery & Equipment	1151100	477183	366954	522650
计算机、通信和其他电子设备制造业	Manufacture of Computer, Communications and Other Electronic Equipment	2951385	634918	658531	317578
仪器仪表制造业	Manufacture of Measuring Instrument	105676	58084	19206	42456
废弃资源综合利用业	Comprehensive Utilization of Waste	2388	493	1117	0
金属制品、机械和设备修理业	Metal Products, Machinery and Equipment Repair Industry	7792	3024	2838	3154
电力、热力生产和供应业	Production and Supply of Electric Power and Heat Power	336404	63839	35674	1061421
燃气生产和供应业	Production and Supply of Gas	305427	18063	4936	184472
水的生产和供应业	Production and Supply of Water	292066	33356	2528	236245

固定资产原价 Original Value of Fixed Assets	流动负债合计 Current Liabilities Total	非流动负债合计 Non-Current Liabilities Total	所有者权益合计 Total Owner' s Euities	实收资本 Paid- up Capital	国家资本 Official Capital
8419	5068	687	6460	5000	5000
17512	33538	4750	4549	6581	3581
5986	5764	672	6494	2600	1300
109800	43486	4988	91304	60718	59398
12079	4439	0	19982	4508	0
17781	38111	0	17043	12360	2360
41634	31877	1374	56410	7190	3100
2115	18730	0	7793	7709	7709
90438	56790	7906	68589	53881	22110
808110	362119	167	242636	315766	315766
397980	433563	336845	-150689	42181	34176
44781	67756	8328	58228	16169	0
129946	123328	2719	155231	31670	9101
31579	32485	0	11045	7000	3000
58562	207818	471	67229	43604	27424
614125	576827	123779	807581	667875	656709
58860	272706	3274	131606	64109	32477
1852347	9889104	1997038	3703868	2296881	378453
391368	645345	92212	294024	184503	137470
590912	1112066	102189	688127	444120	404065
500278	1613799	674481	1344052	96504	35542
62680	82508	45	75187	45004	39562
0	0	0	0	0	0
5496	4034	0	7391	2000	1600
1703319	683475	420763	553671	366760	290949
193129	233932	89871	302254	107635	24792
375558	255033	299966	159934	105413	91613

单位：亿元

指标	Indicator	主营业务收入 Revenue from Principal Business	主营业务成本 Cost of Principal Business	主营业务税金及附加 Taxes and Other Charges on Principal Business	销售费用 Selling Expenses
总计	**Total**	5810.16	4660.08	100.06	247.70
按登记注册类型分	**by Status of Registration**				
内资企业	Domestic Funded Enterprises	5385.91	4324.40	96.32	227.02
国有企业	State-owned Enterprises	153.58	10.51	0.75	1.98
中央企业	Central Enterprises	140.02	0.27	0.64	0.02
地方企业	Local Enterprises	13.56	10.24	0.11	1.96
集体企业	Collective-owned Enterprises	28.27	24.30	0.56	0.61
股份合作企业	Cooperative Enterprises	1.68	1.49	0.01	0.04
有限责任公司	Private Limited Liability Corporations	3313.04	2756.30	27.98	161.57
国有独资公司	State Sole funded Corporations	1002.58	861.04	7.96	38.12
其他有限责任公司	Other Limited Liability Corporations	2310.47	1895.26	20.02	123.44
股份有限公司	Share-holding Corporations Limited	441.10	315.10	52.57	18.99
私营企业	Private Enterprises	1440.62	1210.05	14.25	43.74
私营独资企业	Private-funded Enterprises	97.63	82.94	1.04	2.27
私营有限责任公司	Private Limited Liability Corporations	1167.82	980.94	11.68	35.02
私营股份有限公司	Private Share-holding Corporations Ltd.	175.18	146.17	1.53	6.45
其他企业	Other Enterprises	7.61	6.65	0.20	0.10
港、澳、台商投资企业	Enterprises with Funds from Hong Kong, Macao and Taiwan	159.09	120.35	1.52	13.00
合资经营企业（港或澳、台资）	Joint-ventures Enterprises	72.10	55.89	0.57	6.93
合作经营企业（港或澳、台资）	Cooperative Enterprises	12.04	8.63	0.09	2.09
港澳台商独资经营企业	Enterprises with Sole Investment	66.11	49.33	0.76	3.38
港澳台商投资股份有限公司	Share-holding Corporations Ltd. With Funds From Hong Kong, Macao and Taiwan	8.84	6.51	0.10	0.61
外商投资企业	Foreign Funded Enterprises	265.15	215.33	2.22	7.68
中外合资经营企业	Joint-venture Enterprises	123.83	103.66	1.23	3.95
中外合作经营企业	Cooperation Enterprises	3.41	2.82	0.10	0.05
外资企业	Enterprises with Sole Foreign Funds	131.92	103.28	0.88	3.61
外商投资股份有限公司	Share-holding Corporations Ltd. With Foreign Investment	6.00	5.57	0.01	0.07
按轻重工业分	**by Light & Heavy Industry**				
轻工业	Light Industry	1023.28	771.21	10.60	89.81
重工业	Heavy Industry	4786.87	3888.87	89.46	157.89
按企业规模分	by Enterprise Size				
大型企业	Large-sized Enterprises	2320.13	1831.39	64.87	139.99
中型企业	Medium-sized Enterprises	815.93	657.24	9.85	45.81
小型企业	Small-sized Enterprises	2674.10	2171.45	25.34	61.90
按工业行业分	**by Sector**				
煤炭开采和洗选业	Mining and Washing of Coal	8.87	5.65	0.17	0.08
石油和天然气开采业	Extraction of Petroleum and Natural Gas	19.97	16.92	0.65	0.00
黑色金属矿采选业	Mining of Ferrous Metal Ores	7.85	7.21	0.04	0.10
非金属矿采选业	Mining and Processing of Nonmetal Ores	8.06	6.61	0.12	0.27
农副食品加工业	Processing of Food from Agricultural Products	85.79	76.81	0.40	2.03
食品制造业	Manufacture of Foods	121.68	95.93	0.99	6.53

益及分配（2017年）

Enterprises Above Designated Size（2017）

（100 million yuan）

管理费用 Cost of Management	利息支出 Interest Expense	利润总额 Total Profits	所得税费用 Income Tax Payable	亏损企业亏损总额 Losses of Loss Enterprises	利税总额 Total Profits and Taxes	应交增值税 Value-added Tax Payable
306.28	54.83	415.23	52.89	26.47	686.80	170.67
279.22	52.60	372.92	44.97	24.92	626.60	156.65
1.87	0.22	58.37	0.01	0.64	59.00	0.50
0.07	0.00	57.40	0.00	0.00	57.40	0.00
1.79	0.22	0.98	0.01	0.64	1.60	0.49
1.58	0.04	1.49	0.06	0.04	2.84	0.79
0.06	0.00	0.15	0.02	0.00	0.18	0.02
190.52	44.00	174.03	30.61	20.81	290.13	86.96
47.02	17.27	42.32	10.68	11.62	70.45	19.79
143.50	26.73	131.70	19.93	9.19	219.68	67.17
26.92	2.73	33.49	4.17	1.19	105.71	19.61
58.07	5.59	105.02	10.07	2.23	167.91	48.53
2.35	0.08	8.64	0.45	0.00	13.69	4.00
47.60	3.87	84.46	8.07	1.87	135.04	38.78
8.12	1.64	11.91	1.56	0.36	19.19	5.74
0.19	0.04	0.38	0.03	0.00	0.83	0.25
10.64	0.65	18.65	3.64	0.22	26.52	6.30
5.33	0.07	6.73	1.57	0.18	9.86	2.52
0.19	0.00	1.04	0.26	0.04	1.58	0.46
4.37	0.59	8.76	1.65	0.00	12.34	2.82
0.75	0.00	2.13	0.15	0.00	2.74	0.50
16.42	1.58	23.66	4.28	1.34	33.68	7.72
7.79	0.78	6.58	0.93	1.21	12.09	4.20
0.10	0.00	0.33	0.08	0.00	0.54	0.11
8.27	0.79	16.66	3.26	0.13	20.91	3.36
0.26	0.01	0.09	0.00	0.00	0.15	0.05
61.37	3.88	109.98	16.11	2.87	159.70	38.87
244.91	50.95	305.25	36.78	23.60	527.10	131.79
149.54	32.59	133.19	28.98	13.93	263.15	64.48
50.44	6.37	61.47	9.41	3.55	100.48	28.97
106.31	15.87	220.57	14.50	8.99	323.17	77.22
0.74	0.00	1.51	0.00	0.00	1.90	0.22
1.15	0.04	1.20	-0.60	0.32	3.87	2.02
0.46	0.04	0.12	0.00	0.00	0.38	0.22
0.34	0.02	0.69	0.07	0.00	0.96	0.16
2.13	0.28	4.21	0.33	0.05	6.43	1.82
6.73	0.37	14.07	2.69	0.57	18.85	3.79

指标	Indicator	主营业务收入 Revenue from Principal Business	主营业务成本 Cost of Principal Business	主营业务税金及附加 Taxes and Other Charges on Principal Business	销售费用 Selling Expenses
酒、饮料和精制茶制造业	Manufacture of Wine, Drinks and Refined Tea	86.01	66.27	2.03	6.64
烟草制品业	Manufacture of Tobacco	0.88	0.56	0.01	0.01
纺织业	Manufacture of Textile	105.52	96.82	0.69	1.16
纺织服装、服饰业	Manufacture of Textile Wearing Apparel and Finery	30.91	24.64	0.26	2.45
皮革、毛皮、羽毛及其制品和制鞋业	Manufacture of Leather, Fur, Feather & Its Products and Footwear	13.43	11.74	0.35	0.20
木材加工和木、竹、藤、棕、草制品业	Processing of Timbers, Manufacture of Wood, Bamboo, Rattan, Palm, and Straw Products	20.25	16.92	0.18	0.42
家具制造业	Manufacture of Furniture	17.76	14.80	0.09	0.55
造纸和纸制品业	Manufacture of Paper and Paper Products	31.49	27.65	0.14	0.77
印刷和记录媒介复制业	Printing, Reproduction of Recording Media	53.05	44.48	0.46	1.62
文教、工美、体育和娱乐用品制造业	Manufacture of Culture, Education,Arts and crafts，Sport and Entertainment Goods	30.47	25.88	0.39	0.68
石油加工、炼焦和核燃料加工业	Processing of Petroleum, Coking and Nucleus Fuel	199.40	135.10	50.10	0.75
化学原料和化学制品制造业	Manufacture of Chemical Raw Material and Chemical Products	388.89	329.87	2.98	11.96
医药制造业	Manufacture of Medicines	256.13	128.34	3.16	55.49
化学纤维制造业	Manufacture of Chemical Fiber	7.51	5.57	0.13	0.09
橡胶和塑料制品业	Manufacture of Rubber and Plastic	96.36	79.61	0.87	3.12
非金属矿物制品业	Manufacture of Non-metallic Mineral Products	327.17	273.87	3.98	10.10
黑色金属冶炼和压延加工业	Manufacture and Processing of Ferrous Metals	338.11	321.74	1.44	4.27
有色金属冶炼和压延加工业	Manufacture & Processing of Non-ferrous Metals	11.33	9.85	0.13	0.15
金属制品业	Manufacture of Metal Products	454.76	385.38	4.83	8.79
通用设备制造业	Manufacture of General Purpose Machinery	498.32	403.68	5.33	16.36
专用设备制造业	Manufacture of Special Purpose Machinery	228.72	186.35	2.90	7.98
汽车制造业	Manufacture of Automotive	1024.74	880.63	8.24	36.42
铁路、船舶、航空航天和其他运输设备制造业	Manufacture of Railroad,Marine,Aerospace and Other Transportation Equipment	120.63	101.74	2.15	2.39
电气机械和器材制造业	Manufacture of Electrical Machinery & Equipment	329.05	287.59	1.96	14.94
计算机、通信和其他电子设备制造业	Manufacture of Computer, Communications and Other Electronic Equipment	544.76	421.94	2.42	41.82
仪器仪表制造业	Manufacture of Measuring Instrument	69.06	50.58	0.62	5.46
其他制造业	Other Manufacture	0.86	0.68	0.03	0.04
废弃资源综合利用业	Comprehensive Utilization of Waste	2.38	2.17	0.01	0.05
金属制品、机械和设备修理业	Metal Products, Machinery and Equipment Repair Industry	6.59	4.42	0.14	0.10
电力、热力生产和供应业	Production and Supply of Electric Power and Heat Power	217.31	72.64	1.26	0.60
燃气生产和供应业	Production and Supply of Gas	29.36	24.34	0.15	2.29
水的生产和供应业	Production and Supply of Water	16.74	15.08	0.26	1.06

管理费用 Cost of Management	利息支出 Interest Expense	利润总额 Total Profits	所得税费用 Income Tax Payable	亏损企业亏损总额 Losses of Loss Enterprises	利税总额 Total Profits and Taxes	应交增值税 Value-added Tax Payable
2.75	0.23	7.97	1.60	0.34	13.70	3.70
0.11	0.00	0.19	0.05	0.00	0.27	0.07
2.22	0.68	3.73	0.53	0.11	7.54	3.12
2.15	0.14	1.52	0.28	0.16	2.81	1.02
0.34	0.01	0.80	0.14	0.00	1.48	0.33
0.49	0.04	1.98	0.00	0.00	2.65	0.49
0.47	0.01	1.32	0.11	0.00	2.37	0.96
1.23	0.09	1.42	0.28	0.00	2.33	0.76
3.15	0.13	4.73	0.45	0.37	7.12	1.93
1.01	0.19	2.30	0.18	0.00	3.43	0.74
6.96	0.45	5.56	1.17	0.00	66.31	10.35
15.72	7.22	22.04	2.35	1.98	34.44	9.20
26.38	1.00	53.76	8.84	0.08	71.99	15.06
0.72	0.00	0.94	0.09	0.01	1.16	0.10
3.56	0.35	8.61	0.69	0.07	13.93	4.45
14.46	2.01	22.08	3.57	0.61	37.93	11.81
10.58	5.55	4.23	0.50	0.01	8.53	2.86
0.36	0.05	0.72	0.01	0.00	1.04	0.19
14.54	1.58	39.30	3.57	0.73	63.83	19.69
31.56	2.01	35.41	4.56	8.43	59.26	18.18
14.17	1.21	17.09	2.07	0.55	27.97	7.98
38.38	16.64	57.41	11.26	0.05	84.93	19.24
9.90	0.99	3.41	0.38	0.46	9.60	3.90
17.83	2.65	11.94	0.99	4.33	21.32	7.20
58.08	6.95	18.62	4.33	0.72	32.81	11.76
7.74	0.21	5.79	0.59	0.33	9.63	3.21
0.06	0.00	0.05	0.00	0.00	0.10	0.02
0.28	0.00	–0.03	0.00	0.05	0.04	0.06
1.48	0.01	0.71	0.11	0.00	1.26	0.42
4.50	2.81	55.70	0.65	5.60	58.73	2.37
1.78	0.19	3.89	0.91	0.18	4.71	0.66
1.82	0.67	0.23	0.12	0.37	1.18	0.62

12-10 规模以上国有及国有控

Profit、Loss and Distribution of State-Owned and State-

单位：万元

指标	Indicator	主营业务收入 Revenue from Principal Business	主营业务成本 Cost of Principal Business	主营业务税金及附加 Taxes and Other Charges on Principal Business	销售费用 Selling Expenses
总计	Total	24633117	19429247	677509	945344
按登记注册类型分	by Status of Registration				
内资企业	Domestic Funded Enterprises	24025955	18934761	672692	896625
国有企业	State-owned Enterprises	1535825	105134	7481	19757
中央企业	Central Enterprises	1400180	2703	6398	152
地方企业	Local Enterprises	135644	102432	1083	19606
有限责任公司	Private Limited Liability Corporations	20464825	17481395	161227	851891
国有独资公司	State Sole funded Corporations	10025776	8610429	79585	381247
其他有限责任公司	Other Limited Liability Corporations	10439048	8870966	81642	470643
股份有限公司	Share-holding Corporations Limited	2025306	1348232	503984	24977
港、澳、台商投资企业	Enterprises with Funds from Hong Kong, Macao and Taiwan	318561	248771	2157	37792
合资经营企业(港或澳、台资)	Joint-ventures Enterprises	203706	165923	1414	17630
合作经营企业(港或澳、台资)	Cooperative Enterprises	114855	82847	743	20162
外商投资企业	Foreign Funded Enterprises	288601	245715	2660	10927
中外合资经营企业	Joint-venture Enterprises	257931	219782	1729	10476
中外合作经营企业	Cooperation Enterprises	30670	25933	931	451
按轻重工业分	by Light & Heavy Industry				
轻工业	Light Industry	820093	649862	16156	77521
重工业	Heavy Industry	23813024	18779385	661353	867823
按企业规模分	by Enterprise Size				
大型企业	Large-sized Enterprises	17105345	13958322	601677	792085
中型企业	Medium-sized Enterprises	2188689	1833104	36995	84047
小型企业	Small-sized Enterprises	5339083	3637820	38838	69212
按工业行业分	by Sector				
煤炭开采和洗选业	Mining and Washing of Coal	88679	56508	1680	850
石油和天然气开采业	Extraction of Petroleum and Natural Gas	199731	169165	6503	0
黑色金属矿采选业	Mining of Ferrous Metal Ores	78523	72068	444	958

股工业损益及分配（2017年）

Controlled Industrial Enterprises Above Designated Size（2017）

（10 000 yuan）

管理费用 Cost of Management	利息支出 Interest Expense	利润总额 Total Profits	所得税费用 Income Tax Payable	亏损企业亏损总额 Losses of Loss Enterprises	利税总额 Total Profits and Taxes	应交增值税 Value-added Tax Payable
1390793	370467	1319543	183864	181271	2573901	572771
1350254	367830	1274946	172598	176680	2506500	556009
18690	2162	583734	71	6399	589999	4968
743	0	573968	0	0	573995	24
17947	2162	9766	71	6399	16004	4945
1241316	357505	638060	159721	163151	1245513	437476
470164	172707	423241	106786	116167	704531	197898
771152	184798	214820	52935	46984	540982	239579
90248	8163	53151	12807	7130	670988	113565
17441	335	38736	10203	1172	52170	10839
16936	335	27924	7565	1172	36110	6334
505	0	10812	2639	0	16061	4505
23099	2302	5862	1063	3420	15231	5922
22453	2302	3315	427	3420	10823	4992
645	0	2547	637	0	4408	930
74975	6382	43027	8433	11016	88339	27012
1315818	364085	1276516	175432	170256	2485563	545759
1060748	273802	588977	161001	133071	1622362	427784
146660	23390	94840	8562	14151	209140	75478
183386	73274	635727	14302	34049	742399	69508
7436	0	15123	0	0	18991	2188
11461	414	12018	-5966	3227	38710	20189
4552	373	1167	0	0	3839	2228

指标	Indicator	主营业务收入 Revenue from Principal Business	主营业务成本 Cost of Principal Business	主营业务税金及附加 Taxes and Other Charges on Principal Business	销售费用 Selling Expenses
非金属矿采选业	Mining and Processing of Nonmetal Ores	10152	6771	389	1402
农副食品加工业	Processing of Food from Agricultural Products	48635	42051	109	1540
食品制造业	Manufacture of Foods	19338	15069	111	900
酒、饮料和精制茶制造业	Manufacture of Wine, Drinks and Refined Tea	195351	139088	10273	23153
烟草制品业	Manufacture of Tobacco	8784	5579	135	62
纺织业	Manufacture of Textile	22187	20504	31	287
纺织服装、服饰业	Manufacture of Textile Wearing Apparel and Finery	32435	22492	520	1307
造纸和纸制品业	Manufacture of Paper and Paper Products	18001	16357	49	729
印刷和记录媒介复制业	Printing, Reproduction of Recording Media	74494	60907	1033	2357
石油加工、炼焦和核燃料加工业	Processing of Petroleum, Coking and Nucleus Fuel	1864923	1238589	500446	4893
化学原料和化学制品制造业	Manufacture of Chemical Raw Material and Chemical Products	349465	300633	3560	11166
医药制造业	Manufacture of Medicines	53003	19680	1300	25049
非金属矿物制品业	Manufacture of Non-metallic Mineral Products	227562	201072	6795	2947
黑色金属冶炼和压延加工业	Manufacture and Processing of Ferrous Metals	2427431	2353082	10202	16270
金属制品业	Manufacture of Metal Products	310673	284294	3190	3728
通用设备制造业	Manufacture of General Purpose Machinery	604597	431846	4631	34513
专用设备制造业	Manufacture of Special Purpose Machinery	214955	165376	1526	7485
汽车制造业	Manufacture of Automotive	8555407	7378376	62995	325285
铁路、船舶、航空航天和其他运输设备制造业	Manufacture of Railroad,Marine,Aerospace and Other Transportation Equipment	852802	712149	18724	20632
电气机械和器材制造业	Manufacture of Electrical Machinery & Equipment	1211350	1069699	7137	47597
计算机、通信和其他电子设备制造业	Manufacture of Computer, Communications and Other Electronic Equipment	4694410	3664185	19848	372938
仪器仪表制造业	Manufacture of Measuring Instrument	114196	81723	1626	9899
废弃资源综合利用业	Comprehensive Utilization of Waste	5701	5256	35	161
金属制品、机械和设备修理业	Metal Products, Machinery and Equipment Repair Industry	10144	7200	93	123
电力、热力生产和供应业	Production and Supply of Electric Power and Heat Power	2030123	617909	11581	722
燃气生产和供应业	Production and Supply of Gas	192988	156073	1246	18827
水的生产和供应业	Production and Supply of Water	117081	115548	1300	9565

管理费用 Cost of Management	利息支出 Interest Expense	利润总额 Total Profits	所得税费用 Income Tax Payable	亏损企业亏损总额 Losses of Loss Enterprises	利税总额 Total Profits and Taxes	应交增值税 Value-added Tax Payable
1117	130	440	280	0	813	-16
2681	647	2445	664	233	3502	948
2542	1	961	139	0	1428	357
4663	468	18899	4585	0	39231	10059
1092	0	1897	475	0	2743	711
1544	0	-108	0	191	-1716	-1639
7849	272	1519	-30	976	4726	2687
801	0	71	22	0	286	166
9785	641	4118	1361	2486	8972	3821
65218	4348	46700	11190	0	651732	101605
15493	32101	-10773	471	14533	-147	7066
7004	0	17621	645	0	21982	3062
9181	752	2285	557	2131	13682	4331
79148	52339	6752	208	85	31851	14897
13328	3937	628	1360	4144	10881	7063
102204	5010	-943	9242	69138	38781	32009
17354	6857	21488	6253	0	41280	18266
309150	156727	448090	96227	347	659261	148177
76018	9590	15813	2929	3458	66802	30861
79653	15464	4209	2953	20075	40210	26899
485107	55410	137305	39320	3547	254797	97644
14913	400	8361	860	0	19581	9595
653	0	-39	0	39	-4	0
1358	71	1384	212	0	1965	489
32754	21808	534978	1723	51932	560476	20277
13848	0	30805	8187	1058	37386	5335
12887	2708	-3671	0	3671	1860	3496

12-11 分地区规模以上工

Main Economic Indicators of Industrial Enterprises

指标	Indicator	全市 Total	历下区 Lixia	市中区 Shizhong	槐荫区 Huaiyin
企业单位数（个）	Number of Industial Enterprises(unit)	2051	32	29	53
工业总产值（万元）	Gross Industrial Output Value(10 000 yuan)	57709149	2478614	5752624	1776335
资产与负债（万元）	Assets and Liabilities(10 000 yuan)				
资产总计	Total Assets	63196364	1713323	9979061	2692521
流动资产合计	Total Fixed Assets	39347269	815046	7644681	1787880
存货	Inventory	8194018	249551	1684049	381762
应收账款	Receivable	7272879	246909	678753	384065
固定资产合计	Total Fixed Assets	12088680	741787	788678	605014
流动负债合计	Current Liabilities Total	27462391	915746	6149332	1274593
非流动负债合计	Non-Current Liabilities Total	5306272	73273	1355631	200459
所有者权益合计	Total Owner' s Equities	22682659	724304	2466983	1202126
实收资本	Paid- up Capital	9605761	444241	1519793	380989
国家资本	Official Capital	2814288	336557	387255	193108
损益及分配（万元）	Profit,Loss and Distribution				
主营业务收入	Revenue from Principal Business	58101551	2528888	5548125	1779561
主营业务成本	Cost of Principal Business	46600799	1784678	4782458	1423153
主营业务税金及附加	Taxes and Other Charges on Principal Business	1000593	504395	39205	14390
管理费用	Cost of Management	3062787	129302	228697	164914
利润总额	Total Profits	4152327	70058	265768	135505
应交所得税	Income Tax Payable	529087	17044	56259	11527
亏损企业亏损总额	Losses of Loss Enterprises	264721	6471	1134	5988
利税总额	Total Profits and Taxes	6868006	693621	404107	220006
本年应交增值税	Value-added Tax Payable	1706672	115457	98640	69658

业主要经济指标（2017年）

Above Designated Size By Region（2017）

天桥区 Tianqiao	历城区 Licheng	长清区 Changqing	章丘区 Zhangqiu	平阴县 Pingyin	济阳县 Jiyang	商河县 Shanghe	高新区 Gaoxin
70	123	198	631	204	240	192	278
791749	4283049	1850556	17987500	3274468	4332996	2257110	11600449
1795115	10873582	2986589	12289580	3335206	2963725	1333953	13261684
824294	5913404	1715441	7346237	2059199	1214435	634611	9413981
168140	751149	395089	1776793	462300	205372	178286	1946406
185021	892123	522744	987698	490246	482708	148208	2255470
681809	841056	876839	3049989	882384	1207951	409564	2005282
958771	2585871	1446581	5356914	1184924	843310	466382	6297705
478070	206080	250311	1075378	163438	101429	64784	1341016
354105	1932222	1225453	4950308	1923385	1685952	665535	5558932
283026	657199	1099021	2031439	484851	486217	269463	1953639
130110	229643	673263	194703	37007	46300	17590	569419
806783	5251365	1769666	18215256	3083995	4207471	2323240	11205925
724722	4434016	1473029	15668135	2390189	3313696	2064063	8555885
5616	35114	12651	228227	23588	38479	17407	75238
76318	303657	143404	507663	174721	219268	73345	1042047
-42698	257704	855	1242991	353597	460908	101800	732766
3188	49070	15557	121838	53965	61240	3830	135570
60246	32870	86009	21588	4418	5773	4759	35466
-16771	422598	62403	2108359	486482	644176	162312	1108017
20068	129434	45420	634391	108989	144790	42443	297651

12-12 规模以上大中型工

Main Indicators of Large and

指标	Indicator	企业单位数（个）Number of Industial Enterprises (unit)	亏损企业（个）Loss Enterprises (unit)	工业总产值（当年价格）（万元）Gross Industrial Output Value (10 000 yuan)	工业销售产值（当年价格）（万元）Industrial Output Value of Products Sold (10 000 yuan)
总计	**Total**	208	33	33447727	31516982
按登记注册类型分	**by Status of Registration**				
内资企业	Domestic Funded Enterprises	167	27	30931556	29012280
国有企业	State-owned Enterprises	3	1	1382505	43241
中央企业	Central Enterprises	1	0	1339930	0
地方企业	Local Enterprises	2	1	42575	43241
集体企业	Collective-owned Enterprises	3	0	107372	107100
有限责任公司	Private Limited Liability Corporations	96	17	22794155	22410104
国有独资公司	State Sole funded Corporations	13	6	10000163	9809592
其他有限责任公司	Other Limited Liability Corporations	83	11	12793992	12600513
股份有限公司	Share-holding Corporations Limited	32	3	4014639	3875865
私营企业	Private Enterprises	33	6	2632886	2575971
私营有限责任公司	Private Limited Liability Corporations	28	6	1394438	1337575
私营股份有限公司	Private Share-holding Corporations Ltd.	5	0	1238448	1238395
港、澳、台商投资企业	Enterprises with Funds from Hong Kong, Macao and Taiwan	20	3	1129758	1130127
合资经营企业（港或澳、台资）	Joint-ventures Enterprises	10	3	592683	599135
合作经营企业（港或澳、台资）	Cooperative Enterprises	1	0	73947	114855
港澳台商独资经营企业	Enterprises with Sole Investment	8	0	396385	348355
港澳台商投资股份有限公司	Share-holding Corporations Ltd. With Funds From Hong Kong, Macao and Taiwan	1	0	66743	67783
外商投资企业	Foreign Funded Enterprises	21	3	1386414	1374574
中外合资经营企业	Joint-venture Enterprises	12	2	735050	733964
外资企业	Enterprises with Sole Foreign Funds	9	1	651364	640610
按轻重工业分	**by Light & Heavy Industry**				
轻工业	Light Industry	68	12	5265156	5074598
重工业	Heavy Industry	140	21	28182571	26442384
按企业规模分	**by Enterprise Size**				
大型企业	Large-sized Enterprises	44	9	24850774	22937759
中型企业	Medium-sized Enterprises	164	24	8596954	8579223
按工业行业分	**by Sector**				
煤炭开采和洗选业	Mining and Washing of Coal	1	0	81516	79070

业企业经营情况（2017 年）

Medium-Sized Enterprises（2017）

资产总计（万元）Total Assets (10 000 yuan)	负债合计（万元）Total Liabilities (10 000 yuan)	主营业务收入（万元）Revenue from Principal Business (10 000 yuan)	利润总额（万元）Total Profits (10 000 yuan)	利税总额（万元）Total Profits and Taxes (10 000 yuan)	从业人员平均人数（万人）Average of Empolyed Persons (10 000 persons)
41759350	25657281	32757207	2520507	4210160	22.57
38361853	24120252	30217018	2259498	3836039	19.11
137268	79696	1439229	570163	571242	0.10
0	0	1396611	573881	573881	0.00
137268	79696	42618	-3718	-2639	0.10
46027	15709	110974	6836	14271	0.16
32638289	21434860	22266055	1208946	1987587	13.87
18796465	13691719	9653445	420567	691637	4.59
13841824	7743141	12612610	788378	1295950	9.28
3593699	1498359	3855903	294117	990306	2.76
1946571	1091628	2544857	179438	272634	2.22
1075513	673626	1328208	101185	155064	1.72
871058	418002	1216649	78252	117570	0.50
2018945	866940	1192642	140400	203750	1.84
1128384	538742	606453	59922	88033	0.84
52302	28624	114855	10812	16061	0.11
631713	235992	382935	48381	72299	0.81
206546	63582	88399	21285	27357	0.08
1378552	670089	1347547	120609	170371	1.62
761942	412644	725254	41802	73997	1.02
616610	257446	622294	78807	96374	0.61
6635101	2686831	5054222	733449	1035934	6.11
35124249	22970450	27702985	1787058	3174226	16.46
32284082	21005368	24597942	1905803	3205376	13.87
9475268	4651913	8159264	614704	1004784	8.70
106466	99330	88679	15123	18991	0.09

12-12 续 1

指标	Indicator	企业单位数（个）Number of Industial Enterprises (unit)	亏损企业（个）Loss Enterprises (unit)	工业总产值（当年价格）（万元）Gross Industrial Output Value (10 000 yuan)	工业销售产值（当年价格）（万元）Industrial Output Value of Products Sold (10 000 yuan)
石油和天然气开采业	Extraction of Petroleum and Natural Gas	2	0	194936	194448
农副食品加工业	Processing of Food from Agricultural Products	3	0	72565	71987
食品制造业	Manufacture of Foods	10	2	692340	659521
酒、饮料和精制茶制造业	Manufacture of Wine, Drinks and Refined Tea	10	1	692722	696447
纺织业	Manufacture of Textile	5	1	495285	494383
纺织服装、服饰业	Manufacture of Textile Wearing Apparel and Finery	7	2	114557	110228
皮革、毛皮、羽毛及其制品和制鞋业	Manufacture of Leather, Fur, Feather & Its Products and Footwear	2	0	45108	45032
家具制造业	Manufacture of Furniture	1	0	32737	31737
造纸和纸制品业	Manufacture of Paper and Paper Products	3	0	102566	101245
印刷和记录媒介复制业	Printing, Reproduction of Recording Media	4	1	110152	111191
石油、煤炭及其他燃料加工业	Processing of Petroleum, Coking and Nucleus Fuel	1	0	1722968	1715808
化学原料和化学制品制造业	Manufacture of Chemical Raw Material and Chemical Products	13	2	2066943	2077540
医药制造业	Manufacture of Medicines	11	0	2080897	1992113
非金属矿物制品业	Manufacture of Non-metallic Mineral Products	20	2	1191239	1290553
黑色金属冶炼和压延加工业	Manufacture and Processing of Ferrous Metals	5	1	805994	795997
有色金属冶炼和压延加工业	Manufacture & Processing of Non-ferrous Metals	1	0	27715	29504
金属制品业	Manufacture of Metal Products	13	1	1061865	1052567
通用设备制造业	Manufacture of General Purpose Machinery	22	6	1460343	1472474
专用设备制造业	Manufacture of Special Purpose Machinery	12	0	560039	525656
汽车制造业	Manufacture of Automotive	10	0	9612999	9282660
铁路、船舶、航空航天和其他运输设备制造业	Manufacture of Railroad,Marine,Aerospace and Other Transportation Equipment	6	2	659349	661674
电气机械和器材制造业	Manufacture of Electrical Machinery & Equipment	17	7	1907245	1920551
计算机、通信和其他电子设备制造业	Manufacture of Computer, Communications and Other Electronic Equipment	12	1	5227745	5031948
仪器仪表制造业	Manufacture of Measuring Instrument	6	0	178664	163614
金属制品、机械和设备修理业	Metal Products, Machinery and Equipment Repair Industry	1	0	52768	52494
电力、热力生产和供应业	Production and Supply of Electric Power and Heat Power	6	3	1960967	621036
燃气生产和供应业	Production and Supply of Gas	2	0	139221	139221
水的生产和供应业	Production and Supply of Water	2	1	96286	96286

资产总计（万元）Total Assets (10 000 yuan)	负债合计（万元）Total Liabilities (10 000 yuan)	主营业务收入（万元）Revenue from Principal Business (10 000 yuan)	利润总额（万元）Total Profits (10 000 yuan)	利税总额（万元）Total Profits and Taxes (10 000 yuan)	从业人员平均人数（万人）Average of Empolyed Persons (10 000 persons)
429665	34796	194936	15245	41431	0.09
50663	19613	72236	4420	5852	0.20
562249	242858	663810	101244	126520	0.85
440177	206981	648013	57092	105955	0.95
210608	122232	454898	9164	41127	0.37
175399	69414	151164	9573	17477	0.69
10045	587	45032	3163	4712	0.07
15481	10571	31737	1301	2972	0.03
38800	22058	104398	5573	9988	0.14
286211	110602	132639	25631	34534	0.23
516691	330387	1732411	43427	642772	0.18
2509011	1849833	2137707	102272	164758	1.31
3464045	1060499	1984657	457673	604753	1.72
1410999	597899	1205677	93177	154295	1.32
372899	169551	795220	20640	33365	0.45
52796	25590	29504	1573	1990	0.05
1176459	401044	1027148	143344	209745	1.10
2395294	1108786	1538281	61890	136567	2.07
691215	390337	503494	32849	45404	0.65
16089712	12201011	9070600	492587	721876	3.57
974180	707051	654808	–229	29897	0.71
2486604	1437391	1846916	77238	122638	1.19
4320536	2576099	5169992	166369	296786	3.15
209654	105992	166630	13059	26784	0.33
56653	10349	52494	5600	10509	0.16
1553692	1000891	2007648	535235	562392	0.54
548622	288608	151646	27446	33111	0.20
604524	456925	94835	–1172	2959	0.18

12-13 规模以上大中型工业企业一览表（2017 年）

Summary of Large and Medium-Sized Enterprises（2017）

企业名称 Number of Industial Enterprises	登记注册类型 Status of Registration	企业规模 Enterprise Size	所属行业 Sector
中国重型汽车集团有限公司	国有独资公司	大型	汽车制造
浪潮集团有限公司	其他有限责任公司	大型	服务器
中国石油化工股份有限公司济南分公司	股份有限公司	大型	汽油 柴油 液化气
齐鲁制药有限公司	其他有限责任公司	大型	抗生素原料药及制剂
国网山东省电力公司济南供电公司	国有	大型	电力供应业
济南圣泉集团股份有限公司	私营有限股份公司	大型	呋喃树脂
山东闽源钢铁有限公司	其他有限责任公司	大型	钢铁加工
中车山东机车车辆有限公司	其他有限责任公司	大型	铁路货车
玫德集团有限公司	股份有限公司	大型	各类管件制造
济南二机床集团有限公司	国有独资公司	大型	金属成形机床
山东晋煤明水化工集团有限公司	其他有限责任公司	大型	尿素
华能济南黄台发电有限公司	其他有限责任公司	大型	火力发电
费斯托气动有限公司	外资企业	大型	液压和气动动力机械及元件制造业
济南伊利乳业有限责任公司	其他有限责任公司	大型	乳制品生产
山东佳宝集团有限公司	其他有限责任公司	大型	乳制品
济南庚辰铸造材料有限公司	其他有限责任公司	大型	生铁冶炼
山东中创软件工程股份有限公司	股份有限公司	大型	软件开发
济南达利食品有限公司	私营有限责任公司	大型	食品
山东晋煤日月化工有限公司	其他有限责任公司	大型	尿素
济南裕兴化工有限责任公司	其他有限责任公司	大型	钛白粉
齐鲁宏业纺织集团有限公司	其他有限责任公司	大型	棉纱
山东山水水泥集团有限公司	港澳台商独资	大型	水泥
卧龙电气章丘海尔电机有限公司	与港澳台商合资经营	大型	洗衣机电机
中国石油集团济柴动力总厂	国有独资公司	大型	内燃机
济南热电有限公司	国有独资公司	大型	供热
积成电子股份有限公司	股份有限公司	大型	电力调度自动化系统
中粮可口可乐饮料（济南）有限公司	与港澳台商合作经营	大型	碳酸饮料
山东齐鲁电机制造有限公司	国有独资公司	大型	汽轮发电机
山东济华燃气有限公司	与港澳台商合资经营	大型	燃气供应业
济南轻骑铃木摩托车有限公司	中外合资经营	大型	摩托车
济南金麒麟刹车系统有限公司	股份有限公司	大型	刹车片
济南轻骑摩托车有限公司	国有独资公司	大型	摩托车
山东福胶集团有限公司	其他有限责任公司	大型	阿胶
山东省章丘鼓风机股份有限公司	股份有限公司	大型	风机
安莉芳（山东）服装有限公司	港澳台商独资	大型	内衣
济南沃德汽车零部件有限公司	中外合资经营	大型	气门
济南水务集团有限公司	国有独资公司	大型	自来水生产业及供应业
济南锅炉集团有限公司	其他有限责任公司	大型	电站锅炉
山东小鸭集团有限责任公司	国有独资公司	大型	制冷空调设备制造
山东太古飞机工程有限公司	中外合资经营	大型	飞机维修

企业名称 Number of Industial Enterprises	登记注册类型 Status of Registration	企业规模 Enterprise Size	所属行业 Sector
济南重工股份有限公司	股份有限公司	大型	环保脱硫设备
山东同欣电子有限公司	私营有限责任公司	大型	电阻电容电感元件制造
山东宏济堂制药集团股份有限公司	股份有限公司	大型	小儿消食片
济南万瑞炭素有限公司	其他有限责任公司	大型	石墨及碳素制品制造
济南艾尔维制衣有限公司	私营有限责任公司	中型	生产、销售：服装、羽绒制品、皮包
济南第一机床有限公司	其他有限责任公司	中型	金属切削机床制造
济南汇智电力科技有限公司	其他有限责任公司	中型	一体化直流电源系统生产
济南中海炭素有限公司	其他有限责任公司	中型	石墨及炭素制品制造
济南迈克管道科技股份有限公司	股份有限公司	中型	直缝钢管制造
济南桃李面包有限公司	私营有限责任公司	中型	面包、烘烤类糕点制造
山东新华印务有限责任公司	其他有限责任公司	中型	多色印刷品
山东重骑摩托车（集团）厂	国有	中型	摩托车整车制造
山东天鹅棉业机械股份有限公司	股份有限公司	中型	棉花加工设备
山东电力设备有限公司	其他有限责任公司	中型	变压器
山东桑乐太阳能有限公司	其他有限责任公司	中型	生产太阳能热水器
山东省兴业发展有限公司	国有独资公司	中型	服装加工
济南市冶金科学研究所有限责任公司	其他有限责任公司	中型	硬质合金
山东金钟科技集团股份有限公司	股份有限公司	中型	称重设备及零配件
济南元首针织股份有限公司	股份有限公司	中型	针织内衣
济南瑞通铁路电务有限责任公司	其他有限责任公司	中型	生产铁路电缆
济南镁碳砖厂有限公司	股份有限公司	中型	镁碳砖粘合剂
济南沃德机械制造有限公司	股份有限公司	中型	汽车零部件及配件
济南野风酥食品有限公司	私营有限责任公司	中型	野风酥
山东银鹰炊事机械有限公司	其他有限责任公司	中型	和面机
章丘市铜铝铸造厂	集体	中型	铜铝件
济南利民制药有限责任公司	其他有限责任公司	中型	西药
章丘市金属颜料有限公司	其他有限责任公司	中型	铝银粉
山东明威起重设备有限公司	其他有限责任公司	中型	起重机设备塔机
章丘华明水泥有限公司	其他有限责任公司	中型	水泥生产及销售
济南市长清计算机应用公司	集体	中型	可燃气体报警控制器
济南冶金化工设备有限公司	其他有限责任公司	中型	冶金专用设备制造
山东宏达科技集团有限公司	其他有限责任公司	中型	压力容器制造
山东平阴丰源炭素有限责任公司	其他有限责任公司	中型	预焙阳极制造
济南市平阴县玛钢厂	集体	中型	玛钢管件制造
济南市琦泉热电有限责任公司	其他有限责任公司	中型	电力、汽供应
济南黄河特钢有限责任公司	其他有限责任公司	中型	刚压延加工
平阴鲁西装备科技有限公司	股份有限公司	中型	制造业 金属压力容器制造
济南乐喜施肥料有限公司	私营有限责任公司	中型	复混肥料
山东明仁福瑞达制药股份有限公司	股份有限公司	中型	颈痛颗粒
济南天辰机器集团有限公司	私营有限责任公司	中型	数控塑铝窗设备
济南晶恒电子有限责任公司	其他有限责任公司	中型	半导体分立器件
山东绿霸化工股份有限公司	股份有限公司	中型	化学农药原药制造
山推建友机械股份有限公司	股份有限公司	中型	砼搅拌站、楼

企业名称 Number of Industial Enterprises	登记注册类型 Status of Registration	企业规模 Enterprise Size	所属行业 Sector
西电济南变压器股份有限公司	股份有限公司	中型	变压器制造
山东电工电气日立高压开关有限公司	中外合资经营	中型	GIS 制造
济南迈克阀门科技有限公司	其他有限责任公司	中型	阀门配件制造
山东平安建筑工业化科技有限公司	私营有限责任公司	中型	建筑产业化 PC 构件生产
山东输变电设备有限公司	其他有限责任公司	中型	变压器
迈大食品（山东）有限公司	外资企业	中型	饼干及其他焙烤食品制造
山东新升实业发展有限责任公司	国有独资公司	中型	工业蓝宝石晶体的生产
济南铸造锻压机械研究所有限公司	国有独资公司	中型	其他金属加工设备
济南帅潮实业有限公司	私营有限责任公司	中型	汽车弹簧制造及销售
山东上好佳食品工业有限公司	港澳台商独资	中型	膨化食品生产
济南大阳食品有限公司	私营有限责任公司	中型	肉鸡屠宰
济南吉优箱包有限公司	外资企业	中型	生产箱包皮带
中电装备山东电子有限公司	其他有限责任公司	中型	电工仪器仪表
山东温声玻璃科技股份有限公司	私营有限股份公司	中型	玻璃制造
济南统一企业有限公司	港澳台商独资	中型	饮料、方便面生产
山东欧克家具有限公司	其他有限责任公司	中型	家具制造（陈设）
临工集团济南重机有限公司	私营有限责任公司	中型	生产矿用自卸车
山东普利思饮用水股份有限公司	股份有限公司	中型	生产瓶装桶装饮用水
中集车辆（山东）有限公司	中外合资经营	中型	冷保车
济南西门子变压器有限公司	中外合资经营	中型	变压器
东港股份有限公司	港澳台商投资有限公司	中型	防伪票据印刷品制造
济南台有玻璃制品有限公司	私营有限责任公司	中型	日用玻璃制品（工艺品）
济南弘正科技有限公司	港澳台商独资	中型	摩托车无级变速器制造
山东圣泉化工股份有限公司	其他有限责任公司	中型	酚醛树脂
济阳县济北石化有限责任公司	其他有限责任公司	中型	石油开采
山东鲁信天一印务有限公司	其他有限责任公司	中型	盒类产品
山东科兴生物制品有限公司	其他有限责任公司	中型	生物药品依普定
山东胜邦绿野化学有限公司	其他有限责任公司	中型	农药制造
山东博士伦福瑞达制药有限公司	与港澳台商合资经营	中型	润舒滴眼液
山东福贞金属包装有限公司	外资企业	中型	空罐
福士汽车零部件（济南）有限公司	外资企业	中型	汽车零部件制造
济南汇丰炭素有限公司	其他有限责任公司	中型	制造业 碳素制品
济南华阳炭素有限公司	其他有限责任公司	中型	炭素、炭素制品生产销售
山东力诺太阳能电力股份有限公司	股份有限公司	中型	硅材料、太阳能电池
山东百利通亚陶科技有限公司	港澳台商独资	中型	其他电子元件制造
济南娃哈哈恒枫饮料有限公司	中外合资经营	中型	营养快线、纯净水、爽歪歪
山东亿同新纸业有限公司	其他有限责任公司	中型	手工纸制造
济南二机床铸造有限公司	国有独资公司	中型	机床铸造
山东省鲁棉集团天元纺织有限公司	其他有限责任公司	中型	棉纱
济南邦德激光股份有限公司	股份有限公司	中型	机器设备及零部件加工销售
山东宝雅新能源汽车股份有限公司	股份有限公司	中型	新能源汽车、电动汽车生产销售
济南科盛电子有限公司	其他有限责任公司	中型	半导体晶片生产（磁盘）
济南趵突泉酿酒有限责任公司	其他有限责任公司	中型	白酒制造

企业名称 Number of Industial Enterprises	登记注册类型 Status of Registration	企业规模 Enterprise Size	所属行业 Sector
济南腾龙排气管有限公司	其他有限责任公司	中型	排气管
华电章丘发电有限公司	其他有限责任公司	中型	火力发电
山东福瑞达生物工程有限公司	其他有限责任公司	中型	生产化妆品、生产消毒卫生用品
山东科芯电子有限公司	其他有限责任公司	中型	晶粒 STD1-6A、FR1-6A、SF(电视接收)
华熙福瑞达生物医药有限公司	港澳台商独资	中型	透明质酸钠
山东星科智能科技股份有限公司	股份有限公司	中型	智能化职业教育教学装备
山东华凌电缆有限公司	私营有限责任公司	中型	电力电缆
济南第二汽车配件有限公司	其他有限责任公司	中型	其配件
济南银鹰食品机械有限公司	其他有限责任公司	中型	和面机
济南中维世纪科技有限公司	其他有限责任公司	中型	中维监控软件
中闻集团山东印务有限公司	其他有限责任公司	中型	报纸印刷
济南泉华包装制品有限公司	与港澳台商合资经营	中型	制造包装制品
山东通发实业有限公司	私营有限责任公司	中型	建筑工程用机械制造
山东鲁能智能技术有限公司	其他有限责任公司	中型	其他输配电及控制设备制造
济南龙山炭素有限公司	私营有限责任公司	中型	预焙阳极制造
山东山大华天科技集团股份有限公司	股份有限公司	中型	EPS 电源
章丘重型锻造有限公司	私营有限责任公司	中型	其他通用设备制造
山东大汉建设机械有限公司	其他有限责任公司	中型	固定式塔机、自升式塔机、施工升降机
章丘市鲁洪化工有限公司	私营有限股份公司	中型	氯化钙
山东山大电力技术股份有限公司	其他有限责任公司	中型	微机电力故障录波装置
山东力诺瑞特新能源有限公司	与港澳台商合资经营	中型	太阳能热水器
山东宏业纺织股份有限公司	股份有限公司	中型	棉纱
山东百脉泉酒业有限公司	其他有限责任公司	中型	白酒制造
济南东岳起重通信设备有限公司	私营有限责任公司	中型	塔机制造、电杆
济南恒升工程机械有限公司	私营有限责任公司	中型	塔机
胜利油田商河石油开发有限责任公司	其他有限责任公司	中型	石油开采
济南中燃科技发展有限公司	其他有限责任公司	中型	振动筛
济阳元首针织有限责任公司	其他有限责任公司	中型	针织品
济南澳海炭素有限公司	其他有限责任公司	中型	炭素制品制造
山东旺旺食品有限公司	外资企业	中型	液体乳及乳制品制造
山东力诺特种玻璃股份有限公司	其他有限责任公司	中型	安瓶
山东华森混凝土有限公司	私营有限责任公司	中型	混凝土搅拌、销售
山东大旺食品有限公司	外资企业	中型	饼干
九阳股份有限公司	股份有限公司	中型	豆浆机
济南百事可乐饮料有限公司	与港澳台商合资经营	中型	碳酸饮料制造
山东奥太电气有限公司	其他有限责任公司	中型	逆变焊机
山东力诺光伏高科技有限公司	私营有限责任公司	中型	太阳能材料
济南巨鑫机车车辆配件有限公司	私营有限责任公司	中型	机车车辆配件
济南绿色中药饮片有限公司	私营有限责任公司	中型	中药饮片加工
山东大鲁阁织染工业有限公司	港澳台商独资	中型	纺织业
山东建昌机械有限公司	私营有限责任公司	中型	建筑机械制造、精密铸造
济南实达紧固件有限公司	其他有限责任公司	中型	标准紧固件生产
济南港华燃气有限公司	与港澳台商合资经营	中型	天然气生产供应

企业名称 Number of Industial Enterprises	登记注册类型 Status of Registration	企业规模 Enterprise Size	所属行业 Sector
济南巨能铁塔制造有限公司	私营有限责任公司	中型	输电线路铁塔
山东明龙建筑机械有限公司	其他有限责任公司	中型	建筑机械
山东神戎电子股份有限公司	股份有限公司	中型	激光夜视仪
平阴山水水泥有限公司	与港澳台商合资经营	中型	熟料、水泥制造
山东爱普电气设备有限公司	其他有限责任公司	中型	逆变电设备
山东汉方制药有限公司	私营有限责任公司	中型	复方黄柏液涂剂
山东和美华集团有限公司	其他有限责任公司	中型	饲料生产
济南圣泉倍进陶瓷过滤器有限公司	中外合资经营	中型	陶瓷过滤网
山东国舜绿色钢结构有限公司	股份有限公司	中型	环境保护专用设备制造
神思电子技术股份有限公司	股份有限公司	中型	身份认证解决方案
山东科源制药股份有限公司	股份有限公司	中型	格列齐特
济南思迈迩制衣有限公司	私营有限责任公司	中型	服装
山东新阳能源有限公司	国有独资公司	中型	煤炭开采
山东华锦家纺有限公司	其他有限责任公司	中型	毛巾类制品制造
山东鲁润热能科技有限公司	其他有限责任公司	中型	压力容器制造
济南圣泉铸造材料有限公司	私营有限股份公司	中型	固化剂
济南界龙科技有限公司	外资企业	中型	精密电子零配件
山东冠世针织有限公司	外资企业	中型	针织衫裤
山东北辰机电设备股份有限公司	私营有限股份公司	中型	压力容器制造
山东华氟化工有限责任公司	其他有限责任公司	中型	氟化物
济南宇飞食品有限公司	其他有限责任公司	中型	禽类屠宰
山东伊莱特重工有限公司	中外合资经营	中型	风电法兰
济南吉利汽车有限公司	其他有限责任公司	中型	汽车零配件、发动机零配件的生产
山东天玉墙体材料有限公司	其他有限责任公司	中型	生产青砖、砌块
青岛啤酒（济南）有限公司	其他有限责任公司	中型	生产加工
济南泓泉制水有限公司	与港澳台商合资经营	中型	生活饮用水集中式供水
济南海川投资集团有限公司	其他有限责任公司	中型	碳素产品制造
济南正远服装有限公司	与港澳台商合资经营	中型	纺织服装制造
山东金德利集团快餐连锁配送有限责任公司	其他有限责任公司	中型	制造业 米、面制品制造
济南轻骑标致摩托车有限公司	中外合资经营	中型	摩托车
济南宜和食品有限公司	中外合资经营	中型	调味品制造
山东银鹭食品有限公司	中外合资经营	中型	八宝粥
济南奥图自动化股份有限公司	私营有限责任公司	中型	自动化设备
山东博科生物产业有限公司	其他有限责任公司	中型	生化试剂
济南金百利包装用品有限公司	私营有限责任公司	中型	纸包装制品
济南新峨嵋实业有限公司	其他有限责任公司	中型	滑动水口砖
山东华光光电子股份有限公司	股份有限公司	中型	高亮度发光二极管芯片
章丘市热力公司	国有	中型	热力生产和供应
山东法因智能设备有限公司	其他有限责任公司	中型	数控机床生产

12-14 主要工业产品生产量(2017 年)

Output of Major Industrial Products(2017)

主要工业产品名称	Major Industrial Products above Designated Size	单位 Unit	生产量 Proction
铁矿石原矿	Ironstone in Original Iron Ores	万吨 (10 000 tons)	44.1
石灰石	Lime Powder	万吨 (10 000 tons)	109.6
小麦粉	Wheat Flour	万吨 (10 000 tons)	13.9
饲料	Feed	万吨 (10 000 tons)	50.8
配合饲料	Formula Feed	万吨 (10 000 tons)	20.3
混合饲料	Mixed Feed	万吨 (10 000 tons)	16.2
精制食用植物油	Refined Edible Vegetable Oil	万吨 (10 000 tons)	0.4
鲜、冷藏肉	Frozen,Fresh Meat	万吨 (10 000 tons)	8.2
冷冻蔬菜	Frozen Vegetable	吨 (ton)	19926
糖果	Candies	万吨 (10 000 tons)	1.2
速冻食品	Quick-frozen Food	万吨 (10 000 tons)	0.5
速冻米面食品	Quick-frozen rice and Noodles	万吨 (10 000 tons)	0.3
乳制品	Milk Products	万吨 (10 000 tons)	46.4
液体乳	Liquid Milk	万吨 (10 000 tons)	46.3
固体及半固体乳制品	Solid and Semi-soild Dairy Products	万吨 (10 000 tons)	0.1
乳粉	Milk Powder	万吨 (10 000 tons)	0.1
罐头	Canned Food	吨 (ton)	6
酱油	Soy Sauce	万吨 (10 000 tons)	9.2
食品添加剂	Food Additives	万吨 (10 000 tons)	0.8
饮料酒	Liquor	万千升 (10 000 kiloliter)	41.6
白酒(折 65 度,商品量)	White Spirit	万千升 (10 000 kiloliter)	2.6
啤酒	Beer	万千升 (10 000 kiloliter)	36.2
碳酸型饮料(汽水)	Carbonated Drinks	万吨 (10 000 tons)	52.2
包装饮用水	Bottled Drinking Water	万吨 (10 000 tons)	42.3
果汁和蔬菜汁类饮料	Juice and Vegetable Juice Beverage	万吨 (10 000 tons)	14.3
精制茶	Refined Tea	吨 (ton)	27
纱	Yarn	万吨 (10 000 tons)	14.4
棉纱	Cotton Yarn	万吨 (10 000 tons)	9.7
棉混纺纱	Cotton Blended Yarn	万吨 (10 000 tons)	4.2
化学纤维纱	Chemical Fiber Yarn	万吨 (10 000 tons)	0.5
布	Cloth	亿米 (100 million m)	1.6
棉布	Cotton Cloth	亿米 (100 million m)	1.1
棉混纺布	Cotton Blended Cloth	亿米 (100 million m)	0.3
化学纤维短纤布	Chemical Fiber Cloth	亿米 (100 million m)	0.2
无纺布(无纺织物)	Non-woven Fabrics	万吨 (10 000 tons)	3.9

主要工业 产品名称	Major Industrial Products above Designated Size	单位 Unit	生产量 Proction
服装	Garments	万件 (10 000 pieces)	7730.1
梭织服装	Woven Garments	万件 (10 000 pieces)	2541.1
其中羽绒服装	Down Wear	万件 (10 000 pieces)	10.7
衬衫	Shirts	万件 (10 000 pieces)	139.0
针织服装	Knitted Clothing	万件 (10 000 pieces)	5189.0
人造板	Manmade Plates	万立方米 (10 000 cu.m)	16.4
纤维板	Fiberboard	万立方米 (10 000 cu.m)	16.4
复合木地板	Engineered Wooden Floor	万立方米 (10 000 cu.m)	22.8
家具	Furniture	万件 (10 000 pieces)	24.6
木质家具	Wood Furniture	万件 (10 000 pieces)	16.0
金属家具	Metal Furniture	万件 (10 000 pieces)	6.6
机制纸及纸板（外购原纸加工除外）	Machine-made Paper and Paperboards	万吨 (10 000 tons)	0.2
纸制品	Paper Products	万吨 (10 000 tons)	16.3
瓦楞纸箱	Corrugated Box	万吨 (10 000 tons)	7.3
单色印刷品	Monochrome Print	万令 (10 000 ream)	271.0
多色印刷品	Ploychrome Print	万对开色令 (10 000 color folio ream)	785.4
精甲醇	Extracted Methanol	万吨 (10 000 tons)	50.5
合成氨（无水氨）	Synthetic Ammonia	万吨 (10 000 tons)	62.8
农用氮、磷、钾化学肥料（折纯）	Chemical Fertilizer	万吨 (10 000 tons)	21.0
氮肥（折含氮 100%）	Nitrogen Fertilizer	万吨 (10 000 tons)	21.0
尿素（折含氮 100%）	Urea	万吨 (10 000 tons)	21.0
化学农药原药（折有效成分 100%）	Chemical Pesticide	万吨 (10 000 tons)	0.9
杀虫剂（杀螨剂）原药	Insecticides Pesticide	吨 (ton)	372
除草剂原药	Herbicide Pesticide	万吨 (10 000 tons)	0.8
涂料	Paint	万吨 (10 000 tons)	3.8
初级形态塑料	Primary Plastic	万吨 (10 000 tons)	54.5
聚丙烯树脂	Polypropylene Colophony	万吨 (10 000 tons)	7.7
合成橡胶	Synthetic Rubber	万吨 (10 000 tons)	0.7
单晶硅	Monocrystalline Silicon	万千克 (10 000 kg)	9.3
多晶硅	Ploycrystalline Silicon	万千克 (10 000 kg)	211.0
合成洗涤剂	Synthetic Detergents	万吨 (10 000 tons)	2.5
化学药品原药	Chemical Medicine	万吨 (10 000 tons)	1.1
中成药	Traditional Chemical Medicine	万吨 (10 000 tons)	0.2
化学纤维	Chemical Fiber	万吨 (10 000 tons)	2.2
合成纤维	Synthetic Fiber Polymers	万吨 (10 000 tons)	2.2
涤纶纤维	Polyester Fiber	万吨 (10 000 tons)	1.5

主要工业 产品名称	Major Industrial Products above Designated Size	单位 Unit	生产量 Proction
塑料制品	Plastic Articles	万吨 (10 000 tons)	12.8
塑料薄膜	Plastic Film	万吨 (10 000 tons)	1.3
农用薄膜	Agricultural Film	万吨 (10 000 tons)	0.5
泡沫塑料	Foam	万吨 (10 000 tons)	4.8
硅酸盐水泥熟料	Portland Cement Clinker	万吨 (10 000 tons)	386.9
窑外分解窑水泥熟料	Precalciner Kiln Clinker	万吨 (10 000 tons)	386.9
水泥	Cement	万吨 (10 000 tons)	604.5
强度等级 42.5 水泥（含 R 型）	Strength Grade42.5Cement	万吨 (10 000 tons)	9.7
商品混凝土	Concrete	万立方米 (10 000 cu.m)	1289.3
水泥混凝土压力管	Cement and Concrete Pressure Pipes	千米 (km)	267
预应力混凝土桩	Prestressed concrete piles	万米 (10 000 m)	48.6
砖	Brick	亿块 (100 million unit)	4.3
天然花岗石建筑板材	Natural Marble Building Block	万平方米 (10 000 sq.m)	1.3
隔热、隔音人造矿物材料及其制品	Insulation and sound Insulation Materials and Products	万吨 (10 000 tons)	0.7
钢化玻璃	Stalinite	万平方米 (10 000 sq.m)	30.1
夹层玻璃	Sandwich Glass	万平方米 (10 000 sq.m)	37.3
中空玻璃	Hollow Glass	万平方米 (10 000 sq.m)	36.6
日用玻璃制品	Household Glass	万吨 (10 000 tons)	10.5
玻璃包装容器	Glass Container	万吨 (10 000 tons)	1.4
耐火材料制品	Refractory Product	万吨 (10 000 tons)	51.3
石墨及炭素制品	Graphite and Carbon Products	万吨 (10 000 tons)	205.0
生铁	Cast Iron	万吨 (10 000 tons)	349.3
粗钢	Crude Steel	万吨 (10 000 tons)	452.0
铸铁件	Iron Casting	万吨 (10 000 tons)	46.6
铸钢件	Steel Casting	万吨 (10 000 tons)	21.6
钢材	Steel	万吨 (10 000 tons)	409.7
大型型钢	Large Steel	万吨 (10 000 tons)	11.1
中小型型钢	Small and Medium Steel	万吨 (10 000 tons)	22.2
棒材	Bar	万吨 (10 000 tons)	90.2
特厚板	Extra-thick Steel Plate	万吨 (10 000 tons)	5.5
原油加工量	Crude Processing Volume	万吨 (10 000 tons)	365.2
汽油	Gasoline	万吨 (10 000 tons)	108.4
柴油	Diesel Oil	万吨 (10 000 tons)	129.5
燃料油	Fuel Oil	万吨 (10 000 tons)	3.2
石脑油	Naphtha	万吨 (10 000 tons)	5.4
液化石油气	Liquefied Petroleum	万吨 (10 000 tons)	18.1

主要工业 产品名称	Major Industrial Products above Designated Size	单位 Unit	生产量 Production
厚钢板	Thick Steel Plate	万吨 (10 000 tons)	59.6
中板	Middle Plate	万吨 (10 000 tons)	84.6
中厚宽钢带	Medium Thick Wide steel Band	万吨 (10 000 tons)	104.0
热轧薄宽钢带	Hot Rolled Thin Wide Steel Strip	万吨 (10 000 tons)	0.6
冷轧薄宽钢带	Cold Rolled Thin Wide Steel Strip	万吨 (10 000 tons)	10.4
镀层板（带）	Coating Plate	万吨 (10 000 tons)	4.3
焊接钢管	Welded Steel Tube	万吨 (10 000 tons)	17.3
用外购国产钢材再加工生产钢材	Steel in Process of Foreign-purchased Domestic Steel	万吨 (10 000 tons)	26.8
用外购钢材再加工生产钢材	Steel in Process of Foreign-purchased Steel	万吨 (10 000 tons)	26.8
铁合金	Iron Alloy	万吨 (10 000 tons)	1.8
铝合金	Aluminium Alloy	万吨 (10 000 tons)	0.3
铜材	Copper Product	万吨 (10 000 tons)	0.4
铝材	Aluminium Product	万吨 (10 000 tons)	6.4
钢结构	Steel Structure	万吨 (10 000 tons)	6.2
金属切削工具	Metal Cutting Tool	万吨 (10 000 tons)	50.0
锻件	Forge Piece	万吨 (10 000 tons)	121.7
粉末冶金零件	Sintered Metal Products	万吨 (10 000 tons)	0.2
电站锅炉	Utility Boilers	万蒸发量吨 (10 000 evaporation ton)	0.8
工业锅炉	Industrial Boilers	蒸发量吨 (evaporation ton)	2706
发动机	Engine	万千瓦 (10 000kw)	4149.9
汽车用发动机	Automotive Engine	万千瓦 (10 000kw)	4064.7
电站用汽轮机	Turbine Power Plant	万千瓦 (10 000kw)	52.0
金属切削机床	Metal-cutting Machine Tools	台 (unit)	6013
数控金属切削机床	CNC Metal cuttingMachine	台 (unit)	2074
金属成形机床	Metal Forming Machine	台 (unit)	2018
数控金属成形机床（数控锻压设备）	CNC Metal Forming Machine	台 (unit)	218
铸造机械	Casting Machinery	万台 (10 000 unit)	7.1
机床数控装置	Machine Tool Control Device	万套 (10 000 unit)	1.5
起重机	Lifting Equipment	万吨 (10 000 tons)	84.3
泵	Pumps	万台 (10 000 unit)	1.5
真空泵	Vacuum Pumps	万台 (10 000 unit)	0.7
气体压缩机	Gas Compressor	台 (unit)	283
非制冷设备用压缩机	Compressor for Non-refrigeration Equipment	台 (unit)	283
阀门	Valves	万吨 (10 000 tons)	2.0
液压元件	Hydraulic Components	万件 (10 000 unit)	27.2
气动元件	Pneumatic Components	万件 (10 000 unit)	247.4
滚动轴承	Rolling Bearings	万套 (10 000 unit)	3457.4

主要工业产品名称	Major Industrial Products above Designated Size	单位 Unit	生产量 Production
齿轮	Wheel Gear	万吨 (10 000 tons)	5.7
工业电炉	Industrial Furnace	台 (unit)	55
风机	Fans	万台 (10 000 unit)	5.0
鼓风机	Air Blower	万台 (10 000 unit)	4.2
工商用制冷、空调设备	Commercial Refrigeration Equipment	万台（套）	1.1
衡器（秤）	Scales	万台 (10 000 unit)	0.4
金属密封件	Metal Seal	万件 (10 000 unit)	1.2
金属紧固件	Metal Fastener	万吨 (10 000 tons)	2.9
弹簧	Spring	万吨 (10 001 tons)	5.5
矿山专用设备	Mining Equipment	万吨 (10 002 tons)	4.8
水泥专用设备	Cement Special Equipment	吨 (ton)	8946
混凝土机械	Concrete Machinery	台 (unit)	5101
金属冶炼设备	Metal Smelting Equipment	吨 (ton)	24776
炼油、化工生产专用设备	Special Equipment for Oil Refining and Chemical Protection	万吨 (10 000 tons)	0.5
模具	Matrix	万套 (10 000 unit)	0.2
食品制造机械	Food Manufacturing Machinery	台 (unit)	580
农产品初加工机械	Agricultural Primary Processing Machinery	万台 (10 000 unit)	5.0
印刷专用设备	Printing Special Equipment	吨 (ton)	1205
电子工业专用设备	Special Equipment for Electrionic Industry	台 (unit)	66952
棉花加工机械	Cotton Processing Machinery	台 (unit)	627
医疗仪器设备及器械	Medical Instruments	台 (unit)	1405
环境污染防治专用设备	Special Equipment for Environmental Protection	台（套）(unit)	564
大气污染防治设备	Air Pollution Control Equipment	台（套）(unit)	133
水质污染防治设备	Water Pollution Control Equipment	台（套）(unit)	28
固体废弃物处理设备	Soild Waste Dis posal Equipment	台（套）(unit)	403
工业机器人	Industrial Robot	套 (unit)	575
汽车	Motor Vehicles	万辆 (10 000 unit)	20.2
载货汽车	Trucks	万辆 (10 000 unit)	18.3
新能源汽车	New Energy Automobile	辆 (unit)	18410
改装汽车	Modified Cars	万辆 (10 000 unit)	0.7
铁路货车	Railway Freight Wagons	辆 (unit)	4728
摩托车整车	Motorcycles	万辆 (10 000 unit)	33.6
发电机组（发电设备）	Power Generating Equipment	万千瓦 (10 000kw)	530.0
汽轮发电机组	Steam Turbogenerator	万千瓦 (10 000kw)	530.0
电动机	Electromotor	万千瓦 (10 000kw)	236.0
直流电动机	DC Motors	万千瓦 (10 000kw)	0.6
交流电动机	AC Motors	万千瓦 (10 000kw)	235.4

主要工业 产品名称	Major Industrial Products above Designated Size	单位 Unit	生产量 Production
变压器	Transformers	万千伏安 (10 000 KVA pm)	14974.6
电力变压器，额定容量≥ 8000kVA，电压≥ 500kV	power Transformer	万千伏安 (10 000 KVA pm)	8012.0
互感器	Mutual Inductor	万台 (10 000 unit)	0.5
高压开关板	High Voltage Switch Plate	面 (unit)	186
低压开关板	Low Voltage Switch Plate	面 (unit)	2071
通信及电子网络用电缆	Cable for Communications and Electronic Network	万对千米 (10 000 couples.km)	46.0
电力电缆	Power Cable	万千米 (10 000 km)	12.9
家用洗衣机	Household Washing Machines	万台 (10 000 unit)	23.8
太阳能热水器	Solar Water Heater	万平方米 (10 000 sq.m)	108.8
灯具及照明装置	Lamps and Lighting Fixtures	万套 (台个)(10 000 unit)	7.1
电子计算机整机	Computers	万台 (10 000 unit)	79.3
微型计算机设备	Microcomputer Equipment	万台 (10 000 unit)	22.8
服务器	Servers	万台 (10 000 unit)	56.5
显示器	Display	万台 (10 000 unit)	1.0
半导体分立器件	Discrete Semiconductor Devices	亿只 (100 million unit)	32.1
集成电路	Integrated Circuit	万块 (10 000 unit)	257.3
光电子器件	Photoelectronic Device	万只 (10 000 unit)	2.6
电子元件	Eletronic Components	亿只 (100 million unit)	36.8
印制电路板	Print-circuit Board	万平方米 (10 000 sq.m)	69.0
工业自动调节仪表与控制系统	Industrial Automatic Instrument and Control System	万台 (套)(10 000 unit)	4.7
电工仪器仪表	Electrical Instrument	万台 (10 000 unit)	13.2
分析仪器及装置	Analytical Instruments and Devices	万台 (套)(10 000 unit)	0.7
试验机	Testing Machine	万台 (10 000 unit)	0.5
汽车仪器仪表	Automobile Instrument	万台 (10 000 unit)	35.7
钟	Clock	万只 (10 000 unit)	120.5
自来水生产量	Tap Water Production	亿立方米 (100 million cu.m)	5.0
石油焦	Petroleum Coke	万吨 (10 000 tons)	20.2
石油沥青	Asphalt	万吨 (10 000 tons)	9.5
焦炭	Coke	万吨 (10 000 tons)	137.7
发电量	Power Generating Capacity	亿千瓦时 (100 million kwh)	160.1
其中：火力发电量	Thermal Power Generation	亿千瓦时 (100 million kwh)	155.5
风力发电量	Wind Power Generation	亿千瓦时 (100 million kwh)	4.1
垃圾发电量	Garbage Power Generation	亿千瓦时 (100 million kwh)	2.9
煤气生产量	Gas Power Generation	亿立方米 (100 million cu.m)	40.0

12-15 工业企业能源购进、消费及库存（2017年）

Purchases、Consumption and Invetory of Main Energy Source in Industrial Enterprises(2017)

能源名称	Energy	计量单位 Unit	年初库存量 Beginning Stock	本年购进量 Purchases This Year	本年消费 Consumption of This Year			年末库存量 Year-end Stock
					合计 Total	工业生产消费 Industrial Consumption	非工业生产消费 Non-Industrial Consumption	
能源合计	Total Energy	吨标准煤 (tons of SCE)			22338440	22266991	71449	
原煤	Raw Coal	吨 (ton)	428085	8267790	8757801	8756345	1457	490186
洗精煤	Cleaned Coal	吨 (ton)	102348	2019480	2023813	2023813	0	98015
其他洗煤	Other Cleaned Coal	吨 (ton)	114185	2384100	2423188	2422572	616	75097
煤制品	Coal Product	吨 (ton)	64520	697655	713285	713285	0	48890
焦炭	Coke	吨 (ton)	30480	736674	2076540	2076538	2	47247
天然气	Natural Gas	万立方米 (10 000 cu.m)	0	60703	60703	60215	488	0
液化天然气	Liquefied Nutural Gas	吨 (ton)	4	1388	1390	1384	6	3
原油	Crude Oil	吨 (ton)	59609	3676700	3652146	3652146	0	84163
汽油	Gasoline	吨 (ton)	806	10910	10993	5247	5747	783
煤油	Kerosene	吨 (ton)	5	119	119	119	0	5
柴油	Diesel Oil	吨 (ton)	1978	33695	33161	22080	11081	2545
燃料油	Fuel Oil	吨 (ton)	0	1271	2687	2687	0	0
液化石油气	Liquefied Petroleum	吨 (ton)	0	53	53	50	3	2
炼厂干气	Refinery Dry Gas	吨 (ton)	0	0	166608	166608	0	0
其他石油制品	Other Petroleum Product	吨 (ton)	4589	18102	276626	276626	0	4580
热力	Heating	百万千焦 (mkj)	0	7991212	10628650	10535213	93437	0
电力	Electricity	万千瓦时 (10 000 kwh)	0	1110027	1375445	1346330	29115	0
其他燃料	Other Fuel	吨标准煤 (tons of SCE)	3	12424	13212	13212	0	1

注：按照经济普查要求，免填能源合计中，年初库存、购进量、年末库存。

12-16 工业分行业主要能源消费量（2017 年）

Consumption of Main Energy Source in Industrial Enterprises by Sector（2017）

		原煤（吨）Coal (ton)	汽油（吨）Gasoline (ton)	煤油（吨）Kerosene (ton)	柴油（吨）Diesel Oil (ton)	燃料油（吨）Fuel Oil (ton)	热力（百万千焦）Heating (mkj)	电力（万千瓦时）Electricity (10 000 kwh)
总计	**Total**	8757801	10993	119	33161	2687	10628650	1375445
采矿业	Mining							
煤炭开采和洗选业	Mining and Washing of Coal	578491	0	0	49	0	9993	874
石油和天然气开采业	Extraction of Petroleum and Natural Gas	0	47	0	16	0	0	5511
黑色金属矿采选业	Mining of Ferrous Metal Ores	0	0	0	0	0	0	1061
非金属矿采选业	Mining and Processing of Nonmetal Ores	0	0	0	1480	0	0	2292
制造业	Manufacture							
农副食品加工业	Processing of Food from Agricultural Products	1032	334	0	140	0	0	7675
食品制造业	Manufacture of Foods	334	370	0	781	0	506085	16286
酒、饮料和精制茶制造业	Manufacture of Wine, Drinks and Refined Tea	7826	73	0	388	0	229560	22014
纺织业	Manufacture of Textile	5003	80	0	50	0	147414	33066
纺织服装、服饰业	Manufacture of Textile Wearing Apparel and Finery	167	89	0	7	0	50491	4839
皮革、毛皮、羽毛（绒）及其制品业	Manufacture of Leather, Fur, Feather & Its Products and Footwear	1201	39	0	0	0	0	631
木材加工及木、竹、藤、棕、草制品业	Processing of Timbers, Manufacture of Wood, Bamboo, Rattan, Palm, and Straw Products	0	122	0	0	0	0	5375
家具制造业	Manufacture of Furniture	0	17	0	24	0	0	776
造纸及纸制品业	Manufacture of Paper and Paper Products	128	33	0	2	0	0	6173
印刷业和记录媒介的复制	Printing, Reproduction of Recording Media	795	206	0	131	0	45145	8673
文教体育用品制造业	Manufacture of Culture, Education,Arts and crafts，Sport and Entertainment Goods	0	137	0	57	0	0	1790
石油加工、炼焦及核燃料加工业	Processing of Petroleum, Coking and Nucleus Fuel	719	573	0	249	1416	907175	37753
化学原料及化学制品制造业	Manufacture of Chemical Raw Material and Chemical Products	2048699	437	0	1129	0	1957557	189295

		原煤（吨）Coal (ton)	汽油（吨）Gasoline (ton)	煤油（吨）Kerosene (ton)	柴油（吨）Diesel Oil (ton)	燃料油（吨）Fuel Oil (ton)	热力（百万千焦）Heating (mkj)	电力（万千瓦时）Electricity (10 000 kwh)
医药制造业	Manufacture of Medicines	64901	684	0	445	0	6118050	67610
化学纤维制造业	Manufacture of Chemical Fiber	32	8	0	8	0	0	2382
橡胶和塑料制品业	Manufacture of Rubber and Plastic	28	140	0	146	0	0	9715
非金属矿物制品业	Manufacture of Non-metallic Mineral Products	606896	689	0	14184	1271	0	111919
黑色金属冶炼及压延加工业	Manufacture and Processing of Ferrous Metals	561149	269	0	3384	0	102898	253994
有色金属冶炼及压延加工业	Manufacture & Processing of Non-ferrous Metals	180	20	0	117	0	0	3620
金属制品业	Manufacture of Metal Products	11092	445	1	1087	0	0	93224
通用设备制造业	Manufacture of General Purpose Machinery	66	1821	65	2069	0	3473	52993
专用设备制造业	Manufacture of Special Purpose Machinery	135	760	0	366	0	0	20092
汽车制造业	Manufacture of Automotive	199	366	28	4097	0	482474	83467
铁路、船舶、航空航天和其他运输设备制造业	Manufacture of Railroad,Marine,Aerospace and Other Transportation Equipment	0	270	4	245	0	49448	20432
电气机械及器材制造业	Manufacture of Electrical Machinery & Equipment	498	902	22	54	0	18094	20683
计算机、通信和其他电子设备制造业	Manufacture of Computer, Communications and Other Electronic Equipment	0	945	0	33	0	792	14286
仪器仪表制造业	Manufacture of Measuring Instrument	138	528	0	298	0	0	5678
其他制造业	Other Manufacture	0	0	0	0	0	0	73
金属制品、机械和设备修理业	Metal Products, Machinery and Equipment Repair Industry	0	27	0	55	0	0	932
电力、热力、燃气及水生产和供应业	Production and Supply of Electric Power and Heat Power							
电力、热力生产和供应业	Production and Supply of Electric Power and Heat Power	4868093	64	0	1915	0	1	248909
燃气生产和供应业	Production and Supply of Gas	0	253	0	88	0	0	1166
水的生产和供应业	Production and Supply of Water	0	245	0	69	0	0	20185

主要统计指标解释

Explanatory Notes on Main Statistical Indicators

按照国家统计方法制度规定，1998 年独立核算工业统计范围由原乡及乡以上调整为全部国有及年销售收入 500 万元以上非国有工业企业，2011 年规模以上工业企业统计范围调整为年主营业务收入 2000 万元以上。同时，统计分类中的原经济组织类型分组相应地调整为按企业登记注册类型分组。

工业 指从事自然资源的开采，对采掘品和农产品进行加工和再加工的物质生产部门。具体包括：(1) 对自然资源的开采，如采矿、晒盐等 (但不包括禽兽捕猎和水产捕捞)；(2) 对农副产品的加工、再加工，如粮油加工、食品加工、缫丝、纺织、制革等；(3) 对采掘品的加工、再加工，如炼铁、炼钢、化工生产、石油加工、机器制造、木材加工等，以及电力、自来水、煤气的生产和供应等；(4) 对工业品的修理、翻新，如机器设备的修理、交通运输工具 (如汽车) 的修理等。

工业统计调查单位为独立核算法人工业企业。

独立核算法人工业企业指从事工业生产经营活动的单位。独立核算法人工业企业应同时具备以下条件：①依法成立，有自己的名称、组织机构和场所，能够承担民事责任；②独立拥有和使用资产，承担负债，有权与其他单位签订合同；③独立核算盈亏，并能够编制资产负债表。

本年鉴中涉及的企业登记注册类型：

国有及国有控股企业 指国有企业加上国有控股企业。国有企业 (即原全民所有制工业或国营工业) 指企业全部资产归国家所有，并按《中华人民共和国企业法人登记管理条例》规定登记注册的非公司制的经济组织。包括国有企业、国有独资公司和国有联营企业。1957 年以前的公私合营和私营工业，后均改造为国营工业，1992 年改为国有工业，这部分工业的资料不单独分列时，均包括在国有企业内。国有控股企业是对混合所有制经济的企业进行的“国有控股”分类。它是指这些企业的全部资产中国有资产 (股份) 相对其他所有者中的任何一个所有者占资 (股) 最多的企业。该分组反映了国有经济控股情况。

集体企业 指企业资产归集体所有，并按《中华人民共和国企业法人登记管理条例》规定登记注册的经济组织。是社会主义公有制经济的组成部分。包括城乡所有使用集体投资举办的企业，以及部分个人通过集资自愿放弃所有权并依法经工商行政管理机关认定为集体所有制的企业。

股份合作企业 指以合作制为基础，由企业职工共同出资入股，吸收一定比例的社会资产投资组建，实行自主经营，自负盈亏，共同劳动，民主管理，按劳分配与按股分红相结合的一种集体经济组织。

联营企业 指两个及两个以上相同或不同所有制性质的企业法人或事业单位法人，按自愿、平等、互利的原则，共同投资组成的经济组织。联营企业包括：

国有联营企业指国有企业与国有企业间的联营；

集体联营企业指集体企业与集体企业间的联营；

国有与集体联营企业指国有企业与集体企业间的联营。

有限责任公司 指根据《中华人民共和国公司登记管理条例》规定登记注册，由两个以上，五十个以下的股东共同出资，每个股东以其所认缴的出资额对公司承担有限责任，公司以其全部资产对其债务承担责任的经济组织。

有限责任公司包括国有独资公司以及其他有限责任公司。

股份有限公司 指根据《中华人民共和国企业法人登记管理条例》规定登记注册，其全部注册资本由等额股份构成并通过发行股票筹集资本，股东以其认购的股份对公司承担有限责任，公司以其全部资产对其债务承担责任的经济组织。

私营企业 指由自然人投资设立或由自然人控股，以雇佣劳动为基础的营利性经济组织。包括按照《公司法》、《合伙企业法》、《私营企业暂行条例》规定登记注册的私营有限责任公司、私营股份有限公司、私营合伙企业和私营独资企业。

港、澳、台商投资企业 指企业注册登记类型中的港、澳、台资合资、合作、独资经营企业和股份有限公司之和。

外商投资企业 指企业注册登记类型中的中外合资、合作经营企业、外资企业和外商投资股份有限公司之和。

“三资”企业系指港、澳、台商投资企业和外资企业的简称。

轻工业 指主要提供生活消费品和制作手工工具的工业。按其所使用的原料不同，可分为两大类：(1) 以农产品为原料的轻工业，是指直接或间接以农产品为基本原料的轻工业。主要包括食品制造、饮料制造、烟草加工、纺织、缝纫、皮革和毛皮制作、造纸以及印刷等工业；(2) 以非农产品为原料的轻工业，是指以工业品为原料的轻工业。主要包括文教体育用品、化学药品制造、合成纤维制造、日用化学制品、日用玻璃制品、日用金属制品、手工工具制造、医疗器械制造、文化和办公用机械制造等工业。

重工业 指为国民经济各部门提供物质技术基础的主要生产资料的工业。按其生产性质和产品用途，可以分为下列三类：(1) 采掘 (伐) 工业，是指对自然资源的开采，包括石油开采、煤炭开采、金属矿开采、非金属矿开采等工业；(2) 原材料工业，指向国民经济各部门提供基本材料、动力和燃料的工业。包括金属冶炼及加工、炼焦及焦炭、化学、化工原料、水泥、人造板以及电力、石油和煤炭加工等工业；(3) 加工工业，是指对工业原材料进行再加工制造的工业。包括装备国民经济各部门的机械设备制造工业、金属结构、水泥制品等工业，以及为农业提供的生产资料如化肥、农药等工业。

根据上述划分原则，修理业中以重工业产品为修理作业对象的划为重工业，反之划为轻工业。

工业总产值 是以货币表现的工业企业在一定时期内生产的已出售或可供出售工业产品总量，它反映一定时间内工业生产的总规模和总水平。它包括：在本企业内不再进行加工，经检验、包装入库（规定不需包装的产品除外）的成品价值，对外加工费收入，自制半成品、在产品期末初差额价值。工业总产值采用“工厂法”计算，即以工业企业作为一个整体，按企业工业生产活动的最终成果来计算，企业内部不允许重复计算，不能把企业内部各个车间（分厂）生产的成果相加。但在企业之间、行业之间、地区之间存在着重复计算。

轻重工业总产值的划分也是按“工厂法”计算的，即一个工业企业在正常情况下生产的主要产品的性质属于轻工业，则该企业的全部总产值作为轻工业总产值。如生产的主要产品的性质属于重工业，则该企业的全部总产值作为重工业总产值。

工业增加值 是指工业行业在报告期内以货币表现的工业生产活动的最终成果。

实收资本 指企业实际收到的投资人投入的资本。按投资主体可分为国家资本、集体资本、法人资本、个人资本、港澳台资本和外商资本等。

资产合计 指企业拥有或控制的能以货币计量的经济资源。包括各种财产、债权和其他权利。资产按其流动性划分为流动资产、长期投资、固定资产、无形及递延资产和其他资产。

（1）流动资产指企业可以在一年内或者超过一年的一个生产周期内变现或耗用的资产合计。包括现金及各种存款、短期投资、应收及预付款项、存货等。

（2）固定资产指企业固定资产净值、固定资产清理、在建工程、待处理固定资产损失所占用的资金合计。

（3）无形资产指企业长期使用而没有实物形态的资产。包括专利权、非专利技术、商标权、著作权、土地使用权、商誉等。

负债合计 指企业承担的能以货币计量，将以资产或劳务偿付的债务。负债一般按偿还期长短分为流动负债和长期负债、递延税项等。

（1）流动负债指企业在一年内或超过一年的一个营业周期内需要偿还的债务合计，其中包括短期借款、应付及预收款项、应付工资、应交税金和应交利润等。

（2）长期负债指企业在一年以上或者超过一年的一个营业周期以上需要偿还的债务合计，其中包括长期借款、应付债务、长期应付款项等。

所有者权益 指企业投资人对企业净资产的所有权。企业净资产等于企业全部资产减去全部负债后的余额，其中包括投资者对企业的最初投入，以及资本公积金、盈余公积金和未分配利润，对股份制企业即为股东权益。

固定资产原价 指企业在建造、购置、安装、改建、扩建、技术改造某项固定资产时所支出的全部货币总额。它一般包括买价、包装费、运杂费和安装费等。

主营业务收入 指会计“利润表”中对应指标的本年累计数。未执行 2001 年《企业会计制度》的企业，用“产品销售收入”的本期累计数代替。

主营业务成本 指会计“利润表”中对应指标的本年累计数。未执行 2001 年《企业会计制度》的企业，用“产品销售成本”的本期累计数代替。

主营业务税金及附加 指会计“利润表”中对应指标的本年累计数。未执行 2001 年《企业会计制度》的企业，用“产品销售税金及附加”的本期累计数代替。

利润总额 指企业生产经营活动的最终成果，是企业在一定时期内实现的盈亏相抵后的利润总额（亏损以“–”号表示），它等于营业利润加上补贴收入加上投资收益加上营业外净收入再加上以前年度损益调整。

本年应交增值税 指企业在报告期内应交纳的增值税额。它等于本年销项税额加上出口退税加上进项税额转出数减去本年进项税额。小规模纳税企业直接按全年计税销售额乘以征收率计算取得。

从业人员平均人数 是指报告期内每天拥有的从业人员人数。其计算公式为：

$$月平均人数=\frac{报告月内每天实有的全部人数之和}{报告月的日历日数}$$

$$本季平均人数=\frac{报告季内3个月平均人数之和}{3}$$

$$年平均人数=\frac{报告年内12个月平均人数之和}{12}$$

总资产贡献率 反映企业全部资产的获利能力，是企业经营业绩和管理水平的集中体现，是评价和考核企业盈利能力的核心指标。计算公式为：

总资产贡献率（%）=（利润总额＋税金总额＋利息支出）/ 平均资产总额 ×100%

资产负债率 该指标既反映企业经营风险的大小，也反映企业利用债权人提供的资金从事经营活动的能力。计算公式为：

资产负债率（%）＝负债总额／资产总额 ×100%

工业成本费用利润率 指在一定时期内实现的利润与成本费用之比，是反映工业生产成本及费用投入的经济效益指标，同时也是反映降低成本的经济效益的指标。计算公式为：

工业成本费用利润率（%）＝利润总额／成本费用总额 ×100%

工业增加值率 指在一定时期内工业增加值占同期工业总产值的比重，反映降低中间消耗的经济效益。计算公式为：

工业增加值率（%）＝工业增加值（现价）／工业总产值（现价）×100%

流动资产周转次数 指在一定时期内流动资产完成的周转次数，反映流动资产的周转速度。计算公式为：

流动资金周转次数＝产品销售收入／全部流动资产平均余额

产品销售率 指报告期工业销售产值与同期全部工业总产值之比，是反映工业产品已实现销售的程度，分析工业产销衔接情况，研究工业产品满足社会需求程度的指标。计算公式为：

产品销售率（%）＝工业销售产值／工业总产值（现价）×100%

全员劳动生产率 指根据产品的价值量指标计算的平均每一个从业人员在单位时间内的产品生产量。是考核企业经济活动的重要指标，是企业生产技术水平、经营管理水平、职工技术熟练程度和劳动积极性的综合表现。目前我国的全员劳动生产率是将工业企业的工业增加值除以同一时期全部从业人员的平均人数来计算的。计算公式为：

全员劳动生产率＝工业增加值／全部从业人员平均人数

利润总额＝营业利润＋投资收益＋补贴收入＋营业外收入－营业外支出＋以前年度损益调整

利税总额 指企业产品销售税金及附加、利润总额和应交增值税之和。

资本金 指企业在工商行政管理部门登记的注册资金合计。企业资本金按投资主体可分为国家资本金、法人资本金、个人资本金和外商资本金等。资本金合计包括企业各种投资主体注册的全部资本金。

总资产 指企业拥有或控制的全部资产。包括流动资产、长期投资、固定资产、无形及递延资产、其他资产等，即为企业资产负债表的资产总计项。

13

建筑业

CONSTRUCTIN

13-1 建筑业主要指标

Main Indicators of Construction Enterprises

指标	Indicator	单位 Unit	2011年	2012年	2013年	2014年	2015年	2016年	2017年
汇总单位数	Number of Enterprises	个 (unit)	488	492	486	454	463	460	504
建筑业增加值	Construction Inscreased	万元 (10 000 yuan)	1791905	2126738	2986331	3014387	2826306	2805982	3308084
建筑业总产值	Gross Output Value	万元 (10 000 yuan)	11291079	12094163	13867631	15422095	16638332	18647972	22189343
按隶属关系分	by Ownership								
中央属	Central	万元 (10 000 yuan)	5258069	5597652	6026998	6781707	7693792	9079591	11379540
省属	Provincial	万元 (10 000 yuan)	1217025	1283292	1497316	1549456	1664077	1853736	2391026
市属	Region	万元 (10 000 yuan)	1935696	2169003	2723246	2978560	3222554	3676145	5195869
县及县以下	County	万元 (10 000 yuan)	1130731	1432745	1525039	1654785	1608569	1711315	570463
其他	Others	万元 (10 000 yuan)	1749558	1611471	2095032	2457587	2449340	2327185	2652445
按工程性质分	by Sector								
建筑工程	Building and Civil Engineering Construction	万元 (10 000 yuan)	10000822	10688363	12174551	13708876	14422832	16291789	19476820
安装工程	Construction Installation	万元 (10 000 yuan)	928959	966527	1190377	1392597	1744180	1998465	2051423
其他产值	Others	万元 (10 000 yuan)	361298	439273	502703	320622	471320	357718	661100
竣工产值	Value of Construction Completed	万元 (10 000 yuan)	4742897	5172005	6457841	6398538	7613104	7415119	7987351
房屋施工面积	Floor Space Completed	万平方米 (10 000 sq.cm)	5805	6556	7696	9183	10189	10293	11363
#本年新开工	Startde This year	万平方米 (10 000 sq.cm)	2692	2570	3008	3420	2991	3222	3694
房屋竣工面积	Floor Space Completed	万平方米 (10 000 sq.cm)	1185	1638	2012	1772	2039	2298	2280
#住宅	Residential	万平方米 (10 000 sq.cm)	693	1081	1281	1157	1178	1379	1258
所有者权益	Creditors' Equity	万元 (10 000 yuan)	2287009	2516989	3214727	3516583	4015082	4433678	5900444
利润总额	Total Profits	万元 (10 000 yuan)	344352	433249	499818	516686	568473	573258	836297
工资总额	Total wages	万元 (10 000 yuan)	942251	1155489	1711089	1917170	1638141	1812042	2185631

注：建筑业增加值 2006 年起采用以企业营业利润为主的收入法计算。

13-2 建筑业增加值构成(2017 年)

Value Added of Construction by Structure (2017)

单位：万元 (10 000yuan)

指标 (总承包与专业承包)	Indicator	建筑业增加值 Construction Inscreased	本年提取固定资产折旧 Fixed Assets Depreciation in the Year	税金及附加 Taxes and Other Charges	营业利润 Profits from Business	应付职工薪酬(本年贷方累计发生额) Total Wages Payable
总计	**Total**	3308084	158210	131631	832612	2185631
其中：国有及国有控股企业	State-owned and State-controlled Enterprises	2436303	121044	69489	697070	1548700
一、按登记注册类型分组	**Grouped by Registration Status**					
内资企业	Domestic Funded	3282524	157220	130596	815534	2179174
国有企业	State-owned	307598	15432	15173	34371	242622
集体企业	Collective-owned	34082	1354	4259	4600	23869
股份合作企业	Stock-holding Cooperation	3964	143	593	548	2680
联营企业	Joint-owned	1309	3	2	48	1256
其他联营企业	Others	1309	3	2	48	1256
有限责任公司	Company with Limited Liabilition	2501221	112345	82609	700713	1605554
国有独资公司	State-owned	660557	26012	20354	292280	321911
其他有限责任公司	Others	1840664	86333	62255	408433	1283643
股份有限公司	Stock-holding Company limited	215075	18322	9731	40923	146099
私营企业	Private-owned	219275	9621	18229	34331	157094
私营独资企业	Solely Owned					
私营有限责任公司	Company with Limited Liabilition	205142	8842	17611	29743	148946
私营股份有限公司	Stock-holding Company limited	14134	779	617	4589	8149
其他企业	Others					
港、澳、台商投资企业	Funded from Hong Kong,Macao and Taiwan	22660	809	954	15432	5465
与港澳台商合资经营	Joint Ventures	22660	809	954	15432	5465
港、澳、台商独资	Solely Owned					
外商投资企业	Foreign Funded	2901	181	82	1646	992
中外合资经营企业	Chinese-foreign Joint Venture	441	7	17	154	263
外资企业	Solely Owned					
二、按国民经济行业分组	**by Sector**					
房屋建筑业	Building Construction	1532158	32190	66012	346413	1087543
土木工程建筑业	Civil Engineering Construction	1553226	111297	52372	440798	948759
建筑安装业	Construction Installation	127327	9781	7168	29502	80876
建筑装饰和其他建筑业	Construction Decoration and Others	95374	4942	6079	15899	68453
三、按隶属关系分组	**by Ownership**					
中央	Central	1333091	75425	42575	282533	932559
省(自治区、直辖市)	Provincial	324124	38979	8821	104657	171667
地区(州、盟、省辖市)及以下、其他	Region	1650869	43806	80235	445422	1081406
四、按企业资质等级分组	**by Qualification Criteria**					
施工总承包	Construction Contract	3123074	145257	119834	801613	2056370
特级	Special Grade	1790168	62071	46013	613950	1068134
一级	First Grade	1039536	64326	45371	144793	785046
二级	Second Grade	164247	15492	12798	22053	113904
三级以下	Third Grade and below	129123	3368	15652	20817	89286
专业承包	Professional Contract	185010	12953	11796	30999	129262
一级	First Grade	79634	2523	3899	15343	57869
二级	Second Grade	57618	3738	6023	8029	39828
三级以下	Third Grade and below	47758	6692	1875	7627	31564

13－3 建筑企业资

Assets of Construction

单位：万元

指标（总承包与专业承包）	Indicator	流动资产合计 LiquidAssets	# 存货 Inventory	固定资产合计 FixedAssets
总计	**Total**	23057562	5016224	1802447
其中：国有及国有控股企业	State-owned and State-controlled Enterprises	17851974	3865081	1409876
一、按登记注册类型分组	**Grouped by Registration Status**			
内资企业	Domestic Funded	22609737	4922518	1789949
国有企业	State-owned	2687055	861484	211456
集体企业	Collective-owned	126653	25425	27851
股份合作企业	Stock-holding Cooperation	139853	86700	5320
联营企业	Joint-owned	5921	1823	2
其他联营企业	Others	5921	1823	2
有限责任公司	Company with Limited Liabilition	14780281	3395369	693407
国有独资公司	State-owned	3845121	744490	174181
其他有限责任公司	Others	10935160	2650879	519226
股份有限公司	Stock-holding Company limited	3326489	262247	708457
私营企业	Private-owned	1543485	289471	143458
私营有限责任公司	Solely Owned	1416907	266193	126194
私营股份有限公司	Company with Limited Liabilition	126579	23279	17263
港、澳、台商投资企业	Funded from Hong Kong,Macao and Taiwan	442175	93161	9923
与港澳台商合资经营	Joint Ventures	442175	93161	9923
外商投资企业	Foreign Funded	5650	545	2575
中外合资经营企业	Chinese-foreign Joint Venture	4566	508	66
外资企业	Solely Owned			
二、按国民经济行业分组	**by Sector**			
房屋建筑业	Building Construction	6805987	1634759	356293
土木工程建筑业	Civil Engineering Construction	14745032	3163549	1308852
建筑安装业	Construction Installation	698117	106479	81772
建筑装饰和其他建筑业	Construction Decoration and Others	808426	111437	55530
三、按隶属关系分组	**by Ownership**			
中央	Central	10625510	2100538	1110571
省（自治区、直辖市）	Provincial	2863560	945516	125279
地区（州、盟、省辖市）及以下、其他	Region	9568492	1970170	566597
四、按企业资质等级分组	**by Qualification Criteria**			
施工总承包	Construction Contract	21661767	4764993	1688762
特级	Special Grade	13340978	2754688	1096500
一级	First Grade	6244452	1501582	409655
二级	Second Grade	1478987	457662	104419
三级以下	Third Grade and below	597351	51061	78188
专业承包	Professional Contract	1395795	251231	113684
一级	First Grade	646620	148623	38304
二级	Second Grade	426423	64269	40930
三级以下	Third Grade and below	322752	38339	34451

产实力（2017年）

Enterprises （2017）

(10 000 yuan)

固定资产原价 Original Value of Fixed Assets	流动负债合计 Current Liabilities Total	非流动负债合计 Non-Current Liabilities Total	负债合计 Total Liabilitie	所有者权益合计 Total Creditors' Equity	# 国家资本 Official Capital
2076088	19464258	1267977	21070726	5900444	1079035
1560189	15547986	1179584	16756710	3960342	1053021
2054010	19033832	1245175	20617498	5756246	1060936
368886	2225136	343687	2573749	528334	354700
21092	106615	809	107500	63838	2200
4210	148424	0	156724	-8686	65
43	4818	0	4818	1105	0
43	4818	0	4818	1105	0
1266648	12566269	513513	13373820	3629663	680172
305548	3513703	93753	3610652	717263	293243
961100	9052567	419760	9763169	2912400	386929
211312	2916647	341796	3262715	813601	21800
181819	1065923	45370	1138172	728392	2000
160256	999277	24641	1048896	658441	2000
21563	66646	20729	89276	69950	0
18896	427241	22802	450043	136935	17850
18896	427241	22802	450043	136935	17850
3182	3185	0	3185	7263	249
281	2647	0	2647	1985	249
490152	5284069	218771	5777310	1992174	285260
1389090	13134486	963881	14120796	3227921	702158
121354	521002	6692	534896	357094	51760
75492	524701	78634	637723	323255	39857
1052253	9677835	642768	10333919	2133914	478212
280524	2212550	338094	2552112	757216	228139
743311	7573873	287115	8184693	3009315	372685
1910843	18460861	1184700	19950817	5363364	1043538
978184	11747877	923118	12718203	2989377	379721
699415	5075930	236398	5511727	1627185	564339
155614	1240864	17809	1290899	450214	35530
77631	396190	7376	429988	296587	63948
165246	1003398	83277	1119909	537080	35498
52075	472344	55660	545705	171584	20158
60702	307514	4061	324926	193795	11174
52469	223540	23557	249278	171701	4165

13-4 建筑业施工产值构成(2017 年)

Output Value of Construction by Structure(2017)

单位:万元 (10 000 yuan)

指标(总承包与专业承包)	Indicator	合计 Total	建筑工程 Constructional Engineering	安装工程 Installation Project	其他产值 Other Value	竣工产值 Value of Construction Completed
总计	Total	22189343	19476820	2051423	661100	7987351
其中:国有及国有控股企业	State-owned and State-controlled Enterprises	16997855	15438871	1182430	376554	5190268
一、按登记注册类型分组	**Grouped by Registration Status**					
内资企业	Domestic Funded	21977336	19272481	2043755	661100	7986006
国有企业	State-owned	2159993	1458510	667917	33566	865631
集体企业	Collective-owned	163300	151694	11606	0	90513
股份合作企业	Stock-holding Cooperation	31909	30909	1000	0	4000
联营企业	Joint-owned	8266	8254	0	12	8266
其他联营企业	Others	8266	8254	0	12	8266
有限责任公司	Company with Limited Liabilition	15775252	14245690	1096975	432587	5869958
国有独资公司	State-owned	4886007	4486754	378225	21027	2078732
其他有限责任公司	Others	10889245	9758935	718750	411560	3791226
股份有限公司	Stock-holding Company limited	2403251	2328788	51482	22981	316551
私营企业	Private-owned	1435365	1048637	214774	171954	831087
私营有限责任公司	Company with Limited Liabilition	1336377	979254	185675	171449	760235
私营股份有限公司	Stock-holding Company limited	98988	69383	29100	505	70852
港、澳、台商投资企业	Funded from Hong Kong,Macao and Taiwan	207990	204298	3692	0	1209
与港澳台商合资经营	Joint Ventures	207990	204298	3692	0	1209
外商投资企业	Foreign Funded	4017	41	3976	0	137
中外合资经营企业	Chinese-foreign Joint Venture	2246	0	2246	0	137
二、按国民经济行业分组	**by Sector**					
房屋建筑业	Building Construction	9963695	9406165	361187	196344	4828535
土木工程建筑业	Civil Engineering Construction	10723510	9394114	1073178	256218	2402004
建筑安装业	Construction Installation	667125	117754	524106	25265	377210
建筑装饰和其他建筑业	Construction Decoration and Others	835013	558788	92953	183272	379602
三、按隶属关系分组	**by Ownership**					
中央	Central	11379540	10177225	1027796	174519	3128348
省(自治区、直辖市)	Provincial	2391026	2047968	102419	240640	439190
地区(州、盟、省辖市)及以下、其他	Region	8418776	7251628	921208	245941	4419813
四、按企业资质等级分组	**by Qualification Criteria**					
施工总承包	Construction Contract	20723958	18728221	1657654	338083	7209603
特级	Special Grade	12714788	11987160	707040	20588	4135445
一级	First Grade	6760106	5643959	810542	305605	2314624
二级	Second Grade	821983	727626	88533	5824	499790
三级及以下	Third Grade and below	427081	369476	51540	6065	259745
专业承包	Professional Contract	1465385	748599	393769	323017	777748
一级	First Grade	775149	314668	169967	290514	324996
二级	Second Grade	431690	272734	128774	30183	268061
三级及以下	Third Grade and below	258545	161198	95027	2320	184691

13-5 建筑企业损益及分配(2017年)

Output Value of Construction by Structure (2017)

单位：万元 (10 000yuan)

指标（总承包与专业承包）	Indicator	营业收入 Business Revenue	利税总额 Total Profits and Taxes	营业利润 Profits from Business	利润总额 Total Profits	应付职工薪酬（本年贷方累计发生额） Total Wages Payable
总计	Total	23805416	967928	832612	836297	2185631
其中：国有及国有控股企业	State-owned and State-controlled Enterprises	18520096	767644	697070	698155	1548700
一、按登记注册类型分组	**Grouped by Registration Status**					
内资企业	Domestic Funded	23571577	949589	815534	818993	2179174
国有企业	State-owned	2532556	53622	34371	38449	242622
集体企业	Collective-owned	168652	8743	4600	4485	23869
股份合作企业	Stock-holding Cooperation	43212	1350	548	756	2680
联营企业	Joint-owned	6904	50	48	48	1256
其他联营企业	Others	6904	50	48	48	1256
有限责任公司	Company with Limited Liabilition	15509095	781324	700713	698716	1605554
国有独资公司	State-owned	4748631	307744	292280	287390	321911
其他有限责任公司	Others	10760464	473580	408433	411325	1283643
股份有限公司	Stock-holding Company limited	3756958	52196	40923	42464	146099
私营企业	Private-owned	1554201	52304	34331	34075	157094
私营有限责任公司	Company with Limited Liabilition	1447712	47193	29743	29581	148946
私营股份有限公司	Stock-holding Company limited	106489	5111	4589	4494	8149
港、澳、台商投资企业	Funded from Hong Kong,Macao and Taiwan	225551	16585	15432	15632	5465
与港澳台商合资经营	Joint Ventures	225551	16585	15432	15632	5465
外商投资企业	Foreign Funded	8288	1754	1646	1672	992
中外合资经营企业	Chinese-foreign Joint Venture	3434	171	154	153	263
外资企业	Solely Owned					
二、按国民经济行业分组	**by Sector**					
房屋建筑业	Building Construction	9500474	413487	346413	347475	1087543
土木工程建筑业	Civil Engineering Construction	12729188	492145	440798	439774	948759
建筑安装业	Construction Installation	764072	39585	29502	32418	80876
建筑装饰和其他建筑业	Construction Decoration and Others	811683	22711	15899	16631	68453
三、按隶属关系分组	**by Ownership**					
中央	Central	13276854	327809	282533	285235	932559
省(自治区、直辖市)	Provincial	2410229	116986	104657	108165	171667
地区(州、盟、省辖市)及以下、其他	Region	8118334	523132	445422	442897	1081406
四、按企业资质等级分组	**by Qualification Criteria**					
施工总承包	Construction Contract	22303474	924403	801613	804569	2056370
特级	Special Grade	14224905	664218	613950	618206	1068134
一级	First Grade	6614329	189244	144793	143873	785046
二级	Second Grade	979836	34664	22053	21865	113904
三级以下	Third Grade and below	484404	36277	20817	20625	89286
专业承包	Professional Contract	1501943	43524	30999	31727	129262
一级	First Grade	791029	20145	15343	16245	57869
二级	Second Grade	451607	13955	8029	7932	39828
三级以下	Third Grade and below	259307	9424	7627	7550	31564

13-6 施工工程个数及施工面积(2017 年)

Number of Projects and Floor Space Under Construction（2017）

单位：万平方米 (10 000 sq.m)

指标（总承包与专业承包）	Indicator	房屋建筑施工面积 Floor Space under Construction	# 本年新开工面积 Started This Year	房屋建筑竣工面积 Floor Space Completed	# 住宅房屋 Residential	竣工房屋价值（万元）Value of Construction Completed (10 000 yuan)
总计	**Total**	11363	3694	2280	1258	4740420
其中：国有及国有控股企业	State-owned and State-controlled Enterprises	7356	2036	1239	478	2906108
一、按登记注册类型分组	**Grouped by Registration Status**					
内资企业	Domestic Funded	11348	3679	2280	1258	4740420
国有企业	State-owned	472	198	107	49	226452
集体企业	Collective-owned	105	54	45	15	64763
股份合作企业	Stock-holding Cooperation	6	6	5	5	3000
有限责任公司	Company with Limited Liabilition	9277	2865	1769	936	3830271
国有独资公司	State-owned	3177	916	421	53	926098
其他有限责任公司	Others	6100	1949	1348	884	2904173
股份有限公司	Stock-holding Company limited	740	230	126	81	211155
私营企业	Private-owned	748	327	227	172	404779
私营有限责任公司	Company with Limited Liabilition	715	302	211	165	377876
私营股份有限公司	Stock-holding Company limited	34	25	17	7	26902
二、按国民经济行业分组	**by Sector**					
房屋建筑业	Building Construction	11041	3566	2172	1219	4481542
土木工程建筑业	Civil Engineering Construction	200	79	89	30	245448
建筑安装业	Construction Installation	60	8	5	0	5707
建筑装饰和其他建筑业	Construction Decoration and Others	61	40	15	9	7724
三、按隶属关系分组	**by Ownership**					
中央	Central	5342	1357	846	226	2278184
省（自治区、直辖市）	Provincial	232	102	27	24	45213
地区（州、盟、省辖市）及以下、其他	Region	5789	2236	1408	1008	2417023
四、按企业资质等级分组	**by Qualification Criteria**					
施工总承包	Construction Contract	11297	3652	2250	1234	4725813
特级	Special Grade	7288	2110	1185	441	2820257
一级	First Grade	3202	1186	760	589	1458820
二级	Second Grade	480	212	163	117	282566
三级及以下	Third Grade and below	327	145	143	87	164171
专业承包	Professional Contract	65	42	30	24	14607
一级	First Grade	4	4	0	0	0
二级	Second Grade	43	25	12	7	7685
三级及以下	Third Grade and below	18	13	19	17	6922

13-7 济南市建筑业特级、一级资质企业一览表(2017年)

Summary of Construction Enterprises with Grade Ⅰ Qualification (2017)

企业名称 Name	隶属关系 Ownership	经济类型 Economic Type	所属行业 Sector
山东省建设建工(集团)有限责任公司	地(区、市、州、盟)	其他有限责任公司	住宅房屋建筑
中建八局第一建设有限公司	中央	国有独资公司	住宅房屋建筑
中建八局第二建设有限公司	中央	其他有限责任公司	住宅房屋建筑
济南四建(集团)有限责任公司	地(区、市、州、盟)	其他有限责任公司	住宅房屋建筑
山东平安建设集团有限公司	地(区、市、州、盟)	其他有限责任公司	住宅房屋建筑
山东三箭建设工程股份有限公司	地(区、市、州、盟)	股份有限公司	住宅房屋建筑
山东省公路建设(集团)有限公司	其他	与港澳台商合资经营	公路工程建筑
山东省路桥集团有限公司	省(自治区、直辖市)	其他有限责任公司	其他道路、隧道和桥梁工程建筑
中铁十四局集团有限公司	中央	股份有限公司	铁路工程建筑
中铁十四局集团第三工程有限公司	中央	股份有限公司	铁路工程建筑
中铁十局集团有限公司	中央	其他有限责任公司	铁路工程建筑
山东电力建设第一工程公司	中央	国有	架线及设备工程建筑
中国电建集团核电工程公司	中央	国有	架线及设备工程建筑
济南城建集团有限公司	地(区、市、州、盟)	国有独资公司	铁路工程建筑
山东高速齐鲁建设集团公司	省(自治区、直辖市)	国有	其他房屋建筑业
山东天宝建设集团有限公司	其他	私营有限责任公司	住宅房屋建筑
山东省城建工程集团公司	省(自治区、直辖市)	股份合作	住宅房屋建筑
山东鲁建工程集团有限公司	省(自治区、直辖市)	其他有限责任公司	住宅房屋建筑
山东三箭建设工程管理有限公司	地(区、市、州、盟)	国有独资公司	住宅房屋建筑
山东泉景建设有限公司	地(区、市、州、盟)	其他有限责任公司	住宅房屋建筑
济南华海建设集团有限公司	其他	私营有限责任公司	住宅房屋建筑
济南二建集团工程有限公司	地(区、市、州、盟)	其他有限责任公司	住宅房屋建筑
普利置业有限公司	省(自治区、直辖市)	其他有限责任公司	住宅房屋建筑
中铁十局集团建筑工程有限公司	中央	其他有限责任公司	住宅房屋建筑
山东中恒建设集团有限公司	其他	私营有限责任公司	住宅房屋建筑
济南建工总承包集团有限公司	地(区、市、州、盟)	其他有限责任公司	住宅房屋建筑
济南一建集团总公司	地(区、市、州、盟)	国有	住宅房屋建筑
山东港基建设集团有限公司	地(区、市、州、盟)	其他有限责任公司	住宅房屋建筑
山东长箭建设集团有限公司	县级及以下	其他有限责任公司	住宅房屋建筑
山东汇富建设集团有限公司	地(区、市、州、盟)	其他有限责任公司	住宅房屋建筑
山东长泰建设集团工程有限公司	其他	私营有限责任公司	住宅房屋建筑
济南长兴建设集团有限公司	地(区、市、州、盟)	其他有限责任公司	住宅房屋建筑
章丘市第二建筑安装(集团)有限责任公司	地(区、市、州、盟)	其他有限责任公司	住宅房屋建筑
济南铸诚建筑工程集团有限公司	县级及以下	其他有限责任公司	住宅房屋建筑
山东科信达建筑安装有限公司	县级及以下	其他有限责任公司	住宅房屋建筑

13-7 续 1

企业名称 Name	隶属关系 Ownership	经济类型 Economic Type	所属行业 Sector
山东信达建设工程有限公司	其他	私营有限责任公司	其他房屋建筑业
山东省建设集团有限公司	其他	私营有限责任公司	其他房屋建筑业
中铁十四局集团第四工程有限公司	中央	国有独资公司	铁路工程建筑
山东省公路桥梁建设有限公司	省（自治区、直辖市）	其他有限责任公司	公路工程建筑
山东省高速路桥养护有限公司	省（自治区、直辖市）	其他有限责任公司	其他道路、隧道和桥梁工程建筑
山东省大通公路工程有限责任公司	地（区、市、州、盟）	其他有限责任公司	公路工程建筑
济南金曰公路工程有限公司	地（区、市、州、盟）	其他有限责任公司	公路工程建筑
济南通达公路工程有限公司	县级及以下	国有独资公司	公路工程建筑
山东鲁桥建设有限公司	其他	其他有限责任公司	公路工程建筑
山东琴通路桥集团有限公司	地（区、市、州、盟）	其他有限责任公司	公路工程建筑
山东省齐鲁装饰设计院	省（自治区、直辖市）	其他联营	公共建筑装饰和装修
山东万得福装饰工程有限公司	其他	其他有限责任公司	公共建筑装饰和装修
济南舜联建设集团有限公司	其他	私营有限责任公司	其他房屋建筑业
山东黄河工程集团有限公司	中央	国有独资公司	港口及航运设施工程建筑
山东水利工程总公司	省（自治区、直辖市）	国有	河湖治理及防洪设施工程建筑
山东省水利工程局	省（自治区、直辖市）	国有	河湖治理及防洪设施工程建筑
济南市黄河工程局	中央	国有	管道工程建筑
山东送变电工程公司	中央	国有	架线及设备工程建筑
山东电建建设集团有限公司	其他	其他有限责任公司	架线及设备工程建筑
济钢集团山东建设工程有限公司	省（自治区、直辖市）	国有独资公司	电气安装
济南普利供水工程有限公司	地（区、市、州、盟）	其他有限责任公司	管道工程建筑
中铁十四局集团隧道工程有限公司	中央	其他有限责任公司	铁路工程建筑
济南汇通联合市政工程有限责任公司	地（区、市、州、盟）	国有独资公司	市政道路工程建筑
中铁十局集团济南铁路工程有限公司	中央	其他有限责任公司	公路工程建筑
济南黄河路桥建设集团有限公司	地（区、市、州、盟）	国有独资公司	市政道路工程建筑
山东省邮电工程有限公司	其他	其他有限责任公司	架线及设备工程建筑
山东宏业发展集团有限公司	其他	私营有限责任公司	架线及设备工程建筑
山东省工业设备安装有限公司	省（自治区、直辖市）	其他有限责任公司	其他建筑安装
中铁十四局集团电气化工程有限公司	中央	国有独资公司	架线及设备工程建筑
中铁十局集团电务工程有限公司	中央	其他有限责任公司	铁路工程建筑
山东亚特尔集团股份有限公司	省（自治区、直辖市）	股份有限公司	管道和设备安装
山东国舜建设集团有限公司	地（区、市、州、盟）	其他有限责任公司	其他建筑安装
山东福源设备安装有限公司	地（区、市、州、盟）	其他有限责任公司	管道和设备安装
山东正元建设工程有限责任公司	中央	其他有限责任公司	其他房屋建筑业
中铁济南工程技术有限公司	中央	其他有限责任公司	铁路工程建筑
山东省机械施工有限公司	地（区、市、州、盟）	其他有限责任公司	场地准备活动
山东省城乡建设勘察设计研究院	省（自治区、直辖市）	国有独资公司	场地准备活动
山东省装饰集团总公司	省（自治区、直辖市）	国有	公共建筑装饰和装修

企业名称 Name	隶属关系 Ownership	经济类型 Economic Type	所属行业 Sector
山东省鸿鑫工程有限公司	其他	私营有限责任公司	公共建筑装饰和装修
山东剑桥装饰工程有限公司	省(自治区、直辖市)	其他有限责任公司	公共建筑装饰和装修
山东省永隆装饰工程有限公司	其他	私营有限责任公司	公共建筑装饰和装修
山东华森装饰工程有限公司	其他	私营有限责任公司	公共建筑装饰和装修
济南万泰建筑装饰工程有限公司	其他	私营股份有限公司	住宅装饰和装修
山东通海装饰工程有限公司	其他	私营有限责任公司	公共建筑装饰和装修
济南宏铁建筑装饰工程有限公司	中央	其他有限责任公司	住宅装饰和装修
山东福缘来装饰有限公司	其他	私营有限责任公司	住宅装饰和装修
山东福思特建筑装饰有限公司	其他	私营有限责任公司	建筑幕墙装饰和装修
山东盛顺装饰有限公司	其他	私营有限责任公司	住宅装饰和装修
沃尔德项目管理有限公司	其他	其他有限责任公司	住宅装饰和装修
山东鑫龙装饰工程有限公司	其他	私营有限责任公司	公共建筑装饰和装修
济南金鼎电力安装有限公司	县级及以下	其他有限责任公司	电气安装
山东国宸装饰工程有限公司	地(区、市、州、盟)	其他有限责任公司	公共建筑装饰和装修
德泰建设有限公司	其他	私营有限责任公司	公共建筑装饰和装修
山东省鲁美建材装饰有限公司	其他	私营有限责任公司	建筑幕墙装饰和装修
山东津单幕墙有限公司	其他	私营有限责任公司	建筑幕墙装饰和装修
济南长兴安装工程公司	其他	其他有限责任公司	其他建筑安装
济南凯诚消防自控设备有限公司	其他	其他有限责任公司	电气安装
山东费尔消防技术工程有限公司	其他	私营有限责任公司	电气安装
山东宏雁电子系统工程有限公司	其他	私营有限责任公司	电气安装
山东华森建筑消防项目管理有限公司	其他	私营有限责任公司	电气安装
济南消防工程有限公司	地(区、市、州、盟)	其他有限责任公司	电气安装
山东华尔泰建筑工程有限公司	其他	其他有限责任公司	电气安装
山东正晨科技股份有限公司	省(自治区、直辖市)	股份有限公司	电气安装
山东嘉林建设工程有限公司	其他	私营有限责任公司	建筑幕墙装饰和装修
济南长城空调公司	地(区、市、州、盟)	股份合作	管道和设备安装
济南建设设备安装有限责任公司	地(区、市、州、盟)	其他有限责任公司	管道和设备安装
优士科技发展有限公司	其他	私营有限责任公司	电气安装
中广核宏达环境科技有限责任公司	中央	其他有限责任公司	环保工程施工
山东海威装饰工程有限公司	其他	私营有限责任公司	公共建筑装饰和装修
山东中川建筑劳务有限公司	其他	私营有限责任公司	公共建筑装饰和装修
济南诚谊建筑劳务有限公司	其他	其他有限责任公司	其他未列明建筑业
济南建功建筑劳务有限公司	其他	私营有限责任公司	其他未列明建筑业
济南民惠劳务有限公司	其他	其他有限责任公司	其他未列明建筑业
济南铸诚集团劳务管理有限公司	县级及以下	其他有限责任公司	住宅房屋建筑
济南勇拓建筑劳务有限公司	其他	私营有限责任公司	其他房屋建筑业
济南坤华建筑有限公司	其他	私营有限责任公司	其他房屋建筑业

主要统计指标解释

Explanatory Notes on Main Statistical Indicators

建筑业统计单位　指从事房屋、构筑物建造和设备安装活动的法人企业。建筑业法人企业应同时具备的条件是：①依法成立，有自己的名称、组织机构和场所，能够承担民事责任；②独立拥有和使用资产，承担负债，有权与其他单位签订合同；③独立核算盈亏，能够编制资产负债表。

建筑业总产值（即自行完成施工产值）　是以货币表现的建筑安装企业在一定时期内生产的建筑业产品的总和。建筑业总产值包括：

（1）建筑工程产值：指列入建筑工程预算内的各种工程价值。

（2）设备安装工程产值：指设备安装工程价值，不包括被安装设备本身价值。

（3）房屋、构筑物修理产值：指房屋、构筑物修理所完成的价值，但不包括被修理房屋、构筑物本身的价值和生产设备的修理价值。

（4）非标准设备制造产值：指加工制造没有定型的、非标准的生产设备的加工费和原材料价值，以及附属加工厂为本企业承建工程制作的非标准设备的价值。

建筑业增加值　指建筑业企业在报告期内以货币表现的建筑业生产经营活动的最终成果。目前建筑业增加值采用分配法（收入法）计算，即从收入的角度出发，根据生产要素在生产过程中应得的收入份额计算。具体计算公式为：

建筑业增加值＝本年提取的固定资产折旧＋应付工资＋应付福利费＋管理费用中的劳动待业保险金、税金＋工程结算税金及附加＋工程结算利润

房屋建筑施工面积　指在报告期内施工的全部房屋建筑面积，包括本期新开工的房屋面积、上期施工跨入本期继续施工的房屋面积、上期停缓建在本期恢复施工的房屋面积、本期竣工的房屋面积及本期施工后又停缓建的房屋面积。

房屋建筑竣工面积　指在报告期内房屋建筑按照设计要求全部完工，达到了住人和使用条件，经验收鉴定合格，正式移交使用单位的房屋建筑面积。

营业收入　指企业经营主要业务和其他业务所确认的收入总额。营业收入合计包括“主营业务收入”和“其他业务收入”。根据会计“利润表”中“营业收入”项目的本期总额数填报。

营业利润　指企业从事生产经营活动所取得的利润。执行2006年《企业会计准则》的企业，营业利润为营业收入减去营业成本、营业税金及附加、销售费用、管理费用、财务费用、资产减值损失，再加上公允价值变动收益和损益收益。未执行2006年《企业会计准则》的企业，营业利润为主营业务收入减去主营业务成本、主营业务税金及附加，加上其他业务利润后，再减支销售费用、管理费用、财务费用后的金额。

运输与邮电

TRANSPORTATION POST AND TELECOMMUNICATION SERVICES

14-1 邮电业务量

Postal and Telecommunications Services

指标	Indicator	单位 Unit	2011 年	2012 年	2013 年	2014 年	2015 年	2016 年	2017 年
国内分类业务量	**Domestic Classified Business Volume**								
固定电话数	Number of Fixed Telephone	万户 (10 000 subscribers)	186.80	193.28	180.05	176.90	165.30	155.90	153.10
年末市内电话	Urban Fixed Telephone Subscribers at Year-end	万户 (10 000 subscribers)	152.10	161.10	150.32	150.17	141.00	135.89	132.55
年末农村电话	Rural Telephone Subscribers at Year-end	万户 (10 000 subscribers)	34.70	32.18	29.73	26.73	24.30	19.07	19.23
年末住宅电话	Number of Fixed Telephone Subscribers at Year-end	万户 (10 000 subscribers)	117.39	120.26	103.57	102.61	86.40	71.79	79.54
年末移动电话用户	Number of Mobile Telephone Subscribers at Year-end	万户 (10 000 subscribers)	931.10	978.0	1243.57	1177.87	1090.40	1087.71	971.10
4G 电话用户数	4G Mobile Phone Subscribers	万户 (10 000 subscribers)				74.30	306.60	442.10	623.30
宽带网及互联网拨号注册电话	Brodband Subscribers of Internet	户 (subscribers)	1327000	1736200	1758710	2027279	2316600	2618800	2987500
每百人互联网用户数	Number of Internet User per 100 Population	户/百人 (subscribers/100 persons)	21.90	28.5	28.68	32.61	37.02	41.38	46.81
邮电局所	Post & Telecommunication offices	处 (unit)	211	203	215	216	204	204	204
国际及港澳分类业务量	**International.Hong kong and Macao Classified Business Volume**								
函　件	Letters	万件 (10 000 pcs)	5.00	8.49	42.70	115.40	19.49	16.10	27.67
包　件	Package	万件 (10 000 pcs)	1.48	1.48	1.26	0.92	0.84	1.24	1.35

注：自 2013 年起，我市国际及港澳函件中的小包业务量增长幅度较大，带动了函件业务量的增长。

14-2 交通运输业基本情况

Basic Conditions of Transportation

指标	Indicator	2011 年	2012 年	2013 年	2014 年	2015 年	2016 年	2017 年
铁路客运量（万人）	Railways Passenger Traffic(10 000 persons)	3340.0	3824.0	8483.5	9507.8	10681.1	11923.7	13411.8
铁路客运周转量（亿人公里）	Railways Passenger Turnover(100 million passenger-km)	311.9	344.0	549.9	617.3	662.5	703.8	754.6
铁路货运量（万吨）	Railways Freight Traffic(10 000 tons)	10053.4	10103.6	19045.9	16792.3	15793.8	16749.1	17865.2
铁路货运周转量（亿吨公里）	Railways Freight Turnover(100 million ton-km)	1118.3	1090.3	1393.5	1238.1	1088.0	1153.0	1254.9
公路客运量（万人）	Highways Passenger Traffic(10 000 persons)	11165.0	13084.0	3670.0	3729.0	3663.0	3212.0	3192.0
公路旅客周转量（亿人公里）	Highways Passenger Turnover(100 million passenger-km)	144.1	140.3	50.7	51.6	54.2	52.2	52.7
公路货运量（万吨）	Highways Freight Traffic(10 000 tons)	14574.0	15922.0	19050.0	19359.0	20419.0	21212.0	24058.0
公路货物周转量（亿吨公里）	Highways Freight Turnover(100 million ton-km)	253.6	275.4	371.3	392.0	393.8	419.0	459.5
民航客运量（万人）	Civil Aviation Passenger Traffic(10 000 persons)	433.0	426.0	452.8	488.1	533.1	645.1	785.6
民航客运周转量（亿人公里）	Civil Aviation Passenger Turnover(100 million passenger-km)	142.9	158.1	176.2	195.3	227.7	272.9	334.3
民航货运量（万吨）	Civil Aviation Freight Turnover(10 000 tons)	3.8	3.9	3.8	3.9	4.2	5.1	5.0
公路通车里程（公里）	Length of Highways in Operation(km)							
公路通车里程	Length of Highways in Operation	11940	12297	12697	12846	13104	12730.2	12856.8
#高速公路	Expressway	347	347	355	419	419	462.2	488.5
有铺装、简易铺装路面	Poved Road	11669	11997	12422	12602	12906	12603.9	12735.7
未铺装路面	UnPoved Road	271	300	274	245	198	126.3	121.1
民用航空	Civil Aviation							
执行航线（条）	Perform Routes(line)	99	68	150	103	152	125	225
通航城市（个）	Navigable City(units)	50	56	59	53	55	64	96
起飞架次（架次）	Plane Flights(sorties)	77856	78465	80746	83551	86158	100152	115529
民用车辆（辆）	Civil Vehicles(units)							
民用汽车	Civil Vehicles	928553	1059056	1213611	1382459	1541045	1742313	1949707
私人汽车	Private Vehicles	786802	910043	1051529	1217636	1505308	1573761	1764574
载客汽车	Passenger Vehicles	755966	897092	1052540	1224763	1400588	1592737	1783848
#大型	Large	11624	10949	11205	11966	11194	12206	13539
载货汽车	Trucks	126250	126393	136874	134929	123801	134741	151141
#重型	Heavy	25614	22926	24860	26303	24653	27303	31632
其它汽车	Others	46337	35571	24197	22767	16656	14835	14718
摩托车	Motorcycle	380518	329476	197767	174618	126540	73568	106168
挂车	Wheeler	7233	7085	7299	7398	7497	8191	9102

注：1. 公路通车里程自 2006 年起调整统计口径，增加了村道公路统计

2. 因省交通厅公路局统计口径变化，自 2012 年起，公路通车里程按路面类型分为有铺装路面、简易铺装路面和未铺装路面

3. 铁路系统统计数据来自济南铁路局

4. 自 2014 年起，交通部门执行新的公路运输量统计方案，调查范围较老口径有所缩小，2014 年及 2013 年数据均为新口径下交通部反馈数据

14-3 规模以上交通运输仓储邮政业企业财务指标（2017 年）

Main Financial Indicators of Transport,Storage and Postal Services above Designated Size（2017）

单位：万元 (10 000 yuan)

指标	Indicator	交通运输、仓储和邮政业 Transport,Storage and Postal Services
单位数（个）	Number(unit)	290
年初存货	Inventory at Beginning of year	167581
流动资产合计	Total Liquid Assets	3785329
其中：应收账款	Receivable	221307
其中：存货	Inventory	135062
固定资产原价	Original Value of Fixed Assets	5497310
本年折旧	Depreciation in the Year	285670
资产总计	Total Assets	11825059
负债合计	Total Liabilities	6883885
所有者权益合计	Total Creditors' Equity	4941173
营业收入	Revenue	4033651
其中：主营业务收入	Revenue from Principal Business	3945420
营业成本	Cost	3358232
其中：主营业务成本	Cost of Principal Business	3320264
营业税金及附加	Taxes and Other Charges	20054
其中：主营业务税金及附加	Taxes and Other Charges on Principal Business	18481
销售费用	Sales Expenses	135129
管理费用	Management Expenses	206444
财务费用	Financial Expenses	67732
投资收益	Investment Interests	143218
营业利润	Profits from Business	412293
营业外收入	Profits from Non-Business	82157
营业外支出	Expense from Non-Business	56964
利润总额	Total Profits	437518
应交所得税	Income Tax Payable	102373
应付职工薪酬（本年贷方累计发生额）	Total Wages Payable	542387
应交增值税	Value-added Tax Payable	65112
从事服务业活动的从业人员平均人数（人）	Average of Empolyed Persons(person)	64215

14-4 分地区公路交通(2017 年)

Road Transportation by Region (2017)

指标	Indicator	济南市 Ji'nan	市区 Urban	平阴县 Pingyin	济阳县 Jiyang	商河县 Shanghe
公路通车里程(公里)	Length of Highways in Operation(km)	12857	7042	1014	2318	2483
#高速公路	Expressway	489	346	36	75	33
有铺装、简易铺装路面	Poved Road	12736	6922	1014	2316	2483
未铺装路面	UnPoved Road	121	119	0	2	0

主要统计指标解释

Explanatory Notes on Main Statistical Indicators

公路里程 指在一定时期内实际达到《公路工程技术标准JTJ01-88》规定的等级公路，并经公路主管部门正式验收交付使用的公路里程数。包括大中城市的郊区公路以及通过小城镇街道部分的公路里程和桥梁、渡口的长度，不包括大中城市的街道、厂矿、林区生产用道和农业生产用道的里程。两条或多条公路共同经由同一路段，只计算一次，不得重复计算里程长度。它是反映公路建设发展规模的重要指标，也是计算运输网密度等指标的基础资料。

民用航空航线里程 指民航运输定期班机飞行的航线长度的总和。航线长度按机场之间的距离计算，通常有两种计算方法:一是将每条航线长度相加称为重复计算航线里程；一是将两线或两条以上航线经过同一区段里程，只计算一次航线长度称为不重复计算航线里程。一般常用的是后者，它能确切反映民航运输网的规模，是表明民航事业为国民经济服务和方便人民生活程度的主要指标。

货(客)运量 指在一定时期内，各种运输工具实际运送的货物(旅客)数量。它是反映运输业为国民经济和人民生活服务的数量指标，也是制定和检查运输生产计划、研究运输发展规模和速度的重要指标。货运按吨计算，客运按人计算。货物不论运输距离长短、货物类别，均按实际重量统计。旅客不论行程远近或票价多少，均按一人一次客运量统计；半价票、小孩票也按一人统计。

货物(旅客)周转量 指在一定时期内，由各种运输工具运送的货物(旅客)数量与其相应运输距离的乘积之总和。它是反映运输业生产总成果的重要指标，也是编制和检查运输生产计划，计算运输效率、劳动生产率以及核算运输单位成本的主要基础资料。计算货物周转量通常按发出站与到达站之间的最短距离，也就是计费距离计算。计算公式为:

货物(旅客)周转量＝Σ(货物(旅客)运输量 × 运输距离)

移动电话用户 指在移动电话营业部门登记，通过移动电话交换机进入移动电话网、占有移动电话号码的电话用户。用户数量以实际办理登记手续进入邮电部门移动电话网的户数进行计算，一部或一台移动电话统计为一户。

电话用户 指接入国家公众固定电话网，并按固定电话业务进行经营管理的电话用户。1997 年以前，电话用户分为市内电话用户和农村电话用户。市内电话用户是指接入县城及县以上城市电话网上的电话用户；农村电话用户是指接入县邮电局农话台及县以下农村电话交换点，以县城为中心(除市话用户外)联通县、乡(镇)、行政村、村民小组的用户。从 1997 年起，电话用户数分组调整为以用户所在区域划分为“城市电话用户”和“乡村电话用户”，与过去的按市内电话和农村电话划分方法不同。而电话用户数、电话机部数统计方法不变。

国内贸易

DOMESTIC TRADE

15-1 各时期分行业社会消费品零售

Total Retail Sales of Consumer Goods by Section in Each Period

单位：万元 (10 000 yuan)

年份 Year	社会消费品零售总额 Retail Sale of Consumer Goods						
	总计 Total	批发零售业 Wholesale and Retail Trades	住宿业 Hotels Services	餐饮业 Catering Services	制造业 Manufacture	其 他 Others	农民对非农业居民 Farmers to Non-agricultural Residents
1949	11426	7312		556	3514	–	44
1952	22248	16985		1223	3592	–	448
1957	34568	29279		1935	2381	3	970
1962	41436	35784		1655	2946	266	785
1965	40795	36470		1829	1856	287	353
1970	42993	39397		1537	1468	321	270
1975	60105	53239		2565	2914	1217	170
1978	81335	70661		2907	5120	2222	425
1979	96036	80703		4000	9060	823	1450
1980	119775	95121		4392	16489	1299	2474
"六五时期"							
1981	135236	103303		5388	21353	2157	3035
1982	152094	116241		8165	21398	2778	3512
1983	167948	127884		9225	23569	2953	4317
1984	200301	150233		11342	29563	4506	4657
1985	243080	181867		14823	32342	5535	8513
"七五时期"							
1986	294102	219730		17880	35565	5456	15471
1987	331504	240192		20305	45386	8963	16658
1988	425984	300090		30808	60463	12300	22323
1989	484392	343978		28634	71653	9729	30398
1990	528221	382047		25599	71505	10886	38184
"八五时期"							
1991	597989	424836		27443	78452	14186	53072
1992	732882	535080		37096	77951	21108	61647

年份 Year	社会消费品零售总额 Retail Sale of Consumer Goods						
	总计 Total	批发零售业 Wholesale and Retail Trades	住宿业 Hotels Services	餐饮业 Catering Services	制造业 Manufacture	其 他 Others	农民对非农业居民 Farmers to Non-agricultural Residents
1993	1013726	723914		56059	80101	28475	125177
1994	1454386	1037687		86141	99621	27914	203023
1995	1880151	1345321		133501	115105	42533	243691
"九五时期"							
1996	2256851	1570947		176100	141201	22261	346342
1997	2618976	1744014		216727	177219	50392	430624
1998	2911018	1893486		255616	207595	76994	477327
1999	3175983	2043078		305333	225132	83892	518548
2000	3547062	2287545		377550	233128	102535	546304
"十五时期"							
2001	3975320	2574216		485494	237545	118179	559886
2002	4464927	2935804		613178	231947	143702	540296
2003	5371750	4373831		741565	–	256354	–
2004	6984935	5691288	57973	940191	–	295483	–
2005	8078776	6575543	66490	1084425	–	352318	–
"十一五时期"							
2006	9393436	7571831	78098	1324135	–	419372	–
2007	11031462	8791908	86322	1648409	–	504823	–
2008	13566824	10684195	96391	2142271	–	643968	–
2009	15956509	12710608	105378	2438279	–	702244	–
2010	18024610	14022650	150810	3081114	–	770036	–
"十二五时期"							
2011	21142868	16338362	175067	3717616	–	911823	–
2012	24202475	18740304	187466	4308195	–	966510	–
2013	27433506	22006709	177160	4154845	–	1094792	–
2014	30876494	26004226	196307	4675960	–	–	–
2015	34103088	28754816	210316	5137956	–	–	–
"十二五时期"							
2016	37647762	31752379	230502	5664881	–	–	–
2017	41461481	34978973	252921	6229587	–	–	–

15-2 限额以上批发零售业法人企业商品销售情况(2017 年)

Total Purchase Sales and Inventory by Sector Above Designated Size (2017)

单位:万元　　(10 000 yuan)

指标	Indicator	商品销售总额 Total Sale Value		
		合计 Total	批发 Wholesalel	零售 Retail
总计	**Total**	49033290.9	35672533.8	13360757.1
一、批发业	**Wholesalel Trade**	37512485.8	34957833.6	2554652.2
农、林、牧产品批发	Wholesale of Farm Produce and Livestock Products	261449.4	257192.2	4257.2
谷物、豆及薯类批发	Wholesale of Grain,Beans and Tubers	81656.0	81656.0	0.0
种子批发	Wholesale of Seed	36849.1	36615.9	233.2
饲料批发	Wholesale of Fodder	52003.6	52003.6	0.0
棉、麻批发	Wholesale of Cotton and Linen	40370.2	40370.2	0.0
林业产品批发	Wholesale of Forestery Products	3084.5	3080.8	3.7
牲畜批发	Wholesale of Livestocks	15570.8	15570.8	0.0
其他农牧产品批发	Wholesale of Other Agricultural Products	31915.2	27894.9	4020.3
食品、饮料及烟草制品批发	Wholesale of Food, Beverages and Tobaccos	2796945.4	2736402.8	60542.6
米、面制品及食用油批发	Wholesale of Rice,Noodles and Oil	1539392.4	1517434.7	21957.7
糕点、糖果及糖批发	Wholesale of Cake,Candyand Sugar	25212.1	25212.1	0.0
果品、蔬菜批发	Wholesale of Fruits and Vegetables	51013.5	49768.0	1245.5
肉、禽、蛋、奶及水产品批发	Wholesale of Meat,Poultry,Egg,Mik and Aquatic Products	104202.4	101093.8	3108.6
盐及调味品批发	Wholesale of Salt and Spices	39432.4	38862.6	569.8
营养和保健品批发	Wholesale of nutrition and health products	21980.1	21690.1	290.0
酒、饮料及茶叶批发	Wholesale of Wine,Drink and Tea	115982.6	93213.8	22768.8
烟草制品批发	Wholesale of Tobacco Products	823145.3	823145.3	0.0
其他食品批发	Wholesale of Other Food	76584.6	65982.4	10602.2
纺织、服装及家庭用品批发	Wholesale of Textiles, Garments and Daily Consumer Articles	2378631.2	2289795.5	88835.7
纺织品、针织品及原料批发	Wholesale of Textiles, Garments and Row Material	53000.0	52998.9	1.1
服装批发	Wholesale of Garments	136431.0	131797.8	4633.2
鞋帽批发	Wholesale of Shoes and Hats	31783.7	30785.7	998.0
化妆品及卫生用品批发	Wholesale of Cosmetic and Hygiene Products	70706.8	66928.5	3778.3
厨房、卫生间用具及日用杂货批发	Wholesale of Kitchen,Bathroom Equipment and Groceries	14679.4	9786.4	4893.0
灯具、装饰物品批发	Wholesale of Lamps and Decorative Items	11458.1	11214.4	243.7
家用视听设备批发	Wholesale of household aquipments	201603.4	192844.7	8758.7
日用家电批发	Wholesale of household appliances	1854465.8	1788936.1	65529.7
其他家庭用品批发	Wholesale of Other Household Articles	4503.0	4503.0	0.0
文化、体育用品及器材批发	Wholesale of Culture, Sports Appliances and Equipments	1904703.0	1298660.7	606042.3
文具用品批发	Wholesale of Culture Products	247294.9	246167.6	1127.3
体育用品及器材批发	Wholesale of Sports Appliances and Equipments	2871.1	2871.1	0.0
图书批发	Wholesale of Books	1097786.9	493597.3	604189.6
音像制品及电子出版物批发	Wholesale of Audiovisual Products and Electronic Publications	4528.3	4201.8	326.5
首饰、工艺品及收藏品批发	Wholesale of Jewelry,Crafts and Collectibles	547506.8	547506.8	0.0
其他文化用品批发	Wholesale of Other Culture Products	4715.0	4316.1	398.9
医药及医疗器材批发	Wholesale of Medicines and Medical Appliances	5855977.5	5816546.7	39430.8
西药批发	Wholesale of Western Medicine	1720459.8	1713175.6	7284.2
中药批发	Wholesale of Traditional Chinese Medicine	2829216.1	2821793.7	7422.4
动物用药品批发	Wholesale of veterinary drugs	99614.9	99614.9	0.0
医疗用品及器材批发	Wholesale of Medicines Products and Medical Appliances	1206686.7	1181962.5	24724.2

指标	Indicator	商品销售总额 Total Sale Value		
		合计 Total	批发 Wholesalel	零售 Retail
矿产品、建材及化工产品批发	Wholesale of Mineral Products, Building Materials and Chemical Products	19625791.0	18108051.7	1517739.3
煤炭及制品批发	Wholesale of Coal and Its Products	8831861.3	8813148.3	18713.0
石油及制品批发	Wholesale of Petroleum and Its Products	5071114.2	3720303.7	1350810.5
非金属矿及制品批发	Wholesale of Non-metal Mine and Its Products	23628.9	23628.9	0.0
金属及金属矿批发	Wholesale of Metal and Metal Mine	3310502.7	3182023.0	128479.7
建材批发	Wholesale of Construction Materials	493269.4	482598.9	10670.5
化肥批发	Wholesale of Chemical Fertilizer	52272.3	47278.9	4993.4
农药批发	Wholesale of Pesticide	287935.3	287094.2	841.1
其他化工产品批发	Wholesale of Other Chemical Products	1555206.9	1551975.8	3231.1
机械设备、五金产品及电子产品批发	Wholesale of Machinery, Hardware and Electronic Equipment	3963349.4	3742324.1	221025.3
农业机械批发	Wholesale of Agricultural Machinery	45533.3	45430.2	103.1
汽车批发	Wholesale of Automobile	1637586.1	1605299.3	32286.8
汽车零配件批发	Wholesale of Automobile Spare Parts	31340.3	30728.5	611.8
摩托车及零配件批发	Wholesale of Motorbike and Its Spare Parts	84806.0	67975.1	16830.9
五金产品批发	Wholesale of Hardware	613028.9	606796.0	6232.9
电气设备批发	Wholesale of Electronic Equipment	339143.1	262920.7	76222.4
计算机、软件及辅助设备批发	Wholesale of Computer,Software and Auxiliary Equipment	204344.6	200411.2	3933.4
通讯及广播电视设备批发	Wholesale of Communication and Broadcast Television Equipment	25191.7	25191.7	0.0
其他机械设备及电子产品批发	Wholesale of Other Machinery and Electronic Equipment	982375.4	897571.4	84804.0
贸易经纪与代理	Trade Broker and Agency	117455.2	115187.8	2267.4
贸易代理	Trade Agency	117455.2	115187.8	2267.4
其他批发业	Other Wholesale not Classified Elsewhere	608183.7	593672.1	14511.6
再生物资回收与批发	Renewable Resources Recycle and Wholesale	26194.3	24448.4	1745.9
互联网批发	Internet wholesale	7392.1	7392.1	0.0
其他未列明批发业	Other Wholesale	574597.3	561831.6	12765.7
内资企业	Domestic Funded Enterprises	35381595.4	32835443.0	2546152.4
国有企业	State-owned	806923.6	806923.6	0.0
集体企业	Collective-owned	8579.4	7820.7	758.7
有限责任公司	Limited Liability Corporations	23269532.5	21857389.1	1412143.4
国有独资公司	State Sole funded Corporations	6267001.9	6234008.6	32993.3
其他有限责任公司	Other Limited Liability Corporations	17002530.6	15623380.5	1379150.1
股份有限公司	Share-holding Corporations Limited	1245444.9	456521.5	788923.4
私营企业	Private Enterprises	10041008.2	9696681.3	344326.9
私营独资企业	Private-funded Enterprises	55719.1	55541.6	177.5
私营有限责任公司	Private Limited Liability Corporations	9856829.2	9521021.6	335807.6
私营股份有限公司	Private Share-holding Corporations Ltd	128459.9	120118.1	8341.8
其他企业	Others	10106.8	10106.8	0.0
港、澳、台商投资企业	Hong Kong,Macao and Taiwan investment enterprises	1947246.1	1938746.3	8499.8
与港澳台商合资经营企业	Enterprises with Funds from Hong Kong,Macao and Taiwan	41568.8	33255.0	8313.8
港澳台商独资企业	Sole Investment	1905677.3	1905491.3	186.0
外商投资企业	Foreign Funded Enterprises	183644.3	183644.3	0.0
中外合资经营企业	Joint-venture	134919.1	134919.1	0.0
中外合作经营企业	Cooperative	13235.8	13235.8	0.0
外资企业	Sole Foreign Investment	35489.4	35489.4	0.0
二、零售业	**Retail Trade**	11520805.1	714700.2	10806104.9

指标	Indicator	商品销售总额 Total Sale Value		
		合计 Total	批发 Wholesalel	零售 Retail
综合零售	Integrated Retail	3051157.1	13992.8	3037164.3
百货零售	Commodity Retail	2600222.2	2409.2	2597813.0
超级市场零售	Supermaket Retail	383557.9	8048.9	375509.0
其他综合零售	Other Retail	67377.0	3534.7	63842.3
食品、饮料及烟草制品专门零售	Retail of Food, Beverages and Tobaccos	470633.5	57192.3	413441.2
粮油零售	Retail of Grain and Oil	41666.2	2162.3	39503.9
糕点、面包零售	Retail of Cake and Bread	14574.9	0.0	14574.9
果品、蔬菜零售	Retail of Fruits and Vegetables	97074.5	13479.0	83595.5
肉、禽、蛋、奶及水产品零售	Retail of Meat,Poultry,Egg,Mik and Aquatic Products	165328.2	17915.4	147412.8
营养和保健品零售	Retail of Nutrition and Health Care Products	17660.9	5378.0	12282.9
酒、饮料及茶叶零售	Retail of Wine,Drink and Tea	66723.3	1844.4	64878.9
烟草制品零售	Retail of Tobacco Products	18906.3	0.0	18906.3
其他食品零售	Retail of Other Food	48699.2	16413.2	32286.0
纺织、服装及日用品专门零售	Special Retail of Textiles, Garments and Daily Consumer Articles	333456.5	16397.1	317059.4
纺织品及针织品零售	Retail of Textiles, Garments and Row Material	4071.7	385.8	3685.9
服装零售	Retail of Garments	221745.9	9164.3	212581.6
鞋帽零售	Retail of Shoes and Hats	5933.8	632.6	5301.2
化妆品及卫生用品零售	Retail of Cosmetic and Hygiene Products	46221.9	4881.5	41340.4
厨具卫具及日用杂品零售	Retail of Kitchen,Bathroom Equipment and Groceries	2621.4	0.0	2621.4
钟表、眼镜零售	Retail of Clock and Glasses	21697.5	0.0	21697.5
箱包零售	Retail of bags and suitcases	1780.0	754.2	1025.8
自行车等代步设备零售	Retail of bicycle and other equipments	1446.4	578.7	867.7
其他日用品零售	Retail of Household Appliances	27937.9	0.0	27937.9
文化、体育用品及器材专门零售	Retail of Culture, Sports Appliances and Equipments	210653.2	36165.8	174487.4
文具用品零售	Retail of Culture Products	14506.8	9500.2	5006.6
图书、报刊零售	Retail of Books,Magazines and Newspapers	40429.5	5160.1	35269.4
音像制品、电子和数字出版物零售	Retail of audiovisual products,electronic and digital publications	17727.4	0.0	17727.4
珠宝首饰零售	Retail of Jewelry	72428.9	9317.4	63111.5
工艺美术品及收藏品零售	Retail of Crafts and Collectibles	4690.3	0.0	4690.3
乐器零售	Retail of Music Instruments	3110.3	634.1	2476.2
照相器材零售	Retail of Photographic Apparatus	16606.4	0.0	16606.4
其他文化用品零售	Retail of Other Culture Products	41153.6	11554.0	29599.6
医药及医疗器材专门零售	Retail of Medicines and Medical Appliances	525053.4	227154.8	297898.6
西药零售	Retail of Western Medicine	425897.9	210291.9	215606.0
中药零售	Retail of Traditional Chinese Medicine	51783.8	3399.4	48384.4
动物用药品零售	Retail of veterinary drugs	4381.4	2395.0	1986.4
医疗用品及器材零售	Retail of Medical Appliances	42990.3	11068.5	31921.8
汽车、摩托车、零配件和燃料及其他动力销售	Cars,motorcycles,spare part and fuel and other power sales	4849885.3	116205.0	4733680.3
汽车新车零售	Retail of new cars	3845816.7	52756.3	3793060.4
汽车旧车零售	Retail of used cars	23659.3	0.0	23659.3
汽车零配件零售	Retail of Automobile Spare Parts	92646.8	4966.3	87680.5
摩托车及零配件零售	Retail of Motorbike and Its Spare Parts	44444.7	0.0	44444.7
机动车燃油零售	Retail of motor fuel oil	822722.4	58482.4	764240.0
机动车燃气零售	Retail of motor gas	20595.4	0.0	20595.4

指标	Indicator	商品销售总额 Total Sale Value		
		合计 Total	批发 Wholesalel	零售 Retail
家用电器及电子产品专门零售	Special Retail of Household Electric Appliances and Electronic Products	1078347.6	61800.1	1016547.5
家用视听设备零售	Retail of Household Electric Appliances	475230.0	1455.8	473774.2
日用家电设备零售	Retail of Daily Household Equipment	114209.4	20315.5	93893.9
计算机、软件及辅助设备零售	Retail of Computer,Software and Auxiliary Equipment	225374.1	11473.6	213900.5
通信设备零售	Retail of Communication Equipment	235022.7	24951.2	210071.5
其他电子产品零售	Retail of Other Electronic Equipment	28511.4	3604.0	24907.4
五金、家具及室内装饰材料专门零售	Special Retail of Hardware, Furniture and Decoration Materials	137602.5	9411.0	128191.5
五金零售	Retail of Hardware	37362.7	7665.6	29697.1
灯具零售	Retail of lamps	691.0	0.0	691.0
家具零售	Retail of Furniture	71740.9	0.0	71740.9
涂料零售	Retail of Coating	1141.5	0.0	1141.5
木质装饰材料零售	Retail of Wood Decorative Material	3647.1	1745.4	1901.7
陶瓷、石材装饰材料零售	Retail of Ceramics and Stone Decorative Material	19579.3	0.0	19579.3
其他室内装饰材料零售	Retail of Other Decoration Materials	3440.0	0.0	3440.0
货摊、无店铺及其他零售业	Non-shop and Other Retails	864016.0	176381.3	687634.7
流动货摊零售	Retail of mobile stalls	0.3	0.2	0.1
互联网零售	Internet Retail	572859.1	95048.4	477810.7
邮购及电视、电话零售	Mail,Television and Telephone Retail	85379.9	29102.5	56277.4
自动售货机零售	Retail of vending machine	150329.6	47695.3	102634.3
生活用燃料零售	Retail of Domestic Fuel	28914.5	0.0	28914.5
其他未列明零售业	Other Retails	26532.6	4534.9	21997.7
内资企业	Domestic Funded Enterprises	10543962.2	659171.4	9884790.8
国有企业	State-owned	12707.9	0.0	12707.9
集体企业	Collective-owned	28861.2	0.0	28861.2
股份合作企业	Cooperative	3484.7	0.0	3484.7
联营企业	Joint venture	33020.1	0.0	33020.1
国有与集体联营企业	State-owned enterprises and collective enterprises	33020.1	0.0	33020.1
有限责任公司	Limited Liability Corporations	3891256.4	349083.7	3542172.7
国有独资公司	State Sole funded Corporations	27641.3	0.0	27641.3
其他有限责任公司	Other Limited Liability Corporations	3863615.1	349083.7	3514531.4
股份有限公司	Share-holding Corporations Limited	2993531.9	30876.3	2962655.6
私营企业	Private Enterprises	3511440.4	270914.8	3240525.6
私营独资企业	Private-funded Enterprises	34190.1	365.1	33825.0
私营有限责任公司	Private Limited Liability Corporations	3403364.0	270176.9	3133187.1
私营股份有限公司	Private Share-holding Corporations Ltd.	73886.3	372.8	73513.5
其他企业	Other Enterprises	69659.6	8296.6	61363.0
港、澳、台商投资企业	Enterprises with Funds from Hong Kong, Macao and Taiwan	346862.0	7775.6	339086.4
与港澳台商合资经营企业	Joint-ventures Enterprises	75431.0	0.0	75431.0
港澳台商独资企业	Enterprises with Sole Investment	271431.0	7775.6	263655.4
外商投资企业	Foreign Funded Enterprises	629980.9	47753.2	582227.7
中外合资经营企业	Joint-venture Enterprises	99340.0	0.0	99340.0
中外合作经营企业	Cooperation Enterprises	78118.2	0.0	78118.2
外资企业	Enterprises with Sole Foreign Funds	76695.0	0.0	76695.0
外商投资股份有限公司	Share-holding Corporations Ltd. With Foreign Investment	375827.7	47753.2	328074.5

15-3 限额以上批发零售

Capital Power of Wholesales and Retail

单位：万元

指标名称	Indicator	法人企业数（个）Number of Corporation Enterprises (unit)	流动资产合计 Total Working Capitals	存货 Inventory	固定资产原价 Original Value of Fixed Assets	累计折旧 Depreciation
总计	**Total**	1722	17936668.3	3209391.1	3017466.9	1119295.2
一、批发业	**Wholesalel Trade**	867	12918073.1	2411585.6	1992572.0	749180.1
农、林、牧产品批发	Wholesale of Farm Produce and Livestock Products	30	96609.7	46520.3	42106.4	18205.0
谷物、豆及薯类批发	Wholesale of Grain,Beans and Tubers	5	39959.8	29837.4	15295.1	3737.4
种子批发	Wholesale of Seed	7	29492.2	9911.6	11869.3	3447.6
饲料批发	Wholesale of Fodder	5	8440.7	2090.9	352.0	61.0
棉、麻批发	Wholesale of Cotton and Linen	3	6780.2	2046.9	215.3	133.9
林业产品批发	Wholesale of Forestery Products	1	91.3	43.5	12.3	1.1
牲畜批发	Wholesale of Livestocks	3	2708.6	120.9	168.5	85.2
其他农牧产品批发	Wholesale of Other Agricultural Products	6	9136.9	2469.1	14193.9	10738.8
食品、饮料及烟草制品批发	Wholesale of Food, Beverages and Tobaccos	66	1055974.8	332650.6	213524.5	54752.7
米、面制品及食用油批发	Wholesale of Rice,Noodles and Oil	12	684084.9	271620.3	61061.0	20084.2
糕点、糖果及糖批发	Wholesale of Cake,Candyand Sugar	1	4520.4	1048.7	100.2	71.5
果品、蔬菜批发	Wholesale of Fruits and Vegetables	12	13065.4	1641.3	890.9	616.5
肉、禽、蛋、奶及水产品批发	Wholesale of Meat,Poultry,Egg,Mik and Aquatic Products	11	37226.0	13707.4	62522.3	1688.5
盐及调味品批发	Wholesale of Salt and Spices	4	21999.8	1520.6	5053.1	2548.0
营养和保健品批发	Wholesale of nutrition and health products	4	-1717.4	2947.8	1155.6	394.7
酒、饮料及茶叶批发	Wholesale of Wine,Drink and Tea	12	56806.3	10885.1	1816.7	1298.3
烟草制品批发	Wholesale of Tobacco Products	2	209275.6	27086.9	54060.6	21075.6
其他食品批发	Wholesale of Other Food	8	30713.8	2192.5	26864.1	6975.4
纺织、服装及家庭用品批发	Wholesale of Textiles, Garments and Daily Consumer Articles	58	609579.2	193152.6	59944.9	14051.3
纺织品、针织品及原料批发	Wholesale of Textiles, Garments and Row Material	5	2051.4	25.6	445.5	219.2
服装批发	Wholesale of Garments	12	33024.8	18985.5	1544.6	1143.4
鞋帽批发	Wholesale of Shoes and Hats	6	15573.4	6498.3	393.8	326.3
化妆品及卫生用品批发	Wholesale of Cosmetic and Hygiene Products	9	39824.9	17144.3	729.4	406.4
厨房、卫生间用具及日用杂货批发	Wholesale of Kitchen,Bathroom Equipment and Groceries	1	11296.8	3469.9	213.4	151.9
灯具、装饰物品批发	Wholesale of Lamps and Decorative Items	4	2670.0	611.8	127.7	109.6
家用视听设备批发	Wholesale of household aquipments	8	53173.6	22560.7	573.6	341.9
日用家电批发	Wholesale of household appliances	12	451890.3	123844.5	55390.9	11228.8
其他家庭用品批发	Wholesale of Other Household Articles	1	74.0	12.0	526.0	123.8
文化、体育用品及器材批发	Wholesale of Culture, Sports Appliances and Equipments	26	804360.6	216291.0	210917.0	84123.2
文具用品批发	Wholesale of Culture Products	13	71514.5	9685.5	2986.9	1230.9

贸易企业资产实力（2017 年）

Sales Trade Above Designated Size（2017）

(10 000 yuan)

本年折旧 Depreciation in the Year	资产总计 Total Assets	负债合计 Total Liabilities	所有者权益合计 total Creditors' Equity	实收资本 Paid-up Capital	国家资本 Official Capital	集体资本 Collective Capital	法人资本 Corporate Capital	个人资本 Personal Capital
160795.9	23837848.1	18031973.3	5806889.3	3706071.3	1160120.5	22594.4	1390552.1	798961.9
103712.7	17292032.2	12931217.3	4360814.9	2789577.8	1079485.1	12465.3	933888.1	532437.7
1096.0	132515.9	75446.9	57069.0	27210.2	6968.6	212.5	2605.7	17423.4
436.0	56543.1	35754.8	20788.3	2178.5	1767.9	0.0	1.3	409.3
451.8	44572.8	20054.1	24518.7	19442.1	5098.7	212.5	296.0	13834.9
20.6	8738.2	4778.9	3959.3	2900.0	0.0	0.0	1305.8	1594.2
14.3	6861.6	5143.5	1718.1	700.0	102.0	0.0	598.0	0.0
0.1	102.5	43.6	58.9	50.0	0.0	0.0	50.0	0.0
19.9	2791.9	2033.9	758.0	626.2	0.0	0.0	126.2	500.0
153.3	12905.8	7638.1	5267.7	1313.4	0.0	0.0	228.4	1085.0
12065.5	1334503.6	866271.3	468232.3	167472.9	7330.3	552.4	138554.2	20730.1
1919.8	754770.5	674536.5	80234.0	10023.4	3141.5	0.0	4516.0	2060.0
7.7	5011.8	5360.7	-348.9	2000.0	0.0	0.0	1700.0	300.0
34.5	13417.7	7799.3	5618.4	2649.3	0.0	42.3	595.0	2012.0
542.1	137584.3	48630.2	88954.1	90002.7	2767.7	0.0	86205.0	1030.0
174.2	28374.3	15249.8	13124.5	2088.6	1098.3	0.0	870.2	120.1
126.6	20509.1	8039.7	12469.4	11218.0	0.0	0.0	818.0	10400.0
164.1	58482.3	47473.2	11009.1	14563.1	322.8	510.1	9027.2	4703.0
2464.8	265376.3	35772.9	229603.4	13800.0	0.0	0.0	13800.0	0.0
6631.7	50977.3	23409.0	27568.3	21127.8	0.0	0.0	21022.8	105.0
3583.2	792003.1	697494.6	94508.5	52116.8	500.0	2274.2	20016.9	26581.8
178.2	2278.0	775.8	1502.2	845.6	0.0	0.0	750.0	95.6
109.5	34072.7	39807.1	-5734.4	2233.0	0.0	0.0	536.0	1697.0
116.9	15860.7	15331.8	528.9	567.0	0.0	0.0	330.6	236.4
47.9	41133.4	30519.5	10613.9	5510.2	0.0	0.0	3855.2	1655.0
12.4	11358.3	11205.7	152.6	300.0	0.0	0.0	300.0	0.0
2.8	2688.1	755.0	1933.1	1558.0	0.0	0.0	200.0	1358.0
65.9	54726.1	60305.8	-5579.7	4990.1	0.0	2000.0	340.0	2650.0
3045.6	629409.6	538615.9	90793.7	35822.9	500.0	274.2	13415.1	18889.8
4.0	476.2	178.0	298.2	290.0	0.0	0.0	290.0	0.0
9539.5	1060313.7	690087.7	370226.0	47213.0	4500.0	0.0	19348.7	23364.3
333.2	74337.3	62731.7	11605.6	14924.0	0.0	0.0	10650.0	4274.0

指标名称	Indicator	法人企业数（个）Number of Corporation Enterprises (unit)	流动资产合计 Total Working Capitals	存货 Inventory	固定资产原价 Original Value of Fixed Assets	累计折旧 Depreciation
体育用品及器材批发	Wholesale of Sports Appliances and Equipments	1	725.3	19.7	42.4	22.0
图书批发	Wholesale of Books	6	706286.3	203154.3	207312.2	82475.7
音像制品及电子出版物批发	Wholesale of Audiovisual Products and Electronic Publications	1	3434.3	239.7	84.3	63.2
首饰、工艺品及收藏品批发	Wholesale of Jewelry,Crafts and Collectibles	3	22052.1	3077.2	382.9	309.9
其他文化用品批发	Wholesale of Other Culture Products	2	348.1	114.6	108.3	21.5
医药及医疗器材批发	Wholesale of Medicines and Medical Appliances	121	3239414.6	627768.5	171585.0	54389.6
西药批发	Wholesale of Western Medicine	41	1151008.0	352834.1	62691.7	22131.0
中药批发	Wholesale of Traditional Chinese Medicine	25	1512870.6	196589.6	83299.8	19274.2
动物用药品批发	Wholesale of veterinary drugs	5	52549.3	13520.7	971.0	593.5
医疗用品及器材批发	Wholesale of Medicines Products and Medical Appliances	50	522986.7	64824.1	24622.5	12390.9
矿产品、建材及化工产品批发	Wholesale of Mineral Products, Building Materials and Chemical Products	339	4461403.7	620927.3	1178001.2	489181.9
煤炭及制品批发	Wholesale of Coal and Its Products	44	670700.6	37966.6	22290.2	8945.3
石油及制品批发	Wholesale of Petroleum and Its Products	37	1824530.9	388558.3	1080444.2	447492.7
非金属矿及制品批发	Wholesale of Non-metal Mine and Its Products	1	3260.0	2132.6	39.7	37.3
金属及金属矿批发	Wholesale of Metal and Metal Mine	145	746715.5	136608.8	33485.9	15445.7
建材批发	Wholesale of Construction Materials	29	172687.2	16863.2	10194.4	2571.2
化肥批发	Wholesale of Chemical Fertilizer	11	164630.6	8227.5	13213.5	7249.9
农药批发	Wholesale of Pesticide	13	148648.0	12160.5	5908.1	2128.5
其他化工产品批发	Wholesale of Other Chemical Products	59	730230.9	18409.8	12425.2	5311.3
机械设备、五金产品及电子产品批发	Wholesale of Machinery, Hardware and Electronic Equipment	201	2247756.1	302699.7	71718.1	24623.3
农业机械批发	Wholesale of Agricultural Machinery	10	10219.9	4347.7	1399.8	733.0
汽车批发	Wholesale of Automobile	58	972022.8	170897.0	20473.2	4024.4
汽车零配件批发	Wholesale of Automobile Spare Parts	6	7983.8	4326.4	1185.9	415.2
摩托车及零配件批发	Wholesale of Motorbike and Its Spare Parts	12	37071.3	3058.6	4771.5	2118.8
五金产品批发	Wholesale of Hardware	17	603936.6	5759.5	6102.6	2547.4
电气设备批发	Wholesale of Electronic Equipment	23	78496.8	14512.7	3887.5	1896.2
计算机、软件及辅助设备批发	Wholesale of Computer,Software and Auxiliary Equipment	16	58544.1	15570.7	2517.3	824.2
通讯及广播电视设备批发	Wholesale of Communication and Broadcast Television Equipment	1	54496.2	50.0	6053.3	1564.7
其他机械设备及电子产品批发	Wholesale of Other Machinery and Electronic Equipment	58	424984.6	84177.1	25327.0	10499.4
贸易经纪与代理	Trade Broker and Agency	3	76669.3	11841.1	18884.4	3452.4
贸易代理	Trade Agency	3	76669.3	11841.1	18884.4	3452.4
其他批发业	Other Wholesale not Classified Elsewhere	23	326305.1	59734.5	25890.5	6400.7

本年折旧 Depreciation in the Year	资产总计 Total Assets	负债合计 Total Liabilities	所有者权益合计 total Creditors' Equity	实收资本 Paid-up Capital				
					国家资本 Official Capital	集体资本 Collective Capital	法人资本 Corporate Capital	个人资本 Personal Capital
3.6	745.7	229.5	516.2	508.0	0.0	0.0	0.0	508.0
9157.1	958198.1	614030.2	344167.9	22428.0	4500.0	0.0	5409.7	12518.3
7.3	4286.5	3730.9	555.6	1000.0	0.0	0.0	0.0	1000.0
37.9	22288.9	9234.9	13054.0	8000.0	0.0	0.0	3000.0	5000.0
0.4	457.2	130.5	326.7	353.0	0.0	0.0	289.0	64.0
13509.3	3660922.7	3127974.8	532947.9	345082.3	27949.9	4416.2	247360.2	65056.0
4945.5	1351449.1	1143363.8	208085.3	180425.7	6742.0	644.7	138071.3	34967.7
5120.8	1691666.6	1464164.6	227502.0	111284.3	10962.9	3771.5	80650.2	15899.7
115.0	55400.3	53797.0	1603.3	2281.3	0.0	0.0	1581.3	400.0
3328.0	562406.7	466649.4	95757.3	51091.0	10245.0	0.0	27057.4	13788.6
58193.3	7296120.2	5034079.5	2262040.7	1676896.1	1015349.4	3560.0	378191.9	253655.4
1948.0	919730.5	774771.9	144958.6	126243.2	48167.8	0.0	46300.0	31775.4
51890.5	3817257.1	2556504.4	1260752.7	926904.3	862725.4	0.0	26586.2	24648.2
2.0	3262.4	2250.2	1012.2	1000.0	0.0	0.0	0.0	1000.0
1941.0	857798.6	580026.9	277771.7	312147.5	102056.2	1700.0	59025.9	136170.5
793.9	185942.4	141020.5	44921.9	28311.0	0.0	500.0	18341.9	9469.1
341.9	233014.2	216981.9	16032.3	7204.6	2400.0	0.0	309.0	4495.6
573.5	189575.5	139586.2	49989.3	15948.5	0.0	1260.0	7650.0	7038.5
702.5	1089539.5	622937.5	466602.0	259137.0	0.0	100.0	219978.9	39058.1
3929.1	2539683.4	2094296.2	445387.2	386991.4	15570.4	1450.0	74500.5	93658.1
10.0	12989.1	9318.3	3670.8	2660.0	3.0	185.0	122.0	2350.0
899.0	1159088.8	905330.4	253758.4	236252.5	3959.1	500.0	11900.1	18080.9
76.3	10236.0	7920.8	2315.2	2308.0	0.0	0.0	151.0	2157.0
97.2	42777.7	33642.6	9135.1	10462.9	0.0	0.0	6455.9	4007.0
528.1	608309.8	584533.6	23776.2	14868.0	0.0	0.0	6251.2	8616.8
221.7	91850.5	64580.2	27270.3	17219.1	2000.0	765.0	5046.0	9408.1
96.8	65608.5	39904.3	25704.2	26211.0	0.0	0.0	12105.0	14106.0
276.9	61494.9	52292.8	9202.1	10000.0	0.0	0.0	5425.0	4575.0
1723.1	487328.1	396773.2	90554.9	67009.9	9608.3	0.0	27044.3	30357.3
1030.4	101737.0	104858.5	-3121.5	500.0	0.0	0.0	300.0	200.0
1030.4	101737.0	104858.5	-3121.5	500.0	0.0	0.0	300.0	200.0
766.4	374232.6	240707.8	133524.8	86095.1	1316.5	0.0	53010.0	31768.6

指标名称	Indicator	法人企业数（个）Number of Corporation Enterprises (unit)	流动资产合计 Total Working Capitals	存货 Inventory	固定资产原价 Original Value of Fixed Assets	累计折旧 Depreciation
再生物资回收与批发	Renewable Resources Recycle and Wholesale	6	12438.5	620.6	7622.4	245.5
互联网批发	Internet wholesale	1	2474.7	393.5	122.3	120.2
其他未列明批发业	Other Wholesale	16	311391.9	58720.4	18145.8	6035.0
内资企业	Domestic Funded Enterprises	854	11476381.1	2049696.1	1903799.5	742023.9
国有企业	State-owned	13	179499.4	59321.0	32474.3	10298.2
集体企业	Collective-owned	3	1730.0	653.9	232.5	71.3
有限责任公司	Limited Liability Corporations	262	6226195.5	897887.7	657730.5	241681.3
国有独资公司	State Sole funded Corporations	16	1184324.9	183044.2	123937.2	44327.7
其他有限责任公司	Other Limited Liability Corporations	246	5041870.6	714843.5	533793.3	197353.6
股份有限公司	Share-holding Corporations Limited	14	1326634.1	332873.2	971148.3	398584.0
私营企业	Private Enterprises	558	3741054.9	758770.2	241982.3	91342.8
私营独资企业	Private-funded Enterprises	4	10211.3	1709.1	743.7	382.1
私营有限责任公司	Private Limited Liability Corporations	539	3590384.2	738197.9	219485.9	82798.5
私营股份有限公司	Private Share-holding Corporations Ltd	15	140459.4	18863.2	21752.7	8162.2
其他企业	Others	4	1267.2	190.1	231.6	46.3
港、澳、台商投资企业	Hong Kong,Macao and Taiwan investment enterprises	9	1346000.0	347238.3	84386.5	4289.4
与港澳台商合资经营企业	Enterprises with Funds from Hong Kong,Macao and Taiwan	1	10686.3	52.2	23.9	12.9
港澳台商独资企业	Sole Investment	8	1335313.7	347186.1	84362.6	4276.5
外商投资企业	Foreign Funded Enterprises	4	95692.0	14651.2	4386.0	2866.8
中外合资经营企业	Joint-venture	1	73594.5	12690.3	4224.8	2767.5
中外合作经营企业	Cooperative	1	5326.4	1904.9	91.4	73.4
外资企业	Sole Foreign Investment	2	16771.1	56.0	69.8	25.9
二、零售业	**Retail Trade**	855	5018595.2	797805.5	1024894.9	370115.1
综合零售	Integrated Retail	63	2425442.7	120257.3	468107.1	198447.2
百货零售	Commodity Retail	42	2296209.2	93714.1	389680.8	159087.8
超级市场零售	Supermaket Retail	15	120947.8	20710.5	77613.8	38751.4
其他综合零售	Other Retail	6	8285.7	5832.7	812.5	608.0
食品、饮料及烟草制品专门零售	Retail of Food, Beverages and Tobaccos	154	136119.2	36095.5	130620.0	30185.8
粮油零售	Retail of Grain and Oil	21	10579.8	1277.2	10842.3	3248.6
糕点、面包零售	Retail of Cake and Bread	2	2093.5	5.2	800.2	572.9
果品、蔬菜零售	Retail of Fruits and Vegetables	44	15847.0	2552.4	25422.1	2983.1
肉、禽、蛋、奶及水产品零售	Retail of Meat,Poultry,Egg,Mik and Aquatic Products	30	45979.1	18842.4	59318.1	16554.9
营养和保健品零售	Retail of Nutrition and Health Care Products	16	9316.6	3799.0	11209.3	529.4
酒、饮料及茶叶零售	Retail of Wine,Drink and Tea	14	36750.5	4484.4	17789.0	4940.3
烟草制品零售	Retail of Tobacco Products	4	3727.1	1461.7	2313.1	750.4
其他食品零售	Retail of Other Food	23	11825.6	3673.2	2925.9	606.2
纺织、服装及日用品专门零售	Special Retail of Textiles, Garments and Daily Consumer Articles	73	136961.9	61006.3	40604.7	5065.2

本年折旧 Depreciation in the Year	资产总计 Total Assets	负债合计 Total Liabilities	所有者权益合计 total Creditors' Equity	实收资本 Paid-up Capital	国家资本 Official Capital	集体资本 Collective Capital	法人资本 Corporate Capital	个人资本 Personal Capital
72.4	19843.8	2558.5	17285.3	11885.1	0.0	0.0	0.0	11885.1
0.0	2476.8	2389.4	87.4	60.0	0.0	0.0	60.0	0.0
694.0	351912.0	235759.9	116152.1	74150.0	1316.5	0.0	52950.0	19883.5
101922.9	15544555.3	11558771.2	3985784.1	2453171.7	1065380.6	12465.3	842888.1	532437.7
698.0	221210.3	171497.4	49712.9	11148.7	8220.5	0.0	2928.2	0.0
6.9	1937.9	1705.5	232.4	306.2	0.0	254.8	51.4	0.0
35593.4	7637529.6	5968682.5	1668847.1	772739.3	212598.6	9914.0	431991.5	118235.2
4461.0	1385414.5	961229.0	424185.5	122632.0	22452.0	2310.0	97870.0	0.0
31132.4	6252115.1	5007453.5	1244661.6	650107.3	190146.6	7604.0	334121.5	118235.2
47973.8	3058969.1	1915630.9	1143338.2	878006.0	844288.6	185.0	12732.8	20799.6
17633.3	4623383.3	3501092.0	1122291.3	790176.5	272.9	2111.5	395184.2	392607.9
42.5	10597.8	9204.9	1392.9	411.0	0.0	0.0	0.0	411.0
16219.9	4439221.9	3359835.7	1079386.2	758312.2	272.9	2111.5	385771.5	370156.3
1370.9	173563.6	132051.4	41512.2	31453.3	0.0	0.0	9412.7	22040.6
17.5	1525.1	162.9	1362.2	795.0	0.0	0.0	0.0	795.0
1094.5	1639387.6	1317786.1	321601.5	294018.4	0.0	0.0	91000.0	0.0
4.9	10697.3	10541.3	156.0	0.1	0.0	0.0	0.0	0.0
1089.6	1628690.3	1307244.8	321445.5	294018.3	0.0	0.0	91000.0	0.0
695.3	108089.3	54660.0	53429.3	42387.7	14104.5	0.0	0.0	0.0
674.3	78310.9	43018.1	35292.8	25192.8	12848.3	0.0	0.0	0.0
12.9	5353.0	2055.5	3297.5	1884.0	1256.2	0.0	0.0	0.0
8.1	24425.4	9586.4	14839.0	15310.9	0.0	0.0	0.0	0.0
57083.2	6545815.9	5100756.0	1446074.4	916493.5	80635.4	10129.1	456664.0	266524.2
22133.7	3144779.5	2652462.8	492316.7	219292.3	3058.0	4228.8	154214.1	31429.1
14159.0	2956515.0	2516833.4	439681.6	129971.2	1058.0	4228.8	100660.3	24024.1
7947.6	178510.7	124825.5	53685.2	86788.1	2000.0	0.0	52403.8	6022.0
27.1	9753.8	10803.9	-1050.1	2533.0	0.0	0.0	1150.0	1383.0
4015.3	270025.7	143407.7	126618.0	70309.2	5103.3	211.5	38201.3	24852.5
384.7	22484.9	6451.7	16033.2	9966.4	5053.3	0.0	2154.8	2758.3
37.4	2342.7	1226.3	1116.4	246.4	0.0	0.0	0.0	246.4
968.8	45023.7	13806.0	31217.7	9994.7	0.0	0.0	2195.1	7799.6
1402.7	108669.8	74892.4	33777.4	20252.5	0.0	211.5	9581.4	10459.6
88.6	20994.3	10855.2	10139.1	3129.4	0.0	0.0	1769.0	1360.4
910.2	49949.9	26387.6	23562.3	19303.6	0.0	0.0	16151.0	1212.0
29.3	5668.3	1396.5	4271.8	3292.0	0.0	0.0	3262.0	30.0
193.6	14892.1	8392.0	6500.1	4124.2	50.0	0.0	3088.0	986.2
1741.0	183814.8	147418.4	36396.4	89181.2	11100.0	0.0	63296.0	14785.2

指标名称	Indicator	法人企业数（个）Number of Corporation Enterprises (unit)	流动资产合计 Total Working Capitals	存货 Inventory	固定资产原价 Original Value of Fixed Assets	累计折旧 Depreciation
纺织品及针织品零售	Retail of Textiles, Garments and Row Material	3	1840.1	1050.4	10.6	0.3
服装零售	Retail of Garments	38	84624.8	39543.9	35602.9	2983.5
鞋帽零售	Retail of Shoes and Hats	4	7079.5	5917.9	360.7	176.9
化妆品及卫生用品零售	Retail of Cosmetic and Hygiene Products	14	17120.9	6441.4	1146.6	628.3
厨具卫具及日用杂品零售	Retail of Kitchen,Bathroom Equipment and Groceries	1	408.2	159.2	10.7	0.4
钟表、眼镜零售	Retail of Clock and Glasses	5	14178.7	3893.3	1303.8	701.5
箱包零售	Retail of bags and suitcases	1	1045.1	216.6	14.4	10.9
自行车等代步设备零售	Retail of bicycle and other equipments	1	621.5	285.3	1325.4	453.1
其他日用品零售	Retail of Household Appliances	6	10043.1	3498.3	829.6	110.3
文化、体育用品及器材专门零售	Retail of Culture, Sports Appliances and Equipments	42	100010.0	44865.6	16224.6	4865.6
文具用品零售	Retail of Culture Products	7	4365.4	1155.4	933.3	571.2
图书、报刊零售	Retail of Books,Magazines and Newspapers	10	19881.9	5126.5	2024.5	786.0
音像制品、电子和数字出版物零售	Retail of audiovisual products,electronic and digital publications	1	11489.8	5608.9	150.9	55.7
珠宝首饰零售	Retail of Jewelry	10	37108.6	21048.9	5087.9	1982.6
工艺美术品及收藏品零售	Retail of Crafts and Collectibles	4	7357.0	4410.4	1351.1	63.1
乐器零售	Retail of Music Instruments	2	1531.8	987.2	20.9	16.9
照相器材零售	Retail of Photographic Apparatus	4	6800.6	3876.4	395.4	341.4
其他文化用品零售	Retail of Other Culture Products	4	11474.9	2651.9	6260.6	1048.7
医药及医疗器材专门零售	Retail of Medicines and Medical Appliances	53	253695.9	65972.9	31258.0	9574.3
西药零售	Retail of Western Medicine	30	182864.7	49551.0	27321.9	8039.5
中药零售	Retail of Traditional Chinese Medicine	7	40307.5	12859.3	1306.1	701.4
动物用药品零售	Retail of veterinary drugs	1	1442.6	929.6	1600.0	211.2
医疗用品及器材零售	Retail of Medical Appliances	15	29081.1	2633.0	1030.0	622.2
汽车、摩托车、零配件和燃料及其他动力销售	Cars,motorcycles,spare part and fuel and other power sales	284	1423159.5	367520.0	245214.5	101349.7
汽车新车零售	Retail of new cars	194	1263811.9	328441.4	166735.6	62592.1
汽车旧车零售	Retail of used cars	2	7859.9	2953.4	1686.2	1065.6
汽车零配件零售	Retail of Automobile Spare Parts	21	24302.2	4946.6	3804.4	1274.0
摩托车及零配件零售	Retail of Motorbike and Its Spare Parts	8	8673.5	2053.4	3377.5	1622.7
机动车燃油零售	Retail of motor fuel oil	57	112356.6	28813.7	51643.1	20513.2
机动车燃气零售	Retail of motor gas	2	6155.4	311.5	17967.7	14282.1
家用电器及电子产品专门零售	Special Retail of Household Electric Appliances and Electronic Products	108	322419.1	46875.3	13667.5	7395.8
家用视听设备零售	Retail of Household Electric Appliances	20	195965.6	9824.8	2890.6	1530.1
日用家电设备零售	Retail of Daily Household Equipment	31	38922.6	16160.7	4234.3	3251.0
计算机、软件及辅助设备零售	Retail of Computer,Software and Auxiliary Equipment	31	43262.3	8125.7	4057.9	1533.8
通信设备零售	Retail of Communication Equipment	17	36142.4	11754.5	2074.9	882.5
其他电子产品零售	Retail of Other Electronic Equipment	9	8126.2	1009.6	409.8	198.4

本年折旧 Depreciation in the Year	资产总计 Total Assets	负债合计 Total Liabilities	所有者权益合计 total Creditors' Equity	实收资本 Paid-up Capital	国家资本 Official Capital	集体资本 Collective Capital	法人资本 Corporate Capital	个人资本 Personal Capital
0.1	1895.9	1386.1	509.8	94.5	0.0	0.0	51.0	43.5
1524.3	123081.1	91918.3	31162.8	28117.6	11100.0	0.0	7492.5	9525.1
6.9	7641.4	11132.1	-3490.7	50480.0	0.0	0.0	50000.0	480.0
79.5	20303.3	16019.4	4283.9	2345.3	0.0	0.0	741.0	1604.3
0.4	418.5	315.1	103.4	100.0	0.0	0.0	0.0	100.0
44.0	15123.6	14836.7	286.9	3052.6	0.0	0.0	620.3	2432.3
1.0	1048.6	904.8	143.8	100.0	0.0	0.0	100.0	0.0
65.0	1952.2	2338.6	-386.4	300.0	0.0	0.0	0.0	300.0
19.8	12350.2	8567.3	3782.9	4591.2	0.0	0.0	4291.2	300.0
769.6	116339.0	66384.4	49954.6	32942.0	3760.0	520.0	10978.5	17683.5
155.0	4972.2	3710.8	1261.4	1232.0	0.0	0.0	800.0	432.0
129.1	21315.2	11311.3	10003.9	5431.1	3250.0	30.0	321.5	1829.6
19.9	13730.5	4917.8	8812.7	5053.0	0.0	0.0	651.0	4402.0
314.6	41447.4	23411.1	18036.3	14806.9	0.0	0.0	8800.0	6006.9
9.9	8717.5	5540.5	3177.0	3425.0	510.0	490.0	0.0	2425.0
1.6	1591.6	1199.4	392.2	250.0	0.0	0.0	0.0	250.0
44.6	6854.7	5634.6	1220.1	1251.0	0.0	0.0	251.0	1000.0
94.9	17709.9	10658.9	7051.0	1493.0	0.0	0.0	155.0	1338.0
1570.9	316302.4	219977.6	97339.3	34671.1	327.0	520.0	13859.7	19964.4
1275.0	238523.2	149110.9	89412.3	27189.0	0.0	0.0	9146.0	18043.0
198.3	45415.2	47663.4	-2248.2	3715.5	306.0	520.0	2889.5	0.0
0.0	2831.4	1271.0	1560.4	544.4	0.0	0.0	544.4	0.0
97.6	29532.6	21932.3	8614.8	3222.2	21.0	0.0	1279.8	1921.4
20565.7	1825199.5	1422950.4	402249.1	288550.6	51857.1	4644.3	105248.1	93838.6
13831.5	1542601.7	1297755.5	244846.2	203884.5	33878.0	3565.2	80752.4	72726.4
115.1	8522.0	8314.0	208.0	1627.0	0.0	0.0	0.0	1627.0
452.7	31542.7	20381.0	11161.7	4843.7	0.0	201.0	2401.5	2241.2
244.1	16209.8	4991.4	11218.4	10170.3	0.0	0.0	0.0	10170.3
4184.6	214316.0	91082.9	123233.1	57167.1	8121.1	878.1	21094.2	7073.7
1737.7	12007.3	425.6	11581.7	10858.0	9858.0	0.0	1000.0	0.0
3204.3	340442.7	250066.8	90375.9	51613.6	2008.0	4.5	31865.4	17730.7
136.1	199733.8	159182.8	40551.0	10735.7	0.0	0.0	8527.9	2207.8
2397.8	40972.9	31528.1	9444.8	9699.1	0.0	0.0	3165.6	6533.5
369.8	50751.3	18198.0	32553.3	21360.8	2008.0	4.5	15656.9	3686.4
249.9	39664.9	35063.8	4601.1	6966.0	0.0	0.0	3555.0	3411.0
50.7	9319.8	6094.1	3225.7	2852.0	0.0	0.0	960.0	1892.0

指标名称	Indicator	法人企业数（个）Number of Corporation Enterprises (unit)	流动资产合计 Total Working Capitals	存货 Inventory	固定资产原价 Original Value of Fixed Assets	累计折旧 Depreciation
五金、家具及室内装饰材料专门零售	Special Retail of Hardware, Furniture and Decoration Materials	36	35780.5	10923.5	39472.4	1593.5
五金零售	Retail of Hardware	17	14577.6	4428.7	6258.1	484.9
灯具零售	Retail of lamps	1	291.2	54.7	6.5	5.8
家具零售	Retail of Furniture	10	14283.2	5024.6	32648.3	865.8
涂料零售	Retail of Coating	1	99.8	12.5	58.8	0.9
木质装饰材料零售	Retail of Wood Decorative Material	2	381.5	261.1	60.6	27.2
陶瓷、石材装饰材料零售	Retail of Ceramics and Stone Decorative Material	4	5687.6	920.7	342.8	156.6
其他室内装饰材料零售	Retail of Other Decoration Materials	1	459.6	221.2	97.3	52.3
货摊、无店铺及其他零售业	Non-shop and Other Retails	42	185006.4	44289.1	39726.1	11638.0
流动货摊零售	Retail of mobile stalls	1	0.0	0.0	27.5	3.5
互联网零售	Internet Retail	18	69442.6	12970.7	4707.1	2702.5
邮购及电视、电话零售	Mail,Television and Telephone Retail	3	34095.1	6968.5	3820.7	2730.0
自动售货机零售	Retail of vending machine	3	63707.0	17780.7	22055.8	2937.4
生活用燃料零售	Retail of Domestic Fuel	8	6070.5	1579.5	7637.6	2660.2
其他未列明零售业	Other Retails	9	11691.2	4989.7	1477.4	604.4
内资企业	Domestic Funded Enterprises	839	4758964.4	743888.7	855606.8	315791.3
国有企业	State-owned	8	9098.4	1667.9	5253.4	2837.7
集体企业	Collective-owned	15	8936.8	748.7	6837.0	2077.1
股份合作企业	Cooperative	2	470.4	47.5	334.3	193.1
联营企业	Joint venture	1	4050.0	55.2	31137.8	1177.5
国有与集体联营企业	State-owned enterprises and collective enterprises	1	4050.0	55.2	31137.8	1177.5
有限责任公司	Limited Liability Corporations	274	1386073.3	354099.3	289527.0	112846.9
国有独资公司	State Sole funded Corporations	4	17287.4	1951.4	18298.7	14584.4
其他有限责任公司	Other Limited Liability Corporations	270	1368785.9	352147.9	271228.3	98262.5
股份有限公司	Share-holding Corporations Limited	24	2305292.7	102234.7	366487.7	146598.8
私营企业	Private Enterprises	476	1038381.1	284469.0	144894.1	49017.4
私营独资企业	Private-funded Enterprises	26	4599.6	861.4	2818.9	441.6
私营有限责任公司	Private Limited Liability Corporations	436	1012480.6	273572.8	139617.4	48045.4
私营股份有限公司	Private Share-holding Corporations Ltd.	14	21300.9	10034.8	2457.8	530.4
其他企业	Other Enterprises	39	6661.7	566.4	11135.5	1042.8
港、澳、台商投资企业	Enterprises with Funds from Hong Kong, Macao and Taiwan	7	81778.2	18571.9	55023.2	15499.5
与港澳台商合资经营企业	Joint-ventures Enterprises	1	16215.1	5370.9	8592.6	4545.5
港澳台商独资企业	Enterprises with Sole Investment	6	65563.1	13201.0	46430.6	10954.0
外商投资企业	Foreign Funded Enterprises	9	177852.6	35344.9	114264.9	38824.3
中外合资经营企业	Joint-venture Enterprises	2	21865.0	10083.8	9004.8	4911.1
中外合作经营企业	Cooperation Enterprises	1	65959.7	0.0	20759.0	14463.2
外资企业	Enterprises with Sole Foreign Funds	4	14050.8	4673.9	39479.1	8356.0
外商投资股份有限公司	Share-holding Corporations Ltd. With Foreign Investment	2	75977.1	20587.2	45022.0	11094.0

本年折旧 Depreciation in the Year	资产总计 Total Assets	负债合计 Total Liabilities	所有者权益合计 total Creditors' Equity	实收资本 Paid-up Capital	国家资本 Official Capital	集体资本 Collective Capital	法人资本 Corporate Capital	个人资本 Personal Capital
879.9	108495.4	67282.4	41213.0	43539.3	0.0	0.0	2492.6	11046.7
92.5	21453.5	11439.9	10013.6	9588.6	0.0	0.0	1023.6	8565.0
1.2	291.9	142.2	149.7	149.7	0.0	0.0	50.0	99.7
749.2	79746.2	50876.2	28870.0	32670.0	0.0	0.0	363.0	2307.0
0.3	199.5	23.1	176.4	75.0	0.0	0.0	0.0	75.0
1.1	417.3	883.9	–466.6	135.0	0.0	0.0	135.0	0.0
32.0	5882.4	3817.1	2065.3	911.0	0.0	0.0	911.0	0.0
3.6	504.6	100.0	404.6	10.0	0.0	0.0	10.0	0.0
2202.8	240416.9	130805.5	109611.4	86394.2	3422.0	0.0	36508.3	35193.5
0.0	27.5	0.0	27.5	27.5	0.0	0.0	0.0	27.5
921.9	76252.6	57210.1	19042.5	23885.1	50.0	0.0	18032.1	5803.0
333.2	38659.0	21540.0	17119.0	11431.0	0.0	0.0	5811.0	5620.0
168.7	96935.4	32959.2	63976.2	39729.0	1020.0	0.0	11304.2	18582.4
621.3	15721.1	7882.5	7838.6	8725.6	2352.0	0.0	0.0	3925.6
157.7	12821.3	11213.7	1607.6	2596.0	0.0	0.0	1361.0	1235.0
47971.3	6052358.0	4820201.1	1233171.4	771385.6	80635.4	10129.1	430226.3	247941.8
107.3	12584.2	6892.7	5691.5	2808.0	2778.0	30.0	0.0	0.0
30.4	14841.6	3361.4	11480.2	5177.6	0.0	5130.6	47.0	0.0
32.0	1003.5	754.8	248.7	206.9	0.0	156.2	0.0	50.7
1131.9	35687.1	21877.2	13809.9	14800.0	11100.0	0.0	3700.0	0.0
1131.9	35687.1	21877.2	13809.9	14800.0	11100.0	0.0	3700.0	0.0
17636.2	1808377.4	1318682.5	489694.9	335955.8	65349.4	4299.7	183234.5	80619.2
1771.1	23963.4	7776.0	16187.4	14876.0	14866.0	0.0	10.0	0.0
15865.1	1784414.0	1310906.5	473507.5	321079.8	50483.4	4299.7	183224.5	80619.2
15420.3	2944546.8	2531450.5	413096.3	132919.8	1408.0	201.0	101916.5	29394.3
13367.2	1216408.5	934133.2	283289.8	272356.6	0.0	100.1	140023.1	132233.4
65.9	7383.4	2889.1	4494.3	2229.2	0.0	0.0	462.1	1767.1
13120.3	1182403.5	916987.1	266430.9	261605.2	0.0	20.1	138368.6	123216.5
181.0	26621.6	14257.0	12364.6	8522.2	0.0	80.0	1192.4	7249.8
246.0	18908.9	3048.8	15860.1	7160.9	0.0	211.5	1305.2	5644.2
4656.7	128466.3	76003.3	52463.0	19848.1	0.0	0.0	3152.5	0.0
709.5	20706.1	14253.0	6453.1	3831.1	0.0	0.0	2868.6	0.0
3947.2	107760.2	61750.3	46009.9	16017.0	0.0	0.0	283.9	0.0
4455.2	364991.6	204551.6	160440.0	125259.8	0.0	0.0	23285.2	18582.4
99.8	34366.9	16994.6	17372.3	14142.9	0.0	0.0	10842.9	0.0
0.0	72313.2	48234.0	24079.2	16387.9	0.0	0.0	1618.1	0.0
2230.3	82426.2	58727.5	23698.7	37000.0	0.0	0.0	500.0	0.0
2125.1	175885.3	80595.5	95289.8	57729.0	0.0	0.0	10324.2	18582.4

15-4 限额以上批发零售贸

Profit Loss and Distribution of Wholesales and

单位:万元

指标名称	Indicator	法人企业数(个) Number of Corporation Enterprises (unit)	主营业务收入 Revenue from Principal Business	主营业务成本 Cost from Principal Business	主营业务税金及附加 Taxes and Other Charges on Principal Business
总计	**Total**	1722	45189936.4	42103012.3	179160.5
一、批发业	**Wholesalel Trade**	867	35409865.8	33404461.7	144261.0
农、林、牧产品批发	Wholesale of Farm Produce and Livestock Products	30	249810.9	229919.8	114.7
谷物、豆及薯类批发	Wholesale of Grain,Beans and Tubers	5	81569.1	79278.1	9.4
种子批发	Wholesale of Seed	7	37675.7	31946.3	33.9
饲料批发	Wholesale of Fodder	5	47668.8	45203.2	21.0
棉、麻批发	Wholesale of Cotton and Linen	3	37401.6	34046.1	15.1
林业产品批发	Wholesale of Forestery Products	1	3078.1	2715.1	5.7
牲畜批发	Wholesale of Livestocks	3	14866.4	12262.1	21.0
其他农牧产品批发	Wholesale of Other Agricultural Products	6	27551.2	24468.9	8.6
食品、饮料及烟草制品批发	Wholesale of Food, Beverages and Tobaccos	66	2456497.2	2148805.6	91808.6
米、面制品及食用油批发	Wholesale of Rice,Noodles and Oil	12	1344798.3	1283889.7	669.3
糕点、糖果及糖批发	Wholesale of Cake,Candyand Sugar	1	21548.8	21232.4	35.3
果品、蔬菜批发	Wholesale of Fruits and Vegetables	12	47228.8	42798.7	120.6
肉、禽、蛋、奶及水产品批发	Wholesale of Meat,Poultry,Egg,Mik and Aquatic Products	11	101209.4	84569.3	70.4
盐及调味品批发	Wholesale of Salt and Spices	4	33822.3	26514.8	146.1
营养和保健品批发	Wholesale of nutrition and health products	4	19369.4	15715.6	73.3
酒、饮料及茶叶批发	Wholesale of Wine,Drink and Tea	12	116234.8	100443.7	338.0
烟草制品批发	Wholesale of Tobacco Products	2	703542.9	515122.8	89980.4
其他食品批发	Wholesale of Other Food	8	68742.5	58518.6	375.2
纺织、服装及家庭用品批发	Wholesale of Textiles, Garments and Daily Consumer Articles	58	2145736.3	2046737.5	1870.7
纺织品、针织品及原料批发	Wholesale of Textiles, Garments and Row Material	5	52171.8	50701.5	8.1
服装批发	Wholesale of Garments	12	119189.1	107541.2	165.2
鞋帽批发	Wholesale of Shoes and Hats	6	27252.2	24392.2	38.6
化妆品及卫生用品批发	Wholesale of Cosmetic and Hygiene Products	9	61409.8	54851.1	133.0
厨房、卫生间用具及日用杂货批发	Wholesale of Kitchen,Bathroom Equipment and Groceries	1	12546.5	10733.5	15.0
灯具、装饰物品批发	Wholesale of Lamps and Decorative Items	4	10205.3	9701.5	9.9
家用视听设备批发	Wholesale of household aquipments	8	167588.6	156150.3	229.6
日用家电批发	Wholesale of household appliances	12	1691047.4	1628729.7	1252.7
其他家庭用品批发	Wholesale of Other Household Articles	1	4325.6	3936.5	18.6
文化、体育用品及器材批发	Wholesale of Culture, Sports Appliances and Equipments	26	1812005.4	1564314.2	4073.6
文具用品批发	Wholesale of Culture Products	13	216726.4	210698.8	112.4
体育用品及器材批发	Wholesale of Sports Appliances and Equipments	1	2100.4	1989.7	3.3

易企业损益及分配（2017年）

Retail Sales Trade Above Designated Size（2017）

(10 000 yuan)

销售费用 Cost of Sales	管理费用 Cost of Management	财务费用 Cost of Finance	营业利润 Profits from Business	利润总额 Total Profits	应交所得税 Income Tax Payable	应付职工薪酬（本年贷方累计发生额）Total Wages Payable	应交增值税 Value-added Tax Payable
1694178.0	808843.3	193222.4	516025.5	557234.7	101080.0	884420.1	483661.1
1009003.7	541995.7	122762.9	360907.5	380158.5	65605.1	542902.9	298475.8
5574.5	6491.8	1679.7	6467.9	9371.5	379.0	3293.0	128.0
639.0	2136.5	1163.9	-1600.1	773.3	0.0	979.8	17.8
2495.0	2837.7	102.2	332.1	812.2	48.4	1308.1	54.2
829.4	399.7	33.2	1216.1	1231.7	274.5	289.0	158.0
421.4	571.7	143.3	2478.4	2496.3	48.9	193.8	-200.0
50.7	11.0	1.2	294.4	294.4	0.0	22.1	6.4
655.6	303.7	9.1	1614.9	1615.0	3.3	104.6	81.8
483.4	231.5	226.8	2132.1	2148.6	3.9	395.6	9.8
59427.5	94501.1	1834.3	90366.1	91104.5	23056.6	64852.6	38383.3
19419.4	51556.9	1865.3	14902.3	22503.8	5407.0	9249.9	2800.4
601.6	161.4	0.4	-1419.9	-1415.8	-215.1	238.8	227.6
2859.8	840.4	212.5	439.6	405.2	11.7	1633.2	132.1
6168.4	2024.7	918.3	7457.3	1425.0	62.2	3835.4	161.4
3692.6	3199.6	-70.2	821.2	842.8	264.3	3016.3	672.9
1454.8	1154.2	330.8	766.5	-94.0	18.8	486.4	112.9
10510.9	4826.3	452.2	-150.6	44.4	733.5	5611.2	2540.1
13031.0	28834.6	-1913.3	61331.3	61366.3	15344.4	33691.3	29961.3
1689.0	1903.0	38.3	6218.4	6026.8	1429.8	7090.1	1774.6
54239.2	18359.3	5807.3	22148.3	22987.5	5565.2	22176.3	8925.2
1012.2	209.8	22.7	219.5	220.5	0.6	298.0	61.2
7349.7	3687.2	1389.2	-8784.2	-8811.1	161.5	4193.0	3340.8
1645.9	879.1	239.0	57.4	56.9	18.5	1310.5	293.4
2788.9	3671.3	471.1	396.7	487.7	217.6	2956.7	607.2
1776.6	96.6	-90.9	15.7	15.7	0.0	295.8	125.2
371.3	58.4	8.5	55.7	55.7	8.5	227.7	60.5
9921.7	1083.4	187.7	9.4	179.3	196.1	3396.6	1156.5
29360.6	8594.6	3579.2	29899.6	30504.3	4934.5	9398.9	3275.3
12.3	78.9	0.8	278.5	278.5	27.9	99.1	5.1
81268.3	90852.1	-1835.4	75473.6	86611.5	2059.7	90268.3	2641.6
3090.9	1048.2	944.0	1037.6	970.5	140.2	1136.7	637.0
115.9	0.0	-0.1	16.1	16.3	0.3	47.4	21.5

指标名称	Indicator	法人企业数（个）Number of Corporation Enterprises (unit)	主营业务收入 Revenue from Principal Business	主营业务成本 Cost from Principal Business	主营业务税金及附加 Taxes and Other Charges on Principal Business
图书批发	Wholesale of Books	6	1087654.3	851903.1	3660.0
音像制品及电子出版物批发	Wholesale of Audiovisual Products and Electronic Publications	1	4528.3	4080.4	14.6
首饰、工艺品及收藏品批发	Wholesale of Jewelry,Crafts and Collectibles	3	496475.0	491207.6	280.3
其他文化用品批发	Wholesale of Other Culture Products	2	4521.0	4434.6	3.0
医药及医疗器材批发	Wholesale of Medicines and Medical Appliances	121	5142093.2	4640454.3	13877.0
西药批发	Wholesale of Western Medicine	41	1555356.6	1418828.4	3250.5
中药批发	Wholesale of Traditional Chinese Medicine	25	2447015.1	2268065.7	5347.9
动物用药品批发	Wholesale of veterinary drugs	5	87371.1	77932.0	135.6
医疗用品及器材批发	Wholesale of Medicines Products and Medical Appliances	50	1052350.4	875628.2	5143.0
矿产品、建材及化工产品批发	Wholesale of Mineral Products, Building Materials and Chemical Products	339	19367980.7	18779742.1	27775.5
煤炭及制品批发	Wholesale of Coal and Its Products	44	4238319.1	4186629.7	2418.3
石油及制品批发	Wholesale of Petroleum and Its Products	37	10053108.3	9671620.1	19288.6
非金属矿及制品批发	Wholesale of Non-metal Mine and Its Products	1	20195.7	20059.2	3.3
金属及金属矿批发	Wholesale of Metal and Metal Mine	145	2900031.4	2824702.0	2931.2
建材批发	Wholesale of Construction Materials	29	479436.8	459321.0	879.5
化肥批发	Wholesale of Chemical Fertilizer	11	47284.7	41940.0	765.1
农药批发	Wholesale of Pesticide	13	281085.2	255651.3	228.4
其他化工产品批发	Wholesale of Other Chemical Products	59	1348519.5	1319818.8	1261.1
机械设备、五金产品及电子产品批发	Wholesale of Machinery, Hardware and Electronic Equipment	201	3572659.9	3373881.2	3670.2
农业机械批发	Wholesale of Agricultural Machinery	10	43943.1	40606.4	10.7
汽车批发	Wholesale of Automobile	58	1550404.2	1458492.8	1224.1
汽车零配件批发	Wholesale of Automobile Spare Parts	6	29786.4	28156.1	27.9
摩托车及零配件批发	Wholesale of Motorbike and Its Spare Parts	12	77977.8	71924.7	144.1
五金产品批发	Wholesale of Hardware	17	525611.0	515084.8	351.9
电气设备批发	Wholesale of Electronic Equipment	23	266868.2	254975.8	211.5
计算机、软件及辅助设备批发	Wholesale of Computer,Software and Auxiliary Equipment	16	180960.7	173856.6	97.6
通讯及广播电视设备批发	Wholesale of Communication and Broadcast Television Equipment	1	24781.0	22404.8	2.3
其他机械设备及电子产品批发	Wholesale of Other Machinery and Electronic Equipment	58	872327.5	808379.2	1600.1
贸易经纪与代理	Trade Broker and Agency	3	104341.7	92198.8	671.6
贸易代理	Trade Agency	3	104341.7	92198.8	671.6
其他批发业	Other Wholesale not Classified Elsewhere	23	558740.5	528408.2	399.1
再生物资回收与批发	Renewable Resources Recycle and Wholesale	6	23282.0	21019.8	160.5
互联网批发	Internet wholesale	1	6318.4	6111.6	4.4
其他未列明批发业	Other Wholesale	16	529140.1	501276.8	234.2
内资企业	Domestic Funded Enterprises	854	33432507.6	31573139.7	143133.1

销售费用 Cost of Sales	管理费用 Cost of Management	财务费用 Cost of Finance	营业利润 Profits from Business	利润总额 Total Profits	应交所得税 Income Tax Payable	应付职工薪酬（本年贷方累计发生额） Total Wages Payable	应交增值税 Value-added Tax Payable
75070.2	89062.4	-2833.5	71167.2	82193.6	798.4	87950.7	1708.0
314.6	97.2	0.2	21.3	2.8	0.0	124.1	20.6
2658.9	575.3	53.9	3234.9	3426.3	1120.8	976.3	209.6
17.8	69.0	0.1	-3.5	2.0	0.0	33.1	44.9
253886.5	125679.5	40784.1	84123.7	82210.6	17179.0	85991.9	84730.0
61444.6	51693.3	7161.1	25252.3	24181.7	3995.4	19431.4	17369.1
69067.4	40423.1	27619.1	40611.9	39908.4	8954.9	35208.8	28187.6
3152.9	5437.2	320.9	392.5	403.0	31.4	1419.9	1061.8
120221.6	28125.9	5683.0	17867.0	17717.5	4197.3	29931.8	38111.5
398611.7	147522.6	46196.4	90304.6	94543.7	17663.5	210946.1	91436.0
14265.4	10832.7	10428.7	14612.8	15708.3	3679.9	8815.3	8439.8
328190.0	90382.9	14234.9	-57870.7	-61995.0	7530.5	166898.8	51730.7
0.0	85.9	32.4	14.9	16.0	4.0	37.9	23.6
28366.6	23722.5	8090.6	10177.4	11547.5	2677.6	19518.8	8996.1
7199.2	2822.0	1139.8	8127.3	7942.5	1727.5	2317.0	3651.6
1388.1	1933.8	445.4	859.7	690.7	44.7	1071.4	294.5
9268.0	11305.5	4266.7	797.7	7469.6	1154.2	8478.7	1024.0
9934.4	6437.3	7557.9	113585.5	113164.1	845.1	3808.2	17275.7
129162.2	46389.7	27826.2	-7205.6	-5873.2	-1155.2	55360.2	68539.4
1026.1	914.4	101.7	1283.8	1156.1	16.7	1164.6	26.5
76538.4	14629.7	24239.5	-26878.9	-26209.7	-5839.2	21183.7	2485.2
428.8	1145.3	113.8	-85.5	-81.8	38.2	674.5	183.5
2482.2	3051.5	696.7	-235.1	437.0	60.3	1916.8	1413.6
3873.7	5060.0	-96.1	1634.1	1753.7	882.6	4131.7	1211.0
5685.7	3327.0	667.7	1807.8	1317.2	279.4	4156.8	1419.7
2459.2	5102.9	162.1	-717.5	-654.7	68.4	3071.7	634.8
1223.1	1465.7	1452.6	-1767.5	-1008.2	0.0	371.2	19.8
35445.0	11693.2	488.2	17753.2	17417.2	3338.4	18689.2	61145.3
16727.8	2073.8	509.3	-9297.1	-9249.0	-312.8	3938.8	2444.3
16727.8	2073.8	509.3	-9297.1	-9249.0	-312.8	3938.8	2444.3
10106.0	10125.8	-39.0	8526.0	8451.4	1170.1	6075.7	1248.0
238.1	403.3	83.8	1376.5	1376.5	19.9	327.7	87.2
149.3	44.3	10.6	-1.8	-1.8	0.5	42.8	34.6
9718.6	9678.2	-133.4	7151.3	7076.7	1149.7	5705.2	1126.2
934365.8	483138.6	100868.9	359597.9	382828.6	66670.3	521982.1	296993.2

15-4 续 2

指标名称	Indicator	法人企业数（个）Number of Corporation Enterprises (unit)	主营业务收入 Revenue from Principal Business	主营业务成本 Cost from Principal Business	主营业务税金及附加 Taxes and Other Charges on Principal Business
国有企业	State-owned	13	771812.1	759487.2	663.4
集体企业	Collective-owned	3	8210.5	7818.4	35.8
有限责任公司	Limited Liability Corporations	262	16958458.1	15960051.1	113762.0
国有独资公司	State Sole funded Corporations	16	5400198.3	5154757.1	91536.7
其他有限责任公司	Other Limited Liability Corporations	246	11558259.8	10805294.0	22225.3
股份有限公司	Share-holding Corporations Limited	14	6714635.5	6389057.4	15815.7
私营企业	Private Enterprises	558	8969910.4	8447928.8	12850.8
私营独资企业	Private-funded Enterprises	4	51082.5	46146.2	112.3
私营有限责任公司	Private Limited Liability Corporations	539	8801274.8	8302761.5	12450.5
私营股份有限公司	Private Share-holding Corporations Ltd	15	117553.1	99021.1	288.0
其他企业	Others	4	9481.0	8796.8	5.4
港、澳、台商投资企业	Hong Kong,Macao and Taiwan investment enterprises	9	1819283.0	1685817.6	959.9
与港澳台商合资经营企业	Enterprises with Funds from Hong Kong,Macao and Taiwan	1	32539.4	31295.4	31.5
港澳台商独资企业	Sole Investment	8	1786743.6	1654522.2	928.4
外商投资企业	Foreign Funded Enterprises	4	158075.2	145504.4	168.0
中外合资经营企业	Joint-venture	1	114506.3	109900.1	9.4
中外合作经营企业	Cooperative	1	13235.8	10767.3	39.2
外资企业	Sole Foreign Investment	2	30333.1	24837.0	119.4
二、零售业	**Retail Trade**	855	9780070.6	8698550.6	34899.5
综合零售	Integrated Retail	63	2342232.0	2073625.0	11641.0
百货零售	Commodity Retail	42	1918045.0	1724189.8	10034.1
超级市场零售	Supermaket Retail	15	362463.2	301910.4	995.1
其他综合零售	Other Retail	6	61723.8	47524.8	611.8
食品、饮料及烟草制品专门零售	Retail of Food, Beverages and Tobaccos	154	398256.5	331886.3	2255.3
粮油零售	Retail of Grain and Oil	21	37561.0	29261.6	227.5
糕点、面包零售	Retail of Cake and Bread	2	12948.7	11465.5	43.7
果品、蔬菜零售	Retail of Fruits and Vegetables	44	96588.5	80802.3	442.8
肉、禽、蛋、奶及水产品零售	Retail of Meat,Poultry,Egg,Mik and Aquatic Products	30	115358.9	99965.4	907.9
营养和保健品零售	Retail of Nutrition and Health Care Products	16	16499.0	13803.0	113.8
酒、饮料及茶叶零售	Retail of Wine,Drink and Tea	14	56859.9	43009.6	332.6
烟草制品零售	Retail of Tobacco Products	4	16049.3	14449.7	69.0
其他食品零售	Retail of Other Food	23	46391.2	39129.2	118.0
纺织、服装及日用品专门零售	Special Retail of Textiles, Garments and Daily Consumer Articles	73	299010.1	239127.5	1144.9
纺织品及针织品零售	Retail of Textiles, Garments and Row Material	3	5757.9	4129.5	29.0
服装零售	Retail of Garments	38	190809.7	155583.3	825.9
鞋帽零售	Retail of Shoes and Hats	4	5837.5	4516.1	1.2
化妆品及卫生用品零售	Retail of Cosmetic and Hygiene Products	14	41432.6	34183.4	136.9
厨具卫具及日用杂品零售	Retail of Kitchen,Bathroom Equipment and Groceries	1	2240.9	2025.7	1.4

销售费用 Cost of Sales	管理费用 Cost of Management	财务费用 Cost of Finance	营业利润 Profits from Business	利润总额 Total Profits	应交所得税 Income Tax Payable	应付职工薪酬（本年贷方累计发生额） Total Wages Payable	应交增值税 Value-added Tax Payable
3179.5	8348.1	1480.3	-756.7	3209.5	661.0	6154.4	1187.9
189.7	193.3	35.6	-62.3	-36.6	0.0	75.9	216.7
397950.1	218610.4	58250.0	258283.5	279273.9	45820.3	259632.9	180787.5
44093.1	42514.3	10991.6	79236.5	83580.3	18612.3	49352.3	88444.8
353857.0	176096.1	47258.4	179047.0	195693.6	27208.0	210280.6	92342.7
299946.6	87641.7	8873.6	-87501.0	-94129.9	1849.1	155605.1	42152.9
233079.8	168285.5	32224.2	189040.0	193947.7	18339.9	100245.3	72638.4
988.1	2009.5	228.5	1597.9	1570.2	132.5	1005.9	398.7
223765.4	158248.3	29238.5	188295.8	191824.6	17897.4	93228.0	71705.5
8326.3	8027.7	2757.2	-853.7	552.9	310.0	6011.4	534.2
20.1	59.6	5.2	594.4	564.0	0.0	268.5	9.8
69403.0	56081.0	21523.2	-3908.7	-7914.4	-1949.0	19353.8	1060.7
1438.0	34.6	13.0	-273.1	-114.6	114.9	987.7	219.6
67965.0	56046.4	21510.2	-3635.6	-7799.8	-2063.9	18366.1	841.1
5234.9	2776.1	370.8	5218.3	5244.3	883.8	1567.0	421.9
867.6	941.0	230.7	3775.5	3800.6	417.4	871.0	-783.4
246.4	738.8	27.5	1404.3	1405.2	374.0	54.5	313.2
4120.9	1096.3	112.6	38.5	38.5	92.4	641.5	892.1
685174.3	266847.6	70459.5	155118.0	177076.2	35474.9	341517.2	185185.3
212099.9	63478.4	32469.1	17474.7	21798.4	4123.9	83122.7	32668.8
142842.3	49837.3	31182.7	9107.0	13252.1	2282.9	64856.1	27163.8
65721.2	12531.0	902.3	-181.8	129.6	1838.3	16094.9	5293.4
3536.4	1110.1	384.1	8549.5	8416.7	2.7	2171.7	211.6
33738.2	17593.9	2354.3	26553.7	29418.0	4499.8	23078.6	9155.5
5148.1	985.9	75.6	1994.7	1809.0	36.8	3618.3	254.7
413.5	409.1	12.0	605.3	605.4	79.4	284.2	147.8
2660.5	2036.2	461.4	8569.0	7756.0	149.1	3568.3	328.4
15009.9	6977.5	647.8	9641.0	13069.6	3011.7	7968.9	2826.6
749.0	639.1	102.5	1081.0	1065.3	211.5	1068.9	416.7
6086.4	3164.9	829.8	3304.8	3513.0	824.1	3553.0	3059.1
498.3	487.5	17.0	489.8	483.9	130.8	250.2	349.9
3172.5	2893.7	208.2	868.1	1115.8	56.4	2766.8	1772.3
40571.2	13241.1	833.5	5744.2	5572.8	326.2	18288.9	4513.3
960.0	105.1	25.7	489.2	489.2	6.8	290.3	410.4
24711.1	8202.0	385.6	2692.6	2661.5	234.2	10146.2	2200.9
1502.5	555.7	41.1	-779.1	-795.1	-5.4	719.1	6.2
4481.1	2598.3	101.1	-67.6	-89.7	51.2	2987.3	763.5
95.0	97.6	0.2	21.0	20.9	3.2	70.1	11.1

指标名称	Indicator	法人企业数（个）Number of Corporation Enterprises (unit)	主营业务收入 Revenue from Principal Business	主营业务成本 Cost from Principal Business	主营业务税金及附加 Taxes and Other Charges on Principal Business
钟表、眼镜零售	Retail of Clock and Glasses	5	18868.2	15759.7	39.2
箱包零售	Retail of bags and suitcases	1	1521.3	1405.3	0.5
自行车等代步设备零售	Retail of bicycle and other equipments	1	1236.2	1172.6	4.1
其他日用品零售	Retail of Household Appliances	6	31305.8	20351.9	106.7
文化、体育用品及器材专门零售	Retail of Culture, Sports Appliances and Equipments	42	190585.8	148044.0	2317.6
文具用品零售	Retail of Culture Products	7	12724.2	11857.9	16.2
图书、报刊零售	Retail of Books,Magazines and Newspapers	10	40778.3	35251.2	28.7
音像制品、电子和数字出版物零售	Retail of audiovisual products,electronic and digital publications	1	17727.4	3693.2	8.9
珠宝首饰零售	Retail of Jewelry	10	61937.9	51856.0	2159.9
工艺美术品及收藏品零售	Retail of Crafts and Collectibles	4	4337.8	3753.1	7.4
乐器零售	Retail of Music Instruments	2	2658.6	2314.1	7.2
照相器材零售	Retail of Photographic Apparatus	4	15384.6	14963.8	6.1
其他文化用品零售	Retail of Other Culture Products	4	35037.0	24354.7	83.2
医药及医疗器材专门零售	Retail of Medicines and Medical Appliances	53	476963.6	385714.0	1792.9
西药零售	Retail of Western Medicine	30	385907.7	314907.1	1496.2
中药零售	Retail of Traditional Chinese Medicine	7	43311.0	31164.3	146.4
动物用药品零售	Retail of veterinary drugs	1	4340.0	2872.5	1.4
医疗用品及器材零售	Retail of Medical Appliances	15	43404.9	36770.1	148.9
汽车、摩托车、零配件和燃料及其他动力销售	Cars,motorcycles,spare part and fuel and other power sales	284	4417196.9	4080051.2	11374.6
汽车新车零售	Retail of new cars	194	3541145.0	3322760.9	8169.3
汽车旧车零售	Retail of used cars	2	22181.6	21116.6	1.5
汽车零配件零售	Retail of Automobile Spare Parts	21	81339.3	76388.4	136.8
摩托车及零配件零售	Retail of Motorbike and Its Spare Parts	8	38997.9	32443.3	191.0
机动车燃油零售	Retail of motor fuel oil	57	715289.5	611062.0	2510.0
机动车燃气零售	Retail of motor gas	2	18243.6	16280.0	366.0
家用电器及电子产品专门零售	Special Retail of Household Electric Appliances and Electronic Products	108	986317.1	903566.8	1521.6
家用视听设备零售	Retail of Household Electric Appliances	20	428747.9	392262.7	686.7
日用家电设备零售	Retail of Daily Household Equipment	31	105144.6	93522.9	130.2
计算机、软件及辅助设备零售	Retail of Computer,Software and Auxiliary Equipment	31	218227.7	202354.1	301.2
通信设备零售	Retail of Communication Equipment	17	206753.0	190496.2	354.9
其他电子产品零售	Retail of Other Electronic Equipment	9	27443.9	24930.9	48.6
五金、家具及室内装饰材料专门零售	Special Retail of Hardware, Furniture and Decoration Materials	36	118637.5	98120.8	730.5
五金零售	Retail of Hardware	17	33464.7	31225.0	117.6
灯具零售	Retail of lamps	1	681.0	602.1	1.3

销售费用 Cost of Sales	管理费用 Cost of Management	财务费用 Cost of Finance	营业利润 Profits from Business	利润总额 Total Profits	应交所得税 Income Tax Payable	应付职工薪酬 （本年贷方累计发生额） Total Wages Payable	应交增值税 Value-added Tax Payable
2574.2	586.6	285.8	−377.3	−387.4	31.1	2103.4	350.0
51.6	62.6	−8.9	11.8	11.8	2.2	0.2	3.1
28.7	182.1	1.2	0.0	−87.7	0.0	75.5	5.1
6167.0	851.1	1.7	3753.6	3749.3	2.9	1896.8	763.0
27093.5	8289.2	690.2	4696.2	5162.6	430.9	15563.3	1903.5
285.2	579.2	−22.2	7.8	8.5	12.5	345.7	103.8
2696.9	1946.2	−49.9	842.7	909.7	134.4	2044.4	159.8
10430.1	1278.3	94.6	2351.8	2911.1	135.6	1675.2	0.0
5952.9	759.7	457.3	772.2	836.8	108.1	4245.8	1564.9
60.0	225.5	0.5	291.3	76.8	0.2	121.8	−14.1
103.8	165.9	3.6	42.2	64.0	6.3	84.0	39.1
196.8	257.9	9.4	−16.5	−59.8	0.4	189.8	36.5
7367.8	3076.5	196.9	404.7	415.5	33.4	6856.6	13.5
66091.8	16558.6	1940.6	17712.8	18008.5	4718.2	35807.3	58793.4
47208.7	10771.6	1760.4	16533.7	16855.2	4499.1	28927.9	57466.0
16340.0	2540.1	70.4	−102.8	−72.3	0.6	5405.6	294.9
780.0	463.9	1.0	231.6	235.2	58.8	452.2	4.5
1763.1	2783.0	108.8	1050.3	990.4	159.7	1021.6	1028.0
163689.4	89166.2	28322.2	59940.8	61425.5	17689.1	100919.8	49202.7
108759.1	63265.1	25544.8	28185.3	29969.4	10612.5	76073.5	34806.9
742.5	285.5	131.2	−95.7	−94.7	0.0	513.3	12.2
2168.5	2118.4	104.6	567.4	700.3	48.9	1735.0	3421.5
1690.2	3936.0	129.9	690.5	683.9	198.0	1637.5	704.9
49117.3	18873.2	2403.8	30901.1	30474.4	6702.6	19744.1	10257.2
1211.8	688.0	7.9	−307.8	−307.8	127.1	1216.4	0.0
47863.2	24932.6	1433.7	15205.2	15643.4	1135.1	25535.8	11813.0
27785.8	7220.4	816.0	4655.9	5136.6	141.3	10515.1	3345.8
3920.6	8916.4	210.1	181.9	86.4	31.9	3383.1	875.2
5333.6	3816.3	177.5	7410.2	7503.8	534.4	5304.8	5826.5
9906.7	3990.3	219.5	2227.0	2199.1	394.5	5629.6	1564.9
916.5	989.2	10.6	730.2	717.5	33.0	703.2	200.6
10026.7	10675.8	1699.8	−2374.3	9012.2	82.2	4847.6	1625.9
644.7	1219.7	143.8	83.0	−51.6	44.7	1219.0	253.4
32.2	12.4	0.0	33.0	33.0	0.0	36.0	10.3

指标名称	Indicator	法人企业数（个）Number of Corporation Enterprises (unit)	主营业务收入 Revenue from Principal Business	主营业务成本 Cost from Principal Business	主营业务税金及附加 Taxes and Other Charges on Principal Business
家具零售	Retail of Furniture	10	60629.1	45690.0	486.2
涂料零售	Retail of Coating	1	975.6	862.1	1.9
木质装饰材料零售	Retail of Wood Decorative Material	2	2919.3	2572.3	7.6
陶瓷、石材装饰材料零售	Retail of Ceramics and Stone Decorative Material	4	17112.6	14472.7	107.3
其他室内装饰材料零售	Retail of Other Decoration Materials	1	2855.2	2696.6	8.6
货摊、无店铺及其他零售业	Non-shop and Other Retails	42	550871.1	438415.0	2121.1
流动货摊零售	Retail of mobile stalls	1	515.0	355.0	0.0
互联网零售	Internet Retail	18	289147.1	259483.9	346.9
邮购及电视、电话零售	Mail,Television and Telephone Retail	3	84067.5	65827.2	377.7
自动售货机零售	Retail of vending machine	3	128690.0	73992.8	1288.5
生活用燃料零售	Retail of Domestic Fuel	8	25648.0	20131.5	62.3
其他未列明零售业	Other Retails	9	22803.5	18624.6	45.7
内资企业	Domestic Funded Enterprises	839	8894699.3	7998587.2	29450.2
国有企业	State-owned	8	12088.6	9052.5	75.0
集体企业	Collective-owned	15	24442.4	21190.2	140.1
股份合作企业	Cooperative	2	3167.0	2584.2	14.7
联营企业	Joint venture	1	28211.8	25701.7	348.1
国有与集体联营企业	State-owned enterprises and collective enterprises	1	28211.8	25701.7	348.1
有限责任公司	Limited Liability Corporations	274	3464537.7	3077826.5	12304.7
国有独资公司	State Sole funded Corporations	4	25243.7	18877.9	417.7
其他有限责任公司	Other Limited Liability Corporations	270	3439294.0	3058948.6	11887.0
股份有限公司	Share-holding Corporations Limited	24	2304954.4	2104787.1	9777.9
私营企业	Private Enterprises	476	2990002.9	2700149.4	6235.8
私营独资企业	Private-funded Enterprises	26	30463.5	26019.3	331.6
私营有限责任公司	Private Limited Liability Corporations	436	2891363.1	2629928.5	5809.2
私营股份有限公司	Private Share-holding Corporations Ltd.	14	68176.3	44201.6	95.0
其他企业	Other Enterprises	39	67294.5	57295.6	553.9
港、澳、台商投资企业	Enterprises with Funds from Hong Kong, Macao and Taiwan	7	327788.5	281450.1	2181.9
与港澳台商合资经营企业	Joint-ventures Enterprises	1	63339.8	57347.4	394.7
港澳台商独资企业	Enterprises with Sole Investment	6	264448.7	224102.7	1787.2
外商投资企业	Foreign Funded Enterprises	9	557582.8	418513.3	3267.4
中外合资经营企业	Joint-venture Enterprises	2	98174.5	76378.9	384.9
中外合作经营企业	Cooperation Enterprises	1	71055.7	60520.4	159.0
外资企业	Enterprises with Sole Foreign Funds	4	67941.6	51511.6	473.4
外商投资股份有限公司	Share-holding Corporations Ltd. With Foreign Investment	2	320411.0	230102.4	2250.1

销售费用 Cost of Sales	管理费用 Cost of Management	财务费用 Cost of Finance	营业利润 Profits from Business	利润总额 Total Profits	应交所得税 Income Tax Payable	应付职工薪酬（本年贷方累计发生额） Total Wages Payable	应交增值税 Value-added Tax Payable
7395.5	8808.0	1380.5	−2857.2	8664.1	10.8	2829.3	818.7
53.8	39.9	0.4	17.5	17.5	0.0	42.3	35.5
255.0	9.2	7.5	73.0	73.9	0.0	132.6	54.9
1642.1	583.2	160.0	140.8	139.7	26.7	562.1	397.5
3.4	3.4	7.6	135.6	135.6	0.0	26.3	55.6
84000.4	22911.8	716.1	10164.7	11034.8	2469.5	34353.2	15509.2
13.2	12.8	0.0	134.0	0.0	0.0	68.8	0.0
22290.1	8077.7	395.2	−939.5	−628.2	367.2	10951.0	2022.0
16126.0	3484.8	−40.6	−221.7	28.9	284.8	4460.4	2694.1
40653.2	8620.1	145.7	9861.7	10334.6	1565.8	16329.1	8424.5
2693.6	1695.9	154.4	503.2	461.7	14.6	1049.4	1947.6
2224.3	1020.5	61.4	827.0	837.8	237.1	1494.5	421.0
557798.5	233080.0	66191.4	118744.0	128711.0	24791.4	310167.2	170193.7
1487.3	2867.6	37.8	417.4	411.0	36.5	1423.9	384.4
1441.1	1238.3	28.3	394.3	512.9	91.7	1280.7	428.2
424.7	87.2	2.9	53.3	52.9	7.2	138.9	92.0
621.6	4023.0	−8.1	−1156.8	−640.4	0.0	192.9	−551.0
621.6	4023.0	−8.1	−1156.8	−640.4	0.0	192.9	−551.0
243473.8	94231.9	17756.2	61068.6	66115.2	16910.4	137257.7	104696.8
3217.6	2473.1	−51.9	308.9	303.1	276.7	3006.1	590.0
240256.2	91758.8	17808.1	60759.7	65812.1	16633.7	134251.6	104106.8
140324.1	52560.4	33097.2	10987.4	13394.9	3481.2	67039.5	29573.3
168320.9	75854.7	15071.9	41676.0	43597.5	4239.0	99580.7	35262.2
1314.6	939.6	123.4	1713.8	1629.1	64.7	1010.2	399.5
150249.2	69988.9	14718.6	37823.2	39092.9	3991.1	91360.8	34587.3
16757.1	4926.2	229.9	2139.0	2875.5	183.2	7209.7	275.4
1705.0	2216.9	205.2	5303.8	5267.0	25.4	3252.9	307.8
25622.3	3211.2	398.2	22827.2	23010.1	5873.8	7703.2	3233.5
2917.0	550.0	499.1	2806.8	2841.8	753.3	1398.5	1287.1
22705.3	2661.2	−100.9	20020.4	20168.3	5120.5	6304.7	1946.4
101753.5	30556.4	3869.9	13546.8	25355.1	4809.7	23646.8	11758.1
17323.9	8274.1	112.5	2333.8	2288.0	719.6	658.2	2703.3
10048.7	202.7	192.7	2793.3	3081.0	770.2	2523.8	0.0
13869.2	8031.9	1539.5	−7955.4	3841.2	133.0	3642.9	635.8
60511.7	14047.7	2025.2	16375.1	16144.9	3186.9	16821.9	8419.0

15-5 限额以上餐饮业

Main Economic Indicators of Enterprises in

单位：万元

指标名称	Indicator	法人企业数（个）Number of Corporation Enterprises (unit)	资产总计 Total Assests	负债合计 Total Liabilities	所有者权益合计 Total Owners' Equities	实收资本 Paid-in Capital
总计	**Total**	231	437628.4	416131.7	21496.7	80119.1
正餐服务	Dinner service	206	389407.9	369423.4	19984.5	69617.7
快餐服务	Fast Food Service	19	39034.5	41718.9	-2684.4	8041.4
餐饮配送及外卖送餐服务	Catering Distribution and Takeaway service	5	9186.0	4989.4	4196.6	2460.0
餐饮配送服务	Catering and Distribution Service	4	9170.7	4984.7	4186.0	2449.4
外卖送餐服务	Takeaway service	1	15.3	4.7	10.6	10.6
其他餐饮业	Other Catering Services	1	0.0	0.0	0.0	0.0
小吃服务	Snack Service	1	0.0	0.0	0.0	0.0
内资企业	Domestic Funded Enterprises	230	422693.7	386023.8	36669.9	77635.7
国有企业	State-owned	12	75708.3	71372.2	4336.1	13405.0
集体企业	Collective-owned	3	4737.1	5036.1	-299.0	2337.8
股份合作企业	Cooperative	1	1126.8	254.8	872.0	876.8
有限责任公司	Limited Liability Corporations	75	169923.3	143359.4	26563.9	28399.5
国有独资公司	State Sole funded Corporations	1	1568.5	1568.5	0.0	0.0
其他有限责任公司	Other Limited Liability Corporations	74	168354.8	141790.9	26563.9	28399.5
股份有限公司	Share-holding Corporations Limited	5	1749.9	1891.4	-141.5	1102.0
私营企业	Private Enterprises	131	168775.6	163415.3	5360.3	31456.6
私营独资企业	Private-funded Enterprises	10	3277.7	4121.5	-843.8	414.1
私营有限责任公司	Private Limited Liability Corporations	117	165244.9	157855.5	7389.4	30702.5
私营股份有限公司	Private Share-holding Corporations Ltd.	4	253.0	1438.3	-1185.3	340.0
其他企业	Other Enterprises	3	672.7	694.6	-21.9	58.0
港、澳、台商投资企业	Enterprises with Funds from Hong Kong, Macao and Taiwan	1	14934.7	30107.9	-15173.2	2483.4
港澳台商独资企业	Enterprises with Sole Investment	1	14934.7	30107.9	-15173.2	2483.4

主要经济指标（2017 年）

Cataring Trades Above Designated Size （2017）

(10 000 yuan)

主营业务收入 Revenue from Principal Business	主营业务成本 Cost of Principal Business	销售费用 Expenses on Business	管理费用 Expenses on Management	财务费用 Expenses on Finance	营业利润 Profits from Business	利润总额 Total Profits	应付职工薪酬（本年贷方累计发生额） Total Wages Payable
319517.7	149288.1	119905.0	51699.3	7931.9	-10281.4	-8811.7	75451.0
245615.4	107070.8	95849.9	46891.8	6647.8	-12291.1	-10104.4	59973.8
58993.3	31211.0	23018.6	3168.5	1244.5	992.6	270.6	13902.6
14549.4	10711.1	1036.5	1611.8	39.6	980.2	985.2	1406.6
14020.5	10526.5	1036.5	1282.4	39.6	969.1	974.8	1079.3
528.9	184.6	0.0	329.4	0.0	11.1	10.4	327.3
359.6	295.2	0.0	27.2	0.0	36.9	36.9	168.0
359.6	295.2	0.0	27.2	0.0	36.9	36.9	168.0
293530.9	141181.3	104347.1	50703.8	6765.5	-10424.2	-8917.7	70913.9
30266.8	9520.9	17433.2	9589.5	-1.6	-6362.7	-4290.5	9814.7
2330.7	1063.1	190.4	1608.1	82.4	-664.1	-439.3	1288.6
1157.1	399.4	341.9	395.5	-0.5	17.0	19.5	366.7
125848.2	64370.5	39812.9	17948.5	3264.4	-69.0	-870.3	28728.1
1833.9	628.9	1318.7	0.0	0.0	-173.0	-173.0	422.0
124014.3	63741.6	38494.2	17948.5	3264.4	104.0	-697.3	28306.1
2806.7	1624.3	1166.9	131.0	16.6	-145.8	-145.5	1019.5
128932.4	63357.7	44262.4	20815.8	3401.7	-3207.9	-3186.9	28822.1
4438.1	2422.9	1365.0	669.3	5.9	-91.4	-87.3	1575.4
123151.7	60378.6	42223.3	19970.7	3391.3	-3038.6	-3022.6	26856.9
1342.6	556.2	674.1	175.8	4.5	-77.9	-77.0	389.8
2189.0	845.4	1139.4	215.4	2.5	8.3	-4.7	874.2
25986.8	8106.8	15557.9	995.5	1166.4	142.8	106.0	4537.1
25986.8	8106.8	15557.9	995.5	1166.4	142.8	106.0	4537.1

15－6 限额以上住宿业

Main Economic Indicators of Enterprises in

单位：万元

指标名称	Indicator	法人企业数（个）Number of Corporation Enterprises (unit)	资产总计 Total Assests	负债合计 Total Liabilities	所有者权益合计 Total Owners' Equities	实收资本 Paid-in capital
总计	**Total**	101	832718.7	683977.6	148741.1	81756.6
旅游饭店	Tourist Hotels	50	704296.9	523040.7	181256.2	67847.7
一般旅馆	General Hotels	46	126198.8	160141.9	-33943.1	13242.5
经济型连锁酒店	Economical chain hotels	17	67663.7	89871.6	-22207.9	2771.3
其他一般旅馆	Other general hotels	29	58535.1	70270.3	-11735.2	10471.2
其他住宿业	Other Accommodation Services	5	2223.0	795.0	1428.0	666.4
内资企业	Domestic Funded Enterprises	97	813798.1	659639.5	154158.6	74968.2
国有企业	State-owned	14	183807.1	60484.1	123323.0	22930.6
集体企业	Collective-owned	1	1444.7	625.7	819.0	761.0
股份合作企业	Cooperative	2	14356.6	12374.5	1982.1	1416.4
有限责任公司	Limited Liability Corporations	37	549838.4	533404.6	16433.8	38494.6
国有独资公司	State Sole funded Corporations	5	39744.8	17556.0	22188.8	2643.0
其他有限责任公司	Others	32	510093.6	515848.6	-5755.0	35851.6
股份有限公司	Share-holding Corporations Ltd.	4	1017.0	703.0	314.0	711.0
私营企业	Private Enterprises	39	63334.3	52047.6	11286.7	10654.6
私营有限责任公司	Private Limited Liability Corporations	39	63334.3	52047.6	11286.7	10654.6
港、澳、台商投资企业	Enterprises with Funds from Hong Kong, Macao and Taiwan	4	18920.6	24338.1	-5417.5	6788.4
与港澳台商合资经营企业	Joint-ventures Enterprises	3	18280.8	22354.9	-4074.1	6522.8
港澳台商独资企业	Enterprises with Sole Investment	1	639.8	1983.2	-1343.4	265.6

主要经济指标（2017 年）

Quartering Trades Above Designated Size（2017）

(10 000 yuan)

主营业务收入 Revenue , from Principal Business	主营业务成本 Cost of Principal Business	销售费用 Expenses on Business	管理费用 Expenses on Management	财务费用 Expenses on Finance	营业利润 Profits from Business	利润总额 Total Profits	应付职工薪酬（本年贷方累计发生额）Total Wages Payable
270588.4	65856.3	133986.2	71455.4	5993.9	−6984.9	112.9	80366.1
190459.1	51649.6	80601.3	49522.0	5477.3	3420.7	4049.7	58925.3
77380.7	13320.0	51936.7	21518.5	514.1	−10357.4	−3864.5	21023.6
50021.1	3900.9	43145.0	6539.0	368.3	−4116.7	−3924.0	11218.5
27359.6	9419.1	8791.7	14979.5	145.8	−6240.7	59.5	9805.1
2748.6	886.7	1448.2	414.9	2.5	−48.2	−72.3	417.2
263261.0	64742.2	131250.1	68265.4	6019.2	−6952.9	−38.9	77617.8
66263.0	16317.9	31480.3	26635.9	−1288.7	−5836.5	738.1	26580.9
1218.7	557.1	391.6	268.5	7.2	−11.4	−11.3	285.3
4922.5	2161.0	1384.7	1127.0	194.7	35.9	40.6	1081.7
158962.0	34273.4	86280.4	32950.1	6819.2	−2131.4	−1766.2	44416.0
17088.1	9023.2	2417.0	5504.3	383.8	−380.8	−389.1	7108.5
141873.9	25250.2	83863.4	27445.8	6435.4	−1750.6	−1377.1	37307.5
1307.8	393.3	745.9	137.7	1.8	11.7	17.6	280.6
30587.0	11039.5	10967.2	7146.2	285.0	978.8	942.3	4973.3
30587.0	11039.5	10967.2	7146.2	285.0	978.8	942.3	4973.3
7327.4	1114.1	2736.1	3190.0	−25.3	−32.0	151.8	2748.3
6601.3	809.1	2616.3	2783.4	−25.3	75.5	259.3	2497.7
726.1	305.0	119.8	406.6	0.0	−107.5	−107.5	250.6

15－7 限额以上住宿业和餐饮业

Main Economic Indicators of Enterprises in Quartering

指标名称	Indicator	法人企业数（个）Number of Corporation Enterprises (unit)	从业人员期末人数（人）Engaged Persons at Year-end (person)	营业额（万元）Business Revenue (10 000yuan)	客房收入 From Hotel Rooms
总计	**Total**	333	32504	615349.1	199240.0
一、住宿业	**Hotels**	101	13884	278590.3	138561.3
旅游饭店	Tourist Hotels	50	9740	196412.5	79039.1
一般旅馆	General Hotels	46	4079	79273.5	57047.6
经济型连锁酒店	Economical chain hotels	17	2805	50791.4	39757.6
其他一般旅馆	Other general hotels	29	1274	28482.1	17290.0
其他住宿业	Other Accommodation Services	5	65	2904.3	2474.6
内资企业	Domestic Funded Enterprises	97	13423	270598.9	134760.1
国有企业	State-owned	14	3768	70432.2	24461.0
集体企业	Collective-owned	1	84	1218.7	666.7
股份合作企业	Cooperative	2	255	5217.4	2015.1
有限责任公司	Limited Liability Corporations	37	7962	160334.9	85332.2
国有独资公司	State Sole funded Corporations	5	1157	18652.9	6094.0
其他有限责任公司	Others	32	6805	141682.0	79238.2
股份有限公司	Share-holding Corporations Ltd.	4	77	1313.8	1164.7
私营企业	Private Enterprises	39	1277	32081.9	21120.4
私营有限责任公司	Private Limited Liability Corporations	39	1277	32081.9	21120.4
港、澳、台商投资企业	Enterprises with Funds from Hong Kong, Macao and Taiwan	4	461	7991.4	3801.2
与港澳台商合资经营企业	Joint-ventures Enterprises	3	372	6874.8	3079.7
港澳台商独资企业	Enterprises with Sole Investment	1	89	1116.6	721.5
二、餐饮业	**Catering Services**	232	18620	336758.8	60678.7
正餐服务	Dinner service	207	15429	258064.6	60604.2
快餐服务	Fast Food Service	19	2728	61579.2	74.5
餐饮配送及外卖送餐服务	Catering Distribution and Takeaway service	5	417	16755.4	0.0
餐饮配送服务	Catering and Distribution Service	4	267	16136.6	0.0
外卖送餐服务	Takeaway service	1	150	618.8	0.0
其他餐饮业	Other Catering Services	1	46	359.6	0.0
小吃服务	Snack Service	1	46	359.6	0.0
内资企业	Domestic Funded Enterprises	231	17976	309585.5	60678.7
国有企业	State-owned	12	2150	30778.9	15898.0
集体企业	Collective-owned	3	306	2061.3	664.6
股份合作企业	Cooperative	1	90	1227.5	592.2
有限责任公司	Limited Liability Corporations	75	7060	133001.5	16667.1
国有独资公司	State Sole funded Corporations	1	46	1302.9	385.1
其他有限责任公司	Other Limited Liability Corporations	74	7014	131698.6	16282.0
股份有限公司	Share-holding Corporations Limited	5	304	2842.5	379.4
私营企业	Private Enterprises	132	7826	137420.7	25850.1
私营独资企业	Private-funded Enterprises	10	428	5145.3	512.1
私营有限责任公司	Private Limited Liability Corporations	118	7265	130839.3	25046.2
私营股份有限公司	Private Share-holding Corporations Ltd.	4	133	1436.1	291.8
其他企业	Other Enterprises	3	240	2253.1	627.3
港、澳、台商投资企业	Enterprises with Funds from Hong Kong, Macao and Taiwan	1	644	27173.3	0.0
港澳台商独资企业	Enterprises with Sole Investment	1	644	27173.3	0.0

法人企业经营情况（2017年）

Trades and Cataring Trades Above Designated Size（2017）

			客房数（间）Number of Room (room)	床位数（个）Number of Beds (bed)	餐位数（位）Number of dining-seats (seat)	年末餐饮营业面积（平方米）Business Area of Catering Services at Year-end (sq.m)
餐费收入 From Meals	商品销售收入 Revenue from Commodities	其他收入 Other Revenue				
357264.2	7520.1	51324.8	33694	53852	125764	690931
96688.9	3843.3	39496.8	23583	36264	32685	162456
86202.5	2562.0	28608.9	8835	14400	24134	103678
10108.2	1278.5	10839.2	14511	21503	8202	54610
1803.6	1078.8	8151.4	11272	16445	5082	17959
8304.6	199.7	2687.8	3239	5058	3120	36651
378.2	2.8	48.7	237	361	349	4168
94638.7	3843.3	37356.8	22891	35207	31208	156356
28797.2	234.1	16939.9	2509	4487	7778	32871
552.0	0.0	0.0	109	200	800	3000
3081.3	121.0	0.0	280	530	800	4200
53381.4	3114.4	18506.9	15815	23795	17990	68063
9399.7	1354.1	1805.1	828	1386	2447	7714
43981.7	1760.3	16701.8	14987	22409	15543	60349
119.5	29.6	0.0	323	522	102	8940
8707.3	344.2	1910.0	3855	5673	3738	39282
8707.3	344.2	1910.0	3855	5673	3738	39282
2050.2	0.0	2140.0	692	1057	1477	6100
1655.1	0.0	2140.0	544	800	1370	4100
395.1	0.0	0.0	148	257	107	2000
260575.3	3676.8	11828.0	10111	17588	93079	528475
183552.1	2711.3	11197.0	10102	17578	74795	451359
60757.9	130.3	616.5	9	10	17384	65498
15905.7	835.2	14.5	0	0	900	11438
15286.9	835.2	14.5	0	0	900	11438
618.8	0.0	0.0	0	0	0	0
359.6	0.0	0.0	0	0	0	180
359.6	0.0	0.0	0	0	0	180
233402.0	3676.8	11828.0	10111	17588	88964	510492
13128.1	484.6	1268.2	2011	3618	6970	36668
1276.9	69.8	50.0	347	623	1210	4990
612.8	22.5	0.0	76	140	380	1000
107591.7	786.3	7956.4	2954	5230	38879	209958
780.9	36.9	100.0	102	204	900	9591
106810.8	749.4	7856.4	2852	5026	37979	200367
2408.2	33.7	21.2	279	375	1775	6600
106758.5	2279.9	2532.2	4336	7400	38994	246701
4607.1	26.1	0.0	127	232	2165	8826
101007.1	2253.8	2532.2	4126	7058	36123	231926
1144.3	0.0	0.0	83	110	706	5949
1625.8	0.0	0.0	108	202	756	4575
27173.3	0.0	0.0	0	0	4115	17983
27173.3	0.0	0.0	0	0	4115	17983

15-8 商品交易市场分类情况（2017年）

Free Markets in Urban and Rural Areas（2017）

单位：个 (unit)

指标	Indicator	合计 Total	城市 Urban	农村 Rural
商品交易市场个数总计（个）	**Total Number of Commodity Transaction Market**	419	249	170
消费品市场	consumer products Markets	350	201	149
消费品综合市场	consumer products Comprehensive Markets	33	11	22
农副产品市场	Farmer Produces Markets	202	81	121
农副产品综合市场	Farmer Produces Comprehensive Markets	161	65	96
农副产品专业市场	Farmer Produces Special Markets	51	26	25
工业消费品市场	Industrial consumer products Markets	111	106	5
工业消费品综合市场	Industrial consumer products Comprehensive Markets	84	81	3
工业消费品专业市场	Industrial consumer products Special Markets	27	25	2
其　他	Others	4	3	1
生产资料市场	Means of Production Markets	69	48	21
生产资料综合市场	Means of Production Comprehensive Markets	10	3	7
工业生产资料市场	Industrial Production Markets	40	32	8
农业生产资料市场	Agricultural Production Markets	10	4	6
农业生产资料综合市场	Agricultural Production Comprehensive Markets	6	2	4
农业生产资料专业市场	Agricultural Production Special Markets	4	2	2
其　他	Others	9	9	

15-9 销售过亿元的商品交易市场一览表 (2017 年)

Summary of Consumer Goods Markets with Annual Transaction Value Above 100 Million Rmb Yuan (2017)

市场名称 Name	市场类别 Category	年末营业面积 (平方米) Operating Area at Year-End(sq.m)	市场总摊位数 (个) Number of Booths (unit)	年成交额 (万元) Annual Turnover (10 000 yuan)
济南海鲜大市场	水产品市场	30000	900	429000
济南西市场小商品批发市场	工业消费品综合市场	26000	620	11130
济南博茗茶叶市场	茶叶市场	88000	680	181600
山东匡山汽车大世界	汽车市场	130000	69	529349
山东匡山钢材市场	金属材料市场	13000	68	22000
山东匡山农产品综合交易市场	蔬菜市场	21000	800	160014
山东老屯汽车配件城	机动车零配件市场	35000	500	28000
山东老屯茶城	茶叶市场	8000	120	11300
槐荫区红旗钢材市场	金属材料市场	35000	112	63040
山东齐鲁鞋城	鞋帽市场	19176	600	122480
济南众鑫鞋城	鞋帽市场	38765	400	91370
济南市堤口路果品批发市场	干鲜果品市场	110000	2200	87245
济南中恒商场	工业消费品综合市场	68000	2240	34764
山东泉胜物流大市场	其他专业市场	205000	650	23020
济南红星美凯龙世博家居生活广场	家具市场	97741	533	91926
山东灯具批发市场	灯具市场	68000	227	10562
济南黄台家居广场	家具市场	15000	151	20000
山东东亚金星家居	家具市场	69000	425	52666
济南泺口服装批发市场	服装市场	190000	2924	193920
山东济南重汽配件城	机动车零配件市场	61938	435	397000
山东建材市场	建材市场	40000	420	96000
七里堡蔬菜综合批发市场	农产品综合市场	165000	2000	337000
山东济南维尔康肉类水产综合批发市场	水产品市场	16000	700	340000
济南永君钢材市场	金属材料市场	37000	82	12000
平阴黄河市场	其他农产品市场	3000	639	34550
济阳县曲堤镇黄瓜批发市场	蔬菜市场	31000	786	287865
商河县小商品批发城	工业消费品综合市场	19000	300	17831
商河县富东农贸综合市场	农产品综合市场	15000	280	31800
商河县白桥大蒜市场	蔬菜市场	19000	310	28360
章丘市秀水建筑装饰材料市场	装饰材料市场	64500	340	32980
章丘市绣惠钢铁设备交易中心	金属材料市场	88000	455	91045
章丘市刁镇蔬菜批发市场	蔬菜市场	40500	600	126940

主要统计指标解释

Explanatory Notes on Main Statistical Indicators

社会消费品零售总额 指企业（单位、个体户）通过交易直接售给个人、社会集团非生产、非经营用的实物商品金额，以及提供餐饮服务所取得的收入金额。个人包括城乡居民和入境人员，社会集团包括机关、社会团体、部队、学校、企事业单位、居委会或村委会等。

商品销售额 指对本单位以外的单位和个人出售的商品金额（包括售给本单位消费用的商品，含增值税），在批发和零售业中，本指标反映在国内市场上销售商品以及出口商品的总价。

商品销售包括：（1）售给个人和社会集团消费用的商品；（2）售给农业、工业、建筑业、服务业等国民经济各行业用于生产、经营用的商品，包括售予批发和零售业作为转卖或加工后转卖的商品；（3）对国（境）外直接出口的商品。

商品销售不包括：（1）未通过买卖行为付出的商品，如因机构变动移交给其他企业单位的商品、借出的商品、归还受其他单位委托代保管的商品、付出的加工原料和赠送给其他单位的样品等；（2）促销返券所销售的、不计入营业收入的商品；（3）经本单位介绍，由买卖双方直接结算，本单位只收取手续费的业务；（4）未发生所有权转移的商品预付卡销售，如加油卡；（5）汽车维修、电话卡销售等服务性经济活动；（6）购货退回的商品；（7）商品损耗和损失；（8）出售本单位自用的废旧物资；（9）期货交易商品；（10）自来水供应企业、电力企业、天然气供应企业提供的水、电、气。

批发额 指售给国民经济各行业用于生产、经营用的商品金额。

商品批发包括：（1）售给农业、工业、建筑业等行业用于生产的各种机器设备、工具、原料、材料、燃料、建筑材料，售给农民的农业生产资料，售给交通运输、仓储和邮政业用于业务活动的设备、车辆和燃料等；（2）售给信息传输、软件和信息技术服务，科学研究和技术服务业，水利、环境和公共设施管理业等行业用于生产经营、勘察设计、科研试验等业务经营使用的商品，售给批发和零售业、住宿和餐饮业使用的各种设备、工具、原材料、燃料、仓储运输用的商品；（3）售给居民服务、修理和其他服务业各种营业用品，如售给理发业的理发工具、毛巾等，日用品修理业的设备、工具、材料、零配件等，售给民政部门救灾用的商品等；（4）售给批发和零售业作为转卖用的商品；售给餐饮业用于烹饪、调制加工后出售的商品和转卖的商品；售给服务业转卖的商品；（5）出口的商品。

零售额 指售给个人用于生活消费和社会集团用于公共消费的商品金额。

商品零售包括：（1）售给城乡居民和入境外国人、华侨、港澳台同胞的各类生活消费品；（2）售给行政事业单位、社会团体、军队和武警等机构的商品，以及以零售方式售给各类企业的商品。具体包括：用于非生产和社会交往的办公用品，如通讯设备、计算器具和设备、电讯网络设备、文印设备、音像视听器材和设备、纸张、本册、文具及装订文印材料、家具、日用电器、针纺织品、清洁卫生用品、文体用品、奖品、纪念品、礼品等；供内部人员乘坐的交通工具和燃料；用于办公设施修缮的各类配件、材料、工具等；用于取暖和防暑降温的设备、燃料、材料及食品等；专用于教学的用品和设备；非专用的劳动保护用品；不对外营业的内部食堂用的餐具、炊具、设备、清洁卫生工具和食品、燃料等；军队、武警用于其人员生活的衣着品和个人用品；其他各类非生产性设备和用品。

商品零售不包括：（1）售给城乡居民已确知是用于生产、经营的商品；（2）售给各类农业生产者的生产资料类商品，如农机、农药化肥、农膜、种子饲料等商品；（3）售给企业单位生产用具及生产上专用的劳动保护用品；（4）专用于科研的用品和设备；（5）售给医疗机构的中、西药品、中药材和医疗设备器材；（6）以投资为目的商品，如黄金、收藏品等。

住宿餐饮业营业额 指住宿和餐饮业单位在经营活动中因提供服务或销售商品等取得的全部收入（含增值税），收入主要来源于提供客房、餐费服务、商品销售和其他服务，如商务服务。不包括多产业法人企业附营的其他行业产业活动单位的餐费收入、商品销售收入等各项收入。

16

对外贸易与国际旅游

FOREIGN ECONOMY TRADE AND INTERNATIONAL TOURISM

16-1 海关进出口商品总值

Total Value of Imports and Exports by Category of Commodities

单位：万美元 (10 000 USD)

指标	Indicator	2016年进出口总值 Total Value of Imports and Exports in 2016	出口 Export	进口 Import	2017年进出口总值 Total Value of Imports and Exports in 2017	出口 Export	进口 Import
总额	**Total**	1086259.177	734030	352229	1130449	750562	379887
按贸易方式分	**By Trade**						
一般贸易	General Trade	943578	641482	302096	1007848	662548	345300
援助物资	Aid Material	402	402	–	643	643	–
捐赠物资	Donation Material	–	–	–	–	–	–
补偿贸易	Compensation Trate	–	–	–	–	–	–
来料加工装配贸易	Processing and Assembling Trade with Sent Materials	3415	1930	1485	3660	2162	1498
进料加工贸易	Processing Trade with Imported Materials	58231	42897	15334	61741	47202	14539
对外承包工程出口货物	Export of Contracted projects	34349	34349	–	28844	28844	–
投资设备	Investment Goods	32	0	32	265	–	265
出料加工贸易	Export Processing Trate	–	–	–	–	–	–
海关特殊监管区域进口设备	**Import of Equipment in Special Customs Supervision Area**	7	–	7	9	–	9
海关特殊监管区域物流货物	**Logistics Freight of Equipment in Special Customs Supervision Area**	7124	1172	5952	7119	1288	5831
易货贸易	Barter Trate	–	–	–	–	–	–
保税监管场所进出境货物	**Bonded Supervision Entry and Exit Goods**	30731	11619	19112	18925	7257	11668
来料加工装配进口设备	Imported Equipment for Processing Incoming Materials	–	–	–	153	–	153
租赁贸易	Leasing Trate	7183	–	7183	–	–	–
其他贸易	Other Trate	1207	179	1028	1242	618	624
按运输方式分	**By Ways of Transport**						
水路运输	Waterway Transport	811360	631594	179766	839251	646055	193196
铁路运输	Railway Transport	7526	6108	1418	10681	7051	3630
公路运输	Road Transport	136262	40540	95722	150211	38118	112093
航空运输	Air Transport	128238	55757	72481	129999	59312	70687
邮件运输	Mail Transport	57	17	40	42	8	34
其他运输	Others	2816	14	2802	265	18	247
按企业性质分	**By Natural of Enterprises**						
国有企业	State-owned Enterprises	245557	71783	173774	233898	58602	175296
集体企业	Collective-owned Enterprises	20582	18923	1659	15239	14324	915
外商投资企业	Foreign Funded Enterprises	230606	159111	71495	281424	202975	78449
中外合资	Joint-venture Enterprises	97260	59875	37385	94979	66115	28864
中外合作	Cooperation Enterprises	2898	2700	198	2606	2552	54
外商独资	Wholly Foreign-owned Enterprises	130448	96536	33912	183838	134308	49530
其 他	Others	358908	484213	105301	599888	474661	125227

16-2 主要国别（地区）海关进出口商品总值

Total Value of Imports and Exports of Main Countries or Territories by Categoty of Commodities

单位：万美元 (10 000 USD)

国别（地区）	Country (region)	2016年进出口总值 Total Value of Imports and Exports in 2016	出口 Export	进口 Import	2017年进出口总值 Total Value of Imports and Exports in 2017	出口 Export	进口 Import
总 额	**Total**	1086259.177	734030	352229	1130449	750562	379887
亚 洲	**Asia**	513791	365109	148682	522097	348177	173920
香 港	Hong kong	13229	13128	101	10240	10161	79
印 度	India	56972	54409	2563	37857	35786	2071
印度尼西亚	Indonesia	22127	15640	6487	24186	19169	5017
日 本	Japan	51800	39189	12611	58816	40002	18814
马来西亚	Malaysia	77940	18049	59891	87444	20090	67354
巴基斯坦	Pakistan	13588	13583	5	12859	12850	9
菲律宾	Philippines	33761	30585	3176	40118	37513	2605
卡塔尔	Katar	1225	1039	186	1431	1240	191
沙特阿拉伯	Saudi Arabia	10419	7148	3271	13588	7967	5621
新加坡	Singapore	9841	5554	4287	12065	8203	3862
韩 国	Repulic of Korea	38091	30007	8084	40577	30751	9826
泰 国	Thailand	39267	19088	20179	44252	11885	32367
土耳其	Kurtey	9300	9204	96	8412	8279	133
阿拉伯联合酋长国	The United Arab Emirates	19592	15363	4229	13588	7967	5621
越 南	Vietnam	30085	29143	942	30499	29154	1345
台湾省	Taiwan	21686	13680	8006	18263	11464	6799
非 洲	**Africa**	94897	85945	8952	114499	104408	10091
埃 及	Egypt	3936	3929	7	5344	5331	13
南 非	South Africa	6563	5541	1022	8126	6908	1218
尼日利亚	Nigeria	5157	5056	101	14680	14460	220

16-2 续 1

国别（地区）	Country (region)	2016 年进出口总值 Total Value of Imports and Exports in 2016	出口 Export	进口 Import	2017 年进出口总值 Total Value of Imports and Exports in 2017	出口 Export	进口 Import
欧 洲	**Europe**	195337	119823	75514	217478	117593	99885
比利时	Belgium	5433	4233	1200	5731	4506	1225
英 国	United Kingdom	15912	12008	3904	20118	11709	8409
德 国	Germany	48948	17824	31124	69061	17985	51076
法 国	France	12066	5565	6501	10760	7212	3548
意大利	Italy	16798	11827	4971	16857	12858	3999
荷 兰	Netherlands	9917	7096	2821	6643	4979	1664
西班牙	Spain	7366	6463	903	8298	6872	1426
芬 兰	Finland	1270	1069	201	1599	1207	392
瑞 典	Sweden	9654	1432	8222	13104	2271	10833
瑞 士	Switzerland	7327	760	6567	5807	1009	4798
俄罗斯	Russia	23003	22346	657	21075	19851	1224
拉丁美洲	**Latin America**	85497	58310	27187	84060	62130	21930
阿根廷	Argentina	4319	3836	483	3994	3863	131
巴 西	Brazil	29164	13026	16138	30347	18702	11645
智 利	Chile	11919	6349	5570	11654	4517	7137
墨西哥	Mexico	9452	9100	352	10044	9739	305
北美洲	**North America**	141126	88372	52754	143253	100798	42455
加拿大	United States	21889	16305	5584	27659	18433	9226
美 国	Canada	119233	72063	47170	115580	82351	33229
大洋洲	**Oceanic**	55590	16471	39119	49016	17455	31561
澳大利亚	Australia	48353	11766	36587	38309	12924	25385
新西兰	New Zealand	4467	1947	2520	7960	1790	6170

16-3 海关进出口商品分类金额

Value of Imports and Exports by Category of Commodities

单位：万美元 (10 000 USD)

商品类别	Indicator	2016 年 出口 Export	2016 年 进口 Import	2017 年 出口 Export	2017 年 进口 Import
总额	**Total**	734030	352229	750562	379947
活动物；动物产品	**Live Animals & Animal Products**	595	2317	261	5451
活动物	Live Animals	0	0	0	0
肉及食用杂碎	Meat and Edible Met Offal	0	163	0	496
鱼、甲壳动物、软体动物及其他水生无脊椎动物	Fish,Crustacean,Mollusc and Other Aquatic Invertebrates	145	359	48	564
乳品；蛋品；天然蜂蜜；其他食用动物产品	Milk,eggs,Natural Honey and Other Edible Animal Products	58	1791	49	4391
其他动物产品	Other Animal Products	392	4	164	0
植物产品	**Plant Products**	6323	4490	5804	4844
活树及其他活植物；鳞茎、根及类似品；插花及装饰用簇叶	Plant,root,Flower Arrangement	0	7	0	3
食用蔬菜、根及块茎	Vegetable,root and Tuber	3425	84	2548	82
食用水果及坚果；柑桔属水果或甜瓜的果皮	Fruit and Nut	2166	819	2255	845
咖啡、茶、马黛茶及调味香料	Coffee,tea and Aromatic flavouring	462	158	545	132
谷 物	Cereal	3	2	1	1
制粉工业产品；麦芽；淀粉、菊粉；面筋	Powder Industrial Products,Starch ,Malt	3	1	6	346
含油子仁及果实；杂项子仁及果实；工业用或药用植物；	Industrial or Medical Plants	136	3406	326	3421
稻草、秸秆及饲料	Straw and Fodder				
虫胶；树胶、树脂及其他植物液、汁	Gum,Resin and Other Juice from Plants	128	6	121	0
编结用植物材料；其他植物产品	Plant Material for Weaving	0	7	2	14
动、植物油、脂及其分解产品；精制的食用油脂；动、植物蜡	**Animal and Vegetable Oils; Fats and Wax;Edible Oils and Fats**	56	4178	155	711
动、植物油、脂及其分解产品；精制的食用油脂；动、植物蜡	Animal and Vegetable Oils; Fats and Wax;Edible Oils and Fats	56	4178	155	711
食品；饮料、酒及醋；烟草、烟草及烟草用品的制品	**Food; Beverages; Liquor and Vinegar;Tobacco and Tobacco Substitutes**	2023	3102	2314	3054
肉、鱼、甲壳动物、软体动物及其他水生无脊椎动物的制品	Meat,Fish Crustaceans,Mollusks and Other Aquatic Invertebrates	4	15	0	0
糖及糖食	Sugar and Sugar Products	42	17	28	26
可可及可可制品	Cocoa and cocoa Products	3	10	3	5
谷物、粮食粉、淀粉或乳的制品；糕饼点心	Grain,Flour,Starch and Milk Products,Cakes	113	723	61	110
蔬菜、水果、坚果或植物其他部分的制品	Vegetables,Fruits,Nuts Products	733	99	975	80
杂项食品	Miscellaneous Food	831	231	930	348
饮料、酒及醋	Drink,Wine and Vinegar	5	1563	16	2106
食品工业的残渣及废料；配制的动物饲料	Food Industrial Waste,Animal Feed	290	445	301	380
烟草、烟草及烟草代用品的制品	Tobaccoa and Tobaccoa Products	1	0	0	0
矿产品	**Minerals**	97	66731	135	51098
盐；硫磺；泥土及石料；石膏料、石灰及水泥	Salt,asaulfer,Stone,cement	72	263	88	543
矿砂、矿渣及矿灰	Ore,Slag,Ash	1	56239	0	43803

商品类别	Indicator	2016 年		2017 年	
		出口 Export	进口 Import	出口 Export	进口 Import
矿物燃料、矿物油及其蒸馏产品；沥青物质；矿物蜡	Fossil Fuels,Mineral oil,Asphalt,Mineral Wax	23	10229	47	6752
化学工业及其相关工业的产品	**Chemicals and Related Products**	69879	6529	89386	7126
无机化学品；贵金属、稀土金属、放射性元素及其同位素的	Inorganic chemical,precious metals,radioactive elements	2566	832	3969	639
有机及无机化合物	Organic and Inorganic Compounds				
有机化学品	Organic chemicals	28757	537	32753	550
药　品	Drugs	15583	822	17124	1111
肥　料	Fertilizer	1217	0	1442	0
鞣料浸膏及染料浸膏；鞣酸及其衍生物；染料、颜料	Dye,Ink,Graphite	8234	526	14346	520
精油及香膏；芳香料制品及化妆盥洗品	Essential ois and ointments,cosmetic	192	1160	142	697
肥皂、有机表面活性剂、洗涤剂、润滑剂、人造蜡、调制蜡、光洁	Soap,surfactant,detergents,lubrifiants,cire artificielle	2097	369	1502	286
剂、蜡烛及类似品、塑料用膏、"牙科用蜡"及牙料用熟石膏制剂	Candles,Plaster				
蛋白类物质；改性淀粉；胶；酶	Protein,starch,glue,enzymes	688	58	1090	60
炸药；烟火制品；火柴；引火合金；易燃材料制品	Explosives,matches,flammable materials	0	1	0	0
照相及电影用品	Photographic and Film supplies	84	4	21	1
杂项化学产品	Miscellaneous chemical Products	10461	2220	16997	3262
塑料及其制品；橡胶及其制品	**Plastics and Related Products;Rubber and Related Products**	24324	19642	31325	24808
塑料及其制品	Plastics and Related Products	20350	18735	21575	22842
橡胶及其制品	Rubber and Related Products	3974	907	3522	1436
生皮、皮革、毛皮及其制品；鞍具及挽具；旅行用品、手提包及类似容器、动物肠线（蚕胶丝除外）制品	**Leather,fur Products,saddle and harness,Travel acessories**	5001	259	3114	265
生皮（毛皮除外）及皮革	Leather,fur	31	215	33	226
皮革制品；鞍具及挽具；旅行用品、手提包及类似容器；动物肠线（蚕胶丝除外）制品	fur Products,saddle and harness,Travel acessories Animal intestine products	4148	42	2300	37
毛皮、人造毛皮及其制品	Leather,artificial fur and its products	822	2	781	2
木及木制品；木炭；软木及软木制品；稻草、秸秆、针茅或其他；编结材料制品；蓝筐及柳条编结品	**Wood and Wooden Products; Cork and Cork Products; Straw and other woven product**	15948	910	18197	2032
木及木制品；木炭	Wood and Wooden Products;	13731	910	16154	2032
软木及软木制品	Cork and Cork Products	15	0	19	0
稻草、秸秆、针茅或其他编结材料制品；蓝筐及柳条编结品	Straw and other woven product	2202	0	2024	0
木浆及其他纤维状纤维素浆；回收（废碎）纸或纸板；纸、纸板及其制品	**Paper Pulp and Cellulose Pulp; Paper and Waste Paper;Paperboard and Related Products**	3234	20018	3122	31166
木浆及其他纤维状纤维素浆；回收（废碎）纸或纸板	Paper Pulp and Cellulose Pulp,	0	19194	29	29957
纸及纸板；纸浆、纸或纸板制品	Paper and paper products	3106	740	2962	1166

商品类别	Indicator	2016 年		2017 年	
		出口 Export	进口 Import	出口 Export	进口 Import
书籍、报纸、印刷图画及其他印刷品；手稿、打字稿及设计图纸	Books,Newspapers,print paintings,manuscripts	128	84	131	43
纺织原料及纺织制品	**Textile Materials and Products**	97765	3603	55071	3232
蚕　丝	Silk	20	0	2	3
羊毛、动物细毛或粗毛；马毛纱线及其机织物	Wool and other Textile Materials	336	29	266	19
棉　花	Cotton	3695	2195	1150	1673
其他植物纺织纤维；纸纱线及其机织物	Other Vegetable Textile Fibers and its Products	259	36	16	9
化学纤维长丝	Chemical Fiber Filament	2580	219	1942	244
化学纤维短纤	Chemical Fiber Staple	4505	213	6981	354
絮胎、毡呢及无纺织物；特种纱线；线、绳、索、缆及其制品	Wadding,Nonwoven Fabrics,Wire and Other Related Products	3921	379	5243	384
地毯及纺织材料的其他铺地制品	Carpet and Other Floor Covering Products	1898	17	2080	23
特种机织物；簇绒织物；花边；装饰毯；装饰带；刺绣品	Textile,Lace,Tapestry,Embroidery	688	117	401	123
浸渍、涂布、包覆或层压的纺织物；工业用纺织制品	Textile and other Industrial Textile	1024	20	1129	23
针织物或钩编织物	Knitted fabric	845	125	334	156
针织或钩编的服装及衣着附件	Accessory of Knitted fabric	18320	32	14268	36
非针织或非钩编的服装及衣着附件	Accessory of UnKnitted fabric	19926	27	11009	40
其他纺织制成品；成套物品；旧衣着及旧纺织品；碎织物	Other Knitted fabric,Pieces of Fabric	39748	194	10250	145
鞋、帽、伞、杖、鞭及其零件；已加工的羽毛及其制品；人造花；人发制品	**Footwear; Headgear; Umbrellas; Canes;Whips;Feather and Wigs and Related Products**	5995	4	3566	22
鞋靴、护腿和类似品及其零件	Shoes and Other Related Products	1485	2	1100	19
帽类及其零件	Hats and Other Related Products	1351	0	631	0
雨伞、阳伞、手杖、鞭子、马鞭及其零件	Umbrellas,Cane,Whip and Other Related Products	42	0	9	0
已加工羽毛、羽绒及其制品；人造花；人发制品	Feather and Wigs and Related Products	3117	2	1826	3
石料、石膏、水泥、石棉、云母及类似材料的制品；陶瓷产品；玻璃及其制品	**Gypsum; Cement; Asbestos; Mica; Ceramic Glass and Its Products**	23059	1107	23606	1037
石料、石膏、水泥、石棉、云母及类似材料的制品	Gypsum, Cement, Asbestos, Mica	5765	178	5850	124
陶瓷产品	Ceramic Products	4887	350	4894	334
玻璃及其制品	Glass and Its Products	12407	579	12862	579
天然或养殖珍珠、宝石或半宝石、贵金属、包贵金属及其制品；仿手饰；硬币	**Pearls and Precious Stones;Precious Metal and Related Products;Artificial Jewelry**	422	268	384	330
天然或养殖珍珠、宝石或半宝石、贵金属、包贵金属及其制品；仿手饰；硬币	Pearls and Precious Stones;Precious Metal and Related Products;Artificial Jewelry	422	268	384	330
贱金属及其制品	**Base Metals and Related Products**	112150	7656	106303	8948
钢　铁	Steel	22682	427	12810	483
钢铁制品	Steel Products	76706	2844	76791	3358
铜及其制品	Coper and Related Products	2031	2738	2589	3128
镍及其制品	Nickel and Related Products	22	157	18	66
铝及其制品	Aluminum and Related Products	8075	813	11531	1111

商品类别	Indicator	2016 年		2017 年	
		出口 Export	进口 Import	出口 Export	进口 Import
铅及其制品	Plumbum and Related Products	2	2	1	1
锌及其制品	Zinc and Related Products	15	22	26	32
锡及其制品	Stannum and Related Products	0	0	0	0
其他贱金属、金属陶瓷及其制品	Other Base Metals,Metal Ceramic and Related Products	45	139	78	219
贱金属工具、器具、利口器、餐匙、餐叉及其零件	Base Metals Equipment,Tableware and its Part	1489	250	1290	262
贱金属杂项制品	Base Metals Miscellaneous Products	1083	263	1169	288
机器、机械器具、电气设备及其零件；录音机及放声机、电视图像、声音的录制和重放设备及其零件、附件	**Machinery; Electric Equipment;TV Sets and Audio**	194651	162146	211990	198464
核反应堆、锅炉、机器、机械器具及其零件	Nuclear Reator,Boiler ,Machinery and Other Parts	127460	77807	150104	93230
电机、电气设备及其零件；录音机及放声机、电视图像、声音的录制和重放设备及其零件、附件	Electric Equipment and Its Part TV Sets and Audio and Its Part	67191	84339	61886	105234
车辆、航空器、船舶及有关运输设备	**Locomotives; Vehicles; Aircraft; Ship and Related Transportation Equipment**	135155	20160	174520	12490
铁道及电车道机车、车辆及其零件；铁道及电车道轨道固定装置及其零件、附件；各种机械（包括电动机械）交通信号设备	Railway and Vehicles and Its Part Machinery and Transportation Equipment	6543	592	3444	597
车辆及其零件、附件，但铁道及电车道车辆除外	Vehicles and Its Part	126044	5093	168837	8923
航空器、航空器及其零件	Aircraftand Its Part	2264	14292	1668	2914
船舶及浮动结构体	Ship and Floating Structures	305	183	571	56
光学、照相、电影、计量、检验、医疗或外科用仪器及设备、精密仪器及设备；钟表；乐器；上述物品的零件、附件	**Photographic,Measuring and Medical Instruments and Equipment;Related Parts and Accessories**	11130	26499	11471	24292
光学、照相、计量、检验、医疗或外科用仪器及设备、精密仪器及设备；上述物品的零件、附件	Photographic,Measuring and Medical Instruments and Equipment Presion Instrument and Machinery	10367	26430	10764	24083
钟表及其零件	Clock Equipment	25	66	56	45
乐器及其零件、附件	Musical Instruments Equipment	738	3	651	164
武器、弹药及其零件、附件	**Weapons and Ammunition; Related Parts and Accessories**	0	0	0	0
武器、弹药及其零件、附件	Weapons and Ammunition; Related Parts and Accessories	0	0	0	0
杂项制品	**Miscellaneous Products**	21721	976	15990	776
家具；寝具、褥垫、弹簧床垫、软坐垫及类似的填充制品；	Furniture,Bedding,Mattess and other Lighting Equipment,Luminous Sign and Portakabin	15899	914	10517	668
玩具、游戏品、运动用品及其零件、附件	Toy,game,Sports products	3840	6	3876	49
杂项制品	Miscellaneous Products	1982	56	1597	59
艺术品、收藏品及古物	**Works of Art, Collectibles and Antiques**	1	1401	59	244
特殊交易品及未分类商品	**Special Transactions Goods and Products Not Otherwise Classified**	4506	233	20	89

16-4 按企业性质分海关进出口商品总值（2017年）

Import and Export Value of Commodities by Ownership（2017）

单位：万美元 (10 000 USD)

指标	Indicator	合计 Total	国有企业 State-owned Enterprises	外商投资企业 Foreign Funded Enterprises				集体企业 Collective-owned Enterprises	其他 Others
				小计 Total	中外合作 Cooperation Enterprises	中外合资 Joint-venture Enterprises	外商独资 Wholly Foreign-owned		
进口商品总额	**Total Value of Imports**	379887	175296	78449	54	28864	49530	915	125227
一般贸易	General Trade	345300	168758	63486	54	18857	44575	915	112141
来料加工装配贸易	Processing and Assembling Trade with Sent Materials	1498	0	944	0	816	128	0	554
进料加工贸易	Processing Trade with Imported Materials	14539	5994	5491	0	1481	4010	0	3054
租赁贸易	Leasing Trate	0	0	0	0	0	0	0	0
海关特殊监管区域进口设备	Import of Equipment in Special Customs Supervision Area	9	2	3	0	0	3	0	4
海关特殊监管区域物流货物	Logistics Freight of Equipment in Special Customs Supervision Area	5831	352	471	0	0	470	0	5008
投资设备	Investment Goods	265	0	265	0	0	265	0	0
保税监管场所进出境货物	Bonded Supervision Entry and Exit Goods	11667	118	7186	0	7186	0	0	4363
国际无偿援助和捐赠物资	International Aid and Material Donations	0	0	0	0	0	0	0	0
其他贸易	Others	624	71	450	0	370	79	0	103
出口商品总值	**Total Value of Exports**	750562	58602	202975	2552	66115	134308	14324	474661
一般贸易	General Trade	662548	27888	173062	2552	49002	121508	14205	447393
国际无偿援助和捐赠物资	International Aid and Material Donations	643	636	0	0	0	0	7	0
来料加工装配贸易	Processing and Assembling Trade with Sent Materials	2162	0	1325	0	957	368	0	837
进料加工贸易	Processing Trade with Imported Materials	47202	13905	20762	0	8716	12046	0	12535
对外承包工程出口货物	Export of Contracted projects	28844	16109	5	0	5	0	0	12730
保税监管场所进出境货物	Bonded Supervision Entry and Exit Goods	7257	0	7250	0	6983	267	0	7
海关特殊监管区域物流货物	Logistics Freight of Equipment in Special Customs Supervision Area	1288	3	60	0	0	60	0	1225
其他贸易	Others	618	61	511	0	452	58	0	46

16-5 历年海关进出口总额

Total Imports and Exports by Category（Customs Statistics）

单位：万美元 (10 000 USD)

年份 Year	进出口总额 Total Value of Imports and Exports	进口总额 Total Value of Imports	出口总额 Total Value of Exports
1993	27446	21371	6075
1994	41746	23579	18167
1995	66587	29812	36775
1996	91347	48193	43154
1997	104230	52862	51368
1998	79943	45096	34847
1999	96125	60199	35926
2000	143935	86827	57108
2001	150143	90746	59397
2002	149264	79755	69509
2003	201554	117980	83545
2004	304678	167373	137305
2005	376213	198370	177843
2006	438930	194981	243949
2007	621804	278277	343527
2008	802699	342979	459720
2009	565704	260998	304706
2010	743776	338888	404888
2011	1041422	436966	604456
2012	913286	341844	571442
2013	957442	409126	548316
2014	1048867	442950	605917
2015	911424	311763	599661
2016	1086259	352229	734030
2017	1130449	379887	750562

16-6 利用外资情况

Utilization of Foreign Capital

指标	Indicator	2011 年	2012 年	2013 年	2014 年	2015 年	2016 年	2017 年
利用外资合同数（个）	**Use of Foreign Contracts(unit)**	86	84	86	78	104	104	110
外商直接投资	Foreign Direct Investments	86	84	86	78	104	104	110
合同外资金额（万美元）	**Total Amount of Contracted Foreign Capita(10 000 USD)**	141440	162081	165341	187974	303100	179479	218692
外商直接投资	Foreign Direct Investments	141440	162081	165341	187974	303100	179479	218692
实际使用外资（万美元）	**Total Amount of Foreign Capital Actually Utilized(10 000 USD)**	110002	122016	132054	143497	157851	171625	187623
外商直接投资	Foreign Direct Investments	110002	122016	132054	143497	157851	171625	187623

16-7 对外经济技术合作

Technological Cooperation with Foreign Countries or Territories

指标	Indicator	单位 Unit	2011 年	2012 年	2013 年	2014 年	2015 年	2016 年	2017 年
对外承包和劳务合作合同金额	**Foreign Contracted Projects and Service Contrate**	万美元 (10 000 USD)	385394	458996	190515	519758	530383	539589	539598
对外承包	Contracted Projects with Foreign Countries or Regions	万美元 (10 000 USD)	385394	458996	190515	519758	530383	539589	539598
对外承包和劳务合作营业额	**Foreign Contracted Projects and Service Contrate**	万美元 (10 000 USD)	216052	240406	197113	215461	308737	350099	373739
对外承包	Contracted Projects with Foreign Countries or Regions	万美元 (10 000 USD)	216052	240406	197113	215461	308737	350099	373739
外派劳务人数	**Number of Persons Sent out**	人 (person)	9908	6187	8339	6833	6886	6976	7037
境外投资企业数	**Numberof Overseas Investment Enterprises**	个 (unit)	44	42	48	48	50	55	42
中方协议投资额	**China Agreed Investment**	万美元 (10 000 USD)	24538	53412	54231	60174	70052	70175	83760

16-8 出口1000万美元以上企业一览（2017年）

Summary of Enterprises with Annual Exports Value Above 10 Million Dollar（2017）

单位名称 Name of Enterprises	单位名称 Name of Enterprises
山东一达通企业服务有限公司	山东华民钢球股份有限公司
中国重汽集团进出口有限公司	山东圣泉新材料股份有限公司
济南玫德铸造有限公司	山东立达进出口公司
山东浪潮进出口有限公司	山东中天重工有限公司
山东鲁电国际贸易有限公司	山东希诺金属材料有限公司
济南裕兴化工有限责任公司	齐鲁制药有限公司
齐鲁天和惠世制药有限公司	济南亚国经贸有限公司
山东电力基本建设总公司	济南实达紧固件有限公司
山东集鑫汽车销售有限公司	山东银丰纳米新材料有限公司
济南澳海炭素有限公司	山东威明汽车产品有限公司
齐鲁安替制药有限公司	九阳股份有限公司
济南金麒麟刹车系统有限公司	山东冠世针织有限公司
山东绿霸化工股份有限公司	济钢集团国际贸易有限责任公司
山东省冶金设计院股份有限公司	济南华辰实业有限责任公司
山东太古飞机工程有限公司	济南沃德汽车零部件有限公司
济南万方炭素进出口有限公司	济南瑞泰克制冷设备有限公司
山东临沃重机有限公司	济南诚信通铝业有限公司
山东齐发药业有限公司	济南邦和工贸有限公司
济南秦工国际贸易有限公司	山东力诺特种玻璃股份有限公司
济南迈克管道科技股份有限公司	济南博意达商贸有限公司
山东中农联合生物科技股份有限公司	山东力诺光伏高科技有限公司
济南圣泉集团股份有限公司	济南艾伯特商贸有限公司
济南西门子变压器有限公司	济南轻骑铃木摩托车有限公司
山东电力建设第二工程公司	浪潮软件集团有限公司
济南大自然新材料有限公司	山东大汉建设机械股份有限公司
济南邦德数控设备有限公司	福士汽车零部件（济南）有限公司
潮集团有限公司	山东科兴生物制品有限公司
费斯托气动有限公司	海湾电子（山东）有限公司
济南二机床集团有限公司	济南浪潮网络科技发展有限公司
济南轻骑标致摩托车有限公司	济南鸿天国际贸易有限公司
济南鲁东耐火材料有限公司	山东能源国际贸易有限公司
山东伊莱特重工有限公司	斯凯孚（济南）轴承与精密技术产品有限公司
东润科国际贸易有限公司	山东电力建设第一工程公司
山东冠世时装加工有限公司	济南尼克焊接技术有限公司
济南轨道交通装备有限责任公司	济南市冶金科学研究所有限责任公司
山东商龙经贸有限公司	济南思迈迩制衣有限公司
济南轻骑对外贸易有限责任公司	济南乐邦贸易有限公司
山东电力设备有限公司	山东百利通亚陶科技有限公司
济南派克线缆有限公司	济南世纪天邦汽车进出口贸易有限公司
济南九鼎中泰国际贸易有限公司	济南星辉数控机械科技有限公司
济南弘正科技有限公司	济南鑫磊精密机械有限公司
山东科赛怡锐化工有限公司	山东胜晔磨球有限公司
济南宏创博展汽车销售有限公司	山东大鲁阁织染工业有限公司
济南华尔重型汽车销售有限公司	济南嘉亚经贸发展有限公司
卧龙电气章丘海尔电机有限公司	山东耀华玻璃有限公司
山东省永信非织造材料有限公司	山东凯莱（国际）贸易有限公司
华熙福瑞达生物医药有限公司	济南金威刻科技发展有限公司
济南台有玻璃制品有限公司	

16-9 旅游住宿单位接待入境游客

Received Inbound Tourists by Hotels

指标	Indicator	2011 年	2012 年	2013 年	2014 年	2015 年	2016 年	2017 年
入境游客人数（人次）	**Number of Inbound Tourists(person-time)**	289953	315949	307244	314536	332942	351526	375469
外国人	Foreigners	193963	205606	194003	194567	205477	216899	232260
#日　本	Japan	32498	30438	24457	22336	22154	21972	21967
菲律宾	Philippines	2461	2351	2231	2237	2215	2357	2622
新加坡	Singapore	12323	13729	13525	13840	14837	15586	16588
韩　国	Republic of Korea	31921	33734	32026	33839	34238	36137	34695
加拿大	Canada	4986	5272	5283	5361	5697	5558	6445
英　国	United Kingdom	8284	9120	8978	9164	9693	10286	10918
德　国	Germany	12393	13477	13245	13722	14688	15608	16543
法　国	France	5404	6040	5873	6207	6694	7041	7532
意大利	Italy	3282	3383	3752	3825	4086	4330	5190
瑞　士	Switzerland	837	895	895	931	986	1051	1119
澳大利亚	Australia	7529	8441	8250	8411	8934	9456	10089
新西兰	New Zealand	1445	1445	1448	1519	1625	1825	1958
美　国	United States	17860	19763	19243	19844	21396	23187	24797
港澳和台湾同胞	Compatriots from Hong Kong and Macao	95990	110343	113241	119969	127465	134627	143209
#台湾同胞	Compatriots from Taiwan	39750	48898	54031	57586	61726	65050	68839
入境游客人天数（人天）	**Number of Days on Inbound Tourists(person-day)**	678516	741043	725144	739926	786451	829300	878238
外国人	Foreigners	446616	481859	453894	443823	460937	483753	513621
港澳和台湾同胞	Compatriots from Hong Kong and Macao	231900	589184	271250	296061	325514	345547	364617
#台湾同胞	Compatriots from Taiwan	92831	113127	124750	138269	172776	178839	187351
旅游外汇收入（亿美元）	**Internation Tourism Receipts (100 million USD)**	1.42	1.60	1.51	1.71	1.84	1.96	2.08
#商品性收入	Commecial Income	0.34	0.51	0.32	0.58	0.53	0.51	0.54
附：平均每天来济国际旅游人数（人次）	Number of Tourists Per Day(person-time)	794	866	842	862	912	963	1029
星级宾馆客房出租率（%）	Star Hotel Room Rate(%)	68.0	64.8	61.0	62.55	61.0	64.5	64.56

16-10 济南与国外结成友好城市一览表（2017 年末）

Foreign Friendly Cities of Jinan（End of 2017）

国别	Country	城市	City	缔结日期 Day
日本	Japan	和歌山市（和歌山县首府）	Wakayama	1983.01.14
英国	United Kingdom	考文垂市（英国汽车工业故乡，制造业中心之一）	Coventry	1983.10.03
日本	Japan	山口市（山口县首府）	Yamaguchi	1985.09.20
美国	United States	萨克拉门托市（加利福尼亚州首府）	Sacramento	1985.05.29
加拿大	Canada	里贾纳市（萨斯喀彻温省省会）	Regina	1987.08.10
巴布亚新几内亚	Papua New Guinea	莫尔斯比港（巴布亚新几内亚首都）	Port Moresby	1988.09.28
韩国	Republic of Korea	水原市（京畿道首府）	Suwon	1993.10.27
俄罗斯	Russia	下诺夫哥罗德市（下诺夫哥罗德州首府）	Nizhny novgorod	1994.09.25
芬兰	Finland	万达市（欧洲机场城市、芬兰第四大城市）	Vantaa	2001.08.27
法国	France	雷恩市（布列塔尼大区首府）	Renne	2002.07.17
澳大利亚	Australia	郡德勒普市（西澳洲新兴教育科技中心）	Draper	2004.09.04
德国	Germany	奥格斯堡市（施瓦本地区首府）	Augsburg	2004.10.10
乌克兰	Ukraine	哈尔科夫市（哈尔科夫州首府）	Kharkov	2007.05.23
以色列	Israel	卡法萨巴市（沙龙地区中心城市）	Kafassaba	2009.05.11
白俄罗斯	Belorussia	维捷布斯克市（ 维捷布斯克州首府）	Vitebsk	2009.09.20
佛得角	Cape Verde	普拉亚市（佛得角首都）	Praia	2009.09.22
巴西	Brazil	波多韦柳市（朗多尼亚州首府）	Bothoweri	2011.10.13
土耳其	Turkey	马尔马里斯市（地中海沿岸港口城市和旅游胜地）	Marmaris	2011.10.21
印度尼西亚	Indonesia	徐图利祖市（东爪哇省泗水市机场城市、新兴经济城市）	Xu Tzu Chi City	2012.09.21
保加利亚	Bulgaria	卡赞勒格市（保加利亚玫瑰精油生产中心）	Kazanlak	2013.08.29
墨西哥	Mexico	萨博潘市（哈利斯科州经济首府）	Saab Pan	2014.05.20
意大利	Italy	奇维塔韦基亚市（欧洲第三大客运港）	Civitavecchia	2016.6.20
印度	India	那格浦尔市（印度地理中心城市、马哈拉施特拉邦第二首府）	Nagpur	2017.12.08

16-11 济南市与各友好城市交流

Basic Statistics of Transmission Between Foreign Friendly Cities and Jinan

单位：批数、人次 (batch.person-time)

指标	Indicator	2011 年	2012 年	2013 年	2014 年	2015 年	2016 年	2017 年
出访交流考察	**Exchange Visits**							
批　数	Batch	357	374	257	430	583	780	747
人　次	Number	1184	1250	866	994	1444	1907	1906
接待来访团组	**Receive Visitors**							
批　数	Batch	259	280	140	128	123	204	207
人　次	Number	2782	2680	1786	1296	1107	1352	1829

注：根据主管部门核实，修订 2016 年“出访交流考察”批次为“780”

主要统计指标解释

Explanatory Notes on Main Statistical Indicators

社会消费品零售总额 指企业（单位、个体户）通过交易直接售给个人、社会集团非生产、非经营用的实物商品金额，以及提供餐饮服务所取得的收入金额。个人包括城乡居民和入境人员，社会集团包括机关、社会团体、部队、学校、企事业单位、居委会或村委会等。

商品销售额 指对本单位以外的单位和个人出售的商品金额（包括售给本单位消费用的商品，含增值税），在批发和零售业中，本指标反映在国内市场上销售商品以及出口商品的总价。

商品销售包括：（1）售给个人和社会集团消费用的商品；（2）售给农业、工业、建筑业、服务业等国民经济各行业用于生产、经营用的商品，包括售予批发和零售业作为转卖或加工后转卖的商品；（3）对国（境）外直接出口的商品。

商品销售不包括：（1）未通过买卖行为付出的商品，如因机构变动移交给其他企业单位的商品、借出的商品、归还受其他单位委托代保管的商品、付出的加工原料和赠送给其他单位的样品等;（2）促销返券所销售的、不计入营业收入的商品;（3）经本单位介绍，由买卖双方直接结算，本单位只收取手续费的业务;（4）未发生所有权转移的商品预付卡销售，如加油卡;（5）汽车维修、电话卡销售等服务性经济活动；（6）购货退回的商品；（7）商品损耗和损失；（8）出售本单位自用的废旧物资；（9）期货交易商品；（10）自来水供应企业、电力企业、天然气供应企业提供的水、电、气。

批发额 指售给国民经济各行业用于生产、经营用的商品金额。

商品批发包括：（1）售给农业、工业、建筑业等行业用于生产的各种机器设备、工具、原料、材料、燃料、建筑材料，售给农民的农业生产资料，售给交通运输、仓储和邮政业用于业务活动的设备、车辆和燃料等；（2）售给信息传输、软件和信息技术服务，科学研究和技术服务业，水利、环境和公共设施管理业等行业用于生产经营、勘察设计、科研试验等业务经营使用的商品，售给批发和零售业、住宿和餐饮业使用的各种设备、工具、原材料、燃料、仓储运输用的商品；（3）售给居民服务、修理和其他服务业各种营业用品，如售给理发业的理发工具、毛巾等，日用品修理业的设备、工具、材料、零配件等，售给民政部门救灾用的商品等；（4）售给批发和零售业作为转卖用的商品；售给餐饮业用于烹饪、调制加工后出售的商品和转卖的商品；售给服务业转卖的商品；（5）出口的商品。

零售额 指售给个人用于生活消费和社会集团用于公共消费的商品金额。

商品零售包括：（1）售给城乡居民和入境外国人、华侨、港澳台同胞的各类生活消费品；（2）售给行政事业单位、社会团体、军队和武警等机构的商品，以及以零售方式售给各类企业的商品。具体包括：用于非生产和社会交往的办公用品，如通讯设备、计算器具和设备、电讯网络设备、文印设备、音像视听器材和设备、纸张、本册、文具及装订文印材料、家具、日用电器、针纺织品、清洁卫生用品、文体用品、奖品、纪念品、礼品等；供内部人员乘坐的交通工具和燃料；用于办公设施修缮的各类配件、材料、工具等；用于取暖和防暑降温的设备、燃料、材料及食品等；专用于教学的用品和设备；非专用的劳动保护用品；不对外营业的内部食堂用的餐具、炊具、设备、清洁卫生工具和食品、燃料等；军队、武警用于其人员生活的衣着品和个人用品；其他各类非生产性设备和用品。

商品零售不包括：（1）售给城乡居民已确知是用于生产、经营的商品；（2）售给各类农业生产者的生产资料类商品，如农机、农药化肥、农膜、种子饲料等商品；（3）售给企业单位生产用具及生产上专用的劳动保护用品；（4）专用于科研的用品和设备；（5）售给医疗机构的中、西药品、中药材和医疗设备器材；（6）以投资为目的的商品，如黄金、收藏品等。

住宿餐饮业营业额 指住宿和餐饮业单位在经营活动中因提供服务或销售商品等取得的全部收入（含增值税），收入主要来源于提供客房、餐费服务、商品销售和其他服务，如商务服务。不包括多产业法人企业附营的其他行业产业活动单位的餐费收入、商品销售收入等各项收入。

17

科　技

SCIENCE AND TECHNOLOGY

17-1 科技综合情况

Basic Statistics on Science and Technology

指标	Indicator	单位 Unit	2011 年	2012 年	2013 年	2014 年	2015 年	2016 年	2017 年
R&D 活动单位	R&D Activity Units	个 (Unit)	401	446	573	660	803	890	964
R&D 活动全时人员	Full-time R&D Personnel	人年 (man-years)	37048	37824	41643	46796	51297	52395	57506
R&D 活动经费内部支出	Internal Expenditure on R&D	万元 (10 000 yuan)	955341	989528	1111522	1205441.6	1330543.8	1567365	1851538.7
# 基础研究	Basic Research	万元 (10 000 yuan)	53609	72717	77918	81092.8	106229	128504.7	152909.2
# 应用研究	Applied Research	万元 (10 000 yuan)	126146	135575	127176	142847.5	136507.2	151841.2	208526.4
# 试验发展	Experimental Development	万元 (10 000 yuan)	775586	781236	906428	981501.4	1087807.6	1287019.1	1490103.1
# 日常性支出	Daily Expenditure	万元 (10 000 yuan)	852242	859567	967345	1068380.6	1161517.8	1376837.7	1636821.4
人员劳务费	Staff Service Fee	万元 (10 000 yuan)	266312	277486	320273	376372.8	470989.9	522676.7	616187.2
# 资产性支出	Capital Expenditure	万元 (10 000 yuan)	103101	129961	144177	137061	169026	190527.3	214717.4
仪器设备	Instrument and Equipment	万元 (10 000 yuan)	96654	123932	135607	126101.9	160989.5	185967.8	188836.8
R&D 活动经费外部支出	External expenditure on R&D	万元 (10 000 yuan)	40140	38990	46679	57993	42612	62140.8	70569.2
科技成果情况	Scientific Achievements								
专利申请数	Patent Applications	件 (pieces)	6301	8699	10221	12196	14178	15490	19645
# 发明专利申请数	Inventions	件 (pieces)	2678	3903	4755	6234	8454	9138	12027
拥有发明专利数	Number of Invention Patents	件 (pieces)	5624	4973	6087	7712	10007	13808	20059
科技项目（课题）情况	Scientific Projects								
项目（课题）数	Number of Projects	项 (item)	11174	15899	17683	18811	21177	22570	27666
项目参加人员折合全时当年	Number of Participants	人年 (man-years)	35518	36702	39557	43828.2	46715	44188	46457.1

17-2 科技投入情况（2017 年）

Basic Statistics on Scientific and Technological Funds（2017）

指标	Indicator	单位 Unit	合计 Total	科研机构 Research Institutions	高等院校 colleges and universities	规模以上工业企业 Industrial Enterprises above Designated Size	其他 Others
有 R&D 活动单位数	**Number of Enterprises with R&D Activities**	个 (unit)	964	69	58	718	119
R&D 人员	**R&D Personnel**	人 (Person)	84762	5911	16439	41189	21223
#研究人员	Research Personnel	人 (Person)	45752	4545	14308	17761	9138
博士生	Doctor	人 (Person)	7936	1100	6230	460	146
硕士生	Master	人 (Person)	16072	1976	5943	6796	1357
本科生	Undergraduate	人 (Person)	42660	2191	3888	30947	5634
其他	Others	人 (Person)	18094	644	378	2986	14086
R&D 人员折合全时人员	**Full-time Equivalent of R&D Personnel**	人年 (man-years)	50170	5363	7681	27349	9776
基础研究	Basic Research	人年 (man-years)	7050	1998	3816	36	1200
应用研究	Applied Research	人年 (man-years)	7497	2025	3467	448	1557
试验发展	Experimental Development	人年 (man-years)	35624	1340	399	26864	7021
R&D 经费内部支出	**Internal Expenditure on R&D**	万元 (10 000 yuan)	1851539	131545	193598.1	1165629	360767
基础研究	Basic Research	万元 (10 000 yuan)	152909	31876.3	96758.8	1157	23117
应用研究	Applied Research	万元 (10 000 yuan)	208526	49974.7	81912.3	15931	60708
试验发展	Experimental Development	万元 (10 000 yuan)	1490103	49694.4	14927	1148540	276942
日常性支出	**Routine Expenses**	万元 (10 000 yuan)	1636821	107085.4	155164.5	1055723	318848
#人员劳务费	Labor Cost	万元 (10 000 yuan)	616187	60868.1	28431.4	389725	137163
资产性支出	**Assets Expenditure**	万元 (10 000 yuan)	214717	24460	38433.7	109906	41918
#仪器和设备	Instrument and Equipment	万元 (10 000 yuan)	188837	22698.9	22546.4	1783	141809

17-3 规模以上工业企业科技活动情况（2017年）

Main Indicators of Industrial Enterprises Above Designated Size（2017）

单位：个 (unit)

指标	Indicator	企业数 Number of Industial Enterprises	# 有 R&D 活动的单位数 Number of Units with Research and Development Activities	企业办科技机构数 Number of Technology Institutions Run By Enterprises
总计	**Total**	2050	716	254
按登记注册类型分	**by Status of Registration**			
国有企业	State-owned Enterprises	10	4	2
集体企业	Collective-owned Enterprises	14	2	
股份合作企业	Cooperative Enterprises	3		
有限责任公司	Private Limited Liability Corporations	777	271	113
国有独资公司	State Sole funded Corporations	28	19	9
其他有限责任公司	Other Limited Liability Corporations	749	252	104
股份有限公司	Share-holding Corporations Limited	89	58	28
私营独资企业	Private-funded Enterprises	54	3	
私营合伙企业	Private Partnership Enterprises			
私营有限责任公司	Private Limited Liability Corporations	894	299	84
私营股份有限公司	Private Share-holding Corporations Ltd.	57	23	9
其他企业	Other Enterprises	6		
合资经营企业（港或澳、台资）	Joint-ventures Enterprises	21	7	1
合作经营企业（港或澳、台资）	Cooperative Enterprises	2	1	
港、澳、台商独资经营企业	Enterprises with Sole Investment	25	6	2
港、澳、台商投资股份有限公司	Share-holding Corporations Ltd. With Funds from	1	1	1
中外合资经营企业	Joint-venture Enterprises	54	21	9
中外合作经营企业	Cooperation Enterprises	2		
外资企业	Enterprises with Sole Foreign Funds	40	20	5
外商投资股份有限公司	Share-holding Corporations Ltd. With Foreign Investment	1		
按工业行业大类分	**by Sector**			
煤炭开采和洗选业	Mining and Washing of Coal	1	1	
石油和天然气开采业	Extraction of Petroleum and Natural Gas	3		
黑色金属矿采选业	Mining of Ferrous Metal Ores	1		
非金属矿采选业	Mining and Processing of Nonmetal Ores	9	1	1
农副食品加工业	Processing of Food from Agricultural Products	72	32	9
食品制造业	Manufacture of Foods	70	26	12
酒、饮料和精制茶制造业	Manufacture of Wine, Drinks and Refined Tea	25	7	3
烟草制品业	Manufacture of Tobacco	1	1	1

指标	Indicator	企业数 Number of Industial Enterprises	# 有 R&D 活动的单位数 Number of Units with Research and Development Activities	企业办科技机构数 Number of Technology Institutions Run By Enterprises
纺织业	Manufacture of Textile	50	16	3
纺织服装、服饰业	Manufacture of Textile Wearing Apparel and Finery	31	3	
皮革、毛皮、羽毛及其制品和制鞋业	Manufacture of Leather, Fur, Feather & Its Products and Footwear	9	1	1
木材加工和木、竹、藤、棕、草制品业	Processing of Timbers, Manufacture of Wood,Bamboo, Rattan, Palm, and Straw Products	18	4	1
家具制造业	Manufacture of Furniture	17	3	
造纸和纸制品业	Manufacture of Paper and Paper Products	25	4	
印刷和记录媒介复制业	Printing, Reproduction of Recording Media	47	12	5
文教、工美、体育和娱乐用品制造业	Manufacture of Culture, Education,Arts and crafts， Sport and Entertainment Goods	30	9	1
石油加工、炼焦和核燃料加工业	Processing of Petroleum, Coking and Nucleus Fuel	10	4	2
化学原料和化学制品制造业	Manufacture of Chemical Raw Material and Chemical Products	125	55	22
医药制造业	Manufacture of Medicines	65	43	23
化学纤维制造业	Manufacture of Chemical Fiber	5	2	1
橡胶和塑料制品业	Manufacture of Rubber and Plastic	74	17	5
非金属矿物制品业	Manufacture of Non-metallic Mineral Products	189	43	16
黑色金属冶炼和压延加工业	Manufacture and Processing of Ferrous Metals	37	9	3
有色金属冶炼和压延加工业	Manufacture & Processing of Non-ferrous Metals	19	1	1
金属制品业	Manufacture of Metal Products	233	50	12
通用设备制造业	Manufacture of General Purpose Machinery	291	104	39
专用设备制造业	Manufacture of Special Purpose Machinery	190	90	25
汽车制造业	Manufacture of Automotive	105	28	9
铁路、船舶、航空航天和其他运输设备制造业	Manufacture of Railroad,Marine,Aerospace and Other Transportation Equipment	31	9	4
电气机械和器材制造业	Manufacture of Electrical Machinery & Equipment	100	49	21
计算机、通信和其他电子设备制造业	Manufacture of Computer, Communications and Other Electronic Equipment	50	38	16
仪器仪表制造业	Manufacture of Measuring Instrument	63	43	15
其他制造业	Other Manufacture	4	1	
废弃资源综合利用业	Comprehensive Utilization of Waste	4		
金属制品、机械和设备修理业	Metal Products, Machinery and Equipment Repair Industry	3	2	2
电力、热力生产和供应业	Production and Supply of Electric Power and Heat Power	20	3	
燃气生产和供应业	Production and Supply of Gas	14	1	
水的生产和供应业	Production and Supply of Water	9	4	1

17-4 规模以上工业企业技术改造及引进吸收（2017 年）

Innovation and Resorb of Industrial Enterprises Above Designated Size（2017）

单位：万元

指标	Indicator	技术改造经费支出 Technical Reform Expenditure	引进国外技术经费支出 Acquisition of Foreign Technology Expenditure	引进技术的消化吸收经费支出 Expenditure for Assimilation Technology	购买国内技术经费支出 Expenditurefor Purchase Domestic Technology
总计	**Total**	470719	10627	2837	84474
按登记注册类型分	**by Status of Registration**				
国有企业	State-owned Enterprises	1798	12	13	11
集体企业	Collective-owned Enterprises				
股份合作企业	Cooperative Enterprises				
有限责任公司	Private Limited Liability Corporations	294586	6499	880	83516
国有独资公司	State Sole funded Corporations	54435	1189	16	15
其他有限责任公司	Other Limited Liability Corporations	240150	5310	865	83502
股份有限公司	Share-holding Corporations Limited	143571	819	1800	309
私营独资企业	Private-funded Enterprises				
私营合伙企业	Private Partnership Enterprises				
私营有限责任公司	Private Limited Liability Corporations	4435	106	106	609
私营股份有限公司	Private Share-holding Corporations Ltd.	24243	79		10
其他企业	Other Enterprises				
合资经营企业（港或澳、台资）	Joint-ventures Enterprises				
合作经营企业（港或澳、台资）	Cooperative Enterprises				
港、澳、台商独资经营企业	Enterprises with Sole Investment	489			
港、澳、台商投资股份有限公司	Share-holding Corporations Ltd. With Funds from				
中外合资经营企业	Joint-venture Enterprises	1425	2343		18
中外合作经营企业	Cooperation Enterprises				
外资企业	Enterprises with Sole Foreign Funds	173	769	38	
外商投资股份有限公司	Share-holding Corporations Ltd. With Foreign Investment				
按工业行业大类分	**by Sector**				
煤炭开采和洗选业	Mining and Washing of Coal				
石油和天然气开采业	Extraction of Petroleum and Natural Gas				
黑色金属矿采选业	Mining of Ferrous Metal Ores				
非金属矿采选业	Mining and Processing of Nonmetal Ores	5			
农副食品加工业	Processing of Food from Agricultural Products	73			13
食品制造业	Manufacture of Foods	376			145
酒、饮料和精制茶制造业	Manufacture of Wine, Drinks and Refined Tea	53			
烟草制品业	Manufacture of Tobacco				
纺织业	Manufacture of Textile	834			1

指标	Indicator	技术改造经费支出 Technical Reform Expenditure	引进国外技术经费支出 Acquisition of Foreign Technology Expenditure	引进技术的消化吸收经费支出 Expenditure for Assimilation Technology	购买国内技术经费支出 Expenditurefor Purchase Domestic Technology
纺织服装、服饰业	Manufacture of Textile Wearing Apparel and Finery				
皮革、毛皮、羽毛及其制品和制鞋业	Manufacture of Leather, Fur, Feather & Its Products and Footwear	81			
木材加工和木、竹、藤、棕、草制品业	Processing of Timbers, Manufacture of Wood,Bamboo, Rattan, Palm, and Straw Products				
家具制造业	Manufacture of Furniture				
造纸和纸制品业	Manufacture of Paper and Paper Products				
印刷和记录媒介复制业	Printing, Reproduction of Recording Media	120			
文教、工美、体育和娱乐用品制造业	Manufacture of Culture, Education,Arts and crafts，Sport and Entertainment Goods				
石油加工、炼焦和核燃料加工业	Processing of Petroleum, Coking and Nucleus Fuel	119830	101	1901	201
化学原料和化学制品制造业	Manufacture of Chemical Raw Material and Chemical Products	30591	800		120
医药制造业	Manufacture of Medicines	51539	4985	13	82913
化学纤维制造业	Manufacture of Chemical Fiber				
橡胶和塑料制品业	Manufacture of Rubber and Plastic				
非金属矿物制品业	Manufacture of Non-metallic Mineral Products	19291			
黑色金属冶炼和压延加工业	Manufacture and Processing of Ferrous Metals	21230			
有色金属冶炼和压延加工业	Manufacture & Processing of Non-ferrous Metals	300			
金属制品业	Manufacture of Metal Products	20937			
通用设备制造业	Manufacture of General Purpose Machinery	10827	1586	5	276
专用设备制造业	Manufacture of Special Purpose Machinery	1880	19		97
汽车制造业	Manufacture of Automotive	44121	45	38	18
铁路、船舶、航空航天和其他运输设备制造业	Manufacture of Railroad,Marine,Aerospace and Other Transportation Equipment	515	2578	400	377
电气机械和器材制造业	Manufacture of Electrical Machinery & Equipment	4161	434	480	286
计算机、通信和其他电子设备制造业	Manufacture of Computer, Communications and Other Electronic Equipment	140215	79		27
仪器仪表制造业	Manufacture of Measuring Instrument	862			
其他制造业	Other Manufacture				
废弃资源综合利用业	Comprehensive Utilization of Waste				
金属制品、机械和设备修理业	Metal Products, Machinery and Equipment Repair Industry	896			
电力、热力生产和供应业	Production and Supply of Electric Power and Heat Power	1815			
燃气生产和供应业	Production and Supply of Gas				
水的生产和供应业	Production and Supply of Water	169			

17-5 规模以上工业企业技术资源（2017 年）

Technical Resources of Industrial Enterprises Above Desitnated Size（2017）

指标	Indicator	R&D 经费内部支出合计（万元）Internal Expenditure on R&D (10 000 yuan)	新产品产值（万元）Output Value of New Products (10 000 yuan)	研究与试验发展 (R&D) 人员（人）R&D sonnel (Person)	R&D 人员折合全时当量（人年）R&D rsonnelEquivalent in Full Time (man-years)
总计	Total	1154806	17175422	40711	27049
按登记注册类型分	by Status of Registration				
国有企业	State-owned Enterprises	15711	131856	362	286
集体企业	Collective-owned Enterprises	1966	5827	121	49
股份合作企业	Cooperative Enterprises				
有限责任公司	Private Limited Liability Corporations	837251	13982463	27585	18464
国有独资公司	State Sole funded Corporations	212675	6020998	6511	5067
其他有限责任公司	Other Limited Liability Corporations	624577	7961465	21074	13398
股份有限公司	Share-holding Corporations Limited	99836	1251329	4460	2832
私营独资企业	Private-funded Enterprises	393		28	15
私营合伙企业	Private Partnership Enterprises				
私营有限责任公司	Private Limited Liability Corporations	98785	768541	4647	2753
私营股份有限公司	Private Share-holding Corporations Ltd.	36742	503777	1198	775
其他企业	Other Enterprises				
合资经营企业（港或澳、台资）	Joint-ventures Enterprises	7409	55164	278	207
合作经营企业（港或澳、台资）	Cooperative Enterprises	904		34	34
港、澳、台商独资经营企业	Enterprises with Sole Investment	10266	81784	233	219
港、澳、台商投资股份有限公司	Share-holding Corporations Ltd. With Funds from	3460	48237	188	188
中外合资经营企业	Joint-venture Enterprises	30945	217729	1071	879
中外合作经营企业	Cooperation Enterprises				
外资企业	Enterprises with Sole Foreign Funds	11138	128715	506	347
外商投资股份有限公司	Share-holding Corporations Ltd. With Foreign Investment				
按工业行业大类分	by Sector				
煤炭开采和洗选业	Mining and Washing of Coal	2831		336	324
石油和天然气开采业	Extraction of Petroleum and Natural Gas				
黑色金属矿采选业	Mining of Ferrous Metal Ores				
非金属矿采选业	Mining and Processing of Nonmetal Ores	80	1053	14	6
农副食品加工业	Processing of Food from Agricultural Products	13109	64192	455	232
食品制造业	Manufacture of Foods	8033	38625	463	263
酒、饮料和精制茶制造业	Manufacture of Wine, Drinks and Refined Tea	1891	16283	171	82
烟草制品业	Manufacture of Tobacco	55	2114	3	1
纺织业	Manufacture of Textile	6995	124236	464	304

指标	Indicator	R&D 经费内部支出合计（万元）Internal Expenditure on R&D (10 000 yuan)	新产品产值（万元）Output Value of New Products (10 000 yuan)	研究与试验发展 (R&D) 人员（人）R&D sonnel (Person)	R&D 人员折合全时当量（人年）R&D rsonnelEquivalent in Full Time (man-years)
纺织服装、服饰业	Manufacture of Textile Wearing Apparel and Finery	445	500	20	6
皮革、毛皮、羽毛及其制品和制鞋业	Manufacture of Leather, Fur, Feather & Its Products and Footwear	433	4027	17	17
木材加工和木、竹、藤、棕、草制品业	Processing of Timbers, Manufacture of Wood,Bamboo, Rattan, Palm, and Straw Products	264	1000	24	11
家具制造业	Manufacture of Furniture	225	2753	29	19
造纸和纸制品业	Manufacture of Paper and Paper Products	1641	34722	61	54
印刷和记录媒介复制业	Printing, Reproduction of Recording Media	7482	90621	405	321
文教、工美、体育和娱乐用品制造业	Manufacture of Culture, Education,Arts and crafts，Sport and Entertainment Goods	1669	7181	116	84
石油加工、炼焦和核燃料加工业	Processing of Petroleum, Coking and Nucleus Fuel	5327	80851	373	118
化学原料和化学制品制造业	Manufacture of Chemical Raw Material and Chemical Products	99266	914332	1842	1220
医药制造业	Manufacture of Medicines	124407	1594765	2956	2324
化学纤维制造业	Manufacture of Chemical Fiber	5515	17829	25	14
橡胶和塑料制品业	Manufacture of Rubber and Plastic	3996	21942	131	81
非金属矿物制品业	Manufacture of Non-metallic Mineral Products	38107	570991	1217	617
黑色金属冶炼和压延加工业	Manufacture and Processing of Ferrous Metals	4802	14242	252	152
有色金属冶炼和压延加工业	Manufacture & Processing of Non-ferrous Metals	923	22794	107	92
金属制品业	Manufacture of Metal Products	42989	461579	1661	904
通用设备制造业	Manufacture of General Purpose Machinery	75103	606349	4531	3020
专用设备制造业	Manufacture of Special Purpose Machinery	46056	417107	2094	1399
汽车制造业	Manufacture of Automotive	183024	6057871	4950	3800
铁路、船舶、航空航天和其他运输设备制造业	Manufacture of Railroad,Marine,Aerospace and Other Transportation Equipment	25978	343088	680	423
电气机械和器材制造业	Manufacture of Electrical Machinery & Equipment	77958	955607	2072	1445
计算机、通信和其他电子设备制造业	Manufacture of Computer, Communications and Other Electronic Equipment	341920	4495810	12905	8068
仪器仪表制造业	Manufacture of Measuring Instrument	22992	138263	1765	1203
其他制造业	Other Manufacture	100	1580	14	4
废弃资源综合利用业	Comprehensive Utilization of Waste				
金属制品、机械和设备修理业	Metal Products, Machinery and Equipment Repair Industry	4278	45059	354	317
电力、热力生产和供应业	Production and Supply of Electric Power and Heat Power	4485	28058	120	87
燃气生产和供应业	Production and Supply of Gas	1150		7	2
水的生产和供应业	Production and Supply of Water	1278		77	38

17-6 规模以上工业企业科技活动项目（2017年）

Technology Projict Activities of Industrial Enterprises Above Designated Size（2017）

指标	Indicator	R&D 活动项目经费内部支出（万元）Internal Expenditure on R&D(10 000 yuan)	新产品开发项目数（项）Number of on new products Development(unit)	新产品开发经费支出（万元）Expenditure on new products Development (10 000 yuan)
总计	**Total**	1154806	4407	1121249
按登记注册类型分	**by Status of Registration**			
国有企业	State-owned Enterprises	15711	59	11567
集体企业	Collective-owned Enterprises	1966	7	1203
股份合作企业	Cooperative Enterprises			
有限责任公司	Private Limited Liability Corporations	837251	2179	814684
国有独资公司	State Sole funded Corporations	212675	500	207617
其他有限责任公司	Other Limited Liability Corporations	624577	1679	607066
股份有限公司	Share-holding Corporations Limited	99836	691	94403
私营独资企业	Private-funded Enterprises	393	2	200
私营合伙企业	Private Partnership Enterprises			
私营有限责任公司	Private Limited Liability Corporations	98785	910	97461
私营股份有限公司	Private Share-holding Corporations Ltd.	36742	166	38426
其他企业	Other Enterprises			
合资经营企业（港或澳、台资）	Joint-ventures Enterprises	7409	53	7576
合作经营企业（港或澳、台资）	Cooperative Enterprises	904	3	954
港、澳、台商独资经营企业	Enterprises with Sole Investment	10266	59	10077
港、澳、台商投资股份有限公司	Share-holding Corporations Ltd. With Funds from	3460	12	3461
中外合资经营企业	Joint-venture Enterprises	30945	165	31761
中外合作经营企业	Cooperation Enterprises			
外资企业	Enterprises with Sole Foreign Funds	11138	101	9477
外商投资股份有限公司	Share-holding Corporations Ltd. With Foreign Investment			
按工业行业大类分	**by Sector**			
煤炭开采和洗选业	Mining and Washing of Coal	2831		
石油和天然气开采业	Extraction of Petroleum and Natural Gas			
黑色金属矿采选业	Mining of Ferrous Metal Ores			
非金属矿采选业	Mining and Processing of Nonmetal Ores	80	3	177
农副食品加工业	Processing of Food from Agricultural Products	13109	66	13406
食品制造业	Manufacture of Foods	8033	80	6269
酒、饮料和精制茶制造业	Manufacture of Wine, Drinks and Refined Tea	1891	16	2013
烟草制品业	Manufacture of Tobacco	55	1	55
纺织业	Manufacture of Textile	6995	38	6840

指标	Indicator	R&D 活动项目经费内部支出（万元）Internal Expenditure on R&D(10 000 yuan)	新产品开发项目数（项）Number of on new products Development(unit)	新产品开发经费支出（万元）Expenditure on new products Development (10 000 yuan)
纺织服装、服饰业	Manufacture of Textile Wearing Apparel and Finery	445	2	10
皮革、毛皮、羽毛及其制品和制鞋业	Manufacture of Leather, Fur, Feather & Its Products and Footwear	433	7	327
木材加工和木、竹、藤、棕、草制品业	Processing of Timbers, Manufacture of Wood,Bamboo, Rattan, Palm, and Straw Products	264	3	668
家具制造业	Manufacture of Furniture	225	6	566
造纸和纸制品业	Manufacture of Paper and Paper Products	1641	3	442
印刷和记录媒介复制业	Printing, Reproduction of Recording Media	7482	36	4718
文教、工美、体育和娱乐用品制造业	Manufacture of Culture, Education,Arts and crafts， Sport and Entertainment Goods	1669	12	1687
石油加工、炼焦和核燃料加工业	Processing of Petroleum, Coking and Nucleus Fuel	5327	11	3173
化学原料和化学制品制造业	Manufacture of Chemical Raw Material and Chemical Products	99266	316	83479
医药制造业	Manufacture of Medicines	124407	521	115473
化学纤维制造业	Manufacture of Chemical Fiber	5515	14	5526
橡胶和塑料制品业	Manufacture of Rubber and Plastic	3996	30	3619
非金属矿物制品业	Manufacture of Non-metallic Mineral Products	38107	152	30222
黑色金属冶炼和压延加工业	Manufacture and Processing of Ferrous Metals	4802	23	3056
有色金属冶炼和压延加工业	Manufacture & Processing of Non-ferrous Metals	923	7	965
金属制品业	Manufacture of Metal Products	42989	195	35673
通用设备制造业	Manufacture of General Purpose Machinery	75103	613	68169
专用设备制造业	Manufacture of Special Purpose Machinery	46056	424	45463
汽车制造业	Manufacture of Automotive	183024	340	188587
铁路、船舶、航空航天和其他运输设备制造业	Manufacture of Railroad,Marine,Aerospace and Other Transportation Equipment	25978	142	25536
电气机械和器材制造业	Manufacture of Electrical Machinery & Equipment	77958	383	77274
计算机、通信和其他电子设备制造业	Manufacture of Computer, Communications and Other Electronic Equipment	341920	618	367207
仪器仪表制造业	Manufacture of Measuring Instrument	22992	289	25260
其他制造业	Other Manufacture	100	5	73
废弃资源综合利用业	Comprehensive Utilization of Waste			
金属制品、机械和设备修理业	Metal Products, Machinery and Equipment Repair Industry	4278	44	4412
电力、热力生产和供应业	Production and Supply of Electric Power and Heat Power	4485	1	362
燃气生产和供应业	Production and Supply of Gas	1150		
水的生产和供应业	Production and Supply of Water	1278	6	542

17-7 规模以上工业企业

R&D Funds of Industrial Enterprie

单位：万元

指标	Indicator	合计 Total	按活动类型分组 By Activity Type		
			基础研究 Basic Research	应用研究支出 Applied Research	试验发展支出 Experimental Development
总计	**Total**	1154806	1157	14409	1139240
按登记注册类型分	**by Status of Registration**				
国有企业	State-owned Enterprises	15711	904	2843	11964
集体企业	Collective-owned Enterprises	1966		289	1677
股份合作企业	Cooperative Enterprises				
有限责任公司	Private Limited Liability Corporations	837251	238	5307	831706
国有独资公司	State Sole funded Corporations	212675	238	1974	210463
其他有限责任公司	Other Limited Liability Corporations	624577		3333	621243
股份有限公司	Share-holding Corporations Limited	99836		2337	97498
私营独资企业	Private-funded Enterprises	393			393
私营合伙企业	Private Partnership Enterprises				
私营有限责任公司	Private Limited Liability Corporations	98785	15	3429	95341
私营股份有限公司	Private Share-holding Corporations Ltd.	36742			36742
其他企业	Other Enterprises				
合资经营企业（港或澳、台资）	Joint-ventures Enterprises	7409		86	7323
合作经营企业（港或澳、台资）	Cooperative Enterprises	904			904
港、澳、台商独资经营企业	Enterprises with Sole Investment	10266			10266
港、澳、台商投资股份有限公司	Share-holding Corporations Ltd. With Funds from	3460			3460
中外合资经营企业	Joint-venture Enterprises	30945		24	30921
中外合作经营企业	Cooperation Enterprises				
外资企业	Enterprises with Sole Foreign Funds	11138		94	11044
外商投资股份有限公司	Share-holding Corporations Ltd. With Foreign Investment				
按工业行业大类分	**by Sector**				
煤炭开采和洗选业	Mining and Washing of Coal	2831			2831
石油和天然气开采业	Extraction of Petroleum and Natural Gas				
黑色金属矿采选业	Mining of Ferrous Metal Ores				
非金属矿采选业	Mining and Processing of Nonmetal Ores	80			80
农副食品加工业	Processing of Food from Agricultural Products	13109		11	13098
食品制造业	Manufacture of Foods	8033		827	7206
酒、饮料和精制茶制造业	Manufacture of Wine, Drinks and Refined Tea	1891			1891
烟草制品业	Manufacture of Tobacco	55			55
纺织业	Manufacture of Textile	6995		106	6890

R & D 经费情况（2017 年）

Above Designated Size（2017）

（10 000 yuan）

R&D 经费内部支出 Internal Expenditure on R&D						R&D 经费外部支出 External expenditure on R&D
按支出用途分组 By Object of Expenditure		按资金来源分组 By Capital Source				
经常费支出 Daily Expenditure	资产性支出 Capital Expenditure	政府资金 GovernmentAppropriation Funds	企业资金 Self-raised Funds by Enterprises	境外资金 Foreign funds	其他资金 Other Funds	
1044928	109878	35674	1061155	11482	46495	35635
12800	2911	3046	12665			239
1966		40	1926			
756391	80860	22797	758692	10958	44804	27936
198964	13711	2490	210107	78		16158
557427	67149	20307	548585	10880	44804	11777
91943	7893	3479	95846	488	23	2356
383	11		301		92	49
86366	12420	3943	94060		783	3024
35337	1404	2018	34724			752
7252	157	200	7209			96
843	61		904			
10040	227		10125		141	44
2286	1175		3460			40
28712	2233	152	30788	5		292
10610	528		10454	32	653	809
2831			2831			
73	7		80			8
12315	794	57	12911		141	311
7045	988	274	7700		60	207
1741	151	4	1887			216
44	10		27		27	
6033	962		6995			39

17-7 续 1

指标	Indicator	合计 Total	按活动类型分组 By Activity Type		
			基础研究 Basic Research	应用研究支出 Applied Research	试验发展支出 Experimental Development
纺织服装、服饰业	Manufacture of Textile Wearing Apparel and Finery	445			445
皮革、毛皮、羽毛及其制品和制鞋业	Manufacture of Leather, Fur, Feather & Its Products and Footwear	433			433
木材加工和木、竹、藤、棕、草制品业	Processing of Timbers, Manufacture of Wood,Bamboo, Rattan, Palm, and Straw Products	264			264
家具制造业	Manufacture of Furniture	225			225
造纸和纸制品业	Manufacture of Paper and Paper Products	1641		1197	443
印刷和记录媒介复制业	Printing, Reproduction of Recording Media	7482		647	6835
文教、工美、体育和娱乐用品制造业	Manufacture of Culture, Education,Arts and crafts， Sport and Entertainment Goods	1669			1669
石油加工、炼焦和核燃料加工业	Processing of Petroleum, Coking and Nucleus Fuel	5327		2290	3037
化学原料和化学制品制造业	Manufacture of Chemical Raw Material and Chemical Products	99266		1439	97827
医药制造业	Manufacture of Medicines	124407	904	2868	120635
化学纤维制造业	Manufacture of Chemical Fiber	5515			5515
橡胶和塑料制品业	Manufacture of Rubber and Plastic	3996			3996
非金属矿物制品业	Manufacture of Non-metallic Mineral Products	38107		639	37468
黑色金属冶炼和压延加工业	Manufacture and Processing of Ferrous Metals	4802			4802
有色金属冶炼和压延加工业	Manufacture & Processing of Non-ferrous Metals	923			923
金属制品业	Manufacture of Metal Products	42989		293	42696
通用设备制造业	Manufacture of General Purpose Machinery	75103		2011	73092
专用设备制造业	Manufacture of Special Purpose Machinery	46056	15	655	45386
汽车制造业	Manufacture of Automotive	183024		313	182712
铁路、船舶、航空航天和其他运输设备制造业	Manufacture of Railroad,Marine,Aerospace and Other Transportation Equipment	25978			25978
电气机械和器材制造业	Manufacture of Electrical Machinery & Equipment	77958	238	410	77310
计算机、通信和其他电子设备制造业	Manufacture of Computer, Communications and Other Electronic Equipment	341920		525	341396
仪器仪表制造业	Manufacture of Measuring Instrument	22992		49	22943
其他制造业	Other Manufacture	100			100
废弃资源综合利用业	Comprehensive Utilization of Waste				
金属制品、机械和设备修理业	Metal Products, Machinery and Equipment Repair Industry	4278		130	4148
电力、热力生产和供应业	Production and Supply of Electric Power and Heat Power	4485			4485
燃气生产和供应业	Production and Supply of Gas	1150			1150
水的生产和供应业	Production and Supply of Water	1278			1278

R&D 经费内部支出 Internal Expenditure on R&D						R&D 经费外部支出 External expenditure on R&D
按支出用途分组 By Object of Expenditure		按资金来源分组 By Capital Source				
经常费支出 Daily Expenditure	资产性支出 Capital Expenditure	政府资金 GovernmentAppropriation Funds	企业资金 Self-raised Funds by Enterprises	境外资金 Foreign funds	其他资金 Other Funds	
445		150	295			10
413	20		433			
215	49	0	264			
225			213		13	1
1625	15		1641			
5678	1804	85	7103	293	1	595
1417	253	42	1481		146	6
4994	333	913	4415			255
84883	14383	879	97691	32	664	1201
110149	14258	6039	118348	21		5860
5394	121		5515			
3450	546	39	3958			22
35181	2927	557	35385	467	1698	429
4331	471		4802			259
798	125		923			
38370	4619	405	42358		226	120
71518	3585	2919	71770	83	332	1951
42888	3168	3410	42544	101	1	937
170737	12288	443	182529		52	15976
25579	399	20	25958			1176
72588	5370	1416	76426		116	1798
303021	38900	16248	272168	10486	43018	2900
22164	828	1336	21656			1195
84	16		100			
3634	644		4278			145
2707	1778	440	4045			
1150			1150			
1211	67		1278			20

17-8 规模以上工业企业办科技机构情况（2017 年）

Science and Technology Institutions of Industrial Enterprises Above Designated Size （2017）

指标	Indicator	机构数（个）Number (unit)	机构人员（人）Research Personnel(Person)			机构经费支出（万元）Agency Expenditure (10 000 yuan)	仪器和设备原价（万元）Original price of Equipment (10 000 yuan)
			合计 Total	博士毕业 Doctor	硕士毕业 Master		
总计	**Total**	366	30427	454	6768	716575	833687
按登记注册类型分	**by Status of Registration**						
国有企业	State-owned Enterprises	8	376	18	160	546	13380
集体企业	Collective-owned Enterprises						
股份合作企业	Cooperative Enterprises						
有限责任公司	Private Limited Liability Corporations	174	23607	275	5686	603547	683560
国有独资公司	State Sole funded Corporations	20	3199	22	646	93551	78199
其他有限责任公司	Other Limited Liability Corporations	154	20408	253	5040	509997	605361
股份有限公司	Share-holding Corporations Limited	42	2195	68	466	38120	38668
私营独资企业	Private-funded Enterprises						
私营合伙企业	Private Partnership Enterprises						
私营有限责任公司	Private Limited Liability Corporations	99	1787	44	228	24750	27273
私营股份有限公司	Private Share-holding Corporations Ltd.	21	1055	20	147	30496	18110
其他企业	Other Enterprises						
合资经营企业（港或澳、台资）	Joint-ventures Enterprises	4	82	22	2	3462	211
合作经营企业（港或澳、台资）	Cooperative Enterprises						
港、澳、台商独资经营企业	Enterprises with Sole Investment	2	92		1	1925	2332
港、澳、台商投资股份有限公司	Share-holding Corporations Ltd. With Funds from	1	272		9	3460	16197
中外合资经营企业	Joint-venture Enterprises	10	813	1	30	7799	8691
中外合作经营企业	Cooperation Enterprises						
外资企业	Enterprises with Sole Foreign Funds	5	148	6	39	2470	25266
外商投资股份有限公司	Share-holding Corporations Ltd. With Foreign Investment						
按工业行业大类分	**by Sector**						
煤炭开采和洗选业	Mining and Washing of Coal						
石油和天然气开采业	Extraction of Petroleum and Natural Gas						
黑色金属矿采选业	Mining of Ferrous Metal Ores						
非金属矿采选业	Mining and Processing of Nonmetal Ores	1	4		2	80	182
农副食品加工业	Processing of Food from Agricultural Products	11	320	20	120	8324	3164
食品制造业	Manufacture of Foods	14	401	10	50	3550	6892
酒、饮料和精制茶制造业	Manufacture of Wine, Drinks and Refined Tea	4	121	3	5	1846	2304
烟草制品业	Manufacture of Tobacco	1	8		3	54	134
纺织业	Manufacture of Textile	4	30		1	371	454

指标	Indicator	机构数（个）Number (unit)	机构人员（人）Research Personnel(Person)			机构经费支出（万元）Agency Expenditure (10 000 yuan)	仪器和设备原价（万元）Original price of Equipment (10 000 yuan)
			合计 Total	博士毕业 Doctor	硕士毕业 Master		
纺织服装、服饰业	Manufacture of Textile Wearing Apparel and Finery						
皮革、毛皮、羽毛及其制品和制鞋业	Manufacture of Leather, Fur, Feather & Its Products and Footwear	1	28			490	604
木材加工和木、竹、藤、棕、草制品业	Processing of Timbers, Manufacture of Wood,Bamboo, Rattan, Palm, and Straw Products	1	18			25	30
家具制造业	Manufacture of Furniture						
造纸和纸制品业	Manufacture of Paper and Paper Products						
印刷和记录媒介复制业	Printing, Reproduction of Recording Media	8	346	1	10	3952	18942
文教、工美、体育和娱乐用品制造业	Manufacture of Culture, Education,Arts and crafts，Sport and Entertainment Goods	1	21			379	133
石油加工、炼焦和核燃料加工业	Processing of Petroleum, Coking and Nucleus Fuel	2	12		3	114	986
化学原料和化学制品制造业	Manufacture of Chemical Raw Material and Chemical Products	35	1459	45	254	58940	27043
医药制造业	Manufacture of Medicines	34	2637	92	893	101067	89746
化学纤维制造业	Manufacture of Chemical Fiber	1	22		1	13	1100
橡胶和塑料制品业	Manufacture of Rubber and Plastic	5	72	2	2	699	298
非金属矿物制品业	Manufacture of Non-metallic Mineral Products	24	781	28	61	21242	28659
黑色金属冶炼和压延加工业	Manufacture and Processing of Ferrous Metals	3	96	2	18	1422	1138
有色金属冶炼和压延加工业	Manufacture & Processing of Non-ferrous Metals	1	150		5	923	1500
金属制品业	Manufacture of Metal Products	16	422	2	30	6468	7804
通用设备制造业	Manufacture of General Purpose Machinery	55	2725	21	367	49515	59864
专用设备制造业	Manufacture of Special Purpose Machinery	33	938	16	96	6909	15002
汽车制造业	Manufacture of Automotive	12	2000	22	400	62250	44863
铁路、船舶、航空航天和其他运输设备制造业	Manufacture of Railroad,Marine,Aerospace and Other Transportation Equipment	9	541	4	161	13182	14153
电气机械和器材制造业	Manufacture of Electrical Machinery & Equipment	30	1768	49	369	56455	63008
计算机、通信和其他电子设备制造业	Manufacture of Computer, Communications and Other Electronic Equipment	32	13940	120	3758	303077	431245
仪器仪表制造业	Manufacture of Measuring Instrument	24	1117	17	138	11811	10106
其他制造业	Other Manufacture						
废弃资源综合利用业	Comprehensive Utilization of Waste						
金属制品、机械和设备修理业	Metal Products, Machinery and Equipment Repair Industry	3	436		18	3393	4111
电力、热力生产和供应业	Production and Supply of Electric Power and Heat Power						
燃气生产和供应业	Production and Supply of Gas						
水的生产和供应业	Production and Supply of Water	1	14		3	24	225

17-9 规模以上工业企业自主

Independent Intellectual Property Rights of

指标	Indicator	专利申请数（件）Patent Applications (piece)	#发明专利（件）Inventions (piece)
总计	**Total**	11537	7235
按登记注册类型分	**by Status of Registration**		
国有企业	State-owned Enterprises	49	35
集体企业	Collective-owned Enterprises	15	2
股份合作企业	Cooperative Enterprises		
有限责任公司	Private Limited Liability Corporations	8514	6333
国有独资公司	State Sole funded Corporations	389	99
其他有限责任公司	Other Limited Liability Corporations	8125	6234
股份有限公司	Share-holding Corporations Limited	1536	328
私营独资企业	Private-funded Enterprises		
私营合伙企业	Private Partnership Enterprises		
私营有限责任公司	Private Limited Liability Corporations	972	305
私营股份有限公司	Private Share-holding Corporations Ltd.	265	166
其他企业	Other Enterprises		
合资经营企业（港或澳、台资）	Joint-ventures Enterprises	13	5
合作经营企业（港或澳、台资）	Cooperative Enterprises		
港、澳、台商独资经营企业	Enterprises with Sole Investment	32	16
港、澳、台商投资股份有限公司	Share-holding Corporations Ltd. With Funds from	3	1
中外合资经营企业	Joint-venture Enterprises	83	36
中外合作经营企业	Cooperation Enterprises		
外资企业	Enterprises with Sole Foreign Funds	55	8
外商投资股份有限公司	Share-holding Corporations Ltd. With Foreign Investment		
按工业行业大类分	**by Sector**		
煤炭开采和洗选业	Mining and Washing of Coal	5	1
石油和天然气开采业	Extraction of Petroleum and Natural Gas		
黑色金属矿采选业	Mining of Ferrous Metal Ores		
非金属矿采选业	Mining and Processing of Nonmetal Ores		
农副食品加工业	Processing of Food from Agricultural Products	12	12
食品制造业	Manufacture of Foods	78	48
酒、饮料和精制茶制造业	Manufacture of Wine, Drinks and Refined Tea	3	1
烟草制品业	Manufacture of Tobacco	15	3
纺织业	Manufacture of Textile	97	49

知识产权及相关情况（2017年）

Industrial Enterprises Above Designated Size（2017）

有效发明专利数（件）Effective Invention Patent (piece)	发表科技论文（篇）Science Paper (piece)	拥有注册商标数（件）Registered Trademarks (piece)	#境外注册（件）Overseas Registered (piece)	形成国家或行业标准数（项）Industry or National Standards (unit)
8393	1055	6000	888	383
211	63	388	2	4
7				
4565	472	2936	577	214
615	79	612	58	51
3950	393	2324	519	163
1053	77	984	205	56
1529	360	942	18	42
561	32	184	15	32
201	3	376	60	1
23	6	83	7	
11		16		1
179	26	73	1	33
53	16	18	3	
7	6			
4		4		1
108		75	1	
146	9	96	1	3
5	1	52		1
15	3			
72		24	15	6

指标	Indicator	专利申请数（件）Patent Applications (piece)	#发明专利（件）Inventions (piece)
纺织服装、服饰业	Manufacture of Textile Wearing Apparel and Finery		
皮革、毛皮、羽毛及其制品和制鞋业	Manufacture of Leather, Fur, Feather & Its Products and Footwear	4	4
木材加工和木、竹、藤、棕、草制品业	Processing of Timbers, Manufacture of Wood,Bamboo, Rattan, Palm, and Straw Products	9	
家具制造业	Manufacture of Furniture	2	
造纸和纸制品业	Manufacture of Paper and Paper Products	8	1
印刷和记录媒介复制业	Printing, Reproduction of Recording Media	27	9
文教、工美、体育和娱乐用品制造业	Manufacture of Culture, Education,Arts and crafts， Sport and Entertainment Goods	9	8
石油加工、炼焦和核燃料加工业	Processing of Petroleum, Coking and Nucleus Fuel	21	3
化学原料和化学制品制造业	Manufacture of Chemical Raw Material and Chemical Products	343	226
医药制造业	Manufacture of Medicines	224	164
化学纤维制造业	Manufacture of Chemical Fiber	7	
橡胶和塑料制品业	Manufacture of Rubber and Plastic	27	14
非金属矿物制品业	Manufacture of Non-metallic Mineral Products	129	42
黑色金属冶炼和压延加工业	Manufacture and Processing of Ferrous Metals	45	12
有色金属冶炼和压延加工业	Manufacture & Processing of Non-ferrous Metals	8	1
金属制品业	Manufacture of Metal Products	179	49
通用设备制造业	Manufacture of General Purpose Machinery	491	148
专用设备制造业	Manufacture of Special Purpose Machinery	457	134
汽车制造业	Manufacture of Automotive	334	74
铁路、船舶、航空航天和其他运输设备制造业	Manufacture of Railroad,Marine,Aerospace and Other Transportation Equipment	132	59
电气机械和器材制造业	Manufacture of Electrical Machinery & Equipment	1379	227
计算机、通信和其他电子设备制造业	Manufacture of Computer, Communications and Other Electronic Equipment	7211	5865
仪器仪表制造业	Manufacture of Measuring Instrument	228	64
其他制造业	Other Manufacture	8	
废弃资源综合利用业	Comprehensive Utilization of Waste		
金属制品、机械和设备修理业	Metal Products, Machinery and Equipment Repair Industry	27	12
电力、热力生产和供应业	Production and Supply of Electric Power and Heat Power	11	5
燃气生产和供应业	Production and Supply of Gas		
水的生产和供应业	Production and Supply of Water	7	

有效发明专利数（件）Effective Invention Patent (piece)	发表科技论文（篇）Science Paper (piece)	拥有注册商标数（件）Registered Trademarks (piece)	# 境外注册（件）Overseas Registered (piece)	形成国家或行业标准数（项）Industry or National Standards (unit)
		1		
		7		1
9				
1				1
35		18		1
21		2		
25	27	15		5
992	110	1488	27	67
611	209	1587	77	34
2		3	2	
17	1	13		1
509	15	139	77	9
185	18	96	19	2
12	3	1		
214	18	192	78	20
687	102	387	137	77
837	93	164	14	32
518	7	536	17	10
536	35	17		3
897	102	100	2	21
1624	7	835	418	32
259	259	146	3	24
35	14	1		32
10		1		
	16			

主要统计指标解释

Explanatory Notes on Main Statistical Indicators

科技活动 是指在自然科学、农业科学、医药科学、工程与技术科学、人文与社会科学领域（简称科学技术领域）中，与科技知识的产生、发展、传播和应用密切相关的有组织的活动。在企（事）业中只有列入单位工作计划的科技活动才予以统计，而独立发明人等在企（事）业外或计划外进行的科技活动不在统计范围之内。科研活动可分为研究与试验发展（简称 R&D，包括基础研究、应用研究和试验发展）、研究与试验发展（R&D）成果应用及相关的科技服务三类活动。

基础研究 是指为了获得关于现象和可观察事实的基本原理的新知识（揭示客观事物的本质、运动规律，获得新发现、新学说）而进行的实验性或理论性研究。基础研究属于科学研究范畴。从研究目的看，基础研究不以任何专门或特定的应用或使用为目的，它只是通过试验分析或理论性研究对事物的特性、结构和各种关系进行分析，加深对客观事物的认识，解释现象的本质，揭示物质运动的规律或提出和验证各种设想、理论和定律。从研究结果看，基础研究的结果具有一般的或普遍的正确性，通常表现为一般的原则、理论和规律，其成果以科学论文和科学著作为主要形式。

应用研究 是指为获得新知识而进行的创造性研究，主要针对某一特定的目的或目标。应用研究也属于科学研究范畴。从研究目的看，应用研究是探索基础研究成果的可能用途，或是为达到预定的目标探索应采取的新方法（原理性）或新途径，为解决实际问题提供科学依据。从研究结果看，应用研究的成果一般只影响科学技术的某些领域和有限范围，并具有专门的性质，针对具体的领域、问题或情况，其成果形式以科学论文、专著、原理性模型或发明专利等为主。

试验发展 是指利用从基础研究、应用研究和实际经验所获得的现有知识，为产生新的产品、材料和装置，建立新的工艺、系统和服务，以及对已产生和建立的上述各项做实质性的改进而进行的系统性工作。在社会科学领域，试验发展是指通过把基础研究、应用研究获得的知识转变成可以实施的计划（包括为检验和评估实施示范项目）的过程。

专利申请数 指企业在报告期内向国内外知识产权行政部门提出专利申请并被受理的件数。

专利申请数中发明专利 指企业在报告期内向国内外知识产权行政部门提出发明专利申请并被受理的件数。

新产品产值 指报告期企业生产的新产品的产值。新产品是指采用新技术原理、新设计构思研制、生产的全新产品，或在结构、材质、工艺等某一方面比原有产品有明显改进，从而显著提高了产品性能或扩大了使用功能的产品。新产品产值、新产品销售收入既包括经政府有关部门认定并在有效期内的新产品，也包括企业自行研制开发，未经政府有关部门认定，从投产之日起一年之内的新产品。

拥有注册商标 指企业在报告期末拥有的注册商标件数。包括在境内和境外注册的商标件数，一件商标在境内外同时注册时只统计一件。

技术改造经费支出 指企业在报告期进行技术改造而发生的费用支出。技术改造指企业在坚持科技进步的前提下，将科技成果应用于生产的各个领域（产品、设备、工艺等），用先进工艺、设备代替落后工艺、设备，实现以内涵为主的扩大再生产，从而提高产品质量、促进产品更新换代、节约能源、降低消耗，全面提高综合经济效益。

18

教育与文化

EDUCATION AND CULTURE

18-1 教育事业

Basic Statistics

指标	Indicator	1952 年	1957 年	1962 年	1965 年	1970 年
学校数（所）	**Number of Schools(nuit)**	2679	3106	3731	4318	5359
#高等教育	Higher Education	5	4	12	8	2
中等教育	Secondary Education	37	67	112	410	1204
#中等职业学校	Vocational Secondary Education	16	16	15	15	17
普通中学	Regular Junior Secondary Schools	21	51	93	159	1024
小　学	Primary Schools	2636	3034	3606	3899	4152
专任教师（人）	**Full-time Teachers(person)**	8555	13452	19606	26760	32508
#高等教育	Higher Education	671	1325	2598	2451	922
中等教育	Secondary Education	1108	2569	3418	5321	9607
#中等职业学校	Vocational Secondary Education	311	787	765	685	914
普通中学	Regular Junior Secondary Schools	797	1782	2629	3502	8445
小　学	Primary Schools	6773	9550	13571	18971	21954
在校学生（万人）	**Total Enrollment(10 000 persons)**	26.87	31.95	49.82	68.27	80.20
#高等教育	Higher Education	0.43	0.82	1.65	1.40	0.30
中等教育	Secondary Education	2.73	5.14	5.80	10.43	18.97
#中等职业学校	Vocational Secondary Education	0.69	0.93	0.51	0.65	0.12
普通中学	Regular Junior Secondary Schools	2.04	4.21	5.22	7.50	17.81
小　学	Primary Schools	23.70	25.98	42.35	56.42	60.91
各类学校毕业生数（万人）	**Graduates(10 000 persons)**	4.38	8.58	10.60	10.45	12.09
#高等教育	Higher Education	0.14	0.11	0.31	0.43	—
中等教育	Secondary Education	0.60	1.14	1.72	1.90	1.02
#中等职业学校	Vocational Secondary Education	0.13	0.14	0.32	0.03	—
普通中学	Regular Junior Secondary Schools	0.46	1.00	1.40	1.80	0.38
每一教师负担学生数（人）	**Each Teacher Burden Number of Students(person)**	31.41	23.75	25.41	23.27	24.67
#高等教育	Higher Education	6.41	6.19	6.35	5.71	3.25
中等教育	Secondary Education	24.64	20.01	16.97	19.60	19.75
#中等职业学校	Vocational Secondary Education	22.33	11.84	6.64	9.51	1.36
普通中学	Regular Junior Secondary Schools	25.63	23.64	19.84	21.41	21.09
小　学	Primary Schools	34.99	27.20	31.21	29.74	27.74
平均每万人口在校学生（人）	**Number of Enrollment Per 10000 Population(person)**	843	922	1418	1829	1968
#大学生	Undergraduate	14	24	47	38	7
中专生	Secondary Students	22	27	14	17	3
中学生	Middle School Students	64	122	150	256	463
小学生	Elementary School Students	743	750	1206	1513	1494

注：2017 年高等教育在校生、毕业生均包含网络教育学生。

基本情况

on Education

1975 年	1980 年	1985 年	1990 年	1995 年	2000 年	2005 年	2010 年	2014 年	2015 年	2016 年	2017 年
5412	5066	4511	3924	3360	1725	1251	1025	958	946	948	953
4	11	16	16	16	16	59	66	71	72	71	69
922	759	593	529	440	423	348	302	287	280	284	293
21	30	40	39	41	40	91	73	51	41	37	35
783	710	491	417	312	297	247	209	209	214	224	238
4485	4295	3899	3368	2890	1273	832	645	588	582	582	580
42432	49608	46806	55978	58779	62869	77334	83106	87926	88487	102860	95704
2468	3744	4614	7245	7500	8269	24341	29526	30778	31693	44569	33282
15274	19062	17530	21618	23946	26817	27435	28370	30868	30589	30913	32892
985	1338	2367	2890	2941	2916	4738	4511	4430	4068	3987	3978
13571	17294	13572	16065	17621	20585	21915	21943	23443	23643	24318	25676
24654	26775	24579	26922	27417	27417	25201	24801	25870	25795	26976	29109
90.28	83.56	78.38	79.48	91.69	95.79	129.28	144.6	153.73	153.71	157.95	163.59
0.61	1.58	3.02	3.73	5.66	9.30	48.71	64.25	70.04	71.40	72.63	79.21
25.43	20.24	25.34	28.08	36.64	44.99	42.50	41.76	43.07	40.77	41.89	39.62
0.58	0.31	1.92	2.51	4.79	5.75	9.88	8.10	7.57	5.93	5.79	5.52
23.86	19.63	21.49	22.45	27.15	33.82	30.91	30.18	30.8	30.16	29.84	30.56
64.22	61.47	49.98	47.57	49.23	41.40	37.88	38.40	40.51	41.44	43.23	44.66
22.66	18.07	17.31	17.12	20.88	23.65	33.58	38.10	39.88	39.83	43.25	47.24
0.20	0.03	0.45	1.03	1.68	1.55	13.49	17.57	19.43	19.48	23.37	27.37
11.83	8.41	7.36	8.24	10.39	10.80	14.03	13.55	14.12	14.22	13.52	12.73
0.20	0.46	0.52	0.62	1.16	1.84	3.29	3.13	2.76	2.75	1.89	1.68
11.58	7.89	6.39	6.66	7.78	8.16	10.40	9.20	10.12	10.23	10.28	10.03
21.28	16.84	16.75	14.20	15.60	15.24	16.72	17.40	17.48	17.37	15.36	17.09
2.47	4.22	6.55	5.15	7.54	11.25	20.01	21.76	22.76	22.53	16.30	23.79
16.65	10.62	14.46	12.99	15.30	16.78	15.49	14.72	13.95	13.33	13.55	12.04
5.95	2.29	8.12	8.69	16.30	18.84	20.86	17.96	17.09	14.58	14.52	13.8
17.58	11.35	15.83	13.98	15.41	16.43	14.1	13.75	13.14	12.76	12.27	11.89
26.05	22.96	20.33	17.67	18.20	15.10	15.03	15.48	15.66	16.07	16.03	15.35
2062	1822	1605	1518	1691	1702	2177	2395	2490	2465	2510	2563
14	34	62	71	104	165	820	1064	1134	1145	1154	1241
13	7	39	48	88	102	195	192	199	170	192	142
566	429	473	473	553	601	521	500	499	484	474	479
1466	1339	1024	908	908	736	638	636	656	664	687	700

18-2 普通高等院校一览（2017年）

Basic Statistics on Institutions of Higher Education（2017）

单位：人 (person)

指标	普通本专科在校学生数 Total Enrollment	普通本专科毕业生数 Graduates	普通本专科招生数 New Enrollment	教职工人数 Teachers and Staff	#专任教师 Full-time Teachers 合计 Total	#正高级 Senior	#副高级 Sub-Senior
总计	544448	162015	162311	46227	32559	4202	9997
综合性大学							
山东大学	40789	9797	9981	7493	4153	1246	1561
济南大学	34376	8346	8972	2683	2100	300	697
山东青年政治学院	12931	3660	3590	777	609	48	149
山东女子学院	11433	3803	3862	744	550	42	166
理工院校							
山东建筑大学	25445	5704	6848	2019	1454	215	632
齐鲁工业大学	28376	6799	7082	3091	2004	258	706
山东交通学院	24405	5721	7581	1496	1110	103	385
山东电力高等专科学校	1860	479	739	296	135	32	32
医药院校							
山东中医药大学	17759	4421	4577	1444	1214	146	307
济南护理职业学院	5616	1987	2232	406	246	3	61
师范院校							
山东师范大学	31699	7407	8241	2447	1990	361	557
齐鲁师范学院	12320	4257	2995	836	620	82	160
济南幼儿师范专科学校	3924	1227	1454	525	257	0	81
财经院校							
山东财经大学	30665	7417	7305	2422	1903	309	735
山东财经大学燕山学院	6913	1862	2101	429	389	48	152
政法院校							
山东警察学院	4557	1141	1001	571	288	22	132
山东司法警官职业学院	5972	1978	2089	226	147	2	25
山东政法学院	13147	3278	3305	814	593	51	166

指标	普通本专科在校学生数 Total Enrollment	普通本专科毕业生数 Graduates	普通本专科招生数 New Enrollment	教职工人数 Teachers and Staff	# 专任教师 Full-time Teachers		
					合计 Total	# 正高级 Senior	# 副高级 Sub-Senior
体育院校							
山东体育学院	8019	1799	2134	695	559	48	191
艺术院校							
山东艺术学院	10283	2452	2689	925	740	76	216
山东工艺美术学院	6904	1995	1803	711	493	64	143
职业技术学院							
山东协和学院	15602	8416	5840	1165	872	107	196
山东商业职业技术学院	14470	4605	4590	1066	749	32	261
山东劳动职业技术学院	10965	3913	3669	770	596	28	157
山东职业学院	15117	4821	5153	871	651	31	178
山东力明科技职业学院	6870	11130	3391	975	749	25	155
山东圣翰财贸职业学院	8890	3113	2824	740	416	14	94
山东艺术设计职业学院	2005	284	684	222	146	8	22
山东英才学院	18048	4856	6047	1490	963	83	271
山东杏林科技职业学院	0	262	0	194	119	4	31
山东旅游职业学院	7077	2413	2477	455	358	12	77
济南工程职业技术学院	11344	3622	3844	585	498	11	139
山东电子职业技术学校	9105	3056	3020	525	416	9	104
济南职业学院	12528	4271	4501	747	576	15	127
山东现代职业学院	11576	3390	5586	843	645	85	132
山东凯文科技职业学院	6528	3042	1032	617	432	83	137
山东城市建设职业学校	12032	3642	4324	686	536	10	170
山东管理学院	11391	3490	3538	695	556	46	123
齐鲁理工学院	13428	3058	4568	1183	678	97	162
山东农业工程学院	12519	3441	3980	724	545	42	124
山东特殊教育职业学院	655	0	183	172	119	1	19
山东传媒职业学院	6905	1660	2479	452	385	3	64

18-3 中等专业学校一览（2017年）

Basic Statistics on Specialized Secondary Schools（2017）

单位：人 (person)

指标	在校学生数 Total Enrollment	毕业生数 Graduates	招生数 New Enrollment	教职工人数 Teachers and Staff	# 专任教师 Full-time Teachers 合计 Total	# 副高级 Sub-Senior	# 中级 Middle
总计	12779	5241	3355	971	716	204	373
工科学校							
济南信息工程学校	2726	835	942	201	142	41	84
山东省特殊教育职业学院	556	237	113				
济南电子机械工程学校	2211	827	643	204	156	56	81
医药学校							
济南护理职业学院	613	815	206				
师范学校							
济南幼儿师范高等专科学校	1418	688	355				
财经学校							
山东省济南商贸学校	2714	1270	442	265	190	58	98
体育学校							
济南市体育运动学校	830	161	246				
艺术学校							
山东省文化艺术学校	679	113	155	131	84	7	37
济南艺术学校	721	210	145	170	144	42	73
山东省艺术设计职业学院	311	85	108				

18-4 分县区儿童学前教育基本情况（2017年）

Basic Statistics in Pre-school Education by Region（2017）

单位：人 （person）

指标	Indicator	幼儿园数（所） Number of Kindergartens (unit)	在园人数 Enrolment	入园人数 Entrants	教职工数 Teachers and Staff	# 专任教师 Full-timeTeachers
全 市	total	1474	217473	77647	27418	15393
历下区	Lixia	94	26875	9210	3923	2017
市中区	Shizhong	143	26702	8601	4042	2140
槐荫区	Huaiyin	112	23031	7275	3218	1671
天桥区	Tianqiao	109	22997	8015	3313	1643
历城区	Licheng	177	29577	9849	3988	2267
长清区	Changqing	148	13225	6718	1282	867
章丘区	Zhangqiu	204	21195	6953	2309	1550
高新区	Gaoxin	79	11767	3378	1826	990
平阴县	Pingyin	54	8803	4476	773	534
济阳县	Jiyang	131	14544	4973	1097	603
商河县	Shanghe	223	18757	8199	1647	1111

18-5 图书及出版事业

Basic Statistics on Books and Publishing

指标	Indicator	单位 Unit	2011 年	2012 年	2013 年	2014 年	2015 年	2016 年	2017 年
公共图书馆	**Public Libraries**								
机构数	Number	个 (unit)	12	12	12	12	12	12	12
从业人员	Personnel	人 (person)	426	421	454	447	431	447	462
总藏量	Books	千册(件)(1000 copies)	9890	10764	10932	11395	11950	12845	13633
建筑面积	Area	千平方米 (1000 sq km)	70	70	114	114	138	138	140
#书库	Stack Room	千平方米 (1000 sq km)	25	25	26	26	29	31	31
阅览室	Reading Room	千平方米 (1000 sq km)	22	22	35	35	37	38	39
阅览室席位数	Seat of Reading Room	千个 (1000 sets)	4.6	4.5	5.6	5.6	6.3	7.8	8.2
书刊外借人次	Number of Checked Out	万人次 (10 000 person-times)	123.0	136.4	154.1	171.5	178.3	159.6	171.6
书刊外借册数	Number of Lend Out	万册次 (10 000 copies-times)	230.2	251.0	278.8	322.0	337.0	370.5	409.9
出版事业	**Public Career**								
出版单位	Publish Unit								
图书	Books	个 (unit)	15	15	15	15	15	15	15
报纸	Newspaper	个 (unit)	52	49	50	50	52	52	52
杂志	Magazine	个 (unit)	149	151	150	150	150	150	150
出版种类	Publication Type								
图书	Books	种 (kind)	8305	8490	10219	10913	10234	11246	12364
报纸	Newspaper	种 (kind)	54	49	50	50	52	52	52
杂志	Magazine	种 (kind)	155	157	158	158	159	159	158
出版数量	Publication Number								
图书	Books	万册，万份 (10 000 copies)	31087	28693	30777	31972	43860	42155	45501
报纸	Newspaper	万册，万份 (10 000 copies)	157553	155994	156173	140741	136480	110268	99089
杂志	Magazine	万册，万份 (10 000 copies)	8284	8158	9400	9255	8572	7972	7809
报纸出版总印张数	**Nunber of Newspaper**								
总计	Total	万印张 (10 000 sheets)	660146	732009	716077	642625	570102	420024	366984
综合报	Synthetical Newspaper	万印张 (10 000 sheets)	595239	691797	644015	503953	521497	374323	324534
专业报	Special Newspaper	万印张 (10 000 sheets)	64907	40212	72063	138673	48605	45701	42451
省级报	Provincial	万印张 (10 000 sheets)	558451	603236	574319	518802	478512	334431	285486
综合报	Synthetical Newspaper	万印张 (10 000 sheets)	493544	563023	506624	384498	433399	303043	245424
专业报	Special Newspaper	万印张 (10 000 sheets)	64907	36936	67695	134305	45113	31388	40063
市级报	City	万印张 (10 000 sheets)	101695	132050	141758	123823	91590	85593	81498
综合报	Synthetical Newspaper	万印张 (10 000 sheets)	101695	128774	137390	119455	88098	82509	79110
专业报	Special Newspaper	万印张 (10 000 sheets)	0	3276	4368	4368	3492	3084	2388

18-6 文化事业机构和人员

Number of Institutions and Persons in Culture

指标	Indicator	2011 年	2012 年	2013 年	2014 年	2015 年	2016 年	2017 年
机构数（个）	**Number(unit)**							
电影业	Movies	15	22	25	30	38	44	52
艺术业	Arts	28	25	28	27	27	27	27
文物业	Cultural Relics	22	32	37	40	42	48	48
图书馆业	Libraries	12	12	12	12	12	12	12
群众文化业	Mass Culture	152	153	153	153	152	155	153
艺术教育业	Art Education	1	1	1	1	1	1	1
文艺科研业	Culture Research	2	2	1	1	1	1	1
非文化产业	Non-culture Industry	3	3					
从业人员数（人）	**Personnel(person)**							
电影业	Movies	458	561	631	637	705	913	936
艺术业	Arts	1841	1703	1693	1608	1569	1557	1569
文物业	Cultural Relics	799	957	1057	1083	1119	1173	1158
图书馆业	Libraries	426	421	454	447	431	447	462
群众文化业	Mass Culture	679	697	693	908	699	710	719
艺术教育业	Art Education	107	111	114	112	123	164	167
文艺科研业	Culture Research	63	65	57	46	49	51	49
非文化产业	Non-culture Industry	45	34					

注：电影业机构、从业人员数据为城市电影院线数据，不含农村。

主要统计指标解释

Explanatory Notes on Main Statistical Indicators

普通高等学校　指按照国家规定的设置标准和审批程序批准举办，通过国家统一招生考试，招收高中毕业生为主要培养对象，实施高等教育的全日制大学、独立设置的学院和高等专科学校、短期职业大学。

文化事业机构　指从事专业文化工作和为专业文化工作服务的独立建制的单位。不包括这些单位另外举办独立核算的其他机构和各部门的业余文化组织。

19

体育卫生

SPORTS AND PUBLIC HEALTH

19-1 体育事业

Statistics of Sports Instituons

指标	Indicator	2011 年	2012 年	2013 年	2014 年	2015 年	2016 年	2017 年
体育部门职工人数（人）	**Number of Persons of Physical System(person)**	660	632	650	671	656	724	720
#业余体育学校	Spare-time Sports School	234	148	156	166	219	221	9
总计中：教练员	Referees	208	216	235	241	232	151	231
等级裁判员（人）	**Number of Referees in Grades(person)**							
一级裁判员	First Grade Referees							7
二级裁判员	Second Grade Referees	175	292	216	184	246	122	153
三级裁判员	Third Grade Referees	263						55
二级运动员发展人数（人）	**Number of Second Grade Sportsmen(person)**	372	351	397	376	359	401	465
少年儿童业余体校在校学生（人）	Enrollment Spare-time Sports School(person)		692	647	898	973	1036	845
业余体校（所）	Spare-time Sports School(unit)	12	3	3	3	3	5	7
运动员获奖牌数（枚）	**Number of Medals Wonby Athletes(unit)**	633	507	617	594.5	585	1110	1188.5
#世界级 金 牌	World Gold Medals	18	10	20	6	5	12	1
银 牌	Silver Medals	8	3	7	4	3	4	2
铜 牌	Copper Medal	5	2	1	6	0	4	1
#洲 际 金 牌	Intercontinental Gold Medals	0	2	4	5	5	7	3
银 牌	Silver Medals	0	7	3	1	1	4	3
铜 牌	Copper Medal	0	0	2	0	2	4	0
#全 国 金 牌	Country Gold Medals	19	42	72	75	48	43	85
银 牌	Silver Medals	19	32	31	32	23	29	61
铜 牌	Copper Medal	30	32	34	43	29	16	100
#全 省 金 牌	Province Gold Medals	172	132	177	201.5	215	402	395.5
银 牌	Silver Medals	190	145	141.5	93.5	119	292	273
铜 牌	Copper Medal	172	100	124.5	127.5	135	293	264
体育设施（个）	**Sports Facility(unit)**							
体育场	Stadium	12	12	12	12	12	12	6
体育馆	Gymnasium	9	9	9	9	9	9	17
游泳馆	Natatorium	5	5	5	5	5	5	11
室内外游泳池	Indoor Swimming Pool	2	2	2	2	2	2	5
有固定看台的灯光球场	Light Count With Fixed Stand	2	2	2	2	2	2	7

注：1. 等级裁判员为当年新评定的人数

2. 2017 年体育设施统计口径为市、区县体育部门主管的设施数量

3. 2017 年业余体育学校统计口径只指学校，不包括业训网点

19-2 各时期卫生事业情况

Statistics of Health Institutions in Major Years

年份 Year	卫生机构(个) Number of Health Institutions (unit)		卫生工作人员(人) Medical Technical Personnel (person)		卫生机构床位(张) Number of Beds (set)	
	小计 Total	# 医院及卫生院 Hospitals and Township Hospitals	小计 Total	# 卫生技术人员 Medical Technical Personnel	小计 Total	# 医院及卫生院 Hospitals and Township Hospitals
1952	208	22	6277	4778	3160	1906
1957	708	45	10740	7991	5972	3401
1962	1191	98	13705	9648	7917	5662
1965	1144	114	18885	14881	9035	6438
1970	682	130	13273	10341	7878	6462
1975	934	137	20021	14956	9066	8050
1978	1017	148	24949	19198	11496	9856
1979	1078	152	26385	20110	11902	10781
1980	1091	151	27843	21295	12301	11052
“六五”时期						
1981	1188	152	29597	22559	12428	11436
1982	1159	151	30636	22814	12379	11383
1983	1177	156	31924	23948	12966	11674
1984	1160	157	32967	24502	13728	12960
1985	1175	165	34232	26185	14356	13791
“七五”时期						
1986	1184	167	35803	27360	14757	14165
1987	1137	166	37129	28159	15457	14721
1988	1103	171	38384	29167	16165	15580
1989	1137	180	39926	29878	16698	16176
1990	1300	178	41444	31130	18214	17216
“八五”时期						
1991	1233	177	40957	30815	18439	17538
1992	1331	180	41996	31541	18818	18178
1993	1285	193	43274	32871	20243	19320
1994	1228	213	43630	33007	20001	19064
1995	1185	216	43648	32848	20747	19534

19–2 续 1

年份 Year	卫生机构（个） Number of Health Institutions (unit)		卫生工作人员（人） Medical Technical Personnel (person)		卫生机构床位（张） Number of Beds (set)	
	小计 Total	# 医院及卫生院 Hospitals and Township Hospitals	小计 Total	# 卫生技术人员 Medical Technical Personnel	小计 Total	# 医院及卫生院 Hospitals and Township Hospitals
"九五"时期						
1996	1674	214	45765	35219	20428	19716
1997	1567	220	44664	34188	21422	20706
1998	1574	227	45110	34596	21965	21130
1999	1570	226	45121	34000	21735	21086
2000	1414	231	45166	35669	21698	20830
"十五"时期						
2001	1414	231	45296	35790	21906	21033
2002	1708	243	39386	31945	21576	21042
2003	1868	246	41925	33803	22674	22262
2004	1917	243	41625	33998	24044	22588
2005	2138	246	41499	34129	24695	23524
"十一五"时期						
2006	2285	240	43023	35124	27695	26101
2007	2265	243	42513	34579	26055	25328
2008	5092	286	44416	36143	28939	27555
2009	5163	281	46311	37648	30920	28749
2010	5086	277	54711	39366	31947	29844
"十二五"时期						
2011	5159	262	58590	42116	34920	31545
2012	5239	243	60426	44331	38834	35194
2013	5368	255	76955	57700	45465	41287
2014	5784	265	84515	63604	48280	44058
2015	5947	269	89117	71778	49311	45195
"十三五"时期						
2016	6188	270	92060	76447	52191	47524
2017	5770	289	97663	76273	54855	50142

备注：2015 年及 2016 年的卫生技术人员为注册卫生技术人员，其他年份为在岗卫生技术人员

19-3 卫生事业机构及床位

Number of Health Institutions and Beds

指标	Indicator	2011 年	2012 年	2013 年	2014 年	2015 年	2016 年	2017 年
各类卫生机构数(个)	**Number of Institutions(unit)**	5159	5239	5368	5784	5947	6188	5770
医院	Hospital	200	186	197	207	213	217	238
社区卫生服务中心(站)	Health Service Center for Community	253	259	270	268	275	286	283
卫生院	Health Centers	62	57	58	58	56	53	51
门诊部	Outpatient Department	43	41	68	66	72	89	115
急救中心(站)	First-Aid Center	1	2	2	2	2	2	1
采血供应机构	Pick and Supply Blood Institution	4	4	4	4	4	4	2
妇幼保健院(所、站)	Women and Children Care Agencies	12	12	12	12	12	12	12
专科疾病防治院(所、站)	Specialized Disease Prevention &Treatment Institution	8	8	10	10	10	10	10
疾病预防控制中心(防疫站)	Center for Disease Control and Prevention	12	12	12	12	12	12	12
医学科学研究机构	Medical Science Research Institutes	0	0	0	2	2	2	2
其他卫生机构	Other Medical Institutions	6	6	11	15	17	18	27
各类卫生机构病床数(张)	**Number of Institutions Beds(set)**	34920	38834	45465	48280	49311	52191	54855
医院	Hospital	27984	32000	38001	40874	42204	44526	47575
社区卫生服务中心(站)	Health Service Center for Community	2625	2465	2774	2857	2792	2946	3195
卫生院	Health Centers	3561	3194	3286	3184	2991	2998	2567
门诊部	Outpatient Department	89	219	175	133	127	112	46
妇幼保健院(所、站)	Women and Children Care Agencies	563	758	782	777	834	1243	1126
专科疾病防治院(所、站)	Specialized Disease Prevention	98	198	447	455	360	366	346
千人拥有量(张、人)	**Number Per 1000 Population(set.person)**							
平均每千人拥有病床	Number Of Beds Per 1000 Population	5.77	6.40	7.41	6.83	6.91	7.22	7.49
每千人拥有卫生技术人员	Number Of Medical Technical Personnel Per 1000 Population	6.96	7.28	9.41	9.00	10.06	10.57	10.42
每千人拥有医生	Number Of Doctors Per 1000 Population	3.03	3.20	3.71	3.50	4.60	4.75	3.97
每千人拥有护士	Number Of Nurses Per 1000 Population	2.54	2.65	3.94	3.89	5.32	5.82	4.62

注：2011 年以前“医院”包含卫生院。2015 年及 2016 年医生和护士数为注册数，其他年份为在岗数据

19-4 分地区卫生事业机构及床位(2017年)

Number of Health Institutions and Beds by Region（2017）

指标	Indicator	全市 Total	市区 Urban	平阴县 Pingyin	济阳县 Jiyang	商河县 Shanghe
各类卫生机构数（个）	**Number of Institutions(unit)**	5770	4446	275	632	417
医院	Hospital	238	219	5	11	3
疗养院	Health Service Center for Community	0	0	0	0	0
社区卫生服务中心（站）	Health Centers	283	261	6	9	7
卫生院	Outpatient Department	51	25	7	8	11
门诊部	Outpatient Department	115	104	2	6	3
诊所、卫生所、医务室	Infirmaries and Clinics	2146	1960	82	30	74
急救中心（站）	First-Aid Center	1	1	0	0	0
采血供应机构	Pick and Supply Blood Institution	2	2	0	0	0
妇幼保健院（所、站）	Women and Children Care Agencies	12	9	1	1	1
专科疾病防治院（所、站）	Specialized Disease Prevention &Treatment Institution	10	8	1	1	0
疾病预防控制中心(防疫站)	Center for Disease Control and Prevention	12	9	1	1	1
卫生监督所	Medical Supervision Institution	12	9	1	1	1
医学科学研究机构	Medical Science Research Institutes	2	2	0	0	0
其他卫生构	Other Medical Institutions	27	27	0	0	0
各类卫生机构病床数（张）	**Number of Institutions Beds(bed)**	54855	49508	1884	1850	1613
医院	Hospital	47575	43663	1383	1428	1101
疗养院	Sanatorium	0	0	0	0	0
社区卫生服务中心（站）	Health Service Center for Community	3195	3063	0	90	42
卫生院	Health Centers	2567	1308	475	314	470
门诊部	Outpatient Department	46	46	0	0	0
妇幼保健院（所、站）	Women and Children Care Agencies	1126	1102	6	18	0
专科疾病防治院（所、站）	Specialized Disease Prevention&Treatment Institution	346	326	20	0	0
千人拥有量（张、人）	**Number Per 1000 Population(set.person)**					
平均每千人拥有病床	Number Of Beds Per 1000 Population	7.49	8.48	5.40	3.34	2.78
每千人拥有卫生技术人员	Number Of Medical Technical Personnel Per 1000 Population	10.42	11.93	6.40	4.01	3.78
每千人拥有医生	Number Of Doctors Per 1000 Population	3.97	4.53	2.24	1.76	1.40
每千人拥有护士	Number Of Nurses Per 1000 Population	4.62	5.32	2.82	1.59	1.51

19-5 医疗机构年收入与支出（2017 年）

Revenue and Expenditure in Health Insititutions（2017）

单位：万元 (10 000 yuan)

机构分类	Institutions	总收入 Total Income			
		合计 Total	财政补助收入 Financial Subsidy Income	上级补助收入 Grant From Higher Authority	业务收入 /事业收入 Business Income
合计	**Total**	4119073.5	475871.8	14007.8	3431791.0
医院	Hospital	3521496.4	274606.4	0.0	3155057.6
社区卫生服务中心（站）	Health Service Center for Community	129242.5	41378.5	4224.8	80891.3
卫生院	Health Centers	60900.4	32081.5	525.8	27314.4
门诊部	Outpatient Department	16448.6			11097.5
诊所．卫生所．医务室	Infirmaries and Clinics	36109.0			32324.9
急救中心（站）	First-Aid Center	2636.5	2526.5	10.0	100.0
妇幼保健院（所、站）	Women and Children Care Agencies	113860.2	19819.2	0.0	90197.5
专科疾病防治院（所、站）	Specialized Disease revention&Treatment Institution	5670.5	1815.9	0.0	2933.2

19-5 续

机构分类	Institutions	总支出 Total Expenditure			总支出中：人员支出 Staff Expenditure
		合计 Total	财政专项支出 Financial Expenditure	业务支出 /事业支出 Business Expenditure	
合计	**Total**	3952684.3	256137.1	3045991.5	1200890.6
医院	Hospital	3438475.1	144668.0	2745291.3	1003303.9
社区卫生服务中心（站）	Health Service Center for Community	120978.1	647.2	116534.7	45889.3
卫生院	Health Centers	59364.3	537.1	56815.1	28970.1
门诊部	Outpatient Department	15676.8			6896.2
诊所．卫生所．医务室	Infirmaries and Clinics	28765.7			14980.5
急救中心（站）	First-Aid Center	2069.7	1947.4	122.3	1352.5
妇幼保健院（所、站）	Women and Children Care Agencies	103597.2	15838.7	74623.6	41643.0
专科疾病防治院（所、站）	Specialized Disease revention&Treatment Institution	5502.9	306.5	3085.0	3426.9

备注：门诊部及诊所．卫生所．医务室不填报财政补助收入、上级补助收入、财政专项支出、业务支出 / 事业支出四项指标

19-6 医院、卫生院工作情况

Basic Statistics on Hospitals and Health Institutions in Rural Areas

指标	Indicator	2011 年	2012 年	2013 年	2014 年	2015 年	2016 年	2017 年
医院	**Hospital**							
单位数（个）	Unit Number(unit)	200	167	197	207	213	217	238
诊疗人次数（万人次）	Visits (10 000 person-times)	1809	2097	2293	2594	2716	2865	3157
#门诊人次数	OutPatients	1652	1907	2077	2352	2446	2570	2779
急诊人次数	Emergency Patients	81	97	107	126	150	165	207
健康检查人数（万人次）	check-up(10 000 person-times)	94	97	108	132	131	154	166
入院人数（万人）	Inpatients(10 000 person-times)	65.8	80.1	94.5	106.3	112.5	127.9	140.4
出院人数（万人）	Discharged(10 000 person-times)	65.9	80.2	91.8	106.1	112.1	127.3	139.7
平均开放病床数（张）	Average Bed Opened(bed)	26090	29890	34550	37218	39632	41402	44400
病床使用率（%）	Utilization Rate of Beds(%)	84.18	86.33	83.93	84.14	82.37	86.12	87.52
病床周转次数（次）	Turnover of Beds(time)	25.30	26.80	26.50	28.52	28.30	30.70	31.50
出院者平均住院日（日）	Average Stay Days in Hospital(day)	12.30	11.70	11.40	10.74	10.60	10.10	9.90
卫生院	**Health Centers**							
单位数（个）	Unit Number(unit)	62	76	58	58	56	53	51
诊疗人次数（万人次）	Visits (10 000 person-times)	261.0	256.0	269.0	280.5	211.7	233.4	208.1
#门诊人次数	OutPatients	240.0	238.0	255.0	271.4	205.7	224.6	197.6
急诊人次数	Emergency Patients	4.7	8.3	5.1	4.6	3.0	3.4	6.5
健康检查人数（万人次）	check-up(10 000 person-times)	36.6	34.5	34.0	30.3	23.9	23.0	20.2
入院人数（万人）	Inpatients(10 000 person-times)	7.1	8.9	8.4	6.4	4.7	6.6	5.3
出院人数（万人）	Discharged(10 000 person-times)	7.1	8.9	8.4	6.4	4.7	6.5	5.3
平均开放病床数（张）	Average Bed Opened(bed)	3309	3086	3136	3062	2930	2907	2479
病床使用率（%）	Utilization Rate of Beds(%)	43.48	52.36	55.02	46.60	38.62	54.54	52.00
病床周转次数（次）	Turnover of Beds(time)	21.40	28.80	26.70	20.87	15.90	22.40	21.40
出院者平均住院日（日）	Average Stay Days in Hospital(day)	6.40	6.10	7.60	8.33	8.20	8.40	8.30

注：2011 年以前“医院”包含卫生院。

19-7 分地区卫生技术人员分类情况（2017年）

Medical Technical Personnel by Region（2017）

单位：人 (person)

指标	Indicator	全市 Total	市区 Urban	平阴县 Pingyin	济阳县 Jiyang	商河县 Shanghe
各类卫生机构工作人员合计	Medical TechnicalPersonnel	97663	88112	3032	3176	3343
#卫生技术人员小计	Medical TechnicalPersonnel	76273	69627	2231	2225	2190
医生	Licensed Doctors	29035	26464	781	978	812
注册护士	Registered Nurse	33817	31074	985	883	875
其他	Others	13421	12089	465	364	503

主要统计指标解释

Explanatory Notes on Main Statistical Indicators

等级裁判员人数 指经考核正式批准授予等级裁判员称号的人数。裁判员等级分为国际裁判、国家级裁判、一级裁判、二级裁判、三级裁判。

体育场 指有400米跑道（中心含足球场），有固定道牙，跑道6条以上，并有固定看台的室外田径场地。体育场按看台容纳观众人数分为：甲级25000人以上，乙级15000-25000人，丙级5000-15000人，丁级5000人以下。

体育馆 指有固定看台，可供篮球、排球、羽毛球、乒乓球、体操等项目训练比赛活动用的室内运动场地。体育馆按看台容纳观众人数分为：甲级6000人以上，乙级4000-6000人，丙级2000-4000人，丁级2000人以下。

医院 指设有固定床位，能收容病人住院并能为病人提供医疗、护理服务的医疗机构，包括县及县以上医院、农村乡卫生院和其他医院三部分。医院按所属性质不同分为卫生部门、工业及其他部门和集体经济单位三类。县及县以上医院按业务性质不同分为综合医院和专科医院。

卫生技术人员 指卫生事业机构支付工资的全部职工中现任职务为卫生技术工作的专业人员，包括中医师、西医师、中西医结合高级医师、护师、中药师、西药师、检验师、其他技师、中医士、西医士、护士、助产士、中药剂士、西药剂士、检验士、其他技士、其他中医、护理员、中药剂员、西药剂员、检验员和其他初级卫生技术人员。

医生 指经卫生部门审查合格，从事医疗工作的专业人员。分为中医医生和西医医生。包括卫生技术人员中的中医师、西医师、中西医结合高级医师、中医士、西医士和其他中医。

卫生机构 指从卫生行政部门取得《医疗机构执业许可证》，或从民政和工商行政、机构编制管理部门取得法人单位登记证书，为社会提供医疗保健、疾病控制、卫生监督或从事医学科研和教育等工作的单位。包括医院、疗养院、社区卫生服务中心（站）、乡镇（街道）卫生院、门诊部、诊所（卫生所、医务室）、村卫生室、急救中心（站）、采供血机构、妇幼保健院（所、站）、专科疾病防治院（所、站）、疾病预防控制中心（防疫站）、卫生监督机所（中心）、医学科研机构、医学在职培训机构、健康教育所（站）等其他卫生机构。

医疗机构 指从卫生行政部门取得《医疗机构执业许可证》的机构，包括医院、疗养院、社区卫生服务中心（站）、乡镇（街道）卫生院、门诊部、诊所（卫生所、医务室）、村卫生室、妇幼保健院（所、站）、专科疾病防治院（所、站）、急救中心（站）和临床检验中心。

事业收入 事业单位开展专业业务活动及辅助活动所取得的收入。包括单位收到的从财政专户核拨的预算外资金和部分经财政部门核准不上缴财政专户管理的预算外资金。

20

民政、司法和其它

SOCIAL WELFARE CIVIL ADMINISTRATION AND OTHERS

20-1 社会治安主要指标

Main Indicators of Social Offense

指标	Indicator	2011 年	2012 年	2013 年	2014 年	2015 年	2016 年	2017 年
刑事案件（件）	**Criminal Cases(case)**							
当年全部立案数	Put on Record	53770	50680	47721	45118	35047	21142	19648
破获当年刑事案件数	Cracked the Number of Criminal Cases	29560	25306	27252	26939	20806	7610	8571
治安案件（件）	**Public Security Cases(case)**							
受理数	Cases Accepted	177322	139252	113246	91877	86217	71868	66375
查处数	Cases Punished	168373	136769	110288	87656	81754	68439	63734
城市交通事故	**Traffic Accidents**							
交通事故（起）	Number of Traffic Accidents(case)	762	1453	1801	2948	2946	2944	3075
伤亡人数（人）	Number of Injuries and Deaths(person)	838	1713	2249	3708	3885	3573	3219
#死亡人数（人）	Number of Deathsa(person)	259	272	286	440	439	403	421
损失折款（万元）	Direct Losses(10 000 yuan)	247	632	443	737	840	875.2	1020.3
火灾事故	**Fires**							
火灾起数（起）	Number of Fire Accidents(case)	571	246	2751	2848	2609	1825	1752
伤亡人数（人）	Number of Injuries and Deaths(person)	1	2	12	7	12	15	11
#死亡人数（人）	Number of Deaths(person)	1	2	9	6	12	13	10
损失折款（万元）	Direct Losses(10 000 yuan)	773	395	1471	1104	1571	1903	599

注：“破获当年刑事案件数”2015 年以前为当年全部破案数口径

20-2 分地区社会治安主要指标(2017 年)

Main Indicators of Social Offense by Region（2017）

指标	Indicator	全市 Total	市区 Urban	平阴县 Pingyin	济阳县 Jiyang	商河县 Shanghe
刑事案件（件）	**Criminal Cases(case)**					
当年全部立案数	Put on Record	19648	18132	478	680	358
破获当年刑事案件数	Cracked the Number of Criminal Cases	8571	7843	325	200	203
治安案件（件）	**Public Security Cases(case)**					
受理数	Cases Accepted	66375	59588	2276	1693	2818
查处数	Cases Punished	63734	56963	2265	1693	2813
城市交通事故	**Traffic Accidents**					
交通事故（起）	Number of Traffic Accidents(case)	3075	2941	53	41	40
伤亡人数（人）	Number of Injuries and Deaths(person)	3219	3096	48	41	34
#死亡人数（人）	Number of Deathsa(person)	421	365	28	17	11
损失折款（万元）	Direct Losses(10 000 yuan)	1020	989	11	16	4
火灾事故	**Fires**					
火灾起数（起）	Number of Fire Accidents(case)	1752	1681	19	34	18
伤亡人数（人）	Number of Injuries and Deaths(person)	11	9	0	0	2
#死亡人数（人）	Number of Deaths(person)	10	8	0	0	2
损失折款（万元）	Direct Losses(10 000 yuan)	599	539	27	9	24

20-3 社会保障和救济

Basic Statistics on Social Security and Receiving Relief Flinds

指标	Indicator	2011 年	2012 年	2013 年	2014 年	2015 年	2016 年	2017 年
优抚情况（人）	**Veteran Benefit and Placement(person)**							
享受定期补助人数	Number of Receiving Periodic Subsidy	38982	38793	35077	35298	35012	35148	35248
#在乡复员军人	Demobilized Soldiers in Countryside	11020	8254	4512	3708	2725	2319	1892
参战退役人员	Veterans	5091	4962	4765	4524	4454	4741	4705
社会救济情况（人）	**Social Relief(person)**							
城镇居民最低生活保障人数	Number of Urban Residents for Minimum Livelihood Guarantee	55868	40070	32947	24925	22303	19742	16742
农村居民最低生活保障人数	Number of Rural residents for Minimum Livelihood Guarantee	82562	75978	76223	80535	81215	80147	77121
民政经费（万元）	**Civil Affairs Expenditures (10 000 yuan)**							
退役安置费	Decommissioning Costs	48089	54566	64014	71530	89415	96164	134557
城市居民最低生活保障费	Urban Residents for Minimum Livelihood Guarantee	18828	17126	16064	12882	8585	11573	10966
农村最低生活保障费	Rural residents for Minimum Livelihood Guarantee	10876	12973	14709	16376	13343	24938	26929
其它社会救助费	Other Social Assistance Expenses	7903	7303	6670	7397	11446	6614	5757
社会福利费	Social Welfare Funds	11588	19928	18975	28987	33569	35898	32194
自然灾害生活救助费	Natural Disaster Assistance Expenses	840	1529	1295	570	1646	654	259
医疗救助费	Medical Assistance Expenses	4987	5579	5564	6788	4581	7245	8396
社会保障及扶贫（个、元）	**Social Security and Poverty Alleviation(unit.yuan)**							
建立社会保障服务网络的乡镇数	Number of Towns With Social Security Service Network	55	55	53	53	48	39	29
城市市区居民最低生活保障金标准	Minimum Living Standards for Urban Residents	400	480	480	550	550	580	596

指标	Indicator	济南市（汇总）Total	济南市（市本级）Urban	历下区 Lixia	市中区 Shizhong	槐荫区 Huaiyin
优抚情况（人）	**Veteran Benefit and Placement(person)**					
享受定期抚恤金人数	Number of Receiving Periodic Pensions	831	0	43	68	31
#城镇享受人数	Urban					
享受定期补助人数	Number of Receiving Periodic Subsidy	35248	0	305	1061	600
#在乡复员军人	Demobilized Soldiers in Countryside	1892	0	31	82	40
参战退役人员	Veterans	4705	0	77	202	139
社会救济情况（人）	**Social Relief(person)**					
城镇居民最低生活保障人数	Number of Urban Residents for Minimum Livelihood Guarantee	16742	0	2155	2827	1995
农村居民最低生活保障人数	Number of Rural residents for Minimum Livelihood Guarantee	77121	0	0	2185	653
民政经费（万元）	**Civil Affairs Expenditures(10 000 yuan)**					
退役安置费	Decommissioning Costs	134556.8	88141.5	6242.6	11933.7	6184.8
城市居民最低生活保障费	Urban Residents for Minimum Livelihood Guarantee	10965.5	0.0	1641.5	1752.5	1398.5
农村最低生活保障费	Rural residents for Minimum Livelihood Guarantee	26929.2	0.0	0.0	881.7	270.5
其它社会救助费	Other Social Assistance Expenses	5757.0	0.0	1096.6	64.6	94.9
社会福利费	Social Welfare Funds	32193.5	9316.2	1704.4	2037.6	1595.9
自然灾害生活救助费	Natural Disaster Assistance Expenses	259.1	0.0	0.0	0.0	0.0
医疗救助费	Medical Assistance Expenses	8395.7	244.0	558.8	386.0	632.4
社会保障及扶贫（个、元）	**Social Security and Poverty Alleviation (unit.yuan)**					
建立社会保障服务网络的乡镇数	Number of Towns With Social Security Service Network	29				
城市市区居民最低生活保障金标准	Minimum Living Standards for Urban Residents	596.0		596.0	596.0	596.0

保障和救济（2017年）

Receiving Relief Flinds by Region（2017）

天桥区 Tianqiao	历城区 Licheng	长清区 Chuangqing	章丘区 hangqiu	高新区 Gaoxin	平阴县 Pingyin	济阳县 Jiyang	商河县 Shanghe
37	116	114	144	29	63	71	115
1384	3800	5308	7539	1180	3186	4947	5938
98	431	158	376	110	111	334	121
276	527	821	917	193	319	631	603
5072	757.0	614	2075	28	205	228	786
2009	6067.0	11309	21554	1158	5150	10762	16274
4729.6	3659.6	3242.3	2632.2	260.3	1214.4	3258.2	3057.6
3152.8	618.3	416.2	1285.7	20.1	137.1	131.8	411.3
773.2	3009.8	3481.2	8482.6	468.7	1848.3	3388.3	4324.9
423.4	775.0	2830.2	17.2	398.2	52.5	4.4	0.0
2172.4	1788.0	2161.9	4555.0	206.1	2128.2	1916.0	2611.8
0.0	140.0		100.0	0.0	4.6	0.0	14.5
1138.2	1351.0	1049.3	950.4	303.3	370.9	854.4	557.0
	2	3	3		6	4	11
596.0	596.0	596.0	596.0	596.0	596.0	596.0	596.0

20-5 律师、公证、司法基本情况（2017年）

Basic Statistics on Law、Notarizations and Mendiation（2017）

指标	Indicator	单位 Unit	全市 Total	市区 Urban	平阴县 Pingyin	济阳县 Jiyang	商河县 Shanghe
律师工作	**Lawyers**						
律师事务所	Number of Law Offices	个 (unit)	367	358	4	3	2
执业律师	Number of Lawyers	人 (person)	5843	5785	21	26	11
#专职律师	Full-time Lawyers	人 (person)	5431	5373	21	26	11
担任常年法律顾问	Permanent Legal Advisor	家 (unit)	6082	5933	74	41	34
民事诉讼代理	Civil Agent	件 (case)	46346	45018	686	107	535
刑事诉讼辩护及代理	Criminal Defense and Agent	件 (case)	4839	4755	66	9	9
行政诉讼代理	Administrative Agent	件 (case)	2516	2496	9	6	5
非诉讼法律事务	Non-litigation Legal Matters	件 (case)	9930	9818	88	0	24
公证工作	**Notarization**						
公证处	Number of Notary Offices	个 (unit)	11	8	1	1	1
公证处人员	Personnel of Notary Offices	人 (person)	258	236	11	6	5
#公证员	Notaries	人 (person)	104	91	4	4	5
办理公证总数	Number of Notarized Affair	件 (case)	106637	103665	2015	636	321
#国内民事公证	Domestic Civil Notarization	件 (case)	35941	34155	901	580	305
国内经济公证	Domestic Commerce Notarization	件 (case)	59085	57899	1114	56	16
涉外公证	Foreign-related Notarization	件 (case)	11611	11611	0	0	0
办理经济公证涉及金额	Amount Involved of Apply for Economic Notarization	万元 (10 000 yuan)	3460	3360	53	29	16
基层司法行政工作	**Basic Judicical Administration**						
人民调解委员会	People' s Mediation Committee	个 (unit)	5428	3189	363	890	986
人民调解员	People' s Mediators	人 (person)	18717	11220	1387	2956	3154
调解纠纷总数	Number of Mediation Disputes	件 (case)	33615	20607	1585	5549	5874
#调解成功	Success Mediation	件 (case)	33410	20436	1553	5547	5874
法律服务所	Legal Service Office	个 (unit)	125	107	9	6	3
基层法律工作者	Grassroots Legal Workers	人 (person)	852	750	34	50	18
担任法律顾问	Legal Advisor	家 (unit)	1824	1518	102	150	54
民事诉讼代理	Civil Agent	件 (case)	8018	7105	301	450	162
非诉讼代理	Non-litigation Agent	件 (case)	7729	6921	264	400	144
挽回经济损失	Recoup Economic Losses	万元 (10 000 yuan)	26400	22122	1054	1550	1674
法律援助工作	**Legal Aid**						
法律援助机构	Legal Aid Institution	个 (unit)	12	9	1	1	1
执业人员	Practitioners	人 (person)	69	50	9	5	5
办理法律援助案件	Legal Aid Cases	件 (case)	8381	7097	313	402	569

主要统计指标解释

Explanatory Notes on Main Statistical Indicators

律师 指受聘参加法律顾问处工作，担任法律顾问、刑（民）事代理人、刑事辩护人，办理非诉讼事件、解答法律询问，代写法律事务文书等主要从事律师业务的专职法律工作者和兼职律师。

公证人员 指在国家公证机关依法办理公证事务的司法人员，包括公证员、助理公证员和在公证处工作的其他人员。

调解人员 指在人民调解委员会担负调解民间一般民事纠纷和轻微违法行为引起纠纷的工作人员，包括调解委员会的委员和调解小组的调解员。

立案 指检察机关对犯罪线索进行初步调查后，认为存在职务犯罪事实并需要追究刑事责任时，依法决定作为刑事案件进行侦查的诉讼活动，是追究犯罪的开始。

附 录

APPENDIX

山东省十七城市

Main Statistical Indicators

单位：亿元

城市名称	Region	地区生产总值 Gross National Product	第一产业 Primary Industry	第二产业 Secondary Industry	第三产业 Tertiary Industry	固定资产投资额 Investment in Fixed Assets	#房地产开发投资额 RealEstate Investment	一般公共预算收入 General Pubilic Budget Revenue	一般公共预算支出 General Pubilic Budget Expenditure	金融机构本外币存款余额 The Balance of RMB and Foreign Currencies Deposits in Financial Institutions	#住户存款 Household Deposits
全 省	Total	72678.2	4876.7	32925.1	34876.3	54236.0	6637.3	6098.5	9257.7	91018.7	44409.1
济南市	Ji'nan	7202.0	317.4	2569.2	4315.3	4363.6	1232.6	677.2	834.2	16560.6	4465.7
青岛市	qingdao	11037.3	381.0	4546.2	6110.1	7777.1	1330.5	1157.1	1403.0	15129.0	5516.6
淄博市	zibo	4781.3	149.9	2490.0	2141.4	3135.1	241.9	361.6	446.2	4435.8	2613.6
枣庄市	zaozhuang	2315.9	162.2	1195.0	958.7	1797.5	168.2	145.2	245.1	1828.3	1175.5
东营市	dongying	3801.8	125.9	2391.7	1284.2	2557.5	199.7	232.9	277.7	3822.4	1537.3
烟台市	yantai	7339.0	479.9	3674.4	3184.7	5594.2	546.2	600.3	708.1	7932.6	4174.9
潍坊市	weifang	5858.6	493.3	2671.3	2694.0	4855.5	504.1	539.1	678.4	7613.1	4279.7
济宁市	jining	4650.6	498.0	2122.2	2030.4	3473.5	403.2	385.7	569.7	5021.6	3065.7
泰安市	taian	3585.3	280.4	1627.9	1676.9	2992.5	163.1	207.1	356.0	3346.6	2145.1
威海市	weiha	3480.1	235.5	1580.5	1664.1	2941.9	275.4	273.1	359.6	3380.2	1800.7
日照市	rizhao	2002.7	150.2	963.5	888.9	1691.2	183.2	141.3	232.3	2305.2	1260.2
莱芜市	laiwu	896.0	56.8	499.3	339.9	668.1	53.4	56.0	88.8	954.0	570.7
临沂市	linyi	4345.4	362.7	1884.3	2098.4	3765.7	407.6	285.3	589.6	5878.1	3613.1
德州市	dezhou	3140.2	311.2	1498.6	1330.4	2641.0	238.5	187.5	360.6	3118.3	2075.6
聊城市	liaocheng	3064.1	353.0	1514.1	1197.0	2470.1	281.9	186.5	380.6	3272.5	2120.7
滨州市	binzhou	2612.9	237.2	1222.3	1153.5	2187.9	111.7	226.3	329.6	2763.2	1383.3
菏泽市	heze	2820.2	282.1	1458.3	1079.8	1323.6	296.0	186.6	509.6	3494.8	2552.2
济南位次	Position	3	7	4	2	4	2	2	2	1	2

主要经济指标（2017年）

Indicators of 17 Cities in Shandong（2017）

(100 million yuan)

金融机构本外币贷款余额 The Balance of RMB and Foreign Currencies Loans in Financial Institutions	规模以上工业利润总额 Toal Profits of Industrial Enterprises Above Designated Size	社会消费品零售总额 Total Retail Sales of Consumer Goods	进出口总额 Total Import & Export	# 出口总额 Total Export	实际使用外资 Actual Use of Foreign Capital	城镇居民人均可支配收入（元） Disposable Income of Urban Households (yuan)	城市镇居民人均消费支出（元） Urban Consumption Expenditure (yuan)	农村居民人均可支配收入（元） Disposable Income of rural Households (yuan)	农村居民人均消费支出（元） Consumption Expenditure of rural Households (yuan)	居民消费价格指数 (%) Consumer Price Indices (%)
70873.9	8327.6	33649.0	17823.9	9965.4	1210.5	36789	23072	15118	10342	101.5
14350.3	415.2	4146.1	708.1	451.0	126.4	46642	30729	16594	10327	102.0
14388.4	810.1	4541.0	5033.5	3031.8	524.8	47176	30569	19364	12928	102.0
3022.8	702.2	2374.0	680.0	374.6	48.4	39410	25260	16953	12058	101.2
1212.1	203.1	982.1	101.1	89.0	6.1	29924	17247	14164	9345	101.0
3668.8	474.4	862.3	1312.0	334.4	15.8	44763	26871	16252	12346	101.4
5099.4	1043.6	3273.1	3077.6	1740.5	144.9	41837	27894	18051	13004	101.6
5388.6	707.4	2737.9	1463.8	952.9	78.4	36286	22582	17434	11125	101.4
3158.0	468.9	2259.2	414.4	240.9	40.1	32420	19287	14845	9641	101.1
2106.5	307.8	1608.3	154.4	119.5	39.5	32739	19376	15674	10100	101.8
2217.6	417.6	1607.9	1404.9	855.7	88.0	42703	27898	18963	11728	101.3
2235.5	157.5	720.3	909.6	350.0	42.6	30790	19176	14540	7836	101.1
735.3	72.5	380.0	107.1	70.4	2.3	34889	19912	16144	11309	101.5
4484.9	556.1	2721.6	677.1	502.7	12.3	33266	15742	12613	8024	101.4
1804.2	607.1	1537.1	246.8	181.9	8.8	24640	15131	13389	10785	101.2
2328.0	513.2	1278.8	461.0	238.1	7.0	25231	14651	12415	8996	101.5
2517.2	277.2	968.7	672.9	271.5	17.9	32919	22183	14907	10416	100.9
2010.6	627.3	1650.4	399.6	160.6	7.3	24116	15262	11753	9375	101.1
2	12	2	7	6	3	2	1	6	10	1

附录二

十五副省级城市

Main Statistical Indicators

单位：亿元

城市名称	Region	地区生产总值 Gross National Product	第一产业 Primary Industry	第二产业 Secondary Industry	第三产业 Tertiary Industry	固定资产投资额 Investment in Fixed Assets	# 房地产开发投资额 RealEstate Investment	一般公共预算收入 General Pubilic Budget Revenue	一般公共预算支出 General Pubilic Budget Expenditure	金融机构人民币存款余额 The Balance of RMB Deposits in Financial Institutions	# 住户存款 Household Deposits
济南	Ji'nan	7202.0	317.3	2569.2	4315.3	4363.6	1232.6	677.2	834.2	15957.7	4465.7
沈阳	shenyang	5865.0	266.4	2261.4	3335.4	1484.0	814.2	656.2	848.0	15559.2	6495.3
大连	dalian	7363.9	462.8	3052.6	3834.3	1652.8	566.6	657.7	919.8	13562.2	5414.5
长春	changchun	6530.0	323.5	3175.2	3039.7	5194.8	573.8	450.1	875.7	11467.6	4567.0
哈尔滨	haerbin	6355.0	691.2	1820.7	3845.5	5395.5	494.3	368.1	958.5	10512.6	4938.4
南京	nanjing	11715.1	252.5	4454.9	6997.2	6215.2	2170.2	1271.9	1354.0	29944.9	6019.7
杭州	hangzhou	12556.2	304.8	4387.2	7857.3	5856.7	2734.0	1567.4	1540.9	35321.9	8503.0
宁波	ningbo	9846.9	304.6	5105.5	4427.4	5009.6	1374.5	1245.3	1410.6	17392.5	5902.7
厦门	xiamen	4351.2	23.5	1815.9	2512.0	2381.5	879.9	696.8	811.9	10015.1	2087.6
青岛	qingdao	11037.3	371.0	4546.2	6110.1	7777.1	1330.5	1157.1	1403.0	14388.0	5394.0
武汉	wuhan	13410.3	390.6	5861.4	7140.8	7871.7	2686.3	1402.9	1728.3	23967.7	-
广州	guangzhou	21503.2	240.0	6015.3	15254.4	5919.8	2702.9	1533.1	2186.0	49332.5	14625.6
深圳	shenzhen	22438.4	6.3	9266.8	13153.0	5147.3	2135.9	3332.1	4594.7	64487.4	10837.6
成都	chengdu	13889.4	474.9	5998.2	7390.3	9404.2	2487.9	1275.5	1759.6	34423.0	11971.0
西安	xi'an	7469.9	232.0	2596.1	4592.7	7556.5	2333.3	654.5	1045.1	20047.6	7497.3
济南位次	Position	11	7	12	10	12	10	10	14	9	13

注：为便于排序，哈尔滨进出口总额、出口总额数据根据美元口径和2017年年均汇率推算而来，济南、厦门实际使用外资金额根据人民币口径数据和2017年年均汇率推算而来。

主要经济指标（2017年）

of 15 Vice-provincial Cities（2017）

(100 million yuan)

金融机构人民币贷款余额 The Balance of RMB Loans in Financial Institutions	社会消费品零售总额 Total Retail Sales of Consumer Goods	进出口总额 Total Import & Export	#出口总额 Total Export	实际使用外资（亿美元）Actual Use of Foreign Capital (USD 100 million)	城镇居民人均可支配收入（元）Disposable Income of Urban Households (yuan)	农村居民人均可支配收入（元）Disposable Income of rural Households (yuan)	居民消费价格指数 (%) Consumer Price Indices (%)
12883.7	4146.1	708.1	451.0	18.8	46642	16594	102.0
12952.5	3989.8	867.6	317.7	10.1	41359	15461	101.4
11212.8	3722.5	4132.2	1745.8	32.5	40587	16865	102.1
10341.9	2922.8	952.5	129.8	14.0	33168	13431	101.3
9968.3	4044.8	226.3	98.4	34.4	35546	15614	101.6
24578.3	5604.7	4143.0	2333.0	36.7	54538	23133	101.9
28573.6	5717.4	5085.1	3455.6	66.1	56276	30397	102.5
17125.3	4047.8	7600.1	4984.1	40.3	55656	30871	101.8
8850.6	1446.7	5816.0	3253.7	23.9	50019	20460	102.0
13265.0	4541.0	5033.5	3031.8	77.4	47176	19364	102.0
22558.0	6196.3	1936.2	1157.6	96.5	43405	20887	101.9
33312.7	9402.6	9714.4	5792.2	62.9	55400	23484	102.3
41046.8	6016.2	28011.5	16533.6	74.0	52938	–	101.4
28359.0	6403.5	3941.8	2064.9	62.0	38918	20298	102.0
16954.8	4329.5	2545.4	1552.4	53.1	38536	16522	102.0
11	9	14	12	13	8	10	4

二十六省会城市

Main Statistical Indicators

单位：亿元

城市名称	Region	地区生产总值 Gross National Product	第一产业 Primary Industry	第二产业 Secondary Industry	第三产业 Tertiary Industry	固定资产投资额 Investment in Fixed Assets	#房地产开发投资额 RealEstate Investment	一般公共预算收入 General Pubilic Budget Revenue	一般公共预算支出 General Pubilic Budget Expenditure	金融机构本外币存款余额 The Balance of RMB and Foreign Currencies Deposits in Financial Institutions
济南	Ji'nan	7202.0	317.4	2569.2	4315.3	4363.6	1232.6	677.2	834.2	16560.6
石家庄	shijiazhuang	6460.9	480.5	2913.9	3066.4	6310.1	1212.7	460.7	804.2	11808.9
太原	taiyuan	3382.2	40.8	1271.4	2069.9	964.9	478.1	311.9	479.1	11926.0
呼和浩特	huhehaote	2743.7				1490.8	238.4	201.6	402.3	6374.5
沈阳	shenyang	5865.0	268.2	2261.4	3335.4	1484.0	814.2	656.2	848.0	15752.9
长春	changchun	6530.0	315.1	3175.2	3039.7	5194.8	573.8	450.1	875.7	11540.9
哈尔滨	haerbin	6355.0	688.8	1820.7	3845.5	5395.5	494.3	368.1	958.5	10640.1
南京	nanjing	11715.1	263.0	4454.9	6997.2	6215.2	2170.2	1271.9	1354.0	30764.6
杭州	hangzhou	12556.2	311.7	4387.2	7857.3	5856.7	2734.0	1567.4	1540.9	36483.2
合肥	hefei	7213.5	272.8	3643.1	3297.6	6351.4	1557.4	655.9		14235.4
福州	fuzhou	7104.0	519.5	2962.9	3621.6	5823.4	1694.2	634.2	940.8	13597.7
南昌	nanchang	5003.2	192.1	2666.1	2145.0	5115.2	790.7	417.1	654.3	10137.3
郑州	zhengzhou	9130.2	158.6	4247.5	4724.1	7573.4	3358.8	1056.7	1514.9	21100.4
武汉	wuhan	13410.3	408.2	5861.4	7140.8	7871.7	2686.3	1402.9	1728.3	24499.4
长沙	changsha	10535.5	379.5	4998.3	5157.8	7567.8	1489.7	800.4	1186.6	17141.8
广州	guangzhou	21503.2	233.5	6015.3	15254.4	5919.8	2702.9	1533.1	2186.0	51369.0
南宁	nanning	4118.8	404.2	1599.5	2115.2	4308.0	958.1	332.2	646.3	
海口	haikou	1390.5	63.7	252.2	1074.5	1415.5	603.3	125.4	198.5	5420.3
成都	chengdu	13889.4	500.9	5998.2	7390.3	9404.2	2487.9	1275.5	1759.6	35772.0
贵阳	guiyang	3538.0	147.3	1375.2	2015.5	3850.6	1026.4	377.8	578.1	
昆明	kunming	4857.6	210.1	1866.0	2781.5	4217.9	1683.3	560.9	775.9	
西安	xi'an	7469.9	281.1	2596.1	4592.7	7556.5	2333.3	654.5	1045.1	20378.1
兰州	lanzhou	2523.5	61.5	881.7	1580.3	1315.4		234.2	434.5	
西宁	xining	1284.9	41.8	556.4	686.7	1600.0	351.3	79.2	560.8	3899.8
银川	yinchuan	1803.2	61.4	908.6	833.2	1719.1	402.8	177.5	341.5	3601.1
乌鲁木齐	wulunuqi	2743.8	29.6	827.6	1886.6	2020.0		400.8	458.6	8385.2
济南位次	Position	10	8	14	9	15	12	8	13	9

注：为便于排序，呼和浩特、哈尔滨、合肥、昆明进出口总额、出口总额数据根据美元口径和 2017 年年均汇率推算而来，济南、福州实际使用外资金额根据人民币口径数据和 2017 年年均汇率推算而来

主要经济指标（2017年）

of 26 Provincial Capitals (2017)

(100 million yuan)

金融机构本外币贷款余额 The Balance of RMB and Foreign Currencies Loans in Financial Institutions	社会消费品零售总额 Total Retail Sales of Consumer Goods	进出口总额 Total Import & Export	#出口总额 Total Export	实际使用外资（亿美元） Actual Use of Foreign Capital (USD 100 million)	城镇居民人均可支配收入（元） Disposable Income of Urban Households (yuan)	农村居民人均可支配收入（元） Disposable Income of rural Households (yuan)	居民消费价格指数(%) Consumer Price Indices (%)
14350.3	4146.1	708.1	451.0	18.8	46642	16594	102.0
9020.0	3296.0	862.2	531.2	12.9	32929	13345	101.4
11444.8	1767.8	915.3	572.2	1.1	31469	15595	101.8
7739.6	1571.0	108.0	50.3		43518	15710	101.4
13160.6	3989.8	867.6	317.7	10.1	41359	15461	101.4
10375.7	2922.8	952.5	129.8	14.0	33168	13431	101.3
10199.6	4044.8	201.4	98.4	34.4	35546	15614	101.6
25159.5	5604.7	4143.0	2333.0	36.7	54538	23133	101.9
29270.9	5717.4	5085.1	3455.6	66.1	56276	30397	102.5
13401.2	2728.5	1685.9	986.4	30.2	37972	18594	101.4
13746.3	4193.9	2336.1	1482.4	21.3	40973	17865	101.1
10364.6	2097.0	669.2	428.3	31.8	37675	16364	102.1
18637.6	4057.2	4015.7	2327.9	40.5	36050	19974	101.8
23947.8	6196.3	1936.2	1157.6	96.5	43405	20887	101.9
16027.1	4547.7	938.0	587.9	52.5	46948	27360	101.3
34137.1	9402.6	9714.4	5792.2	62.9	55400	23484	102.3
	2204.2	607.1	275.7	9.4	33217	12515	102.3
5600.3	726.1	210.2	55.5	0.3	33320	13763	103.3
29319.0	6403.5	3941.8	2064.9	62.0	38918	20298	102.0
	1335.3				32186	14264	100.4
	2591.0	528.1	198.6	8.0	39788	13698	100.5
17155.1	4329.5	2545.4	1552.4	53.1	38536	16522	102.0
	1358.7				32331	11305	101.5
5238.7	560.8	32.9	19.1		30043	10548	101.8
4587.4	562.3	270.6	196.0		32981	13087	101.7
6255.8	1317.0	460.3	360.7		37028	17839	102.8
9	9	15	13	13	5	11	7

附录四

中华人民共和国统计法

Statistical Law of The People's Republic of China

（1983年12月8日第六届全国人民代表大会常务委员会第三次会议通过　根据1996年5月15日第八届全国人民代表大会常务委员会第十九次会议《关于修改〈中华人民共和国统计法〉的决定》修正　2009年6月27日第十一届全国人民代表大会常务委员会第九次会议修订）

第一章　总 则

第一条　为了科学、有效地组织统计工作，保障统计资料的真实性、准确性、完整性和及时性，发挥统计在了解国情国力、服务经济社会发展中的重要作用，促进社会主义现代化建设事业发展，制定本法。

第二条　本法适用于各级人民政府、县级以上人民政府统计机构和有关部门组织实施的统计活动。

统计的基本任务是对经济社会发展情况进行统计调查、统计分析，提供统计资料和统计咨询意见，实行统计监督。

第三条　国家建立集中统一的统计系统，实行统一领导、分级负责的统计管理体制。

第四条　国务院和地方各级人民政府、各有关部门应当加强对统计工作的组织领导，为统计工作提供必要的保障。

第五条　国家加强统计科学研究，健全科学的统计指标体系，不断改进统计调查方法，提高统计的科学性。

国家有计划地加强统计信息化建设，推进统计信息搜集、处理、传输、共享、存储技术和统计数据库体系的现代化。

第六条　统计机构和统计人员依照本法规定独立行使统计调查、统计报告、统计监督的职权，不受侵犯。

地方各级人民政府、政府统计机构和有关部门以及各单位的负责人，不得自行修改统计机构和统计人员依法搜集、整理的统计资料，不得以任何方式要求统计机构、统计人员及其他机构、人员伪造、篡改统计资料，不得对依法履行职责或者拒绝、抵制统计违法行为的统计人员打击报复。

第七条　国家机关、企业事业单位和其他组织以及个体工商户和个人等统计调查对象，必须依照本法和国家有关规定，真实、准确、完整、及时地提供统计调查所需的资料，不得提供不真实或者不完整的统计资料，不得迟报、拒报统计资料。

第八条　统计工作应当接受社会公众的监督。任何单位和个人有权检举统计中弄虚作假等违法行为。对检举有功的单位和个人应当给予表彰和奖励。

第九条　统计机构和统计人员对在统计工作中知悉的国家秘密、商业秘密和个人信息，应当予以保密。

第十条　任何单位和个人不得利用虚假统计资料骗取荣誉称号、物质利益或者职务晋升。

第二章　统计调查管理

第十一条　统计调查项目包括国家统计调查项目、部门统计调查项目和地方统计调查项目。

国家统计调查项目是指全国性基本情况的统计调查项目。部门统计调查项目是指国务院有关部门的专业性统计调查项目。地方统计调查项目是指县级以上地方人民政府及其部门的地方性统计调查项目。

国家统计调查项目、部门统计调查项目、地方统计调查项目应当明确分工，互相衔接，不得重复。

第十二条　国家统计调查项目由国家统计局制定，或者由国家统计局和国务院有关部门共同制定，报国务院备案；重大的国家统计调查项目报国务院审批。

部门统计调查项目由国务院有关部门制定。统计调查对象属于本部门管辖系统的，报国家统计局备案；统计调查对象超出本部门管辖系统的，报国家统计局审批。

地方统计调查项目由县级以上地方人民政府统计机构和有关部门分别制定或者共同制定。其中，由省级人民政府统计机构单独制定或者和有关部门共同制定的，报国家统计局审批；由省级以下人民政府统计机构单独制定或者和有关部门共同制定的，报省级人民政府统计机构审批；由县级以上地方人民政府有关部门制定的，报本级人民政府统计机构审批。

第十三条　统计调查项目的审批机关应当对调查项目的必要性、可行性、科学性进行审查，对符合法定条件的，作出予以批准的书面决定，并公布；对不符合法定条件的，作出不予批准的书面决定，并说明理由。

第十四条　制定统计调查项目，应当同时制定该项目的统计调查制度，并依照本法第十二条的规定一并报经审批或者备案。

统计调查制度应当对调查目的、调查内容、调查方法、调查对象、调查组织方式、调查表式、统计资料的报送和公布等作出规定。

统计调查应当按照统计调查制度组织实施。变更统计调查制度的内容，应当报经原审批机关批准或者原备案机关备案。

第十五条 统计调查表应当标明表号、制定机关、批准或者备案文号、有效期限等标志。

对未标明前款规定的标志或者超过有效期限的统计调查表，统计调查对象有权拒绝填报；县级以上人民政府统计机构应当依法责令停止有关统计调查活动。

第十六条 搜集、整理统计资料，应当以周期性普查为基础，以经常性抽样调查为主体，综合运用全面调查、重点调查等方法，并充分利用行政记录等资料。

重大国情国力普查由国务院统一领导，国务院和地方人民政府组织统计机构和有关部门共同实施。

第十七条 国家制定统一的统计标准，保障统计调查采用的指标涵义、计算方法、分类目录、调查表式和统计编码等的标准化。

国家统计标准由国家统计局制定，或者由国家统计局和国务院标准化主管部门共同制定。

国务院有关部门可以制定补充性的部门统计标准，报国家统计局审批。部门统计标准不得与国家统计标准相抵触。

第十八条 县级以上人民政府统计机构根据统计任务的需要，可以在统计调查对象中推广使用计算机网络报送统计资料。

第十九条 县级以上人民政府应当将统计工作所需经费列入财政预算。

重大国情国力普查所需经费，由国务院和地方人民政府共同负担，列入相应年度的财政预算，按时拨付，确保到位。

第三章 统计资料的管理和公布

第二十条 县级以上人民政府统计机构和有关部门以及乡、镇人民政府，应当按照国家有关规定建立统计资料的保存、管理制度，建立健全统计信息共享机制。

第二十一条 国家机关、企业事业单位和其他组织等统计调查对象，应当按照国家有关规定设置原始记录、统计台账，建立健全统计资料的审核、签署、交接、归档等管理制度。

统计资料的审核、签署人员应当对其审核、签署的统计资料的真实性、准确性和完整性负责。

第二十二条 县级以上人民政府有关部门应当及时向本级人民政府统计机构提供统计所需的行政记录资料和国民经济核算所需的财务资料、财政资料及其他资料，并按照统计调查制度的规定及时向本级人民政府统计机构报送其组织实施统计调查取得的有关资料。

县级以上人民政府统计机构应当及时向本级人民政府有关部门提供有关统计资料。

第二十三条 县级以上人民政府统计机构按照国家有关规定，定期公布统计资料。

国家统计数据以国家统计局公布的数据为准。

第二十四条 县级以上人民政府有关部门统计调查取得的统计资料，由本部门按照国家有关规定公布。

第二十五条 统计调查中获得的能够识别或者推断单个统计调查对象身份的资料，任何单位和个人不得对外提供、泄露，不得用于统计以外的目的。

第二十六条 县级以上人民政府统计机构和有关部门统计调查取得的统计资料，除依法应当保密的外，应当及时公开，供社会公众查询。

第四章 统计机构和统计人员

第二十七条 国务院设立国家统计局，依法组织领导和协调全国的统计工作。

国家统计局根据工作需要设立的派出调查机构，承担国家统计局布置的统计调查等任务。

县级以上地方人民政府设立独立的统计机构，乡、镇人民政府设置统计工作岗位，配备专职或者兼职统计人员，依法管理、开展统计工作，实施统计调查。

第二十八条 县级以上人民政府有关部门根据统计任务的需要设立统计机构，或者在有关机构中设置统计人员，并指定统计负责人，依法组织、管理本部门职责范围内的统计工作，实施统计调查，在统计业务上受本级人民政府统计机构的指导。

第二十九条 统计机构、统计人员应当依法履行职责，如实搜集、报送统计资料，不得伪造、篡改统计资料，不得以任何方式要求任何单位和个人提供不真实的统计资料，不得有其他违反本法规定的行为。

统计人员应当坚持实事求是，恪守职业道德，对其负责搜集、审核、录入的统计资料与统计调查对象报送的统计资料的一致性负责。

第三十条 统计人员进行统计调查时，有权就与统计有关的问题询问有关人员，要求其如实提供有关情况、资料并改正不真实、不准确的资料。

统计人员进行统计调查时，应当出示县级以上人民政府统计机构或者有关部门颁发的工作证件；未出示的，统计调查对象有权拒绝调查。

第三十一条 国家实行统计专业技术职务资格考试、评聘制度，提高统计人员的专业素质，保障统计队伍的稳定性。

统计人员应当具备与其从事的统计工作相适应的专业知识和业务能力。

县级以上人民政府统计机构和有关部门应当加强对统计人员的专业培训和职业道德教育。

第五章 监督检查

第三十二条 县级以上人民政府及其监察机关对下级人民政府、本级人民政府统计机构和有关部门执行本法的情况，实施监督。

第三十三条 国家统计局组织管理全国统计工作的监督检查，查处重大统计违法行为。

县级以上地方人民政府统计机构依法查处本行政区域内发

生的统计违法行为。但是，国家统计局派出的调查机构组织实施的统计调查活动中发生的统计违法行为，由组织实施该项统计调查的调查机构负责查处。

法律、行政法规对有关部门查处统计违法行为另有规定的，从其规定。

第三十四条 县级以上人民政府有关部门应当积极协助本级人民政府统计机构查处统计违法行为，及时向本级人民政府统计机构移送有关统计违法案件材料。

第三十五条 县级以上人民政府统计机构在调查统计违法行为或者核查统计数据时，有权采取下列措施：

（一）发出统计检查查询书，向检查对象查询有关事项；

（二）要求检查对象提供有关原始记录和凭证、统计台账、统计调查表、会计资料及其他相关证明和资料；

（三）就与检查有关的事项询问有关人员；

（四）进入检查对象的业务场所和统计数据处理信息系统进行检查、核对；

（五）经本机构负责人批准，登记保存检查对象的有关原始记录和凭证、统计台账、统计调查表、会计资料及其他相关证明和资料；

（六）对与检查事项有关的情况和资料进行记录、录音、录像、照相和复制。

县级以上人民政府统计机构进行监督检查时，监督检查人员不得少于二人，并应当出示执法证件；未出示的，有关单位和个人有权拒绝检查。

第三十六条 县级以上人民政府统计机构履行监督检查职责时，有关单位和个人应当如实反映情况，提供相关证明和资料，不得拒绝、阻碍检查，不得转移、隐匿、篡改、毁弃原始记录和凭证、统计台账、统计调查表、会计资料及其他相关证明和资料。

第六章 法律责任

第三十七条 地方人民政府、政府统计机构或者有关部门、单位的负责人有下列行为之一的，由任免机关或者监察机关依法给予处分，并由县级以上人民政府统计机构予以通报：

（一）自行修改统计资料、编造虚假统计数据的；

（二）要求统计机构、统计人员或者其他机构、人员伪造、篡改统计资料的；

（三）对依法履行职责或者拒绝、抵制统计违法行为的统计人员打击报复的；

（四）对本地方、本部门、本单位发生的严重统计违法行为失察的。

第三十八条 县级以上人民政府统计机构或者有关部门在组织实施统计调查活动中有下列行为之一的，由本级人民政府、上级人民政府统计机构或者本级人民政府统计机构责令改正，予以通报；对直接负责的主管人员和其他直接责任人员，由任免机关或者监察机关依法给予处分：

（一）未经批准擅自组织实施统计调查的；

（二）未经批准擅自变更统计调查制度的内容的；

（三）伪造、篡改统计资料的；

（四）要求统计调查对象或者其他机构、人员提供不真实的统计资料的；

（五）未按照统计调查制度的规定报送有关资料的。

统计人员有前款第三项至第五项所列行为之一的，责令改正，依法给予处分。

第三十九条 县级以上人民政府统计机构或者有关部门有下列行为之一的，对直接负责的主管人员和其他直接责任人员由任免机关或者监察机关依法给予处分：

（一）违法公布统计资料的；

（二）泄露统计调查对象的商业秘密、个人信息或者提供、泄露在统计调查中获得的能够识别或者推断单个统计调查对象身份的资料的；

（三）违反国家有关规定，造成统计资料毁损、灭失的。

统计人员有前款所列行为之一的，依法给予处分。

第四十条 统计机构、统计人员泄露国家秘密的，依法追究法律责任。

第四十一条 作为统计调查对象的国家机关、企业事业单位或者其他组织有下列行为之一的，由县级以上人民政府统计机构责令改正，给予警告，可以予以通报；其直接负责的主管人员和其他直接责任人员属于国家工作人员的，由任免机关或者监察机关依法给予处分：

（一）拒绝提供统计资料或者经催报后仍未按时提供统计资料的；

（二）提供不真实或者不完整的统计资料的；

（三）拒绝答复或者不如实答复统计检查查询书的；

（四）拒绝、阻碍统计调查、统计检查的；

（五）转移、隐匿、篡改、毁弃或者拒绝提供原始记录和凭证、统计台账、统计调查表及其他相关证明和资料的。

企业事业单位或者其他组织有前款所列行为之一的，可以并处五万元以下的罚款；情节严重的，并处五万元以上二十万元以下的罚款。

个体工商户有本条第一款所列行为之一的，由县级以上人民政府统计机构责令改正，给予警告，可以并处一万元以下的罚款。

第四十二条 作为统计调查对象的国家机关、企业事业单位或者其他组织迟报统计资料，或者未按照国家有关规定设置原始记录、统计台账的，由县级以上人民政府统计机构责令改正，给予警告。

企业事业单位或者其他组织有前款所列行为之一的，可以并处一万元以下的罚款。

个体工商户迟报统计资料的，由县级以上人民政府统计机构责令改正，给予警告，可以并处一千元以下的罚款。

第四十三条 县级以上人民政府统计机构查处统计违法行为时，认为对有关国家工作人员依法应当给予处分的，应当提出给予处分的建议；该国家工作人员的任免机关或者监察机关应当依法及时作出决定，并将结果书面通知县级以上人民政府统计机构。

第四十四条 作为统计调查对象的个人在重大国情国力普

查活动中拒绝、阻碍统计调查，或者提供不真实或者不完整的普查资料的，由县级以上人民政府统计机构责令改正，予以批评教育。

第四十五条 违反本法规定，利用虚假统计资料骗取荣誉称号、物质利益或者职务晋升的，除对其编造虚假统计资料或者要求他人编造虚假统计资料的行为依法追究法律责任外，由作出有关决定的单位或者其上级单位、监察机关取消其荣誉称号，追缴获得的物质利益，撤销晋升的职务。

第四十六条 当事人对县级以上人民政府统计机构作出的行政处罚决定不服的，可以依法申请行政复议或者提起行政诉讼。其中，对国家统计局在省、自治区、直辖市派出的调查机构作出的行政处罚决定不服的，向国家统计局申请行政复议；对国家统计局派出的其他调查机构作出的行政处罚决定不服的，向国家统计局在该派出机构所在的省、自治区、直辖市派出的调查机构申请行政复议。

第四十七条 违反本法规定，构成犯罪的，依法追究刑事责任。

第七章 附 则

第四十八条 本法所称县级以上人民政府统计机构，是指国家统计局及其派出的调查机构、县级以上地方人民政府统计机构。

第四十九条 民间统计调查活动的管理办法，由国务院制定。

中华人民共和国境外的组织、个人需要在中华人民共和国境内进行统计调查活动的，应当按照国务院的规定报请审批。

利用统计调查危害国家安全、损害社会公共利益或者进行欺诈活动的，依法追究法律责任。

第五十条 本法自 2010 年 1 月 1 日起施行。

附录五

中华人民共和国统计法实施条例

Regulations for the Implementation of the Statistics Law
of the People' s Republic of China

中华人民共和国国务院令

第 681 号

《中华人民共和国统计法实施条例》已经 2017 年 4 月 12 日国务院第 168 次常务会议通过，现予公布，自 2017 年 8 月 1 日起施行。

总理　李克强

2017 年 5 月 28 日

中华人民共和国统计法实施条例

第一章　总　　则

第一条　根据《中华人民共和国统计法》(以下简称统计法)，制定本条例。

第二条　统计资料能够通过行政记录取得的，不得组织实施调查。通过抽样调查、重点调查能够满足统计需要的，不得组织实施全面调查。

第三条　县级以上人民政府统计机构和有关部门应当加强统计规律研究，健全新兴产业等统计，完善经济、社会、科技、资源和环境统计，推进互联网、大数据、云计算等现代信息技术在统计工作中的应用，满足经济社会发展需要。

第四条　地方人民政府、县级以上人民政府统计机构和有关部门应当根据国家有关规定，明确本单位防范和惩治统计造假、弄虚作假的责任主体，严格执行统计法和本条例的规定。

地方人民政府、县级以上人民政府统计机构和有关部门及其负责人应当保障统计活动依法进行，不得侵犯统计机构、统计人员独立行使统计调查、统计报告、统计监督职权，不得非法干预统计调查对象提供统计资料，不得统计造假、弄虚作假。

统计调查对象应当依照统计法和国家有关规定，真实、准确、完整、及时地提供统计资料，拒绝、抵制弄虚作假等违法行为。

第五条　县级以上人民政府统计机构和有关部门不得组织实施营利性统计调查。

国家有计划地推进县级以上人民政府统计机构和有关部门通过向社会购买服务组织实施统计调查和资料开发。

第二章　统计调查项目

第六条　部门统计调查项目、地方统计调查项目的主要内容不得与国家统计调查项目的内容重复、矛盾。

第七条　统计调查项目的制定机关（以下简称制定机关）应当就项目的必要性、可行性、科学性进行论证，征求有关地方、部门、统计调查对象和专家的意见，并由制定机关按照会议制度集体讨论决定。

重要统计调查项目应当进行试点。

第八条　制定机关申请审批统计调查项目，应当以公文形式向审批机关提交统计调查项目审批申请表、项目的统计调查制度和工作经费来源说明。

申请材料不齐全或者不符合法定形式的，审批机关应当一次性告知需要补正的全部内容，制定机关应当按照审批机关的要求予以补正。

申请材料齐全、符合法定形式的，审批机关应当受理。

第九条　统计调查项目符合下列条件的，审批机关应当作出予以批准的书面决定：

（一）具有法定依据或者确为公共管理和服务所必需；

（二）与已批准或者备案的统计调查项目的主要内容不重复、不矛盾；

（三）主要统计指标无法通过行政记录或者已有统计调查

资料加工整理取得；

（四）统计调查制度符合统计法律法规规定，科学、合理、可行；

（五）采用的统计标准符合国家有关规定；

（六）制定机关具备项目执行能力。

不符合前款规定条件的，审批机关应当向制定机关提出修改意见；修改后仍不符合前款规定条件的，审批机关应当作出不予批准的书面决定并说明理由。

第十条 统计调查项目涉及其他部门职责的，审批机关应当在作出审批决定前，征求相关部门的意见。

第十一条 审批机关应当自受理统计调查项目审批申请之日起20日内作出决定。20日内不能作出决定的，经审批机关负责人批准可以延长10日，并应当将延长审批期限的理由告知制定机关。

制定机关修改统计调查项目的时间，不计算在审批期限内。

第十二条 制定机关申请备案统计调查项目，应当以公文形式向备案机关提交统计调查项目备案申请表和项目的统计调查制度。

统计调查项目的调查对象属于制定机关管辖系统，且主要内容与已批准、备案的统计调查项目不重复、不矛盾的，备案机关应当依法给予备案文号。

第十三条 统计调查项目经批准或者备案的，审批机关或者备案机关应当及时公布统计调查项目及其统计调查制度的主要内容。涉及国家秘密的统计调查项目除外。

第十四条 统计调查项目有下列情形之一的，审批机关或者备案机关应当简化审批或者备案程序，缩短期限：

（一）发生突发事件需要迅速实施统计调查；

（二）统计调查制度内容未作变动，统计调查项目有效期届满需要延长期限。

第十五条 统计法第十七条第二款规定的国家统计标准是强制执行标准。各级人民政府、县级以上人民政府统计机构和有关部门组织实施的统计调查活动，应当执行国家统计标准。

制定国家统计标准，应当征求国务院有关部门的意见。

第三章 统计调查的组织实施

第十六条 统计机构、统计人员组织实施统计调查，应当就统计调查对象的法定填报义务、主要指标涵义和有关填报要求等，向统计调查对象作出说明。

第十七条 国家机关、企业事业单位或者其他组织等统计调查对象提供统计资料，应当由填报人员和单位负责人签字，并加盖公章。个人作为统计调查对象提供统计资料，应当由本人签字。统计调查制度规定不需要签字、加盖公章的除外。

统计调查对象使用网络提供统计资料的，按照国家有关规定执行。

第十八条 县级以上人民政府统计机构、有关部门推广使用网络报送统计资料，应当采取有效的网络安全保障措施。

第十九条 县级以上人民政府统计机构、有关部门和乡、镇统计人员，应当对统计调查对象提供的统计资料进行审核。统计资料不完整或者存在明显错误的，应当由统计调查对象依法予以补充或者改正。

第二十条 国家统计局应当建立健全统计数据质量监控和评估制度，加强对各省、自治区、直辖市重要统计数据的监控和评估。

第四章 统计资料的管理和公布

第二十一条 县级以上人民政府统计机构、有关部门和乡、镇人民政府应当妥善保管统计调查中取得的统计资料。

国家建立统计资料灾难备份系统。

第二十二条 统计调查中取得的统计调查对象的原始资料，应当至少保存2年。

汇总性统计资料应当至少保存10年，重要的汇总性统计资料应当永久保存。法律法规另有规定的，从其规定。

第二十三条 统计调查对象按照国家有关规定设置的原始记录和统计台账，应当至少保存2年。

第二十四条 国家统计局统计调查取得的全国性统计数据和分省、自治区、直辖市统计数据，由国家统计局公布或者由国家统计局授权其派出的调查机构或者省级人民政府统计机构公布。

第二十五条 国务院有关部门统计调查取得的统计数据，由国务院有关部门按照国家有关规定和已批准或者备案的统计调查制度公布。

县级以上地方人民政府有关部门公布其统计调查取得的统计数据，比照前款规定执行。

第二十六条 已公布的统计数据按照国家有关规定需要进行修订的，县级以上人民政府统计机构和有关部门应当及时公布修订后的数据，并就修订依据和情况作出说明。

第二十七条 县级以上人民政府统计机构和有关部门应当及时公布主要统计指标涵义、调查范围、调查方法、计算方法、抽样调查样本量等信息，对统计数据进行解释说明。

第二十八条 公布统计资料应当按照国家有关规定进行。公布前，任何单位和个人不得违反国家有关规定对外提供，不得利用尚未公布的统计资料谋取不正当利益。

第二十九条 统计法第二十五条规定的能够识别或者推断单个统计调查对象身份的资料包括：

（一）直接标明单个统计调查对象身份的资料；

（二）虽未直接标明单个统计调查对象身份，但是通过已标明的地址、编码等相关信息可以识别或者推断单个统计调查对象身份的资料；

（三）可以推断单个统计调查对象身份的汇总资料。

第三十条 统计调查中获得的能够识别或者推断单个统计调查对象身份的资料应当依法严格管理，除作为统计执法依据外，不得直接作为对统计调查对象实施行政许可、行政处罚等具体行政行为的依据，不得用于完成统计任务以外的目的。

第三十一条 国家建立健全统计信息共享机制，实现县级以上人民政府统计机构和有关部门统计调查取得的资料共享。制定机关共同制定的统计调查项目，可以共同使用获取的统计资料。

统计调查制度应当对统计信息共享的内容、方式、时限、渠道和责任等作出规定。

第五章　统计机构和统计人员

第三十二条　县级以上地方人民政府统计机构受本级人民政府和上级人民政府统计机构的双重领导，在统计业务上以上级人民政府统计机构的领导为主。

乡、镇人民政府应当设置统计工作岗位，配备专职或者兼职统计人员，履行统计职责，在统计业务上受上级人民政府统计机构领导。乡、镇统计人员的调动，应当征得县级人民政府统计机构的同意。

县级以上人民政府有关部门在统计业务上受本级人民政府统计机构指导。

第三十三条　县级以上人民政府统计机构和有关部门应当完成国家统计调查任务，执行国家统计调查项目的统计调查制度，组织实施本地方、本部门的统计调查活动。

第三十四条　国家机关、企业事业单位和其他组织应当加强统计基础工作，为履行法定的统计资料报送义务提供组织、人员和工作条件保障。

第三十五条　对在统计工作中做出突出贡献、取得显著成绩的单位和个人，按照国家有关规定给予表彰和奖励。

第六章　监督检查

第三十六条　县级以上人民政府统计机构从事统计执法工作的人员，应当具备必要的法律知识和统计业务知识，参加统计执法培训，并取得由国家统计局统一印制的统计执法证。

第三十七条　任何单位和个人不得拒绝、阻碍对统计工作的监督检查和对统计违法行为的查处工作，不得包庇、纵容统计违法行为。

第三十八条　任何单位和个人有权向县级以上人民政府统计机构举报统计违法行为。

县级以上人民政府统计机构应当公布举报统计违法行为的方式和途径，依法受理、核实、处理举报，并为举报人保密。

第三十九条　县级以上人民政府统计机构负责查处统计违法行为；法律、行政法规对有关部门查处统计违法行为另有规定的，从其规定。

第七章　法律责任

第四十条　下列情形属于统计法第三十七条第四项规定的对严重统计违法行为失察，对地方人民政府、政府统计机构或者有关部门、单位的负责人，由任免机关或者监察机关依法给予处分，并由县级以上人民政府统计机构予以通报：

（一）本地方、本部门、本单位大面积发生或者连续发生统计造假、弄虚作假；

（二）本地方、本部门、本单位统计数据严重失实，应当发现而未发现；

（三）发现本地方、本部门、本单位统计数据严重失实不予纠正。

第四十一条　县级以上人民政府统计机构或者有关部门组织实施营利性统计调查的，由本级人民政府、上级人民政府统计机构或者本级人民政府统计机构责令改正，予以通报；有违法所得的，没收违法所得。

第四十二条　地方各级人民政府、县级以上人民政府统计机构或者有关部门及其负责人，侵犯统计机构、统计人员独立行使统计调查、统计报告、统计监督职权，或者采用下发文件、会议布置以及其他方式授意、指使、强令统计调查对象或者其他单位、人员编造虚假统计资料的，由上级人民政府、本级人民政府、上级人民政府统计机构或者本级人民政府统计机构责令改正，予以通报。

第四十三条　县级以上人民政府统计机构或者有关部门在组织实施统计调查活动中有下列行为之一的，由本级人民政府、上级人民政府统计机构或者本级人民政府统计机构责令改正，予以通报：

（一）违法制定、审批或者备案统计调查项目；

（二）未按照规定公布经批准或者备案的统计调查项目及其统计调查制度的主要内容；

（三）未执行国家统计标准；

（四）未执行统计调查制度；

（五）自行修改单个统计调查对象的统计资料。

乡、镇统计人员有前款第三项至第五项所列行为的，责令改正，依法给予处分。

第四十四条　县级以上人民政府统计机构或者有关部门违反本条例第二十四条、第二十五条规定公布统计数据的，由本级人民政府、上级人民政府统计机构或者本级人民政府统计机构责令改正，予以通报。

第四十五条　违反国家有关规定对外提供尚未公布的统计资料或者利用尚未公布的统计资料谋取不正当利益的，由任免机关或者监察机关依法给予处分，并由县级以上人民政府统计机构予以通报。

第四十六条　统计机构及其工作人员有下列行为之一的，由本级人民政府或者上级人民政府统计机构责令改正，予以通报：

（一）拒绝、阻碍对统计工作的监督检查和对统计违法行为的查处工作；

（二）包庇、纵容统计违法行为；

（三）向有统计违法行为的单位或者个人通风报信，帮助其逃避查处；

（四）未依法受理、核实、处理对统计违法行为的举报；

（五）泄露对统计违法行为的举报情况。

第四十七条　地方各级人民政府、县级以上人民政府有关部门拒绝、阻碍统计监督检查或者转移、隐匿、篡改、毁弃原始记录和凭证、统计台账、统计调查表及其他相关证明和资料的，由上级人民政府、上级人民政府统计机构或者本级人民政府统计机构责令改正，予以通报。

第四十八条 地方各级人民政府、县级以上人民政府统计机构和有关部门有本条例第四十一条至第四十七条所列违法行为之一的，对直接负责的主管人员和其他直接责任人员，由任免机关或者监察机关依法给予处分。

第四十九条 乡、镇人民政府有统计法第三十八条第一款、第三十九条第一款所列行为之一的，依照统计法第三十八条、第三十九条的规定追究法律责任。

第五十条 下列情形属于统计法第四十一条第二款规定的情节严重行为：

（一）使用暴力或者威胁方法拒绝、阻碍统计调查、统计监督检查；

（二）拒绝、阻碍统计调查、统计监督检查，严重影响相关工作正常开展；

（三）提供不真实、不完整的统计资料，造成严重后果或者恶劣影响；

（四）有统计法第四十一条第一款所列违法行为之一，1年内被责令改正3次以上。

第五十一条 统计违法行为涉嫌犯罪的，县级以上人民政府统计机构应当将案件移送司法机关处理。

第八章　附　则

第五十二条 中华人民共和国境外的组织、个人需要在中华人民共和国境内进行统计调查活动的，应当委托中华人民共和国境内具有涉外统计调查资格的机构进行。涉外统计调查资格应当依法报经批准。统计调查范围限于省、自治区、直辖市行政区域内的，由省级人民政府统计机构审批；统计调查范围跨省、自治区、直辖市行政区域的，由国家统计局审批。

涉外社会调查项目应当依法报经批准。统计调查范围限于省、自治区、直辖市行政区域内的，由省级人民政府统计机构审批；统计调查范围跨省、自治区、直辖市行政区域的，由国家统计局审批。

第五十三条 国家统计局或者省级人民政府统计机构对涉外统计违法行为进行调查，有权采取统计法第三十五条规定的措施。

第五十四条 对违法从事涉外统计调查活动的单位、个人，由国家统计局或者省级人民政府统计机构责令改正或者责令停止调查，有违法所得的，没收违法所得；违法所得50万元以上的，并处违法所得1倍以上3倍以下的罚款；违法所得不足50万元或者没有违法所得的，处200万元以下的罚款；情节严重的，暂停或者取消涉外统计调查资格，撤销涉外社会调查项目批准决定；构成犯罪的，依法追究刑事责任。

第五十五条 本条例自2017年8月1日起施行。1987年1月19日国务院批准、1987年2月15日国家统计局公布，2000年6月2日国务院批准修订、2000年6月15日国家统计局公布，2005年12月16日国务院修订的《中华人民共和国统计法实施细则》同时废止。

附录六

统计违法违纪行为处分规定

Statistics Regulation Violations of Law

中华人民共和国监察部
中华人民共和国人力资源和社会保障部　令
国家统计局

第18号

《统计违法违纪行为处分规定》已经监察部2009年2月9日第一次部长办公会议、人力资源社会保障部2008年12月30日第十六次部务会议、国家统计局2008年11月6日第十八次局务会议审议通过。现予公布，自2009年5月1日起施行。

监察部部长　马驭
人力资源社会保障部部长　尹蔚民
国家统计局局长　马建堂
二〇〇九年三月二十五日

统计违法违纪行为处分规定

第一条　为了加强统计工作，提高统计数据的准确性和及时性，惩处和预防统计违法违纪行为，促进统计法律法规的贯彻实施，根据《中华人民共和国统计法》、《中华人民共和国行政监察法》、《中华人民共和国公务员法》、《行政机关公务员处分条例》及其他有关法律、行政法规，制定本规定。

第二条　有统计违法违纪行为的单位中负有责任的领导人员和直接责任人员，以及有统计违法违纪行为的个人，应当承担纪律责任。属于下列人员的（以下统称有关责任人员），由任免机关或者监察机关按照管理权限依法给予处分：

（一）行政机关公务员；

（二）法律、法规授权的具有公共事务管理职能的事业单位中经批准参照《中华人民共和国公务员法》管理的工作人员；

（三）行政机关依法委托的组织中除工勤人员以外的工作人员；

（四）企业、事业单位、社会团体中由行政机关任命的人员。

法律、行政法规、国务院决定和国务院监察机关、国务院人力资源社会保障部门制定的处分规章对统计违法违纪行为的处分另有规定的，从其规定。

第三条　地方、部门以及企业、事业单位、社会团体的领导人员有下列行为之一的，给予记过或者记大过处分；情节较重的，给予降级或者撤职处分；情节严重的，给予开除处分：

（一）自行修改统计资料、编造虚假数据的；

（二）强令、授意本地区、本部门、本单位统计机构、统计人员或者其他有关机构、人员拒报、虚报、瞒报或者篡改统计资料、编造虚假数据的；

（三）对拒绝、抵制篡改统计资料或者对拒绝、抵制编造虚假数据的人员进行打击报复的；

（四）对揭发、检举统计违法违纪行为的人员进行打击报复的。

有前款第（三）项、第（四）项规定行为的，应当从重处分。

第四条　地方、部门以及企业、事业单位、社会团体的领导人员，对本地区、本部门、本单位严重失实的统计数据，应当发现而未发现或者发现后不予纠正，造成不良后果的，给予警告或者记过处分；造成严重后果的，给予记大过或者降级处分；造成特别严重后果的，给予撤职或者开除处分。

第五条　各级人民政府统计机构、有关部门及其工作人员在实施统计调查活动中，有下列行为之一的，对有关责任人员，给予记过或者记大过处分；情节较重的，给予降级或者撤职处分；情节严重的，给予开除处分：

（一）强令、授意统计调查对象虚报、瞒报或者伪造、篡改统计资料的；

（二）参与篡改统计资料、编造虚假数据的。

第六条 各级人民政府统计机构、有关部门及其工作人员在实施统计调查活动中，有下列行为之一的，对有关责任人员，给予警告、记过或者记大过处分；情节较重的，给予降级处分；情节严重的，给予撤职处分：

（一）故意拖延或者拒报统计资料的；

（二）明知统计数据不实，不履行职责调查核实，造成不良后果的。

第七条 统计调查对象中的单位有下列行为之一，情节较重的，对有关责任人员，给予警告、记过或者记大过处分；情节严重的，给予降级或者撤职处分；情节特别严重的，给予开除处分：

（一）虚报、瞒报统计资料的；

（二）伪造、篡改统计资料的；

（三）拒报或者屡次迟报统计资料的；

（四）拒绝提供情况、提供虚假情况或者转移、隐匿、毁弃原始统计记录、统计台账、统计报表以及与统计有关的其他资料的。

第八条 违反国家规定的权限和程序公布统计资料，造成不良后果的，对有关责任人员，给予警告或者记过处分；情节较重的，给予记大过或者降级处分；情节严重的，给予撤职处分。

第九条 有下列行为之一，造成不良后果的，对有关责任人员，给予警告、记过或者记大过处分；情节较重的，给予降级或者撤职处分；情节严重的，给予开除处分：

（一）泄露属于国家秘密的统计资料的；

（二）未经本人同意，泄露统计调查对象个人、家庭资料的；

（三）泄露统计调查中知悉的统计调查对象商业秘密的。

第十条 包庇、纵容统计违法违纪行为的，对有关责任人员，给予记过或者记大过处分；情节较重的，给予降级或者撤职处分；情节严重的，给予开除处分。

第十一条 受到处分的人员对处分决定不服的，依照《中华人民共和国行政监察法》、《中华人民共和国公务员法》、《行政机关公务员处分条例》等有关规定，可以申请复核或者申诉。

第十二条 任免机关、监察机关和人民政府统计机构建立案件移送制度。

任免机关、监察机关查处统计违法违纪案件，认为应当由人民政府统计机构给予行政处罚的，应当将有关案件材料移送人民政府统计机构。人民政府统计机构应当依法及时查处，并将处理结果书面告知任免机关、监察机关。

人民政府统计机构查处统计行政违法案件，认为应当由任免机关或者监察机关给予处分的，应当及时将有关案件材料移送任免机关或者监察机关。任免机关或者监察机关应当依法及时查处，并将处理结果书面告知人民政府统计机构。

第十三条 有统计违法违纪行为，应当给予党纪处分的，移送党的纪律检查机关处理。涉嫌犯罪的，移送司法机关依法追究刑事责任。

第十四条 本规定由监察部、人力资源社会保障部、国家统计局负责解释。

第十五条 本规定自 2009 年 5 月 1 日起施行。

附录七

济南市统计局二〇一七年统计工作大事记

Chronicle of Events of Jinan Statistical Undertaking

1月1日，第三次全国农业普查入户登记工作正式全面启动。当日，省第三次农业普查领导小组副组长、省统计局局长陈迪桂一行，来济检查指导农业普查入户登记工作。市委常委、副市长苏树伟等陪同。检查组听取了济南市和历城区政府关于农业普查工作开展情况的汇报，现场指导了入户登记工作，并看望慰问节日期间奋战在一线的普查人员。

1月9日，济南市统计局撰写的《突出济南特色　实现错位发展——对加快济南产业金融中心建设的几点思考》和《加快“文化+”融合发展　推动文化产业换挡提速》在2016年度全省优秀统计分析评比中，分别获得一等奖和二等奖。

1月13日，济南市统计局召开党组（扩大）会议，专题传达学习全省统计工作会议精神。局党组书记、局长倪志纯主持会议并讲话。

1月17日，济南市统计局党组书记、局长倪志纯参加《政务监督面对面》特别节目，介绍了近期重点工作的开展情况，并现场回答观众提问。

1月19日，济南市统计局党组书记、局长倪志纯，带领全局副处级以上党员干部走进平阴县东阿镇西南坝村、贾庄村、魏院村90户困难家庭，开展扶贫及春节慰问活动。

1月19日，济南市农业普查领导小组副组长、市统计局局长倪志纯一行，到平阴县察看指导农业普查入户登记工作。

1月20日，济南市统计局召开全年总结会议。党组书记、局长倪志纯出席会议并讲话，党组副书记、社会经济调查局局长苑子建主持会议并传达了中共济南市纪委十届八次全体会议第一次会议精神。局领导班子成员出席会议，各处室、支队、中心负责人汇报了2016年工作开展情况，局机关及事业单位全体工作人员参加会议。会后投票评选了2016年度的先进处室和个人。

1月20日，济南市统计局被山东省统计局通报表彰为先进市统计局，办公室、城市年报、国民经济核算等15项工作获得专业业务综合奖，较好地实现了争先进位、力争上游的工作目标，展现了全局干部职工凝心聚力、奋发有为的精神面貌。

2月3日，济南市统计局召开局办公会议，安排部署下一步重点工作。局党组书记、局长倪志纯出席并讲话，要求全局干部职工从零开始、从新起步，以饱满的工作热情迅速进入工作状态，为“四个中心”建设“两年有看头”做出积极贡献。市统计局领导、各处室负责人参加会议。

2月3日-8日，为正确判断一季度规上工业运行态势，济南市统计局工业处组织对重汽集团、浪潮集团、济南炼化、山水集团等14家工业重点企业进行调研。

2月9日至10日，为充分掌握和分析新常态下云计算和大数据等新兴产业发展形势，济南市统计局巡视员郭金豹带领三产处，到部分重点大数据企业开展了专题调研。

2月14日，济南市委、市政府召开新闻发布会，通报了2016年全市经济社会运行情况。市统计局党组副书记、市社会经济调查局局长、新闻发言人苑子建出席新闻发布会，并现场回答新闻记者的提问。

2月上旬，省统计局贸易外经处到济南市调研贸易、物流企业。

2月17日，济南市统计局召开全市投资统计工作座谈会，市统计局党组副书记、社会经济调查局局长苑子建出席会议并讲话。

2月21日，国家统计局农村司副巡视员黄加才到济南调研农业普查现场登记工作。省统计局副巡视员周尊考，市统计局局长倪志纯，市统计执法监察支队支队长刘东涛等陪同座谈、调研。

2月21日，济南市统计局、济南市科技局联合召开2017年全市科技统计年报工作会议，济南市统计局局长倪志纯、济南市科技局局长吕建涛出席会议并讲话。

2月22日，济南市副市长张海波听取了市第三次农业普查领导小组副组长、市统计局局长倪志纯关于全市第三次农业普查工作情况的专题汇报。

2月24日，济南市统计局召开“四上”法人单位上规入库工作座谈会，市统计局党组副书记、社会经济调查局局长苑子建出席会议并讲话。

2月24日，济南市统计局、济南市畜牧兽医局联合召开全市第三次农业普查畜牧工作推进会议。会议传达了张海波副市长关于农业普查工作的指示，通报了全市农业普查畜牧业情况，并就下一步工作进行了安排部署。市农普办主任、市统计执法监察支队支队长刘东涛出席会议并讲话。

2月27日，济南市统计局、济南市商务局联合召开一季度贸易统计工作会议。市统计局副局长张谨国、市商务局副局长仇可出席会议并讲话。

2月28日，济南市政府召开全市统计工作会议。会议由市政府办公厅副主任庞金良主持，市委常委、副市长苏树伟代表市委、市政府讲话，市统计局党组书记、局长倪志纯作了题为《加

油奋进勇于担当 在推进“四个中心”建设中建功立业》的工作报告。会议深入学习贯彻了党的十八大、十八届三中、四中、五中、六中全会和中央、省、市经济工作会议精神，传达了全国、全省统计工作会议精神，总结了2016年统计工作，部署了2017年统计工作任务。

2月28日，济南市统计局召开2017年全市统计系统党风廉政建设工作会议。局党组书记、局长倪志纯出席会议并讲话，市纪委第三派驻组副组长邱鲁军到会指导工作。会议现场组织层层签订了党风廉政建设责任书、承诺书和统计行风建设责任书。

2月28日，济南市统计局召开统计局长座谈会，局党组书记、局长倪志纯出席会议并讲话。市局领导班子成员、各县区统计局局长及高新区科技经济运行局局长参会。会议围绕“1234”工作思路、统计系统建设“四个着力”、推动全市统计工作走在前列等展开讨论。

3月2日，省统计局投资处来济调研投资统计制度方法改革试点工作。

3月4日，济南市召开全市统计业务工作会议。市统计局党组书记、局长倪志纯出席会议并讲话，各县区政府、高新区管委会分管负责人，市统计局领导班子成员参会。

3月7日，济南市统计局召开政务公开工作专题会议，安排部署重点工作，分解指标任务，迎接全市政务公开工作第三方评估和考核。局党组成员、副局长吕历源到会并讲话。

3月9日，济南市统计局组织全局女职工前往聊城孔繁森念馆，开展庆“三八”——学习孔繁森精神主题活动。

3月上旬，济南市统计局被通报表彰为2016年度市直机关档案工作协作组优秀成员单位。

3月上旬，济南市统计局委托市社情民意调查中心，开展了济南市第三次农业普查入户登记情况的电话调查。

3月16日，济南市农普办召开全市第三次农业普查工作会议，市统计局党组成员、第三次农业普查领导小组办公室主任刘东涛出席会议并讲话。

3月中旬，为检验劳动力调查数据质量，济南市统计局委托市社情民意调查中心，对2月份劳动力调查全部800户样本进行电话核查。

3月27日，省统计局核算处来济调研一季度经济走势。市统计局党组成员、总统计师蔡精辉陪同。

4月1日，济南市统计局党组书记、局长倪志纯当选中国共产党济南市第十一届委员会候补委员。

4月5日，济南市统计局召开局办公会议，专题学习传达济南市第十一次党代会会议精神。局党组书记、局长倪志纯传达了济南市第十一次党代会和十一届一次会议精神，重点传达了王文涛书记《敢于担当真抓实干为“打造四个中心，建设现代泉城”不懈奋斗》工作报告和“让实干者得实惠”的重要指示，并对进一步做好统计工作提出要求。

4月上旬，市统计局党组成员、总统计师蔡精辉一行，针对工业统计数据质量和一季度工业经济运行情况，到长清等四县区进行调研。

4月9日至12日，济南市统计局为市第十六届人民代表大会第一次会议提供全市国民经济和社会发展情况的统计信息咨询服务，得到代表们的一致称赞和好评。局党组成员、副局长吕历源现场全程指导。

4月12日，济南市统计局联合市科技局，到中铁十四局进行调研。市统计局党组成员、副局长崔瑞宁，市科技局党组成员、市创新型城市建设推进委员会办公室副主任贾文涛参加调研。

4月13日，省统计局贸易外经处处长宫照华一行，到济南市高新区进行调研，市统计局党组成员、副局长张谨国等陪同调研。

4月19日，济南市2017年首场道德模范进机关先进事迹巡讲报告会在市统计局会议室举行，市文明办领导及市统计局全体干部职工现场聆听了演讲。局党组成员、副局长崔瑞宁主持报告会，局党组成员、副局长吕历源，局党组成员、市统计执法监察支队支队长刘东涛参加活动。

4月21日，济南市统计局党组成员、副局长张谨国一行，到中垠国际贸易有限公司进行调研。

4月21日，济南市副市长王京文主持召开全市一季度农业经济形势分析调度会，听取了市统计局关于一季度全市农业经济运行情况的汇报。王京文副市长要求各农口部门进一步重视农业统计工作，发现问题，及时协调，行动一致；扎实工作，提升水平；按季度通报农村动态统计。

4月27日，市统计局在佛慧山举办“览泉城新貌·展青年风采”登山活动，局党组成员、机关党委书记、副局长崔瑞宁与30余名团员青年一同参加了活动。

4月28日下午，济南市委、市政府召开新闻发布会，通报了一季度全市经济社会运行情况。市统计局党组副书记、市社会经济调查局局长、新闻发言人苑子建出席新闻发布会，并现场回答新闻记者的提问。

4月下旬，济南市统计局顺利完成“厚道鲁商”品牌形象榜上榜企业遴选工作。

4月下旬，市统计局统计信息分析（政务信息）工作获得市委、市政府多项荣誉表彰。局综合统计处被市委办公厅评为2016年度全市党委信息工作先进单位，张叶红被评为先进个人；局办公室被市政府办公厅评为2016年度政务信息报送工作先进单位，石紫、张喜玲被评为先进个人。

5月初，济南市统计局信息分析（政务信息）工作获得市委、市政府的高度认可，局综合统计处被市委办公厅评为2016年度全市党委信息工作先进单位，张叶红被评为先进个人；局办公室被市政府办公厅评为2016年度政务信息报送工作先进单位，石紫、张喜玲被评为先进个人。

5月4日，为庆祝建团95周年暨“五四运动”98周年，济南市委市直机关团工委以“不忘初心跟党走 争做出彩济南人”为主题，开展了第三期“机关青年young学邦”榜样分享活动。济南市统计局团支部与济南日报报业集团团委共同承办此次活动。

5月9日至12日，省农业普查事后质量抽查组到济南市进行第三次全国农业普查省级事后质量抽查。市统计局局长倪志纯、副局长张谨国全程陪同抽查。

5月11日，济南市统计局组织10名党员，参加市直机关工委举办的“创建文明城，机关当先锋”百日行动启动仪式及志愿服务活动。

5月11日-12日，省、市统计局成立联合督导检查组赴商河县、济阳县入户指导劳动力调查工作。省统计局人口处处长孙明清，市统计局党组成员、副局长崔瑞宁率队督导。

5月中旬，济南市统计局组织离退休党员干部，赴临沂革命老区开展了党性教育活动。

5月中旬，济南市统计局编制了《济南市统计局公共服务事项目录》，并正式公布实施。

5月中旬，济南统计局第二党支部组织党员干部到山东省博物馆参观学习。

5月16日，济南市统计局邀请市发改委、经信委等九部门，围绕如何更好的促进统计联网直报法人单位上规入库工作，进行研究会商。局党组副书记、社会经济调查局局长苑子建出席会议并讲话，局党组成员、副局长吕历源主持会议。

5月18日，省统计局社科处处长张定新一行，来济调研“科技成果转化”课题相关内容。市统计局党组成员、副局长崔瑞宁等陪同调研。

5月19日至26日，济南市统计局组织开展了固定资产投资“双随机”抽查，按照要求，随机抽查了历下、天桥、平阴、济阳、商河五个区县的24个投资项目。

5月20日，首期“山东统计大讲堂”开讲，省统计局邀请国家统计局综合司副司长、新闻发言人、高级统计师毛盛勇博士做了题为《关于当前经济形势与宏观政策》的报告。济南市统计党组书记、局长倪志纯，局领导班子成员，与各处室负责人和业务骨干通过视频会议系统一同收听收看，并组织各县区统计局、基层统计站积极收看。

5月23日，济南市统计局启动“精准扶贫慈善捐款”活动。共募捐善款30300元，上交市慈善总会。

5月26日，省农普办主任、省统计局副局长周尊考一行，到济南市济阳县检查调研第三次全国农业普查数据质量。市农普办主任刘东涛、济阳县长孙战宇等陪同。

5月27日，济南市统计局召开县区局长座谈会议，调度近期工作情况，安排部署下一阶段工作任务。局党组书记、局长倪志纯出席会议并讲话，局领导班子成员、部分处室负责人及各县区统计局局长参加会议。

5月下旬，济南市统计局撰写的《坚定信心，在稳增长、转调创中加快现代工业化进程——济南市工业结构优化与升级初探》调研报告，荣获2016年度山东省政府系统优秀调研成果三等奖。

5月底，济南统计执法监察支队组织撰写的《统计执法队伍建设研究》荣获2016年度全市法治研究优秀论文二等奖。

5月底，济南市统计局《坚定信心，在稳增长、转调创中加快现代工业化进程——济南市工业结构优化与升级初探》调研报告荣获2016年度山东省政府系统优秀调研成果三等奖。

6月26日，济南市副市长周云平到市统计局走访调研，与市统计局领导班子成员、各处室负责人座谈交流。市政府副秘书长耿建新陪同走访。市统计局党组书记、局长倪志纯介绍了市统计局的组织机构、人员编制，重点汇报了近期工作开展情况和工作打算。对于做好下一步工作，周云平副市长要求做到“三个满意”和“三个适应”，即：让上级部门满意，让党委政府满意，让人民群众满意；适应高标准、快节奏的工作要求，适应法规、制度的相关要求，适应在阳光下工作，做到公正、廉洁、勤政。

6月1日，济南市统计局党组召开党组（扩大）会议，深入学习廖俊波同志先进事迹。局党组书记、局长倪志纯同志主持会议，局党组成员和各处室负责人参加会议，市纪委派驻第三纪检组副组长闫来智到会指导。

6月2日，济南市统计局召开全体人员大会，总结回顾2016年以来工作，再安排部署了2017年重点工作目标。局党组书记、局长倪志纯出席会议并作了题为《明确方向咬定目标坚持不懈——以钉钉子精神做好全市统计工作》的讲话。局领导班子成员，局内各处室、单位全体工作人员参加会议。

6月5日，为助力全市文明创建工作，济南市统计局与燕山新居社区居委会签订《共建文明社区共创文明城市》协议书。

6月5日，济南市统计局召开全市环境暨绿色发展统计工作会议，建立发改、环保、统计三部门协作机制。局党组副书记、市社会经济调查局局长苑子建到会并讲话。

6月8日，济南统计系统干部业务能力及综合素质提升培训班在西安财经学院顺利开班。西安财经学院统计学院副院长、国家统计局西安财经学院统计人员培训基地副主任郝向东致欢迎辞，局党组成员、总统计师蔡精辉作开班讲话。

6月9日，济南市统计局开展以“档案——我们的共同记忆”为主题的“6.9”国际档案日宣传活动。

6月12至13日，国家统计局贸易外经司来济检查指导贸易统计工作。

6月13日上午9时，中国共产党山东省第十一次代表大会在济南开幕。刘家义同志代表中共山东省第十届委员会向大会作报告。局党组书记、局长倪志纯与局领导班子成员、局机关及事业单位全体工作人员集体收看了大会开幕式实况。

6月14日，国家统计局服务业司副司长李万茂一行来济调研服务业发展情况。

6月15日，国家统计局住户办主任王萍萍一行来济调研现代农业发展情况。

6月16日，济南市统计局党组书记、局长倪志纯一行到高新区调研。区党工委委员、管委会副主任寇梅陪同调研。调研组现场查看了汉峪金谷项目，并座谈交流了解高新区上半年经济运行情况和下半年工作展望。

6月16日，济南市农普办主任、市统计执法监察支队支队长刘东涛一行，到南部山区管委会调研。

6月16日，济南市统计局党组书记、局长倪志纯一行到历下区调研。区委副书记、区长谢兆村，副区长张涛陪同调研。

6月18日，为助力济南市创建全国文明城市，济南市统计局组织蓝色春风学雷锋志愿服务队部分成员，深入参与创建全市文明创建一线工作。

6月20日上午，济南市统计局党组书记、局长倪志纯一行到市中区调研。区委副书记、区长韩永军，区委常委、副区长程伟，副区长付华参加活动。

6月20日下午，济南市统计局党组书记、局长倪志纯一行到天桥区调研。区委书记刘程华，区委副书记、区长窦虎等参加活动。

6月23日，济南市统计局党组书记、局长倪志纯一行到商河县调研。县委副书记、县长郅颂，县经济开发区主任徐振东等参加活动。

6月23日，济南市统计局党组书记、局长倪志纯一行到济阳县调研。济阳县委书记孙斌，县委副书记、县长孙战宇等参加活动。

6月26日，济南市统计局召开局办公会议，专题学习省第十一次党代会精神，并结合全市统计工作实际进行安排部署。市统计局党组书记、局长倪志纯主持会议，局领导班子成员、各处室、单位负责人参加会议。

6月29日下午，济南市统计局党组书记、局长倪志纯一行到章丘区调研。区委书记刘天东，区委副书记、区长韩伟，区委常委、副区长肖辉等参加活动。

6月下旬，济南市统计局圆满完成《济南市民对“拆违拆临”行动成效的民意调查》，获得市委、市政府领导高度认可，并在新闻媒体刊发。

6月，济南市统计局开展“全市基层统计基本情况问卷调查”。

7月10日，中共济南市委组织部在市统计局召开会议，传达市委任免职意见，市委提名倪志纯同志任市政府副秘书长、办公厅主任，不再担任市统计局局长职务；市委决定倪志纯同志任市政府办公厅党组副书记，不再担任市统计局党组书记职务。同时，根据工作需要，确定苑子建同志为市统计局临时负责人。

7月初，济南市统计局三产处撰写的统计分析《破解‘行路难’，济南还是蛮拼的！》获山东省委副书记、济南市委书记王文涛批示。《齐鲁晚报》、《山东商报》、《生活日报》、《济南日报》、《济南时报》，凤凰网、网易新闻、今日头条、齐鲁网、爱济南、天下泉城等十余家主流媒体全文刊载。

7月10日，济南市统计局印发《关于表彰基层统计规范化创建活动先进单位的通知》（济统字〔2017〕23号），对47个统计站（中心）进行通报表彰。

7月14日，济南市统计局召开换届选举党员大会，选举产生了新一届机关委员会和机关纪律委员会。

7月14日，济南市统计局组织全体党员集体观看了教育警示片——《永不停歇的征程》。

7月15日，济南市统计局圆满完成2017年全国外商投资企业联合年检工作。

7月中旬，济南市统计局选派三名同志参加 “创建文明城机关当先锋”知识竞赛，获优秀组织奖。

7月20日，中共济南市委组织部到市统计局考核评价干部人事档案专项审核工作。市统计局党组副书记、市社会经济调查局局长苑子建陪同检查。

7月20日，为助力全市创建文明城市工作，济南市统计局党组成员、副局长崔瑞宁带领16名志愿服务者，走进龙洞街道办事处燕山新居社区，开展文明共建活动。

7月21日，济南市统计局组织全体人员，集体收看了第二期“山东统计大讲堂”，聆听了国家统计局工业司副司长、高级统计师江源《经济分析逻辑专题讲座》。

7月25日，国家统计局召开学习贯彻《中华人民共和国统计法实施条例》视频会议，国家统计局党组书记、局长宁吉喆就学习贯彻《条例》讲话并提出工作要求。市统计局党组副书记、市社会经济调查局局长苑子建，市统计局副局长吕历源、张谨国、谈友军，与局机关及事业单位副处级以上干部一同收听收看。

7月27日上午，市委、市政府新闻发布会在龙奥大厦召开，通报上半年全市经济社会发展情况。济南市统计局党组副书记、市社会经济调查局局长、新闻发言人苑子建出席新闻发布会，并回答记者提问。

7月29日，国家统计局社科文司司长察志敏来济南调研。调研组一行先后来到万达文体旅游城项目、齐鲁制药产业园、高新区科创展厅和浪潮集团，现场查看了文化产业投资项目和企业研发创新情况。省统计局巡视员刘银田，济南市统计局党组副书记、社会经济调查局局长苑子建，党组成员、副局长谈友军等陪同调研。

7月下旬，按照市委要求，经局党组研究，济南市统计局选派房建同志到中国石化济南分公司进行为期一年的挂职锻炼（挂职计划处副处长）。

7月31日，济南市统计局召开党组（扩大）会议，组织学习全省统计系统党组中心组（扩大）理论学习读书会精神，特别是省统计局局长陈迪桂同志在此次会议上的讲话，并研究部署在下一步全市统计系统狠抓落实的具体措施。会议提出要在四方面狠抓落实、力争实效：一是要旗帜鲜明讲政治，将党建工作放在首位狠抓落实；二是要准确定位中心任务，在服务全市新发展上狠抓落实；三是要开拓思路创新方法，在统计制度改革上狠抓落实；四是要筑牢统计基层基础，在提高统计服务能力上狠抓落实。

7月31日，按照市委文件要求和统一部署，市统计局召开党组（扩大）会议，专题学习贯彻习近平总书记7月26日在省部级主要领导干部专题研讨班开班式上发表的重要讲话精神。局党组副书记、市社会经济调查局局长苑子建强调，全市统计系统要以习近平总书记重要讲话精神为指导，坚持学以致用、用以促学，结合全市统计工作实际，充分发挥统计分析预判、监测预警等积极作用，围绕“453”工作体系，围绕全市“四个中心”建设大局，不断提高统计服务能力水平。

8月1日，济南市统计局领导班子成员和全体干部职工集体收听收看庆祝中国人民解放军建军90周年大会直播实况。

8月初，济南市财政局、科技局、统计局、国税局、地税局五部门联合出台了《关于印发<济南市企业研究开发财政补助资金管理暂行办法>的通知》（济财教[2017]15号）。

8月初，济南市统计局高度重视省四众平台专项调查工作，制定“三个确保”标准扎实推进工作。

8月9日，济南市统计局党组副书记、市社会经济调查局局长苑子建一行，到定点帮扶村平阴县东阿镇西南坝村慰问，并看望局驻村“第一书记”潘鲁军。随后现场查看了东阿镇、玫瑰镇基层统计站建设情况，对加强统计基层基础和规范化建设提出了要求，并慰问了统计站工作人员。

8月10日，市统计局党组副书记、市社会经济调查局局长苑子建一行，到长清区调研基层基础规范化建设，现场督导企业一套表调查单位核查工作。

8月14日，济南市农普办认真落实省农普办《关于开展农村贫困户调查的通知》精神，市农普办主任刘东涛带领相关人员，深入贫困户家中进行调查。

8月中旬，按照济南市委、市政府推进简政放权、转变政府职能的要求，市编委对市统计局“三定”规定进行了修改完善，修订后的《济南市统计局主要职责内设机构和人员编制规定》经市政府批准印发。

8月21日-25日，济南市统计系统党组中心组（扩大）理论学习读书会在市委党校开班。济南市统计局党组中心组成员，统计局、调查局（地方编）及局属事业单位副处级以上干部，县区统计局、高新区科技经济运行局局长、党组（党支部）书记参加了培训。

8月24日，国家统计局设计管理司司长程子林一行在省统计局副巡视员陆万明陪同下，来济南就开展网格化管理及名录库建设等情况进行调研。市统计局党组副书记、市社会经济调查局局长苑子建陪同调研。

8月24日，济南市统计局顺利通过市直机关档案执法与档案安全风险排查治理检查，并达到优秀单位标准。

8月下旬，济南市统计局的调研报告《济南：基层文化阵地建设成效明显　四大难题需破解》在《中国信息报》第3版发表。

8月30-31日，省统计局副局长周尊考一行到济南进行经济运行形势调研，调研组一行深入基层统计站和企业现场调研，并与企业及济南相关部门深入座谈。市统计局党组副书记、市社会经济调查局局长苑子建陪同调研。

9月1日，市局历时两个半月，完成了一套表6454家县级全面核查和648家市级抽查。

9月6日，召开全局副处级以上干部会议，宣布市委关于市统计局干部调整意见。市委决定：苑子建同志任中共济南市统计局党组书记；唐军同志任中共济南市统计局党组副书记。

9月10日至16日，举办全市统计执法骨干培训班。社会经济调查局局长唐军、统计局副局长崔瑞宁、执法监察支队长刘东涛参加。

9月12日，省统计局巡视员刘银田一行来济调研新旧动能转换工作开展情况。市统计局党组书记、局长苑子建陪同调研。

9月15日，全局集体收看“山东统计大讲堂”暨马建波同志先进事迹报告会（视频会议）。各县区统计局、高新区科技经济运行局分会场参加会议。

9月18日至20日，组织全局党员干部收看由山东省纪委宣传部、山东广播电视台联合制作的电视专题片《永不停歇的征程》。

9月19日，济南市统计局召开党组会议，认真传达学习全省统计局长会议精神，并研究确定的具体贯彻落实措施。

9月20日，济南第八届“中国统计开放日”活动在济阳县举行。济南市政府副秘书长谭伟、市社会经济调查局局长唐军、市统计局副局长崔瑞宁、市统计局总统计师蔡精辉、济阳县委常委、常务副县长高继锋等参加活动。

9月20日，辽宁省统计局总统计师付成忠率大连、抚顺、丹东等7个市、县统计局局长，一行16人，来济南调研统计基层基础工作。省统计局副巡视员陆万明、社会经济调查中心主任李玉国、市统计执法监察支队长刘东涛等陪同。

9月25日，召开局长办公会，市统计局党组书记，局长苑子建传达市委、市政府文件精神，部署下一步重点工作。

9月25日，为创建文明城市，共筑美丽济南，市统计局志愿者们同燕山新居社区工作人员一同开展了垃圾清理、社区环境整治活动。

9月27日，市局组织召开了企业组织结构调查试点视频会议。会议由副局长张谨国主持，市统计局局长苑子建参加会议并讲话，副局长谈友军传达试点通知并对要点进行解读。市局相关业务处室及县区共计140余人参加了会议。

9月29日，召开全市经济运行情况调度会。会议由市政府副秘书长谭伟主持，副市长周云平参加会议并讲话。市统计局通报1-8月份全市经济运行情况，市发改委、经信委、商务局、城乡建设委分别发言。各县区政府、高新区管委会分管负责人及发改、经信、商务、统计部门主要负责人参会。

10月12日，济南局党组班子全体成员和党员干部群众集体参观了“回望党的历史喜迎党的十九大”——党的历次代表大会历史图片展。

10月12日，济南市局召开局办公会，传达十九大安保维稳会议精神，部署下一步工作要点。局内各处室负责人、局属事业单位处室负责人参加。

10月13日，济南市统计局贸易处、三产处联合市商务局到山东二五六网络技术有限公司进行调研，了解我市电子商务企业发展状况以及面临的问题。历下区统计局、商务局相关人员参加调研。

10月18日，济南市统计局全体党员干部群众认真收听收看了中国共产党第十九次全国代表大会开幕盛况，聆听了习近平总书记代表第十八届中央委员会作的题为《决胜全面建成小康社会夺取新时代中国特色社会主义伟大胜利》的报告。

10月19日，济南市统计局召开党组（扩大）会议，认真传达学习党的十九大会议精神，并结合统计工作实际，做出学习安排。党组书记苑子建主持会议并讲话。市统计局局级领导干部、各处室负责人参加会议。

10月20日，省统计局局长陈迪桂一行到济南调研统计基层基础工作情况。副市长周云平、市统计局局长苑子建、统计执法监察支队支队长刘东涛陪同调研。

10月25日，市统计局局长苑子建参加济南广播电台FM106.6政务监督热线直播。局、队相关处室和机关党委负责人参加直播。

10月27日，济南市统计局召开党组（扩大）会议，深入学习党的十九大精神。党组书记、局长苑子建主持会议并讲话，市统计局局级领导、各处室（单位）负责人参加会议。

11月1日，省统计局局长陈迪桂、副局长周尊考一行来济南市进行1%人口抽样调查入户登记。市委常委、副市长徐群，市政府副秘书长、市政府办公厅主任倪志纯，市统计局局长苑子建陪同。

11月1日，济南市委市政府新闻发布会在龙奥大厦召开，通报了三季度全市经济社会发展情况。市统计局副局长崔瑞宁出席新闻发布会，并回答记者提问。

11月1日，济南市统计局与市发改委、经信委、商务局联合召开服务业单位上规入库推进会。各县区统计局分管局长、发改委、经信委、商务局分管局长40余人参加了会议。

11月1日-3日，市委、市政府开展了全市重点项目建设督查评议活动。市统计局对评议投票进行现场统分，用时15分钟圆满地完成了统分任务，受到了市委、市政府的充分肯定。

11月3日，省人调办主任、省统计局副局长周尊考一行，对济南市1%人口抽样调查登记工作进行督导。市人调办主任、市统计局副局长崔瑞宁陪同检查。

11月6日，省统计局政策法规处官照华处长一行来济南开展涉外调查 “双随机”检查。市统计局局长苑子建就执法队伍建设，加强执法检查等方面与省局作了交流和研讨。统计执法监察支队支队长刘东涛陪同检查。

11月8日，省统计局副局长马金栋一行到济南市调研明年重点经济工作。调研组主要围绕加快新旧动能转换的难点及路径选择、构建现代化产业体系的瓶颈及关键所在等七个方面展开调研座谈。市统计局局长苑子建陪同调研。市委政研室、市政府研究室、发改委、经信委、商务局等12个部门参加座谈。

11月9日，省统计局服务业统计综合处副调研员倪化桥率省局服务业统计调研组来济南就软件和信息技术服务业发展情况进行专题调研。市统计局副局长张谨国陪同调研。

11月10日，济南市政府召开经济工作专题会议，会议由济南市市长王忠林主持并讲话，市统计局局长苑子建通报2017年GDP测算情况。市发改委、经信委等24个部门主要负责人参加会议。

11月16日，济南市政府召开第一产业经济分析座谈会，市统计局局长苑子建参加座谈并发言。

11月16日，济南市副市长王京文对市统计局撰写的《关于前三季度我市第一产业完成投资情况的汇报》作出重要批示。

11月21日，济南市政府召开了全市法人单位“上规入库”工作推进专题会，会议由市政府副秘书长谭伟主持，周云平副市长到会并作重要讲话，市统计局局长苑子建通报了今年以来全市法人单位“上规入库”进展情况；市发改委、经信委、城乡建设委、商务局负责同志分别汇报了 “上规入库”情况及下步工作措施；各县区政府、高新区管委会负责同志汇报了本辖区工作开展情况及安排。

11月21日，济南市人大财经委召开第四次会议，听取审议市统计局等5个部门工作情况。市统计局副局长崔瑞宁在会上作了《关于统计工作情况的报告》。

11月23日-24日，济南市统计局参加市直机关趣味运动会，荣获体育道德风尚奖。

11月份，2017年度济南市民主评议县区、济南高新区、南部山区管委会党风政风行风综合评议电话访问全面启动，由济南统计局社情民意调查中心采用电话访问形式进行调查。市统计局党组成员排班值岗，做到每个旁听时段都有统计局党组领导现场值班，统筹指挥和协调现场电话旁听工作的实施进行。

12月5日，国家统计局核算司董礼华司长一行三人来济南调研新产业、高新技术企业生产经营情况，并现场考察了济南市浪潮集团、韩都衣舍电商集团、济南量子通讯技术研究院。省统计局陈汉臻副局长、王志珍处长和济南市副市长周云平、市统计局局长苑子建、总统计师蔡精辉、副局长谈友军等陪同调研。

12月7日，济南市统计局机关党委举办党务专题培训，部分机关党委委员及局5个支部的支委委员共14人参加了学习。局党组成员、副局长、机关党委书记崔瑞宁出席会议并对机关党务工作提出了要求。

12月12日，济南市政府周云平副市长带队，市政府办公厅、市经信委、市商务局、市统计局等部门联合，对章丘区、高新区正在进行的法人单位“上规入库”工作情况进行督导。济南市政府副秘书长谭伟、市统计局局长苑子建、市统计执法监察支队支队长刘东涛等参加督导。

12月12日，按照济南市市直机关工委《关于做好市直机关直属党组织与社区党组织双向对接工作的通知》要求，济南市统计局党组成员、副局长、机关党委书记崔瑞宁带领机关党委工作人员，与山大路街道洪北社区开展党组织双向对接工作。

12月14日，济南市统计局机关第五党支部召开十九大精神学习会，市统计局党组副书记、市社会经济调查局局长唐军到会为离退休党员干部作学习贯彻党的十九大精神专题辅导。

12月中旬，市统计局服务业统计处、执法监察支队综合处对中石化济南分公司所有部门和一线车间的统计员共计30余人,分别就《如何写好统计分析报告》和《统计法与信用体系解读》开展统计业务培训。

12月17日，济南市局召开全体人员大会，为进一步深入学习十九大精神，不断强化政治意识，提振全局精神状态，凝心聚力完成好全年统计工作,党组书记、局长苑子建作了题为《不忘初心牢记使命 做新时代先锋模范—我们应该怎么办？》的专题党课，从四个方面统一思想，明确要求。

12月20日，济南市局召开党组会，专题传达学习市委十一届三次全会精神。会议由局党组书记、局长苑子建同志主持，党组成员及有关同志参加了会议。会议重点对王文涛书记在市委十一届三次全会上的重要讲话进行了传达学习。

12月21-22日，济南市统计局举办派生产业增加值核算培训班，对2017年派生产业增加值核算方案进行了培训和讲解。市统计局党组成员、总统计师蔡精辉主持，省统计局核算处副处长刘福军对健康产业增加值核算方案进行了系统讲解。各县区统计局分管局长、核算科长和业务骨干参加培训。

12月25-26日，济南市局组织召开全市统计法治工作会议。会议学习了相关文件，传达国家统计局宁吉喆局长讲话精神和全省统计法治工作会议精神，总结2017年的统计法治工作，部署2018年统计法治重点工作。市统计局党组成员、统计执法监察支队支队长刘东涛同志参加会议并讲话。

中国统计出版社最新图书简目

(仅供参考,以实际出版为准)

统计资料

中国统计年鉴　中国统计摘要　中国第三产业统计年鉴
中国第三次全国农业普查综合资料　国际统计年鉴　金砖国家联合统计手册
中国-东盟国家统计手册　中国农村统计年鉴　中国县域统计年鉴
中国农产品价格调查年鉴　中国城市统计年鉴　中国价格统计年鉴
中国贸易外经统计年鉴　中国零售和餐饮连锁企业统计年鉴　中国商品交易市场统计年鉴
大中型批发零售和住宿餐饮企业统计年鉴　中国住户调查年鉴　中国工业统计年鉴
中国环境统计年鉴　中国能源统计年鉴　中国建筑业统计年鉴
中国房地产统计年鉴　中国固定资产投资统计年鉴　中国对外直接投资统计公报
中国人口和就业统计年鉴　中国劳动统计年鉴　中国社会统计年鉴
中国科技统计年鉴　中国高技术产业统计年鉴　全国企业创新调查年鉴
中国文化及相关产业统计年鉴　2018年时间利用调查资料　中国妇女儿童状况统计资料
中国基本单位统计年鉴　中国教育统计年鉴　中国教育经费统计年鉴
中国民族统计年鉴　中国残疾人事业统计年鉴

省级综合统计年鉴系列

北京 天津 河北 山西 内蒙古 辽宁 吉林 黑龙江 上海 江苏 浙江 安徽 福建 江西 山东 河南 湖北 湖南
广东 广西 海南 重庆 四川 贵州 云南 西藏 陕西 甘肃 青海 宁夏 新疆 新疆生产建设兵团

市(县)级综合统计年鉴系列

滨海新区 石家庄 唐山 邯郸 保定 沧州 邢台 廊坊 承德 衡水 秦皇岛 张家口 太原 大同 阳泉 长治 晋城
朔州 晋中 运城 忻州 临汾 吕梁 呼和浩特 呼和浩特新城区 鄂尔多斯 包头 沈阳 大连 长春 吉林 延吉 四平
通化 松原 哈尔滨 齐齐哈尔 黑龙江垦区 上海浦东新区 南京 无锡 徐州 常州 苏州 南通 连云港 淮安 盐城
扬州 镇江 泰州 宿迁 江阴 丹阳 海门 杭州 宁波 温州 嘉兴 湖州 绍兴 金华 衢州 舟山 台州 丽水 合肥
安庆 马鞍山 福州 厦门 宁德 漳州 龙岩 南昌 九江 上饶 新余 抚州 萍乡 赣州 吉安 景德镇 济南 青岛 潍坊
枣庄 日照 滕州 郑州 洛阳 平顶山 三门峡 商丘 信阳 济源 汝州 武汉 十堰 荆州 宜昌 荆门 咸宁 长沙 广州
深圳 惠州 东莞 汕尾 南宁 柳州 桂林 梧州 来宾 河池 防城港 海口 三亚 成都 贵阳 黔南 毕节 昆明 西安
咸阳 延安 宝鸡 安康 铜川 汉中 榆林 兰州 庆阳 银川 乌鲁木齐 兵团一师 兵团十师

调查年鉴系列

天津 内蒙古 上海 浙江 福建 河南　湖北 湖南 广东 广西 重庆 四川　云南 甘肃 宁夏

统计方法应用/实用手册

实用SAS统计分析教程　Python数据分析基础　统计公文知识问答　领导干部统计知识问答
乡镇统计人员岗位知识培训系列教材：辅助调查员岗位基础知识　乡镇统计人员岗位基础知识
县级统计人员岗位知识培训系列教材：Excel在统计工作中的应用　简明统计分析
地市级统计人员岗位知识培训系列教材：统计报告与演示　中国国民经济核算体系（2016）基础知识
全国统计专业技术资格考试系列考试用书：统计业务知识（第四版）　统计业务知识学习指导与习题
全国统计专业技术资格考试系列考试用书：统计相关知识（第四版）　统计相关知识学习指导与习题

统计通俗读物/统计科普图书

我国20个统计指标的历史变迁　联合国工业发展组织：2016年工业发展报告
中国古代统计发展史　理解国民账户

重点图书

波澜壮阔四十年　砥砺奋进铸就辉煌——改革开放40年与时俱进的中国统计
新编英汉汉英统计大词典　中国国民经济核算体系2016　国民经济行业分类注释
挑大学选专业2019—考研择校指南　挑大学选专业2019—高考志愿填报指南　中华医学统计百科全书